태현집주 ❷
太玄集注

한국연구재단 학술명저번역총서 동양편 *616*

태현집주 ❷

太玄集注

[漢] 양웅揚雄 찬撰

[宋] 사마광司馬光 집주集注

류사오쥔劉昭軍 점교點校

조민환曹玟煥 역주譯註

學古房

들어가는 말

    중국철학사에는 역대로 '경(經)'이라 일컬어지는 텍스트가 있다. 유가의 경전을 통칭 '13경'이라 하고, 『노자』를 '도덕경(道德經)', 『장자』를 '남화경(南華經)'이라 한 것이 그것이다. 중국철학사에서 이상 거론한 것 이외에 경전의 지위에 오른 또 다른 텍스트가 있다. 한대 양웅(揚雄.BC 53년~AD 18년)이 『주역』을 모방하여 지었다는 이른바 『태현경(太玄經)』이 바로 그것이다. 흔히 '성인이 저술한 것을 경이고, 현인이 경을 해설한 것을 전이다[聖經賢傳]'라는 말은 한다. 양웅은 자신이 지은 저작을 '태현'이라 했는데, 양웅 사후에 『태현경』이라 높임을 받게 된다. 『태현경』이라 하면 이제 양웅은 성인의 반열에 오르게 되는 셈인데, 이런 현상에 대해 주희(朱熹)를 비롯한 유학자들은 심하게 비판한다. '태현'을 『태현경』이라 일컬은 것은 그것이 그만큼 위대한 저작임을 상징한다.

    양웅은 한대를 대표하는 사상가로서, 전한(前漢) 왕조가 왕망(王莽)의 신(新) 왕조로 교체되는 격변기를 살다간 인물이다. 그는 사부(辭賦)에 뛰어난 재능을 보인 문장가이면서 아울러 철학과, 언어에도 재능을 보인 다재다능한 인물이었다. 다만 왕망의 밑에서 대부를 한 그의 행적은 이후 문제가 되었다. 주희를 비롯한 송대 유학자들은 도통관(道統觀)을 세우고 요-순-우-탕-문-무-주공-공자를 성인으로 추앙하며 이단관을 전개한다. 이런 도통관과 이단관은 학문의 배타성으로 이어진다. 양웅에 대한 평가에도 이런 점이 적용된다. 양웅은 애제(哀帝)와 평제(平帝)를 거쳐 왕망이 궁정 구테타를 통해 '신'을 건립할 때에 대부가 되었다. 주희(朱熹)는 양웅의 이런 처세를 '망대부(莽大夫)'라는 말로 비난한다. 이후 '망대부'로서의 양웅의 처세는 '진정한 충신이란 무엇인가'라는 문제제기의 핵심 주제가 되기도 한다. 절조(節操)를 중시하는 유학자들의 이같은 부정적인 평가도 있지만, 양웅은 '양자(揚子)'라고 일컬어질 정도로 한대를 대표하는 대학자였다.

양웅은 경서(經書)로는 '역(易)'보다 위대한 것이 없다고 여기고, 『주역』을 모방해 '태현'을 지었다고 말한다. 『태현경』은 한대에 유행하던 음양오행에 관한 사상과 천문역법에 관한 지식을 통해 세계를 도식하고자 한 책으로, 기본적으로는 점서에 해당한다. 하지만 『주역』이 단순 점서로만 이해되지 않듯이 『태현경』도 점서로만 이해되지 않았다. 중국고대의 뛰어난 지식인들은 천문학에 관한 깊은 지식이 있었다. 그들의 천문학에 대한 관심은 오늘날 우리가 이해하는 자연과학적 차원의 천문학이 아니라 일종의 인문학에 바탕 한 천문학 성격이 강하였다. 유흠(劉歆)이 "양웅이 '태현'을 지어 '현은 천이요 도'라고 했다"라는 것과 양웅이 『주역』「계사전」에 해당하는 『태현경』「현고(玄告)」에서 "천지의 원리를 잘 알고 있는 사람은 그로써 인사를 잘 알 수 있고, 인사의 원리를 잘 알고 있는 사람은 그로써 천지에 대해서도 잘 알 수 있다"라고 말한 것은 이런 점을 잘 보여준다.

주희가 의리론 입장에서 양웅을 '썩은 유자[腐儒]'라고 평가하고, 아울러 그의 견식이 전부 낮고 그의 말이 지극히 어리석다고 평가한 이후 양웅의 학문은 제대로 평가받지 못하였다. 『태현경』도 『주역』의 위상에

눌려 『태현경』이 갖는 장점이 제대로 부각되지 못한 점이 있다. 『태현경』은 3진법을 적용한 1현(玄), 3방(方), 9주(州), 27부(部), 81가(家), 729찬(贊)을 통해 우주와 인간사의 상관관계를 풀이하고 있다. 이것은 2진법을 적용한 『주역』의 태극, 양의(兩儀), 4상(四象), 8괘(卦), 64중괘(重卦), 384효(爻)에 각각 대응한 것이다. 주희는 양웅의 학문은 황로학(黃老學)이고, 우주도식을 2진법이 아닌 3진법으로 잘못 이해했다고 혹평한 적이 있다. 그런데 관점을 바꾸어 이해하면, 주희의 이런 혹평은 도리어 노자사상과 『주역』의 원리를 묘합 시킨 양웅 철학의 위대함을 역설적으로 보여준다. 『주역』이 독음(獨陰)과 독양(獨陽)을 부정하고 '음중양(陰中陽)'과 '양중음(陽中陰)'을 말하지만 기본적으로는 대대(對待) 관계를 이룬 상태에서의 묘합이라면, 『태현경』의 삼진법에 의한 묘합은 『주역』보다 더 다양하게 우주와 인간사를 해석할 수 있는 장점이 있다. 즉 『태현경』에는 『주역』과 다른 차원에서 우주와 인간사를 해석하고자 한 양웅의 창신적 사유가 담겨 있다는 것이다. 이런 점에서 본다면 『태현경』은 중국철학사에서 그 어떤 저작보다도 상상력과 창의성이 풍부한 저작에 속한다. 이제 유가경전 중심주의에서 벗어나 인류의 위대한 지적 유산으로서 『태현경』이 갖는 장점을 찾을 때 비로소 『태현경』에 대한 올바른 평가는 가능해질 것이다.

　이 번역본은 사마광이 『태현경』에 관한 이전의 주석을 모으고 자신의 견해를 표방한 『태현집주』를 번역한 것으로, 『태현경』 본문에 관한 번역은 기본적으로 사마광의 주석을 취하여 번역하였다. 사마광은 처음에는 양웅이 『주역』을 모방하여 『태현경』을 지은 것에 대해 사족을 그린 것 같다는 혐의가 있었지만, 후에 많은 시간을 들여 탐구한 결과 『태현경』의 가치를 이해하게 된다. 이에 『주역』을 하늘로 삼는다면 『태현경』은 하늘을 올라가는 계단이라고 평가하였다. 『태현경』은 점서이면서 제왕의 통치서이고, 아울러 처세를 행하는데 지혜를 주는 철학책이다. 특히 사마광의 『태현경』에 대한 주석에는 『태현경』을 단순 점서로 보지 않고 하나의 철학서, 정치서로 이해하는 입장이 담겨 있다. 즉 『태현경』을 통해 당시 사마광 자신이 처한 시대인식과 비판정신이 담겨 있다는 점에서 여타 주석과 차별성을 보인다.

『태현경』본문에는 간체자(簡體字), 속체자(俗體字), 피휘자(避諱字) 등이 많고, 아울러 판본마다 오탈자의 출입이 심한 관계로 역대 몇몇 주석본과 교감본이 있지만 이해하기가 쉽지 않다. 양웅을 높이는 유흠은 『태현경』이 지나치게 난해하여 많은 사람들에게 제대로 읽히지 않을 것이라 하면서, 후인들이 그저 '간장 단지'를 덮는 데에 쓰지 않을까 걱정이란 말을 할 정도로 『태현경』은 난삽하고 이해하기 힘든 책이다. 사마광도 이 『태현경』을 제대로 이해하는데 30여년이란 오랜 시간이 걸렸음을 말한다. 천학비재인 내가 이렇게 난해한 『태현경』을 제대로 번역했다고 하는 것은 어불성설이다. 『태현경』 본문은 직역했을 경우 가독성이 문제가 되는 경우 주로 의역을 하였고, 사마광『태현집주』의 내용은 직역을 원칙으로 하였다. 많은 시간을 들여 번역했지만 『태현경』에 대한 이해는 문 입구에도 못 들어간 상태다.

원고를 깔끔하게 정리하고 예쁜 옷을 입혀준 학고방 출판사 관계자와 난삽한 번역본을 꼼꼼히 읽고 윤문해준 전현미, 임옥균 동학에게 감사를 드린다.

雅眞齋에서 조민환 謹識

번역연구 수행내용(번역연구 진행방식)

1) 번역에 사용된 텍스트

본 번역은 양웅(揚雄: BC 53~AD 18)이 지은 『태현경』에 집주(集註)를 한 사마광(司馬光)의 『태현집주(太玄集注)』를 번역한 것이다. 『태현경』은 『양자태현경(揚子太玄經)』이라고도 불리우며, 간략하게 『태현』, 『현경(玄經)』이라고 한다. 『사고전서(四庫全書)』에서는 강희(康熙) 황제인 현엽(玄燁)의 이름인 '현'자를 피하기 위해 명칭을 『태원경(太元經)』으로 바꿨다. 본 번역본에서는 전반적으로 '태현경'이라 하고 문맥에 따라 특별한 경우에는 '태현'이라고 한다.

『태현경』 본문에는 간체자, 속체자(俗體字), 피휘자(避諱字) 등이 많고 아울러 문장이 워낙 난삽하고 판본마다 오탈자의 출입이 심한 관계로 역대 많은 주석과 교감본이 있었지만 여전히 난해하다. 번역에 사용한 책자는 중국 북경의 중화서국에서 출판한 사마광이 집주하고 류사오쥔(劉韶軍)이 점교(點校)한 『태현집주』(1998도 판본)이다.

2) 일러두기: 번역 및 주석의 기본원칙

1. 본 번역은 사마광의 주석을 기본으로 하고 경문을 해석할 때는 『태현경』 관련 주석서 및 연구서를 참조하여 타당하다고 생각되는 것을 취

해 번역하였다. 주로 참조한 것은 鈴木由次郎 저, 『太玄易の硏究』(明德出版社, 昭和 39년)와 정완경(鄭萬耕)이 교석(校釋)한, 『태현교석(太玄校釋)』(北京師範大學出版社, 1989)이다.

2. 번역은 직역을 원칙으로 하되, 『태현경』 본문은 축자(逐字)하여 직역했을 때 뜻이 잘 이해가 안되고 가독성에 문제가 있을 경우에는 본의를 벗어나지 않는 범위 내에서 가능하면 대부분 의역을 하여 가독성을 높였다.

3. 『태현경』은 본문이 매우 난삽하여 전후 문맥을 이해하는데 많은 주석과 보완 설명이 필요하다. 이 경우 본문에서는 괄호 안에 그 내용을 담는 형식을 취하였다. 아울러 기존 번역자들이나 연구자들의 연구와 주석을 통해 『태현경』 이해를 돕고자 하였다.

4. 류사오쥔(劉韶軍)이 『태현경』 원문에 방점을 찍어 교정(點校)한 『太玄集注』에도 몇 군데 오자로 보이는 것이 있다. 사마광이 주석한 본문 혹은 기타 텍스트 상에도 오탈자로 보이는 것이 종종 있다. 이 경우 번역자가 타당하다고 여긴 것을 취하여 번역하고, 왜 그렇게 했는지를 밝혔다.

5. 주석 부분에서는 번역자 주석(= 역주:)과 류사오쥔(劉韶軍) 이 점교(點校)한 것을 구별하였다.

6. 각 문장마다 원문은 굵은 글씨로 먼저 기재하고 그 아래에 번역문을 수록하였고, 본문 내용에 관해 번역자의 교감이나 주해가 필요한 부분은 [역주]라는 형식을 취해 독자들의 이해를 돕고자 하였다. 아울러 본문에서 인용된 책자 혹은 고사에 관한 것은 관련된 내용을 최대한 찾아서 그것에 합당한 주석을 하여 본문에 대한 이해를 돕고자 하였다.

목록目錄 ❷

『태현집주』권 제7 (『太玄集注』卷 第七)

『태현집주』권 제8 (『太玄集注』卷 第八)

제 5 권

태현집주[太玄集注]

감減

三方一州一部一家.

3방, 1주, 1부, 1가다.

減

감(減)

陽家, 水, 準損. 入減初一四十一分一十七秒, 處暑氣應, 次九日舍軫宿.
감수(減首)는 양가(陽家)이고, (5행에서는) 수(水)이며, 『주역』「손괘(損卦)」에
준한다.[1] 감(減)은 초일(初一) 41분 17초에서 들어가 처서(處暑)의 기와 응하
며, 차구(次九)에서 태양은 진수(軫宿)에 머문다.

▌陰氣息, 陽氣消, 陰盛陽衰, 萬物以微.

음기는 (날로) 자라고 양기는 (날로) 소멸하니, 음은 성대하고 양은 쇠약하여
만물이 이로써 미약해진다.

王本作陰息陽消, 小宋本作羣陰息陽氣消. 今從宋陸范本.

· · · · · · · · · · · · · · · · · ·

1 역주 :「玄錯」에서는 "減, 日損."이라고 한다. 처서의 기가 이 首의 初一에서 일어
  난다.

484 태현집주

왕애본에는 음식양소(陰息陽消)로 되어 있고, 송유간본에는 군음식양기소(羣陰息陽氣消)로 되어 있다. 지금 송충본, 육적본, 범망본을 따른다.

■ 初一 : 善減不減, 冥. 測曰 : 善減不減, 常自沖也.

초일은, 잘 겸손하면 (다른 사람이 더해줘) 덜어지지 않으니, 어두웠다.

측에 말하기를, 잘 겸손하면 (다른 사람이 더해줘) 덜어지지 않았다는 것은 항상 (마음을) 스스로 비운다는 것이다.[2]

陸曰, 沖, 虛也. 光謂, 一爲思始而當晝, 常自謙沖, 善減者也. 自損者人益之, 故不減. 一爲下下, 善減之謙, 不減之益, 皆在冥昧之中, 人莫得見也. 故曰冥.

육적은 말하기를 "충(沖)은 비운다(虛)는 것이다"라고 하였다. 사마광은 생각하기를 "일(一)은 사(思)의 시(始)가 되고 낮에 해당하니, 항상 스스로 겸손하고 비워 잘 덜어내는 것이다. 스스로 덜어내는 자는 다른 사람이 더해준다. 그러므로 덜어지지 않는다고 하였다. 일(一)은 하(下)의 하(下)로서 잘 덜어낸 겸손이고, 덜어지지 않는 더함이니, 모두 어두움 속에 있어 사람들이 볼 수 없다. 그러므로 어두웠다(冥)라고 말한 것이다"라고 하였다.

■ 次二 : 心減自中, 以形于身. 測曰 : 心減形身, 困諸中也.

차이는, (덕에 나아가 업을 닦는 것은 마음을 충실하게 해야만 하는데, 지금 마음을 충실하게 할 수 없기 때문에) 스스로 마음을 덜어냄으로써 그 폐단을 몸에 나타냈다.[3]

· · · · · · · · · · · · · · · · · · · ·

2 역주 : '善減'은 겸허하면서 스스로 덜 수 있다는 것이다. 一은 思始가 된다. 그러므로 '冥'이라고 일컬은 것이다. 『노자』45장에서는 "大盈若沖."을 말한다. 이 구절은, 항상 겸허하면서 스스로를 덜면 다른 사람이 더해주니, 물이 강해에 있으면서 아래에 처하면 온갖 냇물이 흐른다는 것과 같아, 스스로 덜지만 마침내는 더해지기에 '不減'이라고 한 것이다.

측에 말하기를, 마음을 덜어내어 몸에 나타냈다는 것은 마음속에서 곤궁하다
는 것이다.

宋陸本形作刑. 今從范王本. 人之進德修業, 必自强于心, 然後顯著于外.
二爲思中而當夜, 志先減矣, 德業何從而益乎. 是其中先自困也. 子謂冉求
曰, 力不足者中道而廢, 今女劃.

송충본, 육적본에는 형(形)이 형(刑)으로 되어 있다. 지금 범망본, 왕애본을
따른다. 사람이 덕에 나아가고 사업을 닦는 것은,[4] 반드시 스스로 마음에서
힘쓴 연후에 밖에 환히 드러나는 것이다. 이(二)는 사(思)의 중(中)이 되고 밤
에 해당하니, 뜻이 먼저 덜어졌는데 덕업이 무엇을 좇아서 보태지겠는가? 이
것은 그 속이 먼저 스스로 곤궁한 것이다. 공자가 염구(冉求)에게 "힘이 부족
한 자는 중도에 폐지하는 것이다. 지금 너는 스스로 한계를 긋고 있다"[5]라고
하였다.

▌次三 : 減其儀, 利用光于階. 測曰 : 減其儀, 欲自禁也.

차삼은, (스스로 謙約하여) 그 교만한 거동을 덜어내니, 나아가 입신하여 빛이
나는데 이르는 도를 씀이 이롭다.

측에 말하기를, 그 교만한 거동을 덜어냈다는 것은 하고자 한 것을 스스로
금한 것이다.[6]

· · · · · · · · · · · · · · · · ·

3 역주 : '形'은 '나타난다[現]'는 것이다. 『대학』6장에서는 "此謂誠於中, 形於外."를 말
  한다.
4 역주 : 『주역』「乾卦」 九三爻, "君子終日乾乾, 夕惕若, 厲, 無咎." 참조.
5 역주 : 전후 문맥은 다음과 같다. 『논어』「雍也」, "子曰, 譬如為山, 未成一簣止, 吾止
  也. 譬如平地, 雖覆一簣進, 吾往야. 子曰, 苗而不秀者, 有矣夫. 秀而不實者, 有矣
  夫. 冉求曰, 非不說子之道, 力不足也. 子曰, 力不足者, 中道而廢, 今女畫."
6 역주 : '儀'는 '外表'로서, 사치스럽고 교만한 거동이다. 三이 思終이 되면 밖으로
  나타난다. 그러므로 '儀'라고 일컬은 것이다. '階'는 '승진하는 길'이다. 이 구절은,
  스스로 덜고 자신을 절제하고 몸을 요약하면서 그릇된 것을 금하면, 진덕수업에
  이롭고 '광채가 있는 것[출세하는 것]'에 올라갈 수 있다는 것이다.

三爲下上, 爲思終, 爲進人, 上則多驕盈, 思終則形于外, 發于儀貌矣. 減其
儀者, 自貶損禁約也.[7] 階者所以進也. 自損而得進, 有光輝者也.

삼(三)은 하(下)의 상(上)이 되고, 사(思)의 종(終)이 되고, 나아가는 사람도
되니, 위에 있으면 대부분 교만함이 넘치게 되고, 생각이 끝나면 밖으로 나타
나고 거동의 모양새에 드러난다. 그 교만한 거동을 덜어냈다는 것은 스스로
낮추고 덜고 금하고 단속한 것이다. 계단이란 나아가는 것이다. 스스로 덜어
서 나아감을 얻으니, 광채가 있는 것이다.

▌次四 : 減于艾, 貶其位. 測曰 : 減于艾, 無以莅衆.

차사는, (백성) 다스리는 것을 덜어냈으니, 그 지위를 덜어낸 것이다.
측에 말하기를, 다스리는 것을 덜었다는 것은 여럿에게 임할 바가 없다는 것이
다.[8]

范本艾作乂. 今從諸家. 艾與乂同音. 范曰, 乂, 治也. 光謂, 四爲下祿而當
夜, 小人不勤于爲治, 無以臨衆, 則不能保其祿位矣. 故曰, 減于艾, 貶其
位.[9]

범망본에 예(艾)는[10] 예(乂)로 되어 있다. 지금 제가의 판본을 따른다. 예(艾)
는 예(乂)와 음이 같다. 범망은 말하기를 "예(乂)는 다스린다(治)는 것이다"라
고 하였다. 사마광은 생각하기를 "사(四)는 하록(下祿)이 되고 밤에 해당하니,
소인이 다스리는 것을 부지런히 하지 않아 대중에게 다가갈 수가 없으면 그의

· · · · · · · · · · · · · · · · · · ·

7 劉韶軍 點校 : '也'는 명초본에는 없다. 이것은 대전본, 도장본, 장사호본에 의거해
보충하였다.
8 역주 : '貶'은 『설문』에서는 "損也."라고 한다. '莅'는 '임하는 것'이다. 이 구절은, 다
스리는 것을 제대로 하지 않으면 대중에 임해 다스릴 수 없으니, 어떻게 그 祿位를
보존할 수 있는가 하는 것이다. 그러므로 그 지위를 貶하여 덜어냈다고 한 것이다.
9 劉韶軍 點校 : '其'는 명초본에는 '於'로 되어 있다. 이것은 대전본, 도장본, 장사호본
에 의거해 고쳤다.
10 역주 : '艾'는 '다스린다'고 할 때는 '예'로 발음하고, '쑥'이라 할 때는 '애'라고 발음한
다. 여기서는 '다스린다'는 의미로 보라는 것이다.

녹봉과 지위를 보전할 수가 없다. 그러므로 '(백성) 다스리는 것을 덜어 그
지위를 덜어냈다'라고 했다"라고 하였다.

■ 次五 : 減黃貞, 下承于上, 寧. 測曰 : 減黃貞, 臣道丁也.
차오는, 천자의 지위[黃]에 있으면서 겸손하여 덜어 바르게 하니, 아래[신하]가
위를 받들어 편안하였다.
측에 말하기를, 천자의 지위[黃]에 있으면서 겸손하여 덜어 바르게 하였다는
것은 신하가 위를 공경하는 도가 마땅하다는 것이다.

范本作減其黃貞, 今從諸家. 宋曰, 丁, 當也. 王曰, 得位當晝, 能爲減主,
又得黃中貞正之道,[11] 衆所咸歸, 故下承于上而獲安寧之福也. 光謂, 中和
莫盛于五, 故曰黃. 以陽當位, 故曰貞. 夫盛極則衰, 不可不減. 臣用此道
以承其上, 乃可自安, 故曰臣道當也.
범망본에는 감기황정(減其黃貞)으로 되어 있다. 지금 제가의 판본을 따른다.
송충은 말하기를 "정(丁)은 마땅하다(當)는 것이다"라고 하였다. 왕애는 말하
기를 "지위를 얻고 낮에 해당하니 감수(減首)의 주인이 될 수 있고, 또 누런
것의 중(中)과[12] 바르고 바른 도를 얻으니 여럿이 함께 돌아가는 바이다. 그러
므로 아래[신하]가 위를 받들어 편안한 복(福)을 얻었다"라고 하였다. 사마광은
생각하기를 "중화는 오(五)보다 성대한 것이 없다. 그러므로 '황(黃)'이라고 하
였다. 양으로써 마땅한 지위에 있다. 그러므로 '바르다'라고 하였다. 대저 성대
함이 지극하면 쇠약해지니, 덜어내지 않으면 안 된다. 신하는 이 도를 씀으로
써 그 위를 받들어야 이에 스스로 편안할 수 있다. 그러므로 신하의 도가 마땅
하다"라고 하였다.

· · · · · · · · · · · · · · · · · ·
11 劉韶軍 點校 : '正'은 명초본에는 없다. 이것은 대전본, 도장본, 장사호본에 의거해
   보충하였다.
12 역주 : 『주역』「곤괘·문언」, "君子黃中通理, 正位體, 美在其中, 而暢於四支, 發於事
   業, 美之至也." 참조.

▐ 次六 : 幽闉積, 不減不施, 石. 測曰 : 幽闉不施, 澤不平也.

차육은, (군자는 많은 것은 덜어내고 적은 것은 더하여 사물에 맞추어 공평하게 베풀어야 하는데) 그윽하고 성대하게 재물을 많이 쌓아놓고서, 덜지도 않고 베풀지도 않으니, (그 완고함이) 돌이다.

측에 말하기를, 그윽하고 성대하게 재물을 많이 쌓아놓고서, 덜지도 않고 베풀지 않는다는 것은 혜택이 공평하지 않았다는 것이다.[13]

施, 失鼓切. 范曰, 六爲水, 故積幽. 小宋曰, 大開曰闉. 光謂, 六與家性皆爲水, 故曰幽. 六爲上祿, 故曰闉. 又爲盛多, 爲極大, 故曰積. 君子當裒多益寡, 稱物平施, 今乃不減不施, 其頑如石, 故曰澤不平也.

시(施)는 실(失)과 고(鼓)의 반절이다. 범망은 말하기를 "육(六)은 수(水)가 된다. 그러므로 그윽함을 쌓았다"라고 하였다. 송유간은 "크게 여는 것을 천(闉)이다"라고 하였다. 사마광은 생각하기를 "육과 가성(家性)은 모두 수(水)가 된다. 그러므로 유(幽)라고 하였다. 육(六)은 상록(上祿)이 된다. 그러므로 천(闉)이라고 하였다. 또 성대함이 되고, 지극히 큰 것이 된다. 그러므로 적(積)이라고 하였다. 군자는 많은 것은 덜어내고 적은 것에는 더하여 사물에 맞추어 공평하게 베풀어야 하는데,[14] 지금 덜지도 않고 베풀지도 않으니, 그 완고함이 돌과 같다. 그러므로 혜택이 공평하지 않다"라고 하였다.

▐ 次七[15] : 減其疾, 損其卹, 屬不至. 測曰 : 減其疾, 不至危也.

차칠은, 그의 질병을 덜고 그의 근심을 더니, 위태로움이 이르지 않는다.

측에 말하기를, 그 질병을 덜었다는 것은 위태로움에 이르지 않는다는 것이다.

· · · · · · · · · · · · · · · · ·

13 역주 : 이 구절은, 군자의 도는 마땅히 남는 것을 덜고 부족한 것을 보충해야 하는데, 지금 성대하게 재물을 쌓아놓고 덜지 않고 施與하지 않으니, 완고한 돌과 같아서 은택을 공평하게 베풀지 않는다는 것이다. 『노자』77장에서는 "天之道, 損有餘而補不足, 人道則不然, 損不足而奉有餘, 孰能有餘以奉天下, 唯有道者."를 말한다.

14 역주 : 『주역』「謙卦」, "象曰, 地中有山, 謙, 君子, 以, 裒多益寡, 稱物平施." 참조.

15 역주 : 『태현집주』에는 '次六'으로 되어 있는데, '次七'의 오자로 보인다. 여기서는 '次七'로 한다.

范曰, 屾, 憂也.[16] 厲, 危也. 王曰, 七居過滿, 危之道也. 而得位當晝, 是能
自減其疾患, 損其憂戚,[17] 則厲無從而至矣. 光謂, 七爲禍始而當晝, 在于
減家, 故有是象. 易曰, 損其疾, 使遄有喜.

범망은 말하기를 "흉(屾)은 근심한다(憂)는 것이다. 려(厲)는 위태롭다(危)는
것이다"라고 하였다. 왕애는 말하기를 "칠(七)은 지나치게 가득 찬 곳에 있으
니 위태로운 도이다. 지위를 얻고 낮에 해당하니, 이것은 그 질병을 스스로
덜어내고 그 근심을 덜 수 있다면 위태로움이 따라서 이를 수 없다"라고 하였
다. 사마광은 생각하기를 "칠(七)은 화(禍)의 시(始)가 되나 낮에 해당하고, 멸
가(減家)에 있으므로 이 상이 있다. 『주역』「손괘(損卦)」에서 '그 병을 더는데
빨리하면 기쁨이 있다'라고 했다"[18]라고 하였다.

▌次八 : 瀏漣漣, 減于生根. 測曰 : 瀏漣之減, 生根毀也.

차팔은, 맑은 것[나무의 滋液]이 (아래로) 흐르고 흘러 자라는 뿌리의 세(勢)를
덜어냈다.[19]
측에 말하기를, 맑은 것[나무의 자액]이 (아래로) 흐르는 것을 덜었다는 것은
자라는 뿌리가 훼손되었다는 것이다.

王本無下漣字. 今從諸家, 瀏, 音留, 又力久切. 漣, 音連. 范曰, 八, 木也,
秋木始衰. 瀏, 沭也. 漣漣, 沭水之貌. 沭, 古流字. 光謂, 八爲木, 爲沈天,
爲疾瘀,[20] 爲剝落. 沈天, 秋冬之交也. 木之所以生者, 根也, 所以榮者, 滋

· · · · · · · · · · · · · · · · · · ·

16 劉韶軍 點校 : '也'는 명초본에는 없다. 이것은 대전본, 도장본, 장사호본에 의거해
   보충하였다.
17 劉韶軍 點校 : '戚'은 명초본에는 '滅'로 되어 있다. 이것은 대전본, 도장본, 장사호
   본에 의거해 고쳤다.
18 역주 : 『주역』「損卦」 "六四, 損其疾, 使遄有喜."
19 역주 : '漣漣'은 자액이 아래로 흐르는 모양이다. 이 구절은, 八은 훼손된 나무가
   되고, 木이 뿌리를 내리고 꽃을 피우는 것은 자액으로 말미암는데, 지금 자액이
   아래로 흘러 살아있는 뿌리가 훼손되면 다시 꽃을 피울 수 없다는 것이다.
20 劉韶軍 點校 : '瘀'는 대전본, 도장본, 장사호본에 아래에는 '爲耗' 두 글자가 있다.

液也. 今滋液下流漣漣然, 減其資生之根, 則何以復能盛榮乎.

왕애본에는 아래의 련(漣)자가 없다. 지금 제가의 판본을 따른다. 류(瀏)는 음이 류(留)이고, 또 력(力)과 구(久)의 반절이다. 련(漣)은 음이 련(連)이다. 범망은 말하기를 "팔(八)은 목(木)으로, 가을에 나무가 비로소 쇠약해진다. 류(瀏)는 물이 흐른다(汸)는 것이다. 련련(漣漣)은 물이 흐르는 모양이다. 류(汸)는 옛날 류(流)자다. 사마광은 생각하기를 "팔(八)은 목이 되고, 침천(沈天)도 되고, 질병도 되고, 벗겨져 떨어지는 것도 된다. 침천이란 가을과 겨울이 교차하는 것이다. 나무가 자라나는 것은 뿌리 때문이고, 꽃이 피는 것은 자양분 때문이다. 지금 자양분이 아래로 줄줄 흘러 그 자생 하는 뿌리를 덜면 무엇으로써 다시 성대하게 꽃이 피겠는가"라고 하였다.

▌上九 : 減終, 利用登于西山, 臨于大川. 測曰 : 減終之登, 誠可爲也.

상구는, 더는 것이 마쳤으니, 서산에 오르고 대천에 임하는 것을 씀이 이롭다. 측에 말하기를, 더는 것이 마쳤다는 것은 (오른다는 것을) 진실로 할 수 있다는 것이다.[21]

范曰, 在西爲金, 故曰西山. 金生水, 故曰大川. 光謂, 物極則反, 故減終必增. 登山臨川, 以高臨下也. 西者物之成也. 夫登高臨下, 鮮有不危, 以減處之, 故可爲也.

범망은 말하기를 "서쪽에 있는 것은 금(金)이 된다. 그러므로 서산(西山)이라고 한다. 금은 수(水)를 낳는다. 그러므로 대천(大川)이라고 한다"라고 하였다. 사마광은 생각하기를 "사물은 극에 달하면 그 반대의 상태로 되돌아간다.[22]

. . . .

21 역주 : 이 구절은, '물극필반'을 말한 것으로서, 더는 것이 끝나면 반드시 더하고, 더하면 날로 올라가 높은 산에 오르게 되는데, 높은 곳에서 아래에 임하면 위태로운 것이 지극하다는 것을 알아서 겸손하면서 스스로를 덜면 걱정과 위태로움이 오지 않아 이롭게 되고, 위험한 것을 밟는 것으로 어려움을 구제하고 스스로를 덜면 백성을 가르치는 것을 진실로 할 수 있다는 것이다.

22 역주 : 이 구절은, 一陰一陽을 통해 變易을 말하는 『주역』의 기본사유로서, 『노자』에서도 보인다. 이밖에 『呂氏春秋』「博志」, "全則必缺, 極則必反.", 『鶡冠子』「環流」,

그러므로 더는 것이 마치면 반드시 더해진다. 산에 오르고 내에 다다른 것은 높은 것으로 아래에 다다른다는 것이다. 서(西)란 만물이 성취된 것이다. 대저 높은 곳을 올라 아래를 굽어보면 위태롭지 않은 것이 드무니, 더는 것으로써 대처할 수 있다. 그러므로 할 수 있다"라고 하였다.

• • • • • • • • • • • • • • • •

　"物極則反, 命曰環流." 참조. 주희는 『近思錄』에서 程頤가 "如所謂卦言七日來所謂, 其間無不斷續, 陽已所謂生, 物極必反, 其理須如此."라고 한 것을 인용하고 있다.

금(噤)

▤ 三方一州一部二家.

3방, 1주, 1부, 2가다.

噤

금(噤)

陰家, 火, 準否. 陳音欽, 又音琴. 小宋吳皆巨錦切. 說文曰, 口急也. 與噤
同, 今從之. 陸曰, 噤, 閉塞也.

금수(噤首)는 음가(陽家)이고, (5행에서는) 화(火)이고, 『주역』「비괘(否卦)」에
준한다.[23] 진점은 "음은 흠(欽)이고, 또 음은 금(琴)이다"라고 하였다. 송유간
과 오비는 모두 거(巨)와 금(錦)의 반절이라고 하였다. 『설문』에서 말하기를
"다급해서 말이 제대로 나오지 않는 것(口急)이다. '입 다물 금(噤)'과 같다"
라고 하니, 지금 따른다. 육적은 "금(噤)은 닫고 막는 것(閉塞)이다"라고 하
였다.

• • • • • • • • • • • • • • • • • •

23 역주 : 「玄衝」에서는 "噤, 不通也."를 말한다. 『주역』「序卦傳」에서는 "泰者, 通也,
物不可以終通 故受之以否."를 말한다. 또 『주역』「雜卦傳」에서는 "否泰, 反其類."
라고 한다. 이렇다면 '비(否)'는 閉塞하고 불통하다는 뜻이 있다.

▌陰不之化, 陽不之施, 萬物各唫.

음은 변화하지 않고 양은 베풀지 않으니, 만물이 각각 입을 다물었다.

凡陽施其精, 陰化其形, 萬物乃生. 處暑之氣, 陰不化, 陽不施, 萬物各閉塞
之時也.

대저 양이 그 정기를 베풀고, 음이 그 형을 변화해야 만물이 이에 태어난다.
처서(處暑)의 기운에서는 음은 변화하지 않고, 양은 베풀지 않으니 만물이 각
각 닫고 막힌 때이다.

▌初一 : 唫不予, 丈夫婦處. 測曰, 唫不予, 人所違也.

초일은, 닫고서 사물과 함께 하지 못하니, 장부이면서 부인의 처소에 있는 것
이다.

측에 말하기를, 닫고서 사물과 함께 하지 못하였다는 것은 사람들이 떠난 바
다.[24]

予與與同. 王曰, 唫閉而不與物接, 丈夫而効婦人之處室也. 光謂, 一爲思
始而當夜, 處乎窮下, 君子思道, 將以及人, 今乃唫而不與, 若丈夫而婦處
也. 夫孤立無親則人皆違而去之, 故曰, 人所違也.

여(予)는 여(與)와 같다. 왕애는 말하기를 "닫고서 사물과 함께 접하지 않는
것은, 장부로서 부인이 방에 머무는 것을 본받은 것이다"라고 하였다. 사마광
은 생각하기를 "일(一)은 사(思)의 시(始)가 되고 밤에 해당하니, 궁한 아래에
처하여 군자는 도를 생각하고, 장차 사람들에게 미쳐야 하는데, 지금 이에 닫
고 함께 하지 않으니, 마치 장부로서 부인의 처소에 있는 것이다. 대저 고립되
어 친한 이가 없으면 사람들이 모두 어기고 떠나간다. 그러므로 '사람들이 떠

· · · · · · · · · · · · · · · · ·

24 역주 : 이 구절은, 군자가 도를 닦아 장차 다른 사람에게 미쳐야 하는데, 지금 도리
어 막고서 施與하지 않는 것이, 마치 장부가 부인이 집안에서 처하는 것을 본뜨는
것과 같아, 다른 사람과 교제하지 않으면 사람들이 모두 떠난다는 것이다.

난 것이다'라고 하였다"라고 하였다.

▌次二 : 唫于血, 資乾骨. 測曰 : 唫于血, 臞自肥也.

차이는, 피를 닫고 쌓아, 마른 뼈의 바탕으로 삼아 살을 찌웠다.

측에 말하기를, 피를 닫고 쌓았다는 것은 파리한데서 스스로 살이 쪘다는 것이
다.[25]

范本臞作臞, 呼縛切, 諸本皆作臞. 小宋音具, 吳音衢, 今從之. 王曰, 唫其
血以資乾骨, 懼于臞瘠, 思以自肥. 光謂, 二謂思中而當晝, 能蓄其德以美
其身者也. 大學曰, 富潤屋, 德潤身.

범망본에 구(臞)는 요(臞)로 되어 있으며, 호(呼)와 박(縛)의[26] 반절이다. 여러
판본에는 모두 구(臞)로 되어 있다. 송유간은 "음이 구(具)"라고 하고, 오비는
"음이 구(衢)다"라고 하니, 지금 따른다. 왕애는 말하기를 "그 피를 닫는 것으
로써 마른 뼈의 바탕을 삼았다는 것은, 파리하게 마른 것을 두려워하여 스스로
살찌기를 생각한 것이다"라고 하였다. 사마광은 생각하기를 "이(二)는 사(思)
의 중(中)이 되고 낮에 해당하니, 그 덕을 쌓음으로써 그 몸을 아름답게 할
수 있다. 『대학』에 말하기를 '부자는 집을 윤택하게 하고, 덕은 몸을 윤택하게
한다'라고 했다[27]"라고 하였다.

• • • • • • • • • • • • • • • • • •

25 역주 : 이 구절은, 그 피를 쌓아서 몸을 보양해야 하는데, 파리한 것이 뚱뚱한 것으
   로 변하고, 약한 것이 굳센 것으로 변하였기에 파리한데서 스스로 살이 찐 것이라
   고 한 것이다. 비유하면 군자가 덕을 쌓음으로써 그 몸을 아름답게 해야 한다는
   것이다.
26 역주 : '臞'는 반절일 경우 '학'으로 발음하라는 것이다. 여기서는 우리나라의 발음
   인 '구'를 취한다. 송유간이나 오비는 '구'라고 발음하라고 한다.
27 역주 : 『대학』6장의 구절이다. 앞뒤 문장은 다음과 같다. 『대학』6장, "曾子曰, 十目
   所視, 十手所指, 其嚴乎. 富潤屋, 德潤身, 心廣體胖, 故君子必誠其意."

▌次三 : 貌不交, 口唭嶷, 唫無辭. 測曰, 貌不交, 人道微也.

차삼은, 얼굴 모양이 사귀지 않는 표정이니, 입은 소리가 있는데 닫혀 말이 없다.

측에 말하기를, 얼굴 모양이 사귀지 않는 표정이라는 것은 사람의 도가 미미하다는 것이다.[28]

范王本無口字. 今從二宋陸本. 唭, 去吏切. 嶷, 魚記切. 范曰, 唭嶷, 有聲而無辭也. 王曰, 人道殆至于微絶也. 光謂, 三爲思終, 又爲成意, 思慮旣成, 則言貌可以接人矣. 而家性爲唫, 當日之夜, 尚閉塞而不交, 則人道幾乎絶矣. 易節之九二曰, 不出門庭, 凶.

범망본에는 구(口)자가 없다. 지금 송충본, 송유간본, 육적본을 따른다. 기(唭)는 거(去)와 리(吏)의 반절이다. 의(嶷)는 어(魚)와 기(記)의 반절이다. 범망은 말하기를 "기의(唭嶷)는 소리는 있는데 말이 없는 것이다"라고 하였다. 왕애는 말하기를 "사람의 도가 거의 가늘어 끊어지는데 이른 것이다"라고 하였다. 사마광은 생각하기를 "삼(三)은 사(思)의 종(終)이 되고, 또 뜻을 이룬 것도 되니, 사려가 이미 이루어지면 말과 모양이 사람과 접할 수 있다. 그러나 가성(家性)이 금이 되고 하루의 밤에 해당하여 오히려 막히고 닫쳐 사귀지 못하니, 사람의 도가 거의 끊어지게 된다. 『주역』「절괘(節卦)」의 구이효에 '문안의 정원을 나가지 않으니, 흉하다'라고 했다"라고 하였다.

▌次四 : 唫其穀, 不振不俗, 纛老及族. 測曰 : 唫其穀, 不得相希也.

차사는, 그 곡식을 닫고 방출하지 않고, 백성을 진휼하지도 않고 세속인과 함께하지도 않으니, 늙은이와 족속들이 고달프다.

측에 말하기를, 그 곡식을 닫고 방출하지 않았다는 것은 서로가 바라는 것을

---

28 역주 : 이 구절은, 용모는 감정을 전달할 수 없고, 말은 뜻을 전달할 수 없어 막힌 것이 이와 같으면 다른 사람과 교제할 수 없고, 이런 상황은 인정의 도가 거의 끊어진 것에 가깝다는 것이다.

얻지 못했다는 것이다.[29]

闕
해설이 빠졌다.

▌次五 : 不中不督, 腐蠹之嗇. 測曰 : 不中不督, 其嗇非也.

차오는, 때에 적중한 것도 아니고 바른 것도 아니어서, (곡식이) 부패해 좀이
먹어도 베풀지 않아 인색하다.
측에 말하기를, 때에 적중한 것도 아니고 바른 것도 아니었다는 것은 그 닫은
것이 그릇되었다는 것이다.[30]

小宋曰, 祿以待賢, 廩栗紅流, 腐蠹猶嗇, 其嗇非也. 光謂, 督亦中也. 君子
積而能散, 可嗇則嗇, 可施則施. 五居盛位而家性爲嗇, 當日之夜, 失其中
道, 故腐蠹而猶吝嗇也.

송유간은 말하기를 "녹봉으로써 어진 이를 대우해야 하는데, 창고의 곡식에서
붉은 물이 흘러나오고 썩어 좀이 먹는데도 오히려 인색한 것은, 그 닫은 것이
그릇된 것이다"라고 하였다. 사마광은 생각하기를 "독(督) 또한 중(中)이다.
군자는 쌓지만 흩을 수 있으니, 닫을 때는 닫고, 베풀 때는 베풀 수 있다. 오
(五)는 성대한 지위에 있으면서 가성(家性)은 금이 되고 하루의 밤에 해당하
니, 그 중도를 잃었다. 그러므로 부패해 좀이 먹어도 베풀지 않으니, 오히려
인색하다"라고 하였다.

. . . .

29 역주 : '穀'은 '祿'이다. '振'은 '진휼한다'는 것이니, 재산을 나누어 곤란한 사람을
   구한다는 것이다. 이 구절은, 그 곡식을 지니고 있으면서, 세속사람들은 구휼하고자
   하지 않고 父老를 구제하고자 하지 않으면, 사람들이 희망할 것이 없다는 것이다.
30 역주 : '督'은 『이아』「釋詁」에서는 "正也."라고 한다. 이 구절은, 군자가 쌓았으면
   흩뜨려서 막을 때는 막고 베풀 때는 베풀어야 하는데, 지금 때에 적중하지 못하고
   바르지도 않고, 稼穡이 부패하고 좀이 먹지만 베풀지 않기에 닫은 것이 잘못되었
   다는 것이다.

■ 次六 : 泉原洋洋, 唫于丘園. 測曰 : 泉園之唫, 不可譏也.

차육은, 샘의 근원이 양양하게 흐르니, 언덕과 정원을 막아 모았다.[31]

측에 말하기를, 샘의 근원이 흐르는데 정원을 막아 모았다는 것은 (지금은 관개하지 않지만 다른 날에 그 혜택이 멀리 미칠 것이므로) 나무랄 수 없다는 것이다.

二宋陸王本譏作幾.[32] 今從范本. 范曰, 六, 水也. 故爲泉原. 丘園以諭高也. 光謂, 六爲盛多, 爲極大. 蓄水于高, 待時而施, 則所及者遠, 今日之唫, 乃所以爲異日之澤, 故不可譏也.

송충본, 송유간본, 육적본, 왕애본에 기(譏)가 기(幾)로 되어 있다. 지금 범망본을 따른다. 범망은 말하기를 "육(六)은 물이다. 그러므로 샘의 근원이 된다. 언덕과 정원은 높은 것을 비유한 것이다"라고 하였다. 사마광은 생각하기를 "육(六)은 성대한 것이 되고, 지극히 큰 것이 된다. 물을 높은 곳에 쌓아두었다가 때를 기다려 베풀면 미치는 곳이 머니, 오늘 닫아놓은 것은 다른 날의 혜택이 되기 위한 것이다. 그러므로 나무랄 수 없는 것이다"라고 하였다.

■ 次七 : 唫于體, 黃肉毀. 測曰 : 唫于體, 骨肉傷也.

차칠은, 혈액[은택]이 몸에서 닫혀, 골육[친족]이 훼손되어 신체[집안]가 쇠약해졌다.

측에 말하기를, 혈액[은택]이 몸에서 닫혔다는 것은 뼈와 살[친족과 집안]이 손상되었다는 것이다.

王本黃肉毀作黃骨肉毀. 今從宋陸范本. 七爲消, 爲敗損而又當夜. 黃, 中也. 骨肉在中, 故曰黃肉. 夫氣血所以養體也, 唫而不及于四體, 骨肉毀傷

----

31 역주 : 이 구절은, 결국 지금은 관개하지는 않지만, 다른 날에 그 혜택이 멀리 미칠 것이라는 것이다.
32 劉韶軍 點校 : '幾'는 대전본, 도장본, 장사호본에는 '譏'로 되어 있다.

矣. 恩澤所以綴親也, 唫而不及于九族, 則內外乖離矣.

왕애본에 황육훼(黃肉毀)는 황골육훼(黃骨肉毀)로 되어 있다. 지금 송충본, 육적본, 범망본을 따른다. 칠(七)은 소멸되는 것이 되고, 파괴된 것이 되고 또 밤에 해당한다. 황(黃)은 중(中)으로서, 뼈와 살이 가운데에 있는 것이다. 그러므로 '황육(黃肉)'이라고 한다. 대저 기혈은 신체를 기르는 것인데, (혈액을) 닿아 팔과 다리에 미치지 않으면 뼈와 살이 훼손된다. 은혜와 덕택은 어버이를 잇는 것으로, 닿아서 구족(九族)에게 미치지 않으면 (집안의) 안과 밖이 괴리된다.

▌次八 : 唫遇禍, 禱以牛, 解. 測曰 : 唫遇禍, 大費當也.

차팔은, 막힘을 만나 화(禍)를 초래하였지만 소로써 비니, (신이) 화(禍)를 풀었다.

측에 말하기를, 막힘을 만나 화(禍)를 초래하였다는 것은 크게 소비한 것이 마땅하다는 것이다.[33]

范曰, 牛爲大費. 王曰, 雖遇唫招禍, 而能禱之以牛, 以解其凶. 光謂, 八爲禍中, 故曰唫遇禍. 當日之晝, 故曰禱以牛, 解. 不愛費以解禍, 其道當也. 故曰大費當也.

범망은 말하기를 "소는 크게 소비함이 된다"라고 하였다. 왕애는 말하기를 "비록 막힘을 만나 화(禍)를 초래했지만 소로써 빌어서 그 흉한 것을 풀 수 있었다"라고 하였다. 사마광은 생각하기를 팔(八)은 화(禍)의 중(中)이 된다. 그러므로 '막힘을 만나 화(禍)를 초래하였다'라고 하였다. 하루의 낮에 해당한다. 그러므로 '소로써 비니 (신이) 화(禍)를 풀었다'라고 하였다. 비용을 아끼지

....

33 역주 : '禱'는 『說文』에서는 "告事求福也."라고 한다. '大費'는 '소로써 기도하는 것'을 의미한다. 『주역』「旣濟卦」의 주소에는 "牛, 祭之盛者也"라고 한다. 그러므로 제사에 소를 쓰는 것을 '대비'라고 한다. 이 구절은, 폐색하여 화를 부르니, 제사를 지내는데 소로써 하면 그 화가 풀리기에, 비용을 아끼지 않은 것이 마땅한 도리라는 것이다.

않아 화(禍)를 푸니, 그 도가 마땅하다. 그러므로 '크게 소비한 것이 마땅하다' 라고 했다'라고 하였다.

▌上九 : 唫不雨, 孚乾脯. 測曰 : 唫不雨, 何可望也.
상구는, (음과 양의 기운이) 닫아서 비가 내리지 않으니, 믿고 육포를 말렸다. 측에 말하기를, (음과 양의 기운이) 닫아서 비가 내리지 않는다는 것은 무엇[비가 내리는 것]을 바라겠는가 하는 것이다.[34]

范曰, 浮, 信也. 王曰, 九居唫極而當夜, 陰陽俱閉, 故不雨. 光謂, 潤澤旣竭而無望, 信乎肉乾而爲脯矣. 言王澤竭而民物悴也.
범망은 말하기를 "부(浮)는 믿는다(信)는 것이다"라고 하였다. 왕애는 말하기를 "구(九)가 금수(唫首)가 지극한 것에 있고 밤에 해당하니, 음과 양이 함께 닫혀 있기 때문에 비가 내리지 않는다"라고 하였다. 사마광은 생각하기를 "윤택함이 이미 말라서 희망이 없으니 살코기를 말리면 포가 되는 것을 믿는다. 이것은 왕의 은택이 다하여 백성들과 사물이 초췌해진 것을 말한 것이다"라고 하였다.

· · · · · · · · · · · · · · · · · ·

34 역주 : 음양이 폐색하는 것을 '不雨'라고 한다. '雨'는 '恩澤'을 비유한 것이다. '脯'는 『설문』에서는 '마른 고기[乾肉]'라고 한다.

▦ 三方一州一部三家.

3방, 1주, 1부, 3가다.

守

수(守)

陽家, 木,[35] 準否.

수수(守首)는 양가(陽家)이고, (5행에서는) 목(木)이며,『주역』「비괘(否卦)」에 준한다.[36]

▌陰守戶, 陽守門, 物莫相干.

음은 지게문을 지키고, 양은 문을 지키니, 만물이 서로 간여함이 없다.

• • • • • • • • • • • • • • • • • • •

35 劉韶軍 點校 : '木'은 명초본에는 '水'로 되어 있다. 이것은 대전본, 도장본, 장사호 본에 의거해 고쳤다.

36 역주 : 「玄錯」에서는 "守也, 固"를 말한다. 「玄衝」에서는 "守, 不可攻."을 말한다. 단단하여 공격할 수 없으면 막혀 서로 거리가 떨어진다. 그러므로『주역』「비괘(否卦)」에 상당한다.

■ 初一 : 閉朋牖, 守元有. 測曰 : 閉朋牖, 善持有也.

초일은, 벗들이 엿보는 격자창문을 닫아, 처음부터 있던 것을 지켰다.

측에 말하기를, 벗들이 엿보는 격자창문을 닫았다는 것은 처음부터 있는 것을 잘 보존하였다는 것이다.

王小宋本作閉明牖守元有. 今從宋陸范本. 范曰, 朋, 當類也. 光謂, 易曰, 憧憧往來, 朋從爾思, 言心有所感則物以其類應之. 牖者所以窺外也. 元, 始也. 樂記曰, 人生而靜, 天之性也. 感于物而動, 性之欲也. 一爲思始而當晝, 能閉外類之誘, 守其始有之性者也.

왕애본, 송유간본에는 폐명유수원유(閉明牖守元有)로 되어 있다. 지금 송충본, 육적본, 범망본을 따른다. 범망은 말하기를 "붕(朋)은 같은 무리이다"라고 하였다. 사마광은 생각하기를 "『주역』「함괘」 구사효에 '마음이 정해지지 않아 이리저리 왔다 갔다 하니, 친구만이 그대의 생각을 따르리라'라고 하였다. 마음에 느끼는 바가 있으면 사물은 그 무리로써 응한다는 말이다. 유(牖)란 밖을 엿보는 것이다. 원(元)은 처음(始)이다. 『예기』「악기」에 말하기를 '사람이 태어나 고요한 것은 하늘의 본성이요, 사물에 느끼어 움직이는 것은 본성의 하고자 하는 것이다'라고 하였다. 일(一)은 사(思)의 시(始)가 되고 낮에 해당하니, 밖의 무리들의 유혹을 막아 그 처음부터 있던 본성을 지킬 수 있었다"라고 하였다.

■ 次二 : 迷自守, 不如一之有. 測曰 : 迷自守, 中無所以也.

차이는, (次二가) 스스로 지키는 것이 미혹하니, 초일이 갖고 있는 것만 같지 못하다.

측에 말하기를, (次二가) 스스로 지키는 것이 미혹하다는 가운데[次二]가 사용할 것이 없다는 것이다.[37]

....

37 역주 : 이 구절은, 二가 思의 中이 되어 스스로 지키는 데 미혹하고, 마음이 미혹하면 행동이 간사하게 되므로 마음에서 쓸 것이 없다는 것이다. 次二가 미혹되어

宋曰, 以, 用也. 無所用自守也. 王曰, 二守其迷, 一守其道, 故不如一之所有也. 光謂, 二爲思中而當夜, 誘于外物, 迷而失其所守者也. 書曰, 惟民生厚, 因物有遷.

송충은 말하기를 "이(以)는 쓴다(用)는 것으로, 스스로 지키는 것을 쓸 바가 없다는 것이다"라고 하였다. 왕애는 말하기를 "이(二)는 그 미혹된 것을 지키고, 초일은 그 도를 지킨다. 그러므로 초일이 갖고 있는 것만 같지 못하다"라고 하였다. 사마광은 생각하기를 "이(二)는 사(思)의 중(中)이 되고 밤에 해당하니, 외물(外物)에 유혹당하고[38] 미혹되어, 그 지키는 것을 잃었다는 것이다. 『서경』「군진(君陳)」에서는 '오직 백성들이 태어날 때는 그 본성이 두터우나 사물에 따라 옮겨간다'라고 했다"라고 하였다.

▌次三 : 無喪無得, 往來默默. 測曰 : 無喪無得, 守厥故也.

차삼은, (덕을 이미 성취하면) 잃을 것도 없고 얻을 것도 없으니, 가는 것과 오는 것이 묵묵하다.
측에 말하기를, 잃을 것도 없고 얻는 것도 없다는 것은 자기가 본래 가지고 있었던 것[故]을 지켰다는 것이다.

三爲進人, 爲自如, 爲成意, 當日之晝, 德成于內, 能守而勿失者也. 外物之往, 于我何喪. 外物之來, 于我何得. 默而成之, 不言而信也. 易曰, 無喪無得, 往來井井.

삼(三)은 나아가는 사람이 되고, 스스로 가는 것도 되고, 뜻을 이룬 것이 되고, 하루의 낮에 해당하니, 덕을 안에서 이루어 능히 지키고 잃어버림이 없는 것이

<hr />

쓸 것이 없는 것은, 初一이 수신하고 선을 닦으면서 바른 업을 지키고 있는 것만 못하다는 것이다.

38 역주 : 이 문장은 『예기』「樂記」, "人生而靜, 天之性也. 惑於物而動, 性之欲也. 物至知知, 然後好惡形焉. 好惡無節於內, 知誘於外, 不能反躬, 天理滅矣. 夫物之感人無窮, 而人之好惡無節, 則是物至而人化物也. 人化物也者, 滅天理而窮人欲者也." 참조.

다. 외물이 가는데 내가 무엇을 잃으며, 외물이 오는데 내가 무엇을 얻겠는가? 묵묵히 이루고, 말하지 않아도 믿는다.[39] 『주역』「정괘(井卦)」 괘사에 "(읍은 바꿔도 우물은[40] 바꾸지 않는다.) 잃은 것도 없고 얻은 것도 없어, 오고가는 사람들이 우물을 우물로 쓴다"[41]라고 하였다.

▌次四：象艮有守. 測曰：象艮之守, 廉無怐也.

차사는, 집을 지키고 있는 개와 비슷하다.

측에 말하기를, 집을 지키는 개와 비슷하다는 것은 개가 집구석을 지키면 집 가운데는 지킬 것이 없다는 것이다.[42]

宋陸本象艮有守作象兒自守,[43] 小宋本作象貌有守. 今從范王本. 怐與怙 同切, 宋曰, 兒,[44] 音狗. 陸曰, 怐, 禁禦也. 言象狗不能有所廉察禁禦也. 范曰, 象, 似也. 若窢狗也. 光謂, 兒音狗. 當云艮爲狗, 字之誤也. 象狗猶 言象龍也.

송충본, 육적본에는 상간유수(象艮有守)가 상구자수(象兒自守)로 되어 있고,

· · · · · · · · · · · · · · · · · ·

39 역주 : 『장자』「田子方」, "夫子不言而信, 不比而周." 참조.

40 역주 : 우물은 '不變'을 덕을 삼는다. 그러므로 바꾸지 않고 묵묵히 그 옛것을 지킨 다고 말한 것이다.

41 역주 : 『주역』「井卦」, "改邑不改井, 無喪無得, 往來井井. 汔至, 亦未繘井, 羸其瓶, 凶." 참조.

42 역주 : '艮'은 '개[狗]'다. 『주역』「설괘전」에서는 "艮爲狗"라고 한다. '怐'는 '믿는다 [怗]'라는 것이다. 『설문』에서는 "怗也"라고 한다. '廉'은 '구석'이다. 『설문』에서는 "廉, 側也"라고 한다. 이 구절은, 개가 집을 지키면서 사람이 들어오는 것을 막는데, 지금은 개 같지만 참된 것이 아니기 때문에 문을 지키고 집안을 보호하는 것이 이미 단단하지 않은데, 하물며 집안 구석에서 지키고 있는 것을 믿지 못하는 것이 야 말할 것이 있겠는가 하는 것이다.

43 劉韶軍 點校 : '兒'는 명초본에는 '貌'로 되어 있다. 이것은 장사호본에 의거해 고쳤 다. 兒와 貌는 본래 한 글자이면서 異體다. 여기의 '兒'는 '艮'자의 형태가 잘못된 것이다. 그러므로 장사호본을 따른다.

44 劉韶軍 點校 : '兒'는 명초본에는 '貌'로 되어 있다. 이것은 도장본에 의거해 고쳤다. 명초본 아래 글에서는 이것을 이끌어 바로 '兒'로 하니 또한 증명할 수 있다.

송유간본에는 상모유수(象貌有守)로 되어 있다. 지금 범망본, 왕애본을 따르다. 구(姁)는 호(怙)와 절(切)이 같다.[45] 송충은 말하기를 "구(姁)는[46] 음이 구(狗)이다"라고 하였다. 육적은 말하기를 "구(姁)는 금지한다(禁禦)는 것이다. 개가 구석을 살펴서 (개의 기본 역할인 도둑을) 막을 수 없는 것과 비슷하다는 말이다"라고 하였다. 범망은 말하기를 "상(象)은 비슷하다(似)는 것으로서, 추구(芻狗)와[47] 같다"라고 하였다. 사마광은 생각하기를 "구(姁)의 음은 구(狗)이다. 마땅히 간(艮)은 구(狗)가 되어야 하니, 글자가 잘못된 것이다. 상구(象狗)는 상룡(象龍)이라 말한 것이다"라고 하였다.

▎次五：守中以和, 要侯貞. 測曰：守中以和, 侯之素也.

차오는, (천자가) 중을 지켜서 조화를 이루니, 제후와 맹약한 것이 바르다. 측에 말하기를, (천자가) 중을 지켜서 조화를 이룬다는 것은 제후가 천자에게 귀향한다는 것이다.[48]

二宋陸王本守中以和作守中以一和, 王本要侯貞作要侯之貞, 今皆從范本. 范曰, 五爲天子, 守中和之道, 諸侯之正主也. 光謂, 素, 向也. 中和莫盛乎五, 守中和之道以要約諸侯, 諸侯之所取正而歸向也.

송충본, 송유간본, 육적본, 왕애본에는 수중이화(守中以和)가 수중이일화(守中以一和)로 되어 있고, 왕애본에는 요후정(要侯貞)이 요후지정(要侯之貞)으로 되어 있다. 범망은 말하기를 "오(五)는 천자가 되어 중화의 도를 지키니, 제후의 바른 주인이다"라고 하였다. 사마광은 생각하기를 "소(素)는 향한다(向)는 것이다. 중화는 오(五)보다 성대한 것이 없는데, 중화의 도를 지키는

. . . .
45 劉韶軍 點校 : '同'은 명초본에는 없다. 이것은 도장본에 의거해 보충하였다. 注의 例에서 '某'와 '某'는 같다고 말하는데, '切'자는 의심컨대 불필요한 글자다.
46 역주 : 송충은 '姁'를 '구'라고 발음하라고 하는데, 이것은 '개'라는 뜻을 취해서 그렇게 하라고 한 것 같다.
47 역주 : 『老子』5장, "天地不仁, 以萬物爲芻狗, 聖人不仁, 以百姓爲芻狗." 참조.
48 역주 : 이 구절은, 五가 中에 있으면서 성한 지위에 해당하니, 천자가 중화의 도를 지키면서 바른 것으로써 제후와 요약하면 제후가 모두 천자에게 돌아온다는 것이다.

것으로 제후와 맹약을 맺으니, 제후가 취한 것이 바라서 귀향한다는 것이다"
라고 하였다.

▌次六:車案軔, 圭璧塵. 測曰:車案軔, 不接鄰也.

차육은, 수레가 버팀목에 막혀 나아가지 못하니, 규벽에 먼지가 쌓여 사용하지
못하였다.
측에 말하기를, 수레가 버팀목에 막혀 나아가지 못한다는 것은 이웃나라와
교제하지 못한다는 것이다.[49]

王本不接鄰作交接鄰. 今從諸家. 軔, 而振切. 小宋曰, 軔, 礙車輪之木也.
禮, 諸侯比年小聘, 三年大聘, 相厲以禮. 此天子所以養諸侯, 兵不用而諸
侯自爲正之具也. 執守失貞, 不接鄰國, 車輪按軔以靡行, 奎璧生塵而不
用. 光謂, 家性爲守, 六過中而當夜, 自守太過者也.

왕애본에 불접린(不接鄰)은 교접린(交接鄰)으로 되어 있다. 지금 제가의 판본
을 따른다. 인(軔)은 이(而)와 진(振)의 반절이다. 송유간은 말하기를 "인(軔)
은 수레바퀴가 가는 것을 막는 나무이다. 예법에 제후는 매년마다 소빙(小聘)
하고, 삼년에 대빙(大聘)하여 서로 예로써 면려(勉勵) 한다. 이것은 천자가 제
후들을 기르는 방법으로서, 군대를 쓰지 않고 제후들이 스스로 바르게 되는
도리다.[50] 잡아 지키는 것이 바름을 잃어 이웃나라와 교제하지 못하면, 수레바
퀴에 버팀목을 낌으로써 가지 못하고, 규벽에 먼지가 쌓여 사용하지 못하게

....

49 역주:'圭璧'은 잡고서 신표로 여기는 물건이다. 이 구절은, 수레가 버팀목에 막혀
서 운행하지 못하고, 규벽을 사용하지 않아서 먼지가 일어났다는 것이다. 즉 스스
로 지키는 것이 너무 지나쳐서 다른 사람과 교제하지 않고, 수레바퀴에 버팀목을
하고 왕래하지 않아 규벽에 먼지가 일어났다는 말이다. 이것과 의미는 다르나,
『노자』81장에서는 "雖有舟輿, 無所用之, 雖有甲兵, 無所陳之 … 鄰國相望, 鷄犬之
聲相聞, 民至老死不相往來."라는 말이 나온다.
50 역주:『예기』「聘義」, "故天子制諸侯, 比年小聘, 三年大聘, 相厲以禮 … 諸侯相厲
以禮, 則外不相侵, 內不相陵, 此天子之所以養諸侯, 兵不用而諸侯自爲正之具也."
참조

된다"라고 하였다. 사마광은 생각하기를 "가성(家性)이 수(守)가 되고, 육(六)은 중(中)을 지나치고 밤에 해당하니, 스스로 지킨 것이 너무 지나친 것이다"라고 하였다.

■ 次七：群陽不守, 男子之貞. 測曰：群陽之守, 守貞信也.

차칠은, 여러 양이 (움직여서 한 곳을) 지키지 못하니, (이런 움직임을 통해 올바른 교제를 하는 것은) 남자의 바른 것이다.[51]

측에 말하기를, 여러 양이 지켰다는 것은 바르게 믿음을 지켰다는 것이다.

王本群陽不守作群陽不字. 今從諸家. 闕

왕애본에는 군양불수(群陽不守)가 군양부자(群陽不字)로 되어 있다.(지금 제가의 판본을 따른다. 해설이 빠졌다.

■ 次八：白無杵, 其確擧. 天陰不雨, 白日毀暑. 測曰：白無杵, 其守貧也.

차팔은, 학에 절구가 없어 그 방아대를 들기만 했다. 하늘에 구름이 끼나 비가 내리지 않고, (서쪽으로 기울어지는) 쩅쩅 쬐는 햇볕이 더운 것을 훼손하였다.

측에 말하기를, 학에 절구가 없다는 것은 그 가난을 지켰다는 것이다.

王曰, 臼而無杵, 守之而終無所用. 確擧而不下, 守之而終無所成. 光謂, 其確擧, 無米可舂也. 天陰不雨, 無澤可冀也.(白日毀暑. 闕[52]). 八爲禍中, 爲耗, 故有此象.

＊＊＊＊＊＊＊＊＊＊＊＊＊＊＊＊＊

51 역주 : 양은 움직임을 주로 하기 때문에 지키지 못한다. 이 구절은, 뭇 양이 움직이 느라고 단단히 지키지 못하면서 움직여 변화하듯이, 남자도 단단히 지키지 못하고 왕래하면서 친구와 사귀는데 믿음이 있어야 하는 것이 남자의 바른 도라는 것이다. 『논어』「학이」에는 "與朋友交而不信乎."라는 말이 있다.

52 劉韶軍 點校 : '白日毀暑闕'5글자는 대전본, 도장본, 장사호본에는 없다.

왕애는 말하기를 "학에 절구가 없다는 것은 지키나 끝내 쓸 것이 없다는 것이다. 방아대를 들었지만 내리지 않았다는 것은, 지키지만 끝내 이룬 바가 없다는 것이다"라고 하였다. 사마광은 생각하기를 "그 방아대를 들기만 한 것은 찧을 쌀이 없다는 것이다. 하늘이 구름이 끼나 비가 내리지 않은 것은, 혜택을 바랄 수 없다는 것이다. (쨍쨍 쬐는 햇볕이 더운 것을 훼손하였다. 해설이 빠졌다.) 팔(八)은 화(禍)의 중(中)이 되고 소모함도 된다. 그러므로 이 상이 있다"라고 하였다.

▌上九 : 與茶有守, 辭于盧首,[53] 不殆. 測曰 : 與茶有守, 故愈新也.

상구는, 흰 머리를 지닌 노인과 사귀어 옛 도를 지킴이 있고, 검은 머리의 소장과 사귀는 것을 사양하니 위태롭지 않았다.

측에 말하기를, 흰 머리를 지닌 노인과 사귀어 옛날 도를 지킴이 있고, 검은 머리의 소장과 사귀는 것을 사양한다는 것은 옛 것이 새로운 것을 이겼다는 것이다.[54]

宋陸本經作有茶有守, 測作其茶其守. 今從范王小宋本. 茶, 音徒. 宋曰, 愈猶勝也. 范曰, 茶, 白也. 盧, 黑也. 九, 西方, 故白. 光謂, 茶, 茅莠也, 其色白. 九爲禍終而當晝, 能悔其禍者也. 故思老成白首之人, 與守其故道, 而辭去黑首諞言之士, 則國家不至于危殆也. 秦誓曰, 番番良士, 旅力旣愆, 我尙有之. 仡仡勇失, 射御不違, 我尙不欲.

송충본, 육적본의 경문(經文)에는 유도유수(有茶有守)로 되어 있고, 측(測)에는 기도유수(其茶有守)로 되어 있다. 지금 범망본, 왕애본, 송유간본을 따른다.

....

53 劉韶軍 點校 : '于'는 명초본에는 '子'로 되어 있다. 이것은 대전본, 도장번, 장사호본에 의거해 고쳤다.

54 역주 : '愈'는 '이긴대勝]'는 것이다. 이 구절은, 九는 색이 흰 색으로 '茶'와 같은 무리니, 같은 무리가 서로 지키고 뜻이 같은 자가 도를 합하여 그 다른 것을 제거하니, 비록 '白首'라도 동심으로 협력하면 위태로움이 없고, 늙어서 동심이면 반드시 다른 무리를 이기고 새롭게 되는 것이 있다는 것이다.

도(荼)는 음이 도(徒)다. 송충은 말하기를 "유(愈)는 이긴다(勝)는 것이다"라고 하였다. 범망은 말하기를 "도(荼)는 희다(白)는 것이다. 노(盧)는 검다(黑)는 것이다. 구(九)는 서방이다. 그러므로 백이다"라고 하였다. 사마광은 생각하기를 "도(荼)는 띠와 가라지풀이니, 그 색이 희다. 구(九)는 화(禍)의 종(終)이 되나 낮에 해당하니, 그 화(禍)되는 것을 후회할 수 있다. 그러므로 늙어서 머리가 흰 사람을 생각하여 더불어 그 옛날의 도를 지키고, 검은 머리의 말만 잘하는 선비를 사양하고 제거하면, 국가가 위태로움에 이르지 않게 된다. 『서경』「진서(秦書)」에서 '머리 센 어진 신하들은 이미 근력을 잃었지만, 나는 오히려 그대들을 중용할 것이요, 괄괄하고 용맹스런 사람들은 활 쏘고 말 타는데 잘못이 없겠지만, 나는 그래도 욕심내지 않겠다'라고 했다"라고 하였다.

☲ 三方一州二部一家.

3방, 1주, 2부, 1가다.

翕

흡(翕)

陰家, 金, 準巽. 入翕次五一十八分二十四秒.[55] 白露氣應. 日次壽星, 斗建
酉位, 律中南呂. 陸曰, 巽者入也, 翕亦入也. 王曰, 翕, 合也. 光謂, 巽爲雞,
故翕多飛鳥之象.

흡수(翕首)는 음가(陰家)이고, (5행에서는) 금(金)이며, 『주역』「손괘(巽卦)」에
준한다. 흡(翕)은 차오(次五) 18분 24초에서 들어가 백로(白露)의 기와 응한다.
태양은 수성(壽星)에 머물고, 두(斗)는 유위(酉位)에 세우고, 율은 남려(南呂)
에 맞춘다. 육적은 말하기를 "손(巽)은 들어간다(入)는 것이고,[56] 흡(翕)도 또
한 들어간다(入)는 것이다"라고 하였다. 왕애는 말하기를 "흡(翕)은 합한다(合)
는 것이다"라고 하였다. 사마광은 생각하기를 "손(巽)은 닭이 된다. 그러므로

⋯⋯⋯⋯⋯⋯⋯⋯⋯

55 劉韶軍 點校 : '二'는 명초본에서는 '三'으로 되어 있다. 이것은 장사호본 및 태현력
    에 의거해 고쳤다.
56 역주 :「玄衝」에서는 "翕也, 入."이라고 한다. 『주역』「說卦傳」에서는 "巽, 入也."라
    고 한다.

흡수(翕首)에는 나는 새의 상이 많다"라고 하였다.

▌陰來逆變, 陽往順化, 物退降集.

음은 와서 거슬러 변하고, 양은 가서 따라 화하니, 만물은 (날로 쇠하여) 물러나 내려서 모였다.

二宋陸王本作陽往順化作陽往以順. 今從范本. 宋曰, 陰來從下, 故以逆言之. 陽往從上, 故以順言之. 光謂, 陰升而害物, 故曰逆. 陽降而育物, 故曰順.
송충본, 송유간본, 육적본, 왕애본에는 양왕순화(陽往順化)가 양왕이순(陽往以順)으로 되어 있다. 지금 범망본을 따른다. 송충은 말하기를 "음이 와서 아래를 따르기에 '거스른다'는 것으로써 말하였다. 양이 가서 위를 따르기 때문에 '따른다'는 것으로써 말하였다"라고 하였다. 사마광은 생각하기를 "음은 올라서 사물을 해치기에 '거스른다'라고 하고, 양은 내려서 사물을 길러주기에 '따른다'라고 했다"라고 하였다.

▌初一 : 狂衝于冥, 翕其志, 雖欲捎搖, 天不之玆. 測曰 : 狂衝于冥, 天未與也.

초일은, (소인이 불선한 마음이 있어) 어두운 가운데서 미쳐 날뛰고, 그 뜻을 합하여 비록 그 뜻을 제멋대로 하고자 하나, 하늘이 자라게 하지 않는다.[57] 측에 말하기를, (소인이 불선한 마음이 있어) 어두운 가운데서 미쳐 날뛴다는 것은 하늘이 아직 더불어 하지 않는다는 것이다.

宋陸本翕其志作以翕其志. 不字作下. 今從范本. 范本捎搖作逍遙. 今從二宋陸王本. 捎搖與逍遙同. 王曰, 玆, 古滋字. 光謂, 一爲思始而當夜, 小人

- - - - - - - - - - - - - - - - - - - -

57 역주 : '翕'은 『이아』「釋詁」에서는 "合也."라고 한다. '與'를 '도와준다[助]'라는 것으로 볼 수도 있다. 이렇게 되면 '하늘이 도와주지 않았다'고 해석된다.

有不善之心, 狂蕩衝激于冥昧之中, 翕斂其志,[58] 未形于外. 逍遙, 自縱釋
之貌, 言雖欲縱釋其志, 天未之與, 不得滋長也.

송충본, 육적본에는 흡기지(翕其志)가 이흡기지(以翕其志)로 되어 있고, 불
(不)자는 하(下)로 되어 있다. 지금 범망본을 따른다. 범망본에는 소요(梢搖)가
소요(逍遙)로 되어 있다. 지금 송충본, 송유간본, 육적본, 왕애본을 따른다.
소요(梢遙)는 소요(逍遙)와 같다. 왕애는 말하기를 "자(玆)는 옛날 자(滋)자다"
라고 하였다. 사마광은 생각하기를 "일(一)은 사(思)의 시(始)가 되고 밤에 해
당하니, 소인이 불선한 마음이 있어 어두운 가운데서 미쳐 날뛰고 부딪쳐 그
뜻을 합하였으나 밖으로는 아직 드러나지 않았다. 소요(逍遙)는 스스로 제멋
대로 하는 모습이니, 비록 그 뜻을 제멋대로 하고자 하나, 하늘이 더불어 하지
않아 자랄 수 없다는 말이다"라고 하였다.

■ 次二 : 翕冥中, 射貞. 測曰 : 翕冥中, 正予也.

차이는, (군자는 선한 마음이 있어) 어두운 가운데에서 합하여 수렴하니, 활을
쏜 것이 (적중하지 않음이 없어) 바르다.
측에 말하기를, (군자는 선한 마음이 있어) 어두운 가운데에서 합하였다는 것
은 자기의 마음을 바르게 하였다는 것이다.

王本正予作正弓. 今從諸家. 予與與同. 二爲思中而當晝, 君子有善心, 亦
翕斂于冥昧之中. 如射之有志, 正己而發, 發無不中, 故曰射貞. 正予, 猶言
唯正是與也.

왕애본에 정여(正予)는 정궁(正弓)으로 되어 있다. 지금 제가의 판본을 따른
다. 여(予)는 여(與)와 같다. 이(二)는 사(思)의 중(中)이 되고 낮에 해당하니,
군자는 선한 마음이 있고 또 어두운 가운데서도 합하여 수렴하니, 이것은 마치
활을 쏘는데 뜻이 있어 자신을 바르게 하여 쏘면, 쏜 것이 적중하지 않음이

....

58 劉韶軍 點校 : '志'는 명초본에는 없다. 이것은 대전본, 도장본, 장사호본에 의거해
   보충하였다.

512 태현집주

없는 것과 같다. 그러므로 "활을 쏜 것이 (적중하지 않음이 없어) 바르다"라고
하였다. '정여(正予)'는 오직 바른 것과 함께 한다는 말과 같다.

▌次三 : 翕食嚄嚄　測曰 : 翕食嚄嚄, 利如舞也.
차삼은, 사람과 함께 먹는데 양보하지 않고 빨리빨리 하였다.
측에 말하기를, 사람과 함께 먹는데 양보하지 않고 빨리빨리 하였다는 것은
이익을 탐하는 것이 박자에 맞춰 춤추는 것이다.

嚄, 楚夫切. 范曰, 嚄嚄, 食疾貌. 王曰, 嚄嚄盡爨, 貪之甚也. 欲利之速,
如舞之赴節. 光謂, 三爲成意而當夜, 上近于祿, 小人見祿, 貪而務入, 無所
不至之象也.
최(嚄)는 초(楚)와 결(夫)의 반절이다. 범망은 말하기를 "최최(嚄嚄)는 먹는 것
이 빠른 모양이다"라고 하였다. 왕애는 말하기를 "최최(嚄嚄)하면서 저미기를
다하는 것은 탐하는 것이 심한 것이다. 이익을 신속하게 하고자 하는 것이
마치 박자에 맞춰 춤추는 것이다"라고 하였다. 사마광은 생각하기를 "삼(三)은
뜻을 이룬 것이 되나 밤에 해당하고, 위로는 녹봉에 가까워지니, 소인이 녹봉
을 보고 탐하여 들어가기를 힘쓰는 것이 이르지 못할 곳이 없는 상이다"라고
하였다.

▌次四 : 翕其羽, 利用擧.　測曰 : 翕其羽, 朋友助也.
차사는, 새가 그 깃을 합하니, 들어 날아가는 것에 씀이 이롭다.
측에 말하기를, 새가 그 깃을 합하였다는 것은 벗들이 도왔다는 것이다.[59]

四爲下祿, 又爲外他, 當日之晝, 如鳥翕其羽, 利用擧. 士得朋友之助, 利于

....
59 역주 : 이 구절은, 새가 그 깃을 합하니 날아 올라가는데 이롭고, 사람이 친구의
　　도움을 얻으면 승진하는데 이롭다는 것이다.

進也.

사(四)는 하록(下祿)이 되고, 또 밖의 다른 것이 되나 하루의 낮에 해당하니, 마치 새가 그 깃을 합하여 날아 올라가는데 이용하는 것이다. 선비가 벗들의 도움을 얻으니, 나아가는데 이롭다.

▌次五 : 翕其腹, 辟穀. 測曰 : 翕其腹, 非所以譽也.

차오는, 복록을 합하여 (타인에게 주지 않고) 자기에게 주니, (그것은 도리어) 복록[穀]을 물리친 것이다.
측에 말하기를, 복록을 합하여 (타인에게 주지 않고) 자기에게 주었다는 것은 명예로운 것이 아니라는 것이다.

范王小宋本辟穀皆作辟金穀. 今從宋陸本. 范小宋本譽作舉. 今從陸王本.
五爲中祿, 又爲腹, 而當日之夜, 但能翕其福祿以自與者也. 故曰翕其腹.
夫自與者人必奪之, 此乃辟去福祿之道也. 況令名何從而得之.
범망본, 왕애본, 송유간본에는 벽곡(辟穀)이 모두 벽금곡(辟金穀)으로 되어 있다. 지금 송충본, 육적본을 따른다. 범망본, 송유간본에는 예(譽)가 거(擧)로 되어 있다. 지금 육적본, 왕애본을 따른다. 오(五)는 중록(中祿)이 되고, 또 배가 되고, 하루의 밤에 해당하니, 다만 그 복록을 합하여 스스로 준다는 것이다. 그러므로 "복록을 합하여 (타인에게 주지 않고) 자기에게 주었다"라고 하였다. 대저 자기에게 준 것들은 타인들이 반드시 빼앗아 가니, 이것은 곧 복록을 물리치는 도이다. 하물며 좋은 이름을 어디에서 얻을 것인가?

▌次六 : 黃心鴻翼, 翕于天. 測曰 : 黃心鴻翼, 利得輔也.

차육은, 중용으로 마음을 삼으면 도와주는 것이 많은 것이, 기러기가 날개를 펴서 하늘을 향해 올라가는 것과 같아, 하늘에 합하게 된다.[60]

....

60 역주 : '鴻'은 '크다[大]'는 것이다. '鴻益'은 '輔弼이 堅剛하다'는 것이다. 이 구절은,

측에 말하기를, 중용으로 마음을 삼으면 도와주는 것이 많은 것이 기러기가 날개를 펴서 하늘을 향해 올라가는 것이다는 것은 보좌를 얻는 것이 이롭다는 것이다.

宋陸王本利作和. 今從范本. 六爲中上, 故稱黃. 鴻, 鳥飛之高者也. 六又爲盛多, 福之隆, 當日之晝, 君子以中庸爲心, 輔之者衆, 如傳鴻翼, 其高飛無不至矣.

송충본, 육적본, 왕애본에는 리(利)가 화(和)로 되어 있다. 육(六)은 중(中)의 상(上)이 된다. 그러므로 황(黃)이라고 일컬었다. 홍(鴻)은 새가 날기를 높이 한 것이다. 육(六)은 또 성대함이 되고, 복(福)이 융성한 것이고, 하루의 낮에 해당하니, 군자가 중용으로 마음을 삼으면 돕는 것이 많은 것이, 마치 기러기가 날개를 펴서 그것들이 높이 날아 이르지 못함이 없는 것과 같다.

▌次七 : 翁繳惻惻. 測曰 : 翁繳惻惻, 被離害也.

차칠은, (새가 높이 날아가다가 사람이 쏜) 주살끈[繳]에 걸리니, 몹시 슬프다. 측에 말하기를, (새가 높이 날아가다가 사람이 쏜) 주살 끈[繳]에 걸려 몹시 슬프다는 것은 피해를 당했다는 것이다.[61]

繳, 音灼. 范曰, 七爲繩, 爲射. 射用繩者, 繳之謂也. 光謂, 七爲禍階而當夜, 故被離害也.

작(繳)은 음이 작(灼)이다. 범망은 말하기를 "칠(七)은 노끈이 되고, 쏘는 것이 되니, 쏘는데 끈을 쓴 것을 '주살 끈'이라고 이른다"라고 하였다. 사마광은 생각하기를 "칠(七)은 화(禍)의 계단이 되고 밤에 해당한다. 그러므로 걸려서 피해를 당했다"라고 하였다.

....

중정한 마음이 있고, 또 賢能한 자의 보필을 얻으면 높이 날아오르는데 이롭기에 하늘에 합하였다고 한 것이다.

61 역주 : '惻惻'은 '痛心하는 모양'이다. '離'는 '걸린대[罹]'라는 것이다. 즉 조우한다는 것이다.

▌次八 : 揮其罦, 絕其羂, 殆. 測曰 : 揮罦絕羂, 危得遂也.

차팔은, (힘을 발휘해) 그 덮은 그물을 휘둘러 벗어나고, 그 올무를 끊었지만, 여전히 위태롭다.

측에 말하기를, (힘을 발휘해) 덮은 그물을 휘둘러 벗어나고 올무를 끊었다는 것은 위태롭지만 뜻을 얻어 성공하였다는 것이다.[62]

揮與撝同. 羂, 古縣切. 王曰, 晝可以自危, 雖不至于終凶,[63] 亦殆之甚. 小宋曰, 罦, 覆車也. 羂, 罔也. 光謂, 八爲禍中而當晝, 故得免也.

휘(揮)는 휘(撝)와 같다. 견(羂)은 고(古)와 현(縣)의 반절이다. 왕애는 말하기를 "낮에는 스스로 위태로울 수 있어, 비록 끝내 흉한 것에 이르지 않았으나 또한 위태로움이 심하다"라고 하였다. 송유간은 말하기를 부(罦)는 덮은 수레다. 견(羂)은 그물(罔)이다"라고 하였다. 사마광은 생각하기를 "팔(八)은 화(禍)의 중(中)이 되나 낮에 해당한다. 그러므로 (위태로움에서) 면하였다"라고 하였다.

▌上九 : 揮其角, 維用抵族. 測曰 : 揮其角, 殄厥類也.

상구는, 그 뿔을 휘둘러 오직 종족을 치는데 사용하였다.

측에 말하기를, 그 뿔을 휘둘렀다는 것은 그 무리를 멸망시켰다는 것이다[64].

王本族作撲. 今從諸家. 抵, 音紙. 范曰, 抵, 擊也. 王曰, 揮其角以拒物, 物所同惡. 光謂, 九爲殄絕, 爲禍極, 爲猛, 爲角而當夜, 翕禍不已, 至于窮

····················

62 역주 : '罦'와 '羂'은 모두 그물[網]로, 짐승을 잡는데 사용한다. '遂'는 그 뜻에 따라서 성공한 바가 있다는 것이다. 이 구절은, 그물에 걸렸지만 떨쳐서 벗어났으니, 비록 위태로운 것이 있었지만 그 뜻을 마음대로 펼 수 있는 것을 얻어 성공한 바가 있다는 것이다.

63 劉韶軍 點校 : '於終凶'은 명초본에는 '終凶終'으로 되어 있다. 이것은 대전본, 장사 호본에 의거해 고쳤다.

64 역주 : '揮'는 『설문』에서는 "奮也."라고 한다. '殄'은 『설문』에서는 "塵也."라고 한다. 일설에는 "滅也."라고도 한다.

極, 猶欲用猛取勝, 故至于絶族也.

왕애본에는 족(族)이 박(撲)으로 되어 있다. 지금 제가의 판본을 따른다. 지(抵)는 음이 지(紙)다. 범망은 말하기를 "지(抵)는 친다(擊)는 것이다"라고 하였다. 왕애는 말하기를 "그 뿔을 휘둘러 사물을 막는 것은 사물이 함께 싫어하는 바다"라고 하였다. 사마광은 생각하기를 "구(九)는 죽어서 끊어진 것이 되고, 화(禍)의 극(極)이 되고, 사나운 것이 되고, 뿔이 되고 밤에 해당하니, 화(禍)에 모으기를 그치지 않다가, 궁극에 이르면 오히려 사나운 것을 사용하여 승리를 취하고자 한다. 그러므로 종족을 멸망시키기에 이른다"라고 하였다.

▤ 三方一州二部二家.

3방, 1주, 2부, 2가다.

聚

취(聚)

陽家, 土, 準萃. 入聚次七,[65] 日舍角宿. 易曰, 萃, 王假有廟, 故聚多鬼神之象.
취수(聚首)는 양가(陽家)이고, (5행에서는) 토(土)이며, 『주역』「췌괘(萃卦)」에
준한다.[66] 취(聚)는 차칠(次七)에서 들어가고, 태양은 각수(角宿)에 머문다. 『주
역』「췌괘(萃卦)」괘사에 "췌(萃)에 왕이 종묘에 이른다"라고 하였다. 그러므로
취수(聚首)에는 귀신의 상이 많다.

▌陰氣收聚, 陽不禁禦, 物相崇聚.

음기는 거두어 모이고, 양은 금하고 막지 않으니, 만물이 서로 모이고 모였다.

· · · · · · · · · · · · · · · · · ·

65 劉韶軍 點校 : '聚'는 명초본에는 '此首'로 되어 있다. 이것은 대전본, 도장본,장사호
    본에 의거해 고쳤다.
66 역주 : 『주역』「序卦傳」에서는 "萃者, 聚也."라 하고 있다.

崇亦聚也.

숭(崇)은 또한 모인다(聚)는 것이다.

■ 初一 : 鬼神以無靈. 測曰 : 鬼神無靈, 形不見也.

초일은, 귀신은 형이 없는 것으로써 신령스럽다.

측에 말하기를, 귀신은 형이 없는 것으로써 신령스럽다는 것은 형이 나타나지 않았다는 것이다.[67]

見, 賢遍切. 王曰, 鬼神以無形爲靈. 陳曰, 聚者, 陰氣收聚, 萬物衰落, 有形復于無形, 物歸其本. 本之無者, 非靈而何. 夫精氣爲物, 游魂爲變, 聚則爲物, 散則無形,[68] 故鬼神以無形爲靈也. 光謂, 一爲下下, 又爲水, 幽深之象也.

현(見)은 현(賢)과 편(遍)의 반절이다. 왕애는 말하기를 "귀신은 형이 없는 것으로써 신령스러움을 삼는다"라고 하였다. 진점은 말하기를 "취(聚)는 음기가 거두어 모여 만물이 쇠약하여 떨어지고, 형이 있는 것이 형이 없는 것에 돌아가고 사물은 그 근본으로 돌아간다. 없는 것을 근본으로 하는 것은 신령스런 것이 아니고 무엇이겠는가? 대저 정기(精氣)는 사물이 되고, 떠다니는 혼은 변화가 되니,[69] 모이면 사물이 되고 흩어지면 형이 없다. 그러므로 귀신은 형이 없는 것으로써 신령스러움을 삼는다"라고 하였다. 사마광은 생각하기를 "일(一)은 하(下)의 하가 되고, 또 물(水)도 되니, 그윽하고 깊은 상이다"라고 하였다.

· · · · · · · · · · · · · · · · · · ·

67 역주 : 이 구절은, 귀신은 형이 없고, 황홀하여 볼 수 없고, 변화를 헤아릴 수 없기에 '靈'이라고 한 것이다.

68 劉韶軍 點校 : '無'는 명초본에는 '爲'로 되어 있다. 이것은 대전본, 도장본, 장사호본에 의거해 고쳤다.

69 역주 : 『주역』「계사전상」4장에 나오는 말이다. 전후 문맥은 "易與天地准, 故能彌綸天地之道. 仰以觀於天文, 俯以察於地理, 是故知幽明之故. 原始反終, 故知死生之說. 精氣爲物, 遊魂爲變, 是故知鬼神之情狀."이다.

▌次二：燕聚嘻嘻. 測曰：燕聚嘻嘻, 樂淫愆也.

차이는, 서로 모여 잔치하면서 화락하였다.

측에 말하기를, 서로 모여 잔치하면서 화락하였다는 것은 즐거움이 넘쳐 허물이 되었다는 것이다.[70]

范本愆作衍, 小宋本作衍. 今從宋陸王本. 二爲思中, 爲平人, 當夜, 相聚冥樂, 過則成愆.

범망본에 연(愆)은 연(衍)으로 되어 있고, 송유간본에는 연(衍)으로 되어 있다. 지금 송충본, 육적본, 왕애본을 따른다. 이(二)는 사(思)의 중(中)이 되고, 평범한 사람도 되고, 밤에 해당하니, 서로 모여서 그윽히 잔치를 즐기는데 지나치면 허물을 이룬다.

▌次三：宗其高年, 群鬼之門. 測曰：宗其高年, 鬼待敬也.

차삼은, 그 나이가 높은 분들을 종으로 모시니, 여러 귀신들이 (인간세상으로 되돌아가 제사를 통해) 공경을 받는 문이다.

측에 말하기를, 그 나이가 높은 분들을 종으로 모셨다는 것은 (사람들이) 귀신들을 공경하게 대한다는 것이다.[71]

二宋陸王本年皆作辛. 今從范本. 范曰, 三爲門.(闕)

송충본, 송유간본, 육적본, 왕애본에 년(年)은 모두 신(辛)으로 되어 있다. 지금 범망본을 따른다. 범망은 말하기를 "삼(三)은 문이 된다"라고 하였다. 해설이 빠졌다.

· · · · · · · · · · · · · · · · · ·

70 역주 : '淫'은 '정도를 넘은 심한 것'이다. 이 구절은, 서로 모여서 즐겁게 웃으면서 연회를 즐거워하는 것이 도가 없으니, 물극필반의 이치에 의해 즐거움이 심하면 허물이 된다는 것이다.

71 역주 : 범망은 "三爲門, 宗, 尊也. 高年, 可高而宗也. 鬼, 歸也. 進德之人, 修業及時, 當爲王臣, 故群歸其門也. 賢者所歸, 故待之以敬也."라고 하여 '鬼'를 '歸'로 보고 해석한다.

▌次四：牽羊示于叢社，執圭信其左股，野. 測曰：牽羊于叢，不足
榮也.

차사는, (교외의 社에 지내는 大祭는 소를 잡아 희생으로 해야 하는데) 지금
양만 끌어다가 (잡목이 있는) 총사(叢社)에 보이기만 하고, 규(圭)를 잡고 예를
행하는데 (불경하게) 그 왼쪽 넓적다리를 펴니, 예가 없이 천박하다.
측에 말하기를, (교외의 社에 지내는 大祭는 소를 잡아 희생으로 해야 하는데)
지금 양만 끌어다가 (잡목이 있는) 총사에 보이기만 한다는 것은 제사를 영예
롭게 여기기에 부족하다는 것이다.[72]

范本信其左股作信辟其左股,[73] 測曰不足勞也. 今從二宋陸王本. 信與伸
同. 羊, 中牲也. 依叢林而爲社, 鬼之微者也. 執圭, 重禮也. 拜當伸右股.
四當日之夜, 雖有福祿, 不能用之. 如牽羊但示于叢社而已, 不足榮也. 執
圭而拜, 乃伸其左股, 不免于鄙野也.

범망본에 신기좌고(信其左股)는 신벽기좌고, 측왈부족로야(信辟其左股, 測曰
不足勞也)로 되어 있다. 지금 송충본, 송유간본, 육적본, 왕애본을 따른다. 신
(信)은 펼친다(伸)는 것이다. 양(羊)은 (제사를 지내는데) 중생(中牲)에 해당하
는 희생물이다. 잡목이 우거진 숲을 의거해 사(社)를 만드니, 귀신이 미약한
것이다. 집규(執圭)는 성대한 예이다. 절할 때는 마땅히 오른쪽 넓적다리를
펴야 한다. 사(四)는 하루의 밤에 해당하니, 비록 복록이 있더라도 사용할 수
없다. 이것은 마치 양을 끌고 가서 단지 잡목이 우거진 사(社)에 보여주고 만
것과 같으니, (제사를) 영화롭게 여기기에 부족하다. 규(圭)를 잡고 절하는데
이에 그 왼쪽 넓적다리를 펴니, 비루하고 천박하고 촌스러움을 면치 못하였다.

. . . .

72 역주 : '叢社'는 郊祭의 土神으로서, 큰 제사다. '執圭'는 '절하는 무거운 예'이다.
   이 구절은, 교외의 社에 지내는 大祭는 마땅히 소를 잡아 희생으로 해야 하는데
   지금 양만 끌어다가 보이기만 하고, '집규'하여 중한 예절을 행하는데 절은 마땅히
   왼쪽을 굽히고 오른쪽을 펴야 하는데 지금 왼쪽 넓적다리를 펴니, 모두 비루한
   것을 면하지 못한 것이니, 거칠고 저속하면서 예가 없어 무슨 영광된 것이 있겠는
   가 하는 것이다.
73 劉韶軍 點校 : '信其左股' 4글자는 명초본에는 없다. 이것은 대전본, 도장본, 장사
   호본에 의거해 보충하였다.

▌次五：鼎血之繇, 九宗之好, 乃後有孚. 測曰：鼎血之繇, 信王命也.
차오는, 정조(鼎俎)를 펼쳐 제사지내는데 화톳불이 갖추어지고, 구족(九族)의 종주(九宗)가 좋아하여야 이에 뒤에 성실함이 있다.
측에 말하기를, 솥의 피로 화톳불을 하였다는 것은 (백성들이 조상을 잘 모시는 왕의) 왕명을 믿는다는 것이다.[74]

王曰, 繇與㷞同, 謂薪燎也. (闕)
왕애는 말하기를 "유(繇)는 유(㷞)와 같으니, 화톳불(薪燎)을 말한다"라고 하였다. 해설이 빠졌다.

▌次六：畏其鬼, 尊其體, 狂作眛淫, 亡. 測曰：畏鬼之狂, 過其正也.
차육은, 그 귀신을 두려워하여 예를 갖추어 제사지내서 그 몸을 높이고, 눈으로 본 바가 없어 마음이 미혹되고, (제사지내지 않아야 할) 음사(陰祀)에 제사를 지내면 나라가 망한다.
측에 말하기를, 귀신을 두려워하는데 미혹되었다는 것은 그 바른 정도를 잘못하였다는 것이다.[75]

范本眛作昧. 今從二宋陸王本. 王曰, 眛者目無所見也. 狂瞀而求淫祀, 亡則冥焉.

· · · · · · · · · · · · · · · · · ·

74 역주 : '繇'는 '(화톳불을 놓아 하늘에) 제사를 지낸다[㷞]'라는 것이다. 『類篇』에서는 "積也, 積火燎之也."라고 한다. 이 구절은, 왕이 제기를 갖추고 예를 차려 제사를 지내 九族의 宗主가 모두 모이고, 제사 지내는 것이 엄숙하면서도 공경하니, 제사의 예를 성실하게 지내는 것이야말로 왕명이 백성들에게 신용을 받게 된다는 것이다.
75 역주 : '淫'이란 제사지낼 것이 아닌 것에 제사를 지내는 것이다. 『예기』「曲禮(下)」에는 "凡祭有其廢之, 莫敢擧也. 有其擧之, 莫敢廢也. 非其所祭而祭之, 名曰淫祀. 淫祀無福."을 말한다. 이 구절은, 귀신을 공경하면서 두려워하고, 천지를 교외에서 제사하는데 마땅히 종묘의 예를 존숭해야 하는데, 지금 陰祀에 제사지낼 것이 아닌 것에 제사를 지내니 정도에 합치하지 않는다는 것이다.

범망본에 미(眯)는 매(眛)로 되어 있다. 지금 송충본, 송유간본, 육적본, 왕애본을 따른다. 왕애는 말하기를 "미(眯)란 눈으로 본 바가 없다는 것이다. 미친 소경으로 음사(陰祀)를 구하니, 망하면 어두운 것이다"라고 하였다.

■ 次七：竦萃于丘塚. 測曰：竦萃丘塚, 禮不廢也.
차칠은, 두려워 공경하면서 (조상의 신령을) 무덤에 모아 제사지냈다.
측에 말하기를, 두려워 공경하면서 무덤에 모아 제사지냈다는 것은 (조상에 대한) 예를 폐하지 않은 것이다.[76]

王曰, 竦, 敬也. 光謂, 七爲高, 爲禮, 又爲禍始而當晝, 以敬而聚于丘冢, 葬以禮之象也.
왕애는 말하기를 "송(竦)은 공경한다(敬)는 것이다"라고 하였다. 사마광은 생각하기를 "칠(七)은 높은 것이 되고, 예가 되고, 또 화(禍)의 시(始)가 되나 낮에 해당하니, 공경하는 마음으로써 무덤에 모았다는 것은, 장례를 예로써 치루는 상이다"라고 하였다.

■ 次八：鴟鳩在林, 吸彼衆禽. 測曰：鴟鳩在林, 衆所吸也.
차팔은, 올빼미와 비둘기[=소인]가 수풀에 있어, 저 뭇 새들이 모여 요란하게 지저귄다.
측에 말하기를, 올빼미와 비둘기가 수풀에 있다는 것은 뭇사람들이 떠든다는 것이다.[77]

宋陸本吸作呱, 王本作吠. 今從范小宋本. 吸, 于交切, 多聲也. 王曰, 鴟鳩,

· · · · · · · · · · · · · · · · · · · ·
76 역주 : '丘塚'은 '墳墓'다. 이 구절은, 두려워하면서 삼가고, 공경히 祖考를 생각하고 先祖를 제사지내니, 이것은 예에서 폐할 수 없다는 것이다.
77 역주 : '鴟鳩'는 '매[鷹]'와 비슷한 것으로, 새를 잡아서 먹는다.

惡鳥. 聚中林必爲衆禽所譟也. 光謂, 八爲禍中而當夜, 小人惡聲已著, 如
鴟鳩所在之林, 衆禽必聚而譟之.

송충본, 육적본에는 요(咬)는 고(呱)로 되어 있고, 왕애본에는 폐(吠)로 되어
있다. 지금 범망본, 송유간본을 따른다. 요(咬)는 우(于)와 교(交)의 반절로서,
소리가 많은 것이다. 왕애는 말하기를 "치구(鴟鳩)는 악조(惡鳥)로서, 그것들
이 수풀 속에 모이면 반드시 뭇 새들이 요란하게 지저귀게 된다"라고 하였다.
사마광은 생각하기를 "팔(八)은 화(禍)의 중(中)이 되고 밤에 해당하여 소인의
사나운 소리가 이미 나타난 것이니, 이것은 마치 올빼미가 수풀에 있으면 뭇
새들이 반드시 모여 떠드는 것과 같다"라고 하였다.

■上九 : 垂涕纍鼻, 聚家之彙. 測曰 : 垂涕纍鼻, 時命絕也.

상구는, (사람이 죽어 슬퍼해) 눈물이 흘러 코에 매달려 있으니, 사람들이 집
에 모여 그의 죽음을 슬퍼한다.
측에 말하기를, 눈물이 흘러 코에 매달렸다는 것은 때에 수명이 끊어졌다는
것이다.[78]

小宋曰, 彙, 類也. 光謂, 九爲禍極, 爲殄絕, 如君子生有令德, 其死也哀.
趙文子成室曰, 歌于斯, 哭于斯, 聚國族于斯. 此之謂也.

송유간은 말하기를 "휘(彙)는 무리(類)다"라고 하였다. 사마광은 생각하기를
"구(九)는 화(禍)의 극(極)이 되고, 끊어진 것이 되니, 이것은 마치 군자가 살아
서 좋은 덕이 있으면 그가 죽었을 때 사람들이 슬퍼하는 것이다. 진(晉)나라의
헌문자(獻文子=趙武=趙文子)가 저택을 준공시키자 (진나라의 대부들이 가서
축하하니, 장로(張老)가 말하기를 '규모가 크고도 아름답도다. 장식이 화려하
고도 아름답도다.) 제사를 지낼 때에는 여기에서 음악을 연주하고 춤추며, 상
사(喪事)가 있을 때에는 여기에서 곡읍하고, 연례(宴禮)를 베풀 때에는 여기에

. . . .

78 역주 : 九는 '聚'의 극으로서, 모이는 것이 다하면 흩어지고, 지위가 끝나면 잃게
   된다. 그러므로 '時命絶'이라 한다.

서 국빈과 종족을 모으게 될 것이다'[79]라고 하니 이것을 이른 것이다"라고 하였다.

· · · · · · · · · · · · · · · · · ·

79 역주 : 이 말은 『예기』 「檀弓下」의 "晉나라의 獻文子(=趙武)가 저택을 준공시켰다. 진나라의 대부들이 가서 축하하였다. 장노가 말하기를 '규모가 크고도 아름답도 다. 장식이 화려하고도 아름답도다. 제사를 지낼 때에는 여기에서 음악을 연주하고 춤추며, 상사가 있을 때에는 여기에서 곡읍하고, 연예를 베풀 때에는 여기에서 국빈과 종족을 모으게 될 것이다'라고 하였다.(晉獻文子成室, 晉大夫發焉. 張老曰, 美哉, 輪焉. 美哉, 奐焉. 歌於斯, 哭於斯, 聚國族於斯.)"라는 말에서 나온 것이다. 이에 이해의 편리상 전문을 싣는다.

적積

三方一州二部三家.

3방, 1주, 2부, 3가다.

積

적(積)

陰家, 水, 準大畜.

적수(積首)는 음가(陰家)이고, (5행에서는) 수(水)이며, 『주역』「대축괘(大畜卦)」에 준한다.[80]

▌陰將大閉, 陽尙小開, 山川藪澤, 萬物攸歸.

음은 (기운이 왕성하여) 장차 크게 닫으나, 양은 (기운이 미력하여) 오히려 작게 여니, 산과 개울과 늪과 연못은 만물이 돌아가 감추는 바다.

王曰, 山藪所以畜藏萬物也. 光謂, 陰盛陽微, 故萬物極陽之末, 盡皆歸藏 于山川藪澤, 委積其中也.

. . . .

80 역주 : 『釋文』에서는 "畜本又作蓄, 蓄, 積也, 聚也."라 한다.

왕애는 말하기를 "산과 늪은 만물을 저장하는 곳이다"라고 하였다. 사마광은 생각하기를 "음이 성대하나 양이 미약하다. 그러므로 만물은 양이 지극한 끝에서는 모두 산과 개울과 늪과 연못으로 돌아가 숨어 그 속에 모여 든다"라고 하였다.

▌**初一 : 冥積否, 作明基. 測曰 : 冥積否, 始而在惡也.**
초일은, (소인이) 어두운 곳에서 불선한 것을 쌓아, '밝은 (형벌의) 터'를 만들었다.
측에 말하기를, (소인이) 어두운 곳에서 불선을 쌓았다는 것은 처음부터 악의 방향에 향하였다는 것이다.[81]

宋陸本始而在惡作已而在惡,[82] 范本無已而字, 小宋本無已字.[83] 今從王本作始而在惡.[84] 王本基作資. 今從諸家. 否, 音鄙. 范曰, 否, 不善也. 光謂, 一爲思始而當夜, 小人積惡于幽, 而取禍于明.[85] 故冥冥之惡乃所以爲明罰之基也. 故曰作明基.
송충본, 육적본에는 시이재악(始而在惡)이 이이재악(已而在惡)로 되어 있고, 범망본에는 이이(已而)자가 없고, 송유간본에는 이(已)자가 없다. 지금 왕애본에서 시이재악(始而在惡)이라 한 것을 따른다. 왕애본에는 기(基)가 자(資)로 되어 있다. 지금 제가의 판본을 따른다. 비(否)는 음이 비(鄙)다. 범망은 말하

- - - - - - - - - - - - - -
81 역주 : 이 구절은, 음이 불선한 것을 쌓으니 미미하여 보이지 않지만, 쌓인 것이 오래되면 반드시 큰 잘못에 이르러 뚜렷하게 쉽게 볼 수 있게 되고, 작은 것은 큰 것의 시작이 되고, 드러난 것은 미미한 것에서 오기 때문에 '밝은 형벌의 터를 만들었다'고 한 것이다.
82 劉韶軍 點校 : '始而在惡' 4글자는 명초본에는 없다. 이것은 대전본, 장사호본에 의거해 보충하였다.
83 劉韶軍 點校 : '小宋本無已字'는 명초본에는 없다. 이것은 대전본, 도장본, 장사호본에 의거해 보충하였다.
84 劉韶軍 點校 : '王' 위에는 명초본에는 '二' 자가 있다. 이것은 대전본, 도장본, 장사호본에 의거해 삭제하였다.
85 劉韶軍 點校 : '禍'는 명초본에는 '過'로 되어 있다. 이것은 대전본에 의거해 고쳤다.

기를 "비(否)는 선하지 않은 것이다"라고 하였다. 사마광은 생각하기를 "일(一)은 사(思)의 시(始)가 되고 밤에 해당하니, 소인은 어두운 곳에서 악을 쌓고, 밝은 곳에서 화(禍)를 취한다. 그러므로 어둡고 어두운 데에서 행한 악이 이에 밝은 형벌의 바탕인 이유가 된다. 그러므로 '밝은 (형벌의) 바탕을 만들었다'고 말한 것이다"라고 하였다.

■ 次二 : 積不用, 而至于大用, 君子介心. 測曰 : 積不用, 不可規度也.
차이는, (덕을) 쌓아놓고 쓰지 않았지만 크게 사용하는데 이르렀으니, 군자가 마음을 크게 한 것이다.
측에 말하기를, (덕을) 쌓아 놓고 쓰지 않는다는 것은 (군자의 경륜이 크기에) 살펴 헤아릴 수 없다는 것이다.

度, 待洛切. 范曰, 介, 大也. 宋曰, 積久不用, 明德深藏, 果遇其時, 至于大用. 光謂, 二爲思中而當晝, 君子積善于中, 困于下位, 其才德不爲時用. 然積之不已, 其用必大. 君子廣大其德心而已, 不汲汲于求用也.
탁(度)은 대(待)와 락(洛)의 반절이다. 범망은 말하기를 개(介)는 크다(大)는 것이다"라고 하였다. 송충은 말하기를 "쌓기를 오래하였으나 쓰지 않고, 밝은 덕을 깊이 감추다가 마침내 그 때를 만나 크게 쓰기에 이르렀다"라고 하였다. 사마광은 생각하기를 "이(二)는 사(思)의 중(中)이 되고 낮에 해당하니, 군자가 선을 마음에 쌓았더라도 낮은 지위에서 곤궁하여 그 재덕을 제 때에 쓰지 못한 것이다. 그러나 쌓기를 그치지 않으니, 그 쓰임은 반드시 크다. 군자는 그의 덕의 마음을 넓힐 따름이지, 쓰임을 구하는 것에 급급하지 않는다"라고 하였다.

■ 次三 : 積石不食, 費其勞力. 測曰 : 積石不食, 無可獲也.
차삼은, 쌓은 돌은 먹지 못하니, 그 노력을 낭비한 것이다.
측에 말하기를, 쌓은 돌은 먹지 못한다는 것은 얻을 것이 없다는 것이다.

三爲思上而當夜, 費心于無用, 努力于非務, 如積石之不可食, 雖勤而無獲
也.[86]
삼(三)은 사(思)의 상이 되고 밤에 해당하니, 쓸모가 없는 것에 마음을 허비하
고 힘쓸 것이 아닌 것에 힘을 들인 것으로, 마치 쌓은 돌을 먹을 수 없는 것과
같아 비록 부지런히 하더라도 얻는 것이 없다.

▌次四 : 君子積善, 至于車耳. 測曰 : 君子積善, 至于蕃也.
차사는, 군자가 선을 쌓아서 (천자에게) 수레의 바람막이를 받는 것에 이르렀
다.[87]
측에 말하기를, 군자가 선을 쌓았다는 것은 번성함에 이르렀다는 것이다.

小宋本至于蕃作至于大蕃. 今從諸家. 王曰, 蕃謂蕃庶, 附袁切. 小宋曰,
蕃, 車耳也, 敷袁切. 光謂, 車耳, 兩輔也. 至于車耳, 言其盈積而著見也.
송유간본에 지우번(至于蕃)은 지우대번(至于大蕃)으로 되어 있다. 지금 제가
의 판본을 따른다. 왕애는 말하기를 "번(蕃)은 번성하고 많다(蕃庶)는 말이니,
부(附)와 원(袁)의 반절이다"라고 하였다. 왕애는 말하기를 "번(蕃)은 거이(車
耳)로서, 부(敷)와 원(袁)의 반절이다"라고 하였다. 사마광은 생각하기를 "거이
(車耳)는 양쪽 수레의 바람막이다. '거이(車耳)에 이르렀다'고 한 것은 가득차
서 드러났다는 말이다"라고 하였다.

▌次五 : 藏不滿, 盜不贏. 測曰 : 藏滿盜贏, 還自損也.
차오는, 감춘 것이 가득하지 않으니, 도둑이 많지 않았다.

· · · · · · · · · · · · · · · · · · ·

86 劉韶軍 點校 : '獲'은 명초본에는 '用'으로 되어 있다. 이것은 대전본, 도장본, 장사
    호본에 의거해 고쳤다.
87 역주 : '車耳'는 수레의 양쪽 바람막이로, '車服'을 가리킨다. 사람들은 '車服'을 영예
    롭게 여기는데, 천자는 항상 '車服'을 제후에게 내린다. 이 구절은, 군주가 선을
    쌓고 이름을 이루면 천자가 '車服'을 내려 그 현명한 것을 밝게 드러낸다는 것이다.

측에 말하기를, 감춘 것이 가득하지 않고 도둑이 많지 않았다는 것은 (많이 저장하면 잃어버리는 것이) 되돌아와 스스로 덜게 된다는 것이다.[88]

王本藏作減. 今從諸家. 藏, 徂浪切.[89] 五居尊位, 受盛福, 不務德施而蓄積無已, 適足爲盜之贏利也.[90] 秦積敖倉, 爲楚漢之資. 隋積洛口, 爲李密之用, 皆其類也.

왕애본에 장(藏)은 감(減)으로 되어 있다. 지금 제가의 판본을 따른다. 장(藏)은 조(徂)와 랑(浪)의 반절이다. 오(五)는 높은 지위에 있으면서 성대한 복을 받는데, 덕을 베푸는 것을 힘쓰지 않고 쌓기를 그치지 않으니, 다만 도적의 남은 이익이 되기에 적당하다. 진나라가 오창(敖倉)에[91] 쌓은 것이 초나라와 한나라의 재물이 되었고, 수나라가 낙구(洛口)에[92] 쌓은 것이 이밀(李密)의[93] 쓰임이 된 것은 모두 그 부류이다.

■ 次六 : 大滿碩施, 得人無亢. 測曰 : 大滿碩施, 人所來也.

차육은, 크게 가득하고 크게 베푸니, 사람을 얻는데 대적할 자가 없다.

··················

88 역주 : '贏'은 '가득찬다[盈]'는 것과 통한다. 이 구절은, 『노자』44장에서 말하는 "多藏必厚亡."과 관련이 있다.

89 劉韶軍 點校 : '徂'는 명초본에는 '祖'로 되어 있다. 이것은 대전본, 도장본, 장사호본 및 廣韻에 의거해 고쳤다.

90 劉韶軍 點校 : '贏'은 명초본에는 '盈'으로 되어 있다. 이것은 대전본, 도장본, 장사호본에 의거해 고쳤다.

91 역주 : '敖倉'은 고대의 중요한 곡식창고다. 秦에서 설치하였다. 오늘날 河南 滎陽 東北 敖山이다. 땅은 황하와 濟水의 갈라지는 곳에 해당한다. 中原의 漕糧은 여기에서 關中과 북부 지구로 흘러들어갔다. 漢魏시대에 여기에 창고를 세웠다. 후대에는 泛稱하여 糧倉을 '敖倉'라고 하였다. 『史記』, "漢王軍滎陽, 取敖倉.", 『春秋左氏傳』「宣十二年」, "晉師在敖, 鄗之間, 秦立爲敖倉." 참조.

92 역주 : '洛口'는 '濼口'라고도 칭한다. 오늘날 濟南市 天橋區로, 제남의 北部에 있다. 제남 교통상의 요새다.

93 역주 : 李密(582년~619년)은 수나라 말기에서 당나라 초기에 걸쳐 활약했던 정치가이자 유력 군웅의 한 사람으로, 수 양제의 지배에 반기를 들고 일어난 반란군의 수령이었다. 가명은 劉智遠이다.

측에 말하기를, 크게 가득하고 크게 베풀었다는 것은 사람들이 온다는 것이다.[94]

王本亢作方. 今從諸家. 施, 式鼓切. 王曰, 六居盛位, 得時當晝, 所積大滿而能大施以濟于物, 故得人皆歸之, 其道無窮也. 光謂, 財散則人聚, 故得人也. 亢, 敵也. 詩云, 無競惟人, 斯無敵于天下矣.

왕애본에 항(亢)은 방(方)으로 되어 있다. 지금 제가의 판본을 따른다. 시(施)는 식(式)과 고(鼓)의 반절이다. 왕애는 말하기를 "육(六)은 성대한 지위에 있으면서 때를 얻고 낮에 해당하니, 쌓은 것이 크게 가득하여 크게 베풀어 사물을 구제할 수 있다. 그러므로 사람들이 모두 돌아가는 것을 얻으니, 그 도가 무궁하다"라고 하였다. 사마광은 생각하기를 "재물을 흩트리면 사람들이 모여든다. 그러므로 사람을 얻는다. 항(亢)은 대적한다(敵)는 것이다. 『시경』「주송·청묘지십(淸廟之什)」에서 '경쟁할 바가 없는 훌륭한 사람이다'[95]라고 하니, 이것은 천하에 대적할 자가 없다는[96] 것이다'라고 하였다.

▌次七 : 魁而顏而, 玉帛班而, 決欲招寇. 測曰 : 魁而顏而, 盜之招也.

차칠은, (재부를 쌓아 놓고) 사람에게 (자신이 걸출하다) 과시하고, 안색에 교만함을 드러내고, 옥과 비단의 재물을 쌓아놓고 욕심을 부리니, 반드시 도둑을 부르고자 한 것이다.

측에 말하기를, (재부를 쌓아놓고) 사람에게 과시하고 안색에 교만함을 드러

---

94 역주 : '碩'은 '크다[大]'는 것이고, '亢'은 '대적한다[敵]'는 것이다. 이 구절은, 쌓은 재물이 풍만한데 천하에 두루 베풀어 혜택이 만민에게 미치면, 사람들이 모두 와서 귀의하니 천하에 대적할 자가 없다는 것이다. 『맹자』「離婁章上」에서는 "得其民斯得天下矣."를 말한다.

95 역주 : 『시경』「周頌·淸廟之什」, "烈文辟公, 錫茲祉福, 惠我無疆, 子孫保之, 無封靡于爾邦, 維王其崇之, 念茲戎功, 繼序其皇 無競維人, 四方其訓之, 不顯維德, 百辟其刑之, 於乎前王不忘." 참조.

96 역주 : '仁者無敵'은 『맹자』「梁惠王上」, "孟子對曰 … 彼奪其民時, 使不得耕耨以養其父母. 父母凍餓, 兄弟妻子離散, 彼陷溺其民, 王往而征之, 夫誰與王敵. 故曰, 仁者無敵. 王請勿疑." 참조.

낸다는 것은 도둑을 부른다는 것이다.[97]

范本招作收, 王本決作快. 今從諸家. 魁者言其首出也. 顔者言其顯著也.
班, 布也. 七爲禍始而當夜, 積蓄不已. 首出顯著, 玉帛布列, 雖可以窮一時
之欲, 而不知盜乘其後也.

범망본에는 초(招)가 수(收)로 되어 있다. 왕애본에는 결(決)이 쾌(快)로 되어
있다. 지금 제가의 판본을 따른다. 괴(魁)란 걸출하다(首出)는[98] 말이다. 안
(顔)이란 그 분명하게 드러났다는 말이다. 반(班)은 편다(布)는 것이다. 칠(七)
은 화(禍)의 시(始)가 되고 밤에 해당하니, 쌓는 것을 그치지 않는 것이다. 걸
출하고, 분명하게 드러나고, 옥과 비단을 펴서 나열하여 비록 한 때의 욕심을
다할 수 있지만, 도적이 그 뒤를 올라탄다는 것을 알지 못한다.

■ 次八 : 積善辰禍, 維先之罪. 測曰 : 積善辰禍, 非己辜也.

차팔은, 선을 쌓았지만 때에 화(禍)를 만나니, 오직 앞선 사람의 죄이다.
측에 말하기를, 선을 쌓았지만 때에 화(禍)를 만난다는 것은 자신의 죄는 아니
라는 것이다.

小宋本辰作展. 今從諸家. 辰, 時也. 積不善之家, 必有餘殃. 八爲禍中而
當晝, 身雖積善而遭時之禍, 蓋先人之罪也.

송유간본에는 신(辰)이 전(展)으로 되어 있다. 지금 제가의 판본을 따른다. 신
(辰)은 때(時)이다. 불선을 쌓는 집안에는 반드시 남은 화(禍)가 있다.[99] 팔(八)
은 화(禍)의 중(中)이 되나 낮에 해당하니, 몸이 비록 선을 쌓았지만 때의 화

....

97 역주 : 이 구절은, 재물을 쌓아 감추고, 자신을 다른 사람에게 과시하고 제멋대로
    그 욕심을 드러내면 반드시 도둑을 불러 잃어버리는 것이 있다는 것이다. 『주역』「
    계사전상」에서는 "慢藏誨盜, 冶容誨淫."을 말한다.
98 역주 : 여기의 '首出'은 '傑出하다'는 것이다. 劉勰, 『文心雕龍』「哀吊」, "自賈誼浮湘,
    發憤吊屈, 體周而事覈, 辭淸而理哀, 蓋首出之作也." 참조. 『周易』「乾卦·象傳」에
    "首出庶物, 萬國咸寧."이란 말이 나온다.
99 역주 : 『주역』「坤·文言」, "積善之家, 必有餘慶, 積不善之家, 必有餘殃." 참조.

(禍)를 만나니, 대개 앞선 사람의 죄악이다.

▌上九：小人積非, 至于苗裔. 測曰：小人積非, 禍所尶也.

상구는, 소인이 잘못을 쌓으니, 그 화(禍)가 먼 자손에게까지 이른다.

측에 말하기를, 소인이 잘못을 쌓았다는 것은 화(禍)가 (자손에게까지) 미친다는 것이다.

王本苗作亡, 小宋本作笛,**100** 音迪., 今從宋陸范本. 尶, 古委字. 范曰, 惡大者乃至苗裔之家. 光謂, 積非之極, 遇禍之窮, 禍所委積, 故延及苗裔也. 一本作苗家.**101**

왕애본에 묘(苗)는 망(亡)으로 되어 있고, 송유간본에는 적(笛)으로 되어 있으니, 음은 적(迪)이다. 지금 송충본, 육적본, 범망본을 따른다. 위(尶)는 옛날 위(委)자다. 범망은 말하기를 "악이 큰 것은 이에 먼 후손의 집안까지 이른다"라고 하였다. 사마광은 생각하기를 "잘못을 쌓은 것이 지극하여 화(禍)가 극에 달한 것을 만난 것은 화(禍)가 쌓이고 쌓인 것이다. 그러므로 먼 후손에게까지 뻗친다. 한 판본에는 묘가(苗家)로 되어 있다"라고 하였다.

· · · · · · · · · · · · · · · · · · · ·

100 劉韶軍 點校 : '笛'은 명초본에는 '笛'으로 되어 있다. 이것은 대전본, 장사호본에 의거해 고쳤다.
101 劉韶軍 點校 : 대전본, 도장본, 장사호본에는 이 구절 5글자가 없다.

식飾

▤ 三方一州三部一家.

3방, 1주, 3부, 1가다.

飾

식(飾)

陽家, 火, 準賁. 入飾次八三十六分一十五秒, 秋分氣應, 故兼準兌. 兌爲口舌, 故飾多言語之象.

식수(飾首)는 양가(陽家)이고, (5행에서는) 화(火)이며, 『주역』「비괘(賁卦)」에 준한다.[102] 식(飾)은 차팔(次八) 36분 15초에서 들어가고 추분의 기와 응한다. 그러므로 아울러 「태괘(兌卦)」에 준한다. 태괘는 구설(口舌)이 된다. 그러므로 식수(飾首)에는 언어의 상이 많다.

· · · · · · · · · · · · · · · · · · · ·

102 역주 : 『주역』「序卦傳」에서는 "賁者, 飾也."라고 한다. 『태현경』의 81首 중 1번째 首인) 中首와 (『태현경』의 81首 중 41번째 首인) 應首와 (『태현경』의 81首 중 21번째 首인) 釋首와 (『태현경』의 81首 중 61번째 首인) 飾首를 각각 4계절 分至의 자리에 붙인 것에 인하여 준한 것이다. 이 구절은, 봄·여름·가을·겨울 4계절의 춘분·하지·추분·동지를 『태현경』의 해당 首에 적용하여 풀이한 것이다. 中首가 동지라면 應首는 하지가 되며, 釋首가 춘분이라면 飾首는 가을이 된다.

▌陰白陽黑, 分行厥職, 出入有飾.

음은 (서쪽에서 오르니) 희고, 양은 (북으로 물러나) 검고, (양과 백이) 나뉘어 그 직분을 행하니, 나가고 들어오는데 꾸밈이 있다.[103]

諸家厥作其. 今從宋陸本. 宋曰, 陰氣出治于上, 故以白爲飾. 陽氣入治于下, 故以黑爲飾. 陸曰, 陰時治西, 故言白. 陽退于北, 故言黑. 王曰, 白爲見, 黑爲隱. 白黑分形, 飾之象也.

제가들은 궐(厥)을 기(其)로 쓰고 있다. 지금 송충본, 육적본을 따른다. 송충은 말하기를 "음기가 나와서 위에서 다스린다. 그러므로 흰 것으로써 꾸밈을 삼는다. 양기는 들어와 아래에서 다스린다. 그러므로 검은 것으로써 꾸밈을 삼는다"라고 하였다. 육적은 "음의 때는 서쪽을 다스린다. 그러므로 흰 것이라 말하였다. 양은 북쪽에서 물러난다. 그러므로 검은 것이라고 말하였다"라고 하였다. 왕애는 말하기를 "흰 것은 나타난 것이 되고, 검은 것은 숨는 것이 된다. 흰 것과 검은 것이 형을 나누니, 꾸미는 상이다"라고 하였다.

▌初一:言不言, 不以言. 測曰:言不言, 默而信也.

초일은, (군자는 안으로 그 지극히 성실한 것을 지켜 깊이 생각하여) 말하지 않은 것을 말하니, 말로써 하지 않는다는 것이다.

측에 말하기를, (군자는 안으로 그 지극한 성실함을 지켜서 깊이 생각하여) 말하지 않은 것을 말한다는 것은 입을 다물었지만 (백성들이) 믿는다는 것이다.

王本贊辭止云言不以言. 今從諸家. 一爲思始而當晝, 君子內守其至誠, 沈潛淵默, 以不言爲言, 所以然者, 不言而信故也. 孔子曰, 天何言哉, 四時行焉, 百物生焉.

----

103 역주 : 음이 위로 올라가 뚜렷하게 드러나기에 '白'이라 하고, 양이 아래에 들어가 숨기에 '黑'이라고 한다. 이 때는 음이 올라가고 양이 물러나 각각 주로 하는 바가 있으니, 만물의 변화가 분명하다는 것이다.

왕애본 찬사(贊辭)에는 지운언불이언(止云言不以言)으로 되어 있다. 지금 제가의 판본을 따른다. 일(一)은 사(思)의 시(始)가 되고 낮에 해당하니, 군자는 안으로 그 지극히 성실한 것을 지켜, 깊이 생각하고 잠잠하여 말하지 않은 것으로써 말한 것을 삼는다. 그렇게 하는 이유는, 말하지 않아도 믿기 때문이다.[104] 공자는 "하늘이 무슨 말을 하는가? 4계절이 행하고 모든 만물이 자라난다"[105]라고 하였다.

▌次二：無質飾, 先文後失服. 測曰：無資先文, 失貞也.

차이는, 본 바탕이 없는데 꾸몄으니, 먼저 문채를 하였기에 뒤에 (올바로) 입을 것을[106] 잃었다.

측에 말하기를, 바탕이 없는데 먼저 문채를 하였다는 것은 (의복의) 바른 것을 잃었다는 것이다.

王本貞作眞. 今從諸家. 王曰, 無其本質, 欲以求飾, 雖先以文采, 後必失其所服. 光謂, 二爲思中而當夜, 小人內無誠實, 徒事外飾.[107] 其始則文采信美矣, 終則失其正服也. 服以諭德之形于外也.

왕애본에는 정(貞)이 진(眞)으로 되어 있다. 지금 제가의 판본을 따른다. 왕애는 말하기를 "그 본바탕이 없는데 꾸미고자 한 것은, 비록 먼저 문채를 하더라도 뒤에 반드시 그 (올바로) 입는 것을 잃게 된다"라고 하였다. 사마광은 생각하기를 "이(二)는 사(思)의 중(中)이 되고 밤에 해당하니, 소인은 안으로 성실

<hr>

104 역주 : '不言而信'은 『중용』 33장, "詩云, 相在爾室, 尚不愧於屋漏. 故君子不動而敬.", 『주역』 「계사전상」 12장, "默而成之, 不言而信, 存乎德行.", 『莊子』 「田子方」, "夫子不言而信, 不比而周." 등을 참조.

105 역주 : 『논어』 「陽貨」, "子曰, 予欲無言. 子貢曰, 子如不言, 則小子何述焉. 子曰, 天何言哉. 四時行焉, 百物生焉, 天何言哉." 참조.

106 역주 : '服'을 『설문』에서는 "用也."라고 한다. '服'을 '쓴다'는 것으로 해석하면, 이 구절은, 안으로 실질이 없는데 밖만을 꾸미면, 문채는 비록 아름답지만 마침내는 올바로 쓸 것을 잃게 된다는 것으로 해석된다.

107 劉韶軍 點校 : '外'는 명초본에는 '內'로 되어 있다. 이것은 대전본, 도장본, 장사호본에 의거해 고쳤다.

함이 없고 한갓 밖을 꾸미는 것을 일삼는다. 그 처음에는 문채가 진실로 아름
답지만, 마침에는 그 바른 의복을 잃게 된다. 입는 것으로써 덕이 밖으로 나타
나는 것을 비유한 것이다"라고 하였다.

▋次三：吐黃舌, 拑黃聿, 利見哲人. 測曰：舌聿之利, 利見知人也.
차삼은, (말하고 쓰는데) 중도의 말[黃舌]을 토하고, 중도의 붓[黃聿]을 잡으니,
철인(哲人)을 보는 것이 이롭다.[108]
측에 말하기를, 혀와 붓을 놀리고 쓴 것이 이롭다는 것은 지혜 있는 사람을
보는 것이 이롭다는 것이다.

宋陸范本吐黃舌皆作吐黃酋舌. 今從小宋本. 宋陸本拑作枻. 今從范王小
宋本. 拑, 渠廉切. 知與智同. 拑, 執也. 聿, 筆也. 君子發言著書不失中道,
惟智者能知之, 愚者不足語也. 法言曰, 言, 心聲也. 畫, 心畫也, 聲畫形,
君子小人見矣.
송충본, 육적본, 범망본에는 토황설(吐黃舌)이 모두 토황추설(吐黃酋舌)로 되
어 있다. 지금 제가의 판본을 따른다. 송충본, 육적본에는 감(拑)이 예(枻)로
되어 있다. 지금 범망본, 왕애본, 송유간본을 따른다. 감(拑)은 거(渠)와 렴(廉)
의 반절이다. 지(知)는 지(智)와 같다. 감(拑)은 잡는다(執)는 것이다. 율(聿)은
붓(筆)이다. 군자는 말하는 것이나 책을 짓는 것이 중도를 잃지 않으니, 오직
지혜로운 자만이 알 수 있고 어리석은 자는 말하기에 부족하다. 양웅은 『법언
(法言)』「문신(問神)」에서 "말은 마음의 소리이다. 글은 마음의 그림이다. 소리
와 그림이 나타나면 군자와 소인의 인격이 드러난다"라고 하였다.

· · · · · · · · · · · · · · · · · ·

108 역주 : '聿'은 '붓[筆]'이다. 『설문』에서는 "聿, 所以書之器也. 楚謂之聿, 秦謂之筆."
     이라고 한다.

▌次四 : 利舌哇哇, 商人之貞. 測曰 : 哇哇之貞, 利于商也.

차사는, 말을 교묘하게 하여 세상을 현혹하니, (군자의 도는 아니고) 장사치에게는 바른 것이다.

측에 말하기를, 말을 교묘하게 하는 것이 바른 것이라는 것은 장사에는 이롭다는 것이다.

宋陸本利舌哇哇作舌哇哇,[109] 范小宋本作利口哇哇. 今從王本. 哇, 烏佳切. 王曰, 文飾虛辭以求衒鬻, 故爲商人之貞, 而非君子之正道也. 光謂, 四爲富而當夜, 故有商人之象.

송충본, 육적본에 리설왜왜(利舌哇哇)는 설왜왜(舌哇哇)로 되어 있고, 범망본, 송유간본에는 리구왜왜(利口哇哇)로 되어 있다. 지금 왕애본을 따른다. 왜(哇)는 오(烏)와 가(佳)의 반절이다. 왕애는 말하기를 "문을 꾸미고 헛된 말을 꾸밈으로써 현혹시켜 팔기를 구한다. 그러므로 장사치에게는 바른 것이 되지만 군자의 바른 도가 아니다"라고 하였다. 사마광은 생각하기를 "사(四)는 부유함이 되고 밤에 해당한다. 그러므로 장사치의 상이 있다"라고 하였다.

▌次五 : 下言如水, 實以天牝. 測曰 : 下言如水, 能自冲也.

차오는, 낮추어 말하는 것이 물이 아래로 흐르는 것과 같으니, 그것으로써 바다를 가득 채웠다.

측에 말하기를, 낮추어 말하는 것이 물과 같다는 것은 스스로 비울 수 있다는 것이다.[110]

王本牝作比. 今從諸家. 小宋曰, 剛處于中, 能自虛懷, 聽其讜議, 從諫如

························

109 劉韶軍 點校 : '利舌哇哇'는 명초본에는 없다. 이것은 도장본, 장사호본에 의거해 고쳤다.
110 역주 : 이 구절은, 품은 것을 비우는 것이 마치 계곡과 같고, 간언을 따르는 것이 물과 같으면, 사람들이 모두 귀의하는 것이 마치 모든 내가 바다로 흘러가는 것과 같다는 것이다.

流, 何有不納. 光謂, 牝, 谷也. 天牝謂海也. 五居尊位而當晝, 能自下以納
人言. 如此則人爭以善道告之, 如流之實海也. 海自下而百川赴之, 故能成
其大. 君自下而衆善歸之, 故能成其聖.

왕애본에는 빈(牝)이 비(比)로 되어 있다. 지금 제가의 판본을 따른다. 송유관
은 "군센 것이 중(中)에 처해 스스로 마음을 비울 수 있고, 바른 의논을 듣고
간언을 따르는 것이 흐르는 물과 같으니, 받아들이지 못할 것이 무엇이 있겠는
가?"라고 하였다. 사마광은 생각하기를 "빈(牝)은 골짜기(谷)이다.[111] 천빈(天
牝)은 바다를 일컬은 것이다. 오(五)는 높은 지위에 있으면서 낮에 해당하니,
스스로 낮춤으로써 남의 말을 받아들일 수 있다. 이와 같으면 사람들이 다투
어 선한 도로써 고하니, 물이 흘러 바다를 채우는 것이다. 바다는 스스로 아래
에 있어 온갖 개울들이 다다른다. 그러므로 그 큰 것을 이룰 수 있다. 군주가
스스로 아래에 있으면 모든 선이 돌아간다.[112] 그러므로 그 성(聖)을 이룰 수
있다"라고 하였다.

▌次六 : 言無追如, 抑亦飛如, 大人震風　測曰 : 言無追如, 抑亦揚也.
차육은, (한번 뱉은 잘못된) 말은 쫓을 것이 없이 빠른 것 같고, (실수한 말은)
억눌러도 또한 날아간 듯 빠르니, 대인은 (말하는 것을) 벼락과 바람으로 여긴
다.[113]
측에 말하기를, (한번 뱉은) 말은 쫓을 것이 없다는 것은 눌러도 또한 알려진
다는 것이다.

· · · · · · · · · · · · · · · · · ·

111 역주 : 『老子』6장에는 "谷神不死, 是謂玄牝. 玄牝之門, 是謂天地根, 綿綿若存, 用
　　之不勤."이란 말이 나온다.
112 역주 : 이 구절은, 다음 구절 등과 관련이 있다. 『노자』34장, "是以聖人之能成其
　　大也, 以其終不自爲大, 故能成其大.", 『老子』66장, "江海所以能爲百穀王者, 以其
　　善下之. 故能爲百穀王.", 『尚書』「太甲」, "以不自爲大, 故能成其大 … 百川赴海而
　　海不溢.", 秦의 李斯, 「上書秦始皇」, "是以泰山不讓土壤, 故能成其大." 등 참조.
113 역주 : 이 구절은, 입에서 나온 말은 빠르기가 뇌풍같아 억제해도 날아 드날리고,
　　빠른 4마리 말도 쫓을 수 없으니, 신중하지 않으면 안된다는 것이다.

大人謂在貴位之人. 六過中而當夜, 失言者也. 一言之失, 駟不及舌, 故曰,
言無追如. 淸之而愈濁者, 口也. 雖欲抑之, 已飛揚矣, 故曰, 抑亦飛如. 況
夫威福在己. 發口一言疾如風霆,[114] 爲物休戚, 可不愼乎.

대인은 귀한 지위에 있는 사람을 이른 것이다. 육(六)은 중(中)을 지나치고
밤에 해당하니, 말을 잘못한 것이다. 한 마디의 실수는 말 네 마리가 끄는
수레의 빠름으로도 미치지 못한다.[115] 그러므로 말하기를 "(한번 뱉은 잘못된)
말은 쫓을 수 없는 듯하다"라고 하였다. 맑게 해도 더욱 혼탁해지는 것은 입이
니, 비록 억누르고자 하나 날아오른다. 그러므로 말하기를 "억눌러도 날아가
는 듯 하다"라고 하였다. 하물며 위엄과 복(福)이 자신에게 달려 있으니 더
말할 것이 있겠는가. 입에서 한마디가 발설되면 빠른 것이 바람이나 우레와
같아, 사물의 기쁨도 되고 근심도 되니, 어찌 삼가지 않을 수 있으랴?

■ 次七 : 不丁言時, 微于辭, 見上疑. 測曰 : 不丁言時, 何可章也.

차칠은, (폭군을 섬기는데) 말하는 때가 마땅하지 않아서 직언하지 않고 미언
으로 풍자하니, 분명하게 말하면 군주가 의심한다.
측에 말하기를, 말하는 때가 마땅하지 않다는 것은 어찌 드러내놓고 직언할
수 있겠는가 하는 것이다.

小宋本無不字. 今從諸家. 見, 賢遍切. 范曰, 丁, 當也. 風切而已, 不可章
灼. 光謂, 七爲禍始而當晝, 君子事暴君, 非可以直言之時, 故微辭風切而
已. 苟爲章見, 則上必疑之. 孔子曰, 君子信而後諫, 未信則以爲謗己也.

송유간본에는 불(不)자가 없다. 지금 제가의 판본을 따른다. 현(見)은 현(賢)과
편(遍)의 반절이다. 범망은 말하기를 "정(丁)은 마땅하다(當)는 것이다. 풍자함
은 간절하게 할 뿐이요 환하게 들어나게 해내서는 안 된다"라고 하였다. 사마
광은 생각하기를 "칠(七)은 화(禍)의 시(始)가 되나 낮에 해당하니, 군자가 사

. . . .

114　劉韶軍 點校 : '發'은 명초본에는 '後'로 되어 있다. 이것은 대전본, 도장본에 의거
　　　해 고쳤다.
115　역주 : 『논어』 「顔淵」, "子貢曰, 惜乎. 夫子之說君子也, 駟不及舌." 참조.

나온 임금을 섬기는 상황으로, 곧은 말을 할 수 있는 때가 아니다. 그러므로 완곡한 말로 간절하게 깨우쳐야 할 뿐이다. 만약 (훌륭한 견해라고 여겨) 환하게 드러내면 군주는 반드시 의심 한다. 공자는 '군자는 믿음이 있은 뒤에 간하니, 믿음이 없으면 군주는 자기를 비방한다고 생각 한다'라고 했다"[116]라고 하였다.

▌ 次八 : 蛁鳴喁喁, 血出其口. 測曰 : 蛁鳴喁喁, 口自傷也.

차팔은, 신하[蛁: 매미]가 장황하게 떠들어, 그 입에서 피가 나왔지만, (군주는 혹은 사람들은) 듣지 않았다.[117]

측에 말하기를, 신하[蛁: 매미]가 장황하게 떠든다는 것은 입이 스스로 상처를 입혔다는 것이다.

蛁與蜩同. 喁, 音齵. 王曰, 蛁, 善鳴之蟲也. 光謂, 喁喁, 猶諄諄也. 八爲禍中而當夜, 君不受諫, 臣強以言聒之, 不辱則刑矣. 如蜩之鳴,[118] 喁喁不已, 雖復血出其口, 誰則聽之, 徒自傷矣.

조(蛁)는 조(蜩)와 같다. 우(喁)는 음이 우(齵)다. 왕애는 말하기를 "조(蛁)는 잘 우는 벌레다"라고 하였다. 사마광은 생각하기를 "우우(喁喁)는 장황하다(諄諄)는 것이다. 팔(八)은 화(禍)의 중(中)이 되고 밤에 해당하니, 군주가 간언을 받아들이지 않는데, 신하가 억지로 말로 떠들면 치욕을 당하지 않으면 형벌을 당하게 된다. 이것은 마치 매미가 우는데 우우(喁喁)하면서 그치지 않는 것과 같아서, 비록 다시 그 피가 입에서 나오더라도 누가 듣겠는가? 다만 스스로 상하게 할 뿐이다"라고 하였다.

· · · · · · · · · · · · · ·

116 역주 : 『논어』「子張」, "子夏曰, 君子信而後勞其民, 未信則以爲厲己也. 信而後諫, 未信則以爲謗己也." 참조.
117 역주 : '于于'는 우는 소리가 그치지 않음을 말한다. 이 구절은, 군주가 말을 용납하지 않는데 신하가 강하면서 문식을 하지 않으니, 욕됨을 당하지 않으면 형을 당한다는 것이다. 즉 입으로 말하는 것 때문에 자신을 손상시킨다는 것이다.
118 劉韶軍 點校 : '鳴'은 명초본에는 없다. 대전본, 도장본, 장사호본에 의거해 보충하였다.

▌**上九：白舌于于, 屈于根, 君子否信. 測曰：白舌于于, 誠可長也.**

상구는, 흰 혀를 구부리고 침묵하니, 뿌리가 굽어 근본이 왜곡된 세상에서는 군자는 신뢰를 받지 못한다.

측에 말하기를, 흰 혀를 구부리고 침묵한다는 것은 (침묵은) 진실로 오래가는 도라는 것이다.[119]

宋陸本測白舌于于作信舌不白. 王本于于作干干,[120] 測曰, 言不信也. 小宋本作白舌不白, 于屈于根.[121] 今皆從范本. 否與不同, 方九切. 于于, 屈貌. 九爲禍極而當晝, 君子居無道之世, 言不見信, 正當屈舌緘口而已. 此誠可長久之道, 勿病不能耳.[122] 易曰, 有言不信, 尙口乃窮.

송충본, 육적본 측에는 백설우우(白舌于于)가 신설불백(信舌不白)으로 되어 있다. 왕애본에는 우우(于于)가 '간간(干干)'으로 되어 있고, 측왈언불신야(測曰言不信也)'로 되어 있다. 송유간본에는 백설불백우굴우근(白舌不白, 于屈于根)으로 되어 있다. 지금 모두 범망본을 따른다. '부(否)'는 '불(不)'과 같으니, 방(方)과 구(九)의 반절이다. '우우(于于)'는 굽은 모양이다. 구(九)는 화(禍)의 극(極)이 되나 낮에 해당하니, 군자가 무도한 세상에 있으면서 말하나 믿음을 받지 못하니, 정히 마땅히 혀를 구부리고 입을 봉해야 따름이다. 이것은 (침묵은) 진실로 길고 오래갈 수 있는 도이니, 능하지 못한 것을 병통으로 여기지 말라는 것이다. 『주역』「곤괘(困卦)」단사(彖辭)에서 말하기를 '말을 해도 믿지 않는다. 말만 숭상하면 이에 곤궁해진다'라고 했다"[123]라고 하였다.

· · · · · · · · · · · · · · · · · ·

119 역주 : 九는 金이 된다. 그러므로 '白'이라고 일컬은 것이다. 흰 혀를 구부리고 침묵한다는 것은, 말하는 것에 어려움이 많다는 것이다.

120 劉韶軍 點校 : '干干'은 명초본에는 '于'로 되어 있다. 이것은 대전본, 도장본, 장사호본에 의거해 보충하였다.

121 劉韶軍 點校 : '于屈于根'의 위의 '于'자는 명초본에는 '子'로 되어 있다. 이것은 대전본, 도장본, 장사호본에 의거해 고쳤다.

122 劉韶軍 點校 : '勿病不能耳' 5글자는 대전본, 도장본, 장사호본에는 없다.

123 역주 : 『주역』「困卦」, "彖曰, 困, 剛揜也, 險以說, 困而不失其所亨, 其唯君子乎. 貞大人吉, 以剛中也. 有言不信. 尙口乃窮也." 참조.

≣≣ 三方一州三部二家.

3방, 1주, 3부, 2가다.

疑
의(疑)

陰家, 木, 亦準賁. 彼飾此疑矣. 入疑次四, 日舍亢. 二宋陸王皆以爲象巽,
范以爲象震, 皆非也.

의수(疑首)는 음가(陰家)이고, (5행에서는) 목(木)이며, 또한 『주역』「비괘(賁
卦)」에 준한다.[124] 저쪽에서 꾸미면 이쪽에서 의심한다. 의(疑)는 차사(次四)
에서 들어가고, 태양은 항수(亢宿)에 머문다. 송충, 송유간, 왕애, 육적은 모두
「손괘(巽卦)」를 본뜬다고 하였고, 범망은 「진괘(震卦)」를 본뜬다고 하였는데,
모두 그르다.

▌陰陽相磑, 物咸彫離, 若是若非.

음과 양이 서로 갈아서, 만물이 모두 상하고 흩어지니, (음과 양이 각각 상황에

....

124 역주 : 밖으로 문식이 있으면 시비가 감추어지고 분명하지 않아 반드시 의혹이
　　 있다. 그러므로 「비괘(賁卦)」에 상당한다.

따라) 옳은 것도 같고 그른 것도 같다.[125]

磑, 五對切. 宋曰, 物相切劘稱磑. 是時陰陽相劘,[126] 分數均, 晝夜等. 陸曰, 彫, 傷也. 離, 散也. 陰卑而主, 陽尊而廢, 故若是若非疑之也. 光謂, 以氣運言之, 若陰是而陽非, 以物情言之, 若陽是而陰非, 故疑也.

애(磑)는 오(五)와 대(對)의 반절이다. 송충은 말하기를 "사물이 서로 자르고 베는 것을 애(磑)라고 일컫는다. 이 때는 음과 양이 서로 베니, 나눈 수가 균등하고 낮과 밤이 같다"라고 하였다. 육적은 "조(彫)는 상한다(傷)는 것이다. 이(離)는 흩어진다(散)는 것이다. 음은 낮은데 주인이 되고, 양은 높은데 폐해졌다. 그러므로 옳은 것도 같고 그른 것도 같아서 의심한다"라고 하였다. 사마광은 생각하기를 "기가 운행하는 것으로 말하면 음은 옳고 양은 그른 것 같고, 사물의 실정으로 말하면 양은 옳고 음은 그른 것 같다. 그러므로 의심하는 것이다"라고 하였다.

▌初一：疑恛恛, 失貞矢. 測曰：不正之疑, 何可定也.

초일은, 의심하여 정하지 못해 혼란하니, 바르고 곧은 것을 잃었다.
측에 말하기를, 바르지 않은 것이 의심스럽다는 것은 무엇을 정할 수 있는가 하는 것이다.[127]

小宋本恛作呬, 虛次反.[128] 呬呬, 笑也. 今從諸家. 范本不正之疑作疑恛失

125 역주 : 이 때는 음양이 數를 나누고, 낮과 밤을 서로 균등하게 대하여 자르고 가니, 만물은 시들고 상하고 흩어지며, 음이 성대하고 양은 폐해져서 시비에 의심되는 것이 있다는 것이다.
126 劉韶軍 點校 : '劘'는 명초본에는 '磨'로 되어 있다. 대전본, 도장본, 장사호본 및 아래 문장에 의거하여 고쳤다.
127 역주 : 이 구절은, 소인이 혼란하여 뜻을 잡은 것이 견고하지 않고, 마음이 정직하지 않아 의심한 것이 많고, 결정한 것이 적다면 정할 바가 없다는 것이다.
128 劉韶軍 點校 : '次'는 대전본, 도장본, 장사호본에는 '利'로 되어 있다. 『설문』과 『廣韻』에는 모두 '器'로 되어 있다. 동일하게 至部에 속하니 옳지 않은 것이 없다.

貞. 今從諸家. 恛, 音回. 范曰, 矢, 直也. 王曰, 恛恛, 昏亂貌. 光謂, 一爲思
始而當夜, 小人心不正直, 多疑小決, 終無所定也.

송유간본에 회(恛)는 회(唖)로¹²⁹ 되어 있으니, 허(虛)와 차(次)의 반절이다.
회회(唖唖)는 웃는다(笑)는 것이다. 지금 제가의 판본을 따른다. 범망본에 부
정지의(不正之疑)는 의회실정(疑恛失貞)으로 되어 있다. 지금 제가의 판본을
따른다. 회(唖)는 음이 회(回)다. 범망은 말하기를 "시(矢)는 곧다(直)는 것이
다"라고 하였다. 왕애는 말하기를 "회회(恛恛)는 혼란스러운 모습이다"라고 하
였다. 사마광은 생각하기를 "일(一)은 사(思)의 시(始)가 되고 밤에 해당하니,
소인이 마음이 정직하지 못하고 의심이 많아 결정하는 것이 적어 끝내 정하는
것이 없다"라고 하였다.

▌ 次二：疑自反, 孚不遠. 測曰：疑自反, 反淸靜也.

차이는, 의심스러울 때는 (결단하지 않고) 스스로 반성하여(욕심을 제거하고
의를 행하면), (의심을 결단하고) 믿는 것이 멀지 않다.
측에 말하기를, 의심스러울 때는 (결단하지 않고)스스로 반성한다는 것은 (마
음이 外物에 유혹당하지 않고) 맑고 고요한 곳으로 돌아왔다는 것이다.¹³⁰

二爲思中, 爲反復而當晝, 君子有疑則當屛去利欲, 平除愛憎, 淸靜其心,
自反于身, 義則行之, 不義則捨之. 以此決疑, 夫何遠之有.

이(二)는 사(思)의 중(中)이 되고, 반복하는 것이 되고 낮에 해당하니, 군자는

....

129 역주 : '唖'자를 반절로는 '하'로 발음하라고 하는데, 우리나라에서 일반적으로 '희'
  라고 발음한다. 여기서는『태현경』주석에서 '회'라고 발음하라는 것을 따라 '회'
  라고 발음한다.
130 역주 : 이 구절은, 마음속에 의심되는 것이 있지만 아직 결정하지 않고, 스스로
  반성하면서 욕심을 제거하고 마음을 맑게 하면 신명이 마치 존재하는 것 같기
  때문에 믿는 것이 멀지 않다는 것이다.『管子』「白心上」에서는 "虛其欲, 神將入
  舍", "去欲則寡, 寡則靜, 靜則精, 精則獨, 獨則明, 明則神矣."를 말한다.『순자』「解
  蔽」에서는 "虛壹而靜, 謂之大淸明, 萬物莫形而不見, 莫見而不論, 莫論而失位."를
  말한다.

의심이 있으면 마땅히 이욕을 막아 버리고, 애증을 공평히 제거하고, 그 마음을 맑고 고요하게 하고, 스스로 자신을 반성하여, 의로우면 행하고 의롭지 않으면 버린다. 이것으로써 의심을 결단하니, 대저 무엇이 멀리 있겠는가?

■ **次三 : 疑強昭,**[131] **受玆閔閔, 于其心祖. 測曰 : 疑強昭, 中心冥也.**
차삼은, 의심하여 무리하게 밝히면, 마음이 근심하는 것을 받게 되니, 그 마음의 근본되는 깊은 곳에는 걱정이 있게 된다.
측에 말하기를, 의심하여 무리하게 밝힌다는 것은 속마음이 어둡다는 것이다.

范本強作彊. 今從宋陸王本.[132] 強, 其兩切. 王曰, 疑而強昭, 暗而強明, 宜其受此閔憂于心祖. 祖, 本也. 光謂, 三爲成意而當夜, 故有是象. 孔子曰, 知之爲知之, 不知爲不知, 是知也. 曲禮曰, 疑事毋質.
범망본에는 강(強)이 강(彊)으로 되어 있다. 지금 송충본, 육적본, 왕애본을 따른다. 강(強)은 기(其)와 양(兩)의 반절이다. 왕애는 말하기를 "의심하여 억지로 밝히고, 어두운데 억지로 밝히면, 마음의 깊은 곳에서 이 걱정하는 것을 받는 것은 마땅하다. 조(祖)는 근본(本)이다"라고 하였다. 사마광은 생각하기를 "삼(三)은 뜻을 이룬 것이 되나 밤에 해당한다. 그러므로 이 상이 있다. 공자는 '아는 것을 안다고 하고, 모르는 것을 모른다고 하는 것, 이것이 아는 것이다'[133]라고 했고, 『예기』「곡례(曲禮)」에서는 '의심나는 일을 질정하지 말라'라고 했다"라고 하였다.

· · · · · · · · · · · · · · · · · · ·

131 劉韶軍 點校 : '强'은 명초본에는 '彊'으로 되어 있다. 이것은 주석의 문장과 장사 호본에 의거하여 고쳤다. 測의 辭도 이와 같다.
132 劉韶軍 點校 : '宋陸王本'은 명초본에는 '宋陸作'으로 되어 있다. 지금 대전본, 도 장본에 의거하여 고쳤다.
133 역주 : 『논어』「爲政」, "由, 誨女知之乎, 知之爲知之, 不知爲不知, 是知也." 참조.

▌次四 : 疑考舊, 遇貞孚. 測曰 : 疑考舊, 先問也.

차사는, 의심이 있을 때 옛날을 상고하여 밝게 하니, 바르고 믿을 것을 만난
것이다.

측에 말하기를, 의심이 있을 때 옛날을 상고하여 밝게 했다는 것은 먼저 물었
다는 것이다.

王曰, 心有所疑而稽考舊典以明之, 則疑必釋矣. 光謂, 四爲外他, 爲條暢
而當晝, 故有是象. 舊典, 舊人皆可問也. 問而遇正信, 斯可從矣. 孔子曰,
疑思問.

왕애는 말하기를 "마음에 의심하는 것이 있으면 옛날의 전적을 살펴보아 밝히
면 곧 의심한 것은 반드시 풀어진다"라고 하였다. 사마광은 생각하기를 "사
(四)는 밖의 다른 것이 되고, 조리가 밝고 분명한 것이 되고 낮에 해당한다.
그러므로 이 상이 있다. 옛 전적과 옛 사람은 모두 질문할 수 있다. 질문하여
바르고 믿을 것을 만나면, 이에 좇을 수 있다. 공자는 '의심나면 물을 것을
생각한다'라고 했다"[134]라고 하였다.

▌次五 : 𧹒黃疑金中. 測曰 : 𧹒黃疑中, 邪奪正也.

차오는, (금같이 빛나는) 웅황석(雄黃石)이 찬란하게 빛나니, (진짜) 금이 그
가운데 있나 의심한다.

측에 말하기를, (금같이 빛나는) 웅황석이 찬란하게 빛나니, (진짜) 금이 그
가운데 있나 의심한다는 것은 사특한 것이 바른 것을 빼앗은 것이다.[135]

· · · · · · · · · · · · · · · · · ·

134 역주 : 『논어』 「季氏」, "孔子曰, 君子有九思, 視思明, 聽思聰, 色思溫, 貌思恭, 言
思忠, 事思敬, 疑思問, 忿思難, 見得思義." 참조.

135 劉韶軍 點校 : '𧹒'은 옛날 '雄'자다. '雄黃石'은 藥石으로, 그 색이 밝고 찬란하면서
빛이 나기에 금처럼 보인다. 이 구절은, 웅황석이 燦然하여 辨析이 분명하지 않
아 금이 그 속에 있는지 의심스럽다는 것이다. 비유하면 가짜가 진짜를 어지럽히
고 또 의심한 것이 분명하지 않기 때문에 '邪奪正'이라고 한다.

宋陸本衃作嚇, 字書無之. 范本作蝀. 今從王陳本. 衃,[136] 徒冬切. 范曰,
衃, 赤也. 王曰, 衃與彤同. 雖居盛位而處陰當夜, 不能辨析所疑, 彤黃之色
而疑其爲金.[137] 小宋曰, 衃, 音雄, 雄黃石也. 雄黃之色光瑩粲然, 疑有兼
金在其中也. 光謂, 五居尊位而當夜, 疑而不明, 大佞似忠, 故邪能奪正也.

송충본, 육적본에 동(衃)은 혁(嚇)으로 되어 있는데, 『자서(字書)』에는 없다.
범망본에는 동(蝀)으로 되어 있다. 지금 왕애본, 진망본을 따른다. 동(衃)은
도(徒)와 동(冬)의 반절이다. 범망은 말하기를 "동(衃)은 붉다(赤)는 것이다"라
고 하였다. 왕애는 말하기를 "동(衃)은 동(彤)과 같다. 비록 성대한 지위에 있
지만 음에 처하고 밤에 해당하니, 의심하는 것을 판단하여 분석할 수 없어
붉고 누런색이므로 금인가 하고 의심 한다"라고 하였다. 송유간은 말하기를
"동(衃)은 음이 웅(雄)으로,[138] 웅황석(雄黃石)이다. 붉고 누런색이 빛이 찬연
하기에 좋은 황금이 그 속에 있나 의심하였다"라고 하였다. 사마광은 생각하
기를 "오(五)는 높은 지위에 있으나 밤에 해당하니, 의심하면서 밝지 않고,
크게 아첨하는 것이 충성하는 것과 비슷하다. 그러므로 사특한 것이 바른 것
을 빼앗을 수 있다"라고 하였다.

▌次六 : 誓貞可聽, 疑則有誠. 測曰 : 誓貞可聽, 明王命也.

차육은, (군주의) 맹서가 옳으면 백성들이 듣고 의심을 풀 수 있는데, 만약
백성들이 의심하면 정성스럽게 하여 그 의심을 풀어준다.
측에 말하기를, (군주의) 맹서가 옳으면 백성들이 듣고 의심을 풀 수 있다는
것은 왕명을 밝힌다는 것이다.[139]

· · · · · · · · · · · · · · · · · ·

136 劉韶軍 點校 : '衃'은 명초본에는 '蝀'으로 되어 있다. 贊辭, 測辭 및 校語에 의거하
면 '衃'으로 써져야 한다. 이것은 도장본에 의거해 고쳤다. 아래 문장에서 범망의
주를 제외하면 모두 이와 같다.
137 劉韶軍 點校 : '彤'은 명초본에는 '宜'로 되어 있다. 이것은 대전본, 도장본, 장사호
본에 의거해 고쳤다.
138 역주 : '衃"은 중국식 발음으로는 tóng으로 발음되면서 또 xióng으로도 발음된다.
여기서 雄[xióng]이라고 발음된다는 것은 '웅'의 중국식 발음이 xióng이기에 송유
간은 衃을 雄[xióng]으로 발음하라고 하는 것이다.

王曰, 六得位當晝, 能釋群疑, 誥誓以正而人皆可聽, 以辨所惑. 其疑而未
悟, 則有誠明之道以貫之, 則愚迷皆釋也. 申明王命以斷衆疑者也. 光謂,
物情疑, 故誓之. 誓正則人可聽矣. 誓而人猶疑之, 則當申之以至誠. 誠則
人從, 不誠人不從矣. 六爲上祿, 故曰王命.

왕애는 말하기를 "육(六)은 지위를 얻고 낮에 해당하니, 모든 의심을 풀 수
있고, 바른 것으로써 맹서하니, 사람들이 모두 들을 수 있어 의혹되는 것을
판단할 수 있다. 의심하고 아직 깨닫지 못한다면, 진실하고 밝은 도로써 꿰뚫
어줌이 있으면 어리석고 미혹된 것들이 모두 풀린다. 거듭 왕명을 밝혀 뭇
의심을 결단한다는 것이다"라고 하였다. 사마광은 생각하기를 "사물의 실정을
의심한다. 그러므로 맹서하는 것이다. 맹서가 바르면 사람이 들을 수 있다.
맹서하여도 사람이 오히려 의심하면, 마땅히 지극히 정성으로써 밝혀야 한다.
정성스러우면 사람이 따르고, 정성스럽지 못하면 사람이 따르지 않는다. 육
(六)은 상록(上祿)이 된다. 그러므로 왕명(王命)이다"라고 하였다.

▌次七 : 鬼魂疑嚘鳴, 弋木之烏, 射穴之狐, 反目耳, 厲. 測曰 : 鬼魂
之疑, 誠不可信也.

차칠은, (반딧불이 나는 것을 보고) 귀신인가 의심하면서 탄식하고, 바람이
나무를 흔드는 소리를 보고) 까마귀가 우는가 의심하고, (틈 사이에서 나는
바람소리를) 여우가 짓는가 의심하여, 나무의 까마귀를 쏘고 구멍의 여우를
쏘았다. 의심이 일어나 눈과 귀가 반대로 되면 위태롭다.[140]

측에 말하기를, (반딧불이 나는 것을 보고) 귀신인가 의심하였다는 것은 진실
로 믿을 수 없다는 것이다.

· · · · · · · · · · · · · · · ·

139 역주 : 이 구절은, 왕정의 일을 지극한 정성과 올바른 것으로 하면서 神明에 맹서
　　하면, 뭇 의심이 풀어지고 臣民이 모두 따른다는 것이다.
140 역주 : 이 구절은, 귀신인가 의심하고, 나무가 흔들리는 소리를 듣고 까마귀가 우
　　는가 하여 쏘고, 구멍에서 나오는 소리를 듣고 여우가 있는가 하여 쏘았다는 것
　　은, 모두 이목이 혼란한 결과이기에 진실로 믿을 수 없는 것인데, 만약 믿는다면
　　위태롭게 된다는 것이다.

宋陸范王本皆云鬼魂疑貞厲. 今從小宋本. 小宋本耳作貞.[141] 今從諸家.
諸家本目皆作自. 今從宋陸本. 范曰, 嚘嗚, 歎也.[142] 光謂, 鬼魂恍惚, 若有
若無, 誠可疑也. 莫黑匪烏, 莫赤匪狐, 易辨者也. 目視耳聽, 理之常也. 七
爲失志, 爲消, 爲敗損而當夜, 己旣不明, 惑之者衆, 若鬼若魂, 不能判別,
嗟嘆而已. 烏狐易辨, 而或得失, 猶不免疑. 己之耳目, 且不自信, 反以耳視
而目聽,[143] 宜其危矣.

송충본, 육적본, 범망본, 왕애본에는 모두 귀혼의정려(鬼魂疑貞厲)라고 말한
다. 지금 송유간본을 따른다. 송유간본에는 이(耳)가 정(貞)으로 되어 있다.
지금 제가의 판본을 따른다. 제가의 판본에는 목(目)이 모두 자(自)로 되어
있다. 지금 송충본, 육적본을 따른다. 범망은 말하기를 "우오(嚘嗚)는 탄식한
다(歎)는 것이다"라고 하였다. 사마광은 생각하기를 "귀신의 혼은 황홀하여[144]
있는 듯하고 없는 듯 하여 진실로 의심스럽다. 검은 것은 까마귀 아닌 것이
없고, 붉은 것은 여우 아닌 것이 없으니 쉽게 분별되는 것이다. 눈으로 보고
귀로 듣는 것은 이치의 떳떳한 것이다. 칠(七)은 뜻을 잃은 것이 되고, 소멸하
는 것이 되고, 파괴되어 손실된 것이 되고 밤에 해당하니, 자신이 이미 밝지
못한데 의혹하는 것이 많아 귀신같기도 하고 영혼 같기도 하여 판단하여 분별
할 수 없어 탄식할 따름이다. 까마귀와 여우는 쉽게 판단할 수 있지만, 혹은
잘 판단하기도 하고 잘 판단하지 못하기도 하여 오히려 의심을 면하지 못한
다. 자신의 귀와 눈이 또 스스로 믿지 못하는데, 도리어 귀로 보고 눈으로
듣는 것으로써 판단하니, 그 위태로운 것이 마땅하다"라고 하였다.

· · · · · · · · · · · · · · · · · ·

141 劉韶軍 點校 : '小宋本' 3글자는 명초본에는 없다. 이것은 대전본, 도장본, 장사호
본에 의거해 보충하였다.
142 劉韶軍 點校 : '歎'은 명초본에는 '難'으로 되어 있다. 이것은 대전본, 도장본, 장사
호본에 의거해 고쳤다.
143 劉韶軍 點校 : '反'은 명초본에는 '友'로 되어 있다. 이것은 대전본, 도장본, 장사호
본에 의거해 고쳤다.
144 역주 : 『老子』21장, "孔德之容, 唯道是从. 道之为物, 惟恍惟惚.", 『노자』14장, "視
之不見, 名曰夷, 聽之不聞, 名曰希, 搏之不得, 名曰微, 此三者, 不可致詰, 故混而
爲一, 其上不皦, 其下不昧, 繩繩不可名, 復歸於無物, 是謂無狀之狀, 無物之象, 是
謂惚恍." 등 참조.

▌次八 : 顚疑遇幹客, 三歲不射. 測曰 : 顚疑遇幹客, 甚足敬也.

차팔은, 의심이 지극한데 간객[上九의 金을 말한다]을 만나 그 병이 나았으니,
오랫동안[三歲] 싫어하지 않았다.

측에 말하기를, 의심이 지극한데 간객을 만났다는 것은 심히 공경할 수 있다는
것이다.[145]

射, 音亦. 范曰, 射, 厭也. (闕)

역(射)은 음이 역(亦)이다. 범망은 말하기를 "역(射)은 싫어한다(厭)는 것이다"
라고 하였다. 해설이 빠졌다.

▌上九 : 疑無信, 控弧擬麋, 無. 測曰 : 疑無信, 終無所名也.

상구는, 의심하고 믿음이 없어, 활을 당겨 헤아려 순록을 겨누었지만 활을 쏘
지 않고서, 순록은 (본래) 없었다고 한다.

측에 말하기를, 의심하고 믿음이 없다는 것은 끝내 이름할 것이 없다는 것이
다.[146]

宋陸范本疑無信皆作九疑無信. 今從王小宋本. 范曰, 無信, 無所信也. 控
弧擬麋猶曰無者, 疑之甚也. 光謂, 九爲疑極, 故有是象. 終疑不決, 必無所
成名也.

송충본, 육적본, 범망본에 의무신(疑無信)은 모두 구의무신(九疑無信)으로 되
어 있다. 지금 왕애본, 송유간본을 따른다. 범망은 말하기를 "무신(無信)은 믿
는 바가 없다는 것이다. 활을 당겨 순록을 겨누었는데 오히려 없다고 한 것은

· · · · · · · · · · · · · · · ·

145 역주 : '顚'은 '이마[頂]'로, 引伸하여 '極'이 된다. '幹'은 그 일을 맡을 수 있다는
　　 것으로, '幹客'은 강건하고 유능한 사람이다. 이 구절은, 의심이 지극하였는데,
　　 '간객을 만나 그 의심을 활연하게 푸니, 끝까지 싫어하지 않고 공경한다는 것이다.
146 역주 : '擬'는 『설문』에서는 "度也."라고 한다. 이 구절은, 끝까지 의심하면서 믿는
　　 것이 없다는 것으로, 순록을 보고서 헤아려 활을 당겨 순록을 겨누었지만 헛되이
　　 활만 당겼지 쏘지는 않았는데, 그것은 순록이 있지만 도리어 없다고 의심한다는
　　 것이다.

의심이 심한 것이다"라고 하였다. 사마광은 생각하기를 "구(九)는 의수(疑首)가 지극한 것이 된다. 그러므로 이 상이 있다. 끝내 의심하여 결단하지 못하니, 반드시 이름을 이룬 바가 없다"라고 하였다.

시視

▦ 三方一州三部三家.

3방, 1주, 3부, 3가다.

視

시(視)

陽家, 金, 準觀.

시수(視首)는 양가(陽家)이고, (5행에서는) 금(金)이고, 『주역』「관괘(觀卦)」에 준한다.[147]

▍陰成魄, 陽成妣, 物之形貌咸可視.

(추분 때) 음은 형체를 이루고, 양은 (쇠퇴하여 음의) 짝을 이루니, 사물의 형과 모양을 모두 볼 수 있다.[148]

· · · · · · · · · · · · · · · · · ·

147 역주 : 『설문』에서는 "觀, 諦視也."라고 한다. 「玄錯」에서는 "視也, 見."라고 한다.
148 역주 : '魄'은 形이다. '妣'는 母인데, '考'에 대비되어 사용된 것으로, 引伸되어 '짝[配]'이 된다. '陰成魄, 陽成妣'는 추분 때 음이 이미 형을 이루고, 양은 물러나 짝이 된다는 것이다.

王曰, 是時萬物形貌已成, 皆可見. 光謂, 秋分之時, 陰如月成魄. 妣當作
妣, 匹計切, 配也. 陰陽中分, 成配偶也.

왕애는 말하기를 "이 때는 만물의 형체와 모양이 이미 이루어져 모두 볼 수
있다"라고 하였다. 사마광은 생각하기를 "추분의 때에 음은 달이 형체를 이루
는 것이다. 비(妣)는 마땅히 비(妣)로 써야 하니, 필(匹)과 계(計)의 반절로서,
짝한다(配)는 것이다. 음과 양이 가운데에서 나뉘어 짝을 이룬다"라고 하였다.

■ 初一 : 內其明, 不用其光. 測曰 : 內其明, 自窺深也.

초일은, 그 밝은 것을 안으로 하고, 그 빛을 밖으로 쓰지 않았다.
측에 말하기를, 그 밝은 것을 안으로 한다는 것은 스스로 엿본 것이 깊다는
것이다.[149]

范曰, 內省不疚, 夫何憂何懼. 光謂一爲思始而當晝, 收視內明, 不用外光.

범망은 말하기를 "안으로 살펴서 허물하지 않으니, 대저 무엇을 근심하고 무
엇을 두려워하랴?[150]"라고 하였다. 사마광은 생각하기를 "일(一)은 사(思)의 시
(始)가 되고 낮에 해당하니, 보는 것을 거두고 안으로 밝혀 밖의 빛을 사용하
지 않았다"라고 하였다.

■ 次二 : 君子視內, 小人視外. 測曰 : 小人視外, 不能見心也.

차이는, 군자는 안을 보는데, 소인은 밖을 본다.
측에 말하기를, 소인은 밖을 본다는 것은 마음을 볼 수 없다는 것이다.[151]

· · · · · · · · · · · · · · · · · · ·

149 역주 : 이 구절은, 내심이 청명하여 스스로 살펴 볼 수 있고, 자신이 하자가 있음
    을 알아 깊이 스스로 회개하기에 '빛을 밖으로 쓰지 않는다'고 한 것이다.
150 역주 : '內省不疚'는 『논어』「顏淵」, "內省不疚, 夫何憂何懼.", 『중용』33장, "詩云,
    潛雖伏矣, 亦孔之昭. 故君子內省不疚, 無惡於志." 참조.
151 역주 : 이 구절은, 소인은 내심이 밝지 않아 사물을 보지만 그 표면만을 보기 때문
    에 그 속을 깊이 볼 수 없다는 것이다.

身之榮悴, 人之賢不肖莫不皆然.

몸이 영화롭고 고달픈 것, 사람의 어질고 닮지 않은 것이 모두 그러하지 않은
것이 없다.

■ 次三 : 視其德, 可以幹王之國. 測曰 : 視德之幹, 乃能有全也.

차삼은, (왕이 신하의) 덕의 크기를 보아 (작위를 주니) 왕의 근간으로 삼을
만하다.

측에 말하기를, (왕이 신하의) 덕의 크기를 보아 (작위를 주어) 왕의 근간으로
삼는다는 것은 이에 능히 온전함이 있다는 것이다.[152]

三爲成意, 又爲進人, 當日之晝, 德成而外形者也. 故王者視其德之大小任
以爵位, 爲國家之楨幹也.

삼(三)은 뜻을 이룬 것이 되고, 또 나아가는 사람도 되고, 하루의 낮에 해당하
니, 덕이 이루어져 밖으로 나타난 것이다.[153] 그러므로 왕은 그 덕의 크고 작은
것을 살펴 작위로써 맡겨 국가의 기둥으로 삼는다.

■ 次四 : 粉其題頯, 雨其渥須, 視無姝. 測曰 : 粉題雨須, 不可忍瞻也.

차사는, (소인이) 이마와 얼굴을 꾸몄는데, 비가 그 수염을 적시니, 보는데 예
쁜 것이 없다.

측에 말하기를, 이마를 꾸몄는데, 비가 수염을 적셨다는 것은 차마 볼 수 없다
는 것이다.[154]

· · · · · · · · · · · · · · · ·

152 역주 : 이 구절은, 三은 進人이 되니, 군자가 날로 그 덕을 새롭게 하고 공업을
　　　　밝게 드러내면 나라의 근간이 될 수 있고 왕의 일을 보좌할 수 있으니, 이같이
　　　　군자의 덕은 두텁고 지위는 높기에 능히 온전함이 있다는 것이다.
153 역주 : 『대학』6장, "誠於中, 必形於外."의 사유와 비슷하다.
154 역주 : '題'는 『설문』에서는 "額也."라고 한다. '渥'은 『설문』에서는 "霑也."라고 한
　　　　다. '須'는 '수염[鬚]'과 같다. 이 구절은, 얼굴과 이마를 꾸몄는데 비를 만나 젖게
　　　　되어, 수염과 눈썹이 추악한 자태가 나타나면, 사람들이 눈을 가리고 차마 보지

宋陸本無忍字, 小宋本無可字. 今從范王本. 王本頯作額,[155] 云面權也, 小
宋本作頩, 匹迥切,[156] 面無色也. 今從范本. 頩, 薄變切. 姝, 尺朱切.[157] 范
曰, 題, 額也. 頯, 面也. 姝, 好也. 光謂, 四色白, 爲下祿, 爲外他, 小人飾外
貌而得祿者也. 僞久必敗, 如粉其題頯而遇雨,[158] 沾渥其須, 他人視之, 安
有好乎.

송충본, 육적본에는 인(忍)자가 없고, 송유간본에는 가(可)자가 없다. 지금 범
망본, 왕애본을 따른다. 왕애본에는 변(頯)이 규(額)로 되어 있는데, '얼굴의
광대뼈(面權)다'라고 말하였다. 송유간본에는 병(頩)으로 되어 있으니, 필(匹)
과 형(迥)의 반절로서 얼굴에 색이 없는 것이다. 지금 범망본을 따른다. 병(頩)
은 박(薄)과 변(變)의 반절이다. 주(姝)는 척(尺)과 주(朱)의 반절이다. 범망은
말하기를 "제(題)는 이마(額)이고, 변(頯)은 얼굴(面)이고, 주(姝)는 예쁘다(好)
는 것이다"라고 하였다. 사마광은 생각하기를 "사(四)는 색은 흰 것이고, 하록
(下祿)이 되고, 밖의 다른 것이 되니, 소인이 외모를 꾸며서 녹봉을 얻은 것이
다. 거짓이 오래가면 반드시 무너지니, 이것은 마치 그 이마와 얼굴을 꾸몄는
데 비를 만나 수염을 적신 것과 같아, 타인이 보면 어찌 예쁜 것이 있겠는가?"
라고 하였다.

▌次五 : 鸞鳳紛如, 厥德暉如. 測曰 : 鸞鳳紛如, 德光皓也.
차오는, (상서로움을 상징하는) 난새와 봉황이 많아 (춤을 춰) 어지러운 듯

· · · · · · · · · · · · · · · · ·
　　못한다. 비유하면 소인이 밖을 위장한 것이 오래되면 추한 모습이 폭로된다는
　　것이다.
155　劉韶軍 點校 : '額'은 명초본에는 '頯'으로 되어 있다. 이것은 주석의 문장에서 나
　　온 글자 뜻 및 도장본에 의거해 고쳤다.
156　劉韶軍 點校 : '迥'은 명초본에는 '逈'로 되어 있다. 이것은 도장본 및 『廣韻』에
　　의거해 고쳤다.
157　劉韶軍 點校 : '尺'은 명초본에는 '只'로 되어 있다. 이것은 玉篇에 의거해 고쳤다.
　　대전본 등에는 '春朱切'로 되어 있는데, 이것은 『集韻』에서 나온 反切이다.
158　劉韶軍 點校 : '頯'은 명초본에는 '額'으로 되어 있다. 이것은 대전본, 도장본, 장사
　　호본에 의거해 고쳤다.

하니, 왕의 덕이 빛나는 듯하였다.

측에 말하기를, (상서로움을 상징하는) 난새와 봉황이 많아 춤을 춰 어지러운 듯 하였다는 것은 덕의 광채가 밝다는 것이다.[159]

小宋本皓作時. 今從諸家. 五居尊位, 受盛福而當晝. 王者盛德光暉, 嘉瑞來臻, 故鸞鳳紛如而多也. 賈誼曰, 鳳凰翔于千仞兮, 覽德輝而下之.

송유간본에는 호(皓)가 시(時)로 되어 있다. 지금 제가의 판본을 따른다. 오(五)는 높은 지위에 있으면서 성대한 복(福)을 받고 낮에 해당하니, 왕이 성대한 덕이 빛나서[160] 아름다운 상서로움[난새와 봉황]이 와서 이른다. 그러므로 (상서로움을 상징하는) 난새와 봉황이 어지러운 듯 많다. 가의(賈誼)는 "봉황이 천길 높이 하늘을 날다가, 왕의 덕이 빛나는 것을 보고 아래로 내려온다"[161] 라고 하였다.

■ 次六 : 素車翠蓋, 維視之害, 貞. 測曰 : 素車翠蓋, 徒好外也.

차육은, (소인이 덕이 없으면서) 흰 수레에 푸른 일산으로 꾸며, 보기에 해로우니, 바른 것[貞]이어야 한다.

측에 말하기를, (소인이 덕이 없으면서) 흰 수레에 푸른 일산이라는 것은 다만 밖을 좋게 꾸몄다는 것이다.[162]

六爲上祿而當夜,[163] 小人無德而祿, 外好內醜, 如乘素車而張翠蓋, 視其外

....

159 역주 : 난새와 봉황은 군자를 비유한다. '紛如'는 '많다'는 것이다. '暉'는 '빛난다'는 것이다. '暉如'는 '덕이 성대하고 빛이 많은 모양'이다. '皓'는 '빛이 왕성하고 밝은 모습'이다. 이 구절은, 明君이 덕이 성대하고 빛이 밝으면 현인군자가 모여서 돕는다는 것이다.

160 역주 : '盛德光暉'는 『맹자』『진심장하』, "充實而有光輝之謂大.", 『주역』「계사전상」, "日新之謂盛德." 등 참조

161 역주 : 賈誼, 「弔屈原賦」, "鳳凰翔于千仞兮, 覽德輝而下之." 참조.

162 역주 : 이 구절은, 그 덕을 닦지 않고 스스로 꾸미는 것만 좋아하면, 外華內虛가 되어 그 正道를 해친다는 것이다.

163 劉韶軍 點校 : '祿'은 명초본에는 '福'으로 되어 있다. 이것은 대전본, 도장본, 장사

則華, 內實無文也. 貞者, 當以正視之, 則其好醜自分矣.

육(六)은 상록(上祿)이 되고 밤에 해당하니, 소인이 덕이 없으면서 녹봉을 받아 밖만 아름답고 안은 추하니, 마치 흰 수레에 타고 푸른 일산을 펼쳐 그 밖을 보면 화려하나 안은 실로 문채가 없는 것과 같다. 바른 것[貞]이란, 마땅히 바른 것으로써 보면 그 좋고 나쁜 것들이 저절로 나누어진다는 것이다.

▌次七 : 視其瑕, 無穢. 測曰 : 視其瑕, 能自矯也.

차칠은, 그 옥의 티를 보고 제거하면, 더러운 것이 없다.[164]
측에 말하기를, 그 옥의 티를 보고 제거한다는 것은 스스로 (잘못을) 바로 잡을 수 있다는 것이다.

小宋本無作罔. 今從諸家. 王曰, 七過滿之地, 然得位當晝. 是能因時而自視其瑕, 戒于未萌, 則咎悔不生, 故終以無穢也. 光謂, 七爲禍始而當晝, 故能如是.

송유간본에는 무(無)자가 망(罔)으로 되어 있다. 지금 제가의 판본을 따른다. 왕애는 말하기를 "칠(七)은 지나치게 가득 찬 곳에 있다. 그러나 지위를 얻고 낮에 해당한다. 이것은 때를 따라서 스스로 그 허물을 살필 수 있어, 아직 싹트지 않았을 때 경계하면 허물과 후회가 생기지 않는다. 그러므로 이렇게 하면 더러움이 없는 것으로 마친다는 것이다"라고 하였다. 사마광은 생각하기를 "칠(七)은 화(禍)의 시(始)가 되나 낮에 해당한다. 그러므로 이와 같을 수 있다"라고 하였다.

· · · · · · · · · · · · · · · · · ·
　　호본에 의거해 고쳤다.
164 역주 : '穢'는 『설문』에서는 "蕪也."라고 한다. 이 구절은, 스스로 닦고 반성하고 잘못이 있으면 고쳐서 순수하고 잡박함이 없는 것에 이를 수 있다는 것이다.

▌次八 : 翡翠于飛, 離其翼, 狐貂之毛, 躬之賊. 測曰 : 翡翠狐貂, 好作咎也.

차팔은, (물총새의 날개가 아름답기 때문에) 물총새가 날다가 그 날개가 그물에 걸리고, 여우와 담비의 털이 (아름답기 때문에 사람에게) 잡혀 몸을 해친다. 측에 말하기를, 물총새의 날개, 여우와 담비라는 것은 (외관의) 보기 좋은 것이 허물을 일으킨다는 것이다.[165]

貂, 都聊切, 與貂同. 范曰, 各以文毛之用, 遂致殺身之禍. 小宋曰, 罔離其翼也. 光謂, 八爲禍中而當夜, 外觀之美, 適爲身災, 故曰, 好作咎也. 孟子謂盆成括, 小有才, 未聞君子之大道, 則足以殺其身而已矣.

도(貂)는 도(都)와 료(聊)의 반절로서, 표(貂)와 같다. 범망은 말하기를 "각각 무늬 있는 털의 쓰임 때문에 드디어 자신을 죽이는 화(禍)를 이룬 것이다"라고 하였다. 송유간은 "그물에 그 날개가 걸렸다"라고 하였다. 사마광은 생각하기를 "팔(八)은 화(禍)의 중(中)이 되고 밤에 해당하니, 밖으로 보이는 아름다움은 다만 몸의 화(禍)가 된다. 그러므로 '보기 좋은 것이 허물을 일으켰다'라고 하였다. 맹자가 분성괄(盆成括)에게 '젊어서 재주가 있으나, 군자의 대도를 듣지 못하면 그 몸을 죽일 수 있을 따름이다'라고 했다"[166]라고 하였다.

▌上九 : 日沒其光, 賁于東方, 用視厥始. 測曰 : 日沒賁東, 終顧始也.

상구는, 태양이 그 빛을 (서쪽에) 지고 (그 빛을 받아) 동방은 황백색이 되니, 그것을 사용하여 그 일출의 처음을 보았다.[167]

측에 말하기를, 태양이 그 빛을 (서쪽에) 지고 동방은 황백색이 되었다는 것은

· · · · · · · · · · · · · · · · · · ·

165　역주 : '離'는 '(그물에) 걸렸다[罹]'라는 것이다. 『釋文』에서는 "罹本又作離, 亦作羅."라고 한다. 이 구절은, 『장자』「山木」에서 말하는 "豊狐棲於山林, 伏於巖穴. 然且不免於網羅機辟之患. 是何罪之有哉. 其皮爲之災也."라는 말과 관련이 있다.

166　역주 : 『맹자』「진심장하」, "盆成括仕於齊. 孟子曰, 死矣盆成括. 盆成括見殺, 門人問曰, 夫子何以知其將見殺. 曰, 其爲人也, 小有才, 未聞君子之大道也, 則足以殺其軀而已矣." 참조.

167　역주 : 『주역』「비괘(賁卦)」에서는 "山下有火, 賁."이라고 한다. '비(賁)'는 백색이다.

마침에서 처음을 봤다는 것이다.

范曰, 賁, 黃白色也. 小宋曰, 日之將沒, 賁在東方. 光謂, 九視之終而當晝,
君子修德立功, 愼終如始, 如日之將沒, 反照東方. 易曰, 視履考祥, 其旋無吉.
범망은 말하기를 "비(賁)는 황백색이다"라고 하였다. 송유간은 말하기를 "태양
이 장차 질 때에 황백색이 동방에 있다"라고 하였다. 사마광은 생각하기를
"구(九)는 시수(視首)의 끝에 있고 낮에 해당하니, 군자는 덕을 닦고 공로를
세우고, 마침을 신중하게 하여 시작과 같이하는 것이,[168] 마치 태양이 장차
지는데 도리어 동방을 비추는 것과 같다. 『주역』「이괘(履卦)」의 상구(上九)효
에 '행한 것을 보고 상서로운 것을 고찰하되, 그 주선함이 완벽하면 크게 길하
다'라고 했다"라고 하였다.

· · · · · · · · · · · · · · · · · ·
168 역주 : 『老子』64장, "愼終如始, 則無敗事." 참조.

침沈

☷ 三方二州一部一家.

3방, 2주, 1부, 1가다.

沈
침(沈)

陰家, 水, 亦準觀. 入沈次四, 日舍氐.[169] 沈, 下視也. 諸家以爲準兌, 非也.
침수(沈首)는 음가(陽家)이고, 수(水)이고, 또한 『주역』「관괘(觀卦)」에 준한
다. 침(沈)은 차사(次四)에서 들어가고, 태양은 저수(氐宿)에 머문다. 침(沈)은
내려 본다(下視)는 것이다. 제가들이 『주역』『태괘(兌卦)』에 준한다고 여겼는
데, 그릇된 것이다.

▌陰懷于陽, 陽懷于陰, 志在玄宮.

음은 양을 생각하고 양은 음을 생각하니, 뜻이 (북방에 있는) 유현한 궁[玄宮]
에 있다.[170]

· · · · · · · · · · · · · · · · · · · ·

169 劉韶軍 點校 : '入沈次四日舍氐이란' 7자는 명초본에는 없다. 이것은 대전본, 도
       장본, 장사호본에 의거해 보충하였다. 그 가운데 4자는 세 판본에는 모두 빠져
       있다. 이것은 「太玄曆」 및 이 책 모든 주석의 예를 참조하여 보충하였다.

宋曰, 懷, 思也. 陰陽別行久矣. 咸在于秋中而相思也. 故其志俱在玄宮矣.
송충은 말하기를 "회(懷)는 생각하다(思)는 것이다. 음과 양이 따로 행한 지 오래되었다. 모두가 가을 속에 있으면서 서로 생각한다. 그러므로 그 뜻이 모두 (북방에 있는) 유현한 궁[玄宮]에 있다"라고 하였다.

■ 初一 : 沈耳于閨, 不聞貞. 測曰 : 沈耳于閨, 失德體也.
초일은, (소인은) 귀를 규방에 빠트리고, (군자가 말하는) 바른 것을 듣지 않는다.[171]
측에 말하기를, 귀를 규방에 빠트렸다는 것은 덕의 몸체(=근본)를 잃었다는 것이다.

范曰, 一爲耳, 耳在水中, 故沈也. 光謂, 一爲下下而當夜, 小人好沈耳于閨, 潛聽以下人之隱私, 不聞君子之正道. 君子垂旒充耳, 而物無隱情.
범망은 말하기를 "일(一)은 귀가 되니, 귀가 물속에 있는 것이다. 그러므로 침(沈)이다"라고 하였다. 사마광은 생각하기를 "일(一)은 하(下)의 하(下)가 되고 밤에 해당하니, 소인이 귀를 규방에 빠뜨리기를 좋아하여 아래 사람들의 사사로운 것으로써 몰래 듣고 군자의 바른 도를 듣지 않는다. 군자는 면류관을 드리워 눈을 가리고 귀걸이로 귀를 막지만,[172] 사물은 숨긴 실정이 없다"라고 하였다.

· · · · · · · · · · · · · · · · · ·

170 역주 : 「玄圖」에서는 "子則陽生於十一月."이라 한다. 음력11월은 북방에 짝하면서 그 색은 흑이다. 그러므로 '玄'이라 일컫는 것이다. 九宮說을 취하여 음양의 소식을 표시하면 '玄宮'이 된다. 현궁은 지하의 유심한 곳이다. 「玄錯」에서는 "沈, 志下."라고 한다. 음력11월에는 양기가 처음 지하에서 맹아하여 위로 올라가고, 음기는 다하여 아래로 내려간다. 양이 올라가고 음이 내려가니 서로 교통할 수 있다. 그러므로 서로 사모하는 마음을 품어 현궁의 양기는 맹아하여 생하고자 하는 뜻을 둔다는 것이다.
171 역주 : 范望은 "閨, 內也, 內者, 婦人之事, 一小人耳, 志在於內, 不聞正道, 故言不聞貞志. 無有遠志, 故失禮也."라고 하여 閨를 부인의 閨房의 일로 이해한다.
172 역주 : 班固, 『白虎通義』「紼冕」, "冕所以前後遞延者何. 示進賢退不能也. 垂旒者, 示不現邪. 纊塞耳, 示不聽讒也." 참조

▌次二 : 沈視自見, 賢于眇之眄. 測曰 : 沈視之見, 得正美也.

차이는, 몸에 깊이 빠져 스스로 선악을 보니, 애꾸눈이 한쪽 눈으로 보는 것보다 낫다.

측에 말하기를, 몸에 깊이 빠져 선악을 본다는 것은 바르고 아름다운 것을 얻었다는 것이다.

范曰, 二爲目, 而在沈家, 故沈視也. 小宋曰, 眇, 一目盲也. 眄, 邪視也. 光謂, 二爲思中而當晝, 沈視于身, 自見善惡, 得其正美, 賢于小人不能內省,¹⁷³ 而旁窺它人之是非. 如眇目之人, 己則不明, 而好邪視也. 故曰, 賢于眇之眄.

범망은 말하기를 "이(二)는 눈(目)이 되고, 침가(沈家)에 있다. 그러므로 깊이 빠지는 것이다"라고 하였다. 송유간은 말하기를 "묘(眇)는 애꾸눈이다. 면(眄)은 곁눈질하여 보는 것이다"라고 하였다. 사마광은 생각하기를 "이(二)는 사(思)의 중(中)이 되고 낮에 해당하니, 몸에 깊이 빠져 스스로 선악(善惡)을 보고 그 바르고 아름다운 것을 얻으니, 소인이 안으로 성찰하지 못하지 못하고 곁으로 타인의 시비를 엿보는 것보다 낫다. 마치 애꾸눈인 사람이 자신은 밝지 못하면서 곁눈질하기를 좋아하는 것과 같다. 그러므로 말하기를 애꾸눈이 한쪽 눈으로 보는 것보다 낫다"라고 하였다.

▌次三 : 沈于美, 失貞矢. 測曰 : 沈于美, 作聾盲也.

차삼은, (소인이) 성색의 아름다움에 빠져, 바르고 곧음을 잃었다.

측에 말하기를, (소인이) 성색의 아름다움에 빠졌다는 것은 귀머거리와 장님이 되어 바르게 보고 들을 수 없다는 것이다.

范曰, 矢, 直也. 光謂, 三爲思上而當夜, 小人沈溺聲色之美, 失其正直之

········
173 劉韶軍 點校 : '內'는 명초본에는 '自光'으로 되어 있다. 이것은 대전본에 의거해 고쳤다.

性. 老子曰, 五音令人耳聾, 五色令人目盲, 謂所聞見皆不得其正, 如聾盲也.[174]

범망은 말하기를 "시(矢)는 곧은 것(直)이다"라고 하였다. 사마광은 생각하기를 "삼(三)은 사(思)의 상(上)이 되고 밤에 해당하니, 소인이 음악과 여색의 아름다움에 빠져서 그 정직한 본성을 잃은 것이다. 노자(老子)는 '다섯 가지 음은 사람의 귀를 멀게 하고, 다섯 가지 색은 사람의 눈을 멀게 한다'[175]라고 했는데, 듣고 보는 것이 모두 그 바름을 얻지 못한 것이 귀머거리나 맹인과 같다는 것이다"라고 하였다.

▌次四 : 宛雛沈視, 食苦貞. 測曰 : 宛雛沈視, 擇食方也.

차사는, 완추(宛雛)가[176] (대나무 열매가 있는지 없는지 아래로) 깊이 빠져 보니, 먹는 것이 괴롭지만 바르다.

측에 말하기를, 완추가 (대나무 열매가 있는지 없는지 아래로) 깊이 빠져 본다는 것은 먹는 방도를 가렸다는 것이다.[177]

小宋本宛作㝠.[178] 今從諸家. 王曰, 宛雛, 鳳屬. 光謂, 四爲下祿而當晝,[179] 君子擇祿而食, 守苦節, 循正道, 如鳳下視四方有道之國, 非竹實不食, 必擇可食之方然後集也.

송유간본에는 완(宛)이 면(㝠)으로 되어 있다. 지금 제가의 판본을 따른다. 왕애는 말하기를 "완추(宛雛)는 봉(鳳)에 속한다"라고 하였다. 사마광은 생각하

....

174 劉韶軍 點校 : '也'는 명초본에는 없다. 이것은 대전본, 도장본, 장사호본에 의거해 보충하였다.
175 역주 :『노자』12장, "五色令人目盲, 五音令人耳聾, 五味令人口爽, 馳騁田獵令人心發狂, 難得之貨令人行妨. 是以聖人, 爲腹不爲目, 故去彼取此." 참조.
176 역주 : '宛鶵'는 '원추(鵷鶵)'로서, 鳳凰이라고 한다.
177 역주 :『장자』「秋水」에서는 "夫鵷鶵發於南海, 而飛於北海, 非梧桐不止, 非練實不食, 非醴泉不飲."을 말한다.
178 劉韶軍 點校 : '㝠'은 장사호본에는 '冤'으로 되어 있다.
179 劉韶軍 點校 : '而'는 명초본에는 '始'로 되어 있다. 이것은 대전본, 도장본, 장사호본에 의거해 고쳤다.

기를 "사(四)는 하록(下祿)이 되나 낮에 해당하니, 군자는 녹봉을 가려서 먹고 힘든 시절에 절개를 지키며 정도를 따르니 마치 봉황이 사방의 도가 있는 나라를 내려다보고 대나무 열매가 아니면 먹지 않고,¹⁸⁰ 반드시 먹을 수 있는 방도를 선택한 뒤에 모이는 것과 같다"라고 하였다.

■ 次五 : 雕鷹高翔, 沈其腹, 好䋃惡粥. 測曰 : 雕鷹高翔, 在腐糧也.
차오는, 수리와 매가 높이 날았지만, 그 배는 (먹는 것에만) 잠기니, 배를 채우는 것만 좋아하고 기르는 것을 싫어한 것이다.¹⁸¹
측에 말하기를, 수리와 매가 높이 날았다는 것은 썩은 양식으로 배를 채운다는 것이다.

二宋陸本䋃作繩. 今從范王本. 吳曰, 䋃, 古孕字. 光謂, 管子曰, 䋃婦不銷棄. 粥與育同. 好惡讀如字. 五處尊位而當夜, 外望高而志趣卑, 如雕鷹鷙鳥,¹⁸² 其飛翔非不高, 而下視腐鼠,¹⁸³ 志在擭之以實其腹. 始若善而終于惡, 故曰好孕惡育也.
송충본, 송유간본, 육적본에 잉(䋃)은 승(繩)으로 되어 있다. 지금 범망본, 왕애본을 따른다. 오비는 말하기를 "잉(䋃)은 옛날 잉(孕)자다"라고 하였다. 사마광은 생각하기를 "관자(管子)가 말하기를 '임신한 부인은 늙어서도 버리지 않는다'¹⁸⁴라고 하였다. 육(粥)은 육(育)과 같다. 호(好)와 오(惡)는 본래 음으로 읽는다. 오(五)는 높은 지위에 처하고 밤에 해당하니, 겉으로는 높은 것을 바

· · · · · · · · · · · · · · · ·

180 역주 : 『장자』「추수」, "莊子往見之, 曰, 南方有鳥, 其名爲鵷鶵, 子知之乎. 夫鵷鶵 發於南海而飛於北海, 非梧桐不止, 非練實不食, 非醴泉不飮." 참조.
181 역주 : '粥'은 '기른다[育]'는 것으로, 음이 같아 서로 통한다. 이 구절은, 『장자』「추수」에서 "於是鴟得腐鼠, 鵷鶵過之, 仰而視之曰嚇."이라는 것과 통한다.
182 劉韶軍 點校 : '鷙'는 명초본에는 '摯'로 되어 있다. 이것은 대전본, 도장본에 의거해 고쳤다.
183 劉韶軍 點校 : '而'는 명초본에는 없다. 이것은 대전본, 도장본, 장사호본에 의거해 보충하였다.
184 역주 : 『관자』「五行」에 나오는 말이다.

라나 뜻은 낮은 데 나아가니, 마치 수리와 매가 그 날아다니는 것이 높지 않은 것은 아니지만 썩은 고기만 내려다보니, 뜻은 썩은 고기를 빼앗아 그 배를 채우는 데 있는 것과 같다. 시작이 좋은 듯 했으나 나쁜 것에서 마쳤다. 그러므로 배를 채우는 것을 좋아하고 기르는 것을 싫어하였다"라고 하였다.

▌次六：見粟如纍, 明, 利以正于王. 測曰：見粟如纍, 其道明也.
차육은, 곡식이 거듭 쌓인 것을 보니, 밝았다. 왕을 바르게 하는 것으로써 씀이 이롭다.[185]
측에 말하기를, 곡식이 거듭 쌓인 것을 보았다는 것은 그 도가 밝은 것이다.

范王本粟作票. 今從二宋陸本. 范本纍作累. 今從諸家.(闕)
범망본, 왕애본에는 율(粟)이 표(票)로 되어 있다. 지금 송충본, 송유간본, 육적본을 따른다. 범망본에 루(纍)가 루(累)로 되어 있다. 지금 제가의 판본을 따른다. 해설이 빠졌다.

▌次七：離如婁如, 赤肉鴟梟, 屬. 測曰：離婁赤肉, 食不臧也.[186]
차칠은, (올빼미가) 이루(離婁)인 듯 (먹이를) 잘 보았으나, 올빼미가 취한 것은 붉은 고기이니, 위태롭다.[187]
측에 말하기를, 올빼미가 이루인 듯 (먹이를) 잘 보았지만 취한 것이 붉은 고기였다는 것은 먹은 것이 좋지 않다는 것이다.

· · · · · · · · · · · · · · · ·

185 역주 : '累'는 '거듭한다(重)'는 것이다. 七은 불에 해당한다. 범망은 "君子之道 重明麗正, 光輝遠聞, 故利以正於王也."라고 한다.
186 劉韶軍 點校 : '臧'은 명초본에는 '藏'으로 되어 있다. 이것은 대전본에 의거해 고쳤다.
187 역주 : '臧'은 '좋다(善)'는 것이다. 이 구절은, 올빼미가 나쁜 것을 탐하여, 고기 보기를 힘껏 했지만 신선하지 못한 고기를 먹었으니 위태롭다는 것이다. 비유하면 탐악한 인간이 이로운 것을 보고 의로운 것을 잊고 급하게 구하니, 잘한 것이 아니라는 것이다.

七, 色赤, 用明, 類爲羽. 又七爲失志而當夜, 雖明視如離婁, 見赤肉取之, 乃得惡鳥. 不擇祿而食, 危之道也.

칠(七)은 색깔이 붉고, 밝음을 쓰고, 무리는 깃이 된다. 또 칠(七)은 뜻을 잃은 것이 되고 밤에 해당하여, 비록 밝게 보는 것이 이루(離婁)와[188] 같더라도 붉은 고기를 보고 취하니, 나쁜 새를 얻은 것이다. 녹봉을 가리지 않고 먹으니, 위태로운 도다.

▌次八 : 盼得其藥, 利征. 測曰 : 盼得其藥, 利征邁也.

차팔은, 눈이 예쁘고 밝은데 좋은 약을 얻었으니, 가는 것에 이롭다.
측에 말하기를, 눈이 예쁘고 밝은데 좋은 약을 얻었다는 것은 멀리 가는 것에 이롭다는 것이다.[189]

范小宋本利征作征利. 今從宋陸王本. 八爲禍中而當晝, 故得藥利征也.

범망본, 송유간본에는 리정(利征)이 정리(征利)로 되어 있다. 지금 송충본, 육적본, 왕애본을 따른다. 팔(八)은 화(禍)의 중(中)이 되나 낮에 해당한다. 그러므로 약을 얻었으니 가는 것에 이롭다고 하였다.

▌上九 : 血如剛, 沈于顙, 前尸後喪. 測曰 : 血剛沈顙, 終以貪敗也.

상구는, 백성들의 피(=고택)를 취한 것이 언덕과 같이 높고, 이마를 빠트릴 정도로 많으니, 앞에서는 시동으로 주(主)가 되었지만, 뒤에서는 상을 치렀다.[190]

· · · · · · · · · · · · · · · ·

188 역주 : 중국의 황제 시대의 전설적 인물. 보는 것이 매우 뛰어나 백 보 떨어진 곳에서도 털끝을 볼 수 있었다고 전한다. 『맹자』「離婁章上」1장, "孟子曰離婁之明, 公輸子之巧, 不以規矩, 不能成方員." 참조.
189 역주 : '征'은 『이아』「釋言」에서는 "行也."라고 한다. 이 구절은, 아름다운 눈이 밝은데, 또 좋은 약을 얻어 보는 것이 더욱 밝아졌으므로 멀리 가는 것에 이롭다는 것이다.
190 역주 : 이 구절은, 백성의 고택을 끝없이 갈구어 탐욕스럽게 취한 것이 높은 언덕

측에 말하기를, 피를 취한 것이 언덕과 같고 이마를 빠트릴 정도로 많았다는 것은 마침내 탐하여 패했다는 것이다.

宋陸本血如剛沈于纇作如血如岡沈于纇. 王本作如血如剛沈于之纇. 小宋本作如血如岡沈于纇. 今從范本. 王曰, 危亡之道, 相繼而至, 故前尸後喪. 光謂, 血猶膏澤也. 剛當作岡. 沈有漁利之象. 九爲禍極, 爲盡弊, 爲纇. 漁利不已, 浚民膏澤聚如岡陵, 至于沈纇不知已, 故危亡相繼也.

송충본, 육적본에는 혈여강침우상(血如剛沈于纇)이 여혈여강침우상(如血如岡沈于纇)으로 되어 있다. 왕애본에는 여혈여강침우지상(如血如剛沈于之纇)으로 되어 있다. 송유간본에는 여혈여강침우상(如血如岡沈于纇)으로 되어 있다. 지금 범망본을 따른다. 왕애는 말하기를 "위태롭게 망하는 도가 계속해서 이르렀다. 그러므로 앞에는 시체이고, 뒤에서는 상을 치렀다"라고 하였다. 사마광은 생각하기를 "혈(血)은 고택(膏澤)과 같다. 강(剛)은 강(岡)으로 써야 한다. 침(沈)은 어부의 이익이[191] 있는 상이다. 구(九)는 화(禍)의 극(極)이 되고, 다 폐해진 것이 되고, 이마도 된다. 어부의 이익이 그치지 않고, 백성들의 고택을 빼앗아 모은 것이 언덕과 같고, 이마까지 잠기는데 이르러도 그칠 줄을 알지 못한다. 그러므로 위태롭고 망하는 것이 서로 이어졌다"라고 하였다.

과 같고 이마를 빠트리는 지경에 이르렀기에, 앞에서는 비록 제사의 시동처럼 주가 되지만, 뒤에는 끝내 망하게 되는 것은 탐욕한 것 때문이란 것이다.

191 역주 : 漁利는 정당하지 않은 수단을 사용하여 이익을 취한다는 것이다. 『관자』 「法禁」, "漁利蘇功, 以取順其君."이란 말이 나온다. 尹知章은 "飾詐以釣君利, 謂之漁利."라고 주석한다.

☳ 三方二州一部二家.

3방, 2주, 1부, 2가다.

內

내(內)

陽家, 火, 準歸妹. 入內次三一十三分二十二秒, 日次大火, 寒露氣應. 斗建
戌位,[192] 律中無射.

내수(內首)는 양가(陽家)이고, (5행에서는) 화(火)이고, 『주역』「귀매괘(歸妹
卦)」에 준한다.[193] 내(內)는 차삼(次三) 13분 22초에서 들어가고, 태양은 대화
(大火)에 머물러 한로(寒露)의 기와 응한다. 두(斗)는 술위(戌位)에 세우고, 율
(律)은 무역(無射)에 맞춘다.

∙∙∙∙∙∙∙∙∙∙∙∙∙∙

192 劉韶軍 點校 : '斗建戌位'는 명초본에는 '斗柄指戌'로 되어 있다. 이것은 대전본,
     도장본, 장사호본에 의거해 고쳤다.
193 역주 :「玄衝」에서는 "內, 女懷也"라고 한다. 『주역』「象傳」에서는 "歸妹, 人之終
     始也."를 말한다. 여자가 시집을 가 지아비를 좇으니 그 덕이 유순하다. 그러므로
     「歸妹卦」에 상당한다.

▌陰去其內而在乎外, 陽去其外而在乎內, 萬物之既.

음(陰)은 그 안을 떠나 밖에 있고, 양(陽)은 그 밖을 떠나 안에 있어(서로 포기하고 돌아보지 않으니), 만물은 (生理를) 다하였다.[194]

宋曰, 既, 盡也.

송충은 말하기를 "기(既)는 다한다(盡)는 것이다"라고 하였다.

▌初一 : 謹于娶執, 初貞後寧. 測曰 : 謹于娶執, 治女政也.[195]

초일은, (훌륭한) 배우자를 얻는 것을 삼가니, 집이 처음은 바르고 뒤에는 편안하였다.

측에 말하기를, (훌륭한) 배우자를 얻는 것을 삼갔다는 것은 여자의 바른 것을 다스리는 것에서 시작한다는 것이다.[196]

范王本治女政作始女貞.[197] 今從宋陸本. 娶, 執, 古妃, 仇字. 范曰, 執, 匹也. 謹其妃匹, 男女道正, 夫妻別, 室家安. 光謂, 內者室家之象, 內之初, 故戒之也.[198] 易家人初九曰, 閑有家, 悔亡.

범망본, 왕애본에 치여정(治女政)은 시여정(始女貞)으로 되어 있다. 지금 송충본, 육적본을 따른다. 이(娶)와 구(執)는 옛날의 비(妃)로서, 구(仇)자다. 범망

. . . .

194 역주 : 이 때는 음기가 천지 사이에 가득 차고, 양기는 땅 아래에 물러나 엎드리니, 만물이 이루어지는 것을 다하여 장차 실내에 잠기어 숨는다는 것이다.
195 劉韶軍 點校 : '治女政'은 명초본에는 '始女貞'으로 되어 있다. 이것은 주석의 문장 및 도장본 장사호본에 의거해 고쳤다.
196 역주 : '政'은 '바르다[正]'라는 것이다. 이 구절은, 집안이 편안한 도는 숙녀를 얻는 것이 귀하니, 배우자를 선택하는 시작은 신중하지 않을 수 없고, 남녀의 도가 바르면 후에 집이 편안하다는 것이다. 『주역』「家人·象傳」에서는 "家人, 女正位乎內, 男正位乎外. 男女正, 天地之大義也 … 正家, 而天下定矣."를 말한다.
197 劉韶軍 點校 : '始'는 명초본에는 '治'로 되어 있다. 이것은 대전본, 장사호본에 의거해 고쳤다.
198 劉韶軍 點校 : '故'는 명초본에는 '致'로 되어 있다. 이것은 대전본, 장사호본에 의하여 고쳤다.

은 말하기를 "구(逑)는 짝(匹)이다. 왕비가 훌륭한 배우자를 얻는 것을 삼가하니, 남녀의 도가 바르고 지아비와 아내가 분별이 있어서 집안이 편안하다"라고 하였다. 사마광은 생각하기를 "내(內)란 집안의 상이니, 내수(內首)의 처음에 있으므로 경계한 것이다. 『주역』「가인괘(家人卦)」초구효에서는 '집안에서 어지러움을 막으니, 후회함이 없다'라고 했다"라고 하였다.

▎次二:邪其內主, 迂彼黃牀. 測曰:邪其內主, 遠乎寧也.

차이는, 그 집안의 주인이 사특하니, 저 (사람을 편안하게 하는) 집의 누런 평상을 멀리하였다.

측에 말하기를, 그 집안의 주인이 사특하였다는 것은 편안함을 멀리한다는 것이다.[199]

范本乎作乃. 今從宋陸王本. 范曰內主謂婦也. 迂, 遠也. 黃, 中也. 小宋曰, 牀者, 人所安.

범망본에서 호(乎)는 잉(乃)으로 되어 있다. 지금 송충본, 육적본, 왕애본을 따른다. 우(迂)는 멀다(遠)는 것이다. 황(黃)은 중앙(中)이다. 송유간은 말하기를 "평상은 사람을 편안하게 하는 것이다"라고 하였다.

▎次三:爾儀而悲, 坎我西階. 測曰:爾儀而悲, 代母情也.

차삼은, 너(=며느리)의 짝으로서 (翁姑가) 슬퍼하니, 나(=翁姑)는 서쪽계단에서 (내려와 며느리가 나의 일을 대신할 것을 생각하면서) 슬퍼한다.[200]

측에 말하기를, 너(=며느리)의 짝으로서 슬퍼하였다는 것은 어머니의 정을 대

----

199 역주 : '內主'는 '婦'를 가리킨다. 이 구절은, 부녀자가 바르지 않으면 집안이 편안하지 않기에, 편안한 것(=누런 평상)이 멀다고 한 것이다.
200 역주 : 이 구절은, 고대 혼례에서는, 親迎과 成婚의 뒤에 翁姑가 며느리에게 잔치를 베풀고 수작하고 집에 들여 主人으로 삼고 자신의 일을 대신하게 하는데, 이런 혼례를 하는데 느낀 것이 있어서 스스로 슬퍼하였다는 것이다.

신한다는 것이다.

范曰, 坎, 憂也. 親迎之道, 婦升西階, 有代親之義, 故悲也. 王曰, 儀, 匹也.
小宋引昏義曰, 厥明, 舅姑共饗婦, 以一獻之禮奠酬. 舅姑先降自西階, 婦
降自阼階, 以著代也.
범망은 말하기를 "감(坎)은 근심한다(憂)는 것이다. 친영(親迎)의 도에, 며느리
가 서쪽 계단으로 오르는 것은 친한 이를 대신하는 뜻이 있다. 그러므로 슬프
다"라고 하였다. 왕애는 말하기를 "의(儀)는 짝(匹)이다"라고 하였다. 송유간은
『예기』「혼의(昏儀)」를 인용하여 말하기를 "그 날이 밝으면 시어머니가 며느리
를 맞이하는 것을 함께 하여 일헌(一獻)의 예로써 전수(奠酬)하는데, 시어머니
가 먼저 서쪽계단에서 내려가고 며느리는 동쪽계단에서 내려가게 함으로써
(자기를) 대신함을 드러낸다"[201]라고 하였다.

▌次四 : 好小好危, 喪其緼袍, 厲. 測曰 : 好小好危, 不足榮也.
차사는, 하찮은 것을 좋아하고 위태로운 것을 좋아하여, 공후의 지위[緼袍]를
잃는 것에 이르렀으니, 위태롭다.
측에 말하기를, 하찮은 것을 좋아하고 위태로운 것을 좋아한다는 것은 영화롭
기에 부족하다는 것이다.[202]

范本緼作蘊. 王本袍作飽. 今從宋陸本. (闕)
범망본에는 온(緼)이 온(蘊)으로 되어 있다. 왕애본에는 포(袍)가 포(飽)로 되
어 있다. 지금 송충본, 육적본을 따른다. 해설이 빠졌다.

．．．．．．．．．．．．．．．．．．

201 역주 : 전후 문맥은 다음과 같다. 『예기』「昏儀」, "夙興, 婦沐浴以俟見. 質明, 贊見
　　婦於舅姑, 婦執笲, 棗、栗、段脩以見, 贊醴婦, 婦祭脯醢, 祭醴, 成婦禮也. 舅姑入
　　室, 婦以特豚饋, 明婦順也. 厥明, 舅姑共饗婦以一獻之禮, 奠酬, 舅姑先降自西階,
　　婦降自阼階, 以著代也."
202 역주 : 이 구절은, 구차하면서도 사악하고 행위가 바르지 않으니, 반드시 녹위를
　　잃게 되고 위태로움에 이른다는 것이다.

▌次五: 龍下于泥, 君子利用取娶, 遇庸夷. 測曰: 龍下于泥, 陽下陰也.

차오는, 용이 진흙 속에 숨으니, 군자는 짝을 취해 장가드는 것에 씀이 이로우니, 떳떳한 도와 평이한 것을 만난 것이다.

측에 말하기를, 용이 진흙 속에 숨었다는 것은 양이 음에게 낮추었다는 것이다.[203]

王本庸作膚. 今從諸家. 取與娶同. 范曰, 龍以喩陽. 陽下于陰, 親迎之義也. 光謂, 親迎之禮, 壻御輪三周,[204] 陽下陰也. 庸者得其常也, 夷者等夷也.

왕애본에 용(庸)은 부(膚)로 되어 있다. 지금 제가의 판본을 따른다. 취(取)는 취(娶)와 같다. 범망은 말하기를 "용(龍)으로써 양을 비유하였다. 양이 음에게 낮추었다는 것은 친영의 뜻이다"라고 하였다. 사마광은 생각하기를 "친영의 예에, 사위가 수레바퀴를 세 번 돌려 운전하는 것은[205] 양이 음에게 낮추었다는 것이다. 용(庸)이란 그 떳떳한 도를 얻은 것이요, 이(夷)란 동등하고 평이한 것이다"라고 하였다.

▌次六: 黃昏于飛, 內其羽. 雖欲滿宮, 不見其女. 測曰: 黃昏內羽, 不能自禁也.

차육은, 황혼에 나는데, 그 깃을 접어 안으로 하고 나니, 비록 (妃嬪을) 궁에

• • • • • • • • • • • • • • • • • •

203 역주: 范望은 "五, 土也. 六爲水, 土在水下, 故泥也. 龍以諭陽, 陽下於陰, 親迎之義也. 故君子利以取妃也. 庸, 大也. 夷, 悅也. 親迎以禮, 故大悅也."라고 한다. '取'는 '娶'와 같다. '庸'은 '中'과 같다. '遇庸夷'는 남녀가 中正의 도로써 서로 감응하면 家道가 형통하고 기뻐하게 된다는 것이다. 『주역』「象傳」에서는 "咸, 感也. 柔上而降下, 二氣感應以相與, 止而悅, 男下女, 是以亨利貞, 取女吉也."를 말한다.

204 劉韶軍 點校: '周'는 명초본에는 '問'으로 되어 있다. 이것은 대전본, 도장본, 장사호본에 의거해 고쳤다.

205 역주: 『禮記』「昏儀」에 나오는 말이다. 전후 문맥은 다음과 같다. 『예기』「昏儀」, "父親醮子, 而命之迎, 男先於女也. 子承命以迎, 主人筵几於廟, 而拜迎于門外. 壻執鴈入, 揖讓升堂, 再拜奠鴈, 蓋親受之於父母也. 降, 出御婦車, 而壻授綏, 御輪三周. 先俟于門外, 婦至, 壻揖婦以入, 共牢而食, 合졸而酳, 所以合體同尊卑以親之也."

가득 채우고자 하더라도 (자기의 뜻에 맞는) 그 여자를 보지 못하였다.
측에 말하기를, 황혼에 나는데 깃을 안으로 하고 날았다는 것은 스스로 금할
수 없다는 것이다.[206]

王曰, 六居盛滿而失位當夜, 乖于居內之宜. 黃昏于飛者, 無所定也. 內其
羽者, 不能禁于內也.[207] 雖欲滿宮, 欲無窮也. 不見其女者, 失其配偶之道,
終無所獲者也.
왕애는 말하기를 "육(六)은 성대하게 가득한 곳에 있어 지위를 잃고 밤에 해당
하니, 안에 있는 마땅함에 어긋났다. '황혼에 날았다'고 한 것은 정한 바가 없
는 것이다. '그 깃을 안으로 하였다'고 한 것은 안에서 금할 수 없다는 것이다.
'비록 궁에 가득 채우고자 하였다'고 한 것은, 끝이 없고자 한 것이다. '(자기의
뜻에 맞는) 그 여자를 보지 못하였다'고 한 것은 그 배우자를 맞이하는 도를
잃어서 끝내 얻을 바가 없다는 것이다"라고 하였다.

▌次七：枯垣生莠. 曤頭內其稚婦, 有. 測曰：枯垣生莠, 物慶類也.
차칠은, 마른 담에 강아지풀이 났다. 흰 머리에 그 어린 아내를 들이니,[208]
임신이 되었다.
측에 말하기를, 마른 담에 강아지풀이 났다는 것은 사물이 무리를 얻은 것을
경사스럽게 여겼다는 것이다.[209]

....

206 역주 : 이 구절은, 황혼 때에는 마땅히 돌아가 날기를 그쳐야 하는데도, 안으로
날개를 떨치면서 정도를 위반하니, 욕망이 마음에 가득하면 그 짝을 잃게 된다는
것이다. 비유하면 사람이 마땅히 멈춰야 할 때 멈추지 않으니, 법도에서 잘못하여
획득하는 것이 없다는 것이다.
207 劉韶軍 點校 : '禁'은 명초본에는 없다. 이것은 대전본, 도장본, 장사호본에 의거
해 보충하였다.
208 역주 : '內'는 이 경우 '들인다'는 '납(納)'으로 읽어야 한다.
209 역주 : '莠'는 '秀'로, '禾穗'다. '曤'은 '흰 것[白]'이다. 이 구절은, 고목에 새로운 花
穗가 피고, 백발의 노인이 어린 처녀를 신부로 맞아들이니, 약한 것이 다해 다시
왕성해지고, 폐해진 것이 다시 일어났기 때문에 家道가 부유하고 物類가 기뻐한
다는 것이다.

王本莠作秀. 今從諸家. 范小宋本物作勿. 今從宋陸王本. 皠, 胡覺切. 范曰, 白而不純謂之皠. 光謂, 七爲禍始而當晝, 衰而復興者也. 有, 富有也. 物慶類者, 物情喜得其類也. 易曰, 枯楊生稊,[210] 老夫得其女妻, 無不利.

왕애본에 수(莠)는 수(秀)로 되어 있다. 지금 제가의 판본을 따른다. 범망본, 송유간에는 물(物)이 물(勿)로 되어 있다. 지금 송충본, 육적본, 왕애본을 따른다. 확(皠)은 호(胡)와 각(覺)의 반절이다. 범망은 말하기를 "희지만 순일하지 못한 것을 학(皠)이라 한다"라고 하였다. 사마광은 생각하기를 "칠(七)은 화(禍)의 시(始)가 되나 낮에 해당하니, 쇠약하다가 다시 일어난 것이다. 유(有)는 부유(富有)한 것이다. '사물이 무리를 얻을 것을 경사스럽게 여겼다'라고 한 것은 사물의 실정이 그 무리를 얻은 것을 기뻐한 것이다. 『주역』「대과괘(大過卦)」의 구이효에서 말하기를 '마른 버드나무에 돌피가 났다. 늙은 지아비가 젊은 아내를 얻은 것이니, 이롭지 아니함이 없다'라고 했다"라고 하였다.

▌次八 : 內不克婦, 荒家及國, 涉深不測. 測曰 : 內不克婦, 國之孽也.

차팔은, 안에서 악한 며느리를 이기지 못하여, 집이 황폐한 것이 나라에 미쳤으니, 깊은 곳을 건너는데 헤아리지 못한 것이다.[211]

측에 말하기를, 안에서 악한 며느리를 이기지 못한다는 것은 국가의 화(禍)라는 것이다.

范本不測作不可測. 今從諸家. 范曰, 克, 勝也.

범망본에 불측(不測)은 불가측(不可測)으로 되어 있다. 지금 제가의 판본을 따른다. 범망은 말하기를 "극은 이긴다(勝)는 것이다"라고 하였다. 해설이 빠졌다.

· · · · · · · · · · · · · · · · · ·

210 劉韶軍 點校 : '稊'는 명초본에는 '梯'로 되어 있다. 대전본 등의 판본에는 '薁'로 되어 있다. 이것은 『周易』「大過卦」에 의거하여 고쳤다.

211 역주 : '克'은 '능한 것'이고, '孽'은 '災害'다. 이 구절은, 안에 惡婦가 있는데 제어할 수 없어서 반드시 국가가 망함에 이르고, 그 화를 헤아릴 수 없기에 국가의 화라고 한다는 것이다.

▌上九：雨降于地, 不得止, 不得過. 測曰：雨降于地, 澤節也.

상구는, 비가 땅에 내리니, 은택을 베푸는 것을 멈추지도 않았고 지나치지도
않았다.

측에 말하기를, 비가 땅에 내렸다는 것은 은택에 절도가 있다는 것이다.[212]

궐(闕)

해설이 빠졌다.

----

212 역주 : '비가 땅에 내렸다'는 것은, 은혜가 백성에게 베풀어졌다는 것이다. '節'은
    '절도'다. 이 구절은, 은혜가 백성에게 베풀어지는데 절도가 있어야 하고, 폐지해
    서도 안되고 지나치게 심해서도 안된다는 것이다. 즉 윤택함을 베푸는데 절도가
    있어야 한다는 것이다.

거去

▦ 三方二州一部三家.

3방, 2주, 1부, 3가다.

去

거(去)

陰家, 木, 準無妄. 漢儒解無妄爲無所復望, 故揚子以去準之. 三測曰, 妄行
也. 四測曰, 非所望也. 是揚子兼取二義以爲首也.

거수(去首)는 음가(陽家)이고, (5행에서는) 목(木)이고, 『주역』「무망괘(無妄
卦)」에 준한다.[213] 한나라 유학자들은 무망(無妄)을 '다시 바라는 것이 없다'라
고 해석하였다. 그러므로 양웅이 '거수(去首)'로 준한 것이라고 하였다. 차삼
(次三)의 측(測)에 말하기를 "망령되게 행동하였다(妄行)"라고 하고, 차사(次
四)의 측(測)에 말하기를 "바란 바가 아니다(非所望)"라고 하였다. 이것은 양웅
이 두 가지의 뜻을 아울러 취함으로써 수(首)로 삼은 것이다.

· · · · · · · · · · · · · · · ·

213 역주 : 「玄衝」에서는 "去則悲也."라고 한다.

▌陽去其陰, 陰去其陽, 物咸倜倡.

양은 그 음을 떠나고, 음은 그 양을 떠나 (다시 합할 수 없으니), 사물은 (主로 삼을 것이 없어) 모두 미쳐 날뛰었다.[214]

倜, 張留切. 倡, 音昌. 宋曰, 倡音如兩服上襄.[215] 謂是時陰陽各去其所, 萬物亦倜倡不知所處也. 王曰, 倜與俯同, 萬物猖狂而離散也.

주(倜)는[216] 장(張)과 유(留)의 반절이다. 창(倡)은 음이 창(昌)이다. 송충은 말하기를 "창음(倡音)은 양쪽의 옷이 위로 오르는 것이다. 이때에 음과 양이 각각 제자리를 떠나고, 만물이 또한 미쳐 날뛰면서 처할 것을 알지 못한 것을 이른 것이다"라고 하였다. 왕애는 말하기를 "주(倜)은 주(俯)와 같으니, 만물이 미쳐 날뛰면서 흩어지는 것이다"라고 하였다.

▌初一 : 去此靈淵, 舍彼枯園. 測曰 : 去此靈淵, 不以謙將也.

초일은, 이 신령스런 낮은 연못을 떠나, 저 높은 마른 정원에 머물렀다.
측에 말하기를, 이 신령스런 낮은 연못을 떠난다는 것은 겸손한 것으로 행하지 않는다는 것이다.[217]

范曰, 一爲水, 最在下, 故曰靈淵. 去下卽高, 非謙德也. 小宋曰, 枯園猶高上也.[218] 光謂, 園木之枯, 必地高而無潤澤也. 一爲思始而當夜, 小人厭下

· · · · · · · · · · · · · · · ·

214 역주 : '去'는 떠난다는 것이다. '倜倡'은 '悃愴'과 같으니, 비애하고 실의하고 惶惶然하여 갈 것을 모르는 모양이다. 이 구절은, 음양이 서로 어긋나고 흩어지니, 만물이 悵然하게 갈 것을 모른다는 것이다.

215 劉韶軍 點校 : '宋曰'에서 '襄謂'에 이르는 10글자는 대전본, 도장본, 장사호본에는 없다. 마땅히 있어야 하는데 오직 글자에 잘못된 것이 있어 지금 이미 교정할 바가 없다.

216 역주 : '倜'는 '기개가 있다'고 할 때는 '척'이라 발음하고, '어긋나게 뻗어간다'라고 할 때는 '주'라고 발음한다. 여기서는 후자의 뜻으로 사용되었기에 '주'라고 발음한다.

217 역주 : '枯園'은 높은 곳이다. '將'은 '간다[行]'는 것이다. 『尙書』 「胤征」에 "奉將天罰."이 나오는데 孔穎達은 "將, 行也."라고 한다.

思高, 欲去此而從彼, 必有殃也.

범망은 말하기를 "일(一)은 수(水)가 되고 가장 아래에 있다. 그러므로 신령스런 연못(靈淵)이라 말한다. 아래를 떠나 높은 곳으로 나아간 것은, 겸손한 덕이 아니다"라고 하였다. 송유간은 말하기를 "마른 정원은 높은 위와 같다"라고 하였다. 사마광은 생각하기를 "정원의 나무가 마른 것은, 반드시 땅이 높지만 윤택함이 없는 것이다. 일(一)은 사(思)의 시(始)가 되고 밤에 해당하니, 소인은 아래를 싫어하고 높은 것만을 생각하여 이것[아래]을 떠나 저것[높은 것]만을 좇고자 하니, 반드시 재앙이 있다"라고 하였다.

▌次二 : 去彼枯園, 舍下靈淵. 測曰 : 舍下靈淵, 謙道光也.

차이는, 저 높은 마른 정원을 떠나, 아래의 신령스런 연못에 머무른다.
측에 말하기를, 아래의 신령스런 연못에 머무른다는 것은 겸손한 도가 빛난다는 것이다.[219]

二爲思中而當晝, 君子慮以下人, 故其道光也.
이(二)는 사(思)의 중(中)이 되고 낮에 해당하니, 군자는 남에게 낮출 것을 생각한다. 그러므로 그 도가 빛나는 것이다.

▌次三 : 高其步, 之堂有露. 測曰 : 高步有露, 妄行也.

차삼은, 그 발을 높이 들어 당으로 올라갔는데, 그 당에 이슬이 있어 옷을 젖듯이 화(禍)를 당했다.
측에 말하기를, 그 발을 높이 들어 당에 올라갔는데 이슬이 있어 옷을 젖었다는 것은 망령되이 행동하여 화(禍)를 당했다는 것이다.[220]

∙∙∙∙∙∙∙∙∙∙∙∙∙∙∙∙∙∙

218 劉韶軍 點校 : '上'은 명초본, 대전본, 도장본은 같다. 장사호본에는 '土'로 되어 있는데, 여기서는 다수를 따른다.
219 역주 : 이 구절은, 높은 곳을 떠나 아래로 가니, 겸허한 도가 光明이 있고 펴서 드날린다는 것이다.

范小宋本妄行作妄升. 王本作安行.[221] 今從宋陸本. 露沾人衣, 禍辱之象也. 三爲成意而當夜, 小人見高位而趨之,[222] 不覺涉于禍辱也.

범망본, 송유간에 망행(妄行)이 망승(妄升)으로 되어 있다. 왕애본에는 안행(安行)으로 되어 있다. 지금 송충본, 육적본을 따른다. 이슬이 사람의 옷을 적신 것은, 화(禍)나 욕을 당한 상이다. 삼(三)은 뜻을 이룬 것이 되나 밤에 해당하니, 소인이 높은 지위를 보고 달려가지만 화(禍)나 모욕에 빠진 것을 깨닫지 못한다.

▌次四：去于子父, 去于臣主. 測曰：去于子父, 非所望也.

차사는, (떠날 때가 되어) 아들과 아버지의 관계에서 떠나고, 신하와 군주의 관계에서 떠났다.
측에 말하기를, (떠날 때가 되어) 아들과 아버지의 관계에서 떠났다는 것은 (福이) 바라는 바가 아니라는 것이다.[223]

范本作去于父子. 今從二宋陸王本. 王曰, 四旣得位當晝, 去之得宜. 去于子而之父,[224] 去于臣而之主, 順于尊卑之序, 則咎悔不生. 光謂, 四爲福始而當晝, 去卑而得尊, 福生望外, 故云非所望也.

범망본에는 거우부자(去于父子)로 되어 있다. 지금 송충본, 송유간본, 육적본, 왕애본을 따른다. 왕애는 말하기를 "사(四)는 이미 지위를 얻고 낮에 해당하

....

220 역주 : '之'는 간다는 것이다.
221 劉韶軍 點校 : '安'은 명초본에는 '妄'으로 되어 있다. 이것은 대전본, 도장본, 장사호본에 의거해 고쳤다.
222 劉韶軍 點校 : '趨'는 명초본에는 '遂'로 되어 있다. 이것은 대전본, 도장본, 장사호본에 의거해 고쳤다
223 역주 : 葉子奇는 "去於夫子, 言父子相離也. 去於臣主, 言君子相離也. 父子相離則恩隔, 君臣相離則義乖, 故非所望也. 此贊當晝, 辭反不吉, 疑有誤."라고 하여 이 문구가 갖는 부정적인 의미에 대해 의문을 표시한다.
224 劉韶軍 點校 : '于'는 명초본에는 '其'로 되어 있다. 이것은 대전본, 도장본, 장사호본에 의거해 고쳤다.

니, 떠나는 것이 마땅함을 얻었다. 아들로서 아버지에게 가는 것을 떠나고, 신하로서 군주에게 가는 것을 떠났다는 것은 높고 낮은 차례를 따른 것이니, 허물이나 후회는 생기지 않는다"라고 하였다. 사마광은 생각하기를 "사(四)는 복(福)의 시(始)가 되고 낮에 해당하니, 낮은 것을 떠나 높은 것을 얻어서, 복(福)이 기대하지 않는 데에서 생긴 것이다. 그러므로 '바란 바가 아니다'라고 하였다"라고 하였다.

■ 次五：攘其衣, 之庭有麋. 測曰：攘衣有麋, 亦可懼也.
차오는, 그 옷을 치켜들고, 뜰에 가니 순록이 놀고 있었다.
측에 말하기를, 옷을 치켜들고 뜰에 가니 순록이 놀고 있었다는 것은 또한 두려워할 만하다.

小宋曰, 攘, 音戀, 舉也. 光謂, 攘衣而行, 庭有荊棘也. 麋鹿遊庭, 亡國之墟也. 五, 情恐懼, 又爲衣, 居尊位而當夜, 將去其位而失其國, 可無懼乎.
송유간은 말하기를 "건(攘)은 음이 건(戀)으로, 치켜든다(舉)는 것이다"라고 하였다. 사마광은 생각하기를 "옷을 위로 치켜들고 가는데 뜰에 가시나무가 있고, 순록이나 사슴이 뜰에서 논다는 것은 망한 나라의 터이다. 오(五)는 실정이 두렵고, 또 옷이 되고, 높은 지위에 있지만 밤에 해당하니, 장차 그의 지위를 떠나고 그의 국가를 잃게 될 것이니, 어찌 두려움이 없겠는가?"라고 하였다.

■ 次六：躬去于成, 天遺其名. 測曰：躬去于成, 攘不居也.
차육은, 몸이 이룬 것에서 떠나니, 하늘이 그 이름을 남겨 명예로움을 주었다.
측에 말하기를, 몸이 이루는 것에서 떠났다는 것은 공을 사양하고 지위에 연연하지 않는다는 것이다.

二宋陸本成作城. 今從范王本. 攘, 古讓字. 遺, 以醉切. 范曰, 六爲上祿, 家性爲去, 功成身退, 故天遺其名也.

송충본, 송유간본, 육적본에 성(成)은 성(城)으로 되어 있다. 지금 범망본, 왕애본을 따른다. 양(攘)은 옛날 양(讓)자다. 유(遺)는 이(以)와 취(醉)의 반절이다. 범망은 말하기를 "육(六)은 상록(上祿)이 되고, 가성(家姓)은 '떠나는 것[去]'이 되니, 공을 이루고 몸이 물러난 것이다.[225] 그러므로 하늘이 그의 이름을 남겨 명예로움을 주었다"라고 하였다.

▌次七：去其德貞, 三死不令. 測曰：去其德貞, 終死醜也.

차칠은, 그 덕의 바른 것을 떠나니, 많이[三] 죽었어도 선하지 않았다.
측에 말하기를, 그 덕의 바른 것을 떠났다는 것은 끝내 추한 이름이 남는다는 것이다.[226]

范曰, 令, 善也. 王曰, 七居過滿而又失位當夜, 乖去之宜.[227] 去之惡者, 莫若去其德義貞正之方. 故雖三死猶有不令之名不滅也. 三者, 擧其多也.

범망은 말하기를 "령(令)은 선하다(善)는 것이다"라고 하였다. 왕애는 말하기를 "칠(七)은 지나치게 가득 찬 곳에 있고, 또 지위를 잃고 밤에 해당하니, 떠나는 것의 마땅함에 어긋났다. 떠난 것이 추악한 것에는, 그 덕의(德義)가 곧고 바른 방정함에서 떠난 것만 한 것은 없다. 그러므로 비록 세 번씩이나 죽었으나 오히려 선하지 않은 이름이 없어지지 않았다. '세 번(三)'이란 그것이 많은 것을 든 것이다"라고 하였다.

• • • • • • • • • • • • • • • • • •

225 역주 : '遺'는 '준다[贈]'는 것이다. 이 구절은, 『노자』9장, "功成身退, 天之道也.", 『노자』77장, "是以聖人爲而不恃, 功成而不處, 其不欲見賢." 참조.
226 역주 : 이 구절은, 만약 중정의 덕이 떠났다면, 죽었어도 그 추악한 것이 만년토록 남는다는 것이다.
227 劉韶軍 點校 : 이 구절은, 명초본에는 두 개의 '之'자가 있다. 이것은 대전본, 장사호본에 의거해 삭제했다.

▌次八:月高弦, 火幾縣, 不可以動, 動有愆. 測曰:月弦火縣, 恐見 愆也.

차팔은, 달이 높은데 하현달이고, 대화성(大火星=心星)이 거의 매달린 때로서, (한 해가 저물어가는 때라) 움직일 수 없으니, (군자는 때를 기다려야지) 움직이면 허물이 있다.

측에 말하기를, 달이 하현달이고 대화성이 매달렸다는 것은 허물이 있을까 두려워한다는 것이다.

幾, 居衣切, 又音祈. 縣, 古懸字. 范曰, 月高弦, 二十日之餘也. 火謂大火. 火之幾縣, 歲將晚也. 八者, 老疾之位, 于年爲八十,[228] 如月動而益晦, 火日 以流退. 致仕懸車, 遺法後生, 不可妄動以有愆也. 光謂, 火中寒暑乃退. 八 爲耗, 爲剝落, 如人衰老則宜靜不宜動也.

기(幾)는 거(居)와 의(衣)의 반절이고, 또 음은 기(祈)다. 현(縣)은 옛날 현(懸) 자다. 범망은 말하기를 "달이 높은데 하현달이라고 한 것은 20일 쯤이다. 화(火)는 대화성(大火星)으로서, 화성이 거의 매달렸다는 것은 한해가 장차 끝난다는 것이다. 팔(八)은 늙어 병든 지위이고 나이는 80세가 되니, 마치 달이 움직여 더욱 그믐이 되고, 화성(火星)이 날로써 흘러 물러나는 것이다. (이런 상황을 인간의 삶에 적용하면 나이가 들면) 벼슬에서 물러나 수레를 매달아,[229] 후생이 본받을 법을 남겨야지, 망령되이 행동함으로써 허물이 있게 해

....

228 劉韶軍 點校 : '於'아래에 명초본에는 '居'자가 있다. 이것은 대전본, 도장본에 의거해 삭제했다.

229 역주 : '懸車'에 대해서는 夷首 上九 測의 '顯車鄕' 및 班固, 『白虎通』「致仕」, "臣 七十懸車致仕者, 臣以執事趨走爲職. 七十陽道極, 耳目不聰明, 跛踦之屬, 是以退 去避賢者, 所以長廉恥也. 懸車, 示不用也." 참조. 전통적으로 옛날에 신하가 나이 70이 되면 관직에서 사직하고자 하면 임금에 상소를 올리게 되는데 이를 '骸乞疏' 라 한다. 이 말은 고령이 되어 사직코자 하는 것으로 '懸車致仕'라고도 한다. 즉 수레를 매달아 놓고 관직에서 물러난다는 말이다. '懸車之年, 懸輿致仕'라고도 한다. '懸輿'는 처음에 황혼이 되기 전을 말한다. 회남자는 "해가 黃道를 따라서 수레를 몰고 가다 悲谷에서 쉬게 되면 황혼이 되기 전이므로 '懸輿'라 하고, 해가 수레를 몰아 虞淵에 이르면 황혼이 된다"라고 하였다. 즉 해를 모는 수레가 가지 않으면 수레바퀴를 굴리지 않고 수레를 매달아 놓는다는 것이다. '황도'란 태양의

서는 안 된다"라고 하였다. 사마광은 생각하기를 "화성(火星)은 한서(寒暑)에 적중하면 이에 물러난다. 팔(八)은 소모함이 되고 벗겨져 떨어진 것도 되니, 마치 사람이 쇠약하고 늙으면 마땅히 조용하게 지내야지 활동하는 것은 마땅하지 않은 것이다"라고 하였다.

■ 上九 : 求我不得, 自我西北. 測曰 : 求我不得, 安可久也.

상구는, 나(=陽)를 구해도 얻지 못하니, 내가 서북쪽(=乾의 方角)에서부터 했기 때문이다.[230]

측에 말하기를, 나를 구해도 얻지 못한다는 것은 어찌 오래갈 수 있겠는가 하는 것이다.

小宋引玄圖曰, 生陽莫如子, 西北則子美盡矣. 光謂, 西北, 陰位. 九爲盡弊, 爲殄絶, 居去之極而當夜, 已去矣. 故求之不得. 如日也歲也, 由西入北, 安可久也.

송유간은 「현도(玄圖)」를 인용하여 말하기를 "양을 낳는 것은 자(子)만한 것이 없으니, 서북쪽은 (12 간지의) 자(子)의 아름다움이 다한 것이다"라고 하였다. 사마광은 생각하기를 "서북쪽은 음의 지위이다. 구(九)는 다 폐해진 것이 되고, 죽어서 끊어진 것이 되고, 거수(去首)가 지극한 것에 있으면서 밤에 해당하니 이미 떠난 것이다. 그러므로 구해도 얻지 못한다. 마치 해와 세성이 서쪽에서부터 북쪽으로 들어가는 것과 같으니 어찌 오래할 수 있으랴!"라고 하였다.

· · · · · · · · · · · · · · · · · ·

둘레를 도는 지구의 궤도가 天球에 투영된 궤도를 말한다. '치사'라는 말은 스스로 자신의 일을 군주에게 되돌려 준다는 것이다. 즉 군주가 연로한 신하를 강제로 물러나게 하지 않고 신하가 스스로 물러난다는 의미다.

230 역주 : 「玄圖」에서는 "陰酋西北."을 말한다. 서북방은 음기가 극히 성하고 양기가 극히 쇠하여 양기가 다시 작용을 발생하지 못한다. 그러므로 "求我不得, 自我西北"이라고 한 것이다. 그러나 성한 것이 극하게 되면 쇠하고, 음이 극하면 양이 생하여 음기가 비로소 쇠락한다. 그러므로 "安可久"라고 한 것이다.

회晦

☷ 三方一州二部一家.

3방, 1주, 2부, 1가다.

晦

회(晦)

陽家, 金, 準明夷. 入晦次七, 日舍房.

회수(晦首)는 양가(陽家)이고, (5행에서는) 금(金)이며, 『주역』「명이괘(明夷卦)」에 준한다.[231] 회(晦)는 차칠(次七)에서 들어가고, 태양은 방수(房宿)에 머문다.

▌陰登于陽, 陽降于陰, 物咸喪明.

음은 양의 지위에 오르고, 양은 음의 지위(=서북쪽)로 내려가니, 사물이 모두 밝음을 잃었다.[232]

. . . .

231 역주 : 『주역』「象傳」에서는 "明入地中, 明夷, 利艱貞, 晦其明也"를 말한다.

232 역주 : 이 때는 음이 성하고 양이 쇠하는 때로, 만물은 음을 믿고 생하는데, 양이 쇠하면 만물이 조락하고 그 밝음을 상한다는 것이다.

喪, 息浪切. 王曰, 萬物恃陽以爲明, 陽降則物喪其明.

상(喪)은 식(息)과 랑(浪)의 반절이다. 왕애는 말하기를 "만물은 양을 의지하여 밝게 되지만, 양이 내려가면 사물이 그 밝음을 잃게 된다"라고 하였다.

▌初一 : 同冥獨見, 幽眞. 測曰 : 同冥獨見, 中獨照也.

초일은, 어두움을 함께 하면서도 홀로 보니, 고결하고 바르다.

측에 말하기를, 어두움을 함께 하면서도 홀로 본다는 것은 마음이 홀로 비추었다는 것이다.[233]

范王本照作昭. 今從二宋陸本. 王曰, 處冥晦之時, 而得位當晝, 故曰同冥獨見. 自守于幽玄之中, 不失其正. 光謂, 一爲思下, 又爲下下, 當日之晝, 故能獨見幽貞.

범망본, 왕애본에 조(照)는 소(昭)로 되어 있다. 지금 송충본, 송유간본, 육적본을 따른다. 왕애는 말하기를 "어둡고 어두운 때에 처하나 지위를 얻고 낮에 해당한다. 그러므로 어두운 곳을 함께하며 홀로 보았다고 하니, 그윽하고 가물한 가운데에서 스스로 지켜 그 바름을 잃지 않았다"라고 하였다. 사마광은 생각하기를 "일(一)은 사(思)의 하(下)가 되고, 또 하의 하가 되나 당일의 낮에 해당한다. 그러므로 홀로 고결하고 바름을 볼 수 있었다"라고 하였다.

▌次二 : 盲征否. 測曰 : 盲征否, 明不見道也.

차이는, 눈이 어두우니 가는 것은 좋지 않다.

측에 말하기를, 눈이 어두우니 가는 것은 좋지 않다는 것은 눈 밝은 것이 길을 보지 못한다는 것이다.[234]

. . . .

233 역주 : 이 구절은, 어두운 것에 섞여 같이하고 안에 밝음을 감추니, 밝은 비록 어두운 것 같지만 안은 실제로는 명철하다는 것이다. 『노자』41장에서 "明道若昧."를 말한다.

234 역주 : '征'은 '간다[行]'는 것이다.

否, 方久切, 與不同. 王曰, 冥晦而又失位當夜, 益其暗焉. 則是以盲而有所往, 必有顚躓之憂矣. 光謂, 二爲思中而當夜, 故有是象.

부(否)는 방(方)과 구(久)의 반절로서 불(不)과 같다. 왕애는 말하기를 "어두운 그믐인데 또 지위를 잃고 밤에 해당하니, 그 어두움을 더한 것이다. 이 때문에 눈이 어두우면서 가는 바가 있으면 반드시 넘어질 근심이 있다"라고 하였다. 사마광은 생각하기를 "이(二)는 사(思)의 중(中)이 되고 밤에 해당한다. 그러므로 이 상이 있다"라고 하였다

■ 次三 : 陰行陽從, 利作不凶. 測曰 : 陰行陽從, 事大外也.

차삼은, 음(=婦)이 행하고 양(=夫)이 따르니 흉하지 않은 것을 일으키는 것이 이롭다.
측에 말하기를, 음이 행하고 양이 따른다는 것은 (집안뿐만 아니라) 일을 크게 밖으로 한 것이다.[235]

范王本大作必. 今從宋陸本.(闕)
범망본, 왕애본에 대(大)는 필(作)로 되어 있다. 지금 송충본, 육적본을 따른다. 해설이 빠졌다.

■ 次四 : 晦其類, 失金匱. 測曰 : 晦其類, 法度廢也.

차사는, 그 법도[類]를[236] 어둡게 하니, 금궤를 잃었다.
측에 말하기를, 그 법도[類]를 어둡게 한다는 것은 법도가 폐하여진 것이다.

范曰, 四, 金也, 而在其行, 處晦之世, 故曰晦其類也. 光謂, 法度所以固國,

----

235 역주 : 이 구절은, 안으로 덕이 있는 지어미가 집을 다스리고 지아비가 따라서 쫓으니, 비록 '양이 행하고 음이 좇는 도'를 어겼지만, 지어미가 밖으로 크게 작위하는 바가 있기에 흉하지 않다는 것이다.
236 역주 : '類'는 『方言』에서는 "法也."라고 한다.

如匱之固金. 凡一國之中, 有晦有明, 法度猶可守也. 若彼晦而此又晦之,
依阿苟合, 類聚如一, 則法度廢矣. 四爲下祿, 爲外他而當夜, 故有是象.
범망은 말하기를 "사(四)는 금(金)으로서, 그 행한 것이 회(晦)의 세상에 처한
것이다. 그러므로 그 무리(혹은 법도)를 어둡게 한다고 말하였다"라고 하였다.
사마광은 생각하기를 "법도는 국가를 굳게 하는 것이니, 금궤가 금을 굳게
지키는 것이다. 대저 한 나라 가운데에는 어두운 것도 있고 밝은 것도 있지만,
법도는 오히려 지킬 수 있다. 만약 저것이 어둡는데 이것 또한 어두워서 아부
하고 구차하게 합하여, 무리가 모인 것이 한결 같으면 법도가 폐지될 것이다.
사(四)는 하록(下祿)이 되고, 밖의 다른 것이 되고 밤에 해당한다. 그러므로
이 상이 있다"라고 하였다.

▌次五：日正中, 月正隆, 君子自晦不入窮. 測曰：日中月隆, 明恐
挫也.
차오는, 태양은 바르게 가운데하고, 달은 바르게 융성하니, 군자는 스스로 어
둡게 하여 궁한 곳으로 들어가지 않았다.[237]
측에 말하기를, 태양은 가운데하고 달이 융성하다는 것은 (태양과 달의) 밝은
것이 꺾일까 두려워한다는 것이다.

王曰, 五爲中和,[238] 而又得位當晝, 日中月滿之時, 而能戒其過盛, 自晦其
迹. 旣達消息屈伸之義理, 則其道不窮.
왕애는 말하기를 "오(五)는 중화(中和)가 되고, 또 지위를 얻어 낮에 해당하니,
태양은 가운데하고 달이 가득한 때에 그 지나치게 성대한 것을 경계하고, 스스
로 그 자취를 어둡게 하여, 이미 소멸하고 자라나고 굽히고 펴는 의리에 통달

· · · · · · · · · · · · · · · · · ·
237 역주 : 이 구절은, 해가 가운데 하면 기울고, 달이 가득차면 이지러지고, 밝음이
       성하면 반드시 어두워지는데, 군자가 성대한 지위에 처하여 때에 미쳐 경계하고
       스스로 겸손할 수 있으면, 쇠락하고 곤궁한 것에 이르지 않는다는 것이다.
238 劉韶軍 點校 : '中和'는 명초본에는 '正'으로 되어 있다. 이것은 대전본, 도장본,
       장사호본에 의거해 고쳤다.

했다면 그 도는 궁하지 않다"라고 하였다.

▌次六 : 玄鳥維愁, 明降于幽. 測曰 : 玄鳥維愁, 將下昧也.

차육은, 제비[玄鳥]가 (가을이 와) 오직 시름하니, 밝은 곳에서 그윽한 곳으로 내려갔다.

측에 말하기를, 제비[玄鳥]가 (가을이 와) 오직 시름한다는 것은 장차 어두운 곳으로 내려간다는 것이다.[239]

王曰, 玄鳥, 知時之鳥. 六居盛滿, 而又失位當夜, 去明向幽之象也. 小宋曰, 玄鳥, 乙也.[240] 光謂, 六爲廓天, 涉于秋初, 故有是象.

왕애는 말하기를 "제비[玄鳥]는 때를 아는 새이다. 육(六)은 성대함이 가득한데 있지만 또 지위를 잃고 밤에 해당하니, 밝은 곳을 떠나 그윽한 곳으로 향하는 상이다"라고 하였다. 송유간은 말하기를 "현조는 새(乙)다"라고 하였다. 사마광은 생각하기를 "육(六)은 확천(廓天)이 되니, 가을의 처음과 관계가 있다. 그러므로 이 상이 있다"라고 하였다.

▌次七 : 眇提明, 或遵之行. 測曰 : 眇提明, 德將遵行也.

차칠은, 애꾸눈(혹은 밤)이어서 (잘 보지 못하나 군자가 촛불과 같은) 밝은 것을 드니, (무리들이) 혹 따라서 행한다.

측에 말하기를, 애꾸눈(혹은 밤)이어서 (잘 보지 못하나 군자가 촛불과 같은) 밝은 것을 든 것은 (무리들이) 덕이 있는 자를 장차 따라 행한다는 것이다.[241]

· · · · · · · · · · · · · · · · · ·

239 역주 : 이 구절은, 더위가 가고 추위가 오니 제비[玄鳥]가 시름하고, 밝은 것이 어두운 것에 들어가니 현인이 슬퍼한다는 것이다.

240 劉韶軍 點校 : '乙'은 장사호본에는 '氒'로 되어 있다. '乙'과 '氒'은 옛날 글자에서는 통했다.

241 역주 : 이 구절은, 눈이 비록 애꾸눈이라도 보는 것은 밝고, 군자가 화를 만났을 때 덕을 따라 행하면 길하고 흉한 것이 없다는 것이다.

二宋陸本睄作睄,²⁴² 息井切, 義與省同. 或作省.²⁴³ 小宋音眇, 云一目盲
也. 宋陸本提作緹,²⁴⁴ 都黎切. 諸家贊辭皆無德字, 范本作睄提明德,²⁴⁵ 因
測而誤也. 范云, 睄, 目不明也. 意與眇同. 今從王本. 王本測無遵者. 今從
諸家. 王曰, 睄, 古宵字. 七得位得晝, 是于宵夜之中提明自照, 或遵之行,
斯不失其道. 提明, 謂燭之類. 光謂, 七爲消, 爲敗損, 有夜之象, 而當日之
晝, 故曰提明也. 德謂明德之人也.²⁴⁶ 昏晦之世, 有明德者將之, 衆之所從.
如夜得燭, 衆之所遵行也.

송충본, 송유간본, 육적본에 초(睄)는 성(睄)으로 되어 있으니, 식(息)과 정(井)
의 반절로서, 뜻은 성(省)과 같다. 혹은 성(省)으로 되어 있다. 송유간은 말하
기를 "음은 초(眇)로서, 한 눈이 먼 것을 말한 것이다"라고 하였다. 송충본,
육적본에는 제(提)가 제(緹)로 되어 있으니, 도(都)와 려(黎)의 반절이다. 제가
의 찬사(贊辭)에는 모두 덕(德)자가 없다. 범망본에는 초제명덕(睄提明德)으로
되어 있는데, 측(測)에 따라서 잘못된 것이다. 범망은 말하기를 "초(睄)는 눈이
밝지 않다는 것이며, 뜻은 애꾸눈(眇)과 같다"라고 하였다. 지금 왕애본을 따
른다. 왕애본 측에는 준(遵)자가 없다. 지금 제가의 판본을 따른다. 왕애는
말하기를 "초(睄)는 옛날 소(宵)자다. 칠(七)은 지위를 얻고 낮을 얻어 밤중에
도 밝음을 들어 스스로 비추니, 혹 그것을 따라 행하면 이에 그 도를 잃지
않는다. 제명(提明)은 비추는 부류를 말한다"라고 하였다. 사마광은 생각하기
를 "칠(七)은 소멸하는 것이 되고, 파괴되어 손실된 것이 되고, 밤이 있는 상이
나 하루의 낮에 해당한다. 그러므로 제명(提明)이라고 하였다. '덕'은 덕이 밝
은 사람을 이른 것이다. 어두운 세상에 덕이 밝은 자가 있어, 나아가면 무리가

• • • • • • • • • • • • • • • • •

242 劉韶軍 點校 : 睄은 명초본에는 '睄'로 되어 있다. 반절에 의거하면 마땅히 睄'으
　　로 써야 한다. 이것은 오류거본에 의거해 고쳤다.
243 劉韶軍 點校 : '省'은 대전본, 도장본, 장사호본에는 '醒'으로 되어 있다.
244 劉韶軍 點校 : '緹'는 도장본, 장사호본에는 揥로 되어 있다. 대전본에는 '徥'로 되
　　어 있다. 주석의 문장에서 나온 反切에 의거하면 마땅히 '緹'로 써야 함을 알 수
　　있다.
245 劉韶軍 點校 : '睄'는 만옥당 및 범본에는 '睄'로 되어 있다. 아래도 이와 같다.
246 劉韶軍 點校 : 위의 '德'자는 대전본, 도장본, 장사호본에는 '明'으로 되어 있다.
　　이 '덕'은 즉 測의 '德將'의 '德'이다. 그러므로 여기서는 명초본을 따른다.

따르는 것이다. 이것은 밤에 촛불을 얻으면 무리가 따라 행하는 것이다"라고
하였다.

▌次八 : 視非其眞,[247] 夷其右目, 滅國喪家. 測曰 : 視非夷目, 國以
喪也.
차팔은, 본 것이 그 바른 것이 아니어서, 그 오른 눈을 잃었으니, 나라는 멸망
하고 집을 잃었다.
측에 말하기를, 본 것이 바른 것이 아니어서 눈을 잃었다고 한 것은 나라가
그것 때문에 멸망했다는 것이다.[248]

諸本眞皆作直. 今從宋陸本. 諸家測皆云視直夷目. 今從范本. 范曰, 夷,
喪也. 光謂, 八爲疾瘵, 爲耗而當夜, 故有是象.
여러 판본에 진(眞)은 모두 직(直)으로 되어 있다. 지금 송충본, 육적본을 따른
다. 제가의 측에는 모두 시직이목(視直夷目)이라 말하고 있다. 지금 범망본을
따른다. 범망은 말하기를 "이(夷)는 잃었다(喪)는 것이다"라고 하였다. 사마광
은 생각하기를 "팔(八)은 병이 되고, 소모하는 것이 되고 밤에 해당한다. 그러
므로 이 상이 있다"라고 하였다.

▌上九 : 晦冥冥, 利于不明之貞. 測曰 : 晦冥之利, 不得獨明也.
상구는, (밝음이 손상된 혼탁한 세상에) 어둡고 어둡게 처세하니, (처세하는
데) 밝지 않은 바른 것을 이롭게 여긴 것이다.
측에 말하기를, (밝음이 손상된 혼탁한 세상에) 어둡게 처세한 것을 이롭게
여겼다는 것은 홀로 밝음을 얻지 못하였다는 것이다.[249]

....
247 劉韶軍 點校 : '眞'은 장사호본에는 '貞'으로 되어 있다. 주석의 문장에서도 이와
    같다.
248 역주 : 이 구절은, 눈에 손상됨이 있어 보는 것이 사곡되면, 어두워서 賢愚를 분변
    할 수 없어 반드시 滅國과 喪家에 이른다는 것이다.

宋陸王本晦冥之利作晦在上,²⁵⁰ 小宋本作晦冥冥. 今從范本. 九爲晦極而
當晝, 君子用晦爲正, 則如是可矣. 易曰, 內難而能正其志, 箕子以之. 又
曰, 箕子之明夷, 利貞.

송충본, 육적본, 왕애본에 회명지리(晦冥之利)는 회재상(晦在上)으로 되어 있
고, 송유간본에는 회명명(晦冥冥)으로 되어 있다. 지금 범망본을 따른다. 구
(九)는 회(晦)가 지극한 것이 되고 낮에 해당하니, 군자가 어두운 것을 사용하
여 바른 것으로 삼는데,²⁵¹ 이와 같아야 옳다. 『주역』「명이괘(明夷卦)」단사
(彖辭)에 "안으로 어렵지만 그 뜻을 바르게 할 수 있으니, 기자(箕子)가 이것으
로써 하였다"라고 하였고, 또 육오(六五)의 효사에 "기자의 밝음이 손상된 것
이다. 바르게 하는 것이 이롭다"라고 하였다.

· · · · · · · · · · · · · · · · · · · ·

249 역주 : 九는 晦의 極이다. 그러므로 '晦冥冥'이라고 한다. 모든 세상이 모두 탁하
면 밝은 자는 쉽게 오염되고, 모든 세상이 혼매하면 홀로 밝은 자는 보존하기
어렵다. 군자라면 그 총명한 것을 어둡게 하고 그 마음을 바로 하여 보존되기를
도모한다. 그러므로 "자신의 밝지 않은 밝음을 이롭게 여긴다"라고 한 것이다.
『주역』「단전」에는 "利艱貞, 晦其明也. 內難而能正其志, 箕子以之."라는 말이 나
온다.
250 劉韶軍 點校 : '上' 아래 대전본, 장사호본에는 '下'자가 있다.
251 역주 : 『주역』「明夷卦」에서는 "象曰, 明入地中, 明夷, 君子以莅衆, 用晦而明."이
라 하여 명이한 시대에 '用晦而明'할 것을 말하는데, '用晦而正'과 유사한 사유다.

제 6 권

태현집주[太玄集注]

蒙瞢

☷☷ 三方二州二部二家.

3방, 2주, 2부, 2가다.

瞢

몽(瞢)

瞢, 古夢字, 又莫登切. 陰家, 土, 亦準明夷. 入瞢次六三十一分一十三秒,
霜降氣應. 次八, 日舍心. 晦外闇, 瞢內昏也. 或曰, 晦二盲征否, 非內昏耶.
瞢二明晦睒天, 非外闇耶.¹ 曰, 恒有不恒其德, 節有不節, 若爻與卦反者
也. 盲反明也,² 明反瞢也.

몽(瞢)은 옛날 몽(夢)자로서, 또 막(莫)과 등(登)의 반절이다. 몽수(瞢首)는 음
가(陰家)이면서 (5행에서는) 토(土)이고, 또 『주역』「명이괘」에 준한다.³ 몽
(瞢)은 차육(次六) 31분 13초에서 들어가 상강(霜降)의 기와 응한다. 차팔(次
八)에서 태양은 심수(心宿)에 머문다. '회(晦)'는 밖이 어둡고 '몽(瞢)'은 안이

· · · · · · · · · · · · · · · · ·

1　劉韶軍 點校 : '外'는 명초본에는 內로 되어 있다. 이것은 대전본, 도장본, 장사호본
　에 의거해 고쳤다.
2　劉韶軍 點校 : '盲', '明'은 명초본에는 '音', '晦'로 되어 있다. 이것은 대전본, 장사호
　본에 의거해 고쳤다.
3　역주 : '瞢'은 『설문』에서는 "目不明也."라고 한다.

어둡다. 어떤 이가 말하기를 "회(晦)의 차이(次二)에서 '맹정부(盲征否)'라고 한 것은 안이 어두운 것이 아니겠는가? 몽의 차이(次二)에서 '명회섬천(明晦睒天)' 이라고 한 것은 밖이 어두운 것이 아니겠는가?"라고 하니, 말하기를 『주역』 「항괘(恒卦)」에는 '불항기덕(不恒其德)'이 있고, 『주역』「절괘(節卦)」에는 '부절(不節)'이 있는데, (「항괘」와 「절괘」의) 효와 괘가 반대되는 것이다. '맹(盲)' 이면 도리어 밝아지고, '명(明)'이면 도리어 어두워진다"라고 하였다.

▎陰征南, 陽征北, 物失明貞, 莫不瞽瞽.

음은 남쪽으로 가고 양은 북쪽으로 가니, 사물이 밝고 바른 것을 잃어 흐리멍덩하지 않는 것이 없다.[4]

吳本征作延, 云, 古征字也. 王本作近, 誤也. 王曰,[5] 陽在南則萬物相見于離, 今在北, 故曰瞽.

오비본에 정(征)은 연(延)으로 되어 있는데, 옛날 정(征)자라고 말하였다. 왕애본에는 근(近)으로 되어 있는데, 잘못된 것이다. 왕애는 말하기를 "양이 남쪽에 있으면 만물이 서로 '밝은 것(離)'을 보는데 지금은 북쪽에 있다. 그러므로 흐리멍덩[瞽]하다"라고 하였다.

▎初一 : 瞽腹睒天, 不覩其昑. 測曰 : 瞽腹睒天, 無能見也.

초일은, 몽한 배(=마음)로 하늘을 언뜻 엿보았지만 그 경계를 보지 못하였다. 측에 말하기를, 몽한 배(=마음)로 하늘을 언뜻 엿보았다는 것은 볼 수 없다는

---

4 역주 : 「玄圖」에서는 "陰㩉西北, 陽向東南"이라고 한다. 이 구절은, 양이 남에 있으면 성대하고 만물이 모두 밝아서 서로 보는데, 지금 음이 남에 있고 양은 북에 있기에 만물이 모두 그 밝고 올바른 도를 잃고 어둡다는 것이다. 『주역』「설괘전」에서는 "離也者, 明也, 萬物皆相見, 南方之卦也."를 말한다.

5 劉韶軍 點校 : '王'은 도장본, 장사호본에는 '陸'으로 되어 있다. 어떤 것이 옳은지 자세하지 않다.

것이다.[6]

范本暓腹明腹皆作復. 眕作軫. 今從二宋陸王本. 睒, 失冉切. 眕, 章忍切,
又音眞. 范曰, 睒, 窺也. 王曰, 睒, 暫視也. 失位當夜, 心腹昏暓, 暫視于天,
豈能知其疆眕哉. 光謂, 天至大而難知者也. 一爲思始而當夜, 故有是象.
범망본에 몽복(暓腹)과 명복(明腹)은 모두 복(復)으로 되어 있다, 진(眕)은 진(軫)
으로 되어 있다, 지금 송충본, 송유간본, 육적본, 왕애본을 따른다. 섬(睒)은
실(失)과 념(冉)의 반절이다. 진(眕)은 장(章)과 인(忍)의 반절로서, 또 음은
진(眞)이다. 범망은 말하기를 "섬(睒)은 엿본다(窺)는 것이다"라고 하였다. 왕애
는 말하기를 "섬(睒)은 잠깐 본다(暫視)는 것이다. 지위를 잃고 밤에 해당하니,
심복(心腹)이 어두워 잠시 하늘을 보았으나 어찌 그 경계를 알 수 있겠는가?"라고
하였다. 사마광은 생각하기를 "하늘은 지극히 크고 알기 어려운 것이다. 일(一)은
사(思)의 시(始)가 되고 밤에 해당한다. 그러므로 이 상이 있다"라고 하였다.

■ 次二：明腹睒天, 覩其根. 測曰：明腹睒天, 中獨爛也.
차이는, 밝은 배(=마음)로 하늘을 엿보았지만, 그 뿌리(=근본)를 보았다.
측에 말하기를, 밝은 배로 하늘을 엿보았다는 것은 마음이 홀로 빛난 것이다.[7]

范曰, 二爲目, 故明也. 爛, 明也. 王曰, 得位當畫, 以明達之腹仰視于天,
必究其根本矣. 光謂, 二爲思中而當畫, 故有是象.
범망은 말하기를 "이(二)는 눈이 된다. 그러므로 밝은 것이다. 난(爛)은 밝다
(明)는 것이다"라고 하였다. 왕애는 말하기를 "지위를 얻고 낮에 해당하니, 통

....

6 역주 : '腹'은 '心'을 가리킨다. '眕'은 '경계[界]'다. '睒'은 『설문』에서는 "暫視貌."라고
    하는데, 보는 것이 빠르다는 것이다. 이 구절은, 하늘은 지극히 크고 높은데 심복
    이 혼매한 상태에서 하늘을 빨리 보기에 그 경계를 볼 수 없으므로 볼 수가 없다는
    것이다.
7 역주 : '爛'은 '밝다'는 것이다. 이 구절은, 마음이 청명하면 보지 못하는 것이 없어,
    그 뿌리 즉 근본을 본다고 한 것이다. 『순자』「解蔽」에서는 "虛壹而靜, 謂之大淸明,
    萬物莫形而不見."을 말한다.

달한 배로써 하늘을 우러러보아 반드시 그 근본을 연구한다"라고 하였다. 사마광은 생각하기를 "이(二)는 사(思)의 중(中)이 되고 낮에 해당한다. 그러므로 이 상이 있다"라고 하였다.

■次三 : 師或導射, 豚其埻. 測曰 : 師或導射, 無以辨也.
차삼은, 맹인이 혹 활 쏘는 것을 인도하니, 그 과녁과는 멀다.
측에 말하기를, 맹인이 혹 활 쏘는 것을 인도한다는 것은 판단할 수 없다는 것이다.[8]

王本導作遵. 今從宋陸范本. 王小宋本豚作遯, 蓋古字通用. 埻, 之尹切. 范曰, 師, 瞽也. 豚, 遯也. 埻, 射的也. 光謂, 三, 思之崇也, 爲進人, 爲股肱而當夜. 譬如瞽師而敎導人射, 必遠其埻不能中矣. 豚猶遠也.
왕애본에 도(導)는 준(遵)으로 되어 있다. 지금 송충본, 육적본, 범망본을 따른다. 왕애본, 송유간본에 돈(豚)은 둔(遯)으로 되어 있는데, 대개 옛글자에서는 통용된다. 준(埻)은 지(之)와 윤(尹)의 반절이다. 범망은 말하기를 "사(師)는 맹인(瞽)이다. 돈(豚)은 달아난다(遯)는 것이다. 준(埻)은 과녁의 중심[射的]이다"라고 하였다. 사마광은 생각하기를 "삼(三)은 사(思)가 높은 것으로, 나아가는 사람이 되고, 고굉(股肱)이 되고 밤에 해당한다. 비유컨대, 맹인으로서 사람의 활 쏘는 것을 인도하여 가르치면 반드시 그 과녁과 멀어 적중시킬 수 없는 것이다. 돈(豚)은 멀다는 것(遠)과 같다"라고 하였다.

■次四 : 鑒貞不迷, 于人攸資. 測曰 : 鑒貞不迷, 誠可信也.
차사는, 거울이 바르기에 미혹하지 않으니, (거울의 밝음은) 사람에게 취해진

---

8 역주 : 이 구절은, 맹인으로서 사람에게 활 쏘는 것을 인도하면, 활 쏜 것은 반드시 그 과녁에서 멀어지게 된다는 것이다. 이것은 비유하면 사람이 선악을 분변하지 못하면 반드시 잘못된 것이 있다는 것이다.

바가 되었다.

측에 말하기를, 거울이 바르기에 미혹하지 않았다는 것은 진실로 믿을 수 있다는 것이다.[9]

范曰, 四, 金也, 故爲鑒. 鑒之正者, 猶爲不迷, 況得賢者與爲治乎. 資, 取也. 王曰, 得位當晝, 則是能正其鑒無所迷, 非獨自正于己, 亦爲人之所資. 資, 取其明也.

범망은 말하기를 "사(四)는 금(金)이다. 그러므로 거울이 된다. 거울의 바른 것도 오히려 미혹되지 않는데, 하물며 어진 이를 얻어 함께 다스림에 있어서랴? 자(資)는 취한다(取)는 것이다"라고 하였다. 왕애는 말하기를 "지위를 얻고 낮에 해당하면 이것은 그 거울을 바로 하여 미혹되는 바가 없을 수 있으니 홀로 스스로 자기를 바르게 할 뿐만 아니라 또한 남에게 취해지는 바도 된다. 자(資)는 그 밝음을 취한 것이다"라고 하였다.

▌次五 : 倍明仮光, 觸蒙昏. 測曰 : 倍明仮光, 人所叛也.

차오는, 밝은 것을 등지고 빛을 배반하니, 닿은 것이 몽혼하다.

측에 말하기를, 밝은 것을 등지고 빛을 배반한다는 것은 다른 사람이 배반한 것이다.[10]

宋陸本作人所瀕也, 范本作人可頻也, 小宋本作人所頻也. 今從王本. 王曰, 仮, 古反字. 五當盛位而處陰當夜, 迷而不復, 故有背明之象.

송충본, 육적본에는 인소빈야(人所瀕也)로 되어 있고, 범망본에는 인가빈야(人可頻也)로 되어 있고, 송유간본에는 인소빈야(人所頻也)로 되어 있다. 지금

---

9 역주 : '攸'는 '所'다. 이 구절은, 바른 것에서 밝게 비추고 살펴보면 미혹한 것이 없게 되어, 스스로 바르게 될 뿐만 아니라 다른 사람도 취하게 되므로 믿을 수 있다는 것이다. 『맹자』「진심장상」에서는 "賢者以其昭昭, 使人昭昭."를 말한다.

10 역주 : 이 구절은, 광명한 것을 배반하고 혼매한 것을 접촉하면 사람이 갈 것을 모르기에 불안하다는 것이다. 비유하면 세상의 도가 혼란하면 백성들이 편안하게 살 수 없어 모두 떠난다는 것이다.

왕애본을 따른다. 왕애는 말하기를 "가(仮)는 옛날의 반(反)자다. 오(五)는 성대한 지위에 해당하나 음에 처하고 밤에 해당하니, 미혹하여 돌아오지 못한다. 그러므로 밝은 것을 등진 상이 있다"라고 하였다.

■ 次六：瞢瞢之離, 不宜熒且婗.[11] 測曰：瞢瞢之離, 中不眩也.

차육은, 흐리멍덩한 것이 밝아지니, 조금 빛나고 또 미약한 것은 마땅하지 않다. 측에 말하기를, 흐리멍덩한 것이 밝아진다고 하는 것은 마음이 현혹되지 않았다는 것이다.[12]

王本宜作肎, 云古肯字. 今從二宋陸范本. 宋陸本婗作妮. 小宋本且婗作其妭, 云妭, 居宜切, 細腰美婦也. 今從范王本. 范本不眩作薆薆, 小宋本作茇茇, 符少切, 雲物之零落貌. 今從王本. 妮, 牛委切. 婗, 乃果, 五果二切. 范曰, 婗, 小貌. 王曰, 六居陰位, 又當畫, 爲瞢之主, 以正群迷者也. 瞢瞢之離, 自昏而明. 熒, 小光, 有所眩惑. 婗, 弱也. 光謂, 自昏而明, 非盛强不能濟也, 故不宜熒且婗.

왕애본에 의(宜)는 긍(肎)으로 되어 있고 옛날 긍(肯)자라고 하였다. 지금 송충본, 송유간본, 육적본, 범망본을 따른다. 송충본, 육적본에 위(婗)는 위(妮)로 되어 있다. 송유간본에는 차위(且婗)가 기기(其妭)로 되어 있고, 기(妭)는 거(居)와 의(宜)의 반절로서 허리가 가는 아름다운 부녀자라고 하였다. 지금 범망본, 왕애본을 따른다. 범망본에 불현(不眩)은 애애(薆薆)로 되어 있고, 송유간본에는 보보(茇茇)로 되어 있는데, 부(符)와 소(少)의 반절로서 운물(雲物)이[13] 영락한 모양이다. 지금 왕애본을 따른다. 위(妮)는 우(牛)와 위(委)의 반

....

11 劉韶軍 點校 : '婗'는 여러 판본에는 모두 '妮'으로 되어 있다. 이것은 주석 문장의 음의 뜻과 『廣韻』에 의거해 고쳤다. 아래도 아울러 같다.
12 역주 : '離'는 '밝다[明]'는 것이다. 이 구절은, 마음이 어두운 것에 가려 혼매함이 지극한데, 혼매한 것으로부터 밝아지는 것은 융성하고 강한 것이 아니면 구제할 수 없으므로, 조금 빛나고 미약한 것은 마땅하지 않다는 것이다.
13 역주 : '雲物'은 景物, 景色. 구름의 색채. 雲氣, 雲彩 등 다양한 의미로 쓰인다.

절이다. 위(娓)는 내(乃)와 과(果), 오(五)와 과(果) 두 글자의 반절이다. 범망은
말하기를 "위(娓)는 작은 모양이다"라고 하였다. 왕애는 말하기를 "육(六)은
음의 지위에 있으나 또 낮에 해당하고, 몽(瞢)의 주인이 됨으로써 여러 미혹된
자들을 바르게 한다. 흐리멍덩한 것이 밝아진다고 한 것은 어둠에서부터 밝아
진 것이다. 형(熒)은 조금 빛난 것으로, 현혹된 바가 있는 것이다. 위(娓)는
약하다(弱)는 것이다"라고 하였다. 사마광은 생각하기를 "어둠에서부터 밝아
지니, 성대하고 강한 것이 아니면 구제할 수 없다. 그러므로 조금 빛나고 또
미약한 것은 마땅하지 않다"라고 하였다.

■ 次七 : 瞢好明其所惡. 測曰 : 瞢好之惡, 著不昧也.
차칠은, 몽매한 것을 잘 꾸며도, 사람들이 그 잘못한 것을 밝게 드러낸다.
측에 말하기를, 몽매한 것을 잘 꾸며도 잘못이 드러난다는 것은 우매함을 드러
내서는 안 된다는 것이다.[14]

范本作著不可昧也, 王本作著昧也. 今從二宋陸本.
범망본에는 저불가매야(著不可昧也)로 되어 있고, 왕애본에는 저매야(著昧也)
로 되어 있다. 지금 송충본, 송유간본, 육적본을 따른다.

■ 次八 : 昏辰利于月, 小貞未有及星. 測曰 : 昏辰利月, 尚可願也.
차팔은, 해가 지고 어두운 때는 달이 뜨는데 이로우니, 별의 밝음에는 미치지
못하나 일은 계속할 수 있다.
측에 말하기를, 해가 지고 어두운 때는 달이 뜨는데 이롭다는 것은 (조금 어두
워도) 오히려 (일하는 것을) 바랄 수 있다는 것이다.[15]

· · · · · · · · · · · · · · · · ·
14 역주 : 이 구절은, '著不昧'를 '著不可昧'로 보아 해석하는 경우가 많다. 이렇게 되면
　　이 해석은, 혼매하면서 예의를 범하면 악한 이름이 밝게 드러나니, 우매해서는
　　안된다는 것으로 해석 된다.
15 역주 : '辰'은 때[時]다. '願'은 '바라는 것[望]'이다. '小貞'은 '행사할 것이 있다'는 것이

范本未有及星作未及星¹⁶, 王本作禾有及星. 今從二宋陸本. 宋曰, 以月繼日, 故猶可願也. 未有及星(闕).¹⁷

범망본에 미유급성(未有及星)은 미급성(未及星)으로 되어 있고, 왕애본에 화유급성(禾有及星)으로 되어 있다. 지금 송충본, 송유간본, 육적본을 따른다. 송충은 말하기를 "달로 해를 이었다. 그러므로 오히려 바랄 수 있다"라고 하였다. 별의 밝음에는 미치지 못하나. 해설이 빠졌다.

▌上九 : 時嵯嵯, 不獲其嘉, 男子折笄, 婦人易哿. 測曰 : 不獲其嘉, 男死婦嘆也.

상구는, 때에 탄식하니, 그 아름다움을 얻지 못하여, 남자는 비녀를 꺾었고 부인은 머리꾸미개를 바꿨다.¹⁸

측에 말하기를, 그 아름다움을 얻지 못하였다는 것은 남자가 죽어서 부인이 탄식한다는 것이다.

王本笄作筭. 今從諸家. 王以嵯爲古嗟字. 哿爲珈, 音加.(闕)

왕애본에 계(笄)는 산(筭)으로 되어 있다. 지금 제가의 판본을 따른다. 왕애는 차(嵯)를 옛날 차(嗟)자로 여겼다. 가(哿)는 머리꾸미개(珈)로서, 음은 가(加)다. 해설이 빠졌다.

. . . .

　　다. 이 구절은, 해가 지고 달이 뜨는데, 별처럼 밝은 것은 아니나 빛은 여전히 남아 있어 일은 오히려 할 수 있지만, 성신이 滿天할 때 이르면 칠흑같이 어두워 볼 수 없고 일도 할 수 없다는 것이다.

16　劉韶軍 點校 : '未有及星'은 명초본에는 없다. 이것은 대전본, 도장본, 장사호본에 의거해 보충하였다.

17　劉韶軍 點校 : '未有及星闕'은 이것은 대전본, 도장본, 장사호본에는 없다.

18　역주 : '哿'는 '머리꾸미개[珈]'이다. 『설문』에서는 "婦人首飾"이라고 한다. 이 구절은, 九는 晉의 극으로서 좋은 것을 얻지 못하고, 여자는 남자가 죽어 꾸밀 필요가 없어 비녀는 쓸 것이 없고, 지아비가 죽자 지어미가 슬퍼하여 복식을 바꾸고, 상을 지키면서 때로 탄식한다는 것이다.

▦ 三方二州二部三家.

3방, 2주, 2부, 3가다.

窮

궁(窮)

陽家, 水, 準困. 入窮次九, 日舍尾.

궁수(窮首)는 양가(陽家)이고, (5행에서는) 수(水)이며, 『주역』「곤괘(困卦)」에
준(準)한다.[19] 궁(窮)은 차구(次九)에서 들어가고, 태양은 미수(尾宿)에 머문다.

▌陰氣塞宇, 陽亡其所, 萬物窮遽.

음기는 천지사방에 충만하고, 양은 있을 곳을 잃으니, 만물이 곤궁해 급하게
도망갔다.[20]

· · · · · · · · · · · · · · · · · ·

19 역주 : 『釋文』에서는 "困, 窮也. 窮悴掩蔽之義."라고 한다.
20 역주 : 이 때는 음기가 천지사이에 충만하여 양기가 조금도 들어설 곳이 없기에
   만물은 모두 곤궁하고, 양기는 음기에게 살상당할 것을 두려워하여 도망간다는
   것이다.

小宋本陰氣作群陰. 王小宋本窮遽作窮處. 今從宋陸范本. 六合之間謂之宇.
송유간본에 음기(陰氣)는 군음(群陰)으로 되어 있다. 왕애본, 송유간본에 궁거(窮遽)는 궁처(窮處)로 되어 있다. 지금 송충본, 육적본, 범망본을 따른다. 육합(六合)의 사이를 우(宇)라고 한다.

▌初一 : 窮其窮, 而民好中. 測曰 : 窮其窮, 情在中也.
초일은, 그 궁함을 궁함으로 여기니, 백성들은 중정의 도를 좋아하였다.
측에 말하기를, 그 궁함을 궁함으로 여겼다는 것은 정(情)이 중(中)에 있다는 것이다.[21]

闕
해설이 빠졌다.

▌次二 : 窮不窮, 而民不中. 測曰 : 窮不窮, 詐可隆也.
차이는, 궁함을 궁하다고 여기지 않으니, 백성들이 중정의 도로 하지 않았다.
측에 말하기를, 궁함을 궁하다고 여기지 않았다는 것은 간사하면 융성할 수 있는가 하는 것이다.[22]

闕
해설이 빠졌다.

· · · · · · · · · · · · · · · ·

21 역주 : 이 구절은, 궁한 세상에 처하여 궁한 것을 궁한 것으로 보고, 제멋대로 행동하지 않아 중정의 도를 잃지 않고, 궁에 편안하게 처하여 마음이 중정을 향하기에 '정이 中에 있다'고 하는 것이다.
22 역주 : '詐'는 '간사함'이다. 이 구절은, 궁하지만 그 궁한 것에 편안해하지 않고, 악행을 망령되이 행하여 중도를 잃어버렸기에 '간사한 것이 융성하였다'는 것이다. 『논어』「위령공」에서는 "君子固窮, 小人窮斯濫矣."를 말한다. '詐可隆'은 '간사하니 융성할 수 있겠는가' 하는 식으로 해석하는 것도 가능하다.

▌次三：窮思達. 測曰：窮思達, 師在心也.

차삼은, 궁하나 (마음을 다해) 생각하여 통달하였다.

측에 말하기를, 궁하나 (마음을 다해) 생각하여 통달하였다는 것은 스승이 마음속에 있다는 것이다.[23]

王本師作思. 小宋本心作中. 今從宋陸范本. 三爲成意, 爲進人, 困而學之者也. 能盡其心則無不達矣, 師何遠哉. 故曰師在心.

왕애본에 사(師)는 사(思)로 되어 있다. 송유간본에는 심(心)이 중(中)으로 되어 있다. 지금 송충본, 육적본, 범망본을 따른다. 삼(三)은 뜻을 이룬 것이 되고, 나아가는 사람이 되니, 힘들게 배우는 자이다.[24] 그 마음을 다할 수 있으면 통달하지 못할 것이 없을 것이니, 스승이 어찌 멀리 있겠는가? 그러므로 "스승이 마음속에 있다"라고 하였다.

▌次四：土不和, 木科橢. 測曰：土不和, 病乎民也.

차사는, 토양이 조화롭지 못하고 척박하니, 나무가 병이 들어 잎이 모두 말랐다.

측에 말하기를, 토양이 조화롭지 못하고 척박하다는 것은 백성들을 병들게 한 것이다.[25]

橢, 徒和切. 王曰, 科橢, 木病也. 光謂, 四爲下祿而當夜, 小人得位, 困民以自奉, 民困則國危. 譬猶土瘠則木病矣. 有子曰, 百姓不足, 君孰與足.

타(橢)는 도(徒)와 화(和)의 반절이다. 왕애는 말하기를 "과타(科橢)는 나무가

....

23 역주 : 이 구절은, 곤궁한 때에 처하여 마음을 다해 반성하고 사색하면 통달하는 것에 이를 수 있고, 배움이 자기에게 있다고 생각하여 나아가기에, 스승이 마음에 있다고 말한 것이다.

24 역주 : 『논어』「季氏」, "孔子曰, 生而知之者, 上也. 學而知之者, 次也. 困而學之, 又其次也. 困而不學, 民斯為下矣." 참조.

25 역주 : '科橢'는 나무가 말라 가지와 잎이 없는 것이다. 이 구절은, 물과 토양이 조화를 이루지 못하면 나무가 마르고, 신민이 곤궁하면 나라가 궁핍해지고 백성들이 병들게 된다는 것이다.

병든 것이다"라고 하였다. 사마광은 생각하기를 "사(四)는 하록(下祿)이 되고 밤에 해당하니, 소인이 지위를 얻어 백성을 피곤하게 하여 스스로를 받들게 하는데, 백성들이 피곤하면 국가가 위태롭다. 비유하면 흙이 척박하면 나무가 병이 드는 것이다. 유자(有子)는 '백성들이 (자신들의 재화가) 부족하다고 여기면, 군주가 누구와 더불어 만족할 것인가?'라고 했다"²⁶라고 하였다.

▌次五：羹無糁, 其腹坎坎, 不失其範. 測曰：食不糁, 猶不失正也.

차오는, 국에 쌀가루가 없고, 그 배가 쪼르르 소리를 내면서 비었지만, 그 (올바른) 법을 잃지 않았다.
측에 말하기를, 먹는데 쌀가루가 없다는 것은 오히려 바름을 잃지 않았다는 것이다.²⁷

范本贊測皆云羹無糁. 今從二宋陸王本. 糁, 桑感切. 王曰, 得位居中, 爲窮之主, 不失處窮之宜. 羹無糁, 其腹坎坎然空乏, 然猶不失賢聖之範. 處窮之美, 莫過是焉. 陳曰, 糁, 碎米也.

범망본의 찬(贊)과 측(測)에는 모두 갱무삼(羹無糁)이라 하고 있다. 송충본, 송유간본, 육적본, 왕애본을 따른다. 삼(糁)은 상(桑)과 감(感)의 반절이다. 왕애는 말하기를 "지위를 얻고 중에 있으면서 궁수(窮首)의 주인이 되니, 궁에 처하는 마땅함을 잃지 않았다. 국에 쌀가루가 없고 그 배가 쪼르르 소리는 내면서 비어 궁핍하나, 오히려 현인과 성인의 법을 잃지 않으니, 궁(窮)에 처

....

26 역주 : 『논어』「顏淵」, "哀公問於有若曰, 年饑用不足, 如之何. 有若對曰, 盍徹乎. 曰, 二吾猶不足, 如之何其撤也. 對曰 , 百姓足, 君孰與不足, 百姓不足, 君孰與足." 참조.

27 역주 : '糁'은 『설문』에서는 "以米和羹也."라고 한다. '范'은 '法則'이다. '坎坎'은 배가 비어 나는 쪼르르 소리다. 이 구절은, 곤궁한데 먹을 것이 없어 배에서 쪼르르 소리가 그침이 없는데도, 오히려 스스로 약속한 올바른 도를 고치지 않으므로, 그 바른 것을 잃지 않았다고 말한 것이다. 『呂氏春秋』「愼人」에서는 "孔子窮於陳蔡之間, 七日不嘗食, 藜羹不糁, 弦歌於室. 內省而不疚於道, 臨難而不失其德."을 말한다.

하는 아름다움이 이것보다 지나친 것은 없다"라고 하였다. 진점은 말하기를
"삼(糝)은 쌀가루다"라고 하였다.

▎次六：山無角, 水無鱗, 困犯身. 測曰：山無角, 困百姓也.
차육은, 산을 불태워 사냥하니 뿔이 난 짐승이 없고, 물을 마르게 하여 고기를
잡으니, 백성들이 곤궁하게 되어 위를 범한다.
측에 말하기를, 산을 불태워 사냥하니 뿔이 난 짐승이 없다는 것은 백성들을
곤궁하게 한다는 것이다.[28]

焚山而獵, 涸澤而魚, 所獲雖多, 後無繼也. 重斂以窮民, 民窮則犯上, 災必
迨其身矣.
산을 불살라 사냥을 하고, 연못을 마르게 하여 고기를 잡으니, 얻는 것이 비록
많더라도 뒤에는 이을 것이 없다. 세금을 무겁게 함으로서 백성들을 곤궁하게
하니, 백성들이 곤궁하면 위를 범하여 화(禍)가 반드시 그 몸에 미칠 것이다.

▎次七：正其足, 蹎于犴獄, 三歲見錄. 測曰：正其足, 險得平也.
차칠은, 그 발을 바르게 하였지만, 넘어져 감옥의 땅을 밟았는데, 오랜 시간[三
歲]이 지나 사실대로 조사하여 억울한 누명을 벗었다.
측에 말하기를, 그 발을 바르게 하였다는 것은 (감옥에 간) 험한 것이 평반(平
反)을[29] 얻었다는 것이다.

. . . .

28 역주 : '角'은 금수를 가리키고, '鱗'은 魚鼈을 가리킨다. 六은 복의 육성함이 되고,
또 탐하는 것이 되고, 火獵이 된다. 그러므로 이런 상이 있다. 이 구절은, 산을
불 태워 짐승들을 몰아 사냥하고, 물을 마르게 하여 고기를 모두 잡는다는 것과
같이 백성을 가렴주구하면, 백성들이 위를 범하여 그 화가 몸에 미친다는 것이다.
비유하면 백성에게 중한 세금을 매긴다는 것인데, 그런 짓을 자신의 몸에 화가
된다는 것이다. 이것은 『태현경』「割首」에서 "上九, 割肉取骨, 滅頂於血, 測曰, 割
肉滅血, 不能自全也."라고 하는 것과 서로 통한다.
29 역주 : '錄'은 오늘날 '平反'을 말한다. 『漢書』「儁不疑傳」에서는 "錄囚徒."라는 것을

606 태현집주

獊, 音弊. 王曰, 躄與跌同. 得位當晝, 正足遇跌. 時之窮, 非己招也. 錄,
寬錄也, 讀爲慮. 窮不失正, 宜其險而得平. 小宋曰, 躄, 音帶, 蹈也. 光謂,
獊, 牢也. 七離咎而犯災, 故有是象.

폐(獊)는 음이 폐(弊)다. 왕애는 말하기를 "대(躄)는 넘어진다(跌)는 것이다.
지위를 얻고 낮에 해당하니, 발을 바르게 하나 넘어지는 것을 만났다. 때가
궁한 것은 자신이 부른 것은 아니다. (사실을 그대로 기록한다는) '려(錄)'는
관대하게 기록하는 것으로, 려(慮)라고 읽는다. 궁해도 바름을 잃지 않았으니
그것이 험했지만 공평함을 얻은 것은 마땅하다"라고 하였다. 송유간은 말하기
를 "대(躄)는 음이 대(帶)로서, 밟는다(蹈)는 것이다"라고 하였다. 사마광은 생
각하기를 "폐(獊)는 감옥(牢)이다. 칠(七)은 허물에 걸려[30] 화(禍)를 범하였다.
그러므로 이 상이 있다"라고 하였다.

■ 次八 : 涉于霜雪, 纍項于郝. 測曰 : 纍項于郝, 亦不足生也.

차팔은, (나무가) 서리와 눈을 만나 (가지가 늘어지고 줄기가 꺾이니), 마치
목이 무릎에 매달린 것 같았다.
측에 말하기를, 목이 무릎에 매달렸다는 것은 또한 살기에 족하지 못한 것이
다.[31]

宋陸本項作頂. 今從范王小宋本. 郝與膝同. 王曰, 失位而當夜, 不能自正
其足, 涉于霜雪, 犯難而行也. 纍項于郝, 囚繫之重也.

....

말한다. 顔師古는 "省錄之, 知情狀有寃滯與不, 今云慮囚."라고 한다. 이 구절은,
궁한 세상에 처해 바른 것을 행하여 잘못이 없으니, 비록 감옥에 들어가더라도
끝내는 平反[되풀이 신문하여 죄를 공평히 함을 얻게 된다. 이것을 '險得平'이라
말한 것이다.
30 역주 : 이 때의 '離'자는 '붙는다' 또는 '걸린다'는 의미다.
31 역주 : 「玄數」에서는 "八爲狂"이라고 한다. 광은 행위가 바르지 못한 것을 포함하
고 있다. '涉於霜雪'은 행한 것이 바르지 않아 험난한 것을 만났다는 것이다. '纍項
于郝'은 해로움이 깊다는 것이다. 이 구절은, 행위가 사악하여 재화가 몸에 미치고
어려움을 만난 것이 깊으니, 어찌 족히 살 수 있는가 하는 것이다.

송충본, 육적본에 항(項)은 정(頂)으로 되어 있다. 지금 범망본, 왕애본, 송유간본을 따른다. 칠(郅)은 무릎(膝)과 같다. 왕애는 말하기를 "지위를 잃고 밤에 해당하여 스스로 그 발을 바르게 할 수 없으니, 서리와 눈 내리는 길을 지나 어렵게 길을 갔다는 것이다. '목이 무릎에 매달렸다'는 것은 가두기를 무겁게 했다는 것이다"라고 하였다.

▌上九 : 破璧毀圭, 臼竈生鼃. 天禍以他. 測曰 : 破璧毀圭, 逢不幸也.
상구는, 구슬을 부수고 홀을 훼손하니, 절구와 부엌에서 개구리가 태어났다. 하늘의 화(禍)가 나의 몸에 가해졌다.
측에 말하기를, 구슬을 부수고 홀을 훼손한다는 것은 불행한 때를 만났다는 것이다.[32]

范本鼃作黽, 音猛. 今從二宋陸王本. 鼃, 烏媧切. 王曰, 時數已極, 不能反之于通. 雖得位當晝, 而不免于患. 破璧毀圭, 失其所寶也. 臼竈生鼃, 無所復食也. 天禍以他者, 咎非他作也. 光謂, 破璧毀圭, 其人可珍而遭時不幸也. 禍之極, 窮之至, 故有是象.
범망본에 와(鼃)는 원(黽)으로 되어 있으니, 음은 맹(猛)이다. 지금 송충본, 송유간본, 육적본, 왕애본을 따른다. 와(鼃)는 오(烏)와 왜(媧)의 반절이다. 왕애는 말하기를 "때의 운수가 이미 다하여 통하는 것에 되돌아 올 수 없다. 비록 지위를 얻어 낮에 해당하나 근심을 면하지 못한다. '구슬을 부수고 옥을 훼손하였다'고 한 것은 그 보배로 여기는 것을 잃었다는 것이다. '절구와 부엌에서 개구리가 태어났다'고 한 것은 다시 먹을 것이 없다는 것이다. 하늘의 화가

. . . .

32 역주 : 兪越은 『諸子評議』에서 "他古字作佗."라 하고, 『설문』에서는 "佗, 負何也"라고 한다. 여기서는 '他'를 '加'로 해석한다. 이 구절은, 구슬을 부수고 홀을 훼손했다는 것은 나라가 귀중한 보물을 잃은 것이고, 절구와 부엌에서 개구리가 태어난 것은 백성이 편안한 삶을 살지 못한 것으로, 나라가 무너지고 집이 망하여 화가 궁한 것이 극에 달하니, 이런 화는 내가 부른 것이 아니고 화가 스스로 가해진 것이기에 불행을 만났다고 한 것이다.

가해졌다는 것은, 허물은 다른 것이 일으킨 것은 아니라는 것이다"라고 하였다. 사마광은 생각하기를 "'구슬을 부수고 홀을 훼손하였다'라고 한 것은, 그 사람은 보배로울 수 있지만 불행한 때를 만난 것이다. 화(禍)가 지극하고, 궁(窮)이 지극하다. 그러므로 이 상이 있다"라고 하였다.

할割

三方二州三部一家.
3방, 2주, 3부, 1가다.

割
할(割)

陰家, 火, 準剝.
할수(割首)는 음가(陽家)이고, (5행에서는) 화(火)이고, 『주역』「박괘(剝卦)」
에[33] 준한다.

▌陰氣割物, 陽形縣殺,[34] 七日幾絶.
음기는 사물을 베고, (서북으로 도피한) 양의 몸은 매달려 음에 살상 당한다.
(양기의 勢는) 7일이면 거의[35] 끊어진다.

. . . .
33 역주 : '割'을 『설문』에서는 "剝也."라고 한다.
34 劉韶軍 點校 : '形'은 명초본에는 '刑'으로 되어 있다. 이것은 대전본, 도장본 및 주
    석의 문장에 의거해 고쳤다.
35 역주 : '幾'는 '가깝다[近]'는 것이다.

宋陸本形作刑. 今從范王小宋本. 小宋本陰氣作群陰. 宋曰, 殺, 衰也, 所
改切. 王曰, 陰氣勝, 故殺物萬物. 陽形消, 故縣而不用, 爲陰氣所殺也. 讀
如字, 七日幾絶.³⁶ 闕³⁷

송충본, 육적본에 형(形)은 형(刑)으로 되어 있다. 범망본, 왕애본, 송유간본을
따른다. 송유간본에 음기(陰氣)는 군음(群陰)으로 되어 있다. 송충은 말하기를
"쇄(殺)는 쇠약해진다(衰)는 것으로, 소(所)와 개(改)의 반절이다"라고 하였다.
왕애는 말하기를 "음기가 이긴다. 그러므로 만물을 죽인다. 양은 몸이 소멸한
다. 그러므로 매달려 쓰지 못해 음기에게 죽임을 당한다. 살(殺)은 본래 음으
로 읽는다"라고 하였다. 7일이면 거의 끊어진다. 해설이 빠졌다.

▌初一 : 割其耳目, 及其心腹, 厲. 測曰 : 割其耳目, 中無外也.
초일은, (밖에 있는) 그 귀와 눈을 베고, (안에 있는) 그 심복에 이르니, 위태롭다.
측에 말하기를, (밖에 있는) 그 귀와 눈을 벤다는 것은 마음을 보좌해 줄 밖이
없다는 것이다.³⁸

王本中無外作中外無. 今從諸家. 耳目所以輔衛心腹, 耳目割則心腹危矣.
一爲思始而當夜, 小人惡忠忌諫, 而自賊其聰明者也.
왕애본에 중무외(中無外)는 중외무(中外無)로 되어 있다. 지금 제가의 판본을

. . . .

36 역주 : 范望은 "言陰氣甚急, 滅割物之形體, 陽無所據, 縣絶於天地之間, 餘去冬至
   四十九日, 當言七七, 但言七者, 約數之也. 幾, 近也. 言於此至來復之日, 亦近於割
   絶."이라 하여, 7이라고 한 것은 7×7=49를 요약한 수라라고 본다.

37 劉韶軍 點校 : '七日幾絶闕' 5글자는 대전본, 도장본, 장사호본 및 宋 殘本에는 본
   래 없다.

38 역주 : '심복'은 사려를 가리킨다. 사마광은 이 구절에서 논하는 대상을 소인으로
   보는데, 이 구절은, 군주와 신하의 관계를 논한 것으로도 볼 수 있다. 이럴 경우,
   이 구절은, 이목이 베어져 손상되면 심사가 밝지 못하고, 심사가 밝지 못하면 안정
   적이지 못해 위태로움을 불러오게 되고, 이목이 베어지면 보고 들을 바가 없으므
   로 속을 보호할 것이 밖에 없다고 말한 것이 된다. 비유하면 군주를 보좌할 신하가
   없다는 것이다. 葉子奇는 "耳目, 外也. 心腹, 內也. 外以由中, 中以制外, 不可相無.
   今初不明, 乃割剝其耳目, 其害必及於心腹, 雖欲無危, 得乎."라고 한다.

따른다. 귀와 눈은 심복을 도와주고 막아주는 것인데, 귀와 눈이 베어지면 심복이 위태롭게 된다. 일(一)은 사(思)의 시(始)가 되고 밤에 해당하니, 소인이 충성을 싫어하고 간하는 것을 꺼려 스스로 자신의 총명을 해친 것이다.

▌次二 : 割其肬贅, 利以無穢. 測曰 : 割其肬贅, 惡不得大也.

차이는, 그 혹을 베고, 더러움이 없는 것으로써 해야 이롭다.

측에 말하기를, 그 혹을 베었다는 것은 악한 것이 크게 되는 것을 얻지 못했다는 것이다.[39]

肬, 音尤. 贅, 之芮切. 王曰, 肬贅, 身之惡也, 割而去之, 無復滋大也. 光謂, 二爲思中而當夜, 君子自攻其惡, 不使滋大者也.

우(肬)는 음이 우(尤)다. 췌(贅)는 지(之)와 예(芮)의 반절이다.[40] 왕애는 말하기를 "우췌(肬贅)는 몸의 나쁜 것으로, 베어서 제거하여 다시 자라 커지는 것이 없게 한다"라고 하였다. 사마광은 생각하기를 "이(二)는 사(思)의 중(中)이 되고 낮에 해당하니, 군자는 스스로 그 악함을 공격하여 자라나 커지는 것이 없게 한다"라고 하였다.

▌次三 : 割鼻食口, 喪其息主. 測曰 : 割鼻喪主, 損無榮也.

차삼은, (숨을 쉬는) 코를 베어서 입으로 씹어 (숨을 쉬지 못하게 하니), 그 숨 쉬는 주인을 잃었다.

측에 말하기를, (숨을 쉬는) 코를 베어서 숨 쉬는 주인을 잃었다는 것은 (베어서) 덜었지만 영광은 없다는 것이다.[41]

· · · · · · · · · · · · · · · · ·

39 역주 : '肬贅'는 몸의 '악창'이다. 이 구절은, 악창을 제거하고 베면 몸에 더러운 병이 없게 되므로 '이롭다'는 것이다. 비유하면 군자가 그 악을 공격하여 자라지 못하게 하여 몸을 깨끗이 하고 행동을 바로 한다는 것이다.
40 역주 : '贅'는 중국어로는 zhui로 발음된다. 贅[zhuì]는 之[zhī]와 芮[ruì]의 반절로 하라는 것이다.

虞本食作飽.[42] 今從宋陸范王本.[43] 范曰, 鼻者, 氣息之主. 王曰, 割之不得
其宜, 是割鼻以啖其口者也.

우비본에 식(食)은 포(飽)로 되어 있다. 지금 송충본, 육적본, 범망본, 왕애본
을 따른다. 범망은 말하기를 "코는 숨을 쉬는 주인이다"라고 하였다. 왕애는
말하기를 "벤 것이 그 마땅함을 얻지 못했으니, 이것은 코를 베어서 그 입으로
씹은 것이다"라고 하였다.

▌次四 : 宰割平平. 測曰 : 宰割平平, 能有成也.

차사는, 베는 것을 주재하는 것이 공평하고 공평하였다.
측에 말하기를, 베는 것을 주재하는 것이 공평하고 공평하다는 것은 능히 이룬
것이 있다는 것이다.[44]

王曰, 四居臣之盛而當晝, 宰割于物, 有均平之德. 光謂, 四爲下祿, 君子之
始得位者也.

왕애는 말하기를 "사(四)는 신하의 성대한 것에 있고 낮에 해당하니, 사물을
베는 것을 주재하는데 고르고 공평한 덕이 있다"라고 하였다. 사마광은 생각
하기를 "사(四)는 하록(下祿)이 되니, 군자가 처음으로 지위를 얻은 것이다"라
고 하였다.

· · · · · · · · · · · · · · · · ·

41 역주 : '食'은 기른다는 것이다. 이 구절은, 그 코를 베고 그 입을 베니, 코는 숨을
    쉬는 주인인데 지금 베어졌기에 숨 쉬는 주인을 잃었고, 먹은 것도 그 도가 아니므
    로 덜었지만 영광은 없다는 것이다.
42 劉韶軍 點校 : '飽'는 송잔본, 대전본, 도장본, 장사호본에는 '飴'로 되어 있다.
43 劉韶軍 點校 : '宋'은 명초본에는 없다. 이것은 장사호본에 의거해 보충하였다.
44 역주 : 이 구절은, 재물을 분할하여 아래에 시혜하는데 사사로움이 없이 균평하게
    하여 각각 그 마땅함을 얻으면 가난함이 없고 상과 하가 서로 편안하게 되니, 결과
    적으로 이룬 것이 있다는 것이다.

▌次五 : 割其股肱, 喪其服馬. 測曰 : 割其股肱, 亡大臣也.

차오는, (암매한 군주가) 그 다리와 팔과 같은 신하를 베니, 그 복마(服馬)를 잃은 것이다.

측에 말하기를, (암매한 군주가) 다리와 팔을 베었다는 것은 대신을 잃었다는 것이다.[45]

宋陸本亡作忘, 王本作無. 今從諸家. 王曰, 五居君位而當夜, 無君之德. 是割其股肱而以求理, 宜喪失所乘服矣. 光謂, 服馬所以負軛而夾轅, 任重致遠, 亦大臣之象也. 故曰, 亡大臣也.

송충본, 육적본에 망(亡)은 망(忘)으로 되어 있고, 왕애본에는 무(無)로 되어 있다. 지금 제가의 판본을 따른다. 왕애는 말하기를 "오(五)는 군주의 지위에 있고 밤에 해당하니, 군주의 덕이 없다. 이것은 그 다리와 팔과 같은 신하를 베고서 잘 다스리기를 구하니, 네 마리 수레를 이끄는 말(乘服)을 상실하는 것은 당연하다"라고 하였다. 사마광은 생각하기를 "복마(服馬)가 멍에를 지고 끌채를 끼는 이유는 무거운 짐을 지고 멀리 가야하기 때문이니,[46] 또한 대신의 상이다. 그러므로 '대신을 잃은 것이다'라고 하였다"라고 하였다.

▌次六 : 割之無創, 飽于四方. 測曰 : 割之無創, 道可分也.

차육은, (은혜: 고기를) 베었는데 (어느 한 곳도) 상한 흔적[분배되지 않은 곳]이 없어, 사방(의 백성들)을 배부르게 하였다.

측에 말하기를, (은혜: 고기를) 베었는데 (어느 한 곳도) 상한 흔적[분배되지 않은 곳]이 없다는 것은 도가 (두루) 나누어졌다는 것이다.[47]

· · · · · · · · · · · · · · · · · ·

45 역주 : '服馬'와 '股肱'은 모두 쓸 수 있는 良臣을 말한다. 이 구절은, 양신이 이미 베는 것을 당해 제거되었으므로 그 '대신을 잃었다'라고 한 것이다.

46 역주 : 『묵자』「親士」, "良馬難乘, 然可以任重致遠." 및 『周易』「繫辭傳下」2장, "服牛乘馬, 引重致遠." 참조.

47 역주 : '創'은 『說文』에서는 "傷也."라고 한다. 이 구절은, 재화를 나누어 사방에 그 은혜를 미치고 백성을 보호하는 것이 끝이 없고 자기가 상하는 것이 없는 것으로, 도가 천하에 가득하여 자기에게 덜 것이 없으므로 '도는 나눌 수 있다'는 것이다.

六居盛位而當晝, 分布其道, 教思無窮, 容保民無疆, 四方靡不充足, 而于道無所虧損也.

육(六)은 성대한 지위에 있으면서 낮에 해당하니, 그 도를 나누어 펴서 가르침과 생각이 다함이 없고, 백성들을 용납하여 보호함이 끝이 없어, 사방이 충족하지 아니함이 없으니 도에 이지러지거나 손상됨이 없다는 것이다.

▎次七 : 紫蜺喬雲朋圍日,[48] 其疾不割. 測曰 : 紫蜺喬雲, 不知刊也.

차칠은, 자색의 무지개와 삼색의 구름[소인]이 모여 무리로 태양[군주]을 에워싸고 빛을 가리나, (군주는) 그 해되는 것을 베지 못하였다.

측에 말하기를, 자색의 무지개와 삼색의 구름이라는 것은 (군주가) 벨 줄을 알지 못한다는 것이다.[49]

二宋陸本作不利刊也. 今從范本. 王本朋作明. 今從二宋陸范本.[50] 喬, 余律切. 王曰, 柴蜺, 妖氣. 喬雲, 日旁刺日之氣. 光謂, 七爲敗損而當夜, 如小人結黨以蔽惑其君, 爲國之患, 君不能割除之也.

송충본, 송유간본, 육적본에는 불리간야(不利刊也)로 되어 있다. 지금 범망본을 따른다. 왕애본에는 붕(朋)이 명(明)으로 되어 있다. 지금 송충본, 송유간본, 육적본, 범망본을 따른다. 율(喬)은 여(余)와 율(律)의 반절이다. 왕애는 말하기를 "자예(紫蜺)는 요사스런 기운이다. 율운(喬雲)은 태양의 곁에서 태양을 침범한 기운이다"라고 하였다. 사마광은 생각하기를 "칠(七)은 파괴되어 손실된 것이 되고 밤에 해당하니, 마치 소인이 작당하여 그 군주를 가리고 현혹하여 국가의 근심이 되지만 군주가 베어 제거할 수 없다는 것과 같다"라

『관자』「내업」에서는 "道滿天下, 普在民所."를 말한다.

48 劉韶軍 點校 : '朋'은 명초본에는 '明'으로 되어 있다. 이것은 송 잔본 및 주석의 문장에 의거해 고쳤다.

49 역주 : '蜺'는 '霓'와 같으니, '무지개[虹]'다. '喬雲'은 채색 구름이다. '朋'은 '집결했다'는 것이다. 虹과 雲이 해를 가린 것은 '화'를 말한다. '刊'은 '삭제한다'는 것이다.

50 劉韶軍 點校 : '范'은 명초본에는 없다. 이것은 송 잔본, 대전본, 도장본, 장사호본에 의거해 보충하였다.

고 하였다.

▌次八 : 割其蠹, 得我心疾. 測曰 : 割其蠹, 國所便也.

차팔은, (나무를 갈라먹는) 그 좀들을 베니, 내 마음이 싫어하는 것을 제거함을 얻었다.

측에 말하기를, (나무를 갈라먹는) 그 좀들을 베었다는 것은 나라가 편안하게 되었다는 것이다.[51]

王小宋本蠹作矞. 今從宋陸范本. 便,[52] 步邊切. 八爲禍中而當晝, 能割除姦蠹, 得我心之所疾惡者也.

왕애본, 송유간본에 두(蠹)는 율(矞)로 되어 있다. 지금 송충본, 육적본, 범망본을 따른다. 편(便)은 보(步)와 변(邊)의 반절이다.[53] 팔(八)은 화(禍)의 중(中)이 되나 낮에 해당하니, 간사한 좀들을 베어 제거하여 내 마음이 싫어하는 것을 얻었다.

▌上九 : 割肉取骨, 滅頂于血. 測曰 : 割肉滅血, 不能自全也.

상구는, (백성의) 살을 베고 뼈를 취하니, (군주의) 이마가 피의 바다에 빠졌다.

측에 말하기를, (백성의) 살을 베고 피에 빠졌다는 것은 스스로 온전할 수 없다는 것이다.[54]

····················

51 역주 : 이 구절은, 간사한 좀을 제거하는 것이 바로 내 마음이 미워하고 한스럽게 생각한 것과 합치된다는 것이다.
52 劉韶軍 點校 : '步'는 명초본에는 '涉'으로 되어 있다. 이것은 송 잔본, 대전본, 도장본, 장사호본에 의거해 고쳤다.
53 역주 : '便'[biàn]은 步[bù]와 邊[biān]의 반절로 하라는 것이다.
54 역주 : '頂'은 가장 위에 있는 것으로, 여기서는 군주를 비유한 것이다. 이 구절은, 군주가 백성을 잔인하게 해치면 군주도 몸이 안전할 수 없다는 것이다. 『논어』「안연」에서는 "百姓不足, 君孰與足."을 말한다.

割剝之極, 民旣困窮, 君亦不能自全, 故曰, 滅頂于血也.

가르고 벗겨냄이 지극하고 백성들이 이미 곤궁하니, 군주도 스스로를 보전할 수 없다. 그러므로 "이마가 피의 바다에 빠졌다"라고 하였다.

지止

▦ 三方二州三部二家.

3방, 2주, 3부, 2가다.

止

지(止)

陽家, 木, 準艮.

지수(止首)는 양가(陽家)이고, (5행에서는) 목(木)이며, 『주역』「간괘(艮卦)」에
준(準)한다.[55]

▌陰大止物于上, 陽亦止物于下, 下上俱止.

음은 커서 위에서 사물을 머물게 하고, 양은 또한 아래에서 사물을 머무르게
하니, 아래와 위가 함께 머물렀다.

小宋本作大陰止物于上.[56] 今從諸家. 宋曰, 謂是時物上隔陰氣, 下歸陽氣,

. . . .

55 역주 : 『주역』「象傳」에서는 “艮, 止也.”를 말한다.
56 劉韶軍 點校 : ‘止物於上’은 명초본에는 없다. 이것은 송 잔본, 대전본, 도장본, 장
    사호본에 의거해 보충하였다.

各止其所而不行也.

송유간본에는 대음지물우상(大陰止物于上)이라 되어 있다. 지금 제가의 판본을 따른다. 송충은 말하기를 "이 때 사물이 위로는 음기에 막혀 있고, 아래로는 양기로 돌아가, 각각 그 머물러야 할 곳에서 머무르고 행하지 않는다"라고 하였다.

■ 初一：止于止, 內明無咎. 測曰：止于止, 智足明也.

초일은, 머무를 곳에 머무르나, 안(=마음)이 밝아 허물이 없다.
측에 말하기를, 머무를 곳에 머물렀다는 것은 지혜가 족히 밝다는 것이다.

小宋本止于止內作止于內. 今從諸家. 一爲思始而當晝, 止得其所者也. 夫智之不明, 誘于外物者也. 故止于可止之所, 則內明而無咎也. 易曰, 艮其止, 止其所也. 大學曰, 知止而後有定, 定而後能靜,[57] 靜而後能安, 安而後能慮, 慮而後能得. 物有本末, 事有終始, 知所先後, 則近道矣.

송유간본에 지우지내(止于止內)는 지우내(止于內)로 되어 있다. 지금 제가의 판본을 따른다. 일(一)은 사(思)의 시(始)가 되고 낮에 해당하니, 그 머물러야 할 곳을 얻어서 머무른 것이다. 대저 지혜가 밝지 못하면 밖의 사물에 유혹당하는 것이다.[58] 그러므로 머무를 수 있는 곳에 머문다면, 안이 밝고 허물이 없다. 『주역』「간괘(艮卦)」단사(彖辭)에 "그 머무를 곳에 머물렀다고 한 것은, 그 머물러야 할 곳에 머물렀다는 것이다"[59]라고 하였다. 『대학(大學)』에서 "머무를 곳을 안 뒤에는 정함이 있고, 정함이 있은 뒤에 고요할 수 있고, 고요한 뒤에 편안할 수 있고, 편안한 뒤에는 생각할 수 있고, 생각한 뒤에 얻을 수

. . . .

57 劉韶軍 點校 : '有定定而後' 이 5글자는 명초본에는 없다. 이것은 대전본, 도장본, 장사호본에 의거해 고쳤다.
58 역주 : 『예기』「樂記」, "人生而靜, 天之性也, 感於物而動, 性之欲也. 物至知知, 然後好惡形焉. 好惡無節於內, 知誘於外, 不能反躬, 天理滅矣. 夫物之感人無窮, 而人之好惡無節, 則是物至而人化物也. 人化物也者, 滅天理而窮人欲者也." 참조.
59 역주 : 『주역』「艮卦」, "象曰, 艮, 止也. 時止則止, 時行則行, 动静不失其时, 其道光明. 艮其止, 止其所也." 참조.

있다. 사물에는 근본과 말단이 있고 일에는 마침과 시작이 있으니, 먼저 할 것과 뒤에 할 것을 알게 되면 도(道)에 가깝게 된다"[60]라고 하였다.

▌次二：車軔俟, 馬酋止. 測曰：車軔俟, 不可以行也.

차이는, 수레가 나아가지 못하고 기다리니, 말이 나아가다 멈추었다.
측에 말하기를, 수레가 나아가지 못하고 기다렸다는 것은 행해서는 안 된다는 것이다.[61]

范本測車軔俟作車軔馬止. 今從宋陸王本. 吳曰, 軔, 而振切, 礙輪木也.
光謂, 二爲思中而當夜, 小人智不足以燭理, 就止則可, 行則凶也.

범망본의 측에 거인사(車軔俟)는 거인마지(車軔馬止)로 되어 있다. 지금 송충본, 육적본, 왕애본을 따른다. 오비는 말하기를 "인(軔)은 이(而)와 진(振)의 반절로서, 수레를 정지시키는 나무다"라고 하였다. 사마광은 생각하기를 "이(二)는 사(思)의 중(中)이 되고 밤에 해당하니, 소인의 지혜는 이치를 밝히기에 부족하여 나아감을 멈추면 옳지만 행하면 흉하다"라고 하였다.

▌次三：關其門戶, 用止狂蠱. 測曰：關其門戶, 禦不當也.

차삼은, 그 문호에 문빗장을 하고, 그것을 사용하여 미치고 미혹된 것을 멈추게 하였다.
측에 말하기를, 그 문호에 문빗장을 한다는 것은 마땅치 않은 것(=불선한 것)을 멈추었다는 것이다.[62]

. . . .

60 역주：『대학』1장, "大學之道, 在明明德, 在親民, 在止于至善. 知止而后有定, 定而后能靜, 靜而后能安, 安而后能慮, 慮而后能得. 物有本末, 事有終始, 知所先后, 則近道矣." 참조.
61 역주：'俟'는 '기다린대(待)'는 것이다. '酋'는 '나아간대(就)'는 것이다. 이 구절은, 二가 思의 中이 되고 밤에 해당하니, 수레는 정지하고 말이 나아가는 것을 멈춰야지 움직여서는 안된다. 비유하면 이 때는 무엇인가 해서는 안되며 반드시 기다린 뒤에 행해야 한다는 것이다.

王本禦作圉. 今從范本. 光謂, 蠱, 惑也. 禦亦止也. 三爲戶, 又思之崇也,
又爲成意而當晝, 君子三思而後行, 苟狂惑不當, 不可復掩, 故于成意之時,
必愼而後發也.

왕애본에 어(禦)는 어(圉)으로 되어 있다. 지금 범망본을 따른다. 사마광은 생
각하기를 "고(蠱)는 미혹된다(惑)는 것이다. 어(禦)는 또한 멈춘다(止)는 것이
다. 삼(三)은 호(戶)가 되고, 또 사(思)의 높은 것이고, 또 뜻을 이룬 것이 되고
낮에 해당하니, 군자는 세 번 생각한 뒤에 행하는데,[63] 만약 미치고 미혹되어
부당한 것이라면 다시 덮을 수 없다. 그러므로 뜻을 이루는 때에는 반드시
신중하게 한 뒤에 발표해야 한다"라고 하였다.

次四：止于童木, 求其疏穀. 測曰：止于童木, 其求窮也.

차사는, (가지와 싹이 없는) 어린 나무에 머물러, 풀과 나무에서 먹을 수 있는
것을 구하였다.
측에 말하기를, (가지와 싹이 없는) 어린 나무에 머물렀다는 것은 그 구한 것
이 궁하다는 것이다.[64]

范本其求窮作求其窮.[65] 今從宋陸本. 王曰, 童木, 謂兀然無枝幹者. 疏穀,
謂草木之可食者. 光謂, 四爲下祿而當夜, 小人干祿而不得其道, 必無獲也.
범망본에 기구궁(其求窮)은 구기궁(求其窮)으로 되어 있다. 지금 송충본, 육적
본을 따른다. 왕애는 말하기를 "동목(童木)은 홀로 우뚝 솟아 가지와 줄기가

....

62 역주 : '不當'을 葉子奇는 '不善'이라고 한다.
63 역주 : 『論語』「公冶長」, "季文子三思而後行. 子聞之曰, 再, 斯可矣." 참조.
64 역주 : '童木'은 지엽이 없는 나무다. '疏'는 百草根實에서 먹을 수 있는 것을 '疏'라
     고 한다. '穀'은 『설문』에서는 "楮也"라고 한다. 즉 '柔'으로서, 그 열매는 먹을 수
     있다. 이것은 범범하게 과실을 가리킨다. 이 구절은, 어린 나무에 머물러 그 과실
     을 구하니 반드시 얻는 바가 없다는 것이다. 비유하면 행위를 하지만 그 도를 얻지
     못하면 반드시 성공하는 것이 없다는 것이다.
65 劉韶軍 點校 : '其求窮'은 명초본에는 없다. 이것은 송 잔본, 대전본, 도장본, 장사
     호본에 의거해 보충하였다.

없는 것을 이른 것이다. 소곡(疏穀)은 풀과 나무에서 먹을 수 있는 것들을 이른 것이다"라고 하였다. 사마광은 생각하기를 "사(四)는 하록(下祿)이 되고 밤에 해당하니, 소인이 녹봉을 구하나 그 도를 얻지 못하니, 반드시 얻을 것이 없다"라고 하였다.

次五：柱奠廬, 蓋蓋車, 轂均疏. [66] **測曰：柱及蓋轂, 貴中也.**

차오는, 기둥이 중앙에 있어 집을 고정하여 지탱하고, 수레의 덮개가 중앙에 있어 수레를 덮고, 수레바퀴 통이 중앙에 있어 바퀴살이 고루 펼쳐진다. 측에 말하기를, 기둥과 덮개와 수레바퀴라는 것은 중(中)을 귀하게 여긴다는 것이다. [67]

范本轂作穀. 今從二宋陸王本. 穀轂古字通, 王曰, 奠, 定也. 如柱之定于廬舍之中, 得其所止. 蓋之蓋覆于車, [68] 車運而蓋不運. 轂之均其疏數以湊群輻, 輻雖運而己常處中. 此皆以止爲用者也. 五居中得位, 善于止道, 故取象焉. 光謂, 廬, 草舍之圓者, 必先植柱于中央以定之. 蓋有斗以受弓, 輪有轂以均輻. 人心所止, 允執厥中. 如此三者, [69] 故可貴也.

범망본에 곡(轂)은 곡(穀)으로 되어 있다. 송충본, 송유간본, 육적본, 왕애본을 따른다. 곡(穀)과 곡(轂)은 옛글자에서는 통한다. 왕애는 말하기를 "전(奠)은 고정한다(定)는 것이다. 마치 기둥이 초막집의 중앙에 고정되어 그 멈출 것을

························

66　劉韶軍 點校：'轂'은 명초본에는 '穀'으로 되어 있다. 이것은 도장본 및 주석의 문장에 의거해 고쳤다.
67　역주：'疏'는 '편다[布]'는 것이다. '奠'은 '고정한다[定]'는 것이다. 이 구절은, 가운데에 기둥을 세워 띳집을 안정시키고, 가운데에 덮개를 세워 수레를 덮고, 가운데에 바퀴통을 마련하여 여러 바퀴살을 모이게 하는 것은, 모두 中道에 잘 머문다는 것이므로 가운데를 귀하게 여긴다는 것이다.
68　劉韶軍 點校：'蓋' 아래 명초본에는 다시 하나의 '蓋'자가 있다. 이것은 대전본, 도장본, 장사호본에 의거해 삭제했다.
69　劉韶軍 點校：'如'와 '者' 두 글자는 명초본에는 없다. 이것은 송 장본, 대전본, 도장본, 장사호본에 의거해 보충하였다.

얻은 것과 같다. 수레에 덮개를 덮었다는 것은, 수레가 운행하지만 덮개는 운행하지 않는다는 것이다. 수레바퀴는 그 성긴 수를 고르게 함으로써 모든 바퀴살의 힘을 모으니, 바퀴가 비록 운행되더라도 자기는 항상 가운데에 처하게 된다. 이것은 모두가 멈추는 것으로 쓰임을 삼은 것이다. 오(五)는 중(中)에 있으면서 지위를 얻었으니, 멈추는 도를 잘한다. 그러므로 이런 상을 취하였다" 라고 하였다. 사마광은 생각하기를 "여(廬)는 초막집의 둥근 것이니, 반드시 먼저 중앙에 기둥을 심어서 고정해야 한다. 덮개는 동자기둥이 있음으로써 활처럼 둥근 것을 받고, 수레바퀴는 바퀴통이 있음으로써 바퀴살을 고르게 한다. 사람의 마음이 머무르는 것은 진실로 그 중(中)을 잡아야 하니,[70] 이 세 가지와 같다. 그러므로 귀할 수 있다"라고 하였다.

▌次六：方輪廉軸, 坎坷其輿. 測曰：方輪坎坷, 還自震也.
차육은, 수레바퀴가 네모나고 굴대가 모나서, 수레가 덜컹덜컹 요동쳐 앞으로 가지 못한다.
측에 말하기를, 수레바퀴가 네모나고 수레가 덜컹거려 가지 못한다는 것은 또한 스스로 (몸이 안정되지 못하고) 진동한다는 것이다.[71]

范本廉作廣. 今從諸家. 范小宋本坎坷作坎軻.[72] 今從宋陸本. 坷, 軻皆音可. 王曰, 輪方必止, 軸廉必軌, 以之進路, 必坎坎然振其車輿而不獲其適矣.[73] 光謂, 六爲上祿, 爲盛多而當夜,[74] 小人進不以道, 雖止于盛位, 終不

· · · · · · · · · · · · · · · · · · ·
70 역주：『서경』「大禹謨」, "人心惟危, 道心惟微, 惟精惟一, 允執厥中." 참조.
71 역주：'廉'은 '모서리[棱]'다. 이 구절은, 수레바퀴가 네모나고 굴대가 모나면 수레가 가는데 덜컹 덜컹거리면서 가다가 수레가 반드시 뒤집어지니 앉아 있어도 불안하다는 것이다. 비유하면 소인은 나아감을 도로써 하지 않으므로, 성대한 지위에 머물러 있어도 끝내 몸을 안전하게 할 수 없다는 것이다.
72 劉韶軍 點校：'小'는 명초본에는 없다. 이것은 송 잔본, 대전본에 의거해 보충하였다.
73 劉韶軍 點校：'其'는 명초본에는 없다. 이것은 송 잔본, 대전본, 도장본, 장사호본에 의거해 보충하였다.
74 劉韶軍 點校：'盛'은 명초본에는 '最'로 되어 있다. 이것은 대전본, 도장본, 장사호본에 의거해 고쳤다.

得安也.

범망본에는 렴(廉)이 광(廣)으로 되어 있다. 지금 제가의 판본을 따른다. 범망본, 송유간본에는 감가(坎坷)가 감가(坎軻)로 되어 있다. 지금 송충본, 육적본을 따른다. 가(坷)와 가(軻)는 모두 음이 가(可)다. 왕애는 말하기를 "바퀴가 모나면 반드시 멈추고, 굴대가 모나면 반드시 수레가 기울어지니, 이것으로써 길로 나간다면 반드시 덜컹덜컹 그 수레가 진동하여 그 나아감을 얻지 못한다"라고 하였다. 사마광은 생각하기를 "육(六)은 상록(上祿)이 되고, 성대함이 되나 밤에 해당하니, 소인이 도로서 나아가지 않으면 비록 성대한 지위에 머무르나 끝내 편안함을 얻지 못한다"라고 하였다.

▌次七：車纍其儢, 馬攣其蹄, 止貞. 測曰：車纍馬攣, 行可鄰也.

차칠은, 수레가 그 수레바퀴를 묶고, 말이 그 발굽이 걸려 꺾였으니, (수레를 타고갈 수 없어) 머무름이 바르다.

측에 말하기를, 수레가 수레바퀴를 묶고, 말이 발굽이 걸려 꺾였다는 것은 행하는 것을 물릴 수 있다는 것이다.[75]

宋陸本儢作傛, 范本作傛. 今從小宋本. 小宋本鄰作憐.[76] 今從宋陸范本. 儢, 陳音雉.[77] 吳音馳. 攣, 吳曰, 良涉切. 諸家或作獵者, 筆誤也. 范曰, 儢, 輪也. 攣, 獵也. 王曰, 纍, 有所繫也. 攣, 有所絓也. 車纍馬攣, 宜乎止以求正. 光謂, 七爲失志, 爲敗損, 而位又當晝, 故纍攣也. 君子見險而止,[78] 則止其正矣. 鄰(闕)[79]

· · · · · · · · · · · · · · · · · ·

75 역주 : '鄰'은 兪越의 『諸子評議』에서는 "鄰者, 遴之假字, 說文遴, 行難也 行難則易止而不行, 故亦得訓郄. 此云行可鄰也, 謂其行可以郄退也."라고 하여 '鄰'자를 '遴'자로 본다. 여기서는 이것을 취한다.

76 劉韶軍 點校 : '小宋本'은 명초본에는 없다. 이것은 송 잔본, 대전본, 도장본, 장사호본에 의거해 보충하였다.

77 劉韶軍 點校 : '陳'은 명초본에는 없다. 이것은 송 잔본, 대전본, 도장본, 장사호본에 의거해 보충하였다.

78 劉韶軍 點校 : '止'는 송 잔본, 대전본, 도장본, 장사호본에는 '不失'로 되어 있다.

송충본, 육적본에 치(傂)는 행(傋)으로 되어 있고, 범망본에는 치(傂)로 되어 있다. 지금 송유간본을 따른다. 송유간본에 린(鄰)은 련(憐)으로 되어 있다. 지금 송충본, 육적본, 범망본을 따른다. 치(傂)에 대해 진점은 말하기를 "음이 치(雉)다"라고 하고, 오비는 말하기를 "음이 치(馳)이다"라고 하였다. 렵(擸)에 대해, 오비는 말하기를 "량(良)과 섭(涉)의 반절이다. 제가의 판본에는 어떤 경우 렵(獵)자로 쓰기도 하였는데, 잘못 쓴 것이다"라고 하였다. 범망은 말하기를 "치(傂)는 바퀴(輪)다. 렵(擸)은 잡는다(獵)는 것이다"라고 하였다. 왕애는 말하기를 "루(纍)는 매는 바가 있는 것이다. 렵(擸)은 걸린 바가 있는 것이다. 수레가 수레바퀴를 매고 말이 발굽을 꺾었다는 것은, 멈춤으로써 바른 것을 구하는 것이 마땅하다는 것이다"라고 하였다. 사마광은 생각하기를 "칠(七)은 뜻을 잃은 것이 되고, 파괴되어 손실된 것이 되나, 지위는 또한 낮에 해당한다. 그러므로 매고 걸린 것이다. 군자는 험난한 것을 보면 머무르니,[80] 곧 그 바른 곳에 머문 것이다"라고 하였다. 인(鄰). 해설이 빠졌다.

■ **次八: 弓善反, 弓惡反, 善馬很, 惡馬很. 絶弸破車終不偃. 測曰:**
弓反馬很, 終不可以也.

차팔은, 좋은 활은 잘 뒤집히고, 나쁜 활도 잘 뒤집힌다, 좋은 말은 성질이 사납고, 나쁜 말도 성질이 사납다. 활시위가 끊어지고 수레가 부서져 끝내 쉬지 못한다.

측에 말하기를, 활이 잘 뒤집히고 말이 말을 듣지 않는 성질이 사납다는 것은 끝내 사용할 수 없다는 것이다.[81]

• • • • • • • • • • • • • • • • • •

79 劉韶軍 點校 : '鄰', '闕' 두 글자는 송 잔본, 대전본, 도장본, 장사호본에는 없다.

80 역주 : '見險而止'는 『주역』 「蹇卦 象傳」, "曰, 蹇, 難也, 險在前也. 見險而能止. 知矣哉." 참조.

81 역주 : '很'은 『설문』에서는 "不聽從也"라고 한다. '反'은 '不調'를 의미한다. '弓善'과 '弓惡'은 善弓과 惡弓을 말한 것이다. '弸'은 『說文』에서는 "弓强貌"라고 한다. '以'는 '用'이다.

王本作弓善反馬善很惡馬很, 宋本作弓善反惡弓反馬善很惡馬很. 范本很作恨. 今很從諸家, 餘從范本. 弸, 薄萌切. 宋曰, 絕弦破車, 故不可用也. 范曰, 弸, 弦也, 偃, 止也. 王曰, 弓之反戾, 不可以射. 馬之很惡, 不可以御. 而强用之, 必有絕弸破車之患, 終不可偃息而止矣. 光謂, 弓雖善而好反, 馬雖善而性很, 終不可用. 況其惡者乎. 八爲禍中, 爲剝落而當夜, 小人邪愎而不知止者也. 荀子曰, 弓調而後求勁焉, 馬服而後求良焉, 士信愨而後求知能焉, 此之謂也.

왕애본에는 궁선반마선흔악마흔(弓善反馬善很惡馬很)으로 되어 있고, 송충본에는 궁선반악궁반마선흔악마흔(弓善反惡弓反馬善很惡馬很)으로 되어 있다. 범망본에는 흔(很)이 한(恨)으로 되어 있다. 지금 흔(很)은 제가의 판본을 따르고, 나머지는 범망본을 따른다. 붕(弸)은 박(薄)과 맹(萌)의 반절이다. 송충은 말하기를 "시위가 끊어지고 수레가 부서졌다. 그러므로 사용할 수 없다"라고 하였다. 범망은 말하기를 "붕(弸)은 활의 시위(弦)이고, 언(偃)은 멈춘다(止)는 것이다"라고 하였다. 왕애는 말하기를 "활이 뒤집어져 어그러지면 쏠 수 없고, 말이 성질이 사납고 나쁘면 부릴 수 없다. 그런데 강제로 사용하면 반드시 시위가 끊어지고 수레가 부서지는 근심이 있어, 끝내 활을 놓고 쉬고 말을 멈추게 할 수 없다"라고 하였다. 사마광은 생각하기를 "활이 비록 좋지만 잘 뒤집어지기를 좋아하고, 말이 비록 좋으나 성질이 사나우면 끝내 쓸 수 없다. 하물며 그 좋지 않은 것에 있어서랴! 팔(八)은 화(禍)의 중(中)이 되고, 벗겨져 떨어진 것이 되고, 밤에 해당하니, 소인이 사특하고 괴팍스러우면서 멈출 줄을 모르는 것이다. 순자(荀子)는 '활은 잘 조절한 뒤에 강하기를 구하고, 말은 잘 굴복시킨 뒤에 좋음을 구하며, 선비는 진실하고 성실한 뒤에 지혜와 능력을 구하는 것이다'[82]라고 하니 이것을 이른 것이다"라고 하였다.

▌上九 : 折于株木, 輆于砠石, 止. 測曰 : 折木輆石, 君子所止也.
상구는, 주목에 꺾이고 다듬이돌에 막혀서, 멈췄다.

. . . .

82 역주 : 『순자』「哀公」에 나오는 말이다.

측에 말하기를, 주목에 꺾이고 다듬이돌에 막혔다는 것은 군자가 머무르는 바이다.[83]

宋陸本砥作砭, 彼驗切. 小宋本作碿, 音仙. 王本作砥, 音止, 云擣繒石也, 今從之. 吳曰, 較, 音愷, 礙也. 光謂, 九爲限, 爲石, 又禍之窮也, 而當晝, 君子道旣不行, 則當止矣.

송충본, 육적본에는 지(砥)가 폄(砭)으로 되어 있으니, 피(彼)와 험(驗)의 반절이다. 송유간본에는 선(碿)으로[84] 되어 있는데, 음이 선(仙)이다. 왕애본에는 지(砥)로 되어 있는데 음은 지(止)로서, 다듬이돌[擣繒石]을 말한 것이라 하는데, 지금 그것을 따른다. 오비는 말하기를 "개(較)는[85] 음이 개(愷)이고, 막는다(礙)는 것이다"라고 하였다. 사마광은 생각하기를 "구(九)는 한계가 되고, 돌이 되고, 또 화(禍)의 궁함이나 낮에 해당하니, 군자는 도가 이미 행해지지 않으면 마땅히 멈춘다"라고 하였다.

• • • • • • • • • • • • • • • • • •

83 역주 : '株木'은 '꼿꼿하게 선[挺立]' 나무다. 이 구절은, 위로 이미 꺾이고 더는 바가
    되었는데 아래로 또 수난을 당하니 진퇴양난으로서, 군자는 이것을 보고 머무르니
    마땅히 멈추어야 할 때 멈추었다는 것이다.
84 역주 : '碿'[chàn]은 우리식 발음으로는 '천'인데 『태현경』 주석에서는 仙[xiān] 으로
    발음하라고 한다.
85 역주 : '較'는 '거리끼다', '방해한다' 라고 할 때는 '해'라고 발음한다. 그런데 원음은
    '개'라고 한다. 그리고 나라이름이라고 할 때도 '개' 라고 한다. 예를 들면 개목(較
    沐: 나라 이름)이 그것이다.

▦ 三方二州三部三家.

3방, 2주, 3부, 3가다.

堅

견(堅)

陰家, 金, 準艮. 入堅初一八分二十秒, 日次析木, 立冬氣應. 斗建亥位,[86]
律中應鍾. 陸曰, 艮爲山石, 又爲木多節, 皆堅之貌.

견수(堅首)는 음가(陰家)이고, (5행에서는) 금(金)이며, 『주역』「간괘(艮卦)」에
준한다.[87] 견(堅)은 초일(初一) 8분 20초에서 들어가고, 태양은 석목(析木)에
머물러 입동(立冬)의 기와 응한다. 두(斗)는 해위(亥位)에 세우고, 율(律)은 응
종(應鍾)에 맞춘다. 육적은 말하기를 "간(艮)은 산석(山石)이 되고, 또 나무의
많은 마디가 되니, 모두 단단한 모양이다"라고 하였다.

••••••••••••••••••••
86 劉韶軍 點校 : '斗建亥位'는 명초본에는 '斗柄指亥'로 되어 있다. 이것은 송 잔본,
    대전본, 도장본, 장사호본에 의거해 고쳤다.
87 역주 : 『주역』「설괘전」에서는 "艮爲山, 爲小石, 其於木也, 爲堅多節."이라 한다.

▌陰形胼冒, 陽喪其緒, 物競堅彊.

음이 형체화(形體化)하여 단단하게 덮고, 양은 그 사업을 상실하니, 사물들이 다투어 단단하고 강하게 하여 양이 음기를 멸하는 때를 기다린다.[88]

小宋本形作貌, 冒作昌. 今從諸家. 胼, 部田切. 喪, 息浪切. 宋曰, 胼謂盛也. 緒, 業也. 謂是時陰氣壯盛, 陽喪其業, 無能爲矣. 故萬物依陰氣競爲強也. 范曰, 胼, 固也. 王曰, 胼冒, 密盛貌.

송유간본에 형(形)은 모(貌)로 되어 있고, 모(冒)는 창(昌)으로 되어 있다. 지금 제가의 판본을 따른다. 변(胼)은 부(部)와 전(田)의 반절이다. 상(喪)은 식(息)과 랑(浪)의 반절이다. 송충은 말하기를 "변(胼)은 성대한 것(盛)을 이른다. 서(緒)는 업(業)이다. 이 때 음기는 씩씩하게 성대하고, 양은 그 사업을 잃어 능히 할 것이 없다는 것을 이른 것이다. 그러므로 만물이 음기에 의지하여 다투어 강하게 된다"라고 하였다. 범망은 말하기를 "변(胼)은 단단한 것(固)이다"라고 하였다. 왕애는 말하기를 "변모(胼冒)는 조밀(稠密)하면서 성대한 모양이다"라고 하였다.

▌初一 : 磐石固內, 不化貞. 測曰 : 磐石固內, 不可化也.

초일은, 반석이 안에서 단단하니, 변화하여 바르게 될 수 없다.[89]

측에 말하기를, 반석이 안에서 단단하였다는 것은 변화할 수 없다는 것이다.

小宋本磐石作堅磐. 宋陸本貞作不貞. 王小宋本作不化其貞. 宋陸本測作磐固內中不可化也. 今皆從范本. 光謂, 一爲下人, 爲思始而當夜, 小人頑

----

88 역주 : 이 구절은, 이 때 음기가 단단하고 성하여 만물을 덮고, 양기는 음기에 압박 당해 그 작용을 잃었기에, 이에 만물은 다투어 뜻을 견고하게 하고 다시 양기가 음기를 멸하는 때를 예비한다는 것이다.

89 역주 : '不化'는 융통성이 없다는 것이다. 葉子奇는 "一以陰暗而堅始, 故其齇頑如磐石堅固, 內無所通變, 雖貞何益."이라 하여 변화하지 않고 곧기만 한 것을 부정적으로 본다.

愚, 心如磐石之堅, 不可化而入于正也. 孔子曰, 惟下愚不移.[90]

송유간본에 반석(磐石)이 견반(堅磐)으로 되어 있다. 송충본, 육적본에는 정(貞)이 부정(不貞)으로 되어 있다. 왕애본, 송유간본에는 불화기정(不化其貞)으로 되어 있다. 송충본, 육적본 측에는 반고내중불가화야(磐固內中不可化也)로 되어 있다. 지금 모두 범망본을 따른다. 사마광은 생각하기를 "일(一)은 하인(下人)이 되고, 사(思)의 시(始)가 되고 밤에 해당하니, 소인이 완고하고 어리석어 마음이 반석의 견고함과 같아서 변화하여 바른 곳으로 들어갈 수 없다. 공자는 말하기를 '오직 하우(下愚)는 옮겨지지 않는다'라고 했다[91]"라고 하였다.

■ 次二 : 堅白玉形, 內化貞. 測曰 : 堅白玉形, 變可爲也.

차이는, 마음이 단단하고 옥 같이 결백한 형이니, 마음을 잘 변화하여 올바르다. 측에 말하기를, 마음이 단단하고 옥같이 결백한 형이었다는 것은 마음을 변화하여 할 수 있다는 것이다.

宋陸本無化字. 小宋本形作狀. 今從范王本. 二爲思中而當晝, 君子心雖堅固, 潔白如玉之美, 然見善思遷, 有過則改, 內化日新以就于正. 易曰, 介于石,[92] 不終日, 貞吉.

송충본, 육적본에는 화(化)자가 없다. 송유간본에 형(形)은 상(狀)으로 되어 있다. 지금 범망본과 왕애본을 따른다. 이(二)는 사(思)의 중(中)이 되고 낮에 해당하니, 군자는 마음이 비록 견고하더라도 결백한 것이 옥(玉)의 아름다움과 같다. 그러나 선을 보면 옮길 것을 생각하고, 과실이 있으면 고쳐서,[93] 안으

90 劉韶軍 點校 : '曰惟'는 명초본에는 '謂'로 되어 있다. 이것은 송 잔본, 대전본, 도장본, 장사호본에 의거해 고쳤다.
91 역주 : 『논어』「양화」, "子曰, 唯上智與下愚不移." 참조.
92 劉韶軍 點校 : '于'는 명초본에는 '如'로 되어 있다. 이것은 송 잔본, 대전본, 도장본, 장사호본에 의거해 고쳤다.
93 역주 : 『주역』「益卦」, "象曰, 風雷, 益. 君子, 以, 見善則遷, 有過則改." 참조.

로 변화하고 날마다 새롭게 함으로써[94] 바른 데로 나아간다. 『주역』에서는 "절개가 돌 같으니, 날이 마칠 것을 기다릴 것이 없이 바르고 길하다"[95]라고 하였다.

▌次三: 堅不淩, 或泄其中. 測曰: 堅不淩, 不能持齊也.

차삼은, 겉은 단단해 보이나 내실은 (얼음처럼) 견고하지 않아서, 혹 그 마음 의 기밀을 새어나가게 하였다.

측에 말하기를, 겉은 단단해 보이나 내실은 (얼음처럼) 견고하지 않다는 것은 마음이 새어나가 중정을 유지할 수 없다는 것이다.[96]

宋陸本淩作陵. 今從范王小宋本. 宋曰, 齊, 中也. 范曰, 在于堅冰之月, 今 不淩, 或恐陽氣泄于中也. 光謂, 三爲成意而當夜, 小人處心不堅, 善惡交 戰, 二三其德, 有始無卒, 不能行無越思, 允執其中, 如冰欲堅于外, 而愆陽 泄其中, 終不能成也.

송충본, 육적본에 능(淩)은 능(陵)으로 되어 있다. 지금 범망본, 왕애본, 송유 간본을 따른다. 송충은 말하기를 "제(齊)는 중(中)이다"라고 하였다. 범망은 말하기를 "단단한 얼음이 어는 달에 있지만, 지금은 얼음이 얼지 않으니, 혹 양기가 가운데에서 새어나갈까 염려한 것이다"라고 하였다. 사마광은 생각하 기를 "삼(三)은 뜻을 이룬 것이 되나 밤에 해당하니, 소인이 마음가짐이 단단 하지 않고 선과 악이 서로 다투어 그 덕을 왔다 갔다 하여, 처음은 있는데 마침이 없고, 행한 것이 생각을 벗어남이 없어[97] 진실로 그 중(中)을 잡을 수

....

94 역주 : '日新'은 『예기』 「大學」, "苟日新, 日日新, 又日新." 참조.

95 역주 : 『주역』 「豫卦」 六二爻에 나오는 말이다.

96 역주 : '淩'은 얼음[氷]이다. '泄'은 흩어져 '새어나가는 것'을 말한다. '持齊'는 '항상 됨을 유지한다'는 것이다. 이 구절은, 얼음이 밖에서 단단하고자 해도 그 안에서 무너져 흩어지면, 얼음이 어는 것을 이룰 수 없다. 비유하면 사람이 항상되고 일관 된 도를 가지지 않으면 끝내 이룰 것이 없다는 것이다.

97 역주 : '行無越思'는 『춘추좌씨전』 「襄公二十五年」, "政如農功, 日夜思之, 思其始而 成其終. 朝夕而行之, 行無越思, 如農之有畔, 其過鮮矣." 참조.

없으니,[98] 마치 얼음이 밖에서 단단하고자 하는데 양기가 지나쳐[99] 그 가운데에서 새어나가 끝내 이룰 수 없는 것과 같다"라고 하였다.

▌次四 : 小鑒營營, 蠹其蚋, 蚋不介, 在堅蠹.[100] 測曰 : 小鑒營營, 固其氐也.

차사는, 작은 벌이 앵앵거리면서 집을 지으니, (그 벌레의 집에) 집을 지탱하는 꼭지가 있고, 집은 크지 않으나 단단한 꼭지가 있다.
측에 말하기를, 작은 벌이 앵앵거리면서 집을 지었다는 것은 그 근본을 굳게 한다는 것이다.

宋陸本營作熒, 無在字. 王本介作分. 吳曰, 鑒與蜂同. 范作蚤, 誤也. 蠹, 都計切. 蚋, 音詡, 又音弋. 今鑒從諸家. 營, 介從范本. 宋曰, 氐, 本也. 范曰, 蠹, 德也. 蚋, 國也. 王曰, 蠹, 鑒子也. 蚋, 其房也. 光謂, 蠹餘蔕通, 謂蜂房之蔕也. 介, 大也. 蠹以諭德, 蚋以諭國. 四爲下祿而當晝, 君子修德以保其位. 國不在大, 在勤德以固其本而已. 亦猶小鑒營營將爲房, 必先爲其蔕. 房不在大, 但蔕堅則不墜矣.

송충본, 육적본에 영(營)은 형(熒)으로 되어 있고, 재(在)자가 없다. 왕애본에는 개(介)가 분(分)으로 되어 있다. 오비는 말하기를 "봉(鑒)은 봉(蜂)과 같다"라고 하였다. 범망본에는 종(蚤)으로 되어 있는데, 잘못된 것이다. 대(蠹)는 도(都)와 계(計)의 반절이다. 익(蚋)은 음은 후(詡)이고,[101] 또 음은 익(弋)이다. 지금 종(鑒)은 제가의 판본을 따른다. 영(營)과 개(介)는 범망본을 따른다. 송충은 말하기를 "저(氐)는 근본(本)이다"라고 하였다. 범망은 말하기를 "대(蠹)

98 역주 : '允執其中'은 『논어』「堯曰」, "天之曆數在爾躬, 允執其中." 참조.
99 역주 : 『春秋左氏傳』「昭公四年」, "夫冰以風壯, 而以風出, 其藏之也周, 其用之也徧, 則冬無愆陽, 夏無伏陰."에 대한 杜預의 주석, "愆, 過也. 謂冬溫." 및 『逸周書』「時訓」, "草木不黃落, 是爲愆陽, 蟄蟲不咸俯, 民多流亡." 참조.
100 劉韶軍 點校 : '蠹'는 명초본에는 없다. 이것은 송 잔본, 대전본, 도장본, 장사호본에 의거해 보충하였다.
101 역주 : '蚋'은 우리나라에서는 '익'으로 발음한다.

는 덕(德)이고, 익(翊)은 나라(國)이다"라고 하였다. 왕애는 말하기를 "대(蠆)는
벌 새끼(蠱子)며, 익(翊)은 그 방이다"라고 하였다. 사마광은 생각하기를 "체
(蠆)와 체(蒂)는 통하니, 벌집의 꼭지를 이른다. 개(介)는 크다(大)는 것이다.
체(蠆)로써 덕을 비유하고, 익(翊)으로써 나라를 비유하였다. 사(四)는 하록(下
祿)이 되나 낮에 해당하니, 군자는 덕을 닦음으로써 그 지위를 보존하며, 국가
는 큰 데에 의미가 있지 않고 덕을 닦는데 부지런히 하여 그 근본을 단단하게
하는 데 있을 따름이다. 또한 이것은 작은 벌이 앵앵하면서 장차 집을 만들
때, 반드시 먼저 그 꼭지를 만든다. 방은 크게 만드는 데에 목적이 있지 않고,
다만 꼭지가 단단하게 만들 뿐이니, 그렇게 하면 집이 떨어지지 않게 하는
것이다"라고 하였다.

▌次五 : 翊大蠆小, 虛. 測曰 : 翊大蠆小, 國空虛也.
차오는, 벌집은 크지만 (그것을 지탱하는) 꼭지는 작으니, (나라 안이) 텅 비었다.
측에 말하기를, 벌집은 크지만 (그것을 지탱하는) 꼭지는 작다는 것은 국가가
텅 비었다는 것이다.

范曰, 國小德大, 則民衆殷. 國大德小, 故民虛也. 光謂, 中和莫盛乎五, 而
當夜, 小人享盛福而不能守, 國雖大而德薄. 如蠱房大而蒂小, 其墜不久
矣. 虛者, 言其外勢强盛而中實無有也.
범망은 말하기를 "나라가 작지만 덕이 크면 백성들이 번성한다. 나라가 크지만
덕이 작으면 백성들이 텅비게 된다"라고 하였다. 사마광은 생각하기를 "중화는
오(五)보다 성대한 것이 없으나 밤에 해당하니, 소인이 성대한 복(福)을 누리지
만 지킬 수 없고 나라는 비록 크지만 덕이 박하다. 이것은 마치 벌집이 크나
꼭지가 작아 오래 가지 못하고 떨어지는 것과 같다. 허(虛)란 그 밖의 세력은
강성한데 중(中)에는 실로 아무 것도 없다는 것을 말한 것이다"라고 하였다.

▌次六：鐵蝐紗紗, 縣于九州. 測曰：鐵蝐之縣, 民以康也.

차육은, 가느다란 꼭지가 미미하나, 온 천지[九州]를[102] 매달았다.

측에 말하기를, 가느다란 꼭지에 온 천지를 매달았다는 것은 백성들이 그것으로써 편안하다는 것이다.

小宋本紗作絲, 音幽. 云絲絲,[103] 微貌. 今從諸家. 籤與纖同. 縣與懸同. 王曰, 紗與眇同. 光謂, 六爲上祿, 爲盛多, 爲極大而當晝, 天子秉德之堅, 一人有慶, 兆民賴之. 如纖蔕之縣大房也.

송유간본에 사(紗)는 유(絲)로 되어 있는데, 음은 유(幽)다. 유유(絲絲)는 미미한 모습이라고 말하였다. 지금 제가의 판본을 따른다. 섬(籤)은 섬(纖)과 같다. 현(縣)은 현(懸)과 같다. 왕애는 말하기를 "사(紗)는 가늘다[眇]는 것이다"라고 하였다. 사마광은 생각하기를 "육(六)은 상록(上祿)이 되고, 성대함이 되고, 지극히 큰 것이 되고, 낮에 해당하니, 천자가 덕을 잡은 것이 견고하여 한 사람에게 경사가 있으면 억조의 백성들이 덕택을 힘입는다. 이것은 마치 가느다란 꼭지에 큰 집이 매달려 있는 것이다"라고 하였다.

▌次七：堅顛觸冢. 測曰：堅顛觸冢, 不知所行也.

차칠은, (소인이 길을 가는데 그 길을 막는 무덤이 있어) 단단한 이마로 무덤에 부딪쳤다.

측에 말하기를, (소인이 길을 가는데 그 길을 막는 무덤이 있어) 단단한 이마로 무덤에 부딪쳤다는 것은 행할 것을 몰랐다는 것이다.[104]

· · · · · · · · · · · · · · · · · · ·

102 역주 : '九州'는 중국 고대 전적 중에 기재되어 있는 하·상·주 시대 지역의 구획을 가리키는 명칭으로 이후 중국을 지칭하는 일반적인 용어가 되었다. 9주는 춘추와 전국 시기 중국인들의 지역개념을 반영한 용어이며, 州라는 용어가 실질적인 행정구획이 된 것은 동한 후기에 들어서야 비롯된 것이다. 『서경』「夏書·禹貢」에는 '大禹의시기에 천하를 冀州, 兗州, 靑州, 徐州, 揚州, 荊州, 豫州, 梁州, 雍州의 9주로 나누었다'라는 기록이 있다.

103 劉韶軍 點校 : '絲'는 명초본에는 없다. 이것은 대전본, 도장본, 장사호본에 의거해 보충하였다.

顚, 頂也. 七爲失志, 爲敗損, 爲下山而當夜, 小人强很而不知道, 如用其堅頂進觸丘冢, 不知所行也.

전(顚)은 이마(頂)다. 칠(七)은 뜻을 잃은 것이 되고, 파괴되어 손실된 것이 되고, 산을 내려오는 것이 되고, 밤에 해당하니, 소인이 강하고 거칠어 도를 알지 못하는 것이, 마치 그 단단한 이마를 사용하여 나아가 무덤에 부딪친 것과 같으니, 행할 것을 모르는 것이다.

次八 : 惆堅禍, 維用解豸+多之貞.[105] 測曰 : 惆堅禍, 用直方也.

차팔은, 단단함을 믿고서 행한 것이 화(禍)를 범하였지만, 오직 해치의 바름을 사용하였기에 바른 것을 잃지 않았다.

측에 말하기를, 단단함을 믿고서 행한 것이 화(禍)를 범하였다는 것은 곧고 바름을[106] 사용했다는 것이다.

惆與怙同. 解豸+多與獬豸同. 王曰, 解豸+多, 觸邪之獸. 光謂, 八爲禍中而當晝, 恃其堅而犯禍者也. 然君子之志在于觸邪, 雖堅以蹈禍, 不失其正也.

호(惆)는 호(怙)와 같다. 해치(解豸+多)는 해치(獬豸)와 같다. 왕애는 말하기를 "해치는 사특한 것을 치받는 짐승이다"라고 하였다. 사마광은 생각하기를 "팔(八)은 화(禍)의 중(中)이 되나 낮에 해당하니, 그 단단함을 믿고 화(禍)를 범한 것이다. 그러나 군자의 뜻은 사특한 것을 치받는 데 있으니, 비록 단단한 것으로써 화(禍)를 밟았지만 그 바름을 잃지 않았다"라고 하였다.

104 역주 : 이 구절은, 소인이 길을 가는데 길에 조금 높은 무덤이 있어 자신의 길을 막자, 소인이 자신의 强暴함을 믿고, 그 단단한 이마로써 무덤을 부딪쳐 그것을 붕괴시키고 나아가고자 하는 어리석은 짓을 한다는 것을 말한 것이다.

105 劉韶軍 點校 : '豸+多'는 명초본에는 '豕+多'로 되어 있다. 이것은 오류거본에 의거해 고쳤다. 아래도 이와 같다. 아래 문장의 '豸'는 명초본에는 '豸'로 되어 있다. 또한 오류거본에 의거해 고쳤다.

106 역주 : '直方'은 『주역』「坤卦」, "六二, 直方大, 不習無不利. 象曰, 六二之動, 直以方也. 不習無不利, 地道光也." 참조.

▌上九 : 蠹焚其翊, 喪于尸. 測曰 : 蠹焚其翊, 所憑喪也.

상구는, 벌이 그 집을 불사르니, 주인으로 삼을 것을 잃었다.[107]
측에 말하기를, 벌이 그 집을 불살랐다는 것은 의거할 것을 잃은 것이다.

宋陸本作蠹熒其翊. 今從范王小宋本. 喪, 息浪切. 范曰, 尸, 主也. 光謂,
翊當作蚋.[108] 九爲禍極而當夜, 小人爲惡之堅, 至于覆家. 如蠹自焚其房,
失其所主也. 易曰, 鳥焚其所.

송충본, 육적본에는 봉형기익(蠹熒其翊)으로 되어 있다. 지금 범망본, 왕애본,
송유간본을 따른다. 상(喪)은 식(息)과 랑(浪)의 반절이다. 범망은 말하기를
"시(尸)는 주로 한다(主)는 것이다"라고 하였다. 사마광은 생각하기를 "익(翊)은
마땅히 익(蚋)이 되어야 한다. 구(九)는 화(禍)의 극(極)이 되고 밤에 해당하니,
소인이 악을 행함이 단단하여 집안을 전복함에 이르렀다. 이것은 마치 벌이
그 집을 스스로 불살라 주인으로 삼을 것을 잃은 것과 같다. 『주역』 「여괘(旅卦)」
상구효에서 '새가 그의 보금자리를 불살랐다'[109]라고 하였다"라고 하였다.

----

107 역주 : 이 구절은, 비유하면 사람이 비록 견고하더라도 곧지 못하면, 집안이 무너
　　지고 나라가 망하는 것에 이르러 의탁할 것을 잃게 된다는 것이다.
108 劉韶軍 點校 : 송 잔본 '贊'에는 '翊'이 모두 '蚋'으로 되어 있다. 그러나 주석의
　　문장에 의거하면, 사마광 원문에는 '翊'으로 되어 있음을 알 수 있다. 그러므로
　　여기서는 의거해 고치지 않는다.
109 역주 : 『주역』 「旅卦」 上九, "鳥焚其巢, 旅人先笑後號咷. 喪牛於易, 凶."

성成

▦ 三方三州一部一家.
3방, 3주, 1부, 1가다.

成
성(成)

陽家, 雖, 準既濟. 入成次九, 日舍箕.
성수(成首)는 양가(陽家)이고, (5행에서는) 수(水)이고, 『주역』「기제괘(既濟卦)」에 준한다.[110] 성(成)은 차구(次九)에서 들어가고, 태양은 기수(箕宿)에 머문다.

▌陰氣方淸, 陽藏于靈, 物濟成形
음기는 바야흐로 추워지고, 양은 땅 속에서 잠장(潛藏)하니, 사물이 양의 도움을 받아 형을 이루었다.[111]

范本陰氣方淸作陰氣方消,[112] 小宋本作太陰方淸. 今從二宋陸王本. 宋曰,

....
110 역주 : 『주역』「既濟卦」에서는 "濟, 成也."라고 한다.
111 역주 : '靈'은 '地中'을 가리킨다. 「玄攡」에서는 "天神而地靈."이라고 한다.

地稱靈. 陸曰, 淸, 寒也. 光謂, 陽藏地中, 潛爲物主, 物賴以濟,[113] 得成其形也.

범망본에 음기방청(陰氣方淸)은 음기방소(陰氣方消)로 되어 있고, 송충본, 송유간본에는 태음방천(太陰方淸)으로 되어 있다. 지금 송충본, 송유간본, 육적본, 왕애본을 따른다. 송충은 말하기를 "땅은 신령스럽다고 일컫는다"라고 하였다. 육적은 "청(淸)은 춥다(寒)는 것이다"라고 하였다. 사마광은 생각하기를 "양이 땅 속에 감추어져 있으면서 잠겨서 사물의 주인이 되고, 사물은 양에 의지하여 그 도움을 받아 그 형을 이룰 수가 있었다"라고 하였다.

■ 初一 : 成若否, 其用不已, 冥. 測曰 : 成若否, 所以不敗也.
초일은, 이룬 것을 이룬 것 같이 하지 않아도, 그 작용은 그치지 않으니, 그윽하게 도(道)와 합치되었다.
측에 말하기를, 이룬 것을 이룬 것 같이 하지 않았다는 것은 무너지지 않는다는 것이다.[114]

王曰, 處成之初, 得位當畫, 功成若否, 不伐其功, 則其用不已, 而冥契于道也. 光謂, 一爲思下而當畫, 君子之道闇然日彰. 冥者, 隱而不見也. 老子曰, 功成不居. 夫惟不居, 是以不去.
왕애는 말하기를 "성수(成首)의 처음에 처하여 지위를 얻고 낮에 해당하니, 공을 이루었지만 이룬 것 같이 하지 않고, 그 공로를 자랑하지 아니하면,[115] 그 작용은 그치지 않아 그윽하게 도에 합치된다"라고 하였다. 사마광은 생각

. . . .

112 劉韶軍 點校 : '陰氣方淸'은 명초본에는 없다. 이것은 송 잔본, 대전본, 도장본, 장사호본에 의거해 보충하였다.
113 劉韶軍 點校 : '賴'는 명초본에는 '肥'로 되어 있다. 이것은 송 잔본, 도장본, 장사호본에 의거해 고쳤다.
114 역주 : 이 구절은, 공을 이루고도 그 공을 믿지 않으면 그 쓰임은 무궁하고, 一은 思의 始가 되고 묵묵히 도에 합치되므로 '冥'이라 한 것이다.
115 역주 : 사마천, 『사기』「淮陰侯列傳」, "假令韓信學道謙讓, 不伐其功, 不矜其能, 則庶幾哉." 참조.

하기를 "일(一)은 사(思)의 하(下)가 되고 낮에 해당하니, (『중용』에서 말하듯) 군자의 도는 암연히 날로 빛난다.[116] 명(冥)이란 숨어서 나타나지 않은 것이다. 노자는 '공은 이루어도 자기 것으로 차지하지 않는다. 오직 차지하지 않는다. 이 때문에 공이 떠나지 않는다'라고 했다"[117]라고 하였다.

▌次二 : 成微政改, 未成而殆. 測曰 : 成微政改, 不能自遂也.

차이는, 이룬 것이 미미하여 고치고 고쳤지만, 아직 이루어지지 않아 위태롭다. 측에 말하기를, 이룬 것이 미미하여 고치고 고쳤다는 것은 스스로 이룰 수 없다는 것이다.[118]

王本改字止一. 今從諸家. 王曰, 失位當夜, 成之尙微而又改之, 則事必不成, 且危殆也. 光謂, 二爲反復而當夜, 小人秉心不壹, 必無成功. 易曰, 晉如鼫鼠, 貞厲.[119]

왕애본에는 개(改) 자는 한번만 써져 있다. 지금 제가의 판본을 따른다. 왕애는 말하기를 "지위를 잃고 밤에 해당하니, 이룬 것이 오히려 미미한데 또 고치면 일은 반드시 이루지 못하고 또 위태롭게 된다"라고 하였다. 사마광은 생각하기를 "이(二)는 반복함이 되고 밤에 해당하니, 소인이 마음을 잡지만 한결같지 못해 반드시 공을 이룸이 없다. 『주역』에서는 '나아가는 듯 하는 것이 들쥐이다. 바르게 하나 위태롭게 될 것이다'라고 했다"[120]라고 하였다.

· · · · · · · · · · · · · · · · · · ·

116 역주 :『중용』33장, "故君子之道, 闇然而日章, 小人之道, 的然而日亡."참조.
117 역주 :『노자』2장, "是以聖人處無爲之事, 行不言之敎, 萬物作而弗始, 生而弗有, 爲而弗恃, 功成而不. 夫唯弗, 是以不去." 참조.
118 역주 : '遂'는 '이룬다[成]'는 것이다.
119 劉韶軍 點校 : '貞厲' 아래에 명초본에는 '者也' 두 글자가 있다. 이것은 송 잔본, 대전본, 도장본, 장사호본에 의거해 삭제하였다.
120 역주 :『주역』「晉卦」九四爻의 말이다.

█ 次三 : 成躍以縮, 成飛不逐. 測曰 : 成躍以縮, 成德壯也.

차삼은, 일을 이루고 뛰어나가다가 움츠리니, 이루어졌으면 새가 나는 것과 같아 쫓을 수 없다.

측에 말하기를, 이루고 뛰어나가다가 움츠렸다는 것은 일을 성취한 덕이 성하다는 것이다.[121]

王曰, 事之既成, 已躍而進, 又縮而退, 知自戒懼則進而無咎. 光謂, 三爲成意而當晝, 君子臨事而懼, 躍縮未決. 所以然者, 以事之既成則如鳥之飛, 不可復逐. 故進退宜愼也. 易曰, 或躍在淵, 無垢.

왕애는 말하기를 "일이 이미 이루어지고 이미 뛰어서 나아갔는데 또 움츠러들고 물러난 것은, 스스로 경계하고 두려워할 줄 안 것이니, 나아가도 허물이 없다"라고 하였다. 사마광은 생각하기를 "삼(三)은 뜻을 이룬 것이 되고 낮에 해당하니, 군자는 일에 임하여 두려워하여, 뛰어나갈지 물러설지 아직 결정하지 않았다. 그렇게 하는 이유는, 일을 이미 이루었다면 새가 나는 것과 같아서 다시 쫓을 수 없기 때문이다. 그러므로 진퇴를 마땅히 삼갈 뿐이다. 『주역』에서 '혹은 뛰거나 연못 속에 있으니 허물은 없다'[122]라고 했다"라고 하였다.

█ 次四 : 將成矜敗. 測曰 : 將成之衿, 成道病也.

차사는, 장차 공이 이루어지려는데, 자랑하다가 무너졌다.

측에 말하기를, 장차 공이 이루어지려하는데 자랑하였다는 것은 이룬 도가 잘못되었다는 것이다.[123]

王曰, 失位當夜, 是將成而矜, 必敗其成, 成功之道, 惡其矜伐也. 光謂, 四

....

121 역주 : 이 구절은, '三'은 '進人'으로, 군자가 진덕수업하고 스스로 근신할 줄 알면 반드시 성공이 있으므로 이룬 덕이 성하다고 한 것이다.
122 역주 : 『주역』「건괘」九四爻에 나오는 말이다.
123 역주 : '矜'은 '自傲하는 것'이다. 『노자』22장에서는 "不自伐故有功, 不自矜故長."을 말하고, 『노자』34장에서는 "自伐者無功, 自矜者不長."을 말한다.

爲下祿, 故將成也. 當夜, 故矜也. 葵丘之會, 齊桓公震而矜之,[124] 故叛者九國.

왕애는 말하기를 "지위를 잃고 밤에 해당하니, 이것은 장차 이루어지려고 하는데 자랑하면 반드시 그 이룬 것을 무너뜨리게 될 것이니, 공을 이루는 도는 뽐내고 자랑하는 것을 싫어 한다"라고 하였다. 사마광은 생각하기를 "사(四)는 하록(下祿)이 된다. 그러므로 장차 이루어진다. 밤에 해당한다. 그러므로 자랑한다. 『춘추공양전(春秋公羊傳)』에 규구(葵丘)의 회합에서 제환공(齊桓公)이 위세를 떨치면서 자랑하자 배반한 자가 아홉 나라였다"[125]라고 하였다.

▌次五 : 中成獨督, 大. 測曰 : 中成獨督, 能處中也.

차오는, (천하) 가운데에서 공업을 이루고 홀로 (사방을) 통솔하여 바르게 하니, 이룬 덕업이 광대하였다.

측에 말하기를, (천하) 가운데에서 공업을 이루고 홀로 (사방을) 통솔한다는 것은 천하의 가운데에 처할 수 있다는 것이다.

小宋本作中能成. 今從諸家. 中和莫盛乎五, 而當畫, 王者功成, 獨建皇極以督四方,[126] 德業廣大者也.

송유간본에는 중능성(中能成)으로 되어 있다. 지금 제가의 판본을 따른다. 중화는 오(五)보다 성대한 것이 없고 낮에 해당하니, 왕자가 공을 이루고 홀로 황극(皇極)을[127] 세움으로써 사방을 감독하니 덕업이 광대한 것이다.

· · · · · · · · · · · · · · · · · · ·

124 劉韶軍 點校 : '桓公'은 명초본에는 '侯'로 되어 있다. 이것은 송 잔본, 대전본, 도장본, 장사호본에 의거해 고쳤다.
125 역주 : 이 문장은 『춘추공양전』 「僖公九年」, "葵丘之會, 桓公震而矜之, 叛者九國, 言叛者衆, 非實有九國也."에 나온다.
126 劉韶軍 點校 : '建'은 명초본에는 '運'으로 되어 있다. 이것은 송 잔본, 대전본에 의거해 고쳤다.
127 역주 : '皇極'은 『서경』 「洪範」, "五, 皇極, 皇建其有極."참조. '建皇極'은 『高祖皇帝紀一』, "昔在上聖, 唯建皇極, 經緯天地, 觀象立法, 乃作書契以通宇宙, 揚於王庭, 厥用大焉." 참조.

▌次六：成魁瑣, 以成獲禍. 測曰：成之魁鎖, 不以謙也.

차육은, 공을 이룬 우두머리가 자질구레한 것까지 겸하여 차지하니, 성공으로
화(禍)를 얻는다.

측에 말하기를, 공을 이룬 우두머리가 자질구레하다는 것은 겸손한 것으로써
하지 않았다는 것이다.[128]

小宋本作成魁瑣瑣. 今從諸家. 范本謙作讓. 今從二宋陸王本. 王曰, 六居
盛滿而失位當夜, 雖爲成之魁主, 而內懷瑣細之行, 必且墮其功而獲禍矣.
光謂, 六爲極大而當夜, 凡大功旣成, 則人欲分功者多矣. 爲其首者, 旣尸
其大, 必分其細以與人, 則衆無不悅. 若欲兼而有之, 則爲衆所疾, 反因成
功以獲禍矣.

송유간본에는 성괴쇄쇄(成魁瑣瑣)로 되어 있다. 지금 제가의 판본을 따른다.
범망본에 겸(謙)은 양(讓)으로 되어 있다. 지금 송충본, 송유간본, 육적본, 왕
애본을 따른다. 왕애는 말하기를 "육(六)은 성대함이 가득한 데 있으나 지위를
잃고 밤에 해당하니, 비록 성수(成首)의 우두머리가 되었지만 안으로 세세한
행동을 품으면 반드시 또한 그 공을 무너뜨리고 화(禍)를 얻는다"라고 하였다.
사마광은 생각하기를 "육(六)은 지극히 큰 것이 되고 밤에 해당하니, 대저 큰
공을 이미 이루면 다른 사람들이 공로를 나누어 가지려는 자들이 많다. 우두
머리 된 자가 그 큰 것을 주장하고 반드시 그 세세한 것을 나누어 사람들에게
주면, 모든 이가 기뻐하지 않음이 없다. 만약 아울러 독차지하려고 하면 모든
이들의 미움을 받아, 도리어 성공으로 인해 화(禍)를 얻게 된다"라고 하였다.

▌次七：成闕補. 測曰：成闕之補, 固難承也.

차칠은, 공을 이루고 빠진 것이 있으면 보충한다.

· · · · · · · · · · · · · · · · · ·

128 역주 : '魁'는 주인, 우두머리다. '瑣'는 자질구레하고 세세한 것으로, 비행을 의미
한다. 이 구절은, 공을 이루어 주가 되었는데, 공을 믿고 겸양하지 않고 비속하고
자질구레한 일을 행하면 반드시 그 공이 떨어지고 화를 입게 된다는 것이다.

측에 말하기를, 공을 이루고 빠진 것을 보충한다는 것은 진실로 계승하기가
어렵다는 것이다.

宋陸本承作依. 今從范王本. 范曰, 七爲失志, 故闕也. 君子之道善于補愆,
故有闕則補之. 王曰, 成功之下, 難以承之, 當思補過之道也.
송충본, 육적본에 승(承)은 의(依)로 되어 있다. 지금 범망본, 왕애본을 따른
다. 범망은 말하기를 "칠(七)은 뜻을 잃은 것이 된다. 그러므로 '빠졌다[闕]'라고
하였다. 군자의 도는 허물을 보충하는 것을 잘한다. 그러므로 빠뜨린 것이
있으면 보충한다"라고 하였다. 왕애는 말하기를 "공을 이룬 이후에는 계승하
기가 어려우니, 마땅히 허물을 보충하는 도를 생각해야 한다"라고 하였다.

▍次八：時成不成, 天降亡貞. 測曰：時成不成, 獨失中也.
차팔은, 공을 이룰 때에 처해 이룰 것을 이루지 못하니, 하늘이 재앙을 내려
바름을 잃게 되었다.
측에 말하기를, 공을 이룰 때에 처해 이룰 것을 이루지 못하였다는 것은 홀로
천시(天時)의 중정을 잃은 것이다.

王本亡作止. 今從諸家. 范曰, 八, 木也, 秋之所成也. 光謂, 小人當可成之
時, 而無德以成之, 失時之中, 故天降咎而失正也.
왕애본에 망(亡)은 지(止)로 되어 있다. 지금 제가의 판본을 따른다. 범망은
말하기를 "팔(八)은 목(木)으로, 가을이 이룬 것이다"라고 하였다. 사마광은
생각하기를 "소인이 이룰 수 있는 때에 처하여 덕이 없는 것으로써 이루니,
때의 중(中)을 잃었다. 그러므로 하늘이 재앙을 내려 바름을 잃게 되었다"라고
하였다.

▍上九：成窮入于敗, 毀成. 君子不成. 測曰：成窮以毀, 君子以終也.
상구는, 이룬 것이 다하여 무너진 것에 들어가고, 이룬 것을 훼손하니, 군자가

이루지 못했다.[129]

측에 말하기를, 이룬 것이 다함으로써 훼손하였다는 것은 군자가 이를 알기 때문에 마침을 온전히 한 것이다.

小宋本作小人毀成. 今從諸家. 九爲盡弊而當晝, 日中則昃, 月盈則食, 成窮而入于敗,[130] 物理自然. 敗, 敗毀其成矣. 君子知成之必毀也, 故常自抑損, 使不至于成, 而終其福祿也. 養由基去柳葉百步而射之, 百發而百中之. 有一人立其旁曰, 善. 子不以善息, 少焉氣衰力倦, 弓撥矢鉤,[131] 一發不中, 百發盡息, 蓋謂此類也.

송유간본에는 소인훼성(小人毀成)으로 되어 있다. 지금 제가의 판본을 따른다. 구(九)는 다 폐진진 것이 되나 낮에 해당하니, 해가 한가운데 있으면 기울어지고, 달이 가득차면 먹히고, 이룬 것이 다하면 무너지는 것으로 들어가는 것은 사물 이치의 자연스러운 것이다. 패(敗)는 그 이룬 것을 무너트리고 훼손한다는 것이다. 군자는 이루어진 것은 반드시 훼손된다는 것을 안다. 그러므로 항상 스스로 덜어서 이루어지는 데 이르지 않게 하여 그 복록을 마친다. 양유기(養由基)가[132] 버들잎에서 100보 떨어진 거리에서 쏘아 백발백중하였다. 한 사람이 그 옆에 서 있으면서 말하기를 "잘한다. 그러나 그대는 숨을 잘 쉬는 것으로써 하지 않는구나." (양유기는) 조금 있다가 기가 쇠약해지고 힘이 빠지니, 활이 휘고 화살이 굽어 한발도 적중하지 못하고, 백 번을 발사하자 숨이 다하였다라고 했는데, 대개 이런 부류를 이른 것이다.

· · · · · · · · · · · · · · · · ·

129 역주 : 九는 極이다. 그러므로 '窮'이라고 한다.
130 劉韶軍 點校 : '成'은 명초본에는 '或'으로 되어 있다. 이것은 대전본, 장사호본에 의거해 고쳤다.
131 劉韶軍 點校 : '鉤'는 명초본에는 '鈞'로 되어 있다. 이것은 송 잔본, 대전본, 도장본, 장사호본에 의거해 고쳤다.
132 역주 : 養由基(?~?), 字는 叔으로, 또 '養繇基'라고 한다. 기원전 7세기에 태어난 楚國의 명장이다. 원래 楚 莊王의 近衛軍의 한 성원이었다가 후에 초국 宮廏尹을 맡았다. 『戰國策』「西周策」에는 "楚有養由基者, 善射, 去柳葉百步而射之, 百發百中."이란 말이 실려 있다. 이로부터 사람들은 그를 "養一箭"이라고 불렀다. 『呂氏春秋』「精通」에는 "養由基射兕, 中石, 矢乃飮羽, 誠乎兕."라고 기록되어 있다. '百發百中', '百步穿楊' 등의 고사성어는 양유기로부터 비롯한 것이다.

치闚

▦ 三方三州一部二家.

3방, 3주, 1부, 2가다.

闚

치(闚)

陰家, 火, 準噬嗑. 范王讀爲緻密之緻, 陳以闚爲闥, 陟栗切, 閉門也. 吳曰,
闥, 丁結切, 與窒同. 陸曰, 嗑者, 合也. 闚亦陰陽相闚闔也.

치수(闚首)는 음가(陰家)이고, (5행에서는) 화(火)이며,『주역』「서합괘(噬嗑卦)」
에 준(準)한다.¹³³ 범망과 왕애는 "치(闚)는 치밀(緻密)의 치(緻)로 읽어야 한다"
라고 하였다. 진점은 치(闚)를 출(闥)로 여기고, 척(陟)과 율(栗)의 반절로서,
문을 닫는 것이라고 하였다. 오비는 말하기를 "절(闥)은 정(丁)과 결(結)의 반절
로서, 질(窒)과 같다"라고 하였다. 육적은 말하기를 "합(嗑)이란 합한다(合)는
것이다. 치(闚)는 또한 음과 양이 서로 촘촘하게 합한 것이다"라고 하였다.

· · · · · · · · · · · · · · · · · ·

133 역주 :「玄錯」에서는 "闚也, 皆合"이라고 한다.『주역』「序卦傳」에서는 "可觀而後
有所合, 故受之以噬嗑, 嗑者, 合也"라고 한다.

▎陰陽交跌, 相闔成一, 其禍泣萬物.

음기는 지나치게 성하여 위에서 닫히고, 양기는 지나치게 쇠하여 아래에서 지키다가, 서로 촘촘하게 합해져 하나를 이루니, 그 화(禍)는 만물을 울렸다.[134]

宋曰, 謂是時陰跌興閉于上,[135] 陽跌衰守于下. 下上閉守, 其闔密如一矣. 光謂, 跌猶過甚也.

송충은 말하기를 "이 때에 음이 지나치게 일어나 위에서 닫히고, 양이 지나치게 쇠하여 아래에서 지킨다. 위와 아래가 닫히고 지키니, 그 합해져 촘촘해진 것이 하나와 같다."라고 하였다. 사마광은 생각하기를 "질(跌)은 지나치게 심한 것이다"라고 하였다.

▎初一：圜方枳棿, 其內窾換. 測曰：圜方枳棿, 內相失也.

초일은, 둥근 구멍에 모난 장부를 넣어 꽉 맞지 않아 불안하니, 그 속을 비우고 구멍이 바꾸어 변화해야 한다.[136]

측에 말하기를, 둥근 구멍에 모난 장부를 넣어 꽉 맞지 않았다는 것은 안에서 서로 잘못된 것이다.

枳, 音兀也. 棿, 音臬. 窾, 音款. 范曰, 水在火家, 更相克. 如圓鑿方枘, 枳棿不安.[137] 光謂, 闔, 合也. 一爲思始而當夜, 其心不合者也. 款換(闕)[138]

. . . .

134 역주 : 이 구절은, 이 때 음이 성하고 양은 잠겨 있으면서 서로 지위가 바뀌니, 양은 그 일을 잃어 음에 병합되는 바가 되어 음과 양이 합해져 하나를 이루어 음양이 폐색되고 만물이 衰殺당하므로, 만물은 화를 당해 운다는 것이다.

135 劉韶軍 點校 : '閉'는 명초본에는 '閈'으로 되어 있다. 이것은 송 잔본, 대전본, 도장본에 의거해 고쳤다. 아래 문장의 '閉守'도 이와 같다.

136 역주 : '窾'은 빈 것 혹은 구멍이다.

137 劉韶軍 點校 : '枳棿不安'은 명초본에는 '之枳棿'라 되어 있다. 이것은 송 잔본, 대전본, 도장본, 장사호본에 의거해 고쳤다.

138 劉韶軍 點校 : '款換闕'은 이것은 송 잔본, 대전본, 도장본, 장사호본에는 없다.

올(杌)은 음이 올(兀)이다. 얼(槷)은[139] 음이 얼(臬)이다. 관(簒)은 음이 관(款)이다. 범망은 말하기를 "수(水)가 화가(火家)에 있으니 더욱 상극 관계다. 이것은 마치 둥근 구멍을 파고 모난 장부를 넣어[140] 꽉 맞지 않아 불안한 것이다"라고 하였다. 사마광은 생각하기를 "치(闖)는 합한다(合)는 것이다. 일(一)은 사(思)의 시(始)가 되고 밤에 해당하니, 그 마음이 합하지 않은 것이다. 관환(簒換) (해설이 빠졌다)"라고 하였다.

▌次二：闖無間. 測曰：無間之闖, 一其二也.

차이는, 촘촘하게 합해져 틈이 없다.

측에 말하기를, 틈이 없이 촘촘하게 합해졌다는 것은 그 둘을 하나로 한 것이다.

范曰, 二火合會, 闖密如一. 光謂, 二爲思中而當晝, 其合無間, 二如一也. 易曰, 二人同心, 其利斷金.

범망은 말하기를 "두 불이 합해져 모이고, 촘촘하게 합해져 하나와 같다"라고 하였다. 사마광은 생각하기를 "이(二)는 사(思)의 중(中)이 되고 밤에 해당하니, 그 합해진 것이 틈이 없어 둘이 하나와 같다. 『주역』에서 '(두 사람의 마음이 합하였으니) 그 예리함이 쇠라도 끊는다'라고 했다[141]"라고 하였다.

▌次三：龍襲非其穴, 光亡于室. 測曰：龍襲非其穴, 失其常也.

차삼은, 용[양기]이 땅으로 들어갔는데 그 구멍이 아니어서, (양이 음기에 병합되어) 그 빛을 집에서 잃었다.[142]

································
139 역주 : '槷'자는 우리말 발음으로는 '예'라고 한다.
140 역주 : 宋玉,「九辨」, "圓鑿而方枘兮, 吾固知其鉏鋙而難入." 참조.
141 역주 : 『주역』「繫辭傳上」8장에 나오는 말이다.
142 역주 : '龍'은 '양기'를 의미한다. 三은 동방이 되고, 청색이 되고, 기린이 된다. 그러므로 '용'으로 비유한 것이다. 입동 후에 양기가 땅 속에서 잠기어 숨는다. 그러므로 '구멍에 들어간다'고 한다. 지금 지금 처한 것이 밤에 해당하고 거처한 것은 올바른 지위를 잃어버렸다. 그러므로 '그 구멍이 아니다'라고 한 것이다. 이 때

측에 말하기를, 용이 들어갔는데 구멍이 아니라는 것은 그 평상의 바른 도를 잃었다는 것이다.

王小宋本無龍字. 今從宋陸范本. 王曰, 襲, 入也. 闕.
왕애본, 송유간본에는 용(龍)자가 없다. 지금 송충본, 육적본, 범망본을 따른다. 왕애는 말하기를 "습(襲)은 들어간다(入)는 것이다"라고 하였다. 해설이 빠졌다.

▌次四 : 臭肥滅鼻,[143] 利美貞. 測曰 : 滅鼻之貞, 沒所芳也.
차사는, 살찐 고기 냄새가 나지만 코를 파묻고 냄새를 맡지 않으니, 아름답고 바른 것이 이롭다.
측에 말하기를, 코를 파묻고 냄새를 맡지 않은 것이 바르다는 것은 (살찐 고기 냄새가) 향기롭지 않다는 것이다.[144]

宋陸本作所沒方也, 范小宋本作沒所勞也. 今從王本. 闕準噬嗑, 故有食象. 四爲福始而當晝, 飲食之來, 先覺臭芳, 見得思義, 不可失正也.
송충본, 육적본에는 소몰방야(所沒方也)로 되어 있고, 범망본, 송유간본에는 몰소로야(沒所勞也)로 되어 있다. 지금 왕애본을 따른다. 치(闕)는 『주역』「서합괘(噬嗑卦)」에 준(準)한다. 그러므로 먹는 상이 있다. 사(四)는 복(福)의 시(始)가 되고 낮에 해당하니, 음식이 오면 먼저 향기가 있는지 맡아보고, 얻는 것을 보면 의를 생각하여,[145] 바른 것을 잃어서는 안 된다.

· · · · · · · · · · · · · · · · · · ·

양기는 음기에 併合되는 바가 된다. 그러므로 '빛이 없다'고 한 것이다. 1년 가운데 음양이 운행하는 것은 양을 위주로 삼는데, 지금 양이 일을 잃고 빛이 없다. 그러므로 '평상의 올바른 도를 잃었다'고 한 것이다.

143 劉韶軍 點校 : '肥'는 명초본에는 '肥'로 되어 있다. 이것은 송 잔본, 대전본, 도장본, 장사호본에 의거해 고쳤다.

144 역주 : 이 구절은, 먹기 좋은 아름다운 냄새를 맡지만, 탐욕하지 않기에 코를 막았기에 그 향기를 맡지 못한다는 것이다. 『주역』「噬嗑卦」六二爻에는 "噬膚滅鼻, 無咎."라는 말이 있다.

▌次五：齧骨折齒, 滿缶. 測曰：齧骨折齒, 大貪利也.[146]

차오는, 뼈를 씹다가 이빨이 부러지니, (맛있는 술 같은 것이) 장군에 가득하였다.

측에 말하기를, 뼈를 씹다가 이빨이 부러졌다는 것은 크게 이익을 탐한 것이다.[147]

五爲福中而當夜, 小人貪利以自傷者也. 易曰, 噬腊肉, 遇毒.

오(五)는 복(福)의 중(中)이 되고 밤에 해당하니, 소인이 이익을 탐함으로써 스스로 손상된 것이다. 『주역』「서합괘(噬嗑卦)」육삼효에 "마른 고기를 씹다가 독을 만났다"[148]라고 하였다.

▌次六：飲汗吭吭, 得其膏滑. 測曰：飲汗吭吭, 道足嗜也.

차육은, 땀을 흘리면서 후루룩 후루룩 먹어도 해가 없으니, 몸을 윤택하게 하는 기름지고 미끄러운 것을 얻었다.

측에 말하기를, 땀을 흘리면서 후루룩 후루룩 먹었다는 것은 도를 즐기기에 족하다는 것이다.[149]

王本吭吭作唲唲. 小宋本汗作汚, 音烏. 吭作唲, 山劣反. 云, 唲唲, 小飲也.
道足嗜作道得嗜. 今從宋陸范本. 范曰, 汗, 潤澤也. 潤澤多, 吭吭然也. 光
謂, 六爲盛多, 爲極大, 君子所嗜者道, 雖多取而無害者也.

왕애본에 항항(吭吭)은 연연(唲唲)으로 되어 있다. 송유간본에 한(汗)은 오(汚)

....

145 역주：『논어』「子張」, "子張曰, 士見危致命, 見得思義, 祭思敬, 喪思哀, 其可已矣."
146 劉韶軍 點校：'貪'은 명초본에는 '貧'으로 되어 있다. 이것은 송 잔본, 대전본, 도장본, 장사호본에 의거해 고쳤다.
147 역주：이 구절은, 소인이 이익을 탐하다가 자신을 손상시켰다는 것이다.
148 역주：『주역』「噬嗑」六三, "噬腊肉, 遇毒, 小吝, 無咎." 참조.
149 역주：이 구절은, 자신의 심혈을 다해 그 녹봉과 이익을 취하여 스스로 먹어 기르지만, 맛있는 것을 취해도 다른 사람의 재물을 탐하는 것이 아니고, 정도를 어긋나지 않기에 이롭고 해가 없다는 것이다.

로 되어 있으니, 음은 오(烏)다. 항(吭)은 설(哾)로 되어 있고, 산(山)과 열(劣)
의 반절이다. 설설(哾哾)은 조금 마시는 것이라고 하였다. 도족기(道足嗜)는
도득기(道得嗜)로 되어 있다. 지금 송충본, 육적본, 범망본을 따른다. 범망은
말하기를 "한(汗)은 윤택하다(潤澤)는 것이다. 윤택함이 많은 것이 항항연(吭
吭然)이다"라고 하였다. 사마광은 생각하기를 "육(六)은 성대함이 되고, 지극
히 큰 것이 되니, 군자가 즐기는 것은 도로서, 비록 많은 것을 취해도 해로운
것이 없다"라고 하였다.

■ 次七：闔其差, 前合後離. 測曰：闔其差, 其合離也.

차칠은, 촘촘하게 합해 닫았는데, 그 닫은 것이 어긋나니, 앞에서는 합해졌지
만 뒤에서는 떠났다.

측에 말하기를, 촘촘하게 합해 닫았는데 그 닫은 것이 어긋났다는 것은 합해진
것이 떨어진 것이다.

七爲消, 爲敗損而當夜, 故闔密自是而差跌, 前合而後離也.

칠(七)은 소멸하는 것이 되고, 파괴된 것이 되고, 밤에 해당한다. 그러므로
촘촘하게 합해 닫아 빽빽하게 한 것이 이로부터 잘못되어, 앞에 합해졌지만
뒤에 떨어진 것이다.

■ 次八：輔其折, 盧其缺, 其人暉且偈. 測曰：輔折盧缺, 猶可善也.

차팔은, 그 부러진 것을 돕고, 그 이지러진 것을 감추니, 그 사람이 빛나고
또 헌걸찼다.

측에 말하기를, 부러진 것을 돕고 이지러진 것을 감추었다는 것은 오히려 좋을
수 있다는 것이다.[150]

....

150 역주 : '輔'는 '돕는다'는 것이다. '盧'은 '덮는 것' 혹은 '저장하는' 것이다. '暉'는 '빛
이 나는 것'과 같다. '걸(偈)'은 '傑'과 같으니, '英傑'이다. 이 구절은, 비록 좌절이
있지만 스스로 도울 수 있고, 하자가 있지만 스스로 제거할 수 있다면 그 광명과

宋陸本盧作盧. 今從范王本. 陳音盧, 烏合切. 小宋偈音傑. 范曰, 覆庇其
瑕, 故盧其缺也. 王曰, 能補助其折, 盧藏其缺. 小宋曰, 偈, 武勇也. 光謂,
八爲耗, 爲剝落而當晝,[151] 故有是象.

송충본, 육적본에 압(盧)은 로(盧)로 되어 있다. 지금 범망본, 왕애본을 따른
다. 진점은 말하기를 "음이 압(盧)이니, 오(烏)와 합(合)의 반절이다"라고 하였
다. 송유간은 말하기를 "걸(偈)은 음이 걸(傑)이다"[152]라고 하였다. 범망은 말
하기를 "그 하자를 덮었다. 그러므로 그 이지러진 것을 감추었다"라고 하였다.
왕애는 말하기를 "그 부러진 것을 보조할 수 있다는 것은 그 이지러진 것을
감추었다는 것이다"라고 하였다. 송유간은 말하기를 "걸(偈)은 굳세고 용감한
것이다"라고 하였다. 사마광은 생각하기를 "팔(八)은 소모함도 되고 벗겨져
떨어진 것이면서 낮에 해당한다. 그러므로 이 상이 있다"라고 하였다.

▍上九:陰陽啓佮, 其變赤白. 測曰:陰赤陽白, 極則反也.

상구는, 음과 양이 폐색(閉塞)된 것이 다하여 개통(開通)의 단서를 여니, 붉은
것은 흰 것으로, 흰 것은 붉은 것으로 변화하여 만물을 화생한다.
측에 말하기를, 음이 붉고 양이 희다는 것은 사물이 다하면 돌아간다는 것이
다.[153]

范本測作陰陽啓佮, 極則反也. 王本作陰陽赤白, 極作反也.[154] 小宋本啟作
啓, 音啓. 赤作殷, 烏閑反. 測曰, 陰殷陽白,[155] 極作法也.[156] 今從宋陸本.

. . . .

뛰어남을 잃지 않아서 오히려 좋을 수도 있다는 것이다.
151 劉韶軍 點校 : '落'은 명초본에는 없다. 이것은 대전본, 장사호본에 의거해 고쳤다.
152 역주 : 즉 '偈'자의 의미를 '쉰다'는 의미가 아니라 '굳센 모양'이란 의미의 '걸(偈)'
      로 보라는 것이다.
153 역주 : 이 구절은, 閾首인 때에 음이 성하여 양을 병합하고 폐색하여 통하지 못하
      나, 지극한 음이 양으로 되돌아가 화생을 開通하면, 만물이 赤(=陽)으로 맹아하고
      혹은 白(=陰)으로 맹아 한다는 것이다. 즉 양이 변하여 음이 되고, 음이 변하여
      양이 되면서 만물이 화생한다는 것이다.
154 劉韶軍 點校 : '極作反也'는 명초본에는 없다. 이것은 송 잔본, 대전본, 도장본,
      장사호본에 의거해 고쳤다.

吪. 五禾切. 王曰, 吪, 古化字. 吳曰, 佮, 化也.[157] 光謂, 闕者, 陰陽閉塞不
通之象. 物極則反, 故復變而開通, 化生萬物, 萌赤牙白者也.

범망본 측에는 음양계와, 극즉반야(陰陽啓佮, 極則反也)로 되어 있다. 왕애본
에는 음양적백, 극작반야(陰陽赤白, 極作反也)로 되어 있다. 송유간본에는 계
(啟)가 계(啓)로 되어 있는데, 음은 계(啓)다. 적(赤)은 은(殷)으로 되어 있는데,
조(烏)와 한(閑)의 반절이다. '측왈, 음은양백, 극작법야(測曰, 陰殷陽白, 極作
法也)'로 되어 있다. 지금 송충본, 육적본을 따른다. 와(佮)는 오(五)와 화(禾)의
반절이다. 왕애는 말하기를 "와(佮)는 옛날 화(化)자다"라고 하였다. 오비는 말
하기를 "와(佮)는 변화한다(化)는 것이다"라고 하였다. 사마광은 생각하기를
"치(闕)는 음과 양이 닫히고 막혀 통하지 않는 상이다. 사물이 다하면 돌아간
다. 그러므로 다시 변하여, 열리고 통하여 만물을 화생시키니, 싹은 붉고 어금
니는 흰 것이다"라고 하였다.

· · · · · · · · · · · · · · · · · ·

155 劉韶軍 點校 : '陽白'은 명초본에는 '白陽'으로 되어 있다. 이것은 송 잔본, 대전본,
　　도장본, 장사호본에 의거해 고쳤다.
156 劉韶軍 點校 : '法'은 송 잔본, 대전본, 도장본, 장사호본에는 '反'으로 되어 있다.
157 劉韶軍 點校 : '化'는 명초본에는 '佮'로 되어 있다. 이것은 송 잔본, 대전본에 의거
　　해 고쳤다.

⚎ 三方三州一部三家.

3방, 3주, 1부, 3가다.

失

실(失)

陽家, 木, 準大過. 入失次四二十六分十一秒, 小雪氣應.

실수(失首)는 양가(陽家)이고, (5행에서는) 목(木)이고, 『주역』「대과괘(大過卦)」에 준(準)한다.[158] 실(失)은 차사(次四) 26분 11초에서 들어가 소설(小雪)의 기와 응한다.

▌陰大作賊, 陽不能得, 物陷不測.

음이 해침을 일으켜 양은 (작용을) 얻을 수 없게 되어, 사물들은 (두려워하면서) 헤아릴 수 없는 화(禍)에 빠졌다.[159]

. . . .

158 역주 : 『설문』에서는 "失, 過也."라고 한다.
159 역주 : 이 때는 양기가 음기에게 공격당하고 빼앗기는 바가 되어 작용을 발휘할 수 없고, 만물은 모두 살상을 당해 헤아릴 수 없는 화에 빠졌다는 것이다.

宋曰, 謂是時陽氣爲賊陰所攻奪, 不能復有所得也.

송충은 말하기를 "이 때에 양기는 상하게 하는 음에게 공격당하고 빼앗기는 바가 되어 다시 (작용을) 얻을 수 없다는 것을 이른 것이다"라고 하였다.

■ 初一 : 刺虛滅刃. 測曰 : 刺虛滅刃, 深自幾也.

초일은, (칼로) 허공을 찔렀는데, 찌른 칼날의 흔적이 없다.

측에 말하기를, 허공을 찔렀는데 찌른 칼날의 흔적이 없다는 것은 실착(失錯)을 깊이 기미에서부터 고쳤다는 것이다.

幾者, 動之微, 吉凶之先見者也.[160] 一者思之微也. 生神莫先乎一,[161] 而當畫, 君子雖或有失, 能深思遠慮, 自其幾微而正之, 不形于外. 如以刀刺虛, 雖復滅刃, 終無傷夷之迹也.

기(幾)란 움직임이 미약한 것으로, 길흉이 먼저 나타난 것이다. 일(一)은 사(思)가 미약한 것이다. 신(神)을 낳는 것은 일(一)보다 앞선 것이 없고 낮에 해당하니, 군자는 비록 잃는 것이 있을지라도 깊이 생각하고 멀리 내다볼 수 있어서,[162] 그 기미에서부터 바르게 해서 겉으로 드러내지 않는다. 마치 칼로써 허공을 찔러 비록 다시 칼날의 흔적을 없애더라도 끝내 손상시킨 흔적이 없는 것과 같다.

■ 次二 : 藐德靈微, 失. 測曰 : 藐德之失, 不知畏微也.

차이는, 작은 덕이 신령스럽고 은미하나 삼가지 않아서, 잃게 되었다.

· · · · · · · · · · · · · · · · · · · ·

160 劉韶軍 點校 : '凶'은 명초본에는 없다. 이것은 송 잔본, 대전본, 도장본, 장사호본에 의거해 고쳤다.

161 劉韶軍 點校 : '生'은 명초본에는 '住'로 되어 있다. 이것은 송 잔본, 대전본, 도장본, 장사호본에 의거해 고쳤다.

162 역주 : '遠慮'는 『논어』 「衛靈公」, "人無遠慮, 必有近憂." 참조. 深思遠慮는 『後漢書』 「孝和孝殤帝紀」, "先帝卽位, 務休力役, 然猶深思遠慮, 安不忘危, 探觀舊典, 復收鹽鐵, 欲以防備不虞, 寧安邊境." 참조.

측에 말하기를, 작은 덕을 잃었다는 것은 은미한 허물을 두려워할 줄 모른다는 것이다.

宋陸范本微作徵. 今從王本. 藐, 音眇. 藐猶遠小也. 二爲思中, 故曰藐德. 得失之幾, 旣靈且微, 而時當夜, 小人不能愼微, 以至大失也.

송충본, 육적본, 범망본에는 미(微)가 징(徵)으로 되어 있다. 지금 왕애본을 따른다. 묘(藐)는 음이 묘(眇)다. 묘(藐)는 멀고 작은 것이다. 이(二)는 사(思)의 중(中)이 된다. 그러므로 말하기를 "묘덕(藐德)"이라고 하였다. 얻고 잃는 기미가 이미 신령하고 또 은미한데, 때는 밤에 해당하니, 소인은 은미한 것을 삼가하지 못하여 크게 잃게 됨에 이른다.

▌次三 : 卒而從而, 衈而竦而, 于其心祖. 測曰 : 卒而從而, 能自改也.
차삼은, 마치고 (대도를) 따르고, 걱정하고 공경하면서 그 마음의 근본 되는 것에서 살폈다.
측에 말하기를, 마치고 (대도를) 따랐다는 것은 스스로 고칠 수 있다는 것이다.[163]

王曰, 卒, 終也. 從, 順也. 衈, 憂也. 竦, 敬也. 三居失之時, 得位當晝, 是能終順大道, 衈憂過失而加之竦敬焉. 于其心祖者, 心之思慮, 以此爲主也. 光謂, 三爲成意而當晝, 故有是象. 一, 正之于未形. 三, 改之于旣成.

왕애는 말하기를 "졸(卒)은 마친다(終)는 것이고, 종(從)은 따른다(順)는 것이다. 휼(衈)은 걱정한다(憂)는 것이고, 송(竦)은 공경한다(敬)는 것이다"라고 하였다. 삼(三)은 잃어버리는 때에 있어 지위를 얻어 낮에 해당하니, 이것은 끝마침에 대도를 따를 수 있어 과실을 근심하면서 삼가고 공경함을 더한다. 그

. . . .

163 역주 : '從'은 『설문』에서는 "隨行也."라고 한다. '衈'은 '憂慮한다'는 것이다. '竦'은 『설문』에서는 "自申束也."라고 한다. 이 구절은, 대도를 끝내 따를 수 있고, 과실을 우려하여 스스로를 약속하고, 본심이 항상 두려워하면서 그 잘못을 고치면 잃는 것이 없다는 것이다.

마음의 근본이 되는 것이란 마음이 사려하는 것이 이것으로 주를 삼았다는 것이다. 사마광은 생각하기를 "삼(三)은 뜻을 이룬 것이 되고 낮에 해당한다. 그러므로 이 상이 있다. 일(一)은 아직 드러나지 않은 것에서 바로 잡는 것이고, 삼(三)은 이미 이룬 것에서 고친 것이다"라고 하였다.

▌次四：信過不食, 至于側匿. 測曰：信過不食, 矢祿正也.

차사는, 잘못된 것을 믿고 먹지 않으니, 종일토록[側匿] 먹지 못해 몸이 상하는 상태[側匿]가 되었다.

측에 말하기를, 잘못된 것을 믿고 먹지 않았다는 것은 바른 녹봉을 잃었다는 것이다.[164]

范本作失正祿也. 今從宋陸王本. 王曰, 居失之時, 而失位當夜, 不能自正其失, 則是信其過差之行而不食焉. 至于側匿, 謂終日也. 終日不食, 必且喪其身矣. 食又諭祿, 故測互言之. 小宋曰, 日斜爲側, 日沒爲匿. 光謂, 四爲下祿而當夜, 故有是象.

범망본에는 실정록야(失正祿也)로 되어 있다. 지금 송충본, 육적본, 왕애본을 따른다. 왕애는 말하기를 "실(失)의 때에 있으면서 지위를 잃고 밤에 해당하니, 스스로 그 잘못을 바로 잡을 수 없으면, 이것은 잘못된 행동을 믿어 먹지도 못하는 것이 된다. '기울고 가라앉기에 이르렀다'고 한 것은 '종일토록'을 이른 것이다. 종일토록 먹지 못하면 반드시 또 그 몸을 상하게 된다. '먹는 것(食)'은 또 녹봉에 비유한 것이다. 그러므로 측(測)에서 함께 말한 것이다"라고 하였다. 송유간은 말하기를 "태양이 기우는 것을 측(側)이라 하고, 태양이 지는 것을 닉(匿)이라 한다"라고 하였다. 사마광은 생각하기를 "사(四)는 하록(下祿)이 되고 밤에 해당한다. 그러므로 이 상이 있다"라고 하였다.

. . . .

164 역주 : '側'은 '기운대[昃]'는 것이다. '匿'은 '숨는대[隱]'는 것으로, '일몰'이다. '側匿'은 몰락했다는 것이다. 이 구절은, 그 잘못된 것을 잘못된 것으로 여기지 않으니, 오래되면 반드시 잃게 되어 그 식록은 상하는 것에 이르고 몰락에 빠지게 된다는 것이다.

▌次五：黄兒以中藩, 君子以之洗于怨. 測曰：黄兒以中, 過以洗也.

차오는, 연로한 인물[黄兒]이 중정의 덕으로써 울타리가 되니, 군자는 그것으로써 허물을 씻는다.

측에 말하기를, 연로한 인물[黄兒]이 중정의 덕으로써 한다는 것은 군자가 (중정의 덕을 가진 사람에게 듣고 자신의) 잘못을 씻는다는 것이다.[165]

兒, 五稽切. 范曰, 黄兒, 謂年老有黄髮兒齒之徵也.[166] 宋曰, 髮白復變謂之黄, 齒落復生謂之兒. 藩, 離也, 能以中正而爲藩離.

아(兒)는 오(五)와 계(稽)의 반절이다. 범망은 말하기를 "황아(黄兒)는 나이가 들고 늙어 누런 머리와 아이 이빨의 징후가 있는 것을 이른다"라고 하였다. 송충은 말하기를 "머리털이 희었다가 다시 변한 것을 황(黄)이라고 이르고, 이가 빠졌다가 다시 생긴 것을 아(兒)라고 이른다. 번(藩)은 울타리(離=籬)이니, 중정의 덕을 가진 인물로써 울타리(藩離=藩籬)를 삼을 수 있다는 것이다"라고 하였다.

▌次六：滿其倉, 蕪其田, 食其實, 不養其根. 測曰：滿食蕪田, 不能修本也.

차육은, 그 창고를 가득 채우고 그 밭을 거칠게 두니, 열매를 먹지만 그 뿌리를 기르지 않았다.

측에 말하기를, 창고를 가득 채우고 밭을 거칠게 두었다는 것은 근본을 닦을 수 없다는 것이다.

· · · · · · · · · · · · · · · · · · ·

165 역주 : '黄兒'는 연로하고 장수한 사람이다. 『시경』「頌·閟宮」에서는 "旣多壽祉, 黄髮兒齒."라고 한다. '藩'은 '울타리[藩]'로서, 의미가 引伸되어 '輔相'이 된다. '怨'은 '허물'이다. 이 구절은, 제왕이 장수한 노인이면서 中正하고 덕이 있는 사람을 얻어 도움을 받으면, 잘못된 것을 씻을 수 있고 크게 일을 할 수가 있다는 것이다.
166 劉韶軍 點校 : '徵'은 명초본에는 '微'로 되어 있다. 이것은 송 잔본, 대전본, 도장본, 장사호본에 의거해 고쳤다.

范曰, 不修其德而據上祿,[167] 倉滿田蕪, 百姓罷極.[168] 食實困根, 本基不固, 失之甚也.[169] 光謂, 六爲上祿, 爲盛多, 爲極大而當夜, 故有是象. 百姓足 而君足, 猶養根而食實也.

범망은 말하기를 "그 덕을 닦지 않고 상록(上祿)에 의지하고, 창고는 가득하나 밭은 거칠게 두니, 백성들의 피로가 지극하다. 열매를 먹고 뿌리를 곤궁하게 하여 기본이 단단하지 않은 것은, 잘못이 심한 것이다"라고 하였다. 사마광은 생각하기를 "육(六)은 상록(上祿)이 되고, 성대함이 많은 것이 되며, 지극히 큰 것이 되나 밤에 해당한다. 그러므로 이 상이 있다. 백성이 풍족하면 군주도 풍족하니,[170] 뿌리를 길러 열매를 먹는 것과 같다"라고 하였다.

▌次七 : 疾則藥, 巫則酌. 測曰 : 疾藥巫酌, 禍可轉也.

차칠은, 병이 걸려 (巫醫에게 진료 받고 약을 먹어) 고치니, 무의가 술을 부어 화(禍)를 푸닥거리 했다.
측에 말하기를, 병이 걸려 (무의에게 진료 받고) 무의가 술로 푸닥거리 하였다 는 것은 화(禍)가 바뀔 수 있다는 것이다.[171]

范曰, 巫以謝闕, 闕除疾瘵,[172] 酌以福之也. 光謂, 七爲禍下, 離咎而犯災,

．．．．．．．．．．．．．．．．

167　劉韶軍 點校 : '不修其德'은 명초본에는 '不能修德'으로 되어 있다. 이것은 송 잔 본, 대전본, 도장본, 장사호본에 의거해 고쳤다.
168　劉韶軍 點校 : '極'은 명초본에는 '其'로 되어 있다. 이것은 송 잔본, 대전본, 도장 본, 장사호본 및 만옥당본, 범망본에 의거해 고쳤다.
169　劉韶軍 點校 : '之'는 명초본에는 '其'로 되어 있다. 이것은 송 잔본, 대전본, 도장 본, 장사호본 및 만옥당본, 범망본에 의거해 고쳤다.
170　역주 : '百姓足而君足'은 『논어』「顔淵」, "哀公問於有若曰, 年饑, 用不足, 如之何. 有若對曰, 盍徹乎. 曰, 二, 吾猶不足, 如之何其徹也. 對曰, 百姓足, 君孰與不足, 百姓不足, 君孰與足." 참조.
171　역주 : 이 구절은, 병이 있으면 병으로 여기고, 의사에게 나아가 약을 복용하면 건강하게 되어 화가 바뀔 수 있다는 것이다. 즉 질병이면 巫醫에게 찾아가 진단 을 받은 뒤 약을 먹어 고치고, 병을 낳게 한 무의에게는 술로 그 수고로움을 위로 했다는 것이다.
172　劉韶軍 點校 : '闕'은 명초본에는 없다. 이것은 대전본, 도장본, 장사호본에 의거

而時當晝, 故有是象.

범망은 말하기를 "무의에게 자신의 잘못을 인정함으로써 도움을 받으니,[173] 무의는 도움을 주어 병을 제거해 낳게 하고, 술잔을 부음으로써 복(福)되게 한다"라고 하였다. 사마광은 생각하기를 "칠(七)은 화(禍)의 하(下)가 되고, 허물에 걸리고 화(禍)를 범하나 때는 낮에 해당한다. 그러므로 이 상이 있다"라고 하였다.

█ 次八 : 鵙鳴于辰, 牝角魚木. 測曰 : 鵙鳴于辰, 厥正反也.

차팔은, 암탉이 새벽에 우니, 암사슴이 뿔이 나고 물고기가 나무에 있다. 측에 말하기를, 암탉이 새벽에 울었다는 것은 그 바른 것이 반대로 되었다는 것이다.[174]

范曰, 牝雞無晨.[175] 牝宜童而角, 魚宜水而木, 失之甚也.

범망은 말하기를 "암탉은 새벽이 없다. 암컷은 뿔이 없어야 마땅한데[176] 뿔이 나고, 물고기는 물에 있는 것이 마땅한데 나무에 있는 것은, 잘못된 것이 심한 것이다"라고 하였다.

· · · · · · · · · · · · · · · ·

해 보충하였다.

173 역주 : '謝闕'은 자신의 잘못은 인정하고 용서를 구한다는 것이다. 『三國志』「魏志·荀彧傳」, "或疾留壽春, 以憂薨."에 대해 裴松之는 注에서 晉·袁曄, 『獻帝春秋』, "太祖曰, 官渡事後何以不言. 或無對, 謝闕而已."을 인용한다.

174 역주 : '辰'은 아침[晨]이다. 이 구절은, 암탉이 새벽에 울고, 암사슴에 뿔이 나고, 물고기가 나무에 오른다는 것은 모두 잘못된 것이 심한 것으로, 상도를 잃었다는 것이다.

175 劉韶軍 點校 : '晨'은 명초본에는 '辰'으로 되어 있다. 이것은 도장본 및 만옥당본, 범망본에 의거해 고쳤다.

176 역주 : '童'은 뿔이 나지 않은 것으로, 어린 소나 양 등을 가리킨다. '송아지[犢]'와 같다.

▌上九：日月之逝, 改于尸. 測曰：改于尸, 尚不遠也.

상구는, 해와 달이 가듯 노령에 이르니, 생전에 잘못은 장차 죽어 시체를 넣는 관에 있더라도 고친다.

측에 말하기를, 죽어 시체를 넣는 관에 있더라도 고친다는 것은 오히려 과실이 후세에 미치는 것이 멀지 않기 때문이다.

范曰, 君子之道, 執行于世, 雖沒猶存, 不以年高. 日月已逝, 其有得失, 雖 在尸枢, 猶念自改也. 王曰, 先賢垂戒勸之深, 死而後改, 猶謂之不遠. 光 謂, 生時之失, 死告子孫而改之, 猶未遠也. 楚共王臨薨, 告令尹進筻蘇而 逐申侯,[177] 劉向曰, 欲以開後嗣, 覺來世,[178] 猶愈于沒身不寤者也. 筻, 字 書無之. 申侯, 楚文王之臣, 新序誤也.

범망은 말하기를 "군자의 도는 세상에 실행되었기에 비록 죽더라도 오히려 남아있으니, 나이가 많은 것을 내세우지 않는다. 세월이 이미 갔지만 그 얻고 잃는 것[잘하고 못한 것]이 있어, 비록 시체를 넣는 관에 있더라도 오히려 스스로 고치려고 생각한다" 라고 하였다. 왕애는 말하기를 "앞서 간 현인들은 후세에게 경계를 남겨 깊이 권면하여 죽은 뒤에도 고치니, 오히려 멀지 않다고 말하는 것이다"라고 하였다. 사마광은 생각하기를 "살아 있는 때의 잘못은 죽어서라도 자손에게 고하여 고치게 하니, 오히려 멀지 않은 것이다. 초나라 공왕(共王)이 죽음에 임하여 영윤(令尹)[179]에게 고하여, 완소(筻蘇)에게 나아가게 하고 신후(申侯)를[180] 쫓아내게 하였다. 유향(劉向)이 말하기를 '후사(後嗣)를 열고 내세(來世)를 깨닫게 하고자 한 것은 오히려 죽어서도 깨닫지 못한 것보다 낫다'라고 하였다.[181] 완(筻)은 『자서(字書)』에 없다. 신후(申候)는 초

. . . .

177 劉韶軍 點校：'筻'은 명초본에는 '覓'으로 되어 있다. 대전 등 판본에는 '貿'으로 되어 있는데 이것은 모두 筻의 잘못된 것이다. 『新序』에 의거하여 고쳤다. 아래 에서 "筻은 『字書』에는 없다"라고 하는데, 사마광 당시에는 이미 '覓'자로 쓴 것 같다. 이 구는 따라서 고치지 않고 사마광의 옛날 것을 보존한다.

178 劉韶軍 點校：'欲'은 명초본에는 '於'로 되어 있다. 이것은 대전본에 의거해 고쳤다.

179 역주：'令尹'은 춘추시대 楚 나라 때의 벼슬이름이다. 정치를 맡은 최고 관위로, '上卿'이라고도 한다.

180 역주：'申候'는 '申伯'이다. 周宣王의 輔佐며 周宣王의 元舅다.

문왕(楚文王)의 신하로서, (劉向의)『신서(新序)』에서는 잘못 기록하였다"라
고 하였다.

181 역주 : 劉向, 『新序』「雜事一」, "明日, 王薨. 令尹即拜莞蘇爲上卿, 而逐申侯伯出
之境. 曾子曰, 鳥之將死, 其鳴也哀, 人之將死, 其言也善. 言反其本性, 共王之謂
也. 孔子曰, 朝聞道, 夕死可矣. 於以開後嗣, 覺來世, 猶愈沒世不寤者也." 참조.

極劇

▦ 三方三州二部一家.

3방, 3주, 2부, 1가다.

劇

극(劇)

陰家, 金, 亦準大過. 入劇次四, 日舍南斗.[182] 王曰, 劇, 極也. 過差之極.
光謂, 大過, 棟橈之世. 劇亦離亂之象也.

극수(劇首)는 음가(陽家)이고, (5행에서는) 금(金)이고, 또한 『주역』「대과괘
(大過卦)」에 준(準)한다.[183] 극(劇)은 차사(次四)에서 들어가고, 태양은 남두
(南斗)에 머문다. 왕애는 말하기를 "극(劇)은 극(極)으로, 잘못되고 어긋난 것
이 지극한 것이다"라고 하였다. 사마광은 생각하기를 "대과(大過)는 마룻대가
휘어진 세상이다. 극수(劇首)는 또한 혼란에 걸린[184] 상이다"라고 하였다.

- - - - - - - - - - - - - - - -
182 劉韶軍 點校 : '入劇에서 南斗'에 이르기까지는 명초본에는 없다. 이것은 대전본,
　　도장본, 장사호본 및 太玄曆에 의거해 보충하였다.
183 역주 : 『玄衝』에서는 "劇, 惡不息."이라고 한다. 『玄錯』에서는 "劇, 無赦."라고 한
　　다. 죄악이 너무 커서 赦免하지 않는다는 것이다.
184 역주 : 이 때의 '離'는 '걸렸다'는 것으로 '罹', '遭'와 같은 의미다. 발음은 '려'다.

▌陰窮大泣於陽, 無介僭, 離之劇.

음이 지극히 커져서 (양기를 압박하여) 양을 울게 하고, (양은) 홀로 있고 (보잘 것 없는) 짝도 없으니, (禍에) 걸린 것이 심한 것이다.[185]

王小宋本泣作位. 范本無于字. 王本介作分. 范本僭作儔. 小宋本作僭, 音仍, 惹也. 今從宋陸本. 宋曰, 泣于陽, 使陽泣也. 謂是時陰氣極大, 陵弱于使其泣, 無復有纖介之功于萬物也. 光謂, 僭, 古儔字. 儔, 類也. 凡物得陽而生者, 皆陽之類也. 今陰旣窮大用事, 凡陽之類, 皆遭離其劇禍者也.

왕애본, 송유간본에는 읍(泣)이 위(位)로 되어 있다. 범망본에는 우(于)자가 없다. 왕애본에는 개(介)가 분(分)으로 되어 있다. 범망본에는 잉(僭)이 주(儔)로 되어 있다. 송유간본에는 잉(僭)으로 되어 있는데, 음은 잉(仍)으로, 끌어당긴다(惹)는 것이다. 송충본, 육적본을 따른다. 송충은 말하기를 "양을 울게 한다는 것은, 양으로 하여금 울게 한 것이다. 이 때는 음의 기운이 지극히 커져서 그 우는 것으로 하여금 약한 것을 능멸하게 하여 (양이) 다시는 만물에게 조그마한 공조차 없게 한다는 것을 이른 것이다"라고 하였다. 사마광은 생각하기를 "잉(僭)은 옛날 주(儔)자니, 주(儔)는 무리(類)라는 것이다. 무릇 사물이 양을 얻어 태어난 것은, 모두 양의 무리이다. 지금 음이 이미 지극히 커져서 제멋대로 권세를 부리니, 무릇 양의 무리가 모두 그 지극한 화(禍)를 만나 걸린 것이다"라고 하였다.

▌初一 : 骨纍其肉, 幽. 測曰 : 骨纍其肉, 賊內行也.

초일은, 뼈가 그의 살을 묶으니, 깊숙이 숨어 있어 보이지 않았다.
측에 말하기를, 뼈가 그의 살을 묶었다는 것은 해치는 것이 안에서 행해진다는 것이다.[186]

· · · · · · · · · · · · · · · · · ·

185 역주 : '介'는 『方言』에서는 "特也, 物無耦曰特, 獸無耦曰介."라고 한다. '儔'는 '무리[疇]'와 같다. '劇'은 '어렵다'는 것이다. 이 구절은, 이 때 음기가 지극하여 장차 쇠하여지니 슬퍼서 울고, 양기는 음기에 병합되어 아래에 깊이 잠겨 있기에 짝으로 할 것이 없어 양의 무리는 모두 화에 걸린다는 것이다.

宋陸范本皆作骨纍其肉內幽. 今從王小宋本. 骨肉, 相親之物. 一爲思始而
當夜, 禍亂之本自其內生, 如骨纍繫其肉, 潛隱而人莫之見也.

송충본, 육적본, 범망본에는 모두 골루기육내유(骨纍其肉內幽)로 되어 있다.
지금 왕애본, 송유간본을 따른다. 뼈와 살은 서로 친한 사물이다. 일(一)은
사(思)의 시(始)가 되고 밤에 해당하니, 화(禍)와 어지러움의 근본은 그 안에서
부터 생기는데, 이것은 마치 뼈가 그 살을 묶고 깊숙이 숨어 사람이 보지 못하
는 것과 같다.

▌次二 : 血出之蝕, 凶貞. 測曰 : 血出之蝕, 君子內傷也.

차이는, (사물을 먹는데 이빨로서 입술을 깨물어) 피가 흐른 것을 먹으니, 바
름을 해쳤다.

측에 말하기를, 피가 흐른 것을 먹었다는 것은 군자가 안으로 훼손된 것이
다.[187]

范本作君子傷之. 今從二宋陸王本. 闕

범망본에는 군자상지(君子傷之)로 되어 있다. 지금 송충본, 송유간본, 육적본,
왕애본을 따른다. 해설이 빠졌다.

▌次三 : 酒作失德, 鬼睽其室. 測曰 : 酒作失德, 不能將也.

차삼은, 술[恩澤]을 주거니 받거니 했지만 두루 하지 않아 덕을 잃었기에, 귀신
이 그 방을 보고 화(禍)를 주었다.

· · · · · · · · · · · · · · · · · · ·

186 역주 : 이 구절은, 사려가 밝지 않은데 행하면 잘못됨이 있고 화란이 반드시 일어
    날 것이니, 마치 골육이 상하는 것이 몰래 안에서 생기는 것과 같다. 즉 화란은
    눈에 보이지 않는 내부에서 일어난다는 것이다.
187 역주 : '蝕'은 '먹는대[食]'는 것이다. 입술과 이빨은 형제의 관계로서, 피가 흐른다
    는 것은 형제가 담장에서 다툰다는 것이다. 그러므로 '凶'貞이라고 한다. 葉子奇
    는 "血言其傷也. 食, 瘡口沒也. 二以陽明, 至親有傷而加收救, 故血雖出而瘡口食
    沒也. 其得凶禍之正道乎. 詩云, 原隰裒矣, 兄弟求矣, 出血之蝕也."라고 한다.

664 태현집주

측에 말하기를, 술[恩澤]을 주거니 받거니 했지만 덕을 잃었다는 것은 나아갈 수 없다는 것이다.[188]

范本將作持. 今從諸家. 睒, 失冉切. 王曰, 睒, 視也.
범망본에는 장(將)이 지(持)로 되어 있다. 지금 제가의 판본을 따른다. 섬(睒)은 실(失)과 염(冉)의 반절이다. 왕애는 말하기를 "섬(睒)은 본다(視)는 것이다"라고 하였다.

▌次四 : 食于劇, 父母來餕, 若. 測曰 : 食劇以若, 爲順祿也.
차사는, 난세에 벼슬하여 받은 녹봉으로 부모가 와서 익은 음식을 먹으니, 부모님을 따른 것이다.
측에 말하기를, 난세에 벼슬하여 받은 녹봉으로 부모님을 따랐다는 것은 녹봉을 따른 것이 된다.[189]

范小宋本來作采.[190] 今從宋陸王本. 餕, 音俊. 爲, 于僞切. 范曰, 餕, 熟食也. 若, 順也. 光謂, 四爲下祿而當晝, 君子仕于亂世, 求祿以食其親, 不失于順者也.

....

188 역주 : '將'은 '행하는 것'으로, '나아간다'는 것이다. '酒'는 '은택'을 비유한 것이다. '作'은 '酌'과 같으니, '수작한다'는 것이다. '失德'은 민심을 잃어버려 비방을 당한다는 것이다. 『시경』「小雅·伐木」에 "籩豆有踐, 兄弟無遠, 民之失德, 乾餱以愆."이란 말이 있다. '睒'은 '窺視'로서, '鬼睒其室'은 큰 화가 임박했다는 것이다. 이 구절은, 은택이 두루 베풀어지지 않으면, 반드시 잘못된 것이 있게 되어 백성을 잃게 되니 행해서는 안되고, 행하면 화를 불러일으킨다는 것이다. 鈴木由次郎은 "술은 사람에게 환락을 주는 것이지만, 술은 먹으면 귀신이 그 방을 엿보아 화를 준다"라고 해석한다.
189 역주 : '餕'은 『설문』에서는 "食之餘也."라고 한다. 『예기』「內則」에서는 "父母在, 朝夕恒食, 子婦佐餕."이라 한다. '佐餕'은 부모에게 다시 드실 것은 권하고 남으면 子婦가 다 먹는다는 것이다. '若'은 '따른다[順]'는 것이다.
190 劉韶軍 點校 : '來'는 명초본에는 없다. 이것은 대전본, 도장본, 장사호본에 의거해 보충하였다.

범망본, 송유간본에는 래(來)가 채(采)로 되어 있다. 지금 송충본, 육적본, 왕애본을 따른다. 준(餕)은 음이 준(俊)이다. 위(爲)는 우(于)와 위(僞)의 반절이다. 범망은 말하기를 "준(餕)은 익힌 음식(熟食)이다. 약(若)은 따른다(順)는 것이다"라고 하였다. 사마광은 생각하기를 "사(四)는 하록(下祿)이 되나 낮에 해당하니, 군자는 난세에 벼슬하여 녹봉을 구하여 그의 어버이를 먹이니, 따르는 것을 잃지 않은 것이다"라고 하였다.

■ 次五：出野見虛, 有虎牧猪, 攓絝與襦. 測曰：出野見虛, 無所措足也.

차오는, 백성들이 들에 나갔다가 (난세의 전란 때문에) 폐허를 보았는데, 호랑이가 돼지를 기르는 것과 같음이 있어 (소인배들은 백성들의) 바지와 저고리까지 (빼앗아) 취하였다.

측에 말하기를, 백성들이 들에 나갔다가 폐허를 보았다는 것은 손발을 둘 곳이 없다는 것이다.[191]

王本虎作唐. 今從諸家. 虛與墟同. 攓, 音愆, 取也. 絝與袴同. 襦, 音儒, 短衣也. 王曰, 出于田野, 而見丘墟. 光謂, 五爲中祿而當夜,[192] 小人乘亂世而居盛位, 務爲貪暴以殘民, 如虎牧猪然, 民無所措其手足者也.

왕애본에 호(虎)는 당(唐)으로 되어 있다. 지금 제가의 판본을 따른다. 허(虛)와 허(墟)는 같다. 건(攓)은 음이 건(愆)으로, 취한다(取)는 것이다. 과(絝)는 과(袴)와 같다. 유(襦)는 음이 유(儒)로서, 단의(短衣)다. 왕애는 말하기를 "전

• • • • • • • • • • • • • • • • • •
191 역주 : '虛'는 '墟'와 같다. '絝'는 『설문』에서는 "脛, 衣也"라고 한다. 즉 '褲'다. '襦'
는 『설문』에서는 "短衣也."라고 한다. 이 구절은, 전야에 나가 丘墟에서 움직였기
에 피곤하여 쉬고자 했는데 호랑이가 돼지를 쫓는 것은 보고 옷을 취하여 급히
도망가면서 감히 머무르지 못한다는 것이다. 비유하면 매우 어지러운 시대에 가
혹한 정치가 호랑이와 같아 백성들이 몸을 편안하게 둘 곳이 없어 모두 버리고
도망간다는 것이다.
192 劉韶軍 點校 : '祿'은 명초본에는 '福'으로 되어 있다. 이것은 대전본, 도장본, 장사
호본에 의거해 고쳤다.

야(田野에[...]가 폐허를 보았다"라고 하였다. 사마광은 생각하기를 "오(五)는 중록(中[...]이 되고 밤에 해당하니, 소인이 난세를 틈타 성대한 지위에 [...]으면서, 탐욕[...]고 포악한 짓을 힘써서 하여 백성을 해치니, 마치 호랑이가 돼지를 기[...]는 [...]과 같아, 백성들이 그 손과 발을 둘 곳이 없다"라고 하였다.

▌次[...] : 四國滿斯, 宅. 測曰 : 四國滿斯, 求安宅也.

차육은, (손[...][...]물이 자신을 낮추고 은택을 두루 베풀자) 사방의 나라들이 만족하여, 집처럼 편안하게 여겼다.

측에 말하기를, 사방의 나라들이 만족했다는 것은 백성들이 살 편안한 집을 구했다는 것이다.[193]

闕

해설이 빠졌다.

▌次七 : 麃而丰而, 戴禍顔而. 測曰 : 麃而丰而, 戴禍較也.

차칠은, 소인이 무력으로 용감하고 난폭하며 기세가 등등하여 사람을 능멸하니, 재앙을 불러일으키는 것이 얼굴에 나타났다.

측에 말하기를, 소인이 무력으로 용감하고 난폭하며 기세가 등등하여 사람을 능멸하였다는 것은 재앙을 불러일으키는 것이 뚜렷하게 나타난 것이다.[194]

• • • • • • • • • • • • • • • •

193 역주 : '宅'은 '편안하다[安]'는 것이다. 이 구절은, 六은 극대한 것으로 부귀하면서 지위가 높지만, 비우고 아래에 처할 수 있어 사방 백성들이 모두 돌아와 집에서 편안하게 지낸다는 것이다.

194 역주 : '麃'은 '독각수'로서, 용감하고 잘 싸우는 모습이다. '丰'은 풀이 叢生하여 성장한 것으로, 기세가 성대한 모습이다. 이 구절은, 七은 뜻을 잃은 것이고 밤에 해당하는데, 소인은 스스로 겸손할 줄 모르고 용맹함을 부리고 기세가 성대하니, 재화에 임한 것을 뚜렷하게 볼 수 있다는 것이다. 『노자』76장에서는 "堅剛者, 死之徒."를 말한다.

范本丰作半, 王本作牛, 小宋本作羊. 今從宋陸本. 麃, 普表切. 丰, 敷容切. 較, 音角.(義闕)

범망본에 봉(丰)은 반(半)으로 되어 있고, 왕애본에는 우(牛)로 되어 있고, 송 유간본에는 양(羊)으로 되어 있다. 지금 송충본, 육적본을 따른다. 포(麃)는 보(普)와 표(表)의 반절이다.[195] 봉(丰)은 부(敷)와 용(容)의 반절이다. 각(較) 은 음이 각(角)이다.(그 뜻은 빠졌다).

■ 次八 : 缾纍于繘, 貞頲. 測曰 : 纍于缾, 厥職迫也.

차팔은, 단지를 두레박줄에 매어 물 뜨는 임무를 다하니, 바르지만 (힘들어) 야위었다.

측에 말하기를, 단지를 두레박줄에 매어 물 뜨는 임무를 다했다는 것은 그 맡은 것이 핍박하다는 것이다.[196]

范本測作缾纍于繘. 今從諸家. 繘, 餘律切. 闕

범망본 측에는 병루우율(缾纍于繘)로 되어 있다. 지금 제가의 판본을 따른다. 율(繘)은 여(餘)와 율(律)의 반절이다. 해설이 빠졌다.

■ 上九 : 海水群飛, 弊于天杭. 測曰 : 海水群飛, 終不可語也.

상구는, 바닷물이 모여 하늘로 날라 가서 비가 되어 은하수를 덮었다.[197]

· ·

195 역주 : '麃'[piǎo]는 普[pǔ]와 表[biǎo]의 반절로 하라는 것이다.
196 역주 : '纍'는 '맨다[繫]'는 것이다. '繘'은 짐승을 묶는 새끼다. '頲'은 '粹'와 같으니, '순수하다'는 것이다. '職'은 '맡은 일'이다. '迫'은 '逼迫하는 것'이다. '厥職迫'은 그 '직무를 다한다'는 것이다. 이 구절은, 단지를 두레박줄에 달아 물을 깃는데 멈추 지 않아서 그 직무를 다할 수 있으므로 '순수하고 바르다'고 한 것이다. 비유하면 군자가 난세에 처하였지만 그 맡은 바 직무를 다할 수 있으면, 그 덕이 순수하고 바르게 된다는 것이다. 葉子奇는 "八禍, 不無難苦, 如瓶係於綆, 取汲不停, 雖非不 正, 然也勞悴之甚也."라고 한다.
197 역주 : '天杭'은 銀河水를 말한다. 銀漢·天漢·天河·雲漢이라고도 한다. 이 구절

668 태현집주

측에 말하기를, 바닷물이 모여 하늘로 날라 가서 비가 되었다는 것은 (그것이 화되는 것을) 끝내 말로 표현할 수 없다는 것이다.

范本弊作蔽, 王小宋本語作落. 今從宋陸本.[198] 王本天作大. 今從諸家.
범망본에 폐(弊)는 폐(蔽)로 되어 있다. 왕애본, 송유간본에는 어(語)가 락(落)으로 되어 있다. 지금 송충본, 육적본을 따른다. 왕본에 천(天)은 대(大)로 되어 있다. 지금 제가의 판본을 따른다.

. . . .

은, 九가 劇首의 極이면서 밤에 해당하니, 海水가 하늘로 날아올라 하늘에 가득하여 은하수를 가린다는 것이다. 비유하면 매우 어지러운 세상에 백성들이 도망가니, 그 재화의 큰 것이 말로 할 수 없다는 것이다.
198 劉韶軍 點校 : '從' 아래는 명초본 및 대전본에는 모두 '二'자가 있지만 연문이다. 이것은 文意에 의거해 고쳤다.

▦ 三方三州二部二家.
3방, 3주, 2부, 2가다.

馴
순(馴)

陽家, 土, 準坤. 宋曰, 坤, 順也. 馴亦順也.
순수(馴首)는 양가(陽家)이고, (5행에서는) 토(土)이고, 『주역』「곤괘(坤卦)」에
준(準)한다.[199] 송충은 말하기를 "곤(坤)은 따른다(順)는 것이다. 순(馴) 또한
따른다(順)는 것이다"라고 하였다.

▎陰氣大順, 渾沌無端, 莫見其根.
음기가 크게 따랐으나 혼돈하여 단서가 없어, 그 근본을 볼 수 없다.[200]

• • • • • • • • • • • • • • • • • • •
199 역주 : 『주역』「설괘전」에서는 "坤, 順也"라고 한다.
200 역주 : 이 때는 음기가 이미 지극하여 양에게 돌아가 따르고자 하지만, 양기는
    여전히 음에 쌓여 혼돈한 상태로 단서를 드러내는 것이 없기에 그 근원을 볼
    수 없다는 것이다.

宋曰, 謂陰成功于是, 將大順時, 歸之于陽. 其事渾沌無有端際, 莫能見其根源也.

송충은 말하기를 "음이 여기에서 공을 이루고, 장차 크게 따르려는 때에 양으로 돌아가는 것을 이른 것이다. 그 일이 혼돈하여 처음과 끝이 없어 그 근원을 볼 수 없다"라고 하였다.

▌初一 : 黃靈幽貞, 馴. 測曰 : 黃靈幽貞, 順以正也.

초일은, 누런 대지의 신령이 그윽하면서 바르니, 따르는 것이다.

측에 말하기를, 누런 대지의 신령이 그윽하면서 바르다는 것은 따라서 바른 것이다.[201]

土家, 故黃, 生神, 故靈. 下下, 故幽. 當晝, 故貞. 思慮之始, 其此四德, 順而能正者也.

토가(土家)다. 그러므로 누렇다. 신(神)을 낳는다. 그러므로 영(靈)이다. 하(下)의 하(下)다. 그러므로 유(幽)다. 낮에 해당한다. 그러므로 정(貞)이다. 사려의 시작에서 이 네 가지의 덕을 갖추니, 따라서 바를 수 있다는 것이다.

▌次二 : 蠅其膏, 女子之勞, 不靜亡命. 測曰 : 蠅膏之亡, 不能淸淨也.

차이는, 태아를 임신하는 것은 여자의 수고로움인데, 주의하여 조용하지 않으면 생명을 잃는다.

측에 말하기를, 태아를 임신하여 생명을 잃는다는 것은 (심신이) 맑고 깨끗할 수 없다는 것이다.[202]

. . . .

201 역주 : '黃'은 中色으로, 흉중에 있다. 그러므로 '황'이라 한다. '靈'은 사려가 신묘한 것이다. 神을 낳는 것은 '一'보다 앞서는 것은 없다. 그러므로 '靈'이라고 한다. 一은 思의 始가 된다. 그러므로 '幽'라고 일컬은 것이다. 이 구절은, 사려의 처음에 幽冥하고 신묘하면서, 또 정도에 합하기 때문에 '順'이라 한 것이다.

202 역주 : 부녀자가 아이를 임신하여 한 달이 된 것을 '胚'라 하고, 두 달이 된 것을

宋陸本蠅作繩, 小宋本作婉, 音鴛, 云美好也. 今從范王本. 王本亡作正. 今從諸家. 吳曰, 蠅, 古孕字. 范曰, 膏, 潤澤也. (闕)

송충본, 육적본에 승(蠅)은 승(繩)으로 되어 있다. 송유간본에는 원(婉)으로 되어 있는데, 음은 원(鴛)으로 아름답고 좋은 것(美好)이라고 하였다. 지금 범망본, 왕애본을 따른다. 왕본에 망(亡)은 정(正)으로 되어 있다. 지금 제가의 판본을 따른다. 오비는 말하기를 "승(蠅)은 옛날 잉(孕)자다"라고 하였다. 범망본은 말하기를 "고(膏)는 윤택하다(潤澤)는 것이다"라고 하였다. 해설이 빠졌다.

▌次三:牝貞常慈, 衛其根. 測曰:牝貞常慈, 不忘本也.

차삼은, 암컷이 바르고 항상 자애로워, 그 뿌리를 보호한다.

측에 말하기를, 암컷이 바르고 항상 자애롭다는 것은 근본을 잊지 않은 것이다.[203]

易曰, 恒其德貞, 婦人吉. 坤爲母, 三性仁, 情喜,[204] 又爲多子而當晝, 故曰牝貞常慈. 言常慈乃婦人之正道也. 三爲木, 爲思上, 爲成意, 爲自如, 能不忘其本者也.

『주역』「항괘」에서 "그 덕을 항구하게 하여 바르니, 부인이 길하다"[205]라고 하였다. 곤(坤)은 어머니가 되고, 삼(三)은 본성은 인자하고, 감정은 기쁨이고, 또 자식이 많은 것이 되고 낮에 해당한다. 그러므로 "암컷이 바르고 항상 자애롭다"라고 하였다. 항상 자애로운 것이 바로 부인의 바른 도라는 말이다. 삼(三)은 목(木)이 되고, 사(思)의 상이 되고, 또 뜻을 이룬 것이 되고, 스스로

....

膏'라고 한다. 이 구절은, 부인이 임신을 하면 항상 조용히 하면서 길러야지, 마음대로 움직이면 그 생명이 없어지게 되므로, 망령되이 행동해서는 안된다는 것이다.

203 역주 : 이 구절은, 음이 항상 바른 곳에 처하여 유순하면서 조용함을 지키면, 그 근본이 되는 본성을 지킬 수 있다는 것이다. 『노자』6장에서는 "谷神不死, 是謂玄牝, 玄牝之門, 是謂天地之根."을 말한다.

204 劉韶軍 點校 : '性仁情喜'는 명초본에는 '性喜情仁'으로 되어 있다. 이것은 도장본, 오류거본 및 「玄數」에 의거해 고쳤다.

205 역주 : 『주역』「恒卦」六五爻, "恒其德貞, 婦人吉, 夫子凶." 참조.

가는 것이 되니, 그 근본을 잊지 않을 수 있다.

▌次四 : 徇其勞, 不如五之豪. 測曰 : 徇其勞, 伐善也.

차사는, 그 공로를 자랑하니, 차오(次五)의 (天人을 겸한) 호방함만 같지 않다.

측에 말하기를, 그 공로를 자랑한다는 것은 공로[善]를 자랑한 것이다.

小宋本作不如五五之豪. 今從諸家. 王曰, 德兼天人爲豪. 光謂, 四爲下祿,
其位當夜, 小人事君則伐其功, 不如五之靈囊大包, 不敢自盛也. [206]

송유간본에는 불여오오지호(不如五五之豪)로 되어 있다. 지금 제가의 판본을
따른다. 왕애는 말하기를 "덕이 천인(天人)을 겸한 것을 호(豪)라고 한다"라고
하였다. 사마광은 생각하기를 "사(四)는 하록(下祿)이 되고 그 지위는 밤에 해
당하니, 소인이 군주를 섬기면 그 공을 자랑하나 차오(次五)의 '대지가 크게
감쌌지만 감히 스스로 성대하다고 하지 않는다'라는 것만 못하다"라고 하였다.

▌次五 : 靈囊大包, 其德珍黃. 測曰 : 靈囊大包, 不敢自盛也.

차오는, 대지가 크게 만물을 포용하니, 그 덕이 진중하고 가운데를 얻어 빛이
난다.

측에 말하기를, 대지가 만물을 크게 포용한다는 것은 감히 스스로 성대하다고
하지 않은 것이다. [207]

· · · · · · · · · · · · · · · · ·

206 劉韶軍 點校 : '敢'은 명초본에는 없다. 이것은 대전본, 장사호본에 의거해 보충하
였다.
207 역주 : '靈囊'은 땅을 가리킨다. 땅이 만물을 포용한다. 그러므로 '囊'이라 한다.
「玄攡」에서는 "天神而地靈."을 말한다. '靈囊大包'는 땅이 만물을 포용할 수 있다
는 것이다. '不敢自盛'은 땅이 천도를 따라 이어서 만물을 양육하나 스스로 교만
하거나 자랑하지 않는다는 것이다. '黃'은 '빛난대[煌]'는 것이다. 이것은 『주역』
「坤卦·象傳」, "坤厚載物, 德合無疆, 含弘廣大, 品物咸亨."에서 나왔다. 이 구절
은, 땅의 성질이 유순하여 하늘을 순응하여 만물을 기르고, 땅의 몸체는 두터워
만물을 덮어 포용하니, 만물이 성장하여 아름다움을 자랑하지만 땅은 그 공을

王本靈作虛. 今從諸家. 小宋本靈囊作靈括巨橐. 今從諸家. 王曰, 珍者爲
物所貴, 黃者得中之義. 光謂, 五爲囊, 爲包, 地之爲物, 含弘廣大,[208] 故曰
靈囊大包. 五居盛位而當畫, 君子爲臣, 位高而不驕, 功大而不伐, 故有是
象. 故坤六五曰, 黃裳元吉.

왕애본에 영(靈)은 허(虛)로 되어 있다. 지금 제가의 판본을 따른다. 송유간본
에 영랑(靈囊)은 영괄거탁(靈括巨橐)으로 되어 있다. 지금 제가의 판본을 따른
다. 왕애는 말하기를 "진(珍)이란 사물이 귀하게 여기는 바고, 황(黃)이란 중을
얻었다는 뜻이다"라고 하였다. 사마광은 생각하기를 "오(五)는 주머니도 되고,
보자기도 되니, 땅이란 사물은 큰 것을 머금어 크고 넓다.[209] 그러므로 '대지는
크게 만물을 포용한다'라고 하였다. 오(五)는 성대한 지위에 있으면서 낮에
해당한다. 군자는 신하가 되어 지위가 높아도 교만하지 않고, 공이 커도 자랑
하지 않는다.[210] 그러므로 이 상이 있다. 그러므로 『주역』「곤괘(坤卦)」 육오효
(六五爻)에 '황색의 치마를 입으니, 크게 길하다'라고 했다"라고 하였다.

▌次六 : 囊失括, 泄珍器. 測曰 : 囊失括, 臣口溢也.

차육은, 주머니가 묶는 것을 잃으니, 보배로운 그릇들이 새어나갔다.
측에 말하기를, 주머니가 묶는 것을 잃었다는 것은 신하의 입이 넘쳐난 것이
다.[211]

· · · · · · · · · · · · · · · · ·

자기 것으로 하지 않으므로, 그 덕이 진귀하고 빛이 난다는 것이다. 비유하면
사람이 덕이 두텁고 공이 크지만 그것을 자랑하지 않는다는 것이다. 『주역』「象傳」
에서는 "地勢坤, 君子, 以, 厚德載物."을 말한다.

208 劉韶軍 點校 : '弘'은 명초본에는 '洪'으로 되어 있다. 이것은 대전본, 도장본, 장사
    호본에 의거해 고쳤다.
209 역주 : 『주역』「坤卦」 象傳의 말이다.
210 역주 : 劉劭, 『人物志』「釋爭」에는 "是故, 君子以爭途之不可由也. 是以越俗乘高,
    獨行於三等之上. 何謂三等. 大無功而自矜, 一等, 有功而伐之, 二等, 功大而不伐,
    三等." 라는 말이 나온다.
211 역주 : '溢'은 넘쳐서 '사방으로 흩어진다'는 것이다. '括'은 '묶는다'는 것이다. 이
    구절은, 주머니 입구를 묶는 것이 잘못되어, 그 안에 있는 진귀한 보물이 새어나
    갔다는 것이다. 비유하면 신하가 말을 하는데 신중하게 하지 않고, 말한 것에도

小宋本囊作橐. 今從諸家. 六爲穴, 爲竇, 過中而當夜, 小人不能含章以從王事, 如囊之失結而泄珍器也. 易曰, 臣不密, 則失身.

송유간본에는 낭(囊)이 탁(橐)으로 되어 있다. 지금 제가의 판본을 따른다. 육(六)은 혈(穴)이 되고, 움집이 되고, 중(中)을 지나치고 밤에 해당하니, 소인이 빛남을 품고서 왕사에 종사할 수 없는 것이,[212] 마치 주머니가 묶음이 풀려 진귀한 그릇이 새어나가는 것과 같다. 『주역』「계사전상」에 "신하가 경솔하게 발설하면 자신의 몸을 잃게 된다"[213]라고 하였다.

▌次七 : 方堅犯順, 利臣貞. 測曰 : 方堅犯順, 守正節也.

차칠은, 방정하고 단단한 절조가 있어 군주에게 간하였지만 순종의 도를 잃지 않으니, 신하된 자는 바르게 하는 것이 이롭다.
측에 말하기를, 방정하고 단단한 절조가 있어 군주에게 간하지만 순종의 도를 잃지 않았다는 것은 바른 절개를 지킨 것이다.[214]

七離咎而犯薔當晝, 君子事上, 獻可替否, 行之以方, 守之以堅, 雖有犯而無隱, 而不失其順, 得爲臣之正道, 故利也.

칠(七)은 허물에 걸려 화(禍)를 범하고 낮에 해당하니, 군자는 위를 섬겨서 옳은 것은 올리고 잘못된 것은 바꾸고, 방정하게 행동하고 견고하게 지키며, 비록 범하는 것이 있더라도 숨기는 것이 없어 그 따르는 것을 잃지 않으니, 신하된 바른 도리를 얻었다. 그러므로 이롭다.

. . . .

잘못된 것이 있으면 지위에서 쫓겨나고 몸도 멸하는 환난이 있다는 것이다. 『주역』「坤卦」六四爻에서는 "囊括, 無咎無譽."를 말한다.

212 역주 : 『周易』「坤卦」, "六三, 含章可貞. 或從王事, 無成有終." 참조.

213 역주 : 『주역』「계사전상」8장, "不出戶庭, 無咎. 子曰, 亂之所生也, 則言語以爲階. 君不密, 則失臣.; 臣不密, 則失身, 几事不密, 則害成., 是以君子慎密而不也." 참조.

214 역주 : 이 구절은, 七은 화의 시작이 되지만 낮에 해당하니, 군주의 얼굴을 범하고 직간하여 처음에는 조그마한 화를 입지만, 방정하고 굳세게 절개를 지켜 신하의 바른 도를 지키면 해가 없으므로 이롭다는 것이다.

▌次八 : 馴非其正, 不保厥命. 測曰 : 馴非其正, 無所統一也.

차팔은, 따른 것이 그 바른 것이 아니어서, 그 명을 보전하지 못하였다.
측에 말하기를, 따른 것이 그 바른 것이 아니라는 것은 통일한 것이 없다는
것이다.

八爲疾瘀, 爲耗, 爲剝落而當夜, 小人事上, 左右前卻, 是非可否, 惟君是
順, 不能守道執一, 故不保其命也.

팔(八)은 질병이 되고, 소모함이 되고, 벗겨져 떨어짐이 되면서 밤에 해당하니,
소인이 위를 섬기는데 왼쪽과 오른 쪽, 앞으로 나아가는 것과 뒤로 물러나는
것, 옳은 것과 그른 것, 찬성하는 것과 반대하는 것에서 오직 군주만을 따르니,
도를 지켜 하나를 잡을 수 없다. 그러므로 그 명을 보존하지 못하였다.

▌上九 : 馴義忘生, 賴于天貞. 測曰 : 馴義忘生, 受命必也.

상구는, 의를 따르고 생을 잊으니, 하늘의 바른 명에 힘입었다.
측에 말하기를, 의를 따르고 생을 잊었다는 것은 명을 받는 것이 반드시 정해
진다는 것이다.[215]

九, 禍之窮也, 而當晝, 君子事君盡節, 有死無貳, 順義忘生, 所賴者, 天之
正命耳.

구(九)는 화(禍)가 다하고 낮에 해당하니, 군자는 군주를 섬기는 데 절개를
다하여 죽음만 있고 두 마음이 없고, 의를 따르고 삶을 잊었으니, 힘입는 것은
하늘의 바른 명이다.

· · · · · · · · · · · · · · · ·

215 역주 : 『논어』 「泰伯」에서는 "可以托六尺之孤, 可以寄百里之命, 臨大節而不可奪
也. 君子人與, 君子人也."를 말한다.

장將

 三方三州二部三家.

3방, 3주, 2부, 3가다.

將

장(將)

陰家, 水, 準未濟. 入將次八, 日次星紀, 大雪氣應. 斗建子位,²¹⁶ 律中黃鐘. 陸曰, 將者, 陰陽窮上反下, 甫當復升.²¹⁷ 旣濟曰, 物不可窮, 故受之以未濟, 其誼同之.

장수(將首)는 음가(陰家)이고, (5행에서는) 수(水)이며, 『주역』「미제괘(未濟卦)」에 준(準)한다.²¹⁸ 장(將)은 차팔(次八)에서 들어가고, 태양은 성기(星紀)에 머물러 대설(大雪)의 기와 응한다. 두(斗)는 자위(子位)에 세우고, 율은 황종(黃鐘)에 맞춘다. 육적은 말하기를 "장(將)은 음과 양이 위에서 다하고 아래로 돌아가니, 비로소 다시 오르는 것에 해당한다. 『주역』「기제괘(旣濟卦)」에 '사물은 다할 수 없다. 그러므로 미제로서 받는다'²¹⁹라고 하니, 그것은 마땅함

....

216 劉韶軍 點校 : '斗建子位'는 명초본에는 '斗柄建子'로 되어 있다. 이것은 대전본, 도장본, 장사호본에 의거해 고쳤다.
217 劉韶軍 點校 : '當'은 장사호본에는 '降'으로 되어 있다.
218 역주 :「玄錯」에서는 "將, 來初."를 말한다.

을 같이 한 것이다"라고 하였다.

▌陰氣濟物乎上, 陽信將復始乎下.

음기가 위에서 사물을 구제하니, 양은 믿고 장차 다시 아래에서 시작하려 한다.[220]

王本始作如. 今從諸家. 宋曰, 謂是時陰成物于上, 功成者退, 故陽氣復始之于下也.

왕애본에 시(始)는 여(如)로 되어 있다. 지금 제가의 판본을 따른다. 송충은 말하기를 "이 때에 음이 위에서 사물을 이루고, 공이 이루어진 것은 물러간다.[221] 그러므로 양기가 다시 아래에서 시작한다"라고 하였다.

▌初一 : 將造邪, 元厲. 測曰 : 將造邪, 危作主也.

초일은, 장차 사특한 짓을 하려하니, 시작이 위태롭다.

측에 말하기를, 장차 사특한 짓을 하려한다는 것은 위태로운 것을 주로 삼은 것이다.[222]

范曰, 厲, 危也. 元, 始也. 王曰, 居將之初, 而失位當夜, 將造于邪者也. 以危爲本, 故云作主. 光謂, 一爲思始而當夜, 故有是象.

범망본은 말하기를 "려(厲)는 위태롭다(危)는 것이다. 원(元)은 시작(始)이다"

. . . .

219 역주 : 『주역』「서괘전」, "物不可窮也, 故受之以未濟, 終焉." 참조.
220 역주 : 이 때는 음기가 위에서 사물을 이루고, 양기는 회복하여 아래에서 처음 맹아한다는 것이다. '信'을 '편대(伸)'는 글자로 볼 수 있다면 "양기가 펴서 다시 아래에서 시작하려 한다"라고 해석된다.
221 역주 : 『노자』 9장, "功成名遂身退, 天之道也." 참조.
222 역주 : '造'는 '한다(爲)'는 것이다. 一은 思의 始다. 그러므로 장차 함이 있다. 이 구절은, 장차 함이 있는데 사려가 바르지 않아 처음에는 위태로우니, 처음 시작하는 것이 이미 위태롭기에 '위태로운 것을 주로 삼았다'고 말한 것이다.

라고 하였다. 왕애는 말하기를 "장수(將首)의 처음에 있으면서 지위를 잃고 밤에 해당하니, 장차 사특한 것을 하려고 한다는 것이다. 위태로운 것으로 근본을 삼았다. 그러므로 '주로 삼았다[作主]'라고 말하였다"라고 하였다. 사마광은 생각하기를 "일(一)은 사(思)의 시(始)가 되고 밤에 해당한다. 그러므로 이 상이 있다"라고 하였다.

■ 次二 : 將無疵, 元睟. 測曰 : 將無疵, 易爲後也.

차이는, 장차 하자가 없을 것이니, 처음 시작이 순수하다.

측에 말하기를, 장차 하자가 없을 것이라고 한 것은 뒷일 하는 것이 쉽다는 것이다.[223]

范曰, 睟, 純也. 王曰, 得位當晝, 將寡其過, 故曰將無疵也. 二之本質純睟, 故云元睟. 始而無疵, 後必易繼也. 光謂, 二爲思中而當晝, 故有是象.

범망본은 말하기를 "수(睟)는 순수하다[純]는 것이다"라고 하였다. 왕애는 말하기를 "지위를 얻고 낮에 해당하니 장차 그 잘못을 적게 한다. 그러므로 '장차 하자가 없을 것이다'라고 하였다. 이(二)의 본질은 순수하다. 그러므로 '처음 시작이 순수하다(元睟)'라고 하였다. 시작에 하자가 없으면, 뒤에는 반드시 쉽게 잇게 된다"라고 하였다. 사마광은 말하기를 "이(二)는 사(思)의 중(中)이 되고 낮에 해당한다. 그러므로 이 상이 있다"라고 하였다.

■ 次三 : 鑪鈞否, 利用止. 測曰 : 鑪鈞否, 化內傷也.

차삼은, 화로나 녹로가 좋지 않으니, 멈춤을 씀이 이롭다.

측에 말하기를, 화로나 녹로가 좋지 않았다는 것은 변화하여 안이 손상된 것이다.[224]

....

223 역주 : 이 구절은, 二는 思의 中으로서 낮에 해당하고 사려가 순수하니, 잘못하는 것이 없으면 그 뒤는 반드시 하는 바가 있다는 것이다.

224 역주 : 이 구절은, 화로나 녹로가 좋지 않아 陶冶가 이루어지기 어렵고, 사려가

宋陸測作鈞不化內傷也. 今從范王本. 范曰, 冶爲鑪, 陶爲鈞. 王曰, 鑪鈞
者, 造物之始. 始而不以其道, 利在速止也. 將道益盛而失位當夜, 將而不
以理者也. 光謂, 否, 音鄙, 不善也. 三爲成意而當夜, 故有是象.

송충본, 육적본 측에는 균불화내상야(鈞不化內傷也)로 되어 있다. 지금 범망
본, 왕애본을 따른다. 범망은 말하기를 "쇠를 제련하여 화로를 만들고, 흙을
짓이겨 녹로를 만든다"라고 하였다. 왕애는 말하기를 "화로와 녹로는 물건을
만드는 시작이다. 그런데 시작하는데 도로써 하지 않으면 신속히 멈추는 것이
이롭다. 장차 도가 더욱 성대할 것이나 지위를 잃어 밤에 해당하니, 나아가지
만 이치로써 하지 않은 것이다"라고 하였다. 사마광은 생각하기를 "비(否)는
음이 비(鄙)로서, '선하지 않은 것[不善]'이다. 삼(三)은 뜻을 이룬 것이 되나
밤에 해당한다. 그러므로 이 상이 있다"라고 하였다.

▌次四 : 將飛得羽, 利以登于天. 測曰 : 將飛得羽, 其輔彊也.
차사는, 장차 날고자 하는데 깃을 얻으니, 그것으로써 하늘로 오르는 것에 사
용함이 이롭다.
측에 말하기를, 장차 날고자 하는데 깃을 얻었다는 것은 그 도운 것이 강한
것이다.[225]

四爲下祿, 爲外他而當晝, 君子得位, 人復輔之, 如將飛而得羽也.
사(四)는 하록(下祿)이 되고, 밖의 다른 것이 되나 낮에 해당하니, 군자가 지위
를 얻었는데 다른 사람이 다시 도우니, 마치 장차 날려고 하는데 날개를 얻은
것과 같다.

· · · · · · · · · · · · · · · · · ·

익숙지 않아 행하면 반드시 깨지기에 멈추는 것이 이롭다고 한 것이다. 사려가
이미 잘못되었기에 '內傷'이라 한 것이다.
225 역주 : 이 구절은, 새가 날고자 하는데, 새의 날개가 강건하면 하늘을 나는데 이롭
다는 것이다. 비유하면 사람이 나아가고자 하는데, 현능한 자의 보조를 얻으면
반드시 고원한 데 이를 수 있다는 것이다.

█次五：大爵將飛, 拔其翮. 毛羽雖衆, 不得適. 測曰：大雀拔翮, 不
足賴也.

차오는, 큰 참새가 장차 날려고 하는데 그 깃촉이 뽑히니, 털과 깃이 비록
많았으나 나갈 수 없다.

측에 말하기를, 큰 참새가 나는데 깃촉이 뽑혔다는 것은 힘입기에 부족하다는
것이다.[226]

王曰, 五居盛位, 當爲首主, 而失位當夜, 乖于其宜. 如大鳥將飛, 而拔其六
翮, 雖有毛羽之衆, 安得有所往哉. 光謂, 晉平公曰, 吾食客三千餘人, 尙可
謂不好士乎. 古桑曰,[227] 鴻鵠沖天, 所恃者六翮耳. 夫腹下之毳, 背上之毛,
增去一把, 飛不爲高下. 不知君之食客, 其六翮耶, 將腹背之毳耶.

왕애는 말하기를 "오(五)는 성대한 지위에 있어 마땅히 수(首)의 주인이 되어
야 하나, 지위를 잃고 밤에 해당하니, 그 알맞은 것에 어그러졌다. 이것은 마치
큰 새가 장차 날려고 하는데 그 여섯 깃촉을 뽑힌 것과 같으니, 비록 털과
깃이 많더라도 어떻게 가는 바가 있음을 얻겠는가?"라고 하였다. 사마광은 생
각하기를 "진평공(晉平公)이[228] '나는 식객이 삼천 명인데 오히려 선비를 좋아
하지 않는다고 이를 수 있겠는가?'라고 하자, 고상(古桑)은 말하기를 '기러기와
고니가 하늘 높이 나는데 믿는 바는 여섯 개의 깃촉일 뿐이다. 대저 배 밑의
솜털과 등 위의 털을 한 웅큼 씩 더하거나 제거하면 날아도 높이 날거나 아래

. . . .

226 역주 : '爵'은 '참새[雀]'와 같다. 『맹자』「이루장」에서는 "爲叢驅爵者, 鸇也."라고
한다. '翮'은 『설문』에서는 "羽莖也."라고 한다. 이것은 6翮을 가리키는 것으로,
'날개[翅]'다. '適'은 '간다[往]'는 것이다. 이 구절은, 큰 새가 장차 날 때 그 날개를
뽑으면 비록 毛羽가 많더라도 갈 수 없다는 것이다. 비유하면 군자가 무엇을 행
하고자 할 때 그 賢相과 중신을 제거하면, 그 나머지 무능한 무리들이 비록 많아
도 의지할 수 없어 큰 성공을 이룰 수 없다는 것이다.

227 劉韶軍 點校 : '古'는 명초본에는 '故'로 되어 있다. 이것은 대전본, 도장본, 장사호
본에 의거해 고쳤다.

228 역주 : '晉平公'은 姬姓으로, 晉氏다. 名은 彪다. 原文은 "晉平公問於師曠曰, 吾年
七十, 欲學, 恐已暮矣. 師曠曰, 何不秉燭乎. 平公曰, 安有爲人臣而戲其君乎. 師
曠曰, 盲臣安敢戲君乎. 臣聞之, 少而好學, 如日出之陽, 壯而好學, 如日中之光, 老
而好學, 如秉燭之明. 秉燭之明, 孰與昧行乎. 平公曰, 善哉."이다.

에서 날지 못한다. 그대의 식객이 그 여섯 깃촉인지 장차 배나 등의 솜털인지 알 수 없다'라고 했다"[229]라고 하였다.

■ **次六 : 日失烈烈, 君子將衰降. 測曰 : 日失烈烈, 自光大也.**

차육은, 태양이 기우는 것이 성하고 성하니, 군자는 장차 쇠약하게 되면 내려온다.

측에 말하기를, 태양이 기우는 것이 성하고 성하다는 것은 스스로 빛나고 크다는 것이다.[230]

宋陸本衰降作襄隆, 王本降亦作隆.[231] 今從范小宋本. 小宋本失作戾. 今從諸家. 范曰, 降, 下也. 五爲日中, 故六爲日昳也. 烈烈, 盛也. 日之熱常在中之後, 故言烈烈也. 光謂, 失與昳同, 徒結切. 六爲上祿,[232] 然過中而當晝, 雖有烈烈之盛, 君子知其將衰, 能自降抑, 故不失其光大也.

송충본, 육적본에는 쇠강(衰降)이 양융(襄隆)으로 되어 있다. 왕애본에 강(降) 또한 융(隆)으로 되어 있다. 지금 범망본, 송유간본을 따른다. 송유간본에는 실(失)이 측(戾)으로 되어 있다. 지금 제가의 판본을 따른다. 범망은 말하기를

. . . .

229 역주 : 전후 좌우 문장은 다음과 같다. 劉向, 『新序』 「雜事第一」, "晉平公畜西河, 中流而歎曰, 嗟乎, 安得賢士與共此樂乎. 船人固桑進對曰, 君言過矣. 夫劍産于越, 珠産于江漢, 玉産于昆山, 此三寶者, 皆無足而至, 今君苟好士, 則賢士至矣. 平公曰, 固桑, 來. 吾門下食客三千餘人, 朝食不足, 暮收市租, 暮食不足, 朝收市租, 吾尙可謂不好士乎. 固桑對曰, 今夫鴻鵠高飛沖天, 然其所恃者六翮耳. 夫腹下之毳, 背上之毛, 增去一把, 飛不爲高下. 不知君之食客, 六翮耶, 將腹背之毳也. 平公嘿嘿而不應焉." 참조.

230 역주 : '失'은 '기운대(昳)'는 것이다. 『설문』에서는 "日戾也."라고 한다. 이 구절은, 해가 中을 지나 기울어지는데 비록 열열한 빛의 성대함이 있지만, 장차 반드시 해는 져서 저물게 되므로, 군자는 해가 저물 것을 알고 먼저 스스로 겸손하면서 아래로 하면 반드시 광대함이 있다는 것이다.

231 劉韶軍 點校 : '王本降亦作隆'은 명초본에는 없다. 이것은 대전본, 도장본, 장사호본에 의거해 보충하였다.

232 劉韶軍 點校 : '祿'은 명초본에는 '福'으로 되어 있다. 이것은 대전본, 도장본, 장사호본에 의거해 고쳤다.

"강(降)은 내려간다(下)는 것이다. 오(五)는 태양이 중천에 있다. 그러므로 육(六)은 태양이 기우는 것이 된다. 열렬(烈烈)은 성대하다(盛)는 것이다. 태양의 열은 항상 중(中)의 뒤에 있다. 그러므로 열렬(烈烈)이라 하였다"라고 하였다. 사마광은 생각하기를 "실(失)은 해가 기울어진다(昳)는 것이다. 육(六)은 상록(上祿)이 되나, 중(中)을 지나치고 낮에 해당하니, 비록 열렬하게 성대한 것이 있어도 군자는 장차 쇠약하게 될 것을 알아 스스로 내려가 억제한다. 그러므로 그 빛나고 큰 것을 잃지 않는다"라고 하였다.

▌次七 : 跌舡跋車, 其害不遐. 測曰 : 跌舡跋車, 不遠害也.

차칠은, 배[賢者]를 밟아 파괴하고 수레[賢者]를 들어 뒤집어버리니, 그 해가 멀지 않았다.

측에 말하기를, 배[賢者]를 밟아 파괴하고 수레[賢者]를 들어 뒤집어버렸다는 것은 해가 멀지 않다는 것이다.[233]

王本舡作肔, 遐作遠. 今從宋陸范本. 跌, 古穴切. 跋, 蒲撥切. 范曰, 七爲失志, 舡車, 載治之具. 賢者亦治世之具也.[234] 失志之主, 故踢跌之.[235] 棄治之具, 害自己招, 故不遠也. 光謂, 七爲禍始而當夜, 故有是象. 國之將敗, 先棄賢輔者也.

왕애본에 강(舡)은 꿩(肔)으로 되어 있고, 하(遐)는 원(遠)으로 되어 있다. 지금 송충본, 육적본, 범망본을 따른다. 결(跌)은 고(古)와 혈(穴)의 반절이다. 발(跋)은 포(蒲)와 발(撥)의 반절이다.[236] 범망은 말하기를 "칠(七)은 뜻을 잃은

. . . .

233 역주 : '舡'은 '배[船]'와 같다. '跌'은 '밟는다[蹋]'는 것이다. '跌舡拔車'는 수레와 배를 버리고 사용하지 않는다는 것이다. 비유하면 사람이 자신을 돕는 인물들을 버리고 쓰지 않는다는 것이다. '遐'는 '멀다[遠]'는 것이다.
234 劉韶軍 點校 : '世'는 명초본에는 없다. 이것은 대전본, 도장본, 장사호본에 의거해 보충하였다.
235 劉韶軍 點校 : '跌'은 명초본에는 '跩'로 되어 있다. 이것은 대전본, 도장본, 장사호본 및 만옥당본에 의거해 고쳤다.
236 역주 : '跋'[bá]은 蒲[pú]와 拨[bō]의 반절로 하라는 것이다.

것이 되고, 배와 수레는 (물건을) 싣고 다스리는 도구이다. 어진 이는 또한 세상을 다스리는 도구다. 뜻을 상실한 군주이다. 그러므로 차고 밟는다고 하였다. 다스리는 도구를 버려서 해로움을 자기가 불러들였다. 그러므로 (해로운 것이) 멀지 않다"라고 하였다. 사마광은 생각하기를 "칠(七)은 화(禍)의 시(始)가 되고 밤에 해당한다. 그러므로 이 상이 있다. 국가가 장차 무너지려고 하면 먼저 현명한 참모를 버린다"라고 하였다.

■ 次八 : 小子在淵, 丈人播舡. 測曰 : 丈人播舡, 濟溺世也.
차팔은, 백성이 연못에 빠져있는데, 늙은 사람[賢者]이 배를 베풀어 구조하였다. 측에 말하기를, 늙은 사람[賢者]이 배를 베풀었다는 것은 물에 빠진 세상 사람들을 구제한 것이다.[237]

范曰, 小子, 謂百姓也. 在禍難中, 若在淵也, 丈人播舡而濟之. 光謂, 八爲禍中而當晝, 故有是象.
범망은 말하기를 "소자(小子)는 백성을 이른다. 재난 속에 있는 것이 연못에 빠져있는 것과 같아, 늙은 사람이 배를 보내 구제하였다"라고 하였다. 사마광은 생각하기를 "팔(八)은 화(禍)의 중(中)이 되나 낮에 해당한다. 그러므로 이 상이 있다"라고 하였다.

■ 上九 : 紅蠶緣于枯桑, 其繭不黃. 測曰 : 緣枯不黃, 蠶功敗也.
상구는, (늙은) 붉은 누에가 (배가 고파 잎이 없는) 마른 뽕나무에 올라가서 먹을 것을 구하나, 그 고치는 누렇지 않았다.
측에 말하기를, 마른 뽕나무의 고치는 누렇지 않았다는 것은 누에를 치는 일이 실패하였다는 것이다.[238]

· · · · · · · · · · · · · · · · · · · ·

237 역주 : 이 구절은, 小子(=백성)이 물에 빠지자, 늙은 사람[賢者]이 배를 가지고 와 구조하였다는 것이다. 비유하면 백성이 화난 가운데에서 곤란을 당하자, 현자가 있어 구제한다는 것이다.

范本測緣枯不黃作緣于枯桑, 王本作枯桑不黃. 今從宋陸本. 范曰, 蠶之初生, 有毛爲老, 故爲紅.[239] 王曰, 九居亢極而失位當夜, 無所復將. 紅蠶, 蠶之病者, 而緣于枯桑, 則何由成其繭矣. 不黃, 謂不中用也.

범망본 측에 연고불황(緣枯不黃)은 연우고상(緣于枯桑)으로 되어 있고, 왕애본에는 고상불황(枯桑不黃)으로 되어 있다. 지금 송충본, 육적본을 따른다. 범망은 말하기를 "누에가 처음 태어났을 때 털이 있으면 늙은 것이다. 그러므로 '붉다[紅]'라고 하였다"라고 하였다. 왕애는 말하기를 "구(九)는 올라간 곳이 지극한 것에 있고 지위를 잃고 밤에 해당하니, 다시 나아갈 바가 없다. 붉은 누에는 누에가 병든 것인데, 마른 뽕나무에 올라가면 무엇을 말미암아 그 누에고치를 이루겠는가? '누렇지 않다[不黃]'는 것은 쓰기에 알맞지 않다는 말이다"라고 하였다.

· · · · · · · · · · · · · · · · · · · ·

238 역주 : '紅蠶'은 老蠶이다. '蠶'이 늙으면 홍색이 된다.

239 劉韶軍 點校 : '爲'는 명초본에는 '曰'로 되어 있다. 이것은 대전본, 도장본, 장사호본 및 만옥당본에 의거해 고쳤다.

난難

▦ 三方三州三部一家.
3방, 3주, 3부, 1가다.

難
난(難)

乃旦切, 陽家, 火, 準蹇.
난수(難首)는 내(乃)와 단(旦)의 반절로서 양가(陽家)이고, (5행에서는) 화(火)
이며, 『주역』「건괘(蹇卦)」에 준(準)한다.[240]

▌陰氣方難, 水凝地坼, 陽弱於淵.
음기는 바야흐로 어려운 시기로서, 물은 얼고 땅은 갈라지는데, 양은 땅속 깊
은 곳에서 미약하나마 그 기운을 위로 뻗쳐 올라가려 한다.[241]

小宋本陰氣方難作太陰難. 今從諸家. 小宋曰, 陰氣窮極, 陽信來復. 陰懼

· · · · · · · · · · · · · · · · · · ·
240 역주 : 『주역』「서괘전」에서는 "蹇者, 難也."라고 한다.
241 역주 : 이 때는 물은 얼고 땅을 갈라져 이미 음양이 교체하는 시점에 들어가고,
      양기는 아직 아래에 있어 미약하나 위로 그 기세를 뻗쳐올라가려 한다는 것이다.

686 태현집주

于陽, 大作險難.

송유간본에 음기방난(陰氣方難)은 태음난(太陰難)으로 되어 있다. 지금 제가의 판본을 따른다. 송유간은 말하기를 "음기가 극도에 도달하니 양이 펼쳐다시 돌아왔다. 음이 양을 두려워하여 크게 험하고 어려운 것을 일으켰다"라고 하였다.

■ 初一 : 難我冥冥. 測曰 : 難我冥冥, 見未形也.

초일은, 내[陽氣]가 (아직은 힘이 미약하고 음기가 강한 시절이기에) 어둡고 어두운 것을 어려워한다.
측에 말하기를, 내[陽氣]가 (아직은 힘이 미약하고 음기가 강한 시절이기에) 어둡고 어두운 것을 어려워한다는 것은 아직 형을 드러내지 않았다는 것이다.[242]

范本作未見形也, 今從二宋陸王本. 難者, 阻抑之象. 一, 思之微也, 而當晝, 阻抑禍惡于未形之時, 夫何病哉.

범망본에는 미현형야(未見形也)로 되어 있다. 송충본, 송유간본, 육적본, 왕애본을 따른다. 험난한 것이 막히고 억눌려진 상이다. 일(一)은 사(思)가 미약하고 낮에 해당하니, 화(禍)와 악이 아직 드러나지 아니한 때에 막고 억누르니, 대저 무슨 병통이 있겠는가.

■ 次二 : 凍于冰漬, 狂馬搖木. 測曰 : 狂馬搖木, 妄生也.

차이는, (음양이 교체되는 시기에) 언 얼음이 녹아 부서지니, 미쳐서 날 뛰는 말에 나무로 채찍질한다.

....

242 역주 : '我'는 양기가 자칭한 것이다. 이 구절은, 이 때 음기가 위에서 크게 어려운
일을 일으키니 양기는 어두운 가운데 抑揚하는데, 양기는 다시 아래에 잠겨 맹아
하지만 아직 그 형적을 나타내지 않았다는 것이다.

측에 말하기를, 미쳐서 날뛰는 말에 나무로 채찍질한다는 것은 (음기의 사악한 기운이) 망령되이 생겼다는 것이다.[243]

范本無于字. 揣作㮶.[244] 今從二宋陸王本. 闕
범망본에는 우(于)자가 없다. 췌(揣)는 타(㮶)로 되어 있다. 송충본, 송유간본, 육적본, 왕애본을 따른다. 해설이 빠졌다.

▌次三 : 中堅剛, 難于非常. 測曰 : 中堅剛, 終莫傾也.
차삼은, (양기가) 마음이 굳고 강하지만 (여전히 음기가 왕성한) 비상한 상황에 어려워한다.[245]
측에 말하기를, (양기가) 마음이 굳고 강하다는 것은 (여전히 음기가 왕성한 상황에서도 양기가) 끝내 기울지 않는다는 것이다.

王本傾作顧. 今從諸家. 三爲成意而當晝, 心能堅剛, 以阻抑非常者也.[246]
왕애본에 경(傾)은 고(顧)로 되어 있다. 지금 제가의 판본을 따른다. 삼(三)은 뜻을 이룬 것이 되고 낮에 해당하니, 마음이 굳고 강한 것으로써 비상한 것을 막고 누를 수 있다.

....

243 역주 : 이 구절은, 언 얼음이 부서지고 위에서는 말을 채찍질하여 광분하니, 반드시 화란이 생긴다는 것이다. 비유하면 사람이 사려를 일삼지 않고 광분하면서 망령되이 행동하면, 반드시 험난한 것을 만난다는 것이다.
244 劉韶軍 點校 : '㮶'는 명초본에는 '揣'로 되어 있다. 이것은 오류거본에 의거해 고쳤다.
245 역주 : 이 구절은, 본성은 굳고 강하지만, 음기가 여전히 왕성한 비상한 상황에서는 곤란한 점이 있다는 것이다. 三은 木에 해당하는데, 難首의 火를 만난 것이다.
246 劉韶軍 點校 : '抑'은 명초본에는 '柳'으로 되어 있다. 이것은 대전본, 도장본, 장사호본에 의거해 고쳤다.

▌次四：卵破石鵽,²⁴⁷ 測曰：卵破之鵽, 小人難也.

차사는, 알[소인]로 돌[군자]를 깨니, (돌에 의해) 알이 파손되어 부화하지 못한다.
측에 말하기를, 알이 파손되어 부화화지 못한다는 것은 소인이 (군자와 함께
일을 하기가) 어렵다는 것이다.²⁴⁸

宋陸王本難作雜. 今從范小宋本. 鵽, 徒玩切. 王曰, 當難之時, 失位當夜,
不知難之道. 是欲以卵破石, 則其鵽壞而不生也必矣.

송충본, 육적본, 왕애본에 난(難)은 잡(雜)으로 되어 있다. 지금 범망본, 송유
간본을 따른다. 단(鵽)은 도(徒)와 완(玩)의 반절이다. 왕애는 말하기를 "어려
운 때를 당해 지위를 잃고 밤에 해당하여 어려움에 대처하는 도를 알지 못한
다. 이것은 알로써 돌을 깨고자 하는 것이니, 알이 파손되어 살지 못하는 것은
틀림없다.

▌次五：難無間, 難大不勤. 測曰：難無間, 中密塞也.

차오는, 어려운 상황이지만 (곤란한 것이 들어올) 틈이 없기 때문에, 어려움이
크지만 부지런히 노력하지 않아도 면하게 된다.
측에 말하기를, 어려운 상황이지만 (곤란한 것이 들어올) 틈이 없다는 것은
가운데를 빽빽하게 하여 막았다는 것이다.

. . . .

247 劉韶軍 點校 : '卵', '鵽'은 명초본에는 '卵', '鵽'으로 되어 있다. 지금 '卵'은 도장본
　　에 의거해 고쳤다. '鵽'은 주석의 문장에서 나온 反切에 의거해 고쳤다. 아래도
　　아울러 이것이다.
248 역주 : '鵽'은 『說文』에서는 "卵不孚(=孵)也."라고 한다. 즉 알이 새가 되지 못한
　　것을 '鵽'이라고 한다. 이 구절은, 알로 돌을 깨트리면 그 알은 반드시 깨지고,
　　알이 깨지면 살아나지 못하므로 '鵽'이라고 한 것이다. 비유하면 소인이 시무를
　　알지 못하면 반드시 위난을 만난다는 것이다. 이런 해석과 반대로 만약 '卵'을
　　군자로 비유하고 '石'을 소인으로 비유하면, 사람이 어려운 때에 당해 군자의 도
　　는 쇠해지고 소인의 도는 자라니, 이것은 알이 깨지는 것은 돌이 깬 것 때문에
　　그렇다는 것을 말한 것이다. 말하자면 군자가 소인에게 해를 당한다는 것이다.

王曰, 得位處中, 爲難之主, 是能窒塞其端而無間, 則禍難無自入矣. 雖處大難之際, 不勞勤力而遂勉焉.

왕애는 말하기를 "지위를 얻어 중에 처해 난수(難首)의 주인이 되니, 이것은 그 끝을 막아 틈이 없게 할 수 있으면 재난이 들어올 바가 없어, 비록 큰 어려움에 처하더라도 부지런히 힘을 쓰지 않아도 마침내 면하게 된다"라고 하였다.

▌次六：大車川川, 上輆于山, 下觸于川. 測曰：大車川川, 上下軔也.

차육은, 큰 수레가 더디고 더디니, 위로는 산을 만나 막혔고, 아래로는 내에 부딪쳐 막혔다.

측에 말하기를, 큰 수레가 더디고 더디었다는 것은 위와 아래에서 막힌 것이다.[249]

宋陸王本川川作巛巛. 吳曰, 巛, 古川字. 范王小宋本上下軔作上下輆. 今從宋陸本. 吳曰, 輆, 古海切,[250] 礙也. 軔, 而振切. 范曰, 川川, 重遲之貌. 王曰, 六居盛滿而失位當夜, 不得免難之宜也.

송충본, 육적본, 왕애본에 천천(川川)은 천천(巛巛)으로 되어 있다. 오비는 말하기를 "천(巛)은 옛날 천(川)자다"라고 하였다. 범망본, 왕애본, 송유간본에는 상하인(上下軔)이 상하해(上下輆)로 되어 있다. 지금 송충본, 육적본을 따른다. 오비는 말하기를 "해(輆)는 고(古)와 해(海)의 반절이니, 막는다(礙)는 것이다. 인(軔)은 이(而)와 진(振)의 반절이다"라고 하였다. 범망은 말하기를 "천천(川川)은 무겁고 느린 모양이다"라고 하였다. 왕애는 말하기를 "육(六)은 성대하게 가득한 것에 있으나 지위를 잃고 밤에 해당하니, 어려움을 면하는 마땅함

. . . .

249 역주 : '軔'은 『설문』에서는 "礙車也."라고 한다. 사물이 움직이는 것을 멈추게 하는 것은 모두 '軔'이라 한다. 이 구절은, 큰 수레는 무거운 짐을 싣고 위로는 산에서 막혔고, 아래로는 깊은 물에서 막혀 위와 아래에서 막혀 갈 수 없다는 것이다. 비유하면 왕성하고 가득한 것이 중을 넘어서면 어려움을 면하지 못한다는 것이다.
250 劉韶軍 點校 : '苦'는 명초본에는 '古'로 되어 있다. 이것은 대전본 및 『廣韻』에 의거해 고쳤다.

을 얻지 못한 것이다"라고 하였다.

▌次七 : 拔石砤砤, 力沒以引. 測曰 : 拔石砤砤, 乘時也.

차칠은, 힘을 다해 당겨서 돌을 뽑았지만 어려워서 힘을 다하여 당겼다.
측에 말하기를, 돌을 뽑는 것이 어려웠다는 것은 때를 탄 것이다.[251]

范本引作盡. 今從二宋陸王本. 砤, 之人切. 宋曰, 時謂晝也. 范曰, 石以諭
難. 砤砤, 難致之貌. 王曰, 力沒謂盡力而引, 將出于難也. 勞而僅勉, 以得
位當晝之故也.

범망본에는 인(引)이 진(盡)으로 되어 있다. 지금 송충본, 송유간본, 육적본,
왕애본을 따른다. 진(砤)은 지(之)와 인(人)의 반절이다. 송충은 말하기를 "시
(時)는 낮[晝]을 말한다"라고 하였다. 범망은 말하기를 "돌로써 어려움을 비유
하였다. 진진(砤砤)은 어렵게 이룬 모양이다"라고 하였다. 왕애는 말하기를
"'힘을 다하였다(力沒)'는 것은 있는 힘을 다해 당겨서 장차 어려움에서 벗어날
것이라는 말이다. 노력하여 겨우 면한 것은 지위를 얻고 낮에 해당하기 때문
이다"라고 하였다.

▌次八 : 觸石決木, 維折角. 測曰 : 觸石決木, 非所治也.

차팔은, (어려움을 피하려고) 돌에 부딪치고 나무를 잘랐지만, 오직 뿔이 꺾이
는 흉함을 당하였다.
측에 말하기를, (어려움을 피하려고) 돌에 부딪치고 나무를 잘랐다는 것은 (올
바로) 다스린 바가 아니라는 것이다[252].

· · · · · · · · · · · · · · · · · ·
251 역주 : '力沒'은 '힘을 다하는 것'이다. 이 구절은, 힘을 다해 어려움을 뽑으니, 어려
     움이 비록 크더라도 장차 뽑아낼 수 있으니, 그 때를 얻었다는 것이다.
252 역주 : 이 구절은, 八은 剝落이 되고 또 禍의 중으로서, 쇠락하는 때에 또 화의
     중에 처하여 난을 피할 줄 모르고, 나아가 돌에 부딪치고 나무를 끊으니, 반드시
     뿔이 꺾이는 흉한 것을 당하기에 결과적으로 다스린 것이 마땅하지 않다는 것이다.

王曰, 難道轉極, 而失位當夜, 無以自勉, 是觸石決木, 必遇折角之凶. 光謂, 遇難當循理以免, 乃與木石爲敵, 非所以治難也.

왕애는 말하기를 "어려운 도가 더욱 더 극에 달하고, 지위를 잃고 밤에 해당하여 스스로 면할 수가 없으니, 이것이 돌에 부딪치고 나무를 잘랐으나 반드시 뿔이 꺾이는 흉함을 만나게 된다는 것이다"라고 하였다. 사마광은 생각하기를 "어려움을 만나면 마땅히 이치를 따름으로써 면해야 하는데, 나무와 돌과 더불어 대적하니, 어려움을 다스리는 것이 아니다"라고 하였다.

█ 上九 : 角觟觟, 終以直, 其有犯. 測曰 : 角觟觟, 終以直之也.

상구는, 해치에 뿔이 있는데 끝내 곧음으로써 하니, 그 범한 것이 있다. 측에 말하기를, 해치에 뿔이 있다는 것은 끝내 뿔로써 곧게 하였다는 것이다.[253]

范本觟觟作解豸. 范本王其有犯作其有施, 小宋本作有所施. 今從宋陸本. 觟觟與解豸同. 觟, 音蟹. 觟, 直介切. 王曰, 處難之極, 而得位當晝, 是以直免禍. 若用其解豸之角以直之,[254] 終必有所施, 而不至于咎悔也. 光謂, 解豸之角, 所犯必以直也.

범망본에 해치(觟觟)는 해치(解豸)로 되어 있다. 범망본에는 왕기유범(王其有犯)이 기유시(其有施)로 되어 있고, 송유간본에는 유소시(有所施)로 되어 있다. 지금 송충본, 육적본을 따른다. 해치(觟觟)는 해치(解豸)와 같다. 해(觟)는 음이 해(蟹)다. 치(觟)는[255] 직(直)과 개(介)의 반절이다. 왕애는 말하기를 "어

....

253 역주 : 이 구절은, 해치의 뿔은 범하는 것을 행하는데, 반드시 곧은 것으로 한다는 것이다. 비유하면 사람이 정직한 행위로 어려운 것을 밀치고 어지러운 것을 풀면, 화를 면하고 허물이 없다는 것이다.

254 劉韶軍 點校 : '之'는 명초본에는 '而'로 되어 있다. 이것은 대전본, 도장본, 장사호본에 의거해 고쳤다.

255 역주 : '觟'는 우리나라 발음으로는 '치'인데, 중국어로는 zhì로 발음된다. 『唐韻』에서는 "救豸切."라 하고, 『集韻』에서는 "丑豸切"라고 한다. 『태현경』 주석에서는 直[zhí]와 介[jiè]의 반절로 하라는 것이다. 여기서는 그냥 '치'라고 발음한다. 만약

려움의 극치에 처했지만 지위를 얻고 낮에 해당하니, 이것은 곧음으로 화(禍)를 면한 것이다. 만약에 그 해치의 뿔을 사용하여 곧게 한다면, 마침내 반드시 베푸는 바가 있어 허물이나 뉘우침에 이르지 않는다"라고 하였다. 사마광은 생각하기를 "해치의 뿔은 반드시 곧음으로써 범한다"라고 하였다.

・・・・・・・・・・・・・・・・・・・
'觿'를 우리나라 음으로 '체'라고 발음하면 중국어 반절에 가까운 발음이 된다.

근勤

▦ 三方三州三部二家.

3방, 3주, 3부, 2가다.

勤

근(勤)

陰家, 木, 亦準蹇.

근수(勤首)는 음가(陰家)이고, (5행에서는) 목(木)이며, 또한 『주역』「건괘(蹇卦)」
에 준(準)한다.[256]

▌太陰凍冱難創于外,[257] 微陽邸冥豬力于內.

태음은 얼어 있으면서 (양기에 의해) 밖에서 상하는 것을 두려워하는데, 미약
한 양은 어두움 속에서 충돌하여 안에서 힘을 썼다.[258]

· · · · · · · · · · · · · · · · · · · ·

256 역주 : 「玄衝」에서는 "勤, 苦而無功也."라고 한다. 「玄錯」에서는 "勤, 躩躩."이라
      한다. 모두 부지런함의 노고와 간난을 말한 것이다.
257 劉韶軍 點校 : '冱'는 명초본에는 '泫'으로 되어 있다. 이것은 대전본에 의거해 고
      쳤다. 명초본 '互'는 모두 '玄'으로 되어 있다. '泫'은 즉 '冱'의 잘못된 것임을 알
      수 있다. 文意에 의거하면 마땅히 '冱'字이어야 한다. 아래도 이와 같다.
258 역주 : '冱'는 단단한 얼음이다. '戁'은 '두려워하는[懼]' 것이다. '邸'는 '저촉한다[抵]'

694 태현집주

諸家無太字. 今從小宋本. 小宋本冥作實. 今從諸家. 戁, 奴板切. 吳曰, 悚,
懼也. 邸與抵同. 王曰, 陰氣已極, 雖凍冱凝閉, 而戁恐創哎于外, 陽氣尙微
而將抵觸冥昧之中, 以見其膂力于內. 陰極陽生之漸,[259] 故象勤勞也.

제가의 판본에는 태(太)자가 없다. 지금 송유간본을 따른다. 송유간본에 명
(冥)은 치(實)로 되어 있다. 지금 제가의 판본을 따른다. 난(戁)은 노(奴)와 판
(板)의 반절이다. 오비는 말하기를 "송(悚)은 두려워한다(懼)는 것이다. 저(邸)
는 저촉한다(抵)는 것이다"라고 하였다. 왕애는 말하기를 "음기(陰氣)가 이미
극에 달하여, 비록 얼고 엉키고 닫혀있지만 밖에서 상할까 두려워한다. 양기
는 아직 미약하나, 장차 어둠움 속에서 충돌하여 안에서 힘쓰는 것을 보이니,
음이 다하고 양이 생겨나는 조짐이다. 그러므로 부지런히 수고하는 것을 본뜬
것이다"라고 하였다.

▌初一：勤謀于心, 否貞. 測曰：勤謀否貞, 中不正也

초일은, 마음에서 부지런히 꾀했지만, 바르지 않다.
측에 말하기를, 부지런히 꾀했으나 바르지 않다는 것은 마음이 바르지 않은
것이다.

諸家無謀字. 今從宋陸本. 王曰, 處勤之初, 而失位當夜, 勤而不以其道者
也. 否貞, 不正之謂也. 光謂, 一爲思始而爲勤勞, 居勤家而當夜,[260] 故有
是象.

제가의 판본에는 모(謀)자가 없다. 지금 송충본, 육적본을 따른다. 왕애는 말
하기를 "근수(勤首)의 처음에 처하여 지위를 잃고 밤에 해당하니, 부지런했지

. . . .
는 것이다. '膂力'은 '노력한다'는 것이다. 이 구절은, 이 때 음기가 밖에 크게 얼었
지만 미약한 양이 힘써 노력해 안에서 저촉하니, 음은 양이 나와 손상을 입힐까봐
두려워한다는 것이다.
259 劉韶軍 點校 : '生'은 명초본에는 '主'로 되어 있다. 이것은 대전본, 도장본, 장사호
본에 의거해 고쳤다.
260 劉韶軍 點校 : '家'는 명초본에는 '勞'로 되어 있다. 이것은 대전본, 도장본, 장사호
본에 의거해 고쳤다.

만 그 도로써 아니한 것이다. 부정(否貞)이란 '바르지 않다(不正)'는 것을 이른 것이다'라고 하였다. 사마광은 생각하기를 "일(一)은 사(思)의 시(始)가 되고, 근로함이 되고, 근가(勤家)에 있으면서 밤에 해당한다. 그러므로 이 상이 있다'라고 하였다.

▌次二 : 勞有恩, 勤悾悾, 君子有中. 測曰 : 勞有恩勤, 有諸情也.

차이는, 수고롭게 은택을 사람에게 베풀고, 부지런하여 성의가 있으니, 군자가 충정(衷情)이 있다는 것이다.
측에 말하기를, 수고롭게 은택을 베풀면서 부지런히 하였다는 것은 애정에서 나왔다는 것이다.[261]

悾, 音空. 王曰, 二得位當晝, 得勤之道. 勞而有恩, 勤不虛施者也. 悾悾猶款款也.[262] 勤而款款, 不倦其勤者也. 又得君子之中道, 則何咎悔之能及乎. 光謂, 中, 衷情也. 二爲思中而當晝, 君子盡忠于人, 恩斯勤斯, 至誠悾悾, 非徒有于外者也.

공(悾)은 음이 공(空)이다. 왕애는 말하기를 "이(二)는 지위를 얻고 낮에 해당하니, 근수(勤首)의 도를 얻었다. 수고롭지만 은혜가 있다는 것은, 부지런하면서 헛되이 베풀지 않았다는 것이다. 공공(悾悾)은 성의가 있다(款款)는 것이다. 부지런하면서 성의가 있다는 것은, 그 부지런한 것에 게으르지 않았다는 것이다. 또 군자의 중도를 얻으면 어떤 허물이나 후회가 미칠 수 있겠는가?'라고 하였다. 사마광은 생각하기를 "중(中)은 충정(衷情)이다. 이(二)는 사(思)의 중(中)이 되고 낮에 해당하니, 군자는 다른 사람에게 충성을 다하고, 은혜롭고 부지런하며 지극한 정성으로 성의 있게 하니, 다만 밖에만 있는 것이 아니다."라고 하였다.

· · · · · · · · · · · · · · · · · ·

261 역주 : '中'은 '속마음[衷]'으로, 정성스러운 마음이다.
262 劉韶軍 點校 : '悾悾'은 명초본에는 '空空'으로 되어 있다. 이것은 대전본, 도장본, 장사호본에 의거해 고쳤다.

次三：羈角之吾, 其泣呱呱, 未得縗扶. 測曰：羈角之吾, 不得命也.

차삼은, 머리를 장식한 어린아이가 고고하면서 울었지만 아직 안아주고 떠받쳐줌을 얻지 못하였다.

측에 말하기를, 머리를 장식한 어린아이라는 것은 생명을 얻지 못했다는 것이다. [263]

小宋本未有作美有. 今從諸家. 二宋陸范本扶皆作杖. 今從王本. 縗, 兩切. 宋曰, 羈角謂童幼也. 王曰, 男角女羈, 孩子之飾也. 吾者, 吾吾然無所歸之貌. 呱呱, 泣聲. 縗, 抱. 扶, 持也. 若孩童之吾吾而泣, 不得長者抱持之, 雖勤勞怨苦,[264] 終無所歸,[265] 以諭三當勞苦之時, 而失位當夜, 無所復歸, 故云然也.

송유간본에 미유(未有)는 미유(美有)로 되어 있다. 지금 제가의 판본을 따른다. 송충본, 송유간본, 육적본, 범망본에 부(扶)는 모두 장(杖)으로 되어 있다. 지금 왕애본을 따른다. 강(縗)은 거(居)와 양(兩)의 반절이다. 송충은 말하기를 "기각(羈角)은 아동(童幼)을 말한다"라고 하였다. 왕애는 말하기를 "(머리를 꾸미는 데) 남자는 각(角)이고, 여자는 기(羈)이니, 어린아이의 장식이다. 오(吾)란 오오연(吾吾然)하여 돌아갈 바가 없는 모양이다. 고고(呱呱)는 우는 소리다. 강(縗)은 감싼다(抱)는 것이다. 부(扶)는 떠받든다(持)는 것이다. 만약 어린아이가 오오하면서 우는데 어른이 껴안아 주고 떠받들어줌을 얻지 못하면, 비록 수고하고 원망하고 고통스럽더라도 끝내 돌아갈 바가 없게 된다. 이것으로써 삼(三)은 수고롭고 어려운 때를 당했지만, 지위를 잃고 밤에 해당하여, 돌아갈 바가 없다는 것을 깨우쳐준 것이다. 그러므로 이처럼 말한 것이다"라고 하였다.

· · · · · · · · · · · · · · · · · ·

263 역주 : '縗'은 襁褓다. 이 구절은, 유치한 孩童이 呱呱하면서 울지만, 부모의 강보에 쌓이는 보호를 받지 못하니, 반드시 생명이 손상된다는 것이다.
264 劉韶軍 點校 : '勤'은 명초본에는 없다. 이것은 대전본, 도장본, 장사호본에 의거해 보충하였다.
265 劉韶軍 點校 : '歸'는 명초본에는 없다. 이것은 대전본, 도장본, 장사호본에 의거해 보충하였다.

▌次四：勤于力, 放倍忘食, 大人有克. 測曰：勤力忘食, 大人德也.

차사는, 힘을 부지런히 하면서, 하인이 힘을 다해 일하는 것을 본받고 녹봉을 잊으니,[266] 대인이 능히 하는 일이다.

측에 말하기를, 힘을 부지런히 하면서 녹봉을 잊었다는 것은 대인의 덕이 있는 행위다.

范本陪作倍. 今從諸家. 宋陸本德作得. 今從范王小宋本. 放, 甫岡切. 王曰, 勤道轉盛而得位當晝, 不失其宜. 是當勤難之時, 而能勤其力, 放乎陪隸之事, 而忘其祿食之報, 有大人之德乃能之,[267] 以至于成功也. 光謂, 四爲下祿而當晝, 故有是象.

범망본에는 배(陪)가 배(倍)로 되어 있다. 지금 제가의 판본을 따른다. 송충본, 육적본에는 덕(德)이 득(得)으로 되어 있다. 지금 범망본, 왕애본, 송유간본을 따른다. 방(放)은 보(甫)와 망(岡)의 반절이다. 왕애는 말하기를 "근도(勤道)가 점차 성대해지면서 지위를 얻고 낮에 해당하니, 그 마땅함을 잃지 않은 것이다. 이것은 조정을 위해 충성을 다해야 할 때를 맞아 부지런히 일하고, 하인이 하는 일을 본받고 녹식(祿食)의[268] 보답하는 것을 잊으니, 대인의 덕이 있어야만 이렇게 할 수 있어 성공하기에 이르게 된다"라고 하였다. 사마광은 생각하기를 "사(四)는 하록(下祿)이 되나 낮에 해당한다. 그러므로 이 상이 있다"라고 하였다.

▌次五：狂蹇蹇, 禍邇福遠. 測曰：狂之蹇蹇, 遠乎福也.

차오는, 험난한 것을 무릅쓰고 미치도록 고생했지만(혹은 갔지만),[269] 화(禍)

---

266 역주：『논어』「述而」에는 "其爲人也, 發憤忘食, 樂以忘憂, 不知老之將至."라는 말이 나온다.

267 劉韶軍 點校：'能' 아래 대전본에는 '用'자가 있다.

268 역주：'祿食'은 俸祿을 의미한다. 『한서』「食貨志上」, "稅給郊社宗廟百神之祀, 天子奉養, 百官祿食庶事之費." 참조. '食祿'으로도 본다. 『후한서』「朱暉傳」, "祿食之家, 不與百姓爭利." 참조.

269 역주：만약 '狂'자를 '往'자로 본다면, 이 구절은, 험난한 것이 앞에 있는데, 험난한

는 가깝고 복(福)은 멀었다.
측에 말하기를, 험난한 것을 무릅쓰고 미치도록 고생하였다는 것은 복(福)에
서 멀어졌다는 것이다.

宋陸范本狂作往. 今從王小宋本. 王曰, 五居盛位而失位當夜, 勤而大失其
宜. 故象狂而蹇蹇, 宜其遠福而近禍矣.
송충본, 육적본, 범망본에 광(狂)은 왕(往)으로 되어 있다. 왕애본, 송유간본을
따른다. 왕애는 말하기를 "오(五)는 성대한 지위에 있으면서 지위를 잃고 밤에
해당하니, 부지런히 하였으나 크게 그 마땅함을 잃었다. 그러므로 미친 것처
럼 고생하였다고 하니, 그 복(福)은 멀고 화(禍)가 가까운 것은 마땅하다"라고
하였다.

▌次六：勤有成功, 幾于天. 測曰：勤有成功, 天所來²⁷⁰輔也.
차육은, 부지런히 하여 공을 이룸이 있으니, 그 덕이 하늘과 가지런히 한 것에
가까웠다.
측에 말하기를, 부지런히 하여 공을 이룸이 있다는 것은 하늘이 와서 도왔다는
것이다.

宋陸王本作天夾也. 宋曰, 夾, 近也. 近之所以福也. 陸曰, 夾者, 洽也. 小
宋本作天所夾補. 今從范本. 王曰, 六居盛位而得位當晝, 故曰勤有成功.
幾, 近也.
송충본, 육적본, 왕애본에는 천협야(天夾也)로 되어 있다. 송충은 말하기를
"협(夾)은 가깝다(近)는 것이니, 가까운 것이 복(福)이 되는 이유다"라고 하였
다. 육적은 말하기를 "협(夾)은 흡족하다(洽)는 것이다"라고 하였다. 송유간본

것을 보면 멈추어야 하는데 지금 험난한 것을 무릅쓰고 가니, 이것은 화는 가깝고
복은 멀어진다는 것이다. 『주역』「蹇卦·象傳」에는 "蹇, 難也. 險在前也. 見險而能
止, 知矣哉."라는 말이 나온다.
270 역주 : 본문은 '來'자인데, 주석에서는 주로 '夾'자로 써져 있다.

에는 천소협보(天所夾補)로 되어 있다. 지금 범망본을 따른다. 왕애는 말하기를 "육(六)은 성대한 지위에 있으면서 지위를 얻고 낮에 해당한다. 그러므로 부지런히 하여 공을 이룸이 있다. 기(幾)는 가깝다(近)는 것이다"라고 하였다.

次七：勞牽, 不其鼻于尾, 弊. 測曰：勞牽之弊, 其道逆也.

차칠은, 소를 끄는데 수고로우니, 그 코가 아니라 꼬리에 하여 피곤하였다. 측에 말하기를, 소를 끄는데 피곤하였다는 것은 그 소를 이끄는 도가 거슬렸다는 것이다.

范曰, 牽牛不其鼻而尾, 故勞弊也. 光謂, 七爲索, 爲繩, 又爲失志, 而當夜, 故有是象.

범망은 말하기를 "소를 끄는데 그 코가 아니라 꼬리에 하였다. 그러므로 수고롭고 피곤한 것이다"라고 하였다. 사마광은 생각하기를 "칠(七)은 노끈이 되고, 먹줄이 되고, 또 뜻을 잃은 것이 되고 밤에 해당한다. 그러므로 이 상이 있다"라고 하였다.

次八：勞踏踏, 心爽蒙柴不却. 測曰：勞踏踏, 躬殉國也.

차팔은, 수고로움에 민첩하고, 마음이 밝아 세찬 불이 난 나무 섶에 있는 것처럼 어렵지만 물러나지 않았다.

측에 말하기를, 수고로움에 민첩하다는 것은 몸을 나라에 바쳤다는 것이다.[271]

. . . .

271 역주 : '踏踏'은 『이아』「釋訓」에서는 "踏, 敏也."라고 한다. 부지런하고 빠른 모양이다. '爽'은 『說文』에서는 "明也."라고 한다. '蒙'은 '덮는다'는 것이다. '蒙柴'는 세찬 불이 몸을 태운다는 것이다. 이 구절은, 부지런하게 힘쓰면서 힘을 다하고, 뜨거운 것에 임하고 불을 밟아도 있는 곳을 사양하지 않으니, 몸을 다해 報國한다는 것이다. 葉子奇는 "踏踏, 勞貌. 蒙柴, 謂蒙冒柴木之中, 言其所行勞甚也. 八禍中, 能盡其勞而踏踏然, 其心之精爽惟在於勤王, 雖有難阻, 曾無退却之心也."라고 주석한다.

碏, 吳, 資昔切. 小宋音鵲. 闕

작(碏)은 오비는 자(資)와 석(昔)의 반절이라고[272] 하였다. 송유간은 음이 작(鵲)이라고 하였다. 해설이 빠졌다.

▌**上九：其勤其勤, 抱車入淵, 負舟上山. 測曰：其勤其勤, 勞不得也.**

상구는, 부지런하고 부지런하여 수레를 안고 못으로 들어가고, 배를 지고 산에 올랐지만 공은 없다.

측에 말하기를, 부지런하고 부지런하였다는 것은 수고롭지만 공을 얻지 못했다는 것이다.[273]

王曰, 九居亢極之地, 而又失時當夜, 勤而不以其道者也.

왕애는 말하기를 "구(九)는 올라간 곳이 지극한 것에 있으면서 또 때를 잃고 밤에 해당하니, 부지런하지만 그 도로써 하지 않은 것이다"라고 하였다.

. . . .

272 역주 : '碏'은 반절로서는 '적'으로 발음하라고 하는데, 여기서는 그냥 우리나라의 일반적인 발음인 '작'으로 한다. 중국어 발음으로는 碏[què] 다.
273 역주 : 이 구절은, 수레를 안고 못으로 들어가고 배를 지고 산으로 올라가 매우 고생하고 부지런히 했지만, 그런 곳에서는 배와 수레가 다닐 수 없으니, 이것은 배와 수레를 부리는 도를 얻지 못해 수고로웠지만 공은 없다는 것이다.

양養

▦ 三方三州三部三家.

3방, 3주, 3부, 3가다.

양
양(養)

陽家, 金, 準頤. 九之末, 天度氣餘, 猶有六十分二十四秒. 蹄當四十分十六秒, 嬴當二十分八秒.

양수(養首)는 양가(陽家)이고, (5행에서는) 금(金)이며, 『주역』「이괘(頤卦)」에 준(準)한다.[274] 상구(上九)의 끝에 천도(天度)의 기(氣)가 남아 아직 60분 24초가 있다. 기(蹄)는 40분 16초에 해당하고, 영(嬴)은 20분 8초에 해당한다.

▌陰弸于野, 陽蓲萬物, 赤之于下.

음기는 들에 가득하고, 양은 만물의 뿌리를 담가, 그것을 아래에서 붉은 색으로 변하게 하였다.[275]

· · · · · · · · · · · · · · · · · · ·

274 역주 : 『주역』「서괘전」에서는 "頤者, 養也."라고 한다.
275 역주 : '弸'은 '가득참滿'이다. 이 구절은, 이 때는 음기가 전야에 가득하나, 양기는 아래에서 만물을 길러 그 뿌리가 모두 붉게 되었다는 것이다.

宋陸本彌作弬, 王本作殆.[276] 小宋赤作殷. 今皆從范本. 弬字字書無之. 彌,
蒲萌切. 匽, 陳, 吳侯切. 吳, 音敷. 宋曰, 盛極稱弬, 匽, 隱也. 物之初生,
其色赤. 謂是時陰氣盛極于田野, 故陽隱藏萬物, 赤之于下. 陸曰, 匽, 讀與
漚菅之漚同. 言陽養漚萬物之根, 使皆赤也. 光謂, 彌者, 滿也.

송충본, 육적본에는 팽(彌)이 이(弬)로 되어 있고, 왕애본에는 태(殆)로 되어
있다. 송유간본에는 적(赤)이 은(殷)으로 되어 있다. 지금 모두 범망본을 따른
다. 이(弬)자는『자서(字書)』에 없다. 팽(彌)은 포(蒲)와 맹(萌)의 반절이다. 진
망은 구(匽)는 "오(吳)와 후(侯)의 반절이다"[277]라고 하였다. 오비는 "음이 부
(敷)이다"라고 하였다. 송충은 말하기를 "성대함이 지극한 것을 이(弬)라고 한
다. 구(匽)는 숨긴다(隱)는 것이다. 사물이 처음 태어나면 그 색이 붉다. 이
때 음기가 밭에서 성대함이 지극하다. 그러므로 양이 만물을 숨겨 감추고 아
래에서 붉게 하였다는 말이다"라고 하였다. 육적은 말하기를 "구(匽)는 구관
(漚菅)의 구(漚)와 같이 읽어야 한다. 말하자면, 양이 만물의 뿌리를 기르고
담가 모두 붉게 한다는 것이다"라고 하였다. 사마광은 생각하기를 "팽(彌)은
가득하다(滿)는 것이다" 라고 하였다.

▌初一 : 藏心于淵, 美厥靈根. 測曰 : 藏心于淵, 神不外也.

초일은, 마음을 깊은 곳에 감춰서, 그 신령한 뿌리를 아름답게 하였다.
측에 말하기를, 마음을 깊은 곳에 감췄다는 것은 신을 밖으로 하지 않았다는
것이다.[278]

. . . .

276 劉韶軍 點校 : '王本作殆'는 명초본에는 없다. 이것은 대전본, 도장본, 장사호본에
　　의거해 보충하였다.
277 역주 : 진망은 '匽'는 '후'로 발음하라고, 오비는 '부'로 발음하고, 육적은 '구'라고
　　발음하라고 한다. 우리나라에서는 '구'라고 발음한다. 여기서는 이것을 따른다.
278 역주 : '靈根'은 '靈氣' 혹은 '정기'를 가리킨다.『관자』「內業」에서는 정기를 '영기'
　　라고 한다. 만물은 모두 기에서부터 생한다. 그러므로 '靈根'이라고 한다. '神'은
　　陽氣 혹은 정기를 가리킨다.『관자』에서는 정기를 '신'이라 한다. '淵'은 '內'다.
　　'一'은 '水'로서, 이 때는 양기가 여전히 가장 아래 있다. 그러므로 '淵'이라고 일컫
　　는다. 이 구절은, 안에서 마음을 길러 그 정신을 무성하게 하여 밖으로 세어나가
　　게 하지 않으면, 신체는 단단해지고 지혜는 밝아져, 만물이 모두 자라나기를 기다

小宋本美厥靈根作芙厥靈元. 今從諸家. 光謂, 一爲思下, 存神固本, 所以養生.

송유간본에 미궐영근(美厥靈根)은 부궐영원(芙厥靈元)으로 되어 있다. 지금 제가의 판본을 따른다. 사마광은 생각하기를 "일(一)은 사(思)의 하(下)가 되고, 신을 보존하고,[279] 근본을 굳게 하니, 양생하는 이유다"라고 하였다.

▌次二：墨養邪, 元函匪貞. 測曰：墨養邪, 中心敗也.

차이는, 묵묵히 사특함을 기르니, 처음부터 바르지 않은 것을 품은 것이다. 측에 말하기를, 묵묵히 사특함을 길렀다는 것은 마음이 무너진 것이다.[280]

范本匪作否. 今從二宋陸王本. 吳曰, 墨與默同, 函, 胡男切. 王曰, 失位當夜, 失養之宜, 黙然養其邪僻之道. 光謂, 元, 始也. 二爲思中而當夜, 小人之惡, 雖未著于言行, 養其邪端, 內函非正, 終不能入于君子之塗.[281]

범망본에 비(匪)는 부(否)로 되어 있다. 송충본, 송유간본, 육적본, 왕애본을 따른다. 오비는 말하기를 "묵(墨)은 묵(默)과 같고, 함(函)은 호(胡)와 남(男)의 반절이다"라고 하였다. 왕애는 말하기를 "지위를 잃고 밤에 해당하니, 기르는 것의 마땅함을 잃고 묵묵히 그 사벽한 도를 길렀다"라고 하였다. 사마광은 생각하기를 "원(元)은 처음(始)이다. 이(二)는 사(思)의 중(中)이 되고 밤에 해당하니, 소인의 악(惡)이 비록 아직 언행에 나타나지 않았지만 그 사특한 단서

....

린다는 것이다. 葉子奇는 "淵, 謂靜心也. 靈根, 善本也. 一初養始, 養心之要, 莫若存之於靜深之中, 以致其涵養之功, 培之於本原之地, 以致其靈美之效. 蓋必使之大本立, 而用有以行也 … 揚子此語存養之功至爲精密, 後世養生家爲說雖多, 不能出於此矣."라고 하여 양웅의 이 구절이 양생의 요체와 근본을 밝힌 것으로 이해한다.

279 역주 :『太平經』, "若以神同城而善禦之, 靜身存神, 即病不加也, 年壽長矣, 神明佑之." 揚雄, 『法言』「問神」, "聖人存神索至, 成天下之大順, 致天下之大利." 등 참조.

280 역주 : '墨'은 '묵묵한 것[默]'이다. 二는 思中이다. 그러므로 '默'이라고 일컬은 것이다.

281 劉韶軍 點校 : '終'은 명초본에는 없다. 이것은 대전본, 도장본, 장사호본에 의거해 보충하였다.

를 기르고 안으로 바르지 않은 것을 품으니, 끝내 군자의 길로 들어갈 수 없었다"라고 하였다.

▌次三 : 糞以肥丘, 育厥根荄. 測曰 : 糞以肥丘, 中光大也.

차삼은, 거름을 주어 언덕을 기름지게 하여, 그 초목의 뿌리를 길렀다.

측에 말하기를, 거름을 주어 언덕을 기름지게 한다는 것은 뿌리가 번식하고 성장하여 빛나고 커졌다는 것이다.[282]

荄, 古哀切. 王曰, 得位當晝, 善于養道, 故象糞于肥丘之上, 以育草木之根荄, 則其滋茂蕃昌可立而待矣.

해(荄)는 고(古)와 애(哀)의 반절이다.[283] 왕애는 말하기를 "지위를 얻어 낮에 해당하니, 기르는 도를 잘한 것이다. 그러므로 비옥한 언덕 위에 거름을 주어 초목의 뿌리를 기르면, 그것들이 더욱 무성하고 번창해지는 것을 서서 기다릴 수 있다는 것을 본뜬 것이다[284]"라고 하였다.

▌次四 : 燕食扁扁, 其志僊僊, 利用征賈. 測曰 : 燕食扁扁, 志在賴也.

차사는, 제비가 빨리 날아 먹을 것을 찾아 헤매는데, 그 뜻이 이로움을 탐하는 것에 있으니, 장사하러 가는 것에 씀이 이롭다.

측에 말하기를, 제비가 빨리 날라 먹을 것을 찾아 헤맨다는 것은 뜻이 이익을

· · · · · · · · · · · · · · · ·

282 역주 : 이 구절은, 언덕에 기름진 비료를 주어 초목을 기르면, 뿌리가 장성하여 반드시 무성하고 번창하게 된다는 것이다. 三은 '進人'으로, 이것은 사람이 수신하여 근본을 바르게 하고 덕에 나아가 사업을 넓히고, 인의도덕을 그 몸에 갖추면, 그 가운데가 광대하게 된다는 것이다.

283 역주 : '荄'는 우리말로는 '해'로 발음되지만, 중국어로는 荄[gāi]로 발음된다. 즉 荄[gāi]는 古[gǔ]와 哀[āi]의 반절로 하라는 것이다.

284 역주 : '可立而待也'는 『순자』 「王制」, "王者富民, 霸者富土, 僅存之國富大夫, 亡國富筐篋, 實府庫. 筐篋已富, 府庫已實, 而百姓貧. 夫是之謂上溢而下漏. 入不可以守, 出不可以戰, 則傾覆滅亡可立而待也." 참조.

취하는 데에 있다는 것이다.[285]

小宋本在作有. 今從諸家. 扁, 音篇. 儢, 居蠖切. 賈, 音古. 宋曰, 賴, 利也.
光謂, 四爲下祿而當夜, 小人得位, 志在求利以自養. 如燕之飛, 扁扁然獵
食而已. 此乃行賈之道耳.

송유간본에 재(在)는 유(有)로 되어 있다. 지금 제가의 판본을 따른다. 편(扁)
은 음이 편(篇)이다. 곽(儢)은 거(居)와 확(蠖)의 반절이다. 고(賈)는 음이 고
(古)다. 송충은 말하기를 "뢰(賴)는 이롭다(利)는 것이다"라고 하였다. 사마광
은 생각하기를 "사(四)는 하록(下祿)이 되고 밤에 해당하니, 소인이 지위를 얻
어 이로움을 구하여 스스로를 기르는데 뜻을 두니, 이것은 마치 제비가 나는
것이 편편연하여 사냥해 먹는 것과 같을 따름이다. 이것은 도붓장사[行賈]의
도일 뿐이다"라고 하였다.

▎次五 : 黃心在腹, 白骨生肉, 孚德不復. 測曰 : 黃心在腹, 上德天也.
차오는, 진실로 그 중을 잡아 천하 만민을 기르는 마음을 품어, 그 은덕이
(죽은) 흰 뼈에도 살이 돌아나게 하니, (백성들은) 흡족한 덕에 보답할 수 없
다.[286]

측에 말하기를, 진실로 그 중을 잡아 천하 만민을 길렀다는 것은 위로 그 덕이
하늘과 같다는 말이다.

范本上德作上得. 今從諸家. 宋曰, 言上德如天施也. 光謂, 黃, 中也. 骨,
枯槁之物也. 孚, 信之洽者也. 五爲福中而當晝, 爲養之主, 允執其中, 以養

· · · · · · · · · · · · · · · · · ·
285 역주 : '扁'은 '훌쩍 난대翩'는 것이다. 비상하면서 자득하는 모양이다. '征'은 '간
  대行'는 것이다. '賈'는 '商旅'다. '賴'는 『說文』에서는 "贏也."라고 한다. 즉 장사하
  여 이익을 남긴다는 것이다.
286 역주 : '黃心'은 '黃은 '中'으로서, 진실로 그 中을 잡는다는 것이다. '復'은 '덮는다
  [覆]'는 것으로 해석이 가능하다. 이렇게 볼 수 있다면 '孚德不復'은 그 덕택이
  모든 사물에게 미치지 않은 곳이 없다는 것으로, 마치 하늘이 모든 만물을 포용하
  고 덮지 않은 것이 없다는 것이다.

天下. 雖白骨可以生肉, 況于人乎. 況于鳥獸草木乎. 其德如天, 雲行雨施,
洽乎四方, 萬物不可德之而報復也.[287]

범망본에 상덕(上德)은 상득(上得)으로 되어 있다. 지금 제가의 판본을 따른
다. 송충은 말하기를 "상덕(上德)은 하늘이 베푸는 것과 같다는 것을 말한 것
이다"라고 하였다. 사마광은 생각하기를 "황(黃)은 중(中)이다. 골(骨)은 말라
빠진 사물이다. 부(孚)는 믿음이 흡족한 것이다. 오(五)는 복(福)의 중(中)이
되고, 낮에 해당하고, 기르는 것의 주인이 되니, 진실로 그 중(中)을 잡음으로
써[288] 천하를 기르는 것이다. 비록 흰 뼈라도 살이 돋아날 수 있거늘 하물며
사람에게 있어서랴! 하물며 새와 짐승과 풀과 나무에 있어서랴! 그 덕이 하늘
과 같아서 구름이 운행하고 비가 내려[289] 사방에 흡족하므로, 만물이 덕으로
여기나 보답할 수 없다"라고 하였다.

▌次六 : 次次, 一日三饋, 祇牛之兆, 肥不利. 測曰 : 次次之饋, 肥無
身也.

차육은, 머뭇머뭇 불안하여 하루에 세 번 음식을 보내어 땅의 신에 제사지내는
데, 희생으로 사용하는 소가 (살이 찌는) 조짐을 보이니, 살이 찐 것은 이롭지
않았다.
측에 말하기를, 머뭇머뭇 불안한데 (소가) 살이 찐다는 것은 (살이 찌면 희생
으로 제공되어) 몸이 죽어 없어진다는 것이다.[290]

. . . .

287 劉韶軍 點校 : '德之'는 명초본에는 '得'으로 되어 있다. 이것은 대전본, 도장본,
     장사호본에 의거해 고쳤다.
288 역주 : 『서경』「大禹謨」, "人心惟危, 道心惟微, 惟精惟一, 允執厥中."에 나오는 말
     이다.
289 역주 : 『주역』「乾卦」. "元亨利貞. 大哉乾元, 萬物資始, 乃統天. 雲行雨施, 品物流
     形." 참조.
290 역주 : 이 구절은, 제사에 쓰는 소는 하루에 세 번 먹이는데, 기른 것이 이미 살이
     쪘으면 제사를 지내고 죽이기 때문에 살이 찐 것이 이롭지 않고, 장차 피살당할
     것을 알아 불안해 한다는 것이다.

王本無次次字. 小宋本作沈沈雎雎, 又曰, 肥沒身也. 今從宋陸范本. 吳曰, 次與趄同, 音咨. 范曰, 次次, 不安之貌. 已卜之牛, 待肥則用, 故無身也. 陸曰, 六過滿, 失位當夜, 養之太過而不得其宜者也. 故象一日三餼, 以豊其食. 若神祇郊廟之牛, 芻秣過常, 已應卜郊之兆. 然而體益肥, 則益不利于身矣. 光謂, 六爲上福而當夜, 故有是象.

왕애본에는 차차(次次)라는 글자가 없다. 송유간본에는 침침저저(沈沈雎雎)로 되어 있다. 또 말하기를 "비몰신야(肥沒身也)"라고 한다. 지금 송충본, 육적본, 범망본을 따른다. 오비는 말하기를 "차(次)는[291]'머뭇거린다'는 자(趄)와 같은데, 음은 자(咨)다"라고 하였다. 범망은 말하기를 "차차(次次)는 불안한 모양이다. (제사 때에는 사용하는) 소를 이미 정해놓고서 살이 찌기를 기다려서 사용한다. 그러므로 몸이 죽어 없어진다"라고 하였다. 육적은 말하기를 "육(六)은 지나치게 가득 찬 곳에 있고, 지위를 잃고 밤에 해당하니, 기른 것이 크게 지나쳐서 마땅함을 얻지 못한 것이다. 그러므로 '하루에 세 번 음식을 보낸다'라는 것으로써 그 먹을 것이 풍부하다는 것을 본뜬 것이다. 이것은 마치 신기(神祇)와[292] 교묘(郊廟)에 제사[293] 지낼 때에 쓸 소가 꼴을 먹은 것이 정상을 넘은 것은 이미 점을 쳐 교제(郊祭)의 제삿날을 정한 징조에 응한 것이다. 그러나 몸이 더욱 살찌면 몸에 이롭지 못하다"라고 하였다. 사마광은 생각하기를 "육(六)은 상복(上福)이 되고 밤에 해당한다. 그러므로 이 상이 있다"라고 하였다.

▌**次七：小子牽象, 婦人徽猛, 君子養病. 測曰：牽象養病, 不相因也.**
차칠은, 어린 아들이 코끼리를 이끌고, 부인이 사나운 짐승을 밧줄에 매니, 군자는 병을 기르는 것처럼 무리한 짓을 하지 않았다.

· · · · · · · · · · · · · · · · · · ·

291 역주 : '次'는 '머뭇거린다'는 의미가 있다. 중국어 발음은 cì 다. 발음을 '자'로 하라는 것은'머뭇거린다'는 자(趄)로 풀이하라는 것이다.
292 역주 : 하늘의 신과 땅의 신을 의미한다.
293 역주 : 천지에 대한 제사인 郊, 즉 郊祀 혹은 교제와 선조에 대한 제사인 廟祭를 말한다. 동지 때는 南郊에서 하고, 하지 때는 北郊에서 올렸다.

측에 말하기를, 코끼리를 이끌고 병을 길렀다는 것은 (두가지 도가) 서로 인연하지 않는다는 것이다.[294]

宋陸本徽作微.[295] 금從諸家. 王曰, 七居過滿之地, 理近于危. 然得位當晝, 君子處之則吉, 小人婦人處之則凶. 若小子牽象, 力不服制, 必有顚危之患. 惟君子知時之極, 以道養其病, 乃可以得終吉焉.[296] 一吉一凶, 二道相反, 故曰不相因也. 光謂, 徽, 大索, 謂縻繫也. 猛, 猛獸也. 七爲敗損, 爲禍階, 故曰病. 時當晝, 故爲君子. 養之太過, 福極禍來, 小人不量其力, 尙欲固其所養. 君子知時, 與之消息, 如養病然, 故無咎也.

송충본, 육적본에 휘(徽)는 미(微)로 되어 있다. 지금 제가의 판본을 따른다. 왕애는 말하기를 "칠(七)은 지나치게 가득 찬 곳에 있으니, 이치가 위태로운 곳에 가깝다. 그러나 지위를 얻어 낮에 해당하니, 군자가 처하면 길하고 소인과 부인이 처하면 흉하다. 만약 어린 아들이 코끼리를 이끌면 힘으로 제재하여 복종시키지 못하여, 반드시 쓰러지고 위태롭게 될 근심이 있다. 오직 군자만이 때의 다함을 알아서, 도로써 그 병을 치료해여 마침이 길함을 얻을 수 있다. 하나는 길하고 다른 하나는 흉하니, 두 가지 도가 서로 반대한다. 그러므로 '서로 인연하지 않는다'고 했다"라고 하였다. 사마광은 생각하기를 "휘(徽)는 큰 노끈이니, 밧줄을 매는 것을 말한다. 맹(猛)은 사나운 짐승이다. 칠(七)은 파괴되어 손실된 것이 되고, 화(禍)의 계단이 된다. 그러므로 병(病)이

• • • • • • • • • • • • • • • • • •

294 역주 : '徽'는 '큰 노끈(大索)'으로, 引伸하여 '맨다(繫)'는 것이다. 이 구절은, 소인이 코끼리를 이끌고 부인이 맹수를 묶은 것은 자신의 힘에 넘치는 것으로, 제어할 수 없는 것을 하니 반드시 위태롭게 되는데, 군자는 그 병을 길러 그 몸을 보전하니 길하여, 이처럼 두가지 도가 상반되나 각각 그 뜻을 행한 것이므로 서로 '인연하지 않는다'고 한 것이다. 비유하면 사람은 행하고 멈추는데 도에 순응하고, 나아가고 물러나는데 때로서 해야 함을 말한 것이다. 군자가 병을 길렀다는 것은, 자기의 힘을 헤아리고 분수에 넘는 짓을 하지 않았다는 것이다. 이렇게 보면 '인연하지 않는다'는 것은, 자기의 분수를 넘어서는 짓을 했다는 것으로도 해석할 수 있다.

295 劉韶軍 點校 : '微'는 장사호본에는 '徽'로 되어 있다.

296 劉韶軍 點校 : '焉'은 명초본에는 없다. 이것은 대전본, 도장본, 장사호본에 의거해 보충하였다.

라고 하였다. 때는 낮에 해당한다. 그러므로 군자가 된다. 기름이 너무 지나쳐서 복(福)이 다하고 화(禍)가 왔는데, 소인은 그 힘을 헤아리지 않고 오히려 그 기르는 것을 견고하게 하고자 한다. 군자는 때를 알아 그것과 더불어 소멸하기도 하고 자라기도 하는 것이, 병을 치료하는 것처럼 한다. 그러므로 허물은 없다"라고 하였다.

■ 次八 : 鯁不脫, 毒疾發, 鬼上壟. 測曰 : 鯁疾之發, 歸于墳也.

차팔은, 목에 걸린 가시를 뽑아내지 못하여 독한 질병이 발생하니, 귀신이 무덤에 올라 죽음에 가까워졌다.
측에 말하기를, 가시에 찔려 독한 질병이 발생하였다는 것은 죽어서 무덤으로 돌아갔다는 것이다.[297]

八爲禍中當夜, 小人固養不已, 如骨鯁其咽,[298] 不能自脫, 以致大禍, 如毒疾之發, 而不可救藥也.

팔(八)은 화(禍)의 중(中)이 되고 밤에도 해당하니, 소인이 기르는 것을 굳게 하고 그치지 아니한 것이, 마치 가시가 목구멍에 걸려서 스스로 뽑아낼 수 없어 큰 화(禍)에 이르는 것과 같고, 마치 독한 질병이 발생했으나 약으로 구제할 수 없는 것과 같다.

■ 上九 : 星如歲如, 復繼之初. 測曰 : 星如歲如, 終養始也.

상구는, 별이 운행하는 것 같고, 세월이 가는 것 같아, 다시 처음을 계승하였다.
측에 말하기를, 별이 운행하는 것 같고 세월이 가는 것 같다는 것은 마침이 처음을 기른 것이다.[299]

....

297 역주 : '鯁'은 생선 가시가 목구멍에 걸린 것이다. '죽어서 무덤으로 돌아갔다'는 것은 죽음이 가까워졌다는 것이다.
298 劉韶軍 點校 : '鯁'은 명초본에는 '硬'으로 되어 있다. 이것은 대전본, 도장본, 장사호본에 의거해 고쳤다.

范本作終始養. 今從宋陸王本. 養之上九, 首贊之末, 日窮于次, 月窮于紀, 星回于天, 歲將更始. 以終養始, 以初繼末, 循環無斷, 此天道之所以無窮也.

범망본에는 종시양(終始養)으로 되어 있다. 지금 송충본, 육적본, 왕애본을 따른다. 양수(陽首)의 상구(上九)는 수찬(首贊)의 끝에 있어 태양은 차(次)에서 다하고, 달은 기(紀)에서 다하고, 별이 하늘에서 도니, 해가 장차 다시 시작한다. 마치는 것으로써 처음을 기르고, 처음으로써 끝을 이어 순환하여 끊어짐이 없으니, 이것이 천도가 무궁한 이유다.

기찬1 (踦贊一)

水. 踦, 不足也. 朞三百六十五日四分日之一, 玄七百二十九贊當三百六十四日半. 其不足者, 半日爲踦贊. 踦, 居宜切.

수(水)다. 기(踦)는 부족하다(不足)는 것이다. 1년은 365일과 4분의 1이고, 현(玄)은 729찬(贊)으로 364일 반에 해당한다. 그 부족한 반일(半日)이 기찬(踦贊)이 된다. 기(踦)는 거(居)와 의(宜)의 반절이다.[300]

凍登赤天, 晏入玄泉. 測曰 : 凍登赤天, 陰作首也.

지극한 추위에는 적천(赤天)에 오르고, 지극한 더위에는 현천(玄泉)에 들어갔다. 측에 말하기를, 지극한 추위에는 적천에 오른다는 것은 음이 머리가 된다는 것이다.[301]

· · · · · · · · · · · · · · · · · ·

299 역주 : 范望은 "星宿之次序, 如歲月之相襲, 新故相易, 周而復始, 後嗣之君, 復爲之初, 初爲故也. 先後相傳, 終始相扶, 以道相養, 輔相迎致, 百歲不遷, 玄之道也." 라고 한다. 葉子奇는 "玄以一贊當一日, 九贊當四日半, 七百二十九贊當一歲, 一歲三百六十四日半, 至此星周歲終, 復繼於始之中首也."라고 한다.

300 역주 : '踦'는 不足하다는 것이다. 『方言』에서는 "踦, 奇也. 自關而西, 秦晉之間, 凡全物而體不具謂之倚, 梁楚之間謂之踦. 雍梁之郊, 凡獸支體不具者謂之踦."라고 하여 踦에 대한 지역에 따른 표현 방식의 차이를 말하고 있다. 1년은 365일과 4分의 一인데, 『태현경』에서는 729贊을 364日 半에 합하고 踦贊의 半日을 더하나 여전히 1년의 날에는 부족하다. 그러므로 '踦'라고 일컫는다.

范曰, 凍, 至寒也, 而天至高也. 晏, 至熟也, 而泉至深也. 凍在天上, 故爲首也. 光謂, 赤, 陽之盛也, 玄, 陰之極也. 凡物極則反, 自始以來, 陰陽之相生, 晝夜之相承,[302] 善惡之相傾, 治亂之相仍, 得失之相乘, 吉凶之相反,[303] 皆天人自然之理也.

범망은 말하기를 "동(凍)은 지극한 추위로서, 하늘이 지극히 높은 것이다. 안(晏)은 지극한 더위로서, 샘이 지극히 깊은 것이다. 추위는 하늘 위에 있다. 그러므로 머리가 된다"라고 하였다. 사마광은 생각하기를 "적(赤)은 양이 성한 것이고, 현(玄)은 음이 지극한 것이다. 대저 사물이 극에 달하면 돌아가니 처음부터 이래로 음과 양이 상생하고, 낮과 밤이 서로 이어지고, 선과 악이 서로 기울어지고, 다스리고 어지러워지는 것이 인연하고, 얻고 잃는 것이 함께 작용하고, 길흉이 상반되니, 모두가 하늘과 사람의 자연스런 이치이다"라고 하였다.

▌ 영찬이 (贏贊二).

火, 贏, 有餘也. 三百六十五日之外有餘者四分日之一爲贏贊.

화(火)다. 영(贏)은, 남음이 있다는 것이다. 365일 이외에 남은 것 4분 일(日)의 1이 영찬(贏贊)이 된다.

一虛一贏,[304] 踦踦所生. 測曰 : 虛贏踦踦, 僵無已也.

한 번은 비고 한 번은 가득하니, 부족하고 부족한 것이 생겨난 것이다.
측에 말하기를, 비고 가득하며 부족하고 부족하다는 것은 바뀌는 것이 그침이

· · · · · · · · · · · · · · · · · ·

301 역주 : '首'는 '始'로도 해석된다. 천지 사이에 陰이 主가 된다는 말이다. 이 구절은, 음양이 消息하는데, 極陰이면 양으로 되돌아가고 極陽이면 음으로 변하여 한해의 일을 이루는데, 이 때는 음기가 지극한데 미약한 양이 비로소 생하므로 '음이 머리가 된다', 혹은 '처음이 된다'고 한 것이다.
302 劉韶軍 點校 : '承'은 대전본, 도장본, 장사호본에는 '成'으로 되어 있다.
303 劉韶軍 點校 : '反'은 대전본, 도장본, 장사호본에는 '承'으로 되어 있다.
304 劉韶軍 點校 : '一'은 명초본에는 없다. 이것은 대전본, 도장본, 장사호본에 의거해 보충하였다.

없다는 것이다.

范小宋本踦踦作踦奇. 范本僐作禪. 今從宋陸王本. 僐, 古禪字, 時戰切. 陸
曰, 陰極生陽, 更相禪代, 無窮已也. 光謂, 數之踦贏, 雖天地不能齊也. 夫惟
不齊, 乃能生生變化無窮.[305] 是故日二十九日有踦而遷次, 月二十七日有
踦而周天. 然後有晦朔, 十干, 十二支, 然後有六甲. 此其所以爲長久也.
범망본, 송유간본에 기기(踦踦)는 기기(踦奇)로 되어 있다. 범망본에 천(僐)은
선(禪)으로 되어 있다. 지금 송충본, 육적본, 왕애본을 따른다. 선(僐)은 옛날
선(禪)자로서, 시(時)와 전(戰)의 반절이다. 육적은 말하기를 "음이 다하면 양
을 낳아 서로서로 교체되어, 다함이 없다"라고 하였다. 사마광은 생각하기를
"수(數)의 부족하고 가득한 것들은 비록 하늘과 땅이라도 가지런히 할 수 없
다. 무릇 오직 가지런하지 않아야 이에 낳고 낳아서 변화가 무궁할 수 있다.
이런 까닭으로 해는 29일에 기(踦)가 있어 옮겨서 머물고, 달은 27일에 기(踦)
가 있어 하늘에 두루 돈다. 그런 연후에 그믐, 초하루가 있고, 십간(十干), 십이
지(十二支) 연후에 육갑(六甲)이 있다. 이것이 (천지가) 장구함이 되는 이유이
다" 라고 하였다.

. . . .
305 劉韶軍 點校 : '生生變化'는 대전본, 도장본, 장사호본에는 '變化生生'으로 되어 있다.

제 7 권

태현집주[太玄集注]

양능襄陵 허한許翰 주注

▌현수도서(玄首都序)

正文已在前, 序不復重出.
정문(正文)은 이미 앞에 있어서 서(序)에서는 중복해서 나오지 않는다.

玄象渾天, 一陰一陽相牝而三之也. 玄有三統, 而中以一陽乘一統, 生萬物
焉. 而方州部家皆有一有二有三, 是謂三位疏成. 曰陳其九九, 以數生者,
九營周流, 有虛設闢, 以數生生而無已也. 贊上羣綱, 首辭也. 乃綜乎名, 繫
玄姓也.
현(玄)은 둥근 하늘(渾天)을[1] 본뜨니, 일음과 일양이 서로 배합하여 셋이 된다.
현(玄)은 3통(三統)이 있는데, 중(中)은 일양으로써 일통(一統)을 올라타 만물
을 낳는다. 방(方)·주(州)·부(部)·가(家)에는 모두 1, 2, 3이 있으니, 이것을
일러 "삼위(三位)를 펴 이룬다"라고 한다. "그 9×9한 산법을 펼쳐서 그것으로

----

1 역주 : 渾天說은 중국 고대의 우주학설이다. 蓋天說과 宣夜說을 아울러 "論天三家"
로 일컫는다. 혼천설은 전국시기에 기원하며 그 후 끊임없이 발전하고 보충되어
점차로 완성된다. 동한의 천문장가 張衡은 혼천설에 대하여 큰 공헌을 한다. 그는
『渾天儀注』에서 '천'은 원구로서 개천설의 반원은 아니라고 하였다. "天之形狀似
鳥卵, 地其中, 天包地外, 猶卵之裹黃, 圓如彈丸, 故曰渾天. 言其形體渾渾然也, 其
術以為天半覆地上, 半在地下, 其天地上見者, 一百八十二度半强, 地下亦然. 北極
出地上三十六度, 南極入地下亦三十六度, 而嵩高正當天之中極也." 참조.

716 태현집주

써 수(數)가 태어난다"라고 한 것은 아홉 번 경영하는 것을 두루 하고, 빈 곳이 있으면 베풀고 열어, 수로써 낳고 낳아 그침이 없도록 하는 것이다. "찬으로 여러 강령을 든다(贊上羣綱)"는 것은 수사(首辭)이다. "이에 이름을 종합한다(乃綜乎名)"라 것은[2] 현(玄)의 성(姓)을 맨 것이다.

현수(玄首)

首文各散在經下, 不復重出.
수문(首文)은 각각 경문의 아래에 흩어져 있어서 중복해서 나오지 않는다.

易之分卦御歷, 爻直一日, 更六十卦而日周三百六十. 坎離震兌, 爲之方伯, 用事分至之日. 又四時, 爻直一氣, 更四卦而周二十四氣焉. 傳曰, 甲子卦氣中孚六日八十分日之七, 此玄經之泰始也. 中孚統冬至初候, 所謂蚯蚓結者. 自中之初至周之三, 而復受之. 復統次候, 所謂麋角解者. 自周之四至礥之六, 而屯受之. 屯統末候, 所謂水泉動者. 自礥之七至閑上九, 而三卦之氣備矣. 又卦各有所餘八十分日之七, 參差相錯而成歲終. 卦以六十而統玄八十一首, 氣玄涉入如此, 是以卦有重出. 蓋氣數流于天地之間, 有艱難系礙而未解, 或發揮隕湁而不禦, 則卦亦象之. 爲之仍累而相屬, 是以八十一首類自相若也.[3] 說者不虛四時之卦, 而謂以應準離, 以疑準震, 以沈準兌, 以勤準坎, 則亦不察于歷矣.
『주역』에서는 괘를 나누어 달력을 운용하는데, 효(爻)는 곧 하루에 해당하니, 다시 60괘가 날마다 360일을 일주 한다. 「감괘(坎卦)」·「이괘(離卦)」·「진괘(震卦)」·「태괘(兌卦)」를 방백(方伯)으로 삼아 춘분·추분·하지·동지날에 용사(用事)한다. 또 봄·여름·가을·겨울 4계절에 효는 1기(一氣)에 해당하니, 다시 4괘

2 역주 : 이상의 말은 『玄首序』, "馴乎玄, 渾行無窮正象天. 陰陽坒參, 以一陽乘一統, 萬物資形. 方州部家, 三位疏成. 曰陳其九九, 以爲數生, 贊上群綱, 乃綜乎名." 참조.
3 劉韶軍 點校 : '八'은 명초본에는 '二'로 되어 있다. 마땅히 '八'로 써야 한다. 이것은 文意에 의거해 즉각 고쳤다.

(卦)로서 24절기(節氣)에 일주한다. 전(傳)에 말하기를 "갑자(甲子) 괘기(卦氣)는 「중부괘(中孚卦)」의 6일과 80분일의 7에서 일어난다"⁴ 라고 했는데, 이것이 『태현경』의 태시(泰始)다. 「중부괘(中孚卦)」는 동지의 초후(初候)를 거느리니, 이른바 "지렁이가 한데 뭉친다(蚯蚓結)"⁵라는 것이다. 중수(中首)의 초일에서부터 주수(周首)의 차삼에 이르면 「복괘(復卦)」가 받는다. 「복괘」가 다음 후[次候]를 거느리니, 이른바 "고라니의 뿔이 빠진다(麋角解)"는⁶ 것이다. 주수(周首)의 차사에서 현수(礥首)의 차육에 이르면 「준괘(屯卦)」가 받는다. 「준괘(屯卦)」는 말후(末候)를 거느리니, 이른바 "물의 샘이 움직인다(水泉動)"⁷ 라는 것이다. 현수(礥首)의 차칠에서 한수(閑首)의 상구에 이르면 세 개의 괘기가 갖추어 진다. 또 괘는 각각 남은 80분일의 7이 있어, 들쑥날쑥 서로 뒤섞이면서 한 해의 마침을 이룬다. 괘는 60으로써 『태현경』의 81수(首)를 거느리니, 기(氣)와 현(玄)이 관계해 들어가는 것이 이와 같다. 이 때문에 괘(卦)에는 중복해서 나오는 것이 있다. 대개 기(氣)의 수치가 하늘과 땅 사이에 흘러가 어려움이 있고 매여 엉켜서 풀리지 않을 때가 있고 혹은 발휘되고 떨어지나 막지 못하면 괘도 또한 그것을 본뜬다. 이에 거듭하여 서로 이어지게 되니, 이 때문에 81수(首)가 무리로 스스로 서로 같아진다. 설명하는 자가 4계절의 괘를 비우지 않고, 응수(應首)로써 「이괘(離卦)」에 준(準)하고, 의수(疑首)로써 「진괘(震卦)」에 준하고, 침수(沈首)로써 「태괘(兌卦)」에 준하고, 근수(勤首)로써 「감괘(坎卦)」에 해당한다고 말하면, 또한 역(歷)을 살피지 못한 것이다.

• • • • • • • • • • • • • • • • • •

4 역주 : 『易緯』「稽覽圖」, "甲子, 卦起中孚. 唯消息及四時, 卦當盡其日, 六日八十分之七. 坎常以冬至日始效, 復生坎七日." 참조.
5 역주 : 『여씨춘추』「十一月紀」, "是月也, 日短至, 陰陽爭, 諸生蕩. 君子齋戒, 處必弇, 身必寧, 去聲色, 禁嗜慾, 安形性, 事欲靜, 以待陰陽之所定. 芸始生, 荔挺出, 蚯蚓結. 麋角解, 水泉動." 참조.
6 역주 : 앞의 『여씨춘추』「十一月紀」 참조.
7 역주 : 앞의 『여씨춘추』「十一月紀」 참조.

▮ 현측도서(玄測都序)

正文已在前, 序不復重出.

정문(正文)은 이미 앞에 있어서 서(序)에서는 중복해서 나오지 않는다.

一日一晝一夜, 通乎晝夜之道而知者, 日之神明也, 故測象焉. 晝則陽推五福以類升,[8] 夜則陰幽六極以類降, 升降相關, 是以首貞而測變通之. 一與六爲北, 二與七爲南, 經也. 三與八爲東, 四與九爲西, 緯也. 中五以極, 亦爲之經. 六甲繫焉于其間, 而日逆乘之. 與斗相逢, 斗順故也. 斗正月以定四時, 而日一逢之, 三百有六旬有六日而成歲焉, 歲月日時無易而百穀成. 故玄測用世, 則乂用明, 俊民用章, 家用平康矣.

1일(一日), 1주(一晝), 1야(一夜), 밤과 낮의 도에 통해 주재하는 것은 해의 신명이다. 그러므로 측(測)으로 본떠 드러내었다. 낮이면 "양은 5복을 미루어 무리와 함께하여 오르고," 밤이면 "음은 6극에 숨어 무리와 함께하여 내려온다"[9]라고 하였고, "오르고 내리는 것이 서로 관계가 있다"[10]라고 하였다. 이 때문에 수(首)가 바르고 측(測)이 변하고 통한다. 1과 6은 북쪽이 되고, 2와 7은 남쪽이 되어 날줄[經]이 된다. 3과 8은 동쪽이 되고, 4와 9는 서쪽이 되어 씨줄[緯]이 된다. 중(中)인 5는 지극한 것으로써 또한 날줄이 된다.[11] 육갑(六甲)이 그 사이에 매어 해가 맞이해 올라탄다. "두와 함께 서로 만나다(與斗相逢)"[12] 라고 한 것은 두(斗)가 따르기 때문이다. 두(斗)는 정월로써 4계절을 정하는데, 날마다 한 번 만나 366일에 해를 이루니, 세(歲), 월(月), 일(日), 시(時)가 바뀌지 않으면 온갖 곡식이 이루어진다. 그러므로 『태현경』의 측이 세상에 쓰이면, 다스림이 밝음을 쓰고, 뛰어난 백성들이 문장을 쓰며, 가정에서는 평안함을 쓰게 될 것이다.

. . . .

8 劉韶軍 點校 : '升'은 명초본에는 '外'로 되어 있다. 이것은 오류거본에 의거해 고쳤다.
9 역주 : 『玄測序』, "陽推五福以類升, 陰幽六極以類降. 升降相關." 참조.
10 역주 : 『玄測序』, "升降相關." 참조.
11 역주 : 이런 사유는 『주역』의 河圖를 연상시킨다.
12 역주 : 『玄測序』, "巡乘六甲, 與斗相逢." 참조.

▌현측(玄測)

測文各散在諸贊下, 不復重出.(許解闕)

측문(測文)은 각각 흩어져 모든 찬(贊)의 아래에 있어서 중복해서 나오지 않는다. (허한의 『현해』는 빠졌다.)

▌현충(玄衝)[13]

中則陽始, 應則陰生. 周復乎德, 迎逆乎刑. 礥大戚, 遇小願. 閑孤, 而竈鄰.

중수(中首)는 양이 시작하는 것이고, 응수(應首)는 음이 태어나는 것이다. 주수(周首)는 덕으로 돌아가는 것이고, 영수(迎首)는 형벌을 맞이한다는 것이다. 현수(礥首)는 크게 슬퍼하는 것이고, 우수(遇首)는 원하는 것이 적은 것이다. 한수(閑首)는 외로운 것이고, 조수(竈首)는 이웃하는 것이다.

陽爲德, 陰爲刑. 德先艱而後易, 刑先利而後蹇. 大戚而孤, 正未勝也. 小願而鄰, 利方生也.

양은 덕이 되고, 음은 형벌이 된다. 덕은 앞에는 어렵지만 뒤에는 쉽고, 형(刑)은 앞에는 이롭지만 뒤에는 고생한다. 크게 슬퍼하고 외로운 것은 바름이 아직 이기지 못한 것이다. 원하는 것이 적지만 이웃한다는 것은, 이익이 바야흐로 생긴 것이다.

· · · · · · · · · · · · · · · · · ·

13 역주 : '衝'은 衝突한다는 것으로 서로 적대하면서 항쟁한다는 것이다. 「玄捝」에서는 "衝, 對其正也."라고 한다. 「玄衝」은 모순 대립되는 관점에서 『태현경』81首의 차서를 해석한 것으로, 모두 兩首를 상대하여 文을 이룬다. 그러므로 '玄衝'이라고 한 것이다. 『주역』 「序卦傳」에 상당한다. 제1首인 中首를 제41首인 應首와 서로 상대하고, 이하 차례로 상대하여 배열하여 자연계와 인류 사회의 모순 현상을 명백히 하고 있다.

少微也, 大肥也. 戾內反, 廓外違也.

소수(小首)는 미약한 것이고, 대수(大首)는 비대한 것이다. 려수(戾首)는 안으로 되돌아가는 것이고, 확수(廓首)는 밖에서 떠나는 것이다.

內虛外孤而不能微之則傷, 微之乃能反觸天之道也. 遇竈而肥, 張而益虛, 則獨正弗勝而多故生之. 諸家無也字, 唯宋本有.

안은 비고 밖은 외로운데, 미약하게 할 수 없으면 손상되니, 미약하게 해야 이에 하늘의 도로 돌아가 저촉할 수 있게 된다. 부뚜막을 만나 비대한데, 펴져 더욱 비면, 홀로 바른 것이 이기지 못하여 많은 일 생긴다. 제가의 판본에는 야(也)자가 없고 오직 송충본에만 있다.

上觸素, 文多故.

상수(上首)는 본바탕에 닿은 것이요, 문수(文首)는 고의로 꾸미는 일이 많은 것이다.

多故必飾而曲成之, 是以文. 至于繫素而直之者, 質勝也.

일이 많으면 반드시 꾸며 세세하게 이루니, 이 때문에 문(文)이다. 본바탕에 매단 것에 이르러 곧게 한 것은 바탕(質)이 이긴 것이다.

干狂也, 禮方也. 㝢則來, 而逃則亡也.

간수(干首)는 미친 것이요, 예수(禮首)는 방정한 것이다. 저수(㝢首)는 오는 것이요, 도수(逃首)는 도망치는 것이다.

干而不讓, 進取之狂, 非禮方也. 而君子有時而干, 則以救世而已. 孟子所謂說大人則藐之, 爲狂者言也. 來尙徐, 亡欲速. 上干生狂, 㝢羨生曲. 記曰, 禮以地制. 自應至禮, 盡于王制矣, 而有弗勝則逃, 嘉遯是也. 禮文生于外, 違則强世焉. 諸家無也字, 宋有.

구하면서 겸양하지 않는 것은 (적극적으로 세상에) 나아가 취하는 광(狂)이니,[14] 예의 방정한 것이 아니다. 군자가 때에 따라 구하는 것은, 그것으로써 세상을 구제하는 것일 뿐이다. 맹자가 이른바 "대인을 설득할 때는 곧 그를 가볍게 여겨라"[15] 라는 것은 광자를 위하여 말한 것이다. 오는 것은 천천히 하는 것을 숭상하고, 도망가는 것은 빨리 하고자 한다.[16] 간수(干首)를 높이면 광을 낳고, 저수(狞首)를 흠모하면 굽음을 낳는다. 『예기』「악기」에서 말하기를 "예는 땅의 이치를 본받아 제정한다"[17]라고 하였다. 응수(應首)에서 예수(禮首)에 이르기까지 왕제(王制)를 다했는데, 이기지 못함이 있으면 도망가니, 가둔(嘉遁)이[18] 이것이다. 예의 문채는 밖에서 생기는데, 어기면 세상 사람들을 격려하여 힘쓰게 한다.[19] 제가의 판본에는 야(也)자가 없고, 오직 송충본에만 있다.

羡私曲, 唐公而無欲. 差過也, 而常穀.
선수(羡首)는 사사로이 굽은 것이요, 당수(唐首)는 공정하고 욕심이 없는 것이다. 차수(差首)는 허물이요, 상수(常首)은 선한 것이다.

由羡私曲, 動差而過. 由唐公而無欲, 守常而穀. 是以養心者戒焉. 唐, 大心也. 常則萬世君臣之道. 魯僖君臣有道之頌曰, 自今以始, 歲其有. 君子有穀, 詒孫子. 言常穀之應, 物以類格, 而歲有秋也. 禮退己而公天下, 至于逃唐之運已往, 而君臣之方不變, 而後見禮强世之功. 是謂以退爲進, 以無私成其私.

· · · · · · · · · · · · · · · · · ·

14 역주 : 『논어』「子路」, "子曰, 不得中行而與之, 必也狂狷乎. 狂者進取, 狷者有所不爲也.", 『孟子』「盡心章」37장, "萬章問曰, 孔子在陳曰, 盍歸乎來. 吾黨之士狂簡, 進取, 不忘其初. 孔子在陳, 何思魯之狂士. 孟子曰, 孔子得中道而與之, 必也狂獧乎. 狂者進取, 獧者有所不爲也. 孔子豈不欲中道哉. 不可必得, 故思其次也." 등 참조.
15 역주 : 『맹자』「진심장하」, "孟子曰, 說大人, 則藐之, 勿視其巍巍然." 참조.
16 역주 : '欲速'은 『논어』「子路」, "無欲速, 無見小利. 欲速則不達, 見小利則大事不成." 참조.
17 역주 : 『예기』「樂記」, "樂由天作, 禮以地制, 過制則亂, 過作則暴, 明于天地, 然後能與禮樂也." 참조.
18 역주 : 『주역』「遁卦」九五, "嘉遁, 貞吉. 象曰, 嘉遁, 貞吉, 以正志也."참조.
19 역주 : 양웅, 『법언』「五百」, "或問, 禮難, 以强世. 曰, 難, 故强世." 李軌 注, "言禮事至難. 難, 可以强世使行." 참조.

선수(羨首)의 사사로이 굽은 것으로 말미암아 차수(差首)를 움직여서 지나친다. 당수(唐首)의 공정하면서 욕심이 없는 것으로 말미암아 상수(常首)을 지켜 선하다. 이 때문에 마음을 기르는 자가 경계하는 것이다. 당수(唐首)는 대심(大心)이다. 상수(常首)는 만세토록 군신의 도이다. 노나라 희공(僖公)이 군신에 도가 있는 것을 찬송하기를 "지금부터 시작하여 해마다 풍년이 드니, 군자에게 선함이 있어서 그 자손에게 전해진다"[20] 라고 했다. 말하자면, 항상 선한 것이 응한다는 것은, 사물들이 그 무리로써 이르러 그 해에 수확(秋)이 있다는 것을 말한 것이다. 예는 자신을 물러나 천하를 공정하게 하는 것이니, 도수(逃首)와 당수(唐首)의 운행이 이미 행해짐에 이르면 군신의 방정함이 변하지 않아서, 뒤에 예가 세상 사람들을 격려하여 힘쓰게 하는 공력을 본다. 이것을 일러 "물러나는 것으로 나아감을 삼는 것"이요,[21] "사사로움이 없는 것으로 그 사사로움을 이룬다"[22]라고 한다.

童寡有, 而度無乏.
동수(童首)는 적게 소유한 것이요, 도수(度首)는 모자람이 없는 것이다.

寡有, 顗也. 無乏, 節也. 童利復過, 度善持穀.
적게 소유한다는 것은 삼간다는 것이다. 모자람이 없다는 것은 절제함이다. 적게 소유한 것은 이롭지만 다시 지나치고, 좋은 것을 헤아려 착한 것을 잡는다.

增始昌, 而永極長. 銳執一, 而昆大同. 達日益其類, 滅日損其彙. 交相從也, 唁不通也. 奊有畏, 守不可攻也.
증수(曾首)는 처음 번창하는 것이고, 영수(永首)는 지극히 긴 것이다. 예수(銳首)는 하나를 잡은 것이요, 곤수(昆首)는 크게 같은 것이다. 달수(達首)는 날마

20 역주 : 『시경』「魯頌·駉之什」, "有駜有駜, 駜彼乘黃, 夙夜在公, 在公載燕, 自今以始, 歲其有, 君子有穀, 詒孫子, 于胥樂兮." 참조.
21 역주 : 양웅, 『법언』「君子」, "昔乎顏淵以退爲進, 天下鮮儷焉." 참조.
22 역주 : 『노자』7章, "天長地久. 天地所以能長且久者, 以其不自生, 故能長生. 是以聖人後其身而身先, 外其身而身存. 非以其無私邪. 故能成其私." 참조.

다 그 무리를 더하는 것이요, 감수(減首)는 날마다 그 무리를 더는 것이다. 교수(交首)는 서로 따르는 것이요, 금수(唫首)는 통하지 않는 것이다. 연수(奐首)는 두려움이 있는 것이요, 수수(守首)는 공격할 수 없는 것이다.

宋有也字, 又守上有而字, 諸家無之.
송충본에는 야(也)자가 있고 또 수(守) 위에 이(而)자가 있는데, 제가의 판본에는 없다.

徯也出, 翕也入. 從散也, 而聚集也.
혜수(徯首)는 나가는 것이요, 흡수(翕首)은 들어가는 것이다. 종수(從首)는 흩어진 것이요, 취수(聚首)는 모이는 것이다.

諸家有也字, 丁無.
제가의 판본에는 야(也)자가 있으나, 정위본에는 없다.

進多謀, 積多財.
진수(進首)는 계략이 많은 것이요, 적수(積首)는 재물이 많은 것이다.

狂簡扶斟, 羨爽差忒, 反乎其眞, 童之吉也. 童以寡有, 顯而鮮失. 自童而增, 純德方昌, 執一而達之, 以與類交, 則至動起焉. 故必有畏而出羨差, 戒夫失而奐徯保其德. 傳以爲有而爲之則易之者, 皥天不宜, 取諸此也. 後厥民析物亦如之, 發慮憲散道德者象焉. 進而多謀, 然無敢設于一之間也. 推之以格, 其至而已矣. 大學之治, 所以至天下平而樂作者, 此其物也. 失方而逃, 忘憂而唐, 然而常度未替, 禮之功也. 度以持穀, 至于極長. 大同乃變, 而減與物各唫, 反己自守. 守又弗固, 則入而聚積, 庶民事也. 衰周之詩所謂如賈三倍, 君子是識者, 與時化也. 貪利旣勝, 德義旣衰, 則世所藉以行者, 唯飾而已, 非底至齊信之所以昭明天下者也. 是以虛僞疑民, 是非相亂, 使民眩于雕離, 而中失其靖止, 天下傾矣. 此君子沈藏之世也. 天下之生, 一治一亂, 其道蓋如此.

광간(狂簡)이[23] 저수(狖首)를 떠받치고, 선수(羨首)가 맑아지고 차수(差首)가
변하여, 그 참된 것에 되돌아가는 것은 동수(童首)의 길함이다. 동수(童首)로
써 적게 소유하고 삼가니 잃음이 적다. 동수(童首)에서부터 증수(增首)에 이르
기까지 순전한 덕이 바야흐로 창성해지니, 하나를 잡아 통달함으로써 무리와
더불어 사귀면 지극한 움직임이 일어난다. 그러므로 반드시 두려움이 있어
선수(羨首)와 차수(差首)를 내고,[24] 그 잃을 것을 경계하여 연수(疢首)와 혜수
(傒首)는 그 덕을 보존한다. 전(傳)[=『장자』「인간세」]에 "소유하는 것을 위해
행하는 것을 쉽다고 여기는 것은 밝은 하늘(皡天)이 마땅하다고 하지 않는
다"[25] 라고 하니, 이것에서 취한 것이다. 그 백성을 뒤로하고 사물을 쪼개[26]
흩어지게 하는 것도 또한 이와 같으니, "법칙에 맞는 생각을 펼치고",[27] "도덕
을 흩트리는 자"를[28] 본뜬 것이다. 나아가 꾀함이 많으나 감히 하나로 하는
사이에 베푸는 것이 없다. 미룸으로써 이른다는 것은 그 지극한 것일 뿐이다.
『대학』의 다스림이 평천하에 이르러,[29] 악이 지어지는 이유는 이 사물 때문이
다. 방정함을 잃어 도망가고, 걱정을 잊고 공정하지만 항상된 법도가 아직
바뀌지 않는 것은 예의 공이다. 도수(度首)로써 착한 것을 유지하면 지극히
오래감에 이를 것이다. 크게 같으면 이에 변하는데, 줄인 것이 사물과 각각
통하지 않으면 자기에 돌이켜 스스로를 지킨다. 지키고 또 견고하지 않으면
들어가 모아 쌓는 것은 서민의 일이다. 쇠약한 주대의 시(詩)에 이른바 "가격
을 세배하여 장사하면 군자가 알아본다"[30]라고 한 것은 때와 더불어 변화한

· · · · · · · · · · · · · · · · · ·
23 역주 : 『논어』「公冶長」5장, "子在陳, 歸與, 歸與. 吾黨之小子狂簡, 斐然成章, 不知
   所以裁之." 참조.
24 역주 : 「羨」의 初一, "羨于初, 其次迂塗. 測曰, 羨于初, 後難正也." 참조.
25 역주 : 『莊子』「人間世」, "顔回曰, 吾無以進矣, 敢問其方. 仲尼曰, 齋. 吾將語若, 有
   心而爲之 其易邪. 易之者, 皞天不宜." 참조.
26 역주 : '厥民析'은 『서경』「堯典」, "(分命羲仲, 宅嵎夷, 曰暘谷, 寅賓出日, 平秩東作,
   日中星鳥), 以殷仲春, 厥民析, 鳥獸孶尾." 참조.
27 역주 : 『예기』「學記」, "發慮憲, 求善良, 足以謏聞, 不足以動衆." 참조.
28 역주 : 사마천, 『사기』, "太史公曰, 莊子散道德, 放論, 要亦歸之自然." 참조.
29 역주 : 『대학』의 八條目(格物, 致知 誠意, 正心, 修身, 齊家, 治國, 平天下)을 말한다.
30 역주 : 『시경』「詩經大雅蕩之什·瞻卬」, "鞫人忮忒, 譖始竟背, 豈曰不極. 伊胡爲慝,
   如賈三倍, 君子是識. 婦無公事, 休其蠶織." 참조.

것이다. 이익을 탐하는 것이 이미 이기면 덕의(德義)는 이미 쇠하여, 세상 사람들이 의지하여 행하는 것은 오직 꾸밈일 뿐이니, (『尙書』「康王之誥」에서 말하는) 믿음을 가지런히 하여 천하를 명료하게 밝히는 것에 이른 것은 아니다.[31] 이 때문에 허위로 백성을 의심하고, 시비가 서로 어지럽고, 백성들로 하여금 겉만 화려한 것에 현혹되고 마음이 그 고요하게 머물러 있는 것을 잃게 하면 천하가 기울어지게 될 것이다. 이것은 군자가 깊이 숨는 때이다. 천하에 인류가 발생하여 '한번은 다스려지고 한번은 어지러웠으니'[32] 그 도가 대개 이와 같다.

釋推也, 飾衰也.

석수(釋首)는 미는 것이요, 식수(飾首)는 쇠약한 것이다.

物將去累, 推之使釋, 質衰而致飾焉. 推自中發, 飾自外設, 人之眞積力久, 則懸解暉發, 時至而不自知矣. 聚積衰也, 故老則戒之在得.

사물이 장차 매인 것을 제거하고, 그것을 미루어 풀어지게 하니, 바탕이 쇠약해지고 꾸밈을 이룬다. 미는 것은 마음에서부터 발한 것이요, 꾸밈은 밖에서부터 베풀어진 것이다. 인간의 참됨이 쌓이고 힘씀이 오래되면,[33] 매달려 있는 속박에서 벗어나(懸解)[34] 빛이 발할 것이니, 때가 이르러도 스스로 알지 못한다. 쌓이고 모인 것은 쇠한다. 그러므로 늙으면 탐욕을 경계해야 한다.[35]

格好也是, 而疑惡也非.

· · · · · · · · · · · · · · · · · · · ·
31 역주 : 『서경』「康王之誥」, "昔君文武, 丕平富, 不務咎, 底至齊信, 用昭明于天下." 참조.
32 역주 : 『맹자』「滕文公下」, "天下之生久矣, 一治一亂."『六韜』「盈虛」, "文王問太公曰, 天下熙熙, 一盈一虛, 一治一亂, 所以然者何也." 참조.
33 역주 : 『순자』「勸學」, "學惡乎始, 惡乎終. 曰, 其數則始乎誦經, 終乎讀禮, 其義則始乎爲士, 終乎爲聖人. 眞積力久則入. 學至乎沒而後止也." 참조.
34 역주 : 『장자』「大宗師」, "安時而處順, 哀樂不能入也, 古者謂是帝之懸解." 晉 左思, 「吳都賦」, "否泰之相背也, 亦猶帝之懸解, 而與桎梏疏屬也." 참조.
35 역주 : 『논어』「季氏」, "孔子曰, 君子有三戒. 少之時, 血氣未定, 戒之在色. 及其壯也, 血氣方剛, 戒之在鬪. 及其老也, 血氣旣衰, 戒之在得." 참조.

격수(格首)는 옳은 것을 좋아하는 것이요, 의수(疑首)는 그른 것을 미워하는 것이다.

格是已定, 疑非而或之, 好善著焉, 所謂格物取此.
격수(格首)는 옳은 것이 이미 정해진 것이고, 의수(疑首)는 그르다고 여겨 의심하는 것이다. 선을 좋아하는 것이 드러나니, 이른바 (『대학』의) 격물은[36] 이것을 취한 것이다.

夷平, 而視傾.
이수(夷首)는 평평한 것이요, 시수(視首)는 기울어진 것이다.

夷則各得其平, 而自如視相傾也. 春秋傳曰, 猶有觀焉. 持平而愼傾, 可以修德, 可以養生.
깎으면 각각 그 평평함을 얻는데, 스스로 서로 기운 것을 보는 것같이 한다. 『춘추좌씨전』「장공22년」에서 말하기를 "오히려 보는 것이 있다"[37]라고 하였다. 공평함을 유지하고 기움을 신중히 하면, 덕을 닦을 수 있고 삶을 기를 수 있다.

樂上揚, 沈下藏. 爭士齊也, 內女懷也.
락수(樂首)은 위로 들추는 것이요, 침수(沈首)는 아래로 감추는 것이다. 쟁수(爭首)는 선비가 가지런한 것이요, 내수(內首)는 여자가 사모하는 것이다.

物止其平, 乃樂其發而爭其守. 士齊, 公之至也, 女懷, 私之至也. 公勝則萬物皆相見也, 私勝則萬物各相去也.
사물이 평평한 것에 그쳐야 이에 그 발하는 것을 즐기면서 그 지키는 것을 다툰다. 선비가 가지런함은 공정함의 지극함이고, 여자가 사모하는 것은 사사

....
36 역주 : 『대학』1장, "致知在格物, 物格而後知至." 참조.
37 역주 : 『춘추좌씨전』「莊公22년」, "庭實旅百, 奉之以玉帛, 天地之美具焉, 故曰, 利用賓于王. 猶有觀焉, 故曰其在後乎." 참조.

로움의 지극함이다. 공정함이 이기면 만물은 모두 서로 보고, 사사로움이 이기면 만물이 모두 각각 떠난다.

務則喜,
무수(務首)는 기뻐하는 것이요,

諸家作喜, 許黃作憙.
제가의 판본에는 희(喜)로 되어 있고, 허앙본과 황백사본에는 희(憙)로 되어 있다.

而去則悲,
거수(去首)는 슬퍼하는 것이다.

宋無則字.
송충본에는 즉(則)자가 없다.

事尚作, 晦尚休. 更變而共笑, 瞢久而益憂. 斷多事, 窮無喜.
사수(事首)는 일하는 것을 숭상함이요, 회수(晦首)는 쉬는 것을 숭상함이다. 경수(更首)는 변해 함께 웃는 것이요, 몽수(瞢首)는 오래되어 더욱 근심하는 것이다. 단수(斷首)는 (좋은) 일이 많은 것이요, 궁수(窮首)는 기쁨이 없는 것이다.

因有樂有爭, 以有務有事. 變而通之爲天下正, 唯平格之. 大人爲能任此, 我斷則衆聽焉. 而事萃之和豫通物而不可窮者, 喜也. 喜必有務, 務必有辜, 事必有更, 更時行而斷正勝也.
즐거움이 있고 다툼이 있음으로 인하여 힘쓰는 것도 있고 일삼는 것도 있다. 변하여 통하는 것이 천하의 바름이 되는 것은, 오직 평평하게 바르게 하기 때문이다. 대인은 이것을 맡아 할 수 있으니, 내가 결단하면 무리는 듣는다. 일삼아 모은 것이 조화롭고 기뻐서 만물에 통하여 다할 수 없는 것이 기쁜 것이다. 기쁜 것에는 반드시 힘쓸 것이 있고, 힘쓰는 것에는 반드시 허물이 있고, 일삼는 것에는 반드시 바뀜이 있으니, 때를 바꾸어 행하여 바르게 결단한 것이 이긴다.

毅敢, 而割憊. 裝徙鄉, 止不行. 衆溫柔, 堅寒剛.
의수(毅首)는 과감함이요, 할수(割首)는 고달픈 것이다. 장수(裝首)는 옮겨 향하는 것이요, 지수(止首)는 행하지 아니한 것이다. 중수(衆首)는 온화하고 부드러운 것이요, 견수(堅首)는 차갑고 강한 것이다.

毅大用事, 裝而欲去. 若周營洛邑是已, 四方民大和會者, 溫柔之象也. 盛衰相極, 必至之幾. 是以上毅敢行, 下衆豫附之時也, 而裝在其中. 治當成王之隆極, 而圖及平王之衰世, 裝以侯時, 此周公之所以獨見于綿眇者也.[38] 憊止不行, 堅而持之, 則以定傾焉.
의수(毅首)는 일 쓰는 것을 크게 하니, 짐을 꾸려서 가고자 함이다. 주나라가 낙읍(洛邑)[39]을 경영한 것과 같은 것이 이것으로, 사방의 백성이 크게 화목하게 모이는 것은 온화하고 부드러운 상이다. 성대하고 쇠약한 것이 서로 지극한 것은 반드시 이른다는 기미다. 이 때문에 윗사람이 과감하게 행하고, 아래 무리들이 기뻐하면서 따라붙는 때에 짐을 꾸리는 것이 그 가운데에 있다. (주공이 살던 시절 成王의 치적을 成康之治라 불리우 듯) 다스려진 것이 성왕(成王)의[40] 융성함이 지극한 것에 당했으나 (주공이 먼 미래를 보고) 도모한 것은

....
38 劉韶軍 點校 : '此'는 명초본에는 '北'으로 되어 있다. 이것은 오류거본에 의거해 고쳤다.
39 역주 : 『玉髓眞經』, "昔者王公設險, 以守其國, 周營洛邑, 謂天下之中, 是皆擇地以定至計." 참조.
40 역주 : 周 成王(기원전 1055年~기원전 1021年). 姓은 姬, 이름은 誦, 周 武王의 아들이다. 西周 제 2代 천자, 諡號는 成王. 周 成王이 繼位할 때 나이가 어려 周公旦이 輔政하고 三監의 난을 평정하였다. 주 성왕이 親政 후 새로운 도읍지 洛邑을 조성하여 크게 諸侯를 봉하고 아울러 周公에게 명하여 東征하게 하였다. 예약을 제정하고 서주 왕조의 통치를 강화시켰다. 周 成王과 그 자식 周 康王(姬釗)의 통치 기간에는 사회가 안정되고 백성이 화목하니 "刑錯四十餘年不用"인 것을 일컬어 成康之治라고 한다.

(東周 시대가 시작되는) 평왕(平王)의[41] 쇠미한 시대에 미쳤으니, (이런 상황에서) 짐을 꾸려서 때를 본 것은, 주공이 (미래를 예측하고) 홀로 멀리 보았기 때문이다.[42] 고단하여 멈추고 가지 않고, 견고하게 유지하면 그것으로써 기울어짐이 안정된다.

密不可間, 成不可更.

밀수(密首)는 틈을 엿볼 수 없는 것이고, 성수(成首)는 바꿀 수 없다는 것이다.

敢以毅行, 則裝而溫柔, 相得于密, 以類升也. 憊受割極, 則止而寒剛, 反保其成而考降也. 密不可間, 情也. 成不可更, 性也. 情, 天性也, 性, 天命也. 情則毅而不害, 善親親也. 性則割而不絶, 能生生也.

과감하게 강의(剛毅)한 것으로 행하면 준비하고 꾸리더라도 온유하고 부드러우니, 주밀한 것에서 서로 얻어 무리로써 올라간다. 고달픈데 지극한 베임을 당하면, 그치지만 차갑고 굳세어, 도리어 그 이룸을 보존하면서 내려갈 것을 살핀다. 주밀하여 틈을 엿볼 수 없다는 것은 정 때문이다. 이룬 것은 바꿀 수 없다는 것은 본성 때문이다. 정은 천성이고, 본성은 천명이다. 정은 강의(剛毅)하면서 해치지 않으니, 친한 사람을 친한 사람답게 대접하기를[43] 잘한다. 본성이면 베지만 끊어지지 않아 낳고 낳을[44] 수 있다.

· · · · · · · · · · · · · · · · · ·

41 역주 : 周 平王(기원전 약 781~기원전 720년). 東周 제1대 왕. 西周 幽王의 아들. 姬은 姓, 名은 宜臼이다. 서주 말년에 유왕이 犬戎에게 죽자 鎬京에 도읍하였다. 犬戎의 침습을 받아 나라가 殘破되었다. 太子 宜臼는 申, 許, 魯 등 제후의 擁戴를 받아 申(오늘날 河南 南陽北)에서 즉위하니 이것이 平王이다. 犬戎을 피하기 위해 평왕은 도성을 호경에서 동쪽으로 洛邑(오늘날 河南省 洛陽)으로 천도하였다. 이것을 일러 역사에서는 '東周'라고 한다.

42 역주 : 양웅, 『法言』「先知」, "知其道者其如視, 忽眇緜作昞." 李軌 注, "眇緜, 遠視." 참조.

43 역주 : 『예기』「中庸」, "仁者人也, 親親爲大. 義者宜也, 尊賢爲大. 親親之殺, 尊賢之等, 禮所生也.",『禮記』「禮運」, "故人不獨親其親, 不獨子其子. 使老有所終, 壯有所用, 幼有所長, 鰥寡孤獨廢疾者, 皆有所養." 참조.

44 역주 : '生生'은 『주역』「계사전상」 5장, "生生之謂易." 周敦頤, 「太極圖說」, "二氣交感, 化生萬物, 萬物生生而變化無窮焉." 참조.

親親乎善, 闔闔乎恩. 斂也得, 失亡福. 彊善不倦, 劇惡不息. 睟君道
也, 馴臣保. 盛壯, 而將老也.

친수(親首)는 선에 친하는 것이요, 치수(闔首)는 은혜에 합치는 것이다. 렴수
(斂首)는 얻는 것이요, 실수(失首)는 복(福)을 잃은 것이다. 강수(彊首)는 선을
게을리 하지 않는 것이요, 극수(劇首)는 악을 쉬지 않는 것이다. 수수(睟首)는
군주의 도(道)이요, 순수(馴首)는 신하가 보존하는 것이다. 성수(盛首)는 씩씩
한 것이요, 장수(將首)는 늙은 것이다.

親而後可斂也, 斂而後能强也, 則君道正, 居有盛時, 爲法天下. 闔旣受成,
失劇而反, 馴保其得, 則陰以老變, 陽以兆來. 爲艱爲勤, 微之艱也. 諸家而
作也, 宋作而字.

친해진 이후에 수렴할 수 있고, 수렴한 이후에 군세질 수 있으면 군주의 도가
바르고, 거처함에 성대한 때가 있어 천하의 법이 된다. 합친 것이 이미 이룬
것을 받았는데, 잘못됨이 심하면 되돌아가고, 순종하여 그 얻은 것을 보존하
면, 음은 늙음으로써 변하고, 양은 조짐으로써 온다. 어려움이 되고 부지런함
이 되는 것은 기미의 어려움이다. 제가의 판본에는 이(而)가 야(也)로 되어
있고, 송충본에는 이(而)자로 되어 있다.

居得乎位, 難遇乎詘.

거수(居首)는 지위를 얻은 것이요, 난수(難首)는 굴함을 만난 것이다.

得位則莫之難也而信, 詘道致信者也. 難則竢時而已.

지위를 얻으면 어렵지 않고 펴게 되니, 도를 굽혀 폄을 이룬 것이다.[45] 어려운
시대면 때를 기다릴 뿐이다.

法易與天下同也, 勤苦而無功也.

. . . .

45 역주 : 『玄攤』, "極寒生熱, 極熱生寒. 信道致詘, 詘道致信. 其動也, 日造其所無而
     好其所新, 其靜也, 日減其所有而損其所成." 참조.

법수(法首)는 바꿔 천하와 더불어 함께하는 것이요, 근수(勤首)는 고통스럽고 공로가 없는 것이다.

自中至夷, 大人之正也. 自樂至法, 聖人之治也. 法唯與天下同, 故易. 且非易也, 則天下孰能同之. 勤如天道, 勞功無苦也. 道非其時, 苦而無功, 則就養而已矣.

중수(中首)에서 이수(夷首)에 이르는 것은 대인의 바름이다. 락수(樂首)에서 법수(法首)에 이르는 것은 성인의 다스림이다. 법은 오직 천하와 더불어 같이 하므로 바뀐다. 또한 바꾸는 것이 아니면 천하에서 누가 같이 할 수 있겠는가? 부지런함은 천도와 같으니, 공에 수고롭지만 고통스러움이 없다. 도가 그 때가 아니기에 고통스럽고 공이 없다면 기름에 나아갈 뿐이다.

養受群餘, 君子養吉, 小人養凶也.
양수(養首)는 여러 남은 것을 받아 군자는 길한 것을 기르고, 소인은 흉한 것을 기른다.

八十一首七百二十九贊, 事類之委, 有慶有殃, 此羣餘也, 而養受之以爲種, 吉凶蕃焉.

81수 729 찬은 일과 무리의 자세한 것으로, 경사도 있고 재앙도 있으니, 이것이 여러 남은 것이다. 기르고 받아서 종자로 삼으면, 길하고 흉한 것이 번창할 것이다.

▌현착(玄錯)[46]

中始, 周旋. 羨曲, 毅端. 晬文之道, 或淳或斑.

· · · · · · · · · · · · · · · · · ·

46 역주 : '錯'은 '섞는[雜]' 것이다. 「玄錯」은 81수의 뜻을 분별하고 해석한 것인데, 각 首의 차서에 의지하지 않고 모두 두개의 首를 상대하여 文을 이루고 착종하고 뒤섞인 것을 말한 것이다. 『周易』「雜卦傳」에 해당한다.

중수(中首)는 시작이고, 주수(周首)는 도는 것이다.[47] 선수(羨首)는 굽은 것이고, 의수(毅首)는 바른 것이다.[48] 수수(睟首)와 문수(文首)의 도는 혹은 순수한 것 혹은 얼룩진 것이다.[49]

中始周旋, 道德也. 羨曲毅端, 時物也. 中始而道生之, 周旋而德反焉. 羨曲者, 迷乎周旋之運. 毅斷者, 守乎中始之則也. 端生睟, 曲生文.

중수(中首)는 시작하고, 주수(周首)는 도니, 도와 덕이다. 선수(羨首)는 굽고, 의수(義首)는 바르니, 때의 사물이다. 중수(中首)는 시작하니 도가 만물을 낳고,[50] 주수(周首)는 도니 덕이 되돌아간다. 선수(羨首)는 굽은 것으로, 두루 도는 운행에 미혹하다는 것이다. 의수(毅首)가 결단한다는 것은 중수(中首)가 시작한 법칙을 지킨다는 것이다. 바른 것은 수수(睟首)를 낳고, 굽은 것은 문수(文首)를 낳는다.

彊也健, 傒[51]也弱,

강수(彊首)는 강건한 것이고, 혜수(傒首)는 약한 것이다.[52]

或傒字上有而字.

어떤 판본에는 혜(傒)자 위에 이(而)자가 있다.

· · · · · · · · · · · · · · · · ·

47 역주 : '旋'은 '돌아온대復]'는 것이다. 「玄衝」에서는 "中則陽始."라 하고 "周, 復乎德."이라고 한다. 中首는 양기가 비로소 생하고, 周首는 양기가 회복한다. 그러므로 '中始周旋'이라고 한다.

48 역주 : 「玄衝」에서는 "羨, 私曲."이라고 한다. '端'은 『설문』에서는 "直也, 貞也."라고 한다. '意端'은 인간이 일을 만나면 과감하게 결단하여 마음에 품은 바르고 곧은 도를 나타낸다는 것이다.

49 역주 : '睟'는 '純粹한 것'이다. '斑'은 '색이 섞인 것'이다. 순수하면서 섞임이 없다. 그러므로 '淳'이라고 한다. 부유하면서 문채가 있다. 그러므로 '斑'이라고 한다.

50 역주 : '道生之'는 『노자』51章, "道生之, 德畜之, 物形之, 势成之, 是以万物莫不尊道而贵德. 道之尊, 德之贵, 夫莫之命而常自然. 故道生之, 德畜之." 참조.

51 역주 : 책에는 '傒'자로 되어 있는데, '傒'자의 오자이다. '傒'자는 '傒'자와 같이 쓰인다. 본 번역본에서는 '傒'자로 한다.

52 역주 : '傒'는 유약하기에 '기다린다(待)'는 것이다. 과감하게 나아가지 않고 때를 기다려 움직이는데, 그것은 유약하기 때문이다.

積也多, 而少也約. 視也見, 晦也瞀. 童無知, 而盛有餘.[53] 去離故, 而將來初.

적수(積首)는 많은 것이고, 소수(少首)는 검약한 것이다.[54] 시수(視首)는 (밝게)보는 것이요, 회수(晦首)는 어두운 것이다. 동수(童首)는 아는 것이 없는 것이요, 성수(盛首)는 남음이 있는 것이다. 거수(去首)는 옛날에 떠난 것이요, 장수(將首)는 처음 오는 것이다.[55]

童之知無, 如見有瞀, 雖或晦之, 見在其中, 欲昭明者, 發之而已. 盛而有餘, 反寡有矣. 弱而徯强, 約而無積, 此寡有之蒙, 未離于一者也. 去離故, 而將來初, 學所輔也.

아동이 무지한 것이 본 것에 어두움이 있는 것 같은데, 비록 혹 어둡더라도 본 것이 그 가운데에 있으니, 밝히고자 하는 자는 발할 뿐이다. 성대하여 남은 것이 있지만 도리어 소유한 것은 적다. 약하면서 강한 것을 기다리고, 검약하면서 쌓음이 없으니, 이것이 적게 소유한 몽수(蒙首)로, 아직 일(一)에서 떠나지 않은 것이다. 거수(去首)는 옛날에 떠난 것이요, 장수(將首)는 처음 온다는 것은, 배움이 도운 바다.

大也外, 而翕也內. 狩也進, 耎也退.

대수(大首)는 밖에 하는 것이요, 흡수(翕首)는 안에 하는 것이다.[56] 저수(狩首)는 나아가는 것이요, 연수(耎首)는 물러나는 것이다.[57]

53 劉韶軍 點校 : '盛'은 명초본에는 없다. 대전본, 망옥당본에는 '盛而'로 되어 있다. 吳汝綸은 말하기를 "盛而는 마땅 '而盛'으로 써야 한다"라고 하였다. 여기서는 이것을 따른다.

54 역주 : 「玄衝」에서는 "積, 多財.", "少, 微也."라고 한다. '約'은 '검약한다'는 것으로, 재물이 미미하면 검약해야 한다는 것이다.

55 역주 : '去'는 『廣韻』에서 "離也."라고 한다. 去首 때에 음기가 날로 성하고 양기가 물러나 잠긴다. 그러므로 '離故'라고 한다. 將首 때에 양기가 장차 아래에서 시작한다. 그러므로 '來初'라고 한다.

56 역주 : 「玄衝」에서는 "翕也, 入."이라고 한다. 大首 때에 양기가 풍성하고 커 만물이 쑥쑥 자라난다. 그러므로 '外'라고 한다. 翕首 때에 음기가 성장하고 만물이 물러나 잠긴다. 그러므로 '內'라고 한다.

樂佚逷.

락수(樂首)는 편안하고 방탕한 것이요,

古蕩字.

(逷은) 옛날 탕(蕩)자다.

勤蹶蹶. 達思通, 窮思索.

근수(勤首)는 빨리빨리 부지런히 움직이는 것이요,[58] 달수(達首)는 생각이 통하는 것이요, 궁수(窮首)는 생각이 다하는 것이다.[59]

宋本作達思也通窮而思也索.

송충본에는 달사야통궁이사야색(達思也通窮而思也索)으로 되어 있다.

干在朝, 而內在夕.

간수(干首)는 아침에 있는 것이요, 내수(內首)는 저녁에 있는 것이다.[60]

樂佚逷者, 無爲之適. 勤蹶蹶者, 有爲之艱. 詩所謂蹶蹶生者, 文王之勤止也. 武王之詩所謂王在在鎬, 豈樂飮酒, 此佚逷之時也. 思利變通, 思索而未如之何,[61] 則有窮而已. 朝氣銳尙干, 夕氣歸好內. 諸家作席, 林作夕.

· · · · · · · · · · · · · · · · ·

57 역주 : '奕'은 '懊'과 같으니, '유약하다'는 것이다. 「玄衝」에서는 "奕, 有畏."라고 한다. 양기가 날로 성하고 만물이 크게 자라난다. 그러므로 '進'이라고 한다. 연약하고 밖을 두려워하니 어려움을 보면 물러난다.
58 역주 : 『爾雅』「釋詁」에는 "蹶蹶, 敏也."라 한다. 즉 일을 좋아하여 빨리빨리 부지런히 한다는 것이다.
59 역주 : '達'은 '통한다[通]'는 것이고, '窮'은 '지극하다[極]'는 것이고, '索'은 '다한다[盡]'는 것이다. 생각이 이미 통하면 達이다. 생각이 이미 지극하면 窮이다. 그러므로 '窮極'이라고 한다.
60 역주 : 아침 기운이 있으면 나아가 취함을 도모한다. 그러므로 '尙干'이라고 한다. 저녁에는 마땅히 돌아가 쉬어야 한다. 그러므로 '好內'라고 한다.
61 劉韶軍 點校 : '未'는 명초본에는 '末'로 되어 있다. 대개 '末'의 형태가 잘못된 것이다. 여기서는 즉각 고쳤다.

즐겁고 편안하면서 방탕한 것은 '아무런 행동도 하지 않는 만족함'이다. 빨리 빨리 부지런히 움직이는 것은 '함이 있는 어려움'이다. 『시경』에서 이른바 "문왕이 부지런히 정사를 하니, 백성들이 문왕에게 감동한다"[62]라고 한 것은 문왕이 부지런함을 그친 것이다. 무왕의 시에서 이른바 "왕이 지금 호(鎬) 땅에 있으니, 어찌 즐거이 술을 마시지 않겠는가"[63]라고 하는데, 이것이 편안하고 방탕한 때이다. 생각은 변통을 이롭게 여기는데, 생각이 다하여 어찌할 줄 모른다면 궁함만이 있을 뿐이다. 아침 기운은 예민하여 구함을 숭상하고, 저녁 기운은 돌아가 안을 좋아한다. 제가의 판본에는 석(席)으로 되어 있고, 임우본에는 석(夕)으로 되어 있다.

差自憎, 飾自好.

차수(差首)는 스스로 미워하는 것이요, 식수(飾首)는 스스로 좋아하는 것이다.[64]

差內訟惡, 飾外見美.

차수(差首)는 안에서 싫어하는 것과 다투는 것이며, 식수(飾首)는 밖에서 아름다움을 보이는 것이다.

格不容, 而昆寬裕. 增日益, 而減日損. 馴奉令, 而戻相反, 釋也柔, 而堅也鞠.[65]

격수(格首)는 용납하지 않는 것이요, 곤수(昆首)는 너그럽고 관대한 것이다.[66]

. . . .

62 역주 : 『시경』「大雅·文王之什·綿」, "虞芮質厥成, 文王蹶蹶生. 予曰有疏附, 予曰有先後. 予曰有奔奏, 予曰有禦侮." 참조.

63 역주 : 『시경』「小雅魚藻之什」, "魚在在藻, 有頒其首, 王在在鎬, 豈樂飮酒." 참조.

64 역주 : 葉子奇는 '憎'은 '增'으로 써야 한다고 말한다. 「玄衝」에서는 "差, 過也."라고 한다. 잘못이 있으면 재앙을 이룬다. 그러므로 '自憎'이라고 한다. 문식을 닦으면 다른 사람에게 자랑할 수 있다. 그러므로 '自好'라고 한다.

65 劉韶軍 點校 : '鞠'은 만옥당본에는 '剛'으로 되어 있다.

66 역주 : '格'은 '거절한다'는 것이다. 「玄衝」에서는 '昆, 大同.'라고 한다. '裕'는 '容', '寬'이다. 거절하면서 인물을 용납하지 않고 寬裕하면서 크게 같으면 대중을 포용하고 사물을 용납할 수 있다.

증수(增首)는 날로 더하는 것이요, 감수(減首)는 날로 더는 것이다. 순수(馴首)는 명령을 받드는 것이요, 려수(戾首)는 서로 반대하는 것이다.[67] 석수(釋首)는 부드러운 것이요, 견수(堅首)는 단단한 것이다.[68]

堅如履革, 失柔和矣. 鞨,[69] 音昂, 革履屬. 黃作剄.
견고함이 가죽신을 신은 것 같아 부드러움을 잃었다. 앙(鞨)은 음이 앙(昂)으로, 가죽신에 속한다. 황백사본에는 강(剄)으로 되어 있다.

夷平易, 而難頡頑. 斷多決, 而疑猶與. 逃有避, 爭有趣. 進欲迂,
이수(夷首)는 평이한 것이요, 난수(難首)는 오르락내리락 하는[70] 것이다.[71] 단수(斷首)는 결단한 것이 많은 것이요, 의수(疑首)는 할까 말까 주저하는[72] 모양이다. 도수(逃首)는 피함이 있는 것이요, 쟁수(爭首)는 나아감이 있는 것이다.[73] 진수(進首)는 멀리 하고자 하는 것이요,

諸本作進欲行, 蓋當作迂.

. . . .

67 역주 : 『玄衝』에서는 "馴, 臣保也."라고 한다. 신하가 군주에 따른다. 그러므로 '奉令'이라고 한다. '戾'는 '어그러진 것[乖]'이다. 그러므로 '相反'이라고 한다.
68 역주 : 釋首 때에 양기가 온화하면서 숨을 쉬니, 만물이 마른 허물을 벗고 껍질을 벗어 부드럽게 변한다. 「玄衝」에서는 "堅, 寒剛."라고 한다.
69 劉韶軍 點校 : '鞨'은 명초본에는 없다. 이것은 오류거본에 의거해 보충하였다.
70 역주 : 『시경』「邶風·燕燕」, "燕燕於飛, 頡之頑之." 참조.
71 역주 : 難首에서는 "陰氣方難, 水凝地坼, 陽弱於淵."라고 한다. 음기는 위로 올라가다가 단단한 얼음과 언 땅을 만나 험난하여 나아갈 수 없기에 '上下가 不定'이라고 한 것이다.
72 역주 : '與'는 '豫' 혹은 '猶豫'와 같으니, 결정하지 못하고 주저주저하는 모양이다. 『禮記』「曲禮上」, "蔔筮者 … 所以使民決嫌疑, 定猶與也.", 『老子』15장, "古之善爲士者, 微妙玄通, 深不可識. 夫唯不可識, 故強爲之容. 豫兮若冬涉川, 猶兮若畏四鄰." 참조.
73 역주 : '逃'는 『廣韻』에서는 "避也."라고 한다. '趣'는 『說文』에서는 "疾也."라고 한다. '趨'와 같다. 『釋名』에서는 "疾行曰趨, 趨, 赴也. 赴所至也."라고 한다. 逃首 때에는 음기가 힘이 강하고 양기는 잠기면서 물러난다. 그러므로 피하는 바가 있다. 爭首의 때에는 "萬物爭訟, 各遵其儀."라고 한다. 즉 다투어 나아가 마땅한 것을 구하므로 나아가는 것이 있다고 한 것이다.

여러 판본에는 진욕행(進欲行)으로 되어 있으니, 대개 마땅히 우(迂)로 써야
한다.

止欲驚.
지수(止首)는 그치고자 하는 것이다.[74]

進非迂則傷, 止非驚則達. 是以君子其進也安道悠遠也, 其止也厲德正勝也.
나아감은 멀리함이 아니면 손상되고, 그침은 그치지 않으면 도달한다. 이 때
문에 군자는 그 나아감도 도에 편안하여 멀리 가며, 그 그침도 덕에 힘쓰기에
바름이 이긴다.

廓無方, 務無二. 應也今, 而度也古.
확수(廓首)는 방향이 없는 것이요, 무수(務首)는 둘이 없는 것이다.[75] 응수(應
首)는 지금이요, 도수(度首)는 옛날이다.[76]

應與時行, 唯今之宜. 度由數起, 因古而已矣.
응한 것이 때와 더불어 행하니 오직 지금의 마땅함이다. 헤아림은 수로써 말
미암아 일어나니, 옛것을 따를 뿐이다.

迎知前, 永見後. 從也牽, 守也固. 礦拔難, 劇無赦.
영수(迎首)는 앞을 아는 것이요, 영수(永首)는 뒤를 보는 것이다.[77] 종수(從首)

. . . .

74 역주 : '驚'는 '(말이) 무겁다[驚]'라는 것이다. 즉 말이 무거워 그치고 행하지 못한다
    는 것이다. 『사기』 「晉世家」에는 "馬驚不能行."이란 말이 나온다. 『설문』에서는
    "驚, 馬重貌."라고 한다.
75 역주 : '廓'은 『爾雅』 「釋詁」에서는 "大也."라고 한다. 『說文』에서는 "空也."라고 한
    다. 비고 크기 때문에 方域이 없다. 힘을 써 일에 종사한다. 그러므로 마음이 전일
    하고 둘이 아니다.
76 역주 : '應'이면 때와 함께 행하고 일에 따라 변하므로 '今'이라 말한다. '度'이면 전
    후를 보고 살펴 지나간 것을 거울로 삼으므로 '古'라고 말한다.
77 역주 : 사물이 서로 맞이하면서 그 앞을 알아야 행동할 수 있고, 장구한 일은 세세
    하게 그 뒤를 봐야 비로소 알 수 있다는 것이다.

는 이끄는 것이요, 수수(守首)는 굳게 움직이지 않는 것이다.[78] 현수(礥首)는 어려움에서 벗어나는 것이요, 극수(劇首)는 놓아줌이 없는 것이다.[79]

微陽方動, 則雖在盛陰, 能拔于難. 獨陰絶陽, 則其窮無赦矣.
미미한 양이 바야흐로 움직이면 비록 성대한 음에 있더라도 어려움에서 벗어날 수 있다. 양은 없고 음만 있는 것[獨陰]과 양이 끊어진 것[絶陽]이면 그것이 다하여 놓아줌이 없다.

唐蕩蕩, 而閑瘞塞.[80] 更造新, 常因故. 失大亡, 斂小得. 竈好利, 法惡刻. 禮也都, 而居也室.
당수(唐首)는 넓고 넓은 것이요,[81] 한수(閑首)는 묻혀서 막힌 것이다.[82] 경수(更首)는 새로운 것에 나아가는 것이요, 상수(常首)는 옛 것을 따른 것이다.[83] 실수(失首)는 크게 잃은 것이요,[84] 렴수(斂首)는 적게 얻은 것이다. 조수(竈首)

· · · · · · · · · · · · · · · ·

78 역주 : '牽'은 『說文』에서는 "引前也."라고 한다. 즉 '從'은, 앞에서 이끌고 뒤에서는 따른다는 것이다. 「玄衝」에서는 "守, 不可攻."이라 하여 파괴할 수 없기 때문에 '固'라고 한다.
79 역주 : 사물이 처음 생할 때 어려움을 만나므로 어려움에서 뽑는다고 한다. 「玄衝」에서는 "劇, 惡不息."라고 한다. 악을 행하는 것을 그치지 않다가 죄가 크면 사면을 받지 못한다는 것이다.
80 劉韶軍 點校 : '瘞'는 명초본에는 '瘞'로 되어 있다. 『諸子襃異』본에서는 '瘞'로 되어 있다. 吳汝綸은 "예는 마땅히 '瘞'로 써야 한다"고 말한다. 『대전』에서는 鄭이 말한 "瘞는 옛날 음이 瞖로서, 매장하는 것이다. 어떤 경우는 '瘞'자로 쓰는데, 세속에서 잘못 쓴 것이다"라는 것을 인용하고 있다. 이것은 鄭이 말한 것을 따른다.
81 역주 : 『서경』 「洪範」, "曰, 無偏無黨, 王道蕩蕩, 無黨無偏, 王道平平, 無反無側." 참조. 『논어』 「述而」에는 "子曰, 君子坦蕩蕩, 小人長戚戚."라는 말이 있다.
82 역주 : 「玄衝」에서는 "唐, 公而無欲."이라 한다. '瘞'는 『說文』에서는 "幽薶"라고 한다. 『釋文』에서는 "埋也."라고 하니, '묻히고 막힌다'는 것이다. 공정하면서 사심이 없으면 혜택이 무리에게 돌아가므로 그 덕이 크고 탕탕한데, 양기가 아래에 있어 음에게 방해되고 막혀 나올 수 없으므로, '묻히고 막힌다'고 한 것이다.
83 역주 : 변경하는 일은 옛것을 떠나 새로운 것에 나아가고, 항구한 도는 옛것에 인하여 새로운 것을 이룬다는 것이다. 「玄瑩」에서는 "夫物不因不生, 不革不成."이라 한다.
84 역주 : '亡'은 『集韻』에서는 "失也."라고 한다.

는 이로운 것을 좋아하는 것이고, 법수(法首)는 각박한 것을 싫어하는 것이다.[85] 예수(禮首)는 도회지이고, 거수(居首)는 사는 집이다.[86]

都非鄙之野, 室無都之容.
도회지는 시골의 들판이 아니고, 집에는 도회지의 모습이 없다.

聚事虛, 衆事實.
취수(聚首)는 일이 헛된 것이요, 중수(衆首)는 일이 진실한 것이다.[87]

聚以陰收, 故其思虛. 衆以陽宣, 故其事實. 虛則易消, 實則難免也. 武王之頌曰, 實維爾公允師, 此實衆也. 受有牧野之旅, 鹿臺之財, 巨橋之粟, 此虛聚也.
모은 것은 음으로써 거두었다. 그러므로 그 생각이 헛되었다. 무리는 양으로써 폈다. 그러므로 그 일이 진실하였다. 헛된 것은 쉽게 소멸되고, 진실한 것은 어렵게 면한다. 무왕이 찬송하기를 "실로 네 일을 진실로 스승 삼아 지어다"[88]라고 하니, 이것이 진실이 많은 것이다. (과거 역사를 볼 때) 물려받은 것에 목야(牧野)의 무리가[89] 있고, 녹대(鹿臺)의 재물이[90] 있고, 거교(巨橋)의

· · · · · · · · · · · · · · · · ·

85 역주 : '刻'은 '害'와 같다. 『서경』「微子」, "我舊云刻子."에 대해 孔穎達은 "刻者, 傷害之義."라고 한다. '竈'는 음식을 삶는 것으로써 사람을 기른다. 그러므로 '好利'라고 한다. '법'은 간사한 것을 제거하고 바르게 하므로 '惡刻' 즉 '惡害'라고 한 것이다.
86 역주 : '都'는 『廣韻』에서는 "天子所宮曰都."라고 한다. 또 『正韻』에서는 "美也, 盛也."라고 한다. 집에서 거처하기는 하지만 궁실의 아름다움과 큼이 없다는 것이다. 궁실에 거처하고 고위에 처하고 행실이 예의에 합치하면 그 행동이 아름답고, 협소한 방에 처하고 비루한 들판에 있으면 그 거처하는 곳도 비루하다는 것이다.
87 역주 : 聚首의 때에는 음기가 수렴하면서 모이므로 '虛'이고, 衆首의 때에는 양기가 펼쳐지면서 높으므로 '實'이다. '陽'은 실이고 '陰'은 허다.
88 역주 : 『시경』「周頌·閔予小子之什·酌」, "于鑠王師, 遵養時晦, 時純熙矣. 是用大介, 我龍受之, 蹻蹻王之造. 載用有嗣, 實維爾公允師." 참조.
89 역주 : 중국 河南省 淇縣 남서부에 위치한 고대 지명이다. 은나라 말기에 주나라 무왕이 이곳에서 상(=殷)나라 군사와 큰 전쟁을 벌였는데 그것이 "牧野之戰"이다. 목야전쟁은 주나라가 은나라를 멸망시킨 전쟁이다. 상의 紂王은 녹대로 도망갔다.
90 역주 : 상나라 주왕이 건설한 宮苑 건축. 역사서에는 "厚賦稅以實鹿台之錢."라는

곡식이⁹¹ 있으나, 이것들은 헛되이 모인 것들이다.

闠也皆合二, 而密也成用一.

치수(闠首)도 모두 둘을 합한 것이요, 밀수(密首)도 이룬 것이 하나를 쓴 것이다.⁹²

二, 人屬也. 一則天精天粹. 萬物作類, 其密無間, 咸見已焉.

둘은 인간의 무리다. 하나이면 하늘의 정기이고 하늘의 순수함이다. 만물이 무리를 지으니, 그 빽빽함이 사이가 없어 모두 나타날 뿐이다.

上志高, 沈志下. 交多友, 唫少與. 銳鏘鏘, 瞢劗跙.⁹³

상수(上首)는 뜻이 높은 것이요, 침수(沈首)는 뜻이 낮은 것이다.⁹⁴ 교수(交首)는 벗이 많은 것이요, 금수(唫首)는 함께함이 적은 것이다.⁹⁵ 예수(銳首)는 재빠르게 나아가는 것이요, 몽수(瞢首)는 행하나 머뭇거리는 것이다.⁹⁶

· · · · · · · · · · · · · · · ·
　　말이 나온다.
91　역주 : 주 武王이 紂를 정벌할 때 紂王이 녹대 위에 올라갔다가 주옥으로 된 옷을 뒤집어쓰고 스스로 불타죽었다. 주 무왕은 녹대의 재물을 흩트리고 거교의 곡식을 풀어 빈약한 백성들을 진휼하였다.
92　역주 : 闠首의 때에는 음양이 서로 합하므로 '合二'라고 하고, 密首의 때에는 만물이 親密하면서 사이가 없으므로 '用一'이라고 한다.
93　劉韶軍 點校 : '劗'은 명초본에는 '劃'로 되어 있고 注에는 '劗'으로 되어 있다. 주석의 문장에서 나온 反切에 의거하면 마땅히 '劗'으로 써야 함을 알 수 있다. 찬은 '劗'의 俗體로서 여기서는 모두 '劗'으로 고쳐서 썼다.
94　역주 : 上首에서는 "陽氣育物於下, 咸射地而登乎上."이라고 한다. 沈首에서는 "陰懷於陽, 陽懷於陰. 志在玄宮."이라 하고, '玄衝'에서는 "沈, 下藏."이라고 한다. 만물이 노력하여 싹을 틔워 위로 올라가고자 하므로 '志高'이고, 양기가 물러나 아래하면서 잠기고자 하므로 '志下'라고 한 것이다.
95　역주 : '與'는 '도와준다[助]'는 것이다. 다른 사람과 사귀면서 통하면 친구가 많다. 막아서 통하지 않고, 시혜를 베풀지 않고 변화하지 않으면 도와주는 것이 적다.
96　역주 : '鏘鏘'은 '漸漸'이다. '銳'는 '재빠르게 나아가는(銳進) 모양이다. '劗跙'는 『說文』에서는 "行不進也."라고 한다. 전일하면서 둘이 아니면 정진할 수 있고, 晦暗하면서 밝지 않으면 행하나 의심하는 것이 있다는 것이다.

鋤, 宋, 音讒. 劗, 徂感切. 釋文, 劃, 割剪出也. 一作劗, 一作劃.[97] 宋作劗,
音鑡. 跙, 才與切. 先儒以爲劗跙, 行不進也. 以曹無見, 故其行如此.

참(鋤)은 송충은 "음이 참(讒)이다"라고 하였다. 잠(劗)은[98] 조(徂)와 감(感)의
반절이다. 『석문(釋文)』에는 잠(劃)으로 되어 있으니, 베어낸 것이다. 한 곳에
는 잠(劗)으로, 한곳에서는 잠(劃)으로 되어 있다. 송충본에는 초(劗)로[99] 되어
있으니, 음은 쇄(鑡)다. 저(跙)는 재(才)와 여(與)의 반절이다. 선대의 유학자들
은 '잠저(劗跙)'는 행하나 나아가지 못하는 것이라고 여겼다. 어두워 본 것이
없기 때문에 그 행한 것이 이와 같다.

親附疏, 割犯血. 遇逢難, 裝候時. 事自竭, 養自玆.

친수(親首)는 성긴 것을 붙이는 것이요, 할수(割首)는 피를 범하는 것이다.[100]
우수(遇首)는 어려움을 만난 것이요, 장수(裝首)는 때를 엿보는 것이다.[101] 사
수(事首)는 스스로 다하는 것이요, 양수(養首)는 스스로 불어나는 것이다.[102]

親至于附疎, 割至于犯血, 此仁不仁之反也, 治亂之極也. 遇逢難, 務早辨

••••••••••••••••••

note
97 劉韶軍 點校 : 만옥당본에 붙어 있는『釋文』에서는 말하기를 "劃은 組와 感의 반절
    이다. 나누고 자른다는 것이다. 어떤 것에는 '劗'로 되어 있고 어떤 것에는 '劃'로
    되어 있다"라고 한다. 범망본「玄錯」에는 "曹劃跙"라고 되어 있다. 이것은 『석문』
    에서 낸 音義에 의거하면 마땅히 劗가 옳다는 것을 알 수 있으니, 劃, 劗, 劗는
    모두 형태가 잘못된 것이다.
98 역주 : '劗'은 깎을 '찬' 혹은 깎을 '전'으로 발음된다. 중국어로는 zuān (jiǎn)로 발음
    된다. 『태현경』 주석에서는 반절로는 '잠'으로 발음함이라고 한다.
99 역주 :『태현경』 주석에서는 '초(劗)'를 '쇄(鑡)'라고 발음하라고 하는데, 여기서는
    우리나라의 일반적인 발음인 '초'로 한다.
100 역주 :『시경』「大雅·綿」, "予曰有疏附."에 대한 鄭玄의 箋, "疏附, 使疏遠者親也."
    참조. 다른 사람에게 친하게 하면 멀리 있는 자도 가까이 하고, 해치고 박탈하는
    일에는 반드시 피를 범함이 있다는 것이다.
101 역주 : 遇首에서는 "陰氣始來, 陽氣始往, 往來相逢."이라 하고, 裝首에서는 "陽氣
    雖大用事, 微陰下, 裝而欲去."라고 한다. 음기를 만나 죽으므로 '逢難'이라고 하
    고, 때를 보아 가고자 하므로 '候時'라고 한다.
102 역주 :「玄衝」에서는 "事, 尙作."이라고 한다. '玆'는 '더하는 것[益]'이다. 작위하는
    바가 있고 종사하는 바가 있으면 그 힘을 다해야 하니, 길러주는 일은 스스로
    더함이 있어야 한다는 것이다.

也. 裝候時, 謹先幾也. 事自竭者, 施諸外也. 養自兹者, 蕃諸中也.

친한 것이 성근 것을 붙이기에 이르고, 가르는 것이 피를 범하기에 이르니, 이것은 인자한 것과 인자하지 않은 것이 반대되고, 다스리고 어지러움이 지극한 것이다. 어려움을 만나면 일찍 분변할 것을 힘쓴다. 준비하여 때를 엿보아 기미에 앞서 삼간다. 일이 스스로 다하는 것은 밖에 베푸는 것이다. 기름이 스스로 불어나는 것은 중(中)에서 번성하는 것이다.

成者功就不可易也.
성수(成首)는 공을 이룬 것을 바꿀 수 없는 것이다.

范望玄錯末有格也乖, 而昆也同. 增有益, 而減有損. 成者功就不可易也. 云宋衷補此. 而或謂陸績自有成首, 今以祕館所藏陸本考之[103]無有. 近世宋惟幹別得古本[104], 亦缺此五首. 而今本又有格不容, 而昆寬裕. 增自益, 而減日損, 莫知何從得之. 故獨刪宋衷所補四首, 餘皆疑, 弗敢去, 以俟討論者考焉.

범망(范望)의 「현착(玄錯)」 끝에는 "격야괴, 이곤야동. 중유익, 이감유손. 성자공취불가역야(格也乖, 而昆也同. 增有益, 而減有損. 成者功就不可易也)"가 있다. 송충이 이것을 보충하였다고 하였다. 어떤 이는 말하기를 육적본에 "자유성수(自有成首)"라 했다고 하는데, 지금 비관(祕館)에 소장된 육적본으로 고증하니 있지 않다. 근세 송유간이 따로 고본을 얻었지만 또 이 5수(首)가 빠져 있다. 오늘날 본에는 또 "격불용, 이온관유. 증일익, 이감일손(格不容, 而昆寬裕. 增日益, 而減日損)"이 있으니 어디로부터 얻은 것인지 알 수 없다. 그러므로 홀로 송충이 보충한 4수(首)를 삭제하고 나머지는 모두 의심하나, 감히 제거하지 않음으로써 토론자가 상고하기를 기다린다.

• • • • • • • • • • • • • • • • •

103 劉韶軍 點校 : '今'은 명초본에는 '令'으로 되어 있다. 대개 '今'의 형태가 잘못된 것이다. 이것은 오류거본에 의거해 고쳤다.
104 역주 : 원문에는 '木'으로 되어 있는데, 이것은 '本'의 오자로 보인다. 이것은 '本'으로 한다.

▌현리(玄攡)[105]

音欐, 張也.

음은 리(欐)니, 펼친다(張)는 것이다.

玄者, 幽攡萬類而不見形者也. 資陶虛無而生乎規, 攡音關 神明而定
摹. 通同古今以開類, 攡措陰陽而發氣. 一判一合, 天地備矣. 天日回
行, 剛柔接矣. 還復其所, 始終定矣. 一生一死, 性命瑩矣.

현(玄)은 우주의 만물을 (자취 없이) 은밀하게 펼쳐 형체를 드러내지 않는
다.[106] 텅 비어 없는 것을 바탕으로 삼아 원형(圓形=規)을 낳고,[107] 신명(神明)
에 관계하여 음은 관(關)이다. 본보기로 정한다.[108] 옛날과 현재를 관통함으로써

. . . .

105 역주 : '攡'는 「현예」에서는 "攡, 張之."라고 한다. 펴서 전개한다는 것이다. 「현리」
　　는『태현경』이 담고 있는 깊은 뜻과 功力을 밝혀 그 대요를 펼친 것이다. 『주역』「계
　　사전」에 상당한다.
106 역주 : '玄'에는 두 가지 뜻이 있으니, 『주역』의 두가지 뜻이 있는 것을 취한 것이
　　다. 하나는 大易의 뜻을 취한 것으로『태현경』을 가리킨다. 양웅은 「太玄賦」에서
　　"觀大易之損益兮."라고 말한다. 이 구절은, 대역을 모방하여 '태현'이라 일컬은
　　것이다. 다른 하나는 태극의 뜻을 취한 것이다. 즉 우주의 가장 본원인 현원하고
　　幽深하면서 신묘하여 불측한 것을 가리킨다. 이 구절은,『노자』1장의 "玄之又玄,
　　衆妙之門." 및 劉歆의 "太極元氣, 函三爲一." 학설에 근원한 것이다. 양웅은 이런
　　글들을 변화시켜 '태현'이라 일컬은 것인데, 그 내용은 원기는 음양 두 기가 혼합
　　하여 미분화된 혼연한 전체가 된다는 것이다. 아래 글의 "知陰知陽, 知止知行,
　　知晦知明者, 其唯玄乎."라는 말이 그것을 말해준다. 양웅은 「覉靈賦」에서 "自古
　　推今, 至於元氣始化.", "大易之始, 太初之先, 馮馮沈沈, 奮搏無端."(『太平御覽』권
　　1)라고 말한 적이 있다. 혼돈하여 끝이 없는 원기는 우주가 개시하는 상태다.
　　여기서 「현리」를 해석할 때 위에서 말한 것 중에서 첫 번째 의미로 해석하면
　　「현리」의 이 구절은, '태현'은 幽明한 가운데 그 체계를 전개하여 그 도식을 형성
　　하고 또 그 형적을 드러내지 않는다는 것이다. 두 번째 의미로 해설하면, 현은
　　원기가 유명한 가운데 펼쳐 개전하여 만물을 진열하나 그 형적은 보이지 않는다
　　는 것이다.
107 역주 : '資'는『석문』에서는 "取也."라고 한다. '기대고 의지한다'는 것이다. '陶'는
　　『方言』에서는 "養也."라고 한다. '規'는 '圓'이다. 천체 및 그 운행의 規道를 의미
　　한다. 현은 허공을 자뢰하여 천체 및 그 운행의 규도를 陶養하고, 현은 허공 중에
　　서 원을 긋는다는 것이다.

만물의 무리를 열고,[109] 음과 양을 펼쳐 놓아 기(氣)를 발한다.[110] 한 번은 나뉘고 한 번은 합해져 하늘과 땅이 갖추어진다.[111] 하늘과 태양이 돌아 행하고 굳센 것[陽]과 부드러운 것[陰]이 만나 낮과 밤이 생긴다.[112] 그 운행은 처음으로 다시 돌아가니, 처음과 끝의 일정한 주기가 정해진다.[113] 한 번 태어나고 한 번은 죽으니, 성명(性命)의 이치가 밝다.[114]

天分剛上, 則日月五星麗之者, 皆其柔也.

하늘이 나뉘어 굳센 것이 올라가니, 일월과 오성이 빛나는 것은 모두 그 부드

· · · · · · · · · · · · · · · · · ·

108 역주 : '攔'은 관련지우는 것이다. '神明'은 음양 두 기의 공능과 작용을 의미한다. 嚴君平은 『道德指歸』 권8에서 "一以虛故能生二, 二物并興, 妙妙微微 … 包裹天地, 莫覩其元, 不可逐以聲, 不可逃以形, 謂之神明."라는 것과 권13에서 "神明陽氣, 生物之根也."라고 말한 적이 있다. '定摹'는 규모와 도수를 확정하는 것이다. 이 구절은, 현은 음양 두 기와 관련이 있는데, 그것이 1년 4계절 운행의 도수를 결정한다는 것이다.

109 역주 : '通同'은 '貫通한다'는 것이다. '開類'는 만물(혹은 『태현경』의 首, 贊)의 종류를 구분한다는 것이다. 이 구절은, 두 가지로 해석이 가능하다. 하나는 현은 만류와 만물을 구분하고, 만물을 관통하여 연계시킨다는 것이다. 다른 하나는 현은 81 首 및 729贊의 종류를 나누고 또 그것을 관통하여 하나의 통일된 整體로 만든다는 것이다.

110 역주 : '措'는 『說文』에서는 "置也."라고 하며, 『增韻』에서는 "布施也."라고 한다. '攤措'는 펼쳐 두어 전개한다는 것이다. '發'은 『說文』에서는 "射, 發也."라고 한다. 『廣韻』에서는 "發, 舒也."라고 한다. 『博雅』에서는 "發, 開也."라고 한다. 즉 '發'은 '펼친다'는 것이다. '發氣'는 발산하고 분포하여 음양 二氣를 연다는 것이다. 이 구절의 의미는 현은 음양을 놓고 펼치고, 기를 널리 펴서 연다는 것이다.

111 역주 : '判'은 음양이 나뉜다는 것이다. '合'은 음양이 交合한다는 것이다. 음양 두 기가 서로 작용하여 천지만물이 곧 완전히 구비된다는 것이다. 또는 음양 두 획이 서로 배합하여 천, 지, 인 三玄이 곧 완비된다는 것이다.

112 역주 : '剛柔'는 '晝夜'를 가리킨다.

113 역주 : '還復其所'는 1년 가운데 하늘의 태양이 錯行하여 두루 돌다가 다시 시작하는 것을 가리킨다. '終始를 정한다'는 것은 천체 운행이 처음부터 마침에 이르기까지 일정한 도수가 있음을 가리킨다.

114 역주 : '一生一死'는 지상에 있는 만물의 성쇠와 소장을 가리킨다. '瑩'은 '밝다[明]'는 것이다. 「玄捥」에서는 "瑩, 明之."라고 한다. 이 구절은, 두 가지로 해석이 가능하다. 하나는 『태현경』 도식의 형성을 말한 것으로, 그 도식은 하늘에 떠있는 해가 도는 것, 일월의 교체, 사시의 왕복, 만물의 생사 등의 무궁한 과정을 표시한 것이다. 다른 하나는 우주의 형성 및 그 순환 운행의 과정을 말한 것이다.

러운 것이다.

仰以觀乎象, 俯以視乎情, 察性知命, 原始見終. 三儀同科, 厚薄相劘.
圜則扤梲, 扤, 音兀也. 梲, 吾結切.

우러러 천상(天象)을 관찰하고, 굽어서 (땅의) 실정을 살피며, 성(性)을 살피고
명(命)을 알며, 처음에서 근본하여 마침을 본다.[115] 3의(三儀)가 법칙을 같이하
고, 두터운 기운(=음기)과 박한 기운(=양기)이 서로 소장(消長)하면서 변화한
다.[116] 둥근 하늘[117]은 (動蕩하여 생명의 기가) 발동하는 것을 주로 하고 올(扤)
은 음이 올(兀)이다. 예(梲)는 오(吾)와 결(結)의 반절이다.

方則嗇吝. 噓則流體, 噏則疑形.[118] 是故闔天謂之宇, 闢宇謂之宙.

네모난 땅은[119] (수렴하여 감추어) 인색(吝嗇)하다.[120] (봄에 양기가) 숨을 내
쉬면[121] 만물이 살아 움직이고, (겨울에 음기가) 입을 다물면 형체가 엉긴
다.[122] 이런 까닭으로 하늘을 닫는 것(闔天)을 우(宇)라고 이르고, 지붕을 여는
것(闢宇)을 주(宙)라고 이른다.

· · · · · · · · · · · · · · · · · ·

115 역주 : '原'은 '고찰한다'는 것이다. 이 구절은, 『주역』 「계사전상」 4장, "易與天地
　　 准, 是故能彌綸天地之道. 仰以觀於天文, 俯以察於地理. 是故知幽明之故, 原始反
　　 終. 故知死生之說." 참조.
116 역주 : '三儀'는 천·지·인을 가리킨다. '科'는 '법칙'이다. '厚薄'은 음양을 말하는
　　 데, 음은 탁하였다가 후하고, 양은 맑았다가 박해진다. '相劘'는 '서로 切磨하는
　　 것'이다. 이 구절은, 음양이 두 방면에서 相摩相蕩하고 서로 작용하는 작용은,
　　 천·지·인 등 모든 사물이 변화하고 발전하면서 준수하는 공통 법칙이라는 것이
　　 다. 『주역』 「繫辭傳上」에서는 "一陰一陽之謂道."라고 한다.
117 역주 : '圜'은 '圓'으로서, 중국 우주론의 전통인 '천원지방'의 사유에서 볼 때 원은
　　 하늘을 의미한다. 『周易』 「說卦傳」, "乾爲天, 爲圜." 참조.
118 劉韶軍 點校 : '疑'는 범망본에는 '凝'으로 되어 있다. '疑'와 '凝'은 통할 수 있다.
119 역주 : 중국 우주론의 전통인 천원지방의 사유에서 볼 때 '方'은 땅을 의미한다.
　　 『주역』 「설괘전」, "坤以藏之." 참조.
120 역주 : 『老子』 59장에는 "治人事天, 莫若嗇."이란 말이 있다.
121 역주 : 양기가 발산한다는 것이다.
122 역주 : 음기가 수렴한다는 것이다.

闔天, 宇也, 闢宇, 宙也. 一陽一陰, 乾坤之變也.

합천(闔天)은 우(宇)고, 벽우(闢宇)는 주(宙)다.[123] 일음일양하는 것은[124] 건과 곤이 변하는 것이다.

日月往來, 一寒一暑. 律則成物, 曆則編時. 律曆交道, 聖人以謀. 晝以好之, 夜以醜之. 一晝一夜, 陰陽分索. 夜道極陰, 晝道極陽. 牝牡群貞, 以攡吉凶. 而君臣父子夫婦之道辨矣.

해와 달이 왕래하여 한 번은 춥고 한 번은 덥다. 율(律)은 만물을 이루고, 력(曆)은 때를 엮는다. 율과 력이 길을 교차하면 성인(聖人)은 그것으로써 도모한다. 낮으로써 좋다고 여기고 밤으로써 추하게 여긴다. 한 번 낮이 되고 한 번 밤이 되는 것은, 음과 양이 나누어진 것이다. 밤의 도(道)는 지극한 음이고, 낮의 도는 지극한 양이다. 수컷과 암컷의 무리가 결합하여 바르게 됨으로써 길하고 흉한 것을 베푼다. 이에 군주와 신하와 아버지와 아들과 지아비와 지어미의 도(道)가 분별된다.

是故日動而東, 天動而西, 天日錯行, 陰陽更巡. 死生相樛[125] 音交, 萬物乃纏. 故玄聘取天下之合而連之者也. 連, 章, 林作運.

이런 까닭으로 태양은 움직여 동쪽으로 가고, 하늘은 움직여 서쪽으로 가니, 하늘과 태양이 교대로 운행해 음과 양이 번갈아 순행한다. 죽고 사는 것이 서로 돌고 도니 음은 교(交)다. 만물이 이에 얽히는 것이다. 그러므로 현(玄)은 천하 사물들이 합한 것을 찾아서 연결하는 것이다. 연(連)은 장찰본과 임우본에는 운(運)으로 되어 있다.

綴之以其類, 占之以其觚, 曉天下之瞶瞶, 瑩天下之晦晦者, 其唯玄乎.

---

123 역주 :『태현경』「玄瑩」, "天地開闢, 宇宙拓坦",『淮南子』「齊俗訓」, "往古來今謂之宙, 四方上下謂之宇.",『주역』「繫辭傳上」10장, "是故闔戶謂之坤, 闢戶謂之乾, 一闔一闢謂之變." 등 참조.
124 역주 :『주역』「계사전상」5장, "一陰一陽之謂道, 繼之者善也, 成之者性也." 참조.
125 劉韶軍 點校 : '樛'는 범망본에는 '摎'로 되어 있다. 모두 꼬이고 얽힌다는 것이다.

사물의 무리에 따라 묶고, 그 길흉으로써 점을 쳐 결단을 하니, 천하의 애매모호한 것을 밝히고, 천하의 어두운 것을 드러내 비추는 것은 그 오직 현(玄)뿐인가 하노라!

晦字釋文作膴, 音武. 一作晦, 云當作膴膴, 微視也.[126] 今唯丁別本作膴膴, 諸家作晦晦.

회(晦)자는 『석문』에는 무(膴)로 써 있으니, 음은 무(武)다. 어떤 판본에는 회(晦)로 되어 있는데, 마땅히 무무(膴膴)로 써야 한다고 하니, 미세하게 보는 것(微視)이라고 하였다. 지금 오직 정위 별본에만 무무(膴膴)로 되어 있고, 제가의 판본에는 회회(晦晦)로 되어 있다.

夫玄晦其位而冥其畛, 深其阜而眇其根, 攘其功而幽其所以然也. 故玄卓然示人遠矣, 曠然廓人大矣, 淵然引人深矣, 渺然絕人眇矣. 渺, 宋作㵘, 黃作渺.

대저 현(玄)은 그 지위를 흐릿하게 하여 그 경계를 어둡게 하고, 그 넓고 두터움을 깊게 하여[127] (공을 이루는) 그 뿌리를 감추고, 그 공을 물리쳐서 그렇게 한 까닭을 드러내지 않는다. 그러므로 현(玄)은 우뚝 서서 사람에게 고원한 것을 보여주고, 드넓어서 사람에게 확 트인 광대한 것을 보여주며, 깊숙하여 사람을 심오한 곳으로 이끌고, 무한히 아득하여 사람에게 오묘함을 직접 닿을 수 없게 한다. 묘(渺)는 송충본에는 묘(㵘)로 되어 있고, 황백사본에는 묘(渺)로 되어 있다.

嘿而該之者玄也, 擇而散之者人也. 稽其門, 闢其戶, 叩其鍵, 然後乃應, 況其否者乎.

묵묵하면서 갖추고 있는 것은 현(玄)이요, 발휘하여 흩어지게 하는 것은 사람

----

126 劉韶軍 點校 : 만옥당본에 붙어 있는 『석문』에서는 "膴는 음이 '武'다. 마땅히 '膴膴'로 써야 하니, 미세하게 보는 것이다"라고 하였다. 여기서 인용한 것과 다름이 있다.

127 역주 : '阜'는 '넓고 두텁다'는 것이다. 『釋名』에서 "土山曰阜, 言高厚也."라는 것 참조.

이다. 그 문에 이르고,[128] 그 출입구를 열고, 그 열쇠를 두드린 뒤에 (현은) 이에 응하는데, 하물며 (현과 같이) 그렇게 하지 않은 것에 있어서랴.

夫爲玄者, 外稽其門, 弗應. 密叩其鍵, 然後乃應. 而況不爲者乎. 入之突
深, 索之益薄, 于是玄感應焉, 非玄應之也, 至精之通也.
대저 현이란 것은, 밖에 그 문에 이르러도 응하지 않다가, 긴밀하게 그 열쇠를
두드린 뒤에야 응하는데, 하물며 그런 일을 하지 않는 것에 있어서랴. 들어가
기를 더욱 깊이 할수록, 찾는 것은 더욱 엷어지니, 이에 현이 감응하는데 이것
은 현이 응하는 것이 아니라 지극한 정밀함이 통한 것이다.

人之所好而不足者, 善也, 人之所醜而有餘者, 惡也. 君子日彊其所不
足, 而拂其有餘, 則玄之道幾矣. 仰而視之在乎上, 俯而窺之在乎下, 企
而望之在乎前, 棄而忘之在乎後, 欲違則不能, 默而得其所者, 玄也.
사람이 좋아하는데도 부족한 것은 선(善)이요, 사람이 추하게 여기는데도 여
유가 있는 것은 악(惡)이다. 군자가 날마다 그 부족한 것을 힘쓰고, 그 여유
있는 것을 털어내면 현의 도에 가까워질 것이다. 우러러보면 위에 있고, 굽어
엿보면 아래에 있고, 발돋움해 바라보면 앞에 있고,[129] 버리고 잊으면 뒤에
있고, 떠나고자 하면 떠날 수 없고, 묵묵히 제자리를 얻는 것은 현이다.

日强其善而拂其惡, 以成德器而已. 若玄則竣嘿契焉. 善幾于道, 不足者充
而發祥, 有餘者去而弗翳, 是以入于玄之平也.
날로 그 선을 힘써 행하고 그 악을 떨침으로써 덕의 그릇을 이룰 뿐이다. 만약
현이면 고치고 묵묵하게 계합할 것이다. 선은 도에 가까우니, 부족한 것은
채워 상서로움을 발하고, 남음이 있는 것은 버리고 가리지 않는다. 이 때문에
현의 공평함에 들어간다.

· · · · · · · · · · · · · · · · · · ·
128 역주 : '稽'는 '이른다[至]'는 것이다. 『장자』「소요유」, "大浸稽天而不溺." 참조.
129 역주 : 『논어』「子罕」, "顔淵喟然歎曰, 仰之彌高, 鑽之彌堅. 瞻之在前, 忽焉在後."
    참조.

故玄者用之至也. 見而知之者, 智也. 視而愛之者, 仁也. 斷而決之者,
勇也. 兼制而博用者, 公也. 能以偶物者, 通也. 無所繫輆者, 聖也. 時
與不時者, 命也. 虛形萬物所道之謂道也,

그러므로 현(玄)은 쓰임이 지극한 것이다. 그것을 보고 아는 것은 지혜로움이
다. 보고 사랑하는 것은 어짊이다.[130] 결단하여 의심을 결정하는 것은 용감함
이다. (한쪽에 치우치지 않고) 차별 없이 잘 다스려 쓰임을 넓히는 것은 공평
함이다. 만물과 두루 짝할 수 있는 것은[131] 통달함이다. 얽매이거나 막히는
것이 없는 것은 성스러움이다. 때를 만나는 것과 때를 만나지 못하는 것은
운명이다. 형체가 텅 비었고 만물이 길로 삼는 것을 도라고 한다.

虛形, 章丁作虛無形. 宋林許黃作虛無形.[132] 所道, 宋作通. 之謂道也, 宋
許黃本至陰陽皆有也字, 章丁無有.

허형(虛形)은 장찰본, 정위본에는 허무형(虛無形)으로 되어 있다. 송충본, 임
우본, 허앙본, 황백사본에는 허무형(虛無形)으로 되어 있다. 소도(所道)는 송
충본에는 통(通)으로 되어 있다. 지위도야(之謂道也)는 송충본, 허앙본, 황백
사본에는 음양(陰陽)에 이르러 모두 야(也)자가 있는데, 장찰본과 정위본에는
없다.

因循無革, 天下之理得之謂德也,

(자연의 법칙을) 순응하여 따라가 바뀌는 것이 없고, 천하의 이치를 얻은 것을
덕(德)이라고 이른다.

因循, 林作因緣.

인순(因循)은 임우본에는 인연(因緣)으로 되어 있다.

. . . .

130 역주 : 『주역』「계사전상」5장, "一陰一陽之謂道, 繼之者善也, 成之者性也. 仁者見
     之謂之仁, 知者見之謂之知, 百姓日用而不知. 故君子之道鮮矣." 참조.
131 역주 : '偶'는 '배합한다'는 것이다. 『爾雅』「釋詁」, "偶, 合也." 참조.
132 劉韶軍 點校 : 여기의 '虛無形'은 위의 '虛無形'과 더불어 반드시 하나는 잘못된
     것이다.

理生昆群兼愛之謂仁也,

이치가 만물을 낳아[133] 아울러 사랑하는 것을[134] 일러 인(仁)이라고 한다.

昆, 丁宋作混.

곤(昆)은 정위본과 송충본에는 혼(混)으로 되어 있다.

列敵度宜之謂義也. 秉道德仁義而施之之謂業也. 瑩天功明萬物之謂
陽也. 幽無形深不測之謂陰也. 陽知陽而不知陰, 陰知陰而不知陽, 知
陰知陽, 知止知行, 知晦知明者, 其唯玄乎.

짝에 반열 하여 마땅한지 헤아리는 것을 의(義)라고 한다. 도덕과 인의를 잡고
베푸는 것을 업(業)이라고 한다. 하늘의 공로를 빛내 만물을 밝게 하는 것을
일러 양(陽)이라 한다. 그윽하여 형체가 없고 깊어 헤아릴 수 없는 것을 일러
음(陰)이라 한다. 양은 양만을 주관하고[135] 음을 주관하지 못하고, 음은 음만
을 주관하고 양을 주관하지 못한다. 음을 주관하고 양을 주관하고, 머무는
것을 주관하고 행하는 것을 주관하고, 어둠을 주관하고 밝은 것을 주관하는
것은 아마도 오직 현뿐인가 하노라!

自幽攡萬類至于曉瑩天下者, 玄之術也. 自晦冥深眇到于知陰知陽者, 玄
之道也. 其于玄也, 見而知之, 視而愛之, 斷而決之, 兼制而博用, 能以偶物,
無所繫軼, 則當時命而行乎天下. 能秉道德仁義而施之, 業格于皇天矣.

'유리만류(幽攡萬類)'에서부터 '효(曉)', '영천하(瑩天下)'에 이르는 것은 현의 술
(術)이다. '회(晦), 명(冥), 심(深), 묘(眇)'에서부터 '지음지양(知陰知陽)'에 이르
는 것은 현의 도(道)이다. 그것들은 현에 있어서, (『태현경』「玄攡」에서 말하

---

133 역주 : '昆'은 '같대[同]'는 것이다. 『설문』, "昆, 同也.", 『태현경』「玄瑩」, "昆, 大
同." 참조.
134 역주 : 『묵자』「兼愛中」, "何爲兼相愛, 交相利. 墨子曰, 天下之人皆相愛, 強不執
弱, 眾不劫寡, 富不侮貧, 貴不傲賤, 詐不欺愚, 凡天下禍篡怨恨, 可使毋起者, 以相
愛生也, 是以仁者譽之." 참조.
135 역주 : 이 때의 '知'자는 '主管한다'는 것이다. 『주역』「계사전상」, "乾知太始." 에
대한 朱熹의 "知, 主也." 참조.

는) '견이지지(見而知之)', '시이애지(視而愛之)', '단이결지(斷而決之)', '겸제이박용(兼制而博用)', '능이우물(能以偶物)', '무소계해(無所繫絯)' 등이면 때를 만나 천하에 도를 행한다는 것이다.[136] 도덕과 인의를 잡아서 아울러 시행할 수 있으면, 그 업은 황천에 이를 것이다.[137]

縣之者權也, 平之者衡也. 濁者使清, 險者使平. 離乎情者, 必著乎僞,
離乎僞者, 必著乎情. 情僞相盪, 而君子小人之道較然見矣.

매달려 있는 것은 저울추요, 평평한 것은 저울대이다. 탁한 것은 맑게 하고, 험한 것은 평평하게 한다. (진실 된) 실정을 떠난 것은 반드시 거짓이 나타나고, 거짓을 떠난 것은 반드시 (진실 된) 실정이 나타난다. (진실 된) 실정과 거짓이 서로 움직여[138] 군자와 소인의 도(道)가 분명히 나타난다.

玄者, 以衡量者也. 高者下之, 卑者舉之, 饒者取之, 罄者與之, 明者定
之, 疑者提之. 規之者思也, 立之者事也, 說之者辯也, 成之者信也.

현(玄)이란 저울대로써 헤아리는 것이다. 높은 것은 낮추고, 낮은 것은 들어올리고, 넉넉한 것은 취하고, 비어 있는 것에는 주고, 밝은 것은 정하고, 의심나는 것은 제기한다. 꾀하는 것은 생각[思]이고, 수립하는 것은 일[事]이고, 설명하는 것은 분변[辯]이고, 성취하는 것은 믿음[信]이다.

言玄之正勝人事如此.

현이 바름이 인사(人事)를 이긴다는 것이 이와 같음을 말한 것이다.

夫天宙然示人神矣, 夫地他然示人明矣. 天地[139]奠位, 神明通氣. 有一

----

136 역주 : '時命'은 '時機'에 해당한다. 『장자』「繕性」, "當時命而大行乎天下, 則反一
無跡." 참조.
137 역주 : 『서경』「君奭」, "我聞在昔成湯旣受命, 時則有若伊尹, 格於皇天." 참조.
138 역주 : 『주역』「계사전상」1장, "是故剛柔相摩, 八卦相盪.", 『예기』「樂記」, "陰陽相
摩, 天地相蕩." 참조.
139 역주 : 이 글자는 본 책 원본에는 '他'로 되어 있으나 '地'자의 오자로 보인다. 鄭萬
耕 校釋, 『太玄校釋』(北京師範大學出版社, 1989)에는 '地'자로 되어 있는데, 전후

有二有三, 位各殊輩, 回行九區, 終始連屬, 上下無隅. 察龍虎之文, 觀鳥龜之理.

대저 하늘은 넓은 듯해 사람에게 보여주는 것이 신비스럽고, 대저 땅은 다른 듯해 사람에게 보여주는 것이 밝다. 하늘과 땅은 지위를 달리 정하고,[140] 신명은[141] 기(氣)를 통한다.[142] 1이 있고, 2가 있고, 3이[143] 있어 지위는 각각 무리를 달리하며, 아홉 구역을 돌아 행하여 마침과 시작이 계속 이어지고, 위와 아래에 모퉁이를 남기지 않는다. (동방의) 용과 (서방의) 호랑이의 문채를 살피고[144], (남방의) 새와 (북방의) 거북의[145] 이치를 관찰한다.

運諸柔政, 繫之柔始極焉,[146] 以通璿璣之統, 正玉衡之平. 圓方之相研, 剛柔之相干. 盛則入衰, 窮則更生. 有實有虛, 流止無常.

칠정(柔政)에[147] 운용하고 태시[북두성]에[148] 매달아 다하게 함으로써 선기(璿璣)가[149] 통어(通御)하는 것을 통하게 하고, 옥형(玉衡)이[150] 평평한 것을 바르

· · · · · · · · · · · · · · · · · ·

　　　문맥상 '地'자가 어울린다. 본 번역에서는 '地'자로 고쳐 해석한다.
140　역주:『주역』「계사전상」1장, "天尊地卑, 乾坤定矣. 卑高以陳, 貴賤位矣." 참조.
141　역주: 음양 두 기의 공능과 작용을 의미한다.
142　역주:『주역』「설괘전」1장, "昔者聖人之作易也, 幽贊於神明而生蓍. 參天兩地而倚數, 天地定位, 山澤通氣." 참조.
143　역주: 一, 二, 三은 각각 天, 地, 人을 의미한다. 「玄告」에는 "玄一摹而得乎天, 故謂之九天. 諸本作有, 宋作九地人同. 再摹而得乎地, 故謂之九地. 三摹而得乎人, 故謂之九人."라는 말이 있다.
144　역주: '龍'은 동방, '호랑이'는 서방을 의미한다.
145　역주: '새'는 朱雀으로 남방을, '거북'은 玄武로 북방을 의미한다.
146　역주: 이 문단은 본 책 원본에는 "繫之柔始, 極焉以通璿璣之統."으로 되어 있지만, 전후 문맥상 "繫之柔始極焉, 以通璿璣之統."이 더 타당하다고 보아 고쳐서 해석한다. 鄭萬耕 校釋,『太玄校釋』(北京師範大學出版社, 1989)에는 "繫之柔始極焉, 以通璿璣之統."으로 되어 있다.
147　역주: '柔'자는 옛날에는 '漆'자와 통하고 '七'자와도 통했다. '柔政'은 곧 '七政'으로 일월과 水火木金土의 五星을 의미한다.
148　역주: 북극성을 말한다.
149　역주: 渾天儀를 말한다.
150　역주: 1) 옥으로 만든 천문 관측기. 2) 북두칠성의 꼬리 쪽에 있는 세 개의 별 가운데 첫째 별, 즉 북두칠성의 다섯 번째 별을 가리킨다. 여기서는 후자를 뜻한다.

게 한다. 둥근 것[=천원]과 모난 것[=지방]이151 서로 갈며, 굳센 것[陽]과 부드
러운 것[陰]이 서로 범하고 (변화하여 晝夜를 생성하나), 성대하면 쇠약함으로
들어가고, 다하면 다시 태어난다. 채운 것이 있고, 빈 것이 있고, 가는 것과
멈추는 것이 항상된 것이 없다.

言玄之齊七政以象天地如此.
현이 칠정(七政)을 가지런히 함으로써 천지를 본뜬 것이 이와 같음을 말한
것이다.

夫天地設, 故貴賤序. 四時行, 故父子繼. 律曆陳, 故君臣理. 常變錯,
故百事析.152 質文形, 故有無明. 吉凶見, 故善否著. 虛實盪, 故萬物纏.
대저 하늘과 땅과 자리가 베풀어 정해졌다. 그러므로 귀하고 천한 것이 차례
하였다.153 4계절이 (교차하며) 운행하였다. 그러므로 아버지와 아들이 계승하
는 관계가 성립하였다. (위에서 소리를 화합하는) 율(律)과 (아래에서 때를
벼리로 삼는) 역(曆)이 베풀어졌다. 그러므로 군주와 신하의 도리가 다스려졌
다. 항상된 것과 변화하는 것이 섞였다. 그러므로 온갖 일들이 (하나로 고정되
지 않고 나뉘어 섞여) 분석되었다. (실질적인) 바탕과 (수식의) 문채가 나타났
다. 그러므로 있고 없는 것이 분명해졌다. 길하고 흉한 것이 나타났다. 그러므
로 (사람의) 선하고 그렇지 아니한 것이 드러났다. 허한 것[陰]과 실한 것[陽]이
(서로 감동하여) 움직였다. 그러므로 만물이 얽히면서 (생이) 이어졌다.154

陽不極, 則陰不萌, 陰不極, 則陽不牙. 極寒生熱, 極熱生寒. 信道致
詘, 詘道致信. 其動也, 日造其所無, 而好其所新. 其靜也, 日減其所

....

151 역주 : 천원지방을 말한다. 둥근 것은 천, 모난 것은 하늘이다.
152 劉韶軍 點校 : '析'은 범망본에는 '拼'으로 되어 있다. 대전본에는 '栟'으로 되어 있
다. '拼'은 '栟'의 잘못이다. '析'은 '栟'과 옛날에는 통했다.
153 역주 : 『주역』「계사전상」1장, "天尊地卑, 乾坤定矣. 卑高以陳, 貴賤位矣." 참조.
154 역주 : 이 구절은, 음양이 相摩相盪하고 서로 작용하여, 만물이 계속적으로 얽히
고 이어지면서 생생불궁한다는 것이다.

爲,¹⁵⁵ 而損其所成. 故推之以刻, 參之以晷. 反覆其序, 軫轉其道也.

양이 다하지 않으면 음이 싹트지 않고, 음이 다하지 않으면 양이 발아하지
않는다. 추운 것이 극에 다다르면 더위가 생겨나고, 더위가 극에 다다르면
추위가 생겨난다. 도를 펴는 것이 다하면 굽힘이 이루어지고, ¹⁵⁶ 도를 굽히는
것이 다하면 폄이 이루어진다. 그것이 움직이면 날마다 없던 것을 만들고,
그 새로운 것을 좋아한다. 그것이 정지하면 날마다 그 행한 것을 없애고, 그
성취된 것을 던다. 그러므로 누각(漏刻)을¹⁵⁷ 사용하여 낮과 밤을 관측하고,
해시계[日晷]를 사용하여 동지와 하지를 징험한다.¹⁵⁸ 그것들은 (모두) 춘하추
동의 차례를 반복하고, 그 도를 두루 돌아 다시 시작하여 운행한다.

以見不見之形, 抽不抽之緖, 與萬類相連也. 其上也縣天, 下也淪淵,
纖也入蔵, 音穢 廣也包軫.¹⁵⁹ 其道游冥而挹盈, 丁宋作押盈. 存存而亡
亡, 微微而章章, 始始而終終.

(이처럼 漏刻과 日晷로 측량하여) 눈으로 볼 수 없는 형적(천지음양의 이치=
玄)을 드러내어 인출할 수 없는 단서(그 천지 음양의 이치=현)를 인출(引出)하
니, (玄은) 만사만물과 서로 연결된다. (현은) 그 위로는 하늘에 매달리고, 아
래로는 연못에 잠기고, 세미한 것은 잡초(蔵) 음은 예(穢)다. 가운데에 숨고, 광대
한 것은 대지를 포용한다. 그 도는 명명무형(冥冥無形)한 가운데에서 놀고(즉
처하고) 가득 찬 것을 덜어낸다.¹⁶⁰ 정위본, 송충본에는 압영(押盈)으로 되어 있다. 있
음을 있음으로 하고, 없음을 없음으로 하고, 미미한 것을 미미한 것으로 하고,
빛나는 것을 빛난 것으로 하고, 처음을 처음으로 하고, 끝을 끝으로 하여 각각
사물의 따라 응한다.

. . . .

155 劉韶軍 點校 : '爲'는 범망본에는 '有'로 되어 이다. '爲'자가 뜻이 낫다.
156 역주 : '信'자는 '편다[伸]'는 것이다. '詘'자는 '구부린대[屈]'는 것이다.
157 역주 : 누각은 물시계를 말하는데, 물시계의 漏壺 안에 세운 漏箭에 새긴 눈금을
　　　보고 시각을 측정한다.
158 역주 : 여기의 '參'은 '관측한다'는 것이다.
159 劉韶軍 點校 : '軫'은 범망본에는 '畛'으로 되어 있다. '畛'자가 뜻이 낫다.
160 역주 : '挹'은 '누른다[抑]', '던다[損]'는 것이다. 『순자』 「宥坐」, "挹而損之." 참조.

近玄者玄亦近之, 遠玄者玄亦遠之. 譬若天, 蒼蒼然在于東面南面西面北面, 仰而無不在焉, 及其俛則不見也. 天豈去人哉. 人自去也. 冬至及夜半以後者, 近玄之象也. 進而未極, 往而未至, 虛而未滿, 故謂之近玄.

현(玄)을 가까이 하는 것은 현도 또한 가까이 하고, 현을 소원하게 하는 것은 현도 또한 소원하게 한다. 비유컨대, 하늘이 푸르고 푸르면서 동면·서면·남면·북면에 있어, 사람이 우러러보면 하늘이 있지 아니함이 없다가(=보이지 않음이 없고), 사람이 굽어봄에 미쳐서는[161] 보이지 않는 것이다. 그것은 하늘이 사람을 버린 것이겠는가? 사람이 스스로 하늘을 버린 것이다. 동지 및 야반(夜半) 이후는 현(玄)과 가까운 상이다. 나아가나 아직 극점에는 이르지 않았고, 가나 아직 지극함에 이르지 않았고, 비어있어 아직 충만하지 않은 상태이다. 그러므로 그것을 현에 가깝다고 말하는 것이다.

夏至及日中以後者, 遠玄之象也. 進極而退, 往窮而還, 已滿而損, 故謂之遠玄. 日一南而萬物死, 日一北而萬物生.

하지 및 일중(日中) 이후는 현(玄)과 멀리 있는 상이다. 나아가 극점에 이르면 물러나고, 가서 도달하면 되돌아오고, 이미 가득 차면 던다. 그러므로 현에서 멀다고 말하는 것이다. (하지에 당하여) 태양이 한 번 남쪽으로 향하면 만물이 (凋落하여) 죽게 되고, (동지에 당하여) 태양이 한 번 북쪽으로 향하면 만물이 (무성하게) 태어난다.

斗一北而萬物虛, 斗一南而萬物盈. 日之南也, 右行而左還. 斗之南也, 左行而右還. 或左或右, 或死或生. 神靈合謀, 天地乃並, 天神而地靈.

북두성(北斗星)이 한 번 북쪽을 가리키면 만물이 텅 비고, 북두성이 한 번 남쪽을 가리키면 만물이 가득 찬다. 태양이 남쪽을 향한다는 것은 좌에서 우로 회전하는 것이다. 북두성이 남쪽을 향한다는 것은 좌에서 우로 향하여 도는 것이다. 이와 같이 어떤 경우는 좌로 돌고, 어떤 경우는 우로 돌아 만물의

사와 생을 결정한다. (하늘의) 신과 (땅의) 령의 계획이 일치하고, 하늘과 땅이 함께 유행하니, 하늘이 신비하고 땅이 신령스런 이유다.

玄術如此. 是以人倫物化, 參諸天地, 和同無間, 而玄爲之宗. 夏至致日, 南在東井. 冬至致日, 北在牽牛. 而斗正四時, 各建其方. 日曆西陸而東, 斗軋東陸而西. 萬物係焉, 盈則兆死, 虛則更生. 夫玄散爲一陰一陽, 維其運也. 左右相逢, 如此故能神靈合井, 而反渾乎玄. 曰天神而地靈, 言合井而不相亂也.

현의 술이 이와 같다. 이 때문에 인륜(人倫)과 물화(物化)가 천지에 참여 하여, 조화로워 사이가 없으면서 현을 종주로 삼는다. 하지가 날을 다함에 남으로는 동정(東井)에[162] 있다. 동지가 날을 다함에 북으로는 견우(牽牛)에 있는데, 북두는 4계절에 바로 하여 각각 그 방향을 세운다. 태양은 서륙(西陸=昴宿)을[163] 지나 동쪽으로 가고, 북두는 동륙(東陸)을[164] 밀치고 서쪽으로 간다. 만물이 매여 있으니, 가득차면 죽는 조짐이고, 비면 다시 살아난다. 대저 현이 흩어져 일음일양이 되니, 오직 그 운행함이다. 좌와 우가 서로 만나니, 이와 같기 때문에 (하늘의) 신과 (땅의) 령이 정수(井宿)에[165] 합하고 되돌아가 현에 섞인다.

· · · · · · · · · · · · · · · · · ·

162 역주 : '東井'은 정수(井宿)로서, 28宿의 하나다. '玉井'의 동쪽에 있기 때문에 '東井'이라 한다. 『예기』「月令」, "仲夏之月, 日在東井.", 『사기』「孝武本紀」, 其秋, 有星孛於東井.", 『사기』「張耳陳餘列傳」, "漢王之入關, 五星聚東井. 東井者, 秦分也, 先至必霸.", 唐의 楊炯, 『渾天賦』, "周三徑一, 遠近乖於辰極, 東井南箕, 曲直殊於河漢." 등 참조.
163 역주 : '西陸'은 '昴宿'를 가리킨다. 『이아』「釋天」, "西陸, 昴也, 西方之宿." 참조. 고대에는 가을을 '서륙'이라 했다.
164 역주 : '東陸'은 태양이 동방 七宿의 구역에서 운행하는 것을 가리킨다. 보통 동방을 가리킨다. 고대에는 봄을 '東陸'이라 하고 때론 색을 가미해 '靑陸'이라고 하였다. 『易通統圖』, "日行東方靑道曰靑陸, 日行南方赤道曰南陸, 日行西方白道曰西陸, 日行北方黑道曰北陸. 唯東方以色言耳.", 『續漢書』「律曆志」, "日行東陸謂之春, 卻曰東陸也. 宋景文公曾用靑陸二字.", 『隋書』「天文志」, "一日一夜行一度, 三百六十五日有奇而周天. 行東陸謂之春, 行南陸謂之夏. 行西陸謂之秋, 行北陸謂之冬. 行以成陰陽寒暑." 등 참조,
165 역주 : '정수(井宿)'는 우물[井]에 좌우의 물이 모이듯이 정수에 하늘과 땅이 모인다는 것이다.

'하늘은 신비하고 땅은 신령하다'고 말한 것은 정수(井宿)에 합하여 서로 어지럽지 않은 것을 말한 것이다.

▌현영(玄瑩)[166]

天地開闢, 宇宙拓坦. 拓, 本多作祏. 章, 林, 黃作拓. 天元咫步, 日月紀數.
周運曆統,[167] 群倫品庶. 或合或離, 或贏或踦. 故曰假哉天地, 唅徒濫
切函啟化, 罔袞于玄. 章及別本罔作內. 終始幽明, 表贊神靈. 大陽乘陰,
萬物該兼. 周流九虛, 而禍福絓羅.

하늘과 땅이 열리니, 시간[宇]과 공간[宙]는 넓어지고 평탄해졌다. 탁(拓)은 본래 석(祏)으로 된 것이 많다. 장찰본, 임우본, 황백사본에는 탁(拓)으로 되어 있다. 역수의 근원[天元=曆元]은[168] 지보[咫步=推算曆法)]에 베풀어져 해와 달이 (규칙적으로 운행하는) 수가 정해진다. (해와 달이) 두루 운행하고 역기(曆紀)를 통어(統御)하니, (그 사이에) 모든 사물이[169] 융성하게 산출된다. (일월의 운행은) 혹은 합하여 회(晦)가 되고, 혹 떨어져 망(望)이 되며, (음양의 수는) 혹 남으면 기가 가득찬 것[氣盈]이 되고, 혹 부족하면 달이 태양과 지구 사이에 들어가 일직선을 이루는 때[朔虛]가 된다. 그러므로 "크도다.[170] 하늘과 땅이여! (우주만물의 전개를 모두) 포용하고 도(徒)와 람(濫)의 반절이다. 변화를 열어 망라하는[171] 것에는 현(玄)보다 큰 것이 없다"라고 말한다. 장찰본 및 별본에는 망(罔)이 내(內)로 되어 있다. (현은) 음[幽]과 양[明]의[172] 일을 끝마치고 시작하여 천지신령의 이치를

• • • • • • • • • • • • • • • • • • •

166 역주 : '瑩'은 「현예」에서는 "瑩, 明之."라고 되어 있다. 『주역』「繫辭傳」에 상당한다.
167 劉韶軍 點校 : '統'은 범망본에는 '紀'로 되어 있다.
168 역주 : 중국 고대의 역법이다. 半夜를 하루의 개시로 삼고, 朔旦을 1개월의 시작으로 삼고, 동지를 1년의 시작으로 삼고, 甲子로 연대를 추산하는 시작으로 삼는다. 이것을 이른바 '曆元'이라고 한다.
169 역주 : '倫'은 '무리[類]'다. '品庶'는 모든 사물이란 뜻이다.
170 역주 : '假'는 『이아』「釋詁」에서는 '大也.'라고 되어 있다.
171 역주 : '罔'은 '그물[網]'과 같다.
172 역주 : '幽'는 음이고, '明'은 양이다.

밝히고 개발한다. (천지의 화육은 태양을 주로 하나) 태양은 군음(群陰)에 올라타기 때문에 만물은 모두 갖추어진다. 수(首)의 9찬(九贊)의 위(位)를 두루 운행하니, 화(禍)와 복(福)이 그 가운데에 걸린다.

凡十有二始, 群倫抽緖, 故有一二三, 以絓以羅, 玄術瑩之.
(음양은) 무릇 12월 삭(朔)[173] 가운데에서 일어나고, 뭇 무리는 그 실마리를 끄집어내어 세사(歲事)를 시작한다. 그러므로 1, 2, 3이[174] (9贊의 가운데) 있어 걸리는 것으로써 하고, 길흉을 보이는 것으로써 하니, 현의 술(術)이 밝게 드러난 것이다.
(이하 13조는 두루 율력과 5행 등의 일로써 현의 술을 미루어 넓힌 것이다.)

鴻本五行, 九位重施, 諸本作施重, 宋作重施. 上下相因, 醜在其中, 玄術瑩之.
현의 큰 대본(大本=玄首)은[175] 5행으로 차서를 나누고, 9중(九重)의 지위(=9贊의 位)에 거듭 베풀어지고,[176] 중시(重施)는 여러 판본에는 시중(施重)으로 되어 있다. 송충본에는 중시(重施)로 되어 있다. (9찬의 위는) 상과 하가 서로 말미암기에[177] (천하의) 뭇 사물[醜]이 그 속에 있으니, 현의 술이 밝게 드러난 것이다.

天圜地方, 極殖中央. 動以曆靜. 時乘十二, 以建七政, 玄術瑩之.
하늘은 둥글고 땅은 모나고, 북극성은[178] 하늘의 중앙에 세워 처한다.[179] 천의

••••••••••••••••••

173 역주 : '始'는 朔으로서, 農曆의 매월 初다. 1歲 12月은 모두 朔으로 시작한다. 그러므로 '12始'라고 말한 것이다.
174 역주 : 思, 禍, 福 혹은 天, 地, 人을 말한다.
175 역주 : '鴻'은 '크다[大]'는 것이다.
176 역주 : '九贊重施'는 수·화·목·금·토를 다른 방위에 배분하는데, 每 天의 9首 中에 분배하여 1首와 6首는 水가 되고, 2首와 7首는 火가 되고, 그 나머지는 차례로 배합한다. 그리고 每 首의 9贊에 분배하여 1,6은 水가 되고, 2,7은 火가 되고, 그 나머지는 차례로 배합한다.
177 역주 : '上下相因'은 五行相生, 五行相克의 차서다.
178 역주 : '極'은 天極으로, 북극성이다. 고대 천문 관측에는 북극을 天의 중앙에 처한다고 보았다.

운행은 력(曆)으로써 고요하게 된다. 때는 12진(十二辰)을[180] 올라탐으로써 7
정(七政: 日·月·五星)을 세우니, 현의 술이 밝게 드러난 것이다.

斗振天而進, 日違天而退, 或振或違, 以立五紀, 玄術瑩之.
북두성은 천의 운행에 따라 움직여 좌로 나아가고, 태양은 천의 운행을 어겨
우로 물러나, 나아가고 물러가는 것으로써 5기(五紀)를[181] 세우니, 현의 술이
밝게 드러난 것이다.

植表施景, 楡與株切 漏率刻, 昏明考中. 作者以戒, 玄術瑩之.
(8척의) 표식을 세워[182] 해의 그림자를[183] 베풀어, 그 긴 것을 측정하여 하지와
동지를 정하고, 물시계의 물이 쏟아낸 각도(刻度)를 살펴[184] 시각을 살피고,
유(楡)는 여(與)와 주(株)의 반절이다. 어두운 것과 밝은 것이 적중하는 별을 살핀다.
일하는 자는 그것으로써 농사짓는 것을 경계하니, 현의 술이 밝게 드러난 것
이다.

泠竹爲管, 室灰爲候. 以揆百度. 百度既設, 濟民不誤, 玄術瑩之.
영륜(泠倫)이[185] 대나무로 12관을 만들고, 밀실 가운데에서 재로 12월의 기를
살핌으로써 12율을 정하고 온갖 일의 절도를 측정하였다. 온갖 일의[186] 법도
가 이미 베풀어져 백성들을 구제하는 것들이 잘못되지 않으니, 현의 술이 밝게
드러난 것이다.

· · · · · · · · · · · · · · · · · ·
179 역주 : '殖'은 '세운대植'는 것이다.
180 역주 : 12辰 즉 子·丑·寅·卯·辰·巳·午未·申·酉·戌·亥이다.
181 역주 : 『서경』「洪範」, "一曰歲, 二曰日, 三曰月, 四曰星辰, 五曰曆數." 참조.
182 역주 : '樹'는 '선대立'는 것이다.
183 역주 : '영(景)'은 '그림자影'이다.
184 역주 : '율(率)'은 計數의 이름이다.
185 역주 : '泠倫'은 '伶倫'이라고도 쓴다. 『여씨춘추』「仲夏紀」에 의하면, 령륜은 중국
     음악의 시조라고 한다. 령륜은 삼황오제 시대 황제의 악관으로서, 중국 고대 음률
     의 발명자라고 한다.
186 역주 : '百度'는 '百事' 즉 '온갖 일'이다.

東西爲緯, 南北爲經, 經緯交錯, 邪正以分, 吉凶以形, 玄術瑩之.

동쪽과 서쪽으로 씨줄[緯]을 삼고. 남쪽과 북쪽으로 날줄[經]을 삼아[187] 날줄과 씨줄이 서로 섞여 사특한 것과 바른 것으로써 나누어지고, 길하고 흉한 것으로써 나타내니, 현의 술이 밝게 드러난 것이다.

鑿井澹水, 鑽火難木,[188] 流金陶土, 以和五美, 五美之資, 以資百體, 玄術瑩之.

우물을 파 물을 맑게 하고, 나무를 뚫어 불을 피우고, 철을 제련해 주물에 흘려 붓고, 흙을 주물러 도자를 주조함으로써 5행의 아름다움을 조화한다.[189] 다섯 가지 아름다운 재질로써 온갖 몸체를 바탕으로 삼으니, 현의 술이 밝게 드러난 것이다.

奇以數陽, 耦以數陰. 奇耦推演, 以計天下, 玄術瑩之.

홀수(1, 3, 5, 7, 9)로써 양을 헤아리고, 짝수(2, 4, 6, 8)로써 음을 헤아린다.[190] 홀수와 짝수를 미루어 연역하여 천하의 수를 헤아리니, 현의 술이 밝게 드러난 것이다.

六始爲律, 六間爲呂, 律呂既協, 十二以調, 日辰以數, 玄術瑩之.

6시(六始=六陽)를[191] 율(律)로 삼고, 6간(六間=六呂)을 려(呂)로 삼아,[192] 율과 려가 이미 합하고, 12율로써[193] 조화하고, 일진(日辰)으로써[194] 도수(度數)를

187 역주 : 『태현경』에서는 1, 2, 5, 6, 7을 經으로 하고, 3, 4, 8, 9를 緯로 한다.
188 劉韶軍 點校 : '難'은 범망본에는 '爇'으로 되어 있다. '爇'은 '불태운다'는 것으로 그 뜻이 낫다. 어떤 경우에는 '難'과 '爇'은 통한다.
189 역주 : 五行이 相生한다는 것이다.
190 역주 : 『주역』『계사전상』9장, "天一地二天三地四天五地六天七地八天九地十 … 凡天下之數五十有五, 此所以成變化而行鬼神也." 참조.
191 역주 : '始'는 맨 처음으로서 의미가 引伸되어 '主'가 되니, '양'을 가리킨다.
192 역주 : '間'은 '짝하는 것[配]'이다. '음'을 가리킨다. 『太平御覽』권306, "君爲主, 臣爲配, 君爲陽, 臣爲陰. 故陽爲始, 陰爲間. 律爲陽, 呂爲陰, 故言六始六間." 참조.
193 역주 : '12'는 6律6呂를 말한다. 합하여 12율이라고 칭한다.
194 역주 : '日辰'은 일·월·성신을 말한다.

하니,[195] 현의 술이 밝게 드러난 것이다.

方州部家, 八十一所, 畫下中上, 以表四海, 玄術瑩之.
(『태현경』은) 방·주·부·가를 배열하니 81가(家) 있고, 1가(一家) 9찬(九贊)의
위(位)를 상·중·하로 삼분함으로써 (귀천을 베풀어) 사해의 일을 명시하니,
현의 술이 밝게 드러난 것이다.

一辟, 三公, 九卿, 二十七大夫, 八十一元士, 少則制衆, 無則治有, 玄
術瑩之.
한 사람의 군주[一辟][196]·3공(三公)·9경(九卿)·27대부(大夫)·81원사(元士)가
있어, 적은 것은 많은 것을 다스리고, 없는 것은 있는 것을 다스리니, 현의
술이 밝게 드러난 것이다.

古者不霆不虞, 霆, 許, 宋作雩, 諸家作霆. 慢其思慮, 匪筮匪卜, 吉凶交瀆.
於是聖人乃作著龜, 鑽精倚神, 箭知休咎,[197] 玄術瑩之.
옛날에는 천둥치지 않으면 걱정하지 않아서,[198] 정(霆)은 허앙본, 송충본에는 우(雩)
로 되어 있다. 제가의 판본에는 정(霆)으로 되어 있다. 사려를 태만히 하고, (의심하거나
걱정스런 일이 있어도) 점대점이나 거북점도 치지 않아 (길하고 흉한 것이)
서로 더럽혀졌다. 이에 성인이 시초점과 거북점을 만들어 정미한 것을 궁구하
고, 신령에 의지해 길(吉)과 흉(凶), 휴(休)와 구(咎)를 구해 알게 되니, 현의
술이 밝게 드러난 것이다.

是故欲知不可知, 則擬之以乎卦兆. 測深摹遠, 則索之以乎思慮. 二者

<hr>

195 역주 : '12辰'은 '자·축·인·묘·진·사·오·미·신·유·술·해'인데, '자·인·진·오·신·
  술'은 律이고, '축·묘·사·미·유·해'는 呂다.
196 역주 : '辟'은 『이아』「釋訓」에서는 "君也."라고 한다.
197 劉韶軍 點校 : '箭'은 명초본에서는 '箭'으로 되어 있다. 이것은 『太玄本旨』본에
  의거해 고쳤다.
198 역주 : 자연에 맡겨 의심하거나 걱정하지 않았다는 의미이다.

其以精立乎. 夫精以卜筮, 神動其變, 精以思慮, 謀合其適.

이런 까닭으로 알고자 해도 알 수 없는 것이면 괘의 조짐을 사용하여 그것을 헤아렸다. 그 조짐에 대해 깊은 의미를 찾고 심원한 의미를 구한다면 사려함으로써 그것을 탐색하여 결정하였다. 두 가지는[199] 정미한 것으로 세운 것이다. 대저 정미하게 거북점과 시초점을 치면 신이 그 변화를 움직여 드러내고, 정미하게 사려하면 도모한 것이 그 (변화의) 적당함에 합한다.

精以立正, 莫之能仆, 精以有守, 莫之能奪. 故夫抽天下之蔓蔓, 散天下之混混者, 非精其孰能之.

정미하게 바른 것을 세우면 넘어트릴 수 없고, 정미하게 지키는 것이 있으면 빼앗을 수 없다. 그러므로 대저 천하에 해결할 수 없는 것들이 두루 퍼져있는 것을 뽑아 해결하니, 천하에 섞여 있는 것들을 흩어 해결할 것은 정미한 것이 아니면 그 무엇이 할 수 있겠는가?

瑩自度數, 暉于諸法, 而要以至精者, 反乎一也.

현영(玄瑩)이 스스로 수를 헤아려 여러 법에 빛났는데, 지극히 정미하게 요약한 것은 일(一)로 돌아간다는 것이다.

夫作者貴其有循, 而體自然也. 其所循也大, 則其體也壯, 其所循也小, 則其體也瘠. 其所循也直, 則其體也渾, 其所循也曲, 則其體也散.

대저 (『태현경』의 81首 729贊의 辭를) 만든 자는 그 따르는 바를 귀하게 여기고 본래 그러한 자연의 도리를 체득하였다. 그 따르는 것이 위대하면 그 체득한 것도 장대하고, 그 따르는 바가 작으면 그 체득한 것도 초라하다. 그 따르는 바가 곧으면 그 체득한 것도 혼연하고, 그 따르는 것이 굽으면 그 체득한 바도 흩어지게 된다.

故不擢所有,[200] 不彊所無. 譬諸身, 增則贅, 而割則虧. 故質幹在乎自

. . . .
199 역주 : 卦兆와 사려를 말한다.

然, 華藻在乎人事也. 其可損益與.

그러므로 (본래부터) 가지고 있는 것을 제거하지 않고,[201] (본래부터) 없는 것을 억지로 취하려 들지 않는다. 우리 몸에 비유해보면, 더하면 군더더기가 되고, 잘라내면 부족하다. 그러므로 형질(形質)과 체간(體幹)은 본래 그러한 자연에 있고, 장식(裝飾)과 분장(扮裝)은 인사(=인위적인 행동)에 있다. 어찌[202] (도의 자연을) 빼고 더할 수 있겠는가?

諸本皆作華藻在乎人事, 人事也其可損益與, 人事二字蓋衍. 許黃其作具字.
여러 판본에는 모두 "화조재호인사, 인사야기가손익여(華藻在乎人事, 人事也其可損益與)"로 되어 있다. 인사(人事) 두 글자는 대개 연문(衍文)이다. 허앙본, 황백사본에는 기(其)가 구(具)자로 되어 있다.

夫一一所以摹始而測深也. 三三所以盡終而極密也. 二二所以參事而要中也, 人道象焉. 務其事而不務其辭, 多其變而不多其文也. 不約則其指不詳, 不要則其應不博. 不渾則其事不散, 不沈則其意不見. 是故文以見乎質, 辭以睹乎情. 觀其施辭, 則其心之所欲者見矣.
대저 (九贊의 1과 1 즉) 초일(初一)은[203] 처음에 의거하여 깊은 의미를 헤아리는 것이다. (九贊의 3과 3 즉) 상구(上九)는[204] 마침을 다하고 높임을 지극히 하는 것이다. (九贊의 2와 2 즉) 차오(次五)는[205] 만사에 참여하여 천하의 중(中)을 구하는 것이니, 인도는 그것을 본뜬다. (81家의) 그 일을 (상세하게 하는 것을) 힘쓰지만 (729贊 文辭의) 그 말을 힘쓰지 않고, 그 변화를 많이 하지만 문사를 많이 하지 않는다. (辭는) 간약(簡約)하지 않으면 그 의미는 상세하지 않다. (事는) 요약하지 않으면 그 응용이 넓지 않다. (理는) 완전하지 않으면 그 일은

· · · · · · · · · · · · · · · · · · ·
200 劉韶軍 點校 : '攉'은 명초본에는 '懼'로 되어 있다. 이것은 범망본에 의거해 고쳤다.
201 역주 : '攉'는 '제거한다[去]'는 것이다.
202 역주 : '其'는 '어찌[豈]'와 같다.
203 역주 : 一一은 初로서 初一이다.
204 역주 : 三三은 上으로서 上九다.
205 역주 : 二二는 中으로서 次五다.

(두루) 펼 수 없고, (意는) 깊지 않으면 그 뜻을 밖으로 드러나지 않는다. 때문에 문으로써 바탕을 드러내고, 말로써 그 실정을 본다. 『태현경』에 표현된 말을 보면 (천·지·인·만물이) 진퇴하고자 하는 마음이 나타나 있다.

言玄之事辭如此. 表贊九度, 一一, 一二, 一三, 二一, 二二, 二三, 三一, 三二, 三三. 一一, 初也. 三三, 上也. 二二, 中也.[206] 此自然不可損益之約也, 象策數焉.

현의 일삼은 것과 말한 것이 이와 같음을 말한 것이다. 찬(贊)의 9도(九度)를 나타내니, 1과 1, 1과 2, 1과 3, 2와 1, 2와 2, 2와 3, 3과 1, 3과 2, 3과 3이다. 1과 1은 초(初)다. 3과 3은 상(上)이다. 2와 2는 중(中)이다. 이것은 자연이란 덜고 더할 수 없다는 것을 요약한 것으로, 책수(策數)를 본뜬 것이다.

夫道有因有循, 有革有化. 因而循之, 與道神之. 革而化之, 與時宜之. 故因而能革, 天道乃得. 革而能因, 天道乃馴.

대저 도에는 이어나가는 것, 따르는 것, 바꾸는 것, 변화하는 것이 있다. 이어나가 따르면 도와 함께 신비스러워진다. 바꾸어 화하면 때와 함께 마땅할 수 있다. 그러므로 이어나가 바뀔 수 있으면 하늘의 도를 이에 얻는다. 바꾸어 이어갈 수 있으면 하늘의 도는 곧 따르게 된다.

夫物不因不生, 不革不成. 故知因而不知革, 物失其則. 知革而不知因, 物失其均. 革之匪時, 物失其基. 因之匪理, 物喪其紀. 因革乎因革, 國家之矩范也. 矩范之動, 成敗之效也.

대저 사물이란 이어나가지 않으면 생겨나지 않고, 바꾸지 않으면 이루어지지 않는다. 그러므로 이어갈 줄 알면서 바꿀 줄을 모르면, 사물이 그 법칙을 잃게 된다. 바꿀 줄을 알면서 이어나갈 줄을 모르면, 사물이 그 공평함을 잃게 된다. 바꾸는 것을 제 때에 하지 않으면, 사물이 그 터전을 잃게 된다. 바꾸는 것을 이치로 하지 아니하면, 사물이 그 기강을 잃게 된다. 이어나가야 하고 바꿔야

• • • • • • • • • • • • • • • • • • •
206 劉韶軍 點校 : '中'은 명초본에는 '五'로 되어 있다. 이것은 文意에 의거해 고쳤다.

할 것에서 이어나가고 바꾸는 것은 국가의 법도이다. 법도의 움직임은 성공과 실패가 드러나는 효험이다.

變通者, 玄之事也. 因象水木, 革象金火.
변하고 통하는 것은 현의 일이다. 이어나가는 것은 수(水)와 목(木)을 본뜬 것이며, 바꾸는 것은 금(金)과 화(火)를 본뜬 것이다.

立天之經曰陰與陽, 形地之緯曰從橫, 表人之行曰晦與明. 陰陽曰合其判,[207] 陰陽, 從橫, 晦明, 貞宋皆無曰字.
하늘의 도[經]를 세우는 것을 음과 양이라 이르고, 땅의 도[緯]를 형상한 것을 종(從=남북)과[208] 횡(橫=동서)이라 이르며, 사람의 행동을 나타내는 것을 회(晦=愚)와 명(明=賢)이라[209] 이른다.[210] 음과 양이란 (서로 다른 氣로) 나누어진 반분(半分)을 합한 것이요, 음양(陰陽), 종횡(縱橫), 회명(晦明)은 정찰본, 송충본에는 모두 왈(曰)자가 없다.

從橫曰緯其經,[211] 晦明曰別其材. 陰陽, 該極也. 經緯, 所遇也, 晦明, 質性也. 陽不陰, 無與合其施, 經不緯, 無以成其誼, 明不晦, 無以別其德.
종(從)과 횡(橫)이란 그 날줄에 씨줄을 만나게 하여 교착(交錯)한 것이요, 회(晦)와 명(明)이란 그 (사람의 賢愚의) 재질의 성품을 구별한 것이다. 음과 양은 (천지의 이치를) 갖춘 것이 지극한 것이다. 날줄과 씨줄은 (서로 교차해) 만난 것이고, 회와 명은 바탕의 성(性=賢愚)이다. 양은 음이 아니면 함께 베푸

....

207 劉韶軍 點校 : '曰'은 명초본에는 '日'로 되어 있다. 이것은 범망본 및 校語에 의거해 고쳤다. 아래도 이와 같다.
208 역주 : 이 때의 '從'은 '縱'과 같다.
209 역주 : '晦'와 '明'은 인간의 賢과 愚를 가리킨다.
210 역주 : 이상은 천도, 지도, 인도는 모두 對待 관계인데, 현이 그것을 취하여 본떴다는 것이다. 『주역』「설괘전」2장에서는 "立天之道曰陰與陽, 立地之道曰柔與剛, 立人之道曰仁與義."를 말한다.
211 劉韶軍 點校 : '緯'는 명초본에는 '經'으로 되어 있다. 이것은 범망본에 의거해 고쳤다.

는 것을 합하지 못하고, 경은 위가 아니면 그 마땅함 이룰 수 없고, 명은 회가 아니면 그 덕을 분별할 수 없다.[212]

陰陽所以抽賾也, 宋作極賾. 賾與賾同. 諸本作抽. 從橫所以瑩理也, 明晦所以昭事也. 賾情也抽,[213] 理也 許作抽情也抽. 瑩, 事也昭, 君子之道也.
음과 양은 (하늘의) 심오함을 뽑아내고, 송충본에는 극색(極賾)으로 되어 있다. 책(賾)은 색(賾)과 같다. 여러 판본에는 추(抽)로 되어 있다. 종과 횡은 (땅의) 이치를 빛내고, 명과 회는 (인간의) 일을 밝힌다. 심오한 실정은 뽑아내고,[214] 이치는 빛내며, 허앙본에는 추정야추(抽情也抽)로 되어 있다. 일은 밝히는 것이니, 군자의 도이다.

開而當名者, 玄之辭也. 自中爲陽, 周爲陰, 以極八十一首. 九位在中, 經緯相錯, 時物唯其所遇而見誼焉. 晦明之才, 晝夜之事也.
열어서 이름에 합당한 것은 현의 말이다. 중수(中首)가 양이 되고, 주수(周首)가 음이 되는 것에서부터 81수(首)를 지극히 한다. 9위(九位)는 중(中)에 있으면서 경(經)과 위(緯)로 서로 섞이고, 때의 사물이[215] 오직 만난 바에서 마땅함을 드러내니, 회(晦)와 명(明)의 재질이요, 낮과 밤의 일이다.

往來熏熏, 得亡之門. 夫何得何亡. 得福而亡旤也. 天地福順而旤逆. 山川福庫而旤高, 人道福正而旤邪. 故君子內正而外馴, 每以下人, 是以動得福而亡旤也.

....

212 역주 : 양은 음이 없으면 교합하여 화를 베풀 수 없고, 경은 위가 없으면 그 사물의 마땅함을 이룰 수 없고, 명은 회가 없으면 그 질성을 구별할 수 없다는 것이다. 즉 대립 면이 없으면 대립의 한 쪽은 그 작용을 발휘할 수 없어 그 사물이 되는 것을 이룰 수 없다는 것이다. 일종의 '獨陰'과 '獨陽'은 없다는 사유다.

213 劉韶軍 點校 : '情'에 대해 吳汝綸은 말하기를 "情자는 잘못된 연문이다"라고 하였다. 兪越의 『諸子評議』에서도 이런 학설을 말했다. 이 절의 文意로 보면 두 사람의 말은 옳다. 그러나 근거가 없어 잠시 그 옛날 것을 놔두기로 한다.

214 역주 : '일음일양하는 것은 만물의 실정을 뽑는 것이며, '一從一橫'은 천지의 이치를 밝히는 것이며, '一晦一明'은 천하의 일을 밝힌다는 것이다.

215 역주 : 일정 시간 내의 사물을 가리킨다. 『주역』 「계사전하」 9장, "六爻相雜, 唯其時物也.", 韓康伯 注, "物, 事也." 참조.

(交首 次四의 贊辭에) "(사람들이 사귀는데 禮로써) 가고 오는 무리들이 많으니, 복(福)을 얻기도 하고 화(禍)가 되는 문이다"[216]라고 하였다. 대저 무엇을 얻고 무엇이 잃는다는 것인가? 복(福)은 얻고, 화(禍)를 잃는다는 것이다. 하늘과 땅은 따르는 것에는 복(福)을 주고, 거역하는 것에는 화(禍)를 준다. 산이나 개울은 낮은 것에는 복(福)을 주고, 높은 것에는 화(禍)를 준다. 사람의 도는 바른 것에는 복(福)을 주고, 사특한 것에는 화(禍)를 준다.[217] 그러므로 군자는 안은 바르게 하면서 밖은 순하게 하고, 매양 사람들에게 낮춘다. 이 때문에 움직여 복(福)을 얻고 화(禍)가 없다.

福不醜不能生虺, 虺不好不能成福. 醜好乎醜好, 君子所以亶表也. 宋作君子之亶宜. 夫福樂終而虺憂始,
복(福)을 얻고 추악한 짓을[218] 하지 않으면 화(禍)가 생길 수 없고, 화(禍)를 얻고 좋은 짓(=선)을[219] 하지 않으면 복(福)을 이룰 수 없다. 추악한 것은 추악하게 여기고, 좋은 것을 좋게 여기는 것은, 군자가 진실로 밝게 드러낸 것이다. 송충본에는 군자지단의(君子之亶宜)로 되어 있다. 대저 복(福)과 즐거움이 끝나면 화(禍)와 걱정이 시작된다.[220]

天地所貴曰福, 鬼神所祐曰福, 人道所喜曰福, 其所賤惡皆曰虺.[221] 章, 許作其所賤在惡, 丁作其所在賤惡, 宋作其所賤惡. 故惡福甚者其虺亢. 畫人

. . . .

216 역주 : 이 뜻은 禮는 왕래를 숭상한다는 것으로, 예로써 하여 조화를 이루고 기뻐하면 복을 얻고, 화를 내면 잃는다는 것이다.
217 역주 : 『서경』「湯誥」에서는 "天道福善禍淫, 降災於夏, 以彰厥罪."라 하여 福善禍淫을 말한다.
218 역주 : '醜'는 '惡'이다.
219 역주 : '好'는 '善'이다.
220 역주 : 이 구절은, 복이 다하면 화가 시작된다는 것이다. 『老子』58장, "禍兮福之所倚, 福兮禍之所伏." 참조.
221 劉韶軍 點校 : '賤' 아래 범망본에는 '在'자가 있다. 校語에서 이른바 章, 許의 판본과 같다. 吳汝綸은 "在는 마땅히 亶가 되어야 한다"라고 말하는데 말한 것이 옳다. '在'와 '亶'는 옛날에는 통했다. 여기의 '在'는 곧 '亶'다. '賤亶惡'이 윗 문장의 '貴', '祐', '嘉'와 하나하나 상대하는 것이 그 증거다.

之既少, 夜人之既多. 晝夜散者其既福雜.

하늘과 땅이 귀하게 여기는 것을 복(福)이라 이르고, 귀신이 돕는 것을 복(福)이라 이르고, 사람의 도가 기뻐하는 것을 복(福)이라고 이른다. 그 천하게 여기고 미워하는 것은 모두 화(禍)라고 이른다. 장찰본과 허앙본에는 기소천재오(其所賤在惡)로 되어 있고, 정위본에는 기소재천오(其所在賤惡)로 되어 있고, 송충본에는 기소천오(其所賤惡)로 되어 있다. 그러므로 화(禍)와 복(福)이 심한 것은 그 화(禍)가 높아[222]진다.[223] (贊辭에 주와 야를 나누지만) 낮은 (양으로서) 사람에게 화(禍)를 주는 것이 적고, 밤은 (음으로서) 사람에게 화(禍)를 주는 것이 많다. 낮과 밤에 흩어진 것은[224] 그 화(禍)와 복(福)이 섞인 것이다.

瑩以昭事, 使人知既福之歸者也. 晝人之既少, 純于明也. 夜人之既多, 純于晦也. 晝夜散者其既福雜, 則或晦或明, 不純故也.

「현영(玄瑩)」으로 일을 밝혀 사람들로 하여금 화(禍)와 복(福)이 돌아갈 것을 알게 한다. "낮은 (양으로서) 사람에게 화(禍)를 주는 것이 적다" 라는 것은 밝음에 순수하기 때문이다. "밤은 (음으로서) 사람에게 화(禍)를 주는 것이 많다" 라는 것은 어두움에 순수하기 때문이다. "낮과 밤에 흩어진 것은 그 화(禍)와 복(福)이 섞인 것이다"라는 것은 어떤 경우는 어둡고 어떤 경우는 밝아 순수하지 못하기 때문이다.

• • • • • • • • • • • • • • • • • •

222 역주 : '亢'은 '極'이다. 이 말은 福이라도 신중하게 일에 종사하지 않고 거리끼는 것이 없으면 반드시 禍로 전화된다는 것이다.
223 역주 : 이 말은 앞의 "福不醜不能生禍, 禍不好不能成福."을 다시 한번 말한 것이다.
224 역주 : '散'은 '雜'과 의미가 같다.

제 **8** 권

태현집주[太玄集注]

▌현수(玄數)¹

昆侖天地而産蓍. 參珍睟精以攡數. 攡, 釋文音索. 宋, 蘇各切. 宋作二以攡
數, 許黃作三以攡數, 章丁無二三字.

혼륜²하게 운행하는 천지의 신령한 기운이 시초(蓍草)를 낳는다. (시초에서
법을 취하고 玄을 造作하여 시초의 덕이) 순수하고 정미한 것을 섞음으로써
(玄의 3方, 9州, 27部, 81家, 243表, 729贊의) 수를 찾는다. 삭(攡)은 석문(釋文)에서
는 "음은 삭(索)이다"라고 한다. 송충은 소(蘇)와 각(各)의 반절이라고 한다. 송충본에는 이이삭
수(二以攡數)로 되어 있고, 허양본, 황백사본에는 삼이삭수(三以攡數)로 되어 있고, 장찰본 정
위본에는 이(二)와 삼(三) 자가 없다.

散幽于三重而立家, 旁擬兩儀則覿事, 逢遭並合, 擇繫其名, 而極命
焉. 擇, 釋文音憂. 陸作襱, 宋作襗. 今諸家皆作擇. 精則經疑之事其質乎.

(헤아릴 수 없는) 그윽한 것을 세 번 거듭[三重]³하여 9찬(九贊) 위에 흩트려
섞어서 81가(家)를 구성한다.⁴ 곁의 시초를 양분하여 천지에 본뜨고, 그것을
셈하여 좋은 것인지(休) 나쁜 것인지(咎)를 본다.⁵ 낮은 양을 만나고, 밤은 음
을 만나⁶ [星·時·數·辭를] 아울러 합하고, 『태현경』81수(首)의 이름을 매달고
그것의 일의 이치를 다하여 [729찬의 辭에 吉·凶·休·咎의 일을] 명한다.⁷ (81

. . . .

1 역주 : 이 구절은, 『태현경』의 首數 및 贊數의 奇와 偶를 말한 것이다. 『태현경』「玄
    挩」에서는 "數爲品式."이라고 한다. 「현수」는 5行으로 구조를 삼아 기와 우의 수가
    상징한 사물을 序列하고 아울러 占筮 斷卦의 방법을 논한다. 그러므로 「현수」라고
    한다. 『주역』「설괘전」에 상당한다.
2 역주 : '혼륜(昆侖)'은 '渾淪'을 의미한다. 자세한 것은 中首 初一의 贊辭를 풀이한
    것을 참조할 것.
3 역주 : '三重'은 1首 9贊의 삼 단계다. 1에서 3贊에 이르는 것이 下와 思가 되고,
    4에서 6에 이르는 것이 中과 福이 되고, 7에서 9에 이르는 것이 上과 禍가 된다.
    上中下는 또 각각 3重이 되어, 始가 되고, 中이 되고 終이 된다. 이 문장의 뜻은
    깊어 헤아릴 수 없는 神이 3重9贊의 位에 흩어져 81首의 뜻이 정해진다는 것이다.
4 역주 : 81首의 뜻을 정한다는 것이다.
5 역주 : '覿'는 옛날 '賭'자로서, '본다[見]'는 것이다.
6 역주 : '逢遭'는 점을 쳐서 만난 바 首의 음양이다.
7 역주 : 이상 몇 구절은 『주역』「설괘전」1장의 "昔者聖人之作易也. 幽贊於神明而生

家의 首를 세우고 729贊의 辭를 베푸는『태현경』의) 정미한 것이면 항상[8] 의심되는 것은 점에다 묻고[9]『태현경』에서 확정한다. 알(揲)은『석문(釋文)』에서는 "음이 알(憂)이다"라고 한다. 육적본에는 삭(㴱)으로 되어 있고, 송충본에는 탄(撣)으로 되어 있다. 지금 여러 판본에는 모두 알(揲)로 되어 있다.

令曰, 假太玄, 假太玄. 孚貞, 章及丁別本作假假太玄, 丁宋許黃作假太玄假太玄. 爰質所疑于神于靈. 休則逢陽, 星, 時, 數, 辭從. 咎則逢陰, 星, 時, 數, 辭違.

(筮에) 명령하여 말하기를 "이르렀구나, 『태현경』, 이르렀구나, 『태현경』이여. (『태현경』은) 믿을 만하고 바르니 장찰본 및 정위본 별본에는 가가태현(假假太玄)으로 되어 있고, 정위본, 송충본, 허앙본, 황백사본에는 가태현가태현(假太玄假太玄)으로 되어 있다. 이에 그것에 의심나는 일을 하늘의 신과 땅의 령에게 묻는다. 길하면 양을 만나니, 성(星)·시(時)·수(數)·사(辭)는[10] 각각 그것을 좇는다. 흉하면 음을 만나니, 성·시·수·사는 그것을 어긴다.

凡筮有道, 不精不筮, 不疑不筮, 不軌不筮, 不以其占不若不筮.[11] 神靈之曜曾越卓. 章許黃神靈之三字複出.

무릇 시초점을 치는데 지켜야 할 도(道)가 있으니, 마음이 정일하지 않으면 점치지 말고, 의심스럽지 않으면 점치지 말며, 하고자 하는 일이 법도에 맞지

著, 參天兩地而倚數, 觀變於陰陽而立卦, 發揮於剛柔而生爻, 和順於道德而理於義, 窮理盡性以至於命."을 본뜬 것이다.

8 역주 : '經'은 '항상된 것[常]'이다.

9 역주 : '質'은 질문하는 것[問]'이다. 『廣雅』, "質, 問也, 定也." 참조.

10 역주 : 범망은 말하기를 "『태현경』의 술수는 양을 귀하게 여기고 음을 천하게 여긴다. 陽日陽時이면서 陽首를 만나면 이것을 일러 '大休'라 하고, 陰日陰數이면서 陰首를 만나면 이것을 일러 '大咎'라고 한다. 星은 牛一度와 같은 것이고, '時'는 旦·中·夕을 말하고, '數'는 首數의 奇와 偶를 말하고, '辭'는 九贊의 辭를 말한다. (太玄之術, 貴陽而賤陰也. 陽日陽時而逢陽首, 是謂大休. 陰日陰時而逢陰首, 是謂大咎 … 星若牛一度也. 時謂旦中夕也. 數謂首數之奇偶也. 辭謂九贊之辭也.)"라고 하였다.

11 劉韶軍 點校 : 명초본에는 '占' 아래 '不'자가 없다. 이것은 만옥당본, 범망본에 의거해 보충하였다.

않으면 점치지 말고, 점쳐서 나온 결과대로 하지 않으려면 점치지 않는 것만 못하다. 『태현경』의 점사는 신령이 빛나고 탁월한 것이다.[12] 장찰본, 허양본, 황백 사본에는 신령지(神靈之)라는 세 글자가 중복되어 나온다.

三十有六而策視焉. 天以三分, 終于六成, 故十有八策. 天不施, 地不成. 因而倍之. 地則虛三, 以扮天之十八也. 扮, 房吻切. 諸本作扮天十八. 宋有之字.

(『태현경』의 占筮는) 시초(蓍草) 36 책(策)을 갖추어 그 수를 보여준다. 하늘은 (1·2·3의) 3수로 나누어 (그것을 기본수로 하고), 그 3에 (1+2+3=6) 6을 곱하여 마친다. 그러므로 18책(策)이다.[13] 하늘이 땅에 베풀지 않으면 땅은 이루어 주지 않는다. 이런 점을 인하여 18을 두 배하여 36을 『태현경』의 수로 한다. 땅은 하늘의 수 18 가운데 3을 던 35를 땅의 수로 하고,[14] 그것을 하늘의 수 18과 짝한다.(즉 18+15=33책이 된다.)[15] 분(扮)은 방(房)과 물(吻)의 반절이다. 여러 판본에는 분천십팔(扮天十八)로 되어 있다. 송충본에는 지(之)자가 있다.

別一挂于左手之小指, 中分其餘, 以三搜之, 並餘于芳. 芳與扐同. 一芳之後, 而數其餘, 七爲一, 八爲二, 九爲三. 六算而策道窮也.

'1책을 따로 하여[別一]' 왼손의 새끼손가락 사이에 끼워 걸고,[16] 그 나머지를 알맞게 '가운데로 나누고[中分]', 좌측의 산가지를 '셋씩 덜어내고[三筴]', '남은 책[並餘]'을 륵(扐=왼손의 세 번째 손가락과 네 번째 손가락 사이)에 한다. 륵(芳)은 륵(扐)과 같다. 다음 오른쪽 산가지를 셋씩 덜어내고 나머지를 왼손의 소지에 끼운다(=再數). 셈하고 남은 책을 합하니, 7이 1획이 되고, 8이 2획이 되고, 9가 3획이 된다[=定劃]. 6획을 계산하면[17] '서법의 수[策道]'가 다한다.

· · · · · · · · · · · · · · · · · · ·

12 역주 : 이 장은 『太玄經』의 占筮를 말한 것이다.
13 역주 : 이것으로 天의 수로 한다.
14 역주 : 하늘은 항상 남음이 있고 땅은 항상 부족함이 있다. 그러므로 땅은 3을 더는 것으로써 천의 18책과 짝하니 땅은 33책이다.
15 역주 : '扮'은 '짝한다[配]'는 것이다. 즉 36-3=33이 되니, 33을 『태현경』의 수로 한다.
16 역주 : 이 구절은, 현을 상징한다.
17 역주 : 이 구절은, 지금까지 논한 '別一', '中分', '三搜', '並餘', '再數', '定劃' 등 6차례

逢有下中上. 下, 思也, 中, 福也, 上, 禍也. 思福禍各有下中上, 以晝
夜別其休咎焉.

(首名이 이미 정해지면 다음 그 만나는 바의 首의 9贊을 본다.) 만남(=9贊)에
는 상(上)·중(中)·하(下)가 있다. 하는 사(思)요, 중은 복(福)이요, 상은 화(禍)
이다. 사(思)와 복(福)과 화(禍)에 각각 상·중·하가 있는데,[18] 낮과 밤으로써
길하고 흉한 것을 분별한다.[19]

天以三分, 則一二三, 綜而爲六. 以六因三, 爲十有八. 天施而地成之, 是以
倍爲三十有六. 此神靈曜曾越卓之數也. 地則虛三以受天, 故策用三十有
三. 玄筮掛一者, 至精也. 中分而三搜之者, 至變也. 餘一二三則幷于芳者,
歸奇也. 一芳而復數其餘, 卒觀或七或八或九, 則晝一二三焉. 天以六成,
故六算而策道窮, 則數極而象定也. 得方求州, 得州求部, 得部求家, 是謂
散幽于三重而立家, 凡四搜.

하늘은 3으로 나누면 1·2·3이 되고, 그것을 종합[1+2+3]하여 6이 된다. 6으로
써 3을 곱하니 18이 된다. 하늘이 베풀고 땅이 그것을 이루니, 이 때문에 두
배를 하여 36이 된다. 이것은 천신(天神)과 지령(地靈)이 빛나고 탁월한 수다.
땅은 3을 덜어 하늘을 받는다. 그러므로 책은 33을 쓴다. 현서(玄筮)에서 하나
를 거는 것은 지극히 정미한 것이다. 중(中)을 나누어 3번 셈한다는 것은 지극
히 변화한다는 것이다. 나머지 1·2·3이면 륵에 아우른다는 것은 홀수에 돌아
감이다. 한번 륵(芳)하고 다시 그 나머지를 셈하여 마침내 혹 7·8·9인 것을

· · · · · · · · · · · · · · · · ·

策算을 말한 것이다. 정리하면 천지의 策은 36이 된 것이 1算, 虛三이 2算, 分搜가
4算, 並芳이 5算, 數餘가 6算이다.

18 역주 : 이 구절은, 初一은 思의 始, 次二는 思의 中, 次三은 思의 外, 次四는 福의
小, 次五는 福의 中, 次六은 福의 隆, 次七은 禍의 始, 次八은 禍의 中, 上九는
禍의 極을 말한 것이다. 『太玄』「玄圖」에서는 "夫一也者, 思之微者也. 四也者, 福
之資者也. 七也者, 禍之階者也. 三也者, 思之崇者也. 六也者, 福之隆者也. 九也者,
禍之窮者也. 二, 五, 八 三者之中也."라는 말을 한다.

19 역주 : 이 구절은, 陽首를 만나면 1·3·5·7·9 찬은 晝가 되고, 2·4·6·8 찬은 夜이
된다는 것이다. 陰首를 만나면 반대로 1·3·5·7·9 찬은 夜가 되고, 2·4·6·8 찬은
晝가 된다는 말이다. 낮을 만나면 길하고, 밤을 만나면 흉이다.

보면 1·2·3을 긋는다. 하늘은 6으로[20] 이루어진다. 그러므로 6 번 셈하여 책도
가 다하면 수(數)가 다하고 상(象)이 정해진다. 방(方)을 얻어 주(州)를 구하고,
주를 얻어 부(部)를 구하고, 부를 얻어 가(家)를 구하는 것을 일러 "(헤아릴
수 없는) 그윽한 것을 3번 거듭[三重]하여 9찬(九贊) 위에 흩트려 섞어서 81가
(家)를 구성한다"라고 하니, 무릇 4번 수효를 손으로 집어서 세는 것이다.

極一爲二, 極二爲三, 極三爲推. 推三爲嬴贊. 許及丁別本作推三爲影讚.
嬴或作贏, 蓋通. 贊嬴入表. 表嬴入家. 家嬴入部. 部嬴入州. 州嬴入方.
方嬴則玄.

1획(즉 天)이 다하면 2획(즉 地)이 되고, 2획이 다하면 3획(즉 人) 되고, 3획이
다하면 음양을 추연(推演)하는 것이 된다. 음양을 추연하면 9찬(九贊)에 가득
찬다.[21] 장찰본, 허앙본 및 정위본의 별본(別本)에는 추삼위영찬(推三爲影讚)으로 되어 있다.
영(嬴)은 어떤 경우는 영(贏)으로 쓰여 있는데, 대개 통한다. 9찬 위가 가득차면 표(表)에
들어간다.[22] 표가 가득차면 가(家)에 들어간다. 가에 가득차면 부(部)에 들어
간다. 부가 가득차면 주(州)에 들어간다. 주가 가득차면 방(方)에 들어간다.
방에 가득차면 현(玄)에 들어간다.

范注玄或作去. 陸云當作玄. 今諸家作玄, 唯宋本作去. 章作入玄. 數自玄
生, 衍極而復歸于玄. 此聖人同民吉凶, 所以洗心于密者也, 故間于筮法之
中. 昔者禹別九州, 任土作貢, 而錫堯玄圭, 告厥成功, 蓋以象此.

범망본의 주에는 현(玄)이 어떤 경우에는 거(去)로 되어 있다. 육적은 "마땅히
현으로 써야 한다"라고 말한다. 지금 제가의 판본에는 현으로 되어 있는데,
오직 송충본에만 거(去)로 되어 있다. 장본에는 입현(入玄)으로 되어 있다. 수
(數)는 현에서부터 생하여 불어나 다하면 다시 현으로 복귀한다. 이것은 성인

. . . .

20 역주 : 天은 三으로써 천의 本數로 삼는다. 2×3=6이다.
21 역주 : '嬴'은 '가득찬 것[滿]'이다.
22 역주 : 九贊을 나누어 三表로 하는데, 구찬의 1·5·7을 1표로 하고, 3·4·8을 1표로
  하고, 2·6·9를 1표로 하고, 旦·中·夕을 각각 사용하는 바가 있다. 그러므로 찬이
  가득차면 3표에 들어가는 것이다.

이 백성과 길흉을 함께하여 깊숙한 곳에서 마음을 씻는 것이다.[23] 그러므로 서법(筮法) 가운데 참여한다. 옛날에 우(禹)임금이 9주(九州)를 나눌 때 땅의 구체적인 성질에 따라 공부(貢賦)의 품목과 수량을 제정하고,[24] 요(堯)임금에게 현규(玄圭)를 주면서 그 성공을 고한 것은,[25] 대개 이것을 상징한 것이다.

一從二從三從, 是謂大休. 一從二從三違, 始中休, 終咎. 一從二違三違, 始休, 中終咎. 一違二從三從, 始咎, 中終休. 一違二違三從, 始中咎, 終休. 一違二違三違, 是謂大咎.

1이 따르고 2가 따르고 3이 따르면 이것을 대휴(大休=大吉)라고 이른다.[26] 1이 따르고 2가 따르고 3이 어기면 시작과 중은 휴(休)이고 종은 구(咎)다.[27] 1이 따르고 2가 어기고 3이 어기면 시작은 휴이고 중과 종은 구이다.[28] 1이 어기고 2가 따르고 3이 따르면 처음은 구이고 중과 종은 휴이다.[29] 1이 어기고 2가 어기고 3이 따르면 시작과 중은 구고, 종은 휴이다.[30] 1이 어기고 2가 어기고 3이 어기면 이것은 대구(大咎=大凶)라고 이른다.[31]

占有四, 或星, 或時, 或數, 或辭.

. . . .

23 역주 : 『주역』「계사전상」11장, "聖人以此洗心, 退藏于密." 참조.
24 역주 : 『서경』「禹貢」, "禹別九州, 隨山濬川, 任土作貢." 참조.
25 역주 : 『서경』「우공」, "東漸于海, 西被于流沙, 朔南暨聲教訖于四海. 禹錫玄圭, 告厥成功." 참조.
26 역주 : '旦筮'는 양가에서 만난다는 것이기 때문에 '經'을 사용한다. 즉 9찬 가운데 1·5·7 표에 해당한다. 1·5·7이면서 낮이기 때문에 시·중·중이 모두 길하다.
27 역주 : '中筮'는 음가를 만난다는 것이다. 日中夜中의 筮로서, 2경1위다. 9찬 가운데 2·6·9 표에 해당한다. 2·6은 따르고 9는 어긴다. 그러므로 시와 중은 길하고 종은 흉하다.
28 역주 : '夕筮'는 양가를 만남을 말한다. 석서는 '위'를 사용한다. 9찬 중 3·4·8 표에 해당한다. 3은 따르고 4·8은 어긴다. 그러므로 처음에는 길하고 중과 중은 흉하다.
29 역주 : '석서'는 음가를 만남을 말한다. 3은 어기고 4·8은 따른다. 그러므로 처음은 흉하고 중과 종은 길하다.
30 역주 : '중서'는 양가를 만남을 말한다. 일중야중의 서로서, 2경1위다. 9찬 중 2·6·9에 해당한다. 2·6은 어기고 9는 따른다. 그러므로 처음과 중은 길하고 종은 흉하다.
31 역주 : '단서'는 음가를 만남을 말한다. 경을 쓴다. 9찬 중 1·5·7 표에 해당한다. 1·5·7 및 밤으로 세가지는 모두 어긴다. 그러므로 '大咎(=大凶)'이다.

『태현경』에 점법은 네 가지가 있으니, 성(星)³²·시(時)³³·수(數)³⁴·사(辭)다.³⁵ (이 네 개의 조화와 배반, 성대함과 쇠약함으로써 그 일을 점친다.)

旦則用經, 夕則用緯. 觀始中, 決從終.
단서(旦筮)는 경(經)을 사용하고, 석서(夕筮)는 위(緯)를 사용한다.³⁶ (점을 결정하는 데는) 시(始)와 중(中)을 보고 종(終)을 좇을 것을 결정한다.

晝爲休, 夜爲咎. 而又以星, 時, 數, 辭和乖盛衰義類相取而占其事. 旦用經, 一五七. 夕用緯, 三四八. 旦夕之中, 二經一緯, 用二六九, 是謂三表. 旦象天, 夕象地, 中象人也. 一五六也進乎七, 三四七也進乎八, 二六八也進乎九. 觀始中, 決從終者, 考積之極而要其變也. 是故餘芳之數一兆七, 三兆八, 二兆九也. 占有終休而反咎, 有終咎而反休者, 要在審觀所質之事, 以星時數參之而已矣. 非忠信之事, 則得黃裳元吉而更以凶, 此占法也.

낮은 휴(休=吉)이고, 밤은 구(咎=凶)이다. 성(星)·시(時)·수(數)·사(辭)와 어긋나는 것(乖), 성대한 것(盛)과 쇠약한 것(衰)의 뜻과 무리를 서로 취하는 것으로 그 일을 점친다. 아침에는 경(經)을 사용하니 1·5·7이다. 저녁에는 위(緯)

. . . .

32 역주 : '星'은 首에 짝하는 星宿이므로, 그 方角과 本首의 5行이 어기고 이기는 것인지를 본다.
33 역주 : '時'는 筮할 때 만나는 바의 절기가 따른 것인지 거스른 것인지를 본다.
34 역주 : '數'는 陰陽 奇偶의 수로서, 만나는 바의 주야의 길흉을 정한다.
35 역주 : '辭'는 구찬의 辭로서, 筮하는 바의 뜻에 어기는지의 여부를 본다.
36 역주 : '筮'는 經과 緯, 晝와 夜, 表와 贊으로써 길과 흉을 점친다. 경은 1·2·5·6·7로서 旦筮에서 사용한다. 위는 3·4·8·9로서 夕筮에 사용한다. 日中夜中은 2경1위를 사용한다. 표는 1·5·7이 1표로서 경에 속하고, 3·4·8이 1표로서 위에 속한다. 2·6·9가 1표로서 경위를 잡용한다. 단서에 경을 사용하니 9찬 1·5·7 표에 해당하니 양가를 만나면 1·5·7이 아울러 晝가 된다. 이것을 일러 1종2종3종, 시중종 모두 길하다고 한다. 음가를 만나면 1·5·7이 모두 夜가 되니, 이것을 일러 1위2위3위, 시중종 모두 흉하다고 한다. 석서에 위를 사용하는 것은 구찬 3·4·8 표에 해당하니, 양가를 만나면 始休中終咎가 되고, 음가를 만나면 始咎中終休가 된다. 만약 日中夜中이면 2경1위를 잡용하니 九贊 2·6·9에 해당한다. 양가를 만나면 始中咎終休이다. 음가를 만나면 始中休終咎다. 그러므로 『태현경』에서는 "晝夜散者禍福雜."이라고 한다.

를 사용하니 3·4·8이다. 아침과 저녁의 가운데는 2경1위(二經一緯)로서 2·6·9를 사용하니 이것을 3표(三表)라고 이른다. 아침은 하늘을 본뜨고, 저녁은 땅을 본뜨고, 가운데(=낮)에는 사람을 본뜬다. 1·5·6은 7로 나아가고, 3·4·7은 8로 나아가고, 2·6·8은 9로 나아간다. '시(始)와 중(中)을 보고 종(終)을 좇을 것을 결정한다'라고 하는 것은 쌓임이 지극한 것을 살피고 그 변화를 중요시하는 것이다. 이 때문에 남은 손가락에 낀 수는 1에서 7의 조짐을 보고, 3에서 8의 조짐을 보고, 2에서 9의 조짐을 본다. 점에는 마침이 좋지만 도리어 흉한 것이 있고, 마침이 흉하나 도리어 좋은 것이 있으니, 요점은 바탕이 되는 일을 자세히 관찰함으로써 성(星)·시(時)·수(數)를 섞는 데에 있을 뿐이다. 충신의 일이 아니면 '황상원길(黃裳元吉)'을[37] 얻어도 다시 흉하게 되니, 이것이 점법이다.

三八爲木, 爲東方, 爲春, 日甲乙, 辰寅卯, 聲角, 色青, 味酸, 臭羶, 形詘信, 生火, 勝土, 時生, 藏脾,

3과 8은 목(木)이 되고,[38] 동방이 되고, 봄이 되고, 일진(日辰)은 갑과 을이고,[39] 시간은 인(寅)과 묘(卯)이고,[40] 소리는 각성(角聲)이고, 색깔은 청색(青色)이며,[41] 맛은 신 맛이고, 냄새는 누린내고,[42] 형은 굽히고 펴는 것이고,[43] 낳는 것은 화(火)이고, 이기는 것은 토(土)이고,[44] 때는 태어남이고,[45] 장기는 비장

....

37 역주 : 『주역』「곤괘」六五의 爻辭로서, 왕후의 正位를 얻었다는 것으로, 가장 좋은 것을 뜻한다.

38 역주 : 『한서』「五行志」, "天以一生水, 地以二生火, 天以三生木, 地以四生金, 天以五生土 … 然則水之大數六, 火七, 木八, 金九, 土十."참조.

39 역주 : 『회남자』「時則訓」, "孟春, 仲春, 季春之月其位東方, 其日甲乙, 盛德在木." 참조.

40 역주 : '寅卯'는 동방이다. 그러므로 12時辰에서는 동방에 인묘를 짝한다. 『淮南子』「時則訓」, "孟春之月, 招搖指寅." 참조.

41 역주 : 『한서』「天文志」, "立春, 春分, 月東從青道." 참조.

42 역주 : 『예기』「月令」, "春 其味酸, 其臭羶." 참조.

43 역주 : 『서경』「洪範」, "木曰曲直." 참조. 나무가 부드러 굽은 것이 '屈'이고, 나무가 곧아 펴진 것은 '伸'이다. '詘信'은 '屈伸'이다.

44 역주 : 나무가 불타는 것은 火다. 그러므로 '生火'다. 나무 쟁기가 땅을 뚫는다. 그러므로 '勝土'다.

이고,⁴⁶

肺極上以覆腎, 極下以潛心, 居中央以象君德, 而左脾右肝承之, 以位五行. 月令春祭先脾, 夏祭先肺, 中央祭先心, 秋祭先肝, 冬祭先腎, 此玄符也. 是故肺藏氣者火也, 腎藏精者水也, 心藏神者土也, 脾藏思者木也, 肝藏血者金也. 其爲體也, 則脾土, 肺金, 心火, 肝木, 腎水. 其爲位也, 則君養育而臣制畜. 不與物合者, 一而已矣, 玄德之象也.

폐는 위를 지극하게 함으로써 신장을 덮고, 아래를 지극하게 함으로써 심장을 잠기게 하고, 중앙에 거처함으로써 군주의 덕을 상징하는데, 좌의 비장과 우의 간장이 이어짐으로써 5행이 자리잡게 된다. 『예기』「월령」에서는 "봄에 제사지낼 때에는 비장을 먼저하고,⁴⁷ 여름에 제사지낼 때에는 폐장을 먼저하고,⁴⁸ 중앙에 제사지낼 때에는 심장을 먼저하고,⁴⁹ 가을에 제사지낼 때에는 간장을 먼저하고,⁵⁰ 겨울에 제사지낼 때에는 신장을 먼저 한다"⁵¹고 하는데, 이것이 현묘한 부절(玄符)이다. 이 때문에 폐장의 기(氣)를 저장하는 것은 화이고, 신장의 정(精)을 저장하는 것은 수이고, 심장의 신(神)을 저장하는 것은 토이고, 비장의 사(思)를 저장하는 것은 목이고, 간장의 혈(血)을 저장하는 것은 금이다. 그 몸이 되는 것은, 비장은 토이고, 폐장은 금이고, 심장은 화이고, 간장은 목이고, 신장은 수다. 그 지위가 되는 것은 군주는 양육하고, 신하는 제어하며 기른다. 사물과 더불어 합하지 않은 것은 일(一) 뿐이니, 현덕(玄德)의⁵² 상이다.

· · · · · · · · · · · · · · · · · ·

45 역주 : 봄에는 만물이 출생한다. 그러므로 그 때는 '生'이다.
46 역주 : 『예기』「月令」, "(春)祭先脾." 참조.
47 역주 : 『예기』「月令」, "孟春之月, 日在營室, 昏參中, 旦尾中, 其日甲乙, 其帝大皞, 其神句芒, 其蟲鱗, 其音角, 律中大蔟, 其數八, 其味酸, 其臭羶, 其祀戶, 祭先脾." 참조.
48 역주 : 『예기』「월령」, "孟夏之月 … 其祀竈, 祭先肺." 참조.
49 역주 : 『예기』「월령」, "中央土 … 其祀中霤, 祭先心." 참조.
50 역주 : 『예기』「월령」, "孟秋之月 … 其祀門, 祭先肝." 참조.
51 역주 : 『예기』「월령」, "孟冬之月 … 其祀行, 祭先腎." 참조.
52 역주 : 『노자』10장, "生而不有, 爲而不恃, 長而不宰, 是謂玄德.", 『장자』「天地」, "其合緡緡, 若愚若昏, 是謂玄德, 同乎大順." 참조.

侅志,

보존하는 것은 뜻이고,[53]

音存, 或作存. 木侅志者立也. 金侅魄者營也. 火侅魂者變也. 水侅精者潛也. 土侅神者化也. 志, 水也而侅于木, 魄, 土也而侅于金, 魂, 木也而侅于火,[54] 神, 火也而侅于土, 皆託乎其所生. 老子所謂弱其志, 强其骨, 虛其心, 實其腹者是已.[55] 唯精一之至也, 是以其爲物不貳也.

(侅은) 음은 존이고, 어떤 경우는 존(存)으로 쓴다. 목(木)이 뜻을 보존한다는 것은 (뜻을) 세운다는 것이다. 금(金)이 백(魄)을 보존하는 것은 영위한다는 것이다. 화(火)가 혼(魂)을 보존하는 것은 변한다는 것이다. 수(水)가 정(精)을 보존하는 것은 잠긴다는 것이다. 토(土)가 신(神)을 보존하는 것은 변화한다는 것이다. 지(志)는 수(水)이지만 목(木)에 보존되고, 백(魄)은 토(土)이지만 금(金)에 보존되고, 혼(魂)은 목(木)이지만 화(火)에 보존되고, 신(神)은 화(火)이지만 토(土)에 보존되니, 모두 그 낳은 바에 의탁한 것이다. 노자가 이른바 "그 뜻을 약하게 하고, 그 뼈를 강하게 하며, 그 마음을 비우고 그 배를 채우라"[56] 라고 한 것이 이것을 두고 말한 것이다. 오직 정일(精一)함이[57] 지극하니, 이 때문에 그 사물 됨은 둘이 아니다.[58]

性仁, 情喜, 事貌, 用恭, 攝肅, 徵旱,[59]

<hr>

53 역주 : '존(侅)'은 '보존한다[存]'는 것이다. 양기가 풍부한 봄은 만물이 날로 더욱 생장한다. 이것이 小人이 장래에 뜻을 세우는 것[立志]을 상징한다. 그러므로 '存志'라고 말한다.

54 劉韶軍 點校 : 위와 아래의 문의에 의거하면, 이 구 아래에는 마땅히 '精金也而侅於水.'라는 한 구절이 있어야 한다.

55 역주 : 『老子』3章, "不尙賢, 使民不爭, 不貴難得之貨, 使民不爲盜, 不見可欲, 使民心不亂. 是以聖人之治, 虛其心, 實其腹, 弱其志, 强其骨. 常使民無知無欲. 使夫智者不敢爲也.爲無爲, 則無不治." 참조.

56 역주 : 『노자』3장에 나오는 말이다.

57 역주 : 『서경』「大禹謨」, "人心惟危, 道心惟微, 惟精惟一, 允執厥中." 참조.

58 역주 : 『중용』26장, "天地之道, 可一言而盡也, 其爲物不貳, 則其生物不測." 참조.

59 역주 : 의심컨대 이것은 양웅이 잘못 쓴 것 같다. 『서경』「洪範」에서는 "庶徵, 曰雨,

성(性)은 인자함이고,[60] 정(情)은 기뻐함이고,[61] 일삼는 것은 모양이고, 쓰임새는 공손함이고, 발휘하는 것은 엄숙함이고,[62] 징험은 가뭄이고,[63]

洪範庶徵, 雨暘取緯, 煜寒風取經. 玄數分類則以其正言而已矣, 弗以衝氣相通也.

『서경』『홍범』의 서징(庶徵)에서 '비가 오고 해가 뜨는 것'은 씨줄[緯]를 취하고, '따뜻하고 차갑고 바람 부는 것'은 날줄[經]을 취하였다. 현수의 분류는, 그 바른 말로써 할 뿐이요, 그 충기(衝氣)가 상통하는 것으로 하지 않는다.

帝太昊, 神句芒, 星從其位,

제(帝)는 태호(太昊)이고[64], 신(神)은 구망(句芒)[65]이고,[66] 별은 그 지위를 좇는다.

氐, 方, 心, 尾, 箕, 位寅卯.

· · · · · · · · · · · · · · · · · ·

(별은) 저성(氐星), 방성(方星), 심성(心星), 미성(尾星), 기성(箕星)이고, 지위는 인(寅)과 묘(卯)다.

類爲鱗, 爲雷, 爲鼓, 爲恢聲, 爲新, 爲躁, 爲戶, 爲牖,
무리로는 비늘이 되고,[67] 천둥이 되고,[68] 북이[69] 되고, 넓은[70] 소리가 되고, 새로운 것이 되고,[71] 조급한 것이 되고,[72] 문이 되고, 창이 되고,

甲象爲鱗, 秩秩次比. 衆盛皆極, 則震而變爲雷, 爲鼓, 爲恢聲. 發生爲新, 決塞爲躁. 大者爲戶而出, 小者爲牖而通也. 凡物出必由戶, 入必由門, 戶奇也, 門, 偶也. 竈惕以養, 而行流通, 中霤土以沖虛函天, 明受衆流, 此福所集. 故家主之門戶闔闢有變緯也, 竈行中霤有常經也. 是故月令春祀戶, 夏祀竈, 中央祀中霤, 秋祀門, 冬祀行, 類求五物, 與玄合符.
갑상(甲象)은 비늘이 있는 것이 되니, 질서 있게 차례로 늘어선 것이다. 뭇 성대함이 모두 지극하면, 벼락이 변하여 천둥이 되고, 북이 되고, 큰 소리가 된다. 생을 발한 것은 새로운 것이 되고, 막힌 것을 트면 조급함이 된다. 큰 것은 지게문을 만들면 나가고, 작은 것은 창을 만들면 통한다. 무릇 사물이 나감에는 반드시 지게문을 통해야 하고, 들어옴에는 문을 통해야 하니, 지게문은 한 짝문이고, 문은 두 짝문이다. 조(竈)는 두려워하면서 기르고, 다니는 곳[行]은 유통하는 곳이고, 중류(中霤)는[73] 토(土)가 텅 빈 상태로 하늘을 머금

· · · · · · · · · · · · · · · · · · · ·

67 역주 : 『예기』「월령」, "孟春之月 … 其蟲鱗." 참조.
68 역주 : 『주역』「설괘전」, "震, 東方也." 震이 雷가 된다. 그러므로 동방이면서 春이 '雷'가 된다.
69 역주 : '鼓聲'은 소리가 우레소리와 같이 크다. 그러므로 우레가 치는 봄은 '鼓'가 된다.
70 역주 : '恢'는 『설문』에서는 "大也."라고 한다. 우레 소리가 크다. 그러므로 '恢聲'이라고 한다.
71 역주 : 봄에는 만물을 처음 낳는다. 그러므로 '新'이라고 말한다.
72 역주 : 『주역』「설괘전」11장, "震爲決躁." 참조. '躁'는 『예기』「월령」의 鄭玄 주석에서는 "猶動也."라 한다. 봄에는 만물이 蠢動한다. 그러므로 '躁'가 된다.
73 역주 : 집 가운데를 '中霤'라 하는데, 일반 사람들이 제사를 모시는 장소로도 사용되는 곳이다. '중류'는 대략 中堂, 지붕의 용마루 등을 가리키는 말이다.

고 밝게 뭇 흐름을 받으니, 이것은 복(福)이 모이는 곳이다. 그러므로 가주(家主)의 문호가 닫히고 열리는 것에는 변(變)과 위(緯)가 있고, 조(竈)와 다니는 곳[行]과 중류(中霤)에는 상(常)과 경(經)이 있다. 이 때문에『예기』「월령」에서 (말하기를) "봄에는 호(戶)에 제사를 지내고,[74] 여름에는 조(竈)에 제사를 지내고, 중앙에는 중류(中霤)에 제사를 지내고,[75] 가을에는 문(門)에 제사를 지내고,[76] 겨울에는 다니는 곳[行]에 제사를 지낸다"[77]라고 하여 무리마다 다섯 가지 사물을 구하니, 현과 부절을 합한다.

爲嗣, 爲承, 爲葉, 爲緒,
계승함이 되고, 이음이 되고,[78] 꽃이 피는 잎이[79] 되고, 이어지는 단서가 되고,[80]

震爲長子之變也. 爲戶牖則家立矣.
진(震)은 장자가[81] 변한 것이다. 지게문과 창이 되면 가(家)가 성립된다.

爲赦, 爲解, 爲多子,
놓음이 되고, 풀어줌이 되고,[82] 많은 자식을 낳은 것이 되고,[83]

· · · · · · · · · · · · · · · · · ·

74 역주 :『예기』「월령」, "孟春之月, 其祀戶." 참조.
75 역주 :『예기』「월령」, "中央土, 其祀中霤." 참조.
76 역주 :『예기』「월령」, "孟秋之月, 其祀門." 참조.
77 역주 :『예기』「월령」, "孟冬之月, 其祀行." 참조.
78 역주 : '嗣'는 '잇는 것[繼]'이다.『周易』「說卦傳」11장, "震爲長子." 참조. 장자는 아버지 사업을 계승한다. 그러므로 '嗣'가 '承'이 된다.
79 역주 : 자식이 부업을 계승하여 세세토록 不絶한다. 그러므로 줄기에서 난 잎이 된다.
80 역주 : '緒'는 계속적으로 이어진다는 의미다.
81 역주 :『주역』에서 震卦는 장자에 해당한다.
82 역주 : '赦'는『설문』에서는 "釋也."라고 한다. 봄에 만물이 비로소 움직여 모두 蛻枯하고 解甲한다. 그러므로 '赦'가 되고 '解'가 된다.
83 역주 : '子'는 '낳을 자(字)'와 같고, 의미는 '아이 밴다는 것[孕]'이다. 봄에는 복숭아가 비로소 꽃을 피우고 과실나무는 모두 열린다. 그러므로 '多子'라고 말한다.

稅枯釋甲, 震之功也, 國事象焉. 萌生孕字, 時物方昌.

마른 것에서 벗어나 껍질을 깨고 나오는 것은[84] 진(震)의 공으로서, 국사를 상징한다. 싹을 틔우고 자식을 품으니, 때의 사물이 바야흐로 창성하다.

爲出, 爲予,

나감이 되고, 줌이 되고,

帝出乎震, 布德施惠, 而物象之, 爲赦爲解, 出而予也.

제(帝)는 진(震)에서 나와[85] 덕을 펴고 은혜를 베푸니,[86] 사물이 그것을 본받고, 놓음이 되고, 풀어줌이 되니, 나가서 주는 것이다.[87]

爲竹, 爲草, 爲果, 爲實,

대나무가 되고, 풀이 되고,[88] 과일이 되고, 열매가 되고,[89]

秀拔而爲竹, 滋蔓而爲草, 脩斂而爲果, 皆木氣也. 果爲實象, 果則將復生焉.

빼어나게 솟아 대나무가 되고, 번식하여 뻗어 나가 풀이 되고, 성숙해 수렴하여 과일이 되니, 모두 목의 기운이다. 과일은 채워진[實] 상이 되니, 과일이면 장차 다시 생한다.[90]

. . . .

84 역주 : 草木의 씨앗이 발아하여 싹을 틔운다는 것이다. 『주역』「解卦」, "天地解而雷雨作, 雷雨作而百果草木皆甲坼.", 『태현경』「釋」, "陽氣和震, 圜煦釋物, 含稅其枯, 而解其甲." 참조. 范望은 "陽氣溫暖, 萬物咸稅枯解甲, 而生于太陽之中也."라고 주석한다.

85 역주 : 『주역』「설괘전」에 나오는 말이다.

86 역주 : 『회남자』「時則訓」에는 孟春之節에는 천자가 "布德施惠, 行慶賞."한다고 한다. 즉 주는 바가 있다. 『한서』卷45「伍被傳」, "當今陛下臨制天下, 壹齊海內, 氾愛蒸庶, 布德施惠."도 참조.

87 역주 : 앞서 본 바와 같이 孟春之節에는 천자가 "布德施惠, 行慶賞."한다고 한다. 즉 주는 바가 있다. 그러므로 春을 '予'라고 한다.

88 역주 : 대나무과 풀은 모두 木類다.

89 역주 : 나무의 實이 果가 된다. 그러므로 '果'가 되고 '實'이 된다고 한다.

90 역주 : 『주역』「剝卦」上九에는, "碩果不食, 君子得輿, 小人剝廬."이란 말이 나온다. 「剝卦」에서 다시 「復卦」가 되는 것을 참조

爲魚,

물고기가 되고,

水生, 鱗屬, 蕃息之象. 竹草至魚, 皆多子類也.
물에서 사는 것으로 비늘이 있는 무리이니, 번식의 상이다. 대나무, 초목에서
물고기에 이르기까지 모두 많은 자식을 낳는 부류다.

爲疏器,

성긴 그릇이 되고

月令春則其器疏以達. 刻而鏤之, 象土之發生無所塞也. 疏器致人力焉, 以
相天時.
『예기』「월령」에서는 "봄이면 사용하는 그릇이 성글어서 통하게 된다고 한다"[91]
라고 하였다. 새겨 소통시킨다는 것은 토(土)가 발생하여 막힘이 없는 것을
본뜬 것이다. 그릇을 성글게 하고 사람 힘을 다하여 하늘의 때를 본다.

爲田, 爲規, 爲木工,[92]

밭도 되고, 그림쇠가 되고, 나무를 다스리는 장인이 되고,

許, 黃作爲規爲田. 宋, 郭作爲田爲規. 木治土爲田, 木用事而稷官展采焉.
爲規, 象元之運. 木土稽之木工, 象致力于春, 以相天物者也.
허앙본, 황백사본에는 위규위전(爲規爲田)으로 되어 있다. 송충본, 곽원형본
에는 위전위규(爲田爲規)로 되어 있다. 목은 토를 다스려 전관(田官)이 되고,[93]

· · · · · · · · · · · · · · · ·

91 역주 : 전후 문맥은 다음과 같다.『예기』「월령」, "天子靑陽左个, 乘鸞路, 駕倉龍,
   載靑旂, 衣靑衣, 服倉玉, 食麥與羊, 其器疏以達."
92 劉韶軍 點校 : 명초본에는 없다. 이것은 만옥당본, 범망본에 의거해 보충하였다.
93 역주 : '田'은 '밭을 다스리는 관리[田官]'이다.『회남자』「天文訓」, "何謂五官, 東方
   爲田.",『禮記』「月令」, "是月也 . 天氣下降 . 地氣上騰 . 天地和同 . 草木萌動 . 王
   命布農事 . 命田舍東郊." 참조.

목이 용사(用事)하니 농사일을 맡은 관리[田官]가 전채(展采)를[94] 맡는다. 그림
쇠가 된다는 것은 원(元)의 운행을 본뜬 것이다. 목은 땅을 조사하는 목공으
로, 봄에 힘을 다하여 자연생물[天物]을[95] 돕는 것을 본뜬 것이다.

爲矛,

창이 되고,[96]

句兵曲直不殺. 戈氏鐏, 矛氏鐓, 矛敦仁也.

창(=句兵)은[97] 굽은 것이건 곧은 것이건 죽이지 않는다. 창끝에 끼우는 뾰족한
쇠나, 자루 끝을 싼 쇠붙이로 만든 원추형의 물건이나, 창은 인(仁)을 돈돈히[98]
하는 것이다.

爲靑怪,

푸른 괴이한 것이 되고,[99]

以正治國, 以奇用兵. 五行反常, 則各以其物見異焉.

바른 것으로 나라를 다스리고, 기이한 것으로 군대를 쓴다.[100] 5행이 항상되는

· · · · · · · · · · · · · · · · · · ·

94 역주 : '展采'는 供職하는 것이다. 즉 관직 또는 사업을 발전시킨다는 것이다. '采'는
'官' 혹은 '事'다. 『史記』「司馬相如列傳」, "而後因雜薦紳先生之略述, 使獲燿日月之
末光絶炎, 以展采錯事.", 裴駰 集解, "『漢書音義』曰, 采, 官也. 使諸儒記功著業, 得
覩日月末光殊絶之用, 以展其官職, 設厝其事業者也.", 『宋書』「禮志三」, "儒僚展
采, 禮官相儀." 참조.

95 역주 : 『서경』「武成」, "今商王受無道, 暴殄天物, 害虐烝民." 참조.

96 역주 : 봄에 만물이 땅을 뚫고 나오는 것이 창끝이 뾰족한 것이다. 그러므로 '矛'라
고 한다. 『淮南子』「時則訓」, "春, 其兵矛." 참조.

97 역주 : 鄭玄은 『周禮注疎』에서 "句兵은 戈戟에 속하는 것(句兵, 戈戟屬.)"이라고
한다.

98 역주 : '敦仁'은 『주역』「계사전상」4장, "安土敦乎仁, 故能愛." 참조. 韓康伯은 "安
土敦仁者, 万物之情也. 物順其情, 則仁功贍矣."라고 주석한다.

99 역주 : 봄의 나무는 그 색이 푸른데, 이상한 것을 나타낸다. 그러므로 '靑怪'라고
한다.

100 역주 : 『老子』57장, "以正治國, 以奇用兵, 以無事取天下. 吾何以知其然哉, 以此."

것에 반하면 각각 그 사물로 다른 것을 나타낸다.

爲鼽,

코막힘이 되고,[101]

音求. 春行秋令, 則多鼽, 金沴木也.

(鼽는) 음이 구(求)이다. 가을에 할 일을 봄에 하면,[102] 코 막히는 것이 많으니, 금이 목을 해치는 것이다.

爲狂.

미치광이가 된다.[103]

不恭不肅, 動蕩之過.

공손하지 않고 엄숙하지 않으니, 행동의 방탕한 것이 지나친 것이다.

四九爲金, 爲西方, 爲秋, 日庚辛, 辰申酉, 聲商, 色白, 味辛, 臭腥, 形革, 生水, 勝木, 時殺, 藏肝, 侅魄, 性誼, 情怒, 事言, 用從, 撝乂, 徵雨,[104] 帝少昊, 神蓐收, 星從其位,

· · · · · · · · · · · · · · · · · ·

참조.

101 역주 : 『주역』「설괘전」, "巽爲木, 爲風." 참조. 콧구멍에서 出氣하는 것이 바람 같다. 그러므로 木으로 '鼻'를 삼는다. 콧병이 생기면 막힌다. 그러므로 '鼽'라고 한다. 『회남자』「時則訓」, "季秋行夏令, 則其民多鼽窒." 참조.

102 역주 : 『外經微言』卷六「天人一氣篇」, "大撓問于岐伯曰 … 大撓曰, 天之氣萬古 如斯, 人之氣何故多變動乎. 岐伯曰, 人氣之變動, 因乎人, 亦因乎天也. 春宜溫而 寒, 則春行冬令矣. 春宜溫而熱, 則春行夏令矣. 春宜溫而涼, 則春行秋令矣. 夏宜 熱而溫, 則夏行春令也. 夏宜熱而涼, 則夏行秋令也. 夏宜熱而寒, 則夏行冬令也. 秋宜涼而熱, 非秋行夏令乎. 秋宜涼而溫, 非秋行春令乎. 秋宜涼而寒, 非秋行冬令 乎. 冬宜寒而溫, 是冬行春令矣. 冬宜寒而熱, 是冬行夏令矣. 冬宜寒而涼, 是冬行 秋令矣." 참조.

103 역주 : 『한서』「五行志」, "傳曰, 貌之不恭, 是謂不肅, 厥咎狂." 참조.

104 역주 : 이것은 앞서 말한 바와 같이 의심컨대 양웅이 잘못 쓴 것 같다. 『서경』「홍 범」에서는 "庶徵, 曰雨, 曰暘, 曰燠, 曰寒, 曰風, 曰時. 休徵, 曰肅, 時雨若. 曰乂,

4와 9는 금(金)이 되고,[105] 서방이 되고, 가을이 되고, 일진은 경(庚)과 신(辛)이고,[106] 시간은 신(申)과 유(酉)이고,[107] 소리는 상성(商聲)이고, 색깔은 백색이고,[108] 맛은 매운 맛이고, 냄새는 비린내이고,[109] 형은 가죽이고,[110] 낳는 것은 수(水)이고,[111] 이기는 것은 목(木)이고,[112] 때는 죽이는 것이고,[113] 장기는 간장이고,[114] 보존하는 것은 형체고,[115] 성(性)은 마땅함이고,[116] 정(情)은 분노이고,[117] 일삼는 것은 말하는 것이고,[118] 쓰임새는 따르는 것이고, 발휘하는 것은 다스리는 것이며,[119] 징험은 비이고, 제(帝)는 소호(少昊)이고,[120] 신(神)

時暘若. 曰晢, 時燠若. 曰謀, 時寒若. 曰聖, 時風若."이라 한다. 이런 것은 『漢書』「五行志」도 동일하다. 양웅은 아래 글에서 "火徵熱, 水徵寒, 土徵風."이라고 하는데 이것은 「홍범」과 일치한다. 그런데 여기서 말하는 "水徵旱" 및 아래의 "金徵雨"는 『서경』「홍범」 등과 합치되지 않는다. 의심하건대 이 "(水)徵旱" 및 아래의 "(金)徵雨" 두 가지는 전후 문맥상 잘못 배치한 것 같다. 따라서 이것은 '徵肅'라고 하는 것이 옳다.

105 역주 : 『한서』「오행지」, "地以四爲金 … 然則金(之大數)九." 참조. 4와 9는 金과 서로 배합한다.

106 역주 : 『회남자』「時則訓」, "秋, 其位西方, 其日庚辛, 盛德在金." 참조.

107 역주 : 『회남자』「시칙훈」, "孟秋之月, 招搖指申, 中秋之月, 招搖指酉." 참조.

108 역주 : 『한서』「천문지」, "立秋, 秋分, 西從白道." 참조.

109 역주 : 『예기』「월령」, "孟秋之月, 其味辛. 其臭腥." 참조.

110 역주 : 『서경』「홍범」, "金曰從革." 참조. 金은 고쳐서 다시 주조할 수 있고 그 형을 변경할 수 있다. 그러므로 '形革'이라 한다.

111 역주 : 金이 化해서 액체가 된다. 그러므로 '生水'라고 한다.

112 역주 : 金은 刀가 되어 나무를 이긴다. 그러므로 '勝木'이라고 한다.

113 역주 : 가을은 만물을 처음 쇠하게 한다. 그러므로 '殺'이라고 한다.

114 역주 : 『예기』「월령」, "孟秋之月, 祭先肝." 참조.

115 역주 : 가을이 되면 만물이 성숙하고 그 형체를 이룬다. 그러므로 '侜魄'이라고 한다.

116 역주 : '誼'는 '의롭다[義]'는 것이다. 가을의 음기는 만물을 모두 죽여 하여금 완성하게 한다. 이런 것이 사람이 사물을 재제하여 각각 그 마땅함을 얻게 하는 것이다. 『한서』「천문지」, "太白曰西方秋, 金, 義也, 言也." 참조.

117 역주 : 가을의 음기는 사물을 죽이는 것이 사람이 노기가 衝衝한 것 같다. 그러므로 '怒'라고 한다.

118 역주 : 『한서』「천문지」, "太白曰, 西方秋, 金, 義也, 言也." 참조.

119 역주 : '乂'는 '다스린다[治]'는 것이다. 『이아』「釋詁」, "乂, 治也.", 『尙書』「洪範」, "五事, 二曰言. 言曰從, 從作乂." 참조.

120 역주 : 少皞, 少皓, 少顥라고도 불린다. 靑陽氏, 金天氏, 窮桑氏, 雲陽氏 혹은 朱

은 욕수(蓐收)이고,¹²¹ 별은 그 지위를 좇는다.

胃, 昂, 畢, 氐, 參, 位申酉
(별은) 주성(胃星), 앙성(昂星), 필성(畢星), 저성(氐星), 삼성(參星)이고, 지위는 신(申)과 유(酉)다.

類爲毛,
무리는 털이 되고,¹²²

金革火而收之, 其氣發散爲毛, 庚辛象也.
금이 화를 변혁하고 거두어들여 그 기가 발산한 것은 털이 되니, 경(庚)과 신(辛)의 상이다.

爲醫, 爲巫祝, 爲猛,
의사가 되고, 무당과 축이 되고,¹²³ 사나움이 되고,

唐人避諱, 書多改虎爲猛. 此字疑當作虎, 而未有本證定.
당나라 사람은 휘(諱)를 피하여, 책에는 대부분 호(虎)를 맹(猛)으로 고쳤다. 이 글자는 마땅히 호(虎)로 써야 하는데, 판본으로 증명하여 정한 것은 아직 없다.

爲舊, 爲鳴,
옛 것이 되고,¹²⁴ 울음이 되고,¹²⁵

· · · · · · · · · · · · · · · · · · · ·

　　宣, 玄囂로 일컬어진다. 황제의 長子로서 신화적 인물.
121　역주 : '蓐收'는 金神으로, 가을의 신이다. 『산해경』에서는 "西方에 두 마리 용을
　　　타고 다니는 '욕수'라는 신이 있다"고 말한다. 『禮記』「月令」, "孟秋之月, 其帝少
　　　皞. 其神蓐收." 참조.
122　역주 : 『禮記』「月令」, "孟秋之月, 其蟲毛." 참조.
123　역주 : 醫는 毉와 통한다. 『集韻』, "醫或作毉." 참조. 巫도 醫다. 『주역』「설괘전」,
　　　"兌, 正秋也. 兌爲醫." 참조.

醫攻疾, 巫祝祓不祥, 皆善革者也. 爲猛蓋虎, 甲毛類也. 虎變異, 龍因舊而
炳. 凡物堅成則鳴, 如虎嘯風鳴之盛也. 醫之革物使復舊常, 而巫祝善鳴
矣. 物正爲新, 物老爲舊. 凡動, 木也, 凡聲, 金也. 動夫爲躁, 聲揚爲鳴.
鳴尙節焉.

의사가 병을 고치고, 무당과 축은 상서롭지 못한 것을 제거하니 모두 잘 변혁
하는 자이다. 맹수가 되는 것은 대개 호랑이니, 껍질과 털을 가진 무리다. 호
랑이는 다른 것으로 변하고, 용은 옛것에 인하여 밝아진다. 무릇 사물이 견고
하게 이루어지면 우니, 마치 호랑이가 울고 바람이 우는 것이 성대한 것과
같다. 의사는 사물을 변혁하여 예전의 상태를 회복하게 하고 무축은 잘 운다.
사물이 바르면 새로운 것이 되고, 사물이 늙으면 옛것이 된다. 무릇 움직임은
목(木)이고, 무릇 소리는 금(金)이다. 움직임이 결단되면 조급함이 되고, 소리
가 드날리면 우는 것이 된다. 우는 것은 절제를 숭상한다.

爲門, 爲山, 爲限, 爲邊, 爲城, 爲骨, 爲石,

문이 되고,[126] 산이 되고, 한계가 되고, 주변이 되고, 성(城)이 되고,[127] 뼈가
되고, 돌이 되고,[128]

以堅立節, 故爲門, 爲山, 爲限, 爲邊, 爲城. 金以方止邊四方也, 城四營之
以爲險, 故外象爲限, 爲邊, 爲城, 內象爲骨. 骨自堅生, 此木氣也. 而凡物
之堅皆金爲之, 故木質皆白. 金類爲骨, 其極爲石.

굳은 것으로 절도를 세우기 때문에 문이 되고, 산이 되고, 한계가 되고, 변두리
가 되고, 성(城)이 된다. 금(金)으로 주변 사방을 방지하고, 성(城)은 사방을
경영하여 험함으로 삼는다. 그러므로 밖의 상은 한계가 되고, 변두리가 되고,

· · · · · · · · · · · · · · · · ·

124 역주 : 가을은 만물을 이미 이룬다. 그러므로 '舊'라고 한다.
125 역주 : 金을 연주하면 소리가 있다. 그러므로 '鳴'이라고 한다. 『주역』「설괘전」,
      "兌爲口舌." 참조. 口舌은 소리를 발한다. 그러므로 '鳴'이라고 한다.
126 역주 : 『예기』「월령」, "孟秋之月, 其祀門." 참조.
127 역주 : 金은 견고한 것으로, 山, 限, 邊, 城은 모두 견고한 것으로써 막는다. 그러
      므로 金과 서로 짝한다.
128 역주 : 骨과 石은 견고한 것을, 모두 굳센 것에 속한다. 그러므로 '金'에 짝한다.

성이 되고, 안의 상은 뼈가 된다. 뼈는 굳은 것에서부터 생하니, 이것이 목기(木氣)다. 무릇 사물의 굳은 것은 모두 금이 한 것이다. 그러므로 목(木)의 바탕은 모두 백(白)이다. 금(金)의 무리는 뼈가 되고, 그 지극한 것은 돌이 된다.

爲環佩, 爲首飾, 爲重寶, 爲大哆, 丁, 宋無此一句 爲釦器,

허리에 두르는 노리개가 되고, 머리꾸미개가 되고, 귀중한 보배가 되고,[129] 큰 입이 되고, 정위본, 송충본에는 이 한 구가 없다. 금테두리를 한 그릇이 되고,[130]

釦, 音口, 金飾器口也. 疑極而說見, 質定而文生之. 環佩, 身之節也. 加尊而爲首飾, 又加貴而爲重寶. 環佩象四, 首飾象九, 重寶體覺德焉. 說生侈大, 哆口之兌也. 釦, 器以金飾口, 致說焉亦以立堅.

구(釦)는 음이 구(口)이니, 금으로 장식한 그릇의 주둥이다. 의심이 다하면 기쁨이 나타나고, 바탕이 정해지면 문채가 생긴다. 허리에 두르는 노리개는 몸의 부절이다. 높임을 더하여 머리 장식이 되고, 또 귀함을 더하여 귀중한 보배가 된다. 허리에 두른 노리개는 4를 본뜨고 머리장식은 9를 본뜨니, 귀중한 보물이란 덕을 체득하고 깨달은 것이다. 기쁨이 생기면 입 벌린 것이 크니, 입을 크게 벌린 기쁨이다. 구(釦)는 그릇의 주둥이를 금으로 장식한 것이니, 기쁨을 이룬 것 또한 곧게 선 것으로 한다.

爲春, 爲椎, 爲力, 爲縣, 與懸同. 爲燈, 爲兵, 爲械, 爲齒, 爲角, 爲螫, 爲毒,

절구가 되고,[131] 몽치가 되고,[132] 힘이 되고,[133] 달아맨 것이 되고,[134] 현(懸)과

. . . .

129 역주 : '環佩'는 還玉이다. 環佩, 首飾, 重寶는 모두 귀중한 사물이고 金도 귀중한 사물이다. 그러므로 서로 짝한다.

130 역주 : 그릇의 입구를 金飾한 것이 釦器다. 그러므로 '金'과 서로 짝한다.

131 역주 : 방아 찧는 것은 石을 사용한다. 성질이 견고하도 굳세다. 그러므로 '春'이 된다.

132 역주 : '椎'는 『설문』에서는 "鐵, 椎也." 라고 한다. 鐵은 금속이다. 그러므로 '椎'라고 한다.

133 역주 : 堅强해야 힘이 있다. 金은 堅强하다. 그러므로 '力'이라고 한다.

같다. 불을 이루는 것이 되고,[135] 병기가 되고,[136] 형구가 되고,[137] 이빨이 되고, 뿔이 되고,[138] 쏘는 것이 되고, 독이 되고,[139]

致飾以說而小過, 治之鈿器以受生. 爲舂, 爲堆, 爲力, 以堅勝也. 力勝而後 能勝物縣之縣, 以權制其變. 故以金變火爲燧, 又火變金爲兵. 其變如此, 七九錯也. 人有兵械, 物有齒角螫毒, 皆以勝物而立我焉. 立我已甚, 則可 入可取, 寇賊生之.

기뻐하는 것으로 꾸밈을 이루니 잘못은 적고, 금 테두리한 그릇의 주둥이를 다스려 낳은 것을 받아들인다. 절구가 되고, 송곳이 되고, 힘이 되니, 굳은 것으로 이긴 것이다. 힘이 이긴 이후에 능히 사물이 매달린 맨 것을 이길 수 있으니, 권도로 그 변화를 제어하기 때문이다. 그러므로 금(金)이 화(火)를 변화시킨 것은 수(燧)가 되고, 또 화(火)가 금(金)을 변화시킨 것은 병기가 된다. 그 변화가 이와 같은 것은 7과 9가 섞였기 때문이다. 사람에게 병기가 있고, 사물에는 이빨, 뿔, 쏘는 것, 독이 있는 것은 모두 이기는 사물로써 나를 세운 것이다. 나를 세움이 이미 심하면, 들어갈 수 있고 취할 수 있어 도적이 생긴다.

爲狗, 爲入, 爲取, 爲罜, 呼旱切. 章作獵 爲寇, 爲賊, 爲理, 爲矩, 爲金 工, 爲鉞,

개가 되고,[140] 들어가는 것이 되고,[141] 취함이 되고,[142] 그물이 되고,[143] 호(呼)

. . . .

134 역주 : '縣'은 '매다는 것[懸]'이다. 거는 것에는 갈고리가 좋다. 갈고리는 金을 사용 한다. 그러므로 '縣'이라고 한다.
135 역주 : 金으로써 태양에서 불을 취하는 것이 '燧'다. 그러므로 금으로 '燧'를 삼는다.
136 역주 : '兵器'는 금속이 만든 것이다.
137 역주 : 金으로 만든 도구를 통해 병기를 만들거나 사람을 죽이거나 형벌을 주는 것이기에 '械'라고 한다.
138 역주 : 齒와 角은 骨類로서 견강하면서 끝이 예리하다. 金性도 견고하면서 예리 하다. 그러므로 金으로 齒와 角을 삼는다.
139 역주 : '螫'은 『설문』에서는 "蟲行毒也."라고 한다. '螫毒'은 모두 辛氣. 그러므 로 螫이 되고 毒이 된다.
140 역주 : '狗'는 毛類다. 『회남자』「時則訓」, "秋其畜狗." 참조.
141 역주 : 가을은 民財를 매겨서 거두고 쌓아서 모은다. 그러므로 '入'이 된다.

한(旱)의 반절이다. 장찰본에는 렵(獵)으로 되어 있다. 도둑이 되고, 도적이 되고,[144] 다스림이 되고,[145] 곱자가 되고,[146] 쇠를 다스리는 장인이 되고[147], 도끼가 되고,[148]

狗守其方, 必或入之, 爲入納日也. 爲取, 收歲也. 爲罜, 獵時也. 獵取之極, 爲寇爲賊, 則理官治之而立方焉. 是以爲理爲矩. 革而從範, 故爲金工. 弗革而斷以義方, 則有殺而已. 故爲鉞. 兵械以鉞, 正爲金類專殺焉. 武成左杖黄鉞者,[149] 示無事于殺故也.

개는 그 사방을 지키니, 반드시 혹 들어가도 해가 지는 시점에 들어가는 것이 된다. 취함이 된다는 것은 결실을 거두는 것이다. 그물이 된다는 것은 수렵하는 때이다. 수렵해 취하는 것이 다하면 도둑이 되니, 다스리는 관리가 다스려 법을 세운다. 이 때문에 다스림이 되고, 곱자가 된다. 바꿔서 규범을 좇는다. 그러므로 쇠를 다스리는 장인이 된다. 바꾸지 않고 의(義)의 방정함으로[150] 재단하면 죽음이 있을 뿐이다. 그러므로 도끼가 된다. 병기를 도끼로 하면 바로 쇠붙이 부류가 되어 오로지 죽이게 된다. 무왕이 공을 이루고,[151] 좌측에

. . . .

142 역주 : 가을은 民財를 거두어 취한다. 그러므로 '取'라고 한다.
143 역주 : '罜'은 '그물[網]'로서, 전렵하는 것을 가리킨다. 『회남자』「時則訓」, "季秋之月, 乃敎於田獵. 以習五戎." 참조.
144 역주 : 『淮南子』「時則訓」에서 "季秋行冬令, 則多盜賊." 라 하는 것 참조. 寇가 되고 賊이 된다고 한다.
145 역주 : '理'는 大理官으로서, 獄을 다스린다는 것이다. 『禮記』「月令」, "孟秋之月, 命理瞻傷. 察創. 視折. 審斷決獄. 訟必端平. 戮有罪." 및 鄭玄 注, "理, 治獄官也. 夏曰大理. 周曰大司寇.",『淮南子』「天文訓」, "何謂五官 … 西方爲理." 참조.
146 역주 : 『회남자』「天文訓」, "西方金也. 其帝少昊. 其佐蓐收, 執矩而治秋." 참조. 가을은 '矩'가 된다.
147 역주 : 金工이 金을 다스린다. 그러므로 金과 서로 짝한다.
148 역주 : 『회남자』「時則訓」, "秋, 其兵戈." 참조. 王念孫은 "戈當爲戉字之誤也. 說文, 戉, 大斧也."라고 한다.
149 劉韶軍 點校 : '武成'은 의심컨대 마땅히 '武王'으로 되어야 한다.
150 역주 : '義方'은 준수해야할 법도와 규범을 의미한다. 『逸周書』「官人」, "省其處, 觀其義方.",『춘추좌씨전』「隱公三年」, "石碏諫曰, '臣聞愛子敎之以義方, 弗納於邪." 참조.
151 역주 : 『尚書正義』「武成」, "武王伐殷, 往伐歸獸, 往誅紂克定, 偃武修文, 歸馬牛

황금으로 장식한 도끼(黃鉞)를 지팡이 한 것은[152] 죽일 일이 없음을 보여주려고 했기 때문이다.

爲白怪, 爲瘖, 爲僭.
흰 괴이한 것이 되고,[153] 벙어리가 되고,[154] 참람한 것이 된다.[155]

諸家作譖, 丁作僭. 金反常則在物爲白怪, 在人爲瘖, 在國爲僭.
제가의 판본에는 참(譖)으로 되어 있고, 정위본에서는 참(僭)으로 되어 있다. 금(金)이 항상되는 것에 반하면 사물에서는 흰 괴이한 것이 되고, 사람에서는 벙어리가 되고, 나라에서는 참람한 것이 된다.

二七爲火, 爲南方, 爲夏, 日丙丁, 辰巳午, 聲徵, 色赤, 味苦, 臭焦, 形上, 生土, 勝金, 時養, 藏肺, 侔魂, 性禮, 情樂, 事視, 用明, 撟哲, 徵熱, 帝炎帝, 神祝融, 星從其位,
2와 7은 화(火)가 되고,[156] 남방이 되고, 여름이 되고, 일진(日辰)은 병(丙)과 정(丁)이고,[157] 시간은 사(巳)와 오(午)이고,[158] 소리는 치성(徵聲)이고, 색깔은 붉은 색이고,[159] 맛은 쓴맛이고, 냄새는 탄 냄새고,[160] 형은 위이고,[161] 낳는

· · · · · · · · · · · · · · · · ·
　　于華山桃林之牧地." 참조.
152 역주 : 『서경』「牧誓」, "時甲子昧爽, 王朝至于商郊牧野, 乃誓. 王左杖黃鉞, 右秉白旄以麾.", 『史記』「殷本紀」 "發", "二月甲子昧爽, 武王朝至于商郊牧野, 乃誓. 武王左杖黃鉞, 右秉白旄以麾." 참조.
153 역주 : 가을을 金이고 그 색은 白으로, 이상한 것을 드러낸다. 그러므로 '白怪'라고 한다.
154 역주 : '瘖'은 『說文』에서는 "不能言也."라고 한다. 즉 벙어리[啞]다. 『주역』『설괘전』, "兌爲口舌." 참조. 口舌에 병이 있는 것이 '啞'다. '兌'는 서방의 괘로서 가을에 짝한다. 그러므로 '瘖'이 된다고 한다.
155 역주 : 『한서』「오행지」, "傳曰, 言之不從, 是謂不艾, 厥咎僭." 참조.
156 역주 : 『한서』「오행지」, "地以二生火, 然則火(之大數)七."라는 것 참조. 그러므로 2와 7은 火와 서로 짝한다.
157 역주 : 『회남자』「시칙훈」, "孟夏, 仲夏之月, 其位南方, 其日丙丁, 盛德在火." 참조.
158 역주 : 『회남자』「시칙훈」, "孟夏之月, 招搖指巳, 仲夏之月, 招搖指午." 참조.
159 역주 : 夏는 화이고, 火는 색이 赤이다. 『한서』「천문지」, "立夏, 夏至, 南從赤道."

것은 토(土)이고, 이기는 것은 금(金)이고,[162] 때는 기르는 것이고,[163] 장기는 폐장이고,[164] 보존하는 것은 혼(魂)이고,[165] 성(性)은 예(禮)이고,[166] 정(情)은 즐거움이고,[167] 일삼는 것은 보는 것이고, 쓰임새는 밝은 것이고, 발휘하는 것은 슬기로움이고, 징험은 더위이고,[168] 제(帝)는 염제(炎帝)이고,[169] 신(神)은 축융(祝融)이고,[170] 별은 그 지위를 좇는다.

柳, 星, 張, 翼, 軫, 位巳午.
(별은) 유성(柳星), 성성(星星), 장성(張星), 익성(翼星), 진성(軫星)으로서, 지위는 사(巳)와 오(午)다.

類爲羽, 爲竈, 爲絲, 爲網, 爲索, 爲珠, 爲文, 爲駁, 爲印, 爲綬, 爲書,
무리는 깃이 있는 것이 되고,[171] 부엌이 되고,[172] 실이 되고, 그물이 되고, 노끈

· · · · · · · · · · · · · · · · · ·

160　역주 : 『예기』「월령」, "孟夏之月, 其味苦 . 其臭焦." 참조.
161　역주 : 『서경』「洪範」, "火曰炎上." 참조. 화의 기운은 상승한다. 그 象은 向上이기에 '形上'이라고 한다.
162　역주 : 火가 멸하면 재가 된다. 재가 모여서 土가 된다. 그러므로 '生土'라고 한다. 화가 연소되면 금을 녹일 수 있다. 그러므로 '勝金'이라고 한다.
163　역주 : 여름은 만물이 모두 길러져 성장한다. 그러므로 그 때는 '養'이 된다.
164　역주 : 『예기』「월령」, "孟夏之月, 祭先肺." 참조.
165　역주 : 精氣가 '魂'이 된다. 여름에는 만물이 성장하고 정기가 충만한다. 그러므로 '佾魂'이라고 한다.
166　역주 : 『釋名』, "禮, 體也. 得其事體也." 참조. 여름은 만물의 體幹이 이미 갖추어지고 節文이 이미 밝아진다. 이것은 사람이 성장하면서 예절에 밝은 것과 같음을 말한 것이다. 『漢書』「天文志」, "熒惑曰, 南方爲火, 禮也, 視也." 참조.
167　역주 : 여름은 양기가 만물을 기르고 성장하게 한다. 이것이 사람이 풍족하게 환락하는 것이다.
168　역주 : 『서경』「홍범」, "五事, 三曰視, 視曰明, 明作哲, 哲, 時燠若." 참조. '晢'과 '哲'은 옛날에는 통하였다. 燠은 『설문』에서는 "熱在中也."라고 한다.
169　역주 : 염제는 전설에 나오는 고대의 제왕. 중국 고대의 불의 신으로, 火德으로 나라를 세웠다고 한다. 성은 姜씨고, 호는 烈山氏 또는 厲山氏다. 황제와 함께 少典의 아들로서, 有嬌氏에게 장가들어 낳았다고 한다. 원래 姜水에 살다가 동쪽 中原으로 이동해, 일찍이 황제와 阪泉에서 싸워 패했다고 한다.
170　역주 : 『예기』「월령」, "孟夏之月, 其帝炎帝, 其神祝融." 참조.

이 되고,[173] 구슬이 되고,[174] 무늬가 되고, 섞인 것이 되고,[175] 도장이 되고, 인끈이 되고,[176] 글이 되고,[177]

北方之音爲羽, 南方之類爲羽. 昊天之氣以火烝水, 自北沖南, 而羽象生焉. 其養爲竈, 其揚爲絲, 其交爲綱, 其糾爲索, 其凝淸明爲珠, 其變參錯爲文. 駁者, 物相雜也. 皆象竈氣上蒸.[178] 爲印綬書, 爲文象定焉. 凡此爲羽之變也.

북방의 음은 우(羽)가 되고, 남방의 무리는 우(羽)가 된다. 호천(昊天)의[179] 기가 불로써 물을 끓이고, 북쪽에서부터 남쪽을 비워 우(羽)의 상이 생긴다. 그것이 기르는 것은 부엌이 되고, 그것이 드날리는 것은 실이 되고, 그것이 마주치는 것은 그물이 되고, 그것이 얽히는 것은 노끈이 되고, 그것이 청명한 것을 엉긴 것이 구슬이 되고, 그것이 변하여 섞인 것이 무늬가 된다. 섞인 것은 사물이 서로 섞인 것이니,[180] 모두 부엌의 기운이 위로 올라가 찌는 것을 본뜬 것이다. 도장, 인끈, 글이 되니, 무늬의 상이 정해지게 된다. 무릇 이것은 우(羽)가 변한 것이다.

· · · · · · · · · · · · · · · · ·

171 역주 : 『예기』「월령」, "孟夏之月, 其蟲羽." 참조.
172 역주 : 『예기』「월령」, "孟夏之月, 其祀竈." 참조.
173 역주 : 여름에 누에가 실을 토해낸다. '網'과 '索'은 모두 絲로써 이루어진다. 그러므로 夏에 '絲', '網', '索'을 짝한다.
174 역주 : 『주역』「설괘전」, "離也者, 明也 … 南方之卦也 … 離爲火 … 爲蚌." 참조. 珠는 蚌이 낳은 것이고 광명의 사물이다. 그러므로 '夏'에 '珠'를 짝한다.
175 역주 : '駁'은 文彩가 서로 섞인 것이다. '離'는 밝다는 것으로, 사물을 밝게 드러낸다. 마찬가지로 문채는 그 사물을 밝게 드러낸다. 그러므로 여름은 '文'이 되고 '駁'이 된다.
176 역주 : '印'과 '綬' 모두 자신의 지위나 관명을 밝게 드러내는 것이다. 그러므로 '禮'에 짝한다.
177 역주 : '書'도 文章이다. 고대에는 책에는 대나무를 사용하였는데, 대나무를 불에 말려서 벌레가 생기는 것을 방지하고, 그 위에다 문자를 새기고 그것을 실로 꿰뚫어서 책을 완성하였다. 그러므로 書가 禮에 짝한다.
178 劉韶軍 點校 : '蒸'은 명초본에는 '丞'으로 되어 있다. 오류거본에 의거해 고쳤다.
179 역주 : '호천'은 四天의 하나로서 여름하늘이다. '사천'은 4계절의 하늘로서, 봄은 蒼天, 여름은 호천, 가을은 旻天, 겨울은 上天이라고 한다.
180 역주 : 『주역』「계사전하」8장, "物相雜, 故曰文. 剛柔交錯, 玄黃錯雜." 참조.

爲輕, 爲高, 爲臺, 爲酒, 爲吐, 爲射, 爲戈, 爲甲, 爲叢,

가벼운 것이 되고,[181] 높은 것이 되고, 누대가 되고,[182] 술이 되고,[183] 토하는
것이 되고,[184] 활이 되고,[185] 창이 되고,[186] 갑옷이 되고,[187] 떨기가 되고,[188]

上炎之氣弗縕而發, 則爲輕, 爲高, 爲臺, 其縕而發, 則爲酒, 爲吐, 爲射,
爲戈, 爲甲, 爲叢. 凡草木皆以火拔水, 觸土而生者也.[189]

위로 올라가는 뜨거운 기가 온축되지 않고 발하면 가벼운 것이 되고, 높은
것이 되고, 누대가 되며, 그것이 온축되어 펴지면 술이 되고, 토함이 되고,
활이 되고, 창이 되고, 갑옷이 되고, 떨기가 된다. 무릇 초목은 모두 화(火)로
수(水)를 뽑고, 토(土)에 저촉해 생긴 것이다.

爲司馬, 爲禮, 爲繩, 爲火工, 爲刀,

사마(司馬)가[190] 되고,[191] 예(禮)가 되고, 먹줄이 되고,[192] 불을 다스리는 장인

....

181 역주 : 火氣는 가볍게 위로 올라가 드날린다. 그러므로 '輕'이라고 하였다.
182 역주 : 『회남자』「시칙훈」, "仲夏之月, 可以高明, 遠眺望, 登丘陵, 處臺榭." 참조.
   여름의 양기는 선명하고 높이 올라가니, 사람이 그것을 따라 일어난다. 그러므로
   '高'가 되고 '臺'가 된다.
183 역주 : 술 맛은 '辛'이다. 그러므로 '酒'다.
184 역주 : '吐'는 『增韻』에서는 "舒也."라고 한다. 여름은 만물이 성장하면서 펴지므
   로 '吐'라고 한다.
185 역주 : 새가 날아가는 것을 맞추려는 화살을 쏘려면 반드시 높이 쏴야 한다. 그러
   므로 '射'라고 한다.
186 역주 : '戈'는 『설문』에서 "平頭戟也."라고 한다. 『회남자』「시칙훈」에서는 "仲夏
   之月, 其兵戟."라고 한다.
187 역주 : 『주역』「설괘전」, "離爲甲冑." 離는 火이다. 그러므로 火는 甲에 짝한다.
188 역주 : 여름에는 모든 나무의 가지와 잎이 무성해진다. 그러므로 '叢'이 된다고
   한다.
189 劉韶軍 點校 : '生'은 명초본에는 '升'으로 되어 있다. 오류거본에 의거해 고쳤다.
190 역주 : 주나라 때 벼슬로, 육경의 하나. 나라의 군정을 맡아보았음.
191 역주 : 『周禮』「夏官·司馬」, "乃立夏官司馬.", 『淮南子』「天文訓」, "南方爲司馬."
   참조.
192 역주 : '繩'은 正直한 것으로써 사물을 제멋대로 자라게 하지 않는다. 그러므로
   '繩'이 된다고 한다.

이 되고,[193] 칼이 되고,[194]

爲射, 爲戈, 爲甲, 爲叢, 此司馬之所乘以務烈也. 下武成履亂者理焉. 故爲
禮. 禮以約物, 使從正直, 故爲繩. 繩以人輔天而治之, 故爲火工. 戈, 支兵
也, 象物萌牙, 而刀正火類, 刀制義也.

활이 되고, 창이 되고, 갑옷이 되고, 떨기가 되니, 이것은 사마(司馬)가 네 마리
말이 끄는 수레를 타고 공업에 힘쓰는 것이다. 무력을 내려 어지러움을 행해
이룬 자를 다스린다. 그러므로 예가 된다. 예로 사물을 요약하여[195] 하여금
바르고 곧음을 따르게 한다. 그러므로 먹줄이 된다. 먹줄은 사람이 하늘을
도우는 것으로써 다스린다. 그러므로 불을 다스리는 장인이 된다. 창은 가지
가 있는 병기로, 사물이 싹트는 것을 본뜬 것이고, 칼은 불의 부류를 바르게
하니, 의로움을 제어하는 것이다.

爲赤怪, 爲盲, 爲舒.
붉은 괴이한 것이 되고,[196] 소경이 되고,[197] 느리고 태만한 것이 된다.[198]

赤怪, 災也. 盲, 喪其明. 舒, 豫咎也.[199]
붉은 괴이한 것은 재앙이다.[200] 소경은 그 (밝음을 보는) 눈을 잃어버린 것이
다. 편다는 것은 예정된 재앙이다.

一六爲水, 爲北方, 爲冬, 日壬癸, 辰子亥,[201] 諸家作子亥, 宋作亥子. 聲

. . . .

193 역주 : 火工은 불을 다스린다. 그러므로 '火工'이 된다고 한다.
194 역주 : 火로써 金을 단련하여 칼을 만든다. 그러므로 '칼'이 된다고 한다.
195 역주 : 『논어』 「옹야」, "子曰, 君子博學於文, 約之以禮, 亦可以弗畔矣夫." 참조.
196 역주 : 夏는 火이고, 그 색이 赤이다. 그러므로 이상한 것을 나타낸 것이 '赤怪'가
        된다.
197 역주 : 『주역』 「설괘전」, "離爲目." 눈이 병이 생기면 '盲'이 된다.
198 역주 : '舒'는 느리고 태만한 것이다. 『한서』 「오행지」, "傳曰, 視之不明, 是謂不悊,
        厥咎舒." 참조.
199 劉韶軍 點校 : '咎'는 명초본에는 '各'으로 되어 있다. 오류거본에 의거해 고쳤다.
200 역주 : 여름의 불로서 그 색이 붉은데, 이상한 것을 드러내므로 '赤怪'라고 한다.

羽, 色黑, 味鹹, 臭朽, 形下, 生木, 勝火, 時藏, 藏腎, 侔精, 性智, 情悲,
事聽, 用聰, 撝謀, 徵寒, 帝顓頊, 神玄冥, 星從其位,

1과 6은 수(水)가 되고,[202] 북방이 되고, 겨울이 되고, 일진(日辰)은 임(壬)과
계(癸)이고,[203] 시간은 자(子)와 해(亥)이고,[204] 제가의 판본에는 자해(子亥) 되어 있
고, 송충본에는 해자(亥子)로 되어 있다. 소리는 우성(羽聲)이고, 색깔은 검은색이
고,[205] 맛은 짠 맛이고, 냄새는 썩은 냄새고,[206] 형은 아래이고,[207] 낳는 것은
목(木)이고, 이기는 것은 화(火)이고,[208] 때는 저장하는 것이고,[209] 장기는 신장
이고,[210] 보존하는 것은 정기이고,[211] 성(性)은 지혜이고,[212] 정(情)은 슬픔이
고,[213] 일삼는 것은 듣는 것이고, 쓰임새는 총명함이고, 발휘하는 것은 도모함
이고, 징험은 추위이고,[214] 제(帝)는 전욱(顓頊)이고,[215] 신은 현명(玄冥)이

• • • • • • • • • • • • • • • • •

201 劉韶軍 點校 : '子亥'는 12 간지가 사방의 순서에 배합하는 것에 의거하면 마땅히
     '亥子'가 되어야 한다. 송충본이 옳다. 아래 문장 주에서 말하는 '位亥子'로 증명할
     수 있다.
202 역주 : 『한서』「오행지」, "天以一生水 … 然則數之大數六." 참조.
203 역주 : 『회남자』「시칙훈」, "冬, 其位北方, 其日壬癸, 盛德在水." 참조.
204 역주 : 『회남자』「시칙훈」, "孟冬之月, 招搖指亥. 仲冬之月, 招搖指子." 참조.
205 역주 : 冬은 水가 되고, 물의 색은 黑이다. 『漢書』「天文志」, "立冬, 冬至, 北從黑
     道." 참조.
206 역주 : 『예기』「월령」, "孟冬之月, 其味鹹, 其臭朽." 참조.
207 역주 : 『서경』「홍범」, "水曰潤下." 참조. 水의 勢는 아래로 흐른다.
208 역주 : 水는 초목을 기른다. 그러므로 '生木'이다. 水는 불을 滅한다. 그러므로 '勝
     火'다.
209 역주 : 겨울은 만물이 저장하고 감춘다.
210 역주 : 『예기』「월령」, "孟冬之月, 祭先腎." 참조.
211 역주 : '精'은 精妙한 기운이다. 겨울에는 미미한 양이 비로소 생기니, 그 기가
     정묘하다.
212 역주 : 겨울에는 만물이 잠기어 숨어 때를 기다려 움직인다. 이것이 사람이 지혜
     를 사용하여 '구부리는 것[屈]'으로써 '펴는 것[伸]'을 구하는 것이다. 그러므로 '智'
     라고 말한다. 『한서』「천문지」, "辰星曰, 北方冬水, 知也. 聽也." 참조.
213 역주 : 겨울은 음기가 성하여 만물이 어려움을 만나 退藏한다. 이것이 사람이 화
     를 만나 슬픈 것이다.
214 역주 : 『서경』「홍범」, "五事, 四曰聽, 聽曰聰, 聰作謀, 謀, 時寒若."
215 역주 : 玄帝. 高陽氏라고도 불리운다. 전설 속 炎帝·黃帝 연맹의 중요한 수령 중
     의 하나로, 고양씨라 부르며 이를 호로 칭하기도 한다. 오제 중 두 번째 제왕으로
     현제라 부르기도 한다.

고,²¹⁶ 별은 그 지위를 좇는다.

女, 虛, 危, 室, 壁, 位亥子.
(별은) 여성(女星), 허성(虛星), 위성(危星), 실성(室星), 벽성(壁星)이며, 지위
는 해(亥), 자(子)다.

類爲介, 爲鬼, 爲祠, 爲廟, 爲井, 爲穴, 爲竇, 爲鏡, 爲玉,
무리는 껍질이 되고,²¹⁷ 귀신이 되고,²¹⁸ 제사가 되고, 사당이 되고,²¹⁹ 우물이
되고, 구덩이가 되고, 물길이 되고,²²⁰ 거울이 되고, 옥이 되고,²²¹

陷乎險中, 其象爲介, 爲鬼, 爲祠, 爲廟,²²² 以潛靈也. 爲井, 爲穴, 爲竇,
以深通也. 爲鏡, 以靜明也. 爲玉, 以潔淸也. 皆水之在原者也.
험한 가운데 빠지니 그 상은 껍질이 되고, 귀신이 되고, 제사지내는 것이 되고,
사당이 된다는 것은 잠긴 신령 때문이다. 우물이 되고, 구덩이가 되고, 구멍이
된다는 것은 깊이 통하기 때문이다. 거울이 된다는 것은 고요하고 밝기 때문이
다. 옥이 된다는 것은 깨끗하고 맑기 때문이다. 모두 물이 근원에 있는 것이다.

爲履, 爲遠行, 爲勞, 爲血, 爲膏,
밟는 것이 되고,²²³ 멀리 가는 것이 되고,²²⁴ 수고로움이 되고,²²⁵ 피가 되고,

· · · · · · · · · · · · · · · · ·

216 역주 :『예기』「월령」, “孟冬之月, 其帝顓頊, 其神玄冥.” 참조.
217 역주 : '介'는 '껍질[甲]'이다. 甲殼類다.『예기』「월령」, “孟冬之月, 其蟲介.” 참조.
218 역주 : '鬼'는 '돌아간다[歸]'는 것이다. 겨울에는 만물이 돌아간다. 그러므로 '歸'라
고 한다.
219 역주 : '先祖神靈'이 종묘에 돌아가는 것이 겨울에 만물이 돌아가는 것이다.
220 역주 : '井穴'은 물이 있는 곳이다. '竇'는 물길[水道]로서, 물이 말미암는 것이다.
『회남자』「시칙훈」, “冬, 其祀井.”,『주역』「설괘전」, “坎爲水, 爲溝瀆.” 참조. 坎은
정북방의 괘다. 그러므로 '冬水'로써 '井', '穴', '竇'에 짝한다.
221 역주 : 물은 淸明하고, 玉도 淸明하다.
222 劉韶軍 點校 : '廟'는 명초본에는 '廣'으로 되어 있다. 이것은 오류거본에 의거해
고쳤다.
223 역주 : 물이 흘러 땅을 밟는다. 그러므로 '履'가 된다.

기름이 되고,[226]

其流爲履, 爲遠行, 爲勞, 爲血, 血凝其滋而膏生焉, 則物著而貪起矣.
그 흐른 것은 밟는 것이 되고, 멀리 가는 것이 되고, 수고로움이 되고, 피가
되니, 피가 잔액에 엉겨서 기름이 생기면 사물이 나타나고 탐하는 것이 일어난다.

爲貪, 爲含, 爲蟄, 爲火獵, 宋作人獵 爲閉, 爲盜,
탐하는 것이 되고,[227] 머금는 것이 되고,[228] 겨울잠을 자는 벌레가 되고,[229]
불 놓아 사냥하는 것이 되고,[230] 송충본에는 인렵(人獵)으로 되어 있다. 닫는 것이
되고,[231] 도둑이 되고,[232]

翕取爲貪, 懷藏爲含. 翕取生寒, 懷藏至伏, 是以爲蟄. 于物爲蟄, 爲火獵,
于人爲閉, 爲盜, 在險象也. 含有畏而圖存, 貪無度而力取也. 貪以寒極, 反
爲火獵, 金爲寇賊, 善殘殺也. 水爲盜者, 沒非其有而已矣.
모아서 취하는 것은 탐하는 것이 되고, 품어서 감추는 것은 머금는 것이 된다.
모아서 취하면 차가움을 낳고, 품어서 감추면 엎드려 숨는 것에 이른다. 이

....

224 역주 : 물이 흘러 江과 河로 간다. 그 가는 것이 길고 멀다. 그러므로 '遠行'이라고
    한다.
225 역주 : 『주역』「설괘전」, "坎者, 水也. 正北方之卦也. 勞卦也." 참조. 坎은 물이 되
    고, 물을 흘러 그치지 않으니 수고롭다.
226 역주 : '膏'는 膏澤으로, 또한 血의 부류다. '고혈'은 모두 피부와 몸을 촉촉하게
    한다. 『주역』「설괘전」, "坎爲血." 참조. '血'도 水類에 속한다.
227 역주 : 겨울에는 만물을 모아서 감춘다. 모아서 감추는 것이 법도가 없으면 '貪'이
    된다.
228 역주 : 품어 감추는 것이 '含'이 된다. 겨울에는 사물을 감춘다. 그러므로 '含'이
    된다.
229 역주 : '蟄'은 『說文』에서는 "藏也."라 한다. 겨울에는 만물이 돌아가 땅속에 숨는다.
230 역주 : '火獵'은 불로 초목을 태워 사냥하는 것이다. 겨울에는 나무가 마르고 곤충
    이 땅 속에 숨으니 화전에 사용할 수 있다. 그러므로 '火獵'이 된다.
231 역주 : 겨울에는 만물이 닫고 숨는다. 이것이 사람이 문을 닫는 것이다.
232 역주 : 『주역』「설괘전」, "坎爲盜." 참조. 겨울에는 만물이 잠기어 숨고, 도둑은 잠
    복하여 몰래 다른 사람의 물건을 훔친다.

때문에 겨울잠을 자는 벌레가 된다. 사물에게는 벌레가 되고, 불을 놓아 사냥
하는 것이 되고, 인간에게는 닫힌 것이 되고, 도둑이 되니 험한 곳에 있는
상이다. 머금는 것에 두려움이 있어 생존을 도모하고, 탐한 것에 법도가 없어
힘껏 취한다. 탐하는 것으로 차가움이 다하니 도리어 불을 놓아 사냥하는 것
이 되며, 금(金)은 도적이 되니 죽이는 것을 잘한다. 수(水)가 도둑이 된다는
것은 자기 소유가 아닌 것에 빠질 뿐이다.

爲司空, 爲法, 爲準, 爲水工, 爲盾,
사공이 되고,[233] 법이 되고, 기준이 되고,[234] 물을 다스리는 장인이 되고,[235]
방패가 되고,[236]

司空居民取諸閉蟄, 法以險持平焉, 所以禁犯獵而謹攘盜也. 水工治水, 使
不失其平者也. 爲盾, 自坊而已矣. 周宣南征之詩曰, 師干之試, 方叔率止.
사공(司空)은[237] 백성들이 (동면하는 것을 의미하는) 폐집(閉蟄)을[238] 취하여
살게 하고, 법은 험한 것으로써 평평함을 유지하니, 침범하여 소요를 일으키는
것을 금하고 도둑을 물리치는 것을 부지런히 하는 것이다. 물을 다스리는 장
인이 물을 다스려 그 평평함을 잃지 않게 한다. 방패가 되는 것은, 스스로
막을 뿐이다. 주나라 선왕(宣王)이 남쪽으로 정벌하러 가는 시에서 말하기를
"군사와 무기를 시험하신다. 방숙(方叔)님이[239] 이를 이끄신다"라고 하였다.

. . . .

233 역주 : '司空'은 冬官이다. 『회남자』「천문훈」, "何謂五官, 北方爲司空." 참조.
234 역주 : '准'은 '기준[準]'이다. 准은 '水平儀'다. 법은 공평해야 하는데, 물은 평평하
　　다. 『회남자』「천문훈」, "北方水也. 其帝顓頊, 其佐玄冥, 執權而治冬." 참조.
235 역주 : '水工'은 물을 다스린다. 그러므로 물에 짝한다.
236 역주 : 겨울은 만물이 닫고 숨음으로써 음이 상하게 하는 것을 방어한다. 방패는
　　몸을 막고 무기가 상하게 하는 것을 방지한다.
237 역주 : 중국 고대 벼슬 이름. 삼공의 하나로, 토지와 민사를 맡아보았음.
238 역주 : '閉蟄'은 蟲類가 잠복하여 동면에 들어가는 것을 말함. 『춘추좌씨전』「桓公
　　五年」, "凡祀, 啓蟄而郊, 龍見而雩, 始殺而嘗, 閉蟄而烝." 楊伯峻 注, "閉蟄謂昆蟲
　　蟄伏, 于時當建亥之月, 夏正之孟冬十月." 참조.
239 역주 : 方叔은 西周 周 宣王 때 卿士. 병거 삼천량을 이끌고 남으로 荊楚를 정벌
　　하고 북으로 玁狁을 정벌해 周 왕실 중흥에 힘쓴 공신. 『시경』「小雅·鴻雁之什」
　　「采芑」, "薄言采芑, 于彼新田, 于此菑畝, 方叔涖止. 其車三千, 師干之試. 方叔率

爲黑怪, 爲聲, 爲急.

검은 괴이한 것이 되고,[240] 귀머거리가 되고,[241] 급한 것이 된다.[242]

自信弗稽其咎. 爲急, 則莫能聽德, 是聾類也.

스스로 믿고 그 허물을 생각하지 않는다. 급한 것이 된다는 것은 덕을 들을
수 없다는 것이니, 이것은 귀머거리 무리다.

五五爲土, 爲中央, 爲四維, 日戊己, 辰辰未戌丑.[243] 多作辰戌丑未, 今從
丁, 宋本. 聲宮, 色黃, 味甘, 臭芳, 形殖, 生金, 勝水, 時該, 藏心, 侟神,
性信, 情恐懼,

5와 5는 토가 되고,[244] 중앙이 되고,[245] 4유(四維)가 되고,[246] 일진(日辰)은 무
(戊)와 기(己)가 되고, 시간은 진(辰)과 미(未)와 술(戌)과 축(丑)이 된다.[247]
대부분 진술축미(辰戌丑未)로 되어 있다. 지금은 정위본, 송충본을 따른다. 소리는 궁성(宮
聲)이고, 색깔은 누런색이고,[248] 맛은 단맛이고, 냄새는 향기로운 것이고,[249]

. . . .

止, 乘其四騏. 四騏翼翼, 路車有奭." 참조.

240 역주 : 冬은 水이고 그 색은 黑인데, 이상한 것을 나타낸다. 그러므로 '黑怪'라고
　　　 한다.

241 역주 : 『주역』「설괘전」, "坎, 爲耳病." 참조. 坎은 水인데, 귀가 병이 나면 聾이
　　　 된다.

242 역주 : 『한서』「오행지」, "傳曰, 聽之不聽, 是謂不謀, 厥咎急." 참조.

243 劉韶軍 點校 : '戊'은 명초본에는 '戌'로 되어 있다. 12간지에는 '戌'이 있고 '戊'가
　　　 없다. 이것은 즉시 고쳤다. 아래도 이와 같다.

244 역주 : 『한서』「오행지」, "天以五生土, 然則土(之大數)十." 참조.

245 역주 : 『회남자』「시칙훈」, "季夏之月, 其爲中央, 盛德在土." 『회남자』「천문훈」,
　　　 "中央土也." 참조.

246 역주 : '四維'는 4계절이다. '維'는 四角을 가리킨다. 목화금수는 각각 춘하추동에
　　　 짝한다. 土는 짝이 없으나 또 4계절은 土를 主로 한다. 즉 季春, 季夏, 季秋, 季冬
　　　 이다. 그 辰을 분별하여 辰·未·戌·丑으로 삼는다. 辰·未·戌·丑은 또 분별하여
　　　 동남방, 서남방, 서북방, 동북방에 둔다.

247 역주 : 『회남자』「시칙훈」, "季春之月, 招搖指辰, 夏季之月, 招搖指未, 季秋之月,
　　　 招搖之戌, 冬季之月, 招搖指丑." 참조.

248 역주 : 중앙은 土이고, 土의 색은 黃色이다. 『禮記』「月令」, "中央土, 其音宮 . 律
　　　 中黃鍾之宮." 참조.

형은 번식함이고,[250] 낳은 것은 금(金)이고, 이기는 것은 수(水)고,[251] 때는 갖추는 것이고,[252] 장기는 심장이고,[253] 보존하는 것은 신(神)이고,[254] 성(性)은 믿을 만한 것이고,[255] 정(情)은 두려워함이고,[256]

仁柔而好生, 故其情喜. 義剛而時殺, 故其情怒. 禮與物嘉會相見, 故其情
樂. 智獨不與物合而善救不已. 故其情悲. 書曰, 人心惟危, 道心惟微, 惟
精惟一, 允執其中. 中不失則所以定危也. 中動則爲恐懼之情, 如震二五,
是己心震于物而無守則者, 非情之正也.

인(仁)은 부드러우면서 살아있는 것을 좋아한다. 그러므로 그 정은 기쁨이다.
의(義)는 굳세면서 때에 맞게 죽인다. 그러므로 그 정은 화냄이다. 예(禮)는
사물과 더불어 아름답게 모여[257] 서로 본다. 그러므로 그 정은 즐거움이다.
지(智)는 홀로 사물과 합하지 않고 잘 구제하는 것을 그치지 않는다. 그러므로
그 정은 슬픔이다. 『서경』「대우모(大禹謨)」에서 말하기를 "인심은 오직 위태

----

249 역주 : 『예기』「월령」, "中央土, 其味甘. 其臭香." 참조.
250 역주 : 『서경』「홍범」, "土爰稼穡."참조. '稼'는 種이다. '殖'도 씨를 뿌려 그것을 기
      른다는 것이다. 土는 종자를 번식해 만물이 양육하게 한다. 그러므로 '形'은 '殖'
      이다.
251 역주 : 모래를 깨끗하게 걸러내어 金을 취한다. 그러므로 '生金'이다. 屯土하여
      물을 억제한다. 그러므로 '勝水'이다.
252 역주 : '該'는 '겸한다[兼]'는 것이다. 土는 중앙을 다스리며 아울러 四方四時를 主
      로 한다. 그러므로 '時'가 되고, '該'가 된다.
253 역주 : 『예기』「월령」, "中央土 … 祭先心." 참조.
254 역주 : 『주역』「계사전상」5장, "陰陽不測之謂神.",『周易』「說卦傳」, "神也者, 妙萬
      物而爲言者也." 참조. 음양이 유전하고 만물이 변화하는 것을 헤아릴 수 없는
      것은 '神'이라고 한다. '土'는 四方四時를 겸하고 만물을 생장하게 하는데, 음양이
      바뀌면서 따르는 과정에서 만물의 변화가 신묘하게 나타나는 것은 헤아릴 수
      없다는 것이다.
255 역주 : 土가 때에 응하여 만물을 낳고 기르고, 이루고 저장하게 한다. 이것이 사람
      이 믿음이 있어 때가 이르면 그 때에 맞게 행하는 것을 상징한다. 『한서』「천문지」,
      "塡星曰, 中央夏季土, 信也, 思心也." 참조.
256 역주 : 1년 4계절 음양이 유전하고 만물은 그 때를 신중하게 따르지 않으면 안된
      다. 이것이 사람이 처세하고 일을 행하는데, 마음속으로 戒懼하면서 때에 맞게
      행동하고 순리대로 일을 처리하는 것을 상징한다.
257 역주 : 『주역』「乾卦·文言」, "亨者, 嘉之會也." 참조.

롭고, 도심은 오직 은미하다. 오직 정밀하고 오직 한결같이 하여 진실로 그 중을 잡아라"고 하였다. 중을 잃지 않는 것이 위태로움을 안정시키게 된다. 중이 움직이면 두려워하는[258] 정이 되는 것이니, 이것은 『주역』「진괘(震卦)」 육이효 및 육오효와[259] 같으니, 이것은 자기의 마음이 사물에 떨면서 법칙을 지키는 것이 없는 것으로, 정의 올바름이 아니다.

事思, 用睿, 攝聖, 徵風, 帝黃帝, 神后土, 星從其位,
일삼는 것은 생각함이고, 쓰임새는 슬기로움이고, 발휘하는 것은 성스러움이고, 징험은 바람이고,[260] 제(帝)는 황제(黃帝)이고,[261] 신(神)은 후토(后土)이고,[262] 별은 그 지위를 따른다.

角, 亢, 位辰. 奎, 婁, 位戌. 斗, 牛, 位丑. 井, 鬼, 位未.
(별은) 각성(角星), 항성(亢星)이고, 지위는 진(辰)이다. (별은) 규성(奎星), 루성(婁星)이고, 지위는 술(戌)이다. (별은) 두성(斗星), 우성(牛星)이고 지위는 축(丑)이다. (별은) 정성(井星), 귀성(鬼星)이고, 지위는 미(未)다.

類爲裸, 爲封, 宋作爲封爲瓏. 爲騈, 爲宮, 爲宅, 爲中霤, 爲內事, 爲織, 爲衣, 爲裘, 爲繭, 爲絮, 爲牀, 爲薦,
무리는 벌거벗은 것이 되고,[263] 지경이 되고,[264] 송충본에는 위봉위롱(爲封爲瓏)으로

....

258 역주: 『중용』1장, "是故君子戒慎乎其所不睹, 恐懼乎其所不聞." 및 『주역』「震卦」, "象曰, 洊雷, 震. 君子, 以, 恐懼脩省." 참조.
259 역주: 『주역』「震卦」, "六二, 震來厲, 億喪貝, 躋于九陵, 勿逐, 七日得." 및 "六五, 震往來厲, 意, 無喪有事." 참조.
260 역주: '睿'는 『설문』에서는 "睿, 深明也, 通也."라 한다. 『서경』「홍범」, "五事, 五曰思, 思曰睿, 睿作聖, 聖, 時風若." 참조.
261 역주: 黃帝는 중국의 국가 형성과 관련된 신화에 나타나는 삼황오제 가운데 하나이다. 중국을 통일해 국가를 세운 최초의 군주이자 중국 문명을 창시한 인물로 숭배를 받아 왔다.
262 역주: 五行 중 土를 다스리고, 五方 중 중앙을 관리하는 신령. 『예기』「월령」, "中央土 … 其帝黃帝, 其神后土." 참조.
263 역주: '裸'는 鱗, 甲, 毛, 羽 등이 없는 것으로, 사람을 가리킨다. 『예기』「월령」,

되어 있다. 단지가 되고,²⁶⁵ 방이 되고, 집이 되고, 방의 중(中)이 되고,²⁶⁶ 안의 일이 되고,²⁶⁷ 짜는 것이 되고,²⁶⁸ 옷이 되고, 갖옷이 되고,²⁶⁹ 누에고치가 되고, 솜이 되고,²⁷⁰ 평상이 되고, 거적이 되고,²⁷¹

裸無介鱗羽毛, 體中而已. 夫神無方, 而道未始有封, 封已而此疆爾界生焉. 封已則如餅焉已矣. 餅, 凝土以爲器. 宮, 鑿土以爲室. 宅, 居之也. 宮宅中霤之間有內事焉. 土, 積陰也, 而功作成物, 纖法經緯, 爲衣爲裘, 皆內事也. 裸思所以自燠, 是以爲繭自封, 此人衣裘之心也. 藏諸衣裘而不足, 于是因繭又索絮焉. 自爲中霤以虛變通, 利用生之, 至于爲牀爲薦, 以寧厥正, 安厚之極也.

벌거벗어 껍질, 비늘, 날개, 털이 없는 것[=사람]은 중(中)을 몸체로 한 것일 뿐이다. 대저 신(神)은 일정한 장소가 없고,²⁷² 도(道)는 처음부터 나누어 경계한 것이 없으니,²⁷³ 흙을 쌓아 경계하는 것을 그치면 이 강역과 저 경계가 생긴다.²⁷⁴ 흙을 쌓아 경계하는 것을 그치면 마치 단지와 같을 뿐이다. 단지는

· · · · · · · · · · · · · · · · · ·

"中央土 … 其蟲倮." 참조.
264 역주 : 흙을 모아 경계를 구분한다. '封'은 흙을 모아 경계를 만든 것이다.
265 역주 : 흙을 다져 단지를 만든다.
266 역주 : '中霤'는 '中室'이다. 宮, 宅, 室은 사람이 거처하는 곳으로서 모두 흙으로 만든다. 그러므로 土와 서로 짝한다. 『회남자』「시칙훈」, "季夏之月, 其祀中霤." 참조.
267 역주 : 『주역』「설괘전」, "坤爲地, 爲母." 참조. 內事는 母가 하는 일이다.
268 역주 : '織'은 집안일이면서 주로 여자가 하는 일인데, 특히 母가 하는 일이다.
269 역주 : '裘'는 가죽옷[皮衣]이면서 옷의 부류다. 『주역』「설괘전」, "昆, 爲布." 참조. 織布하여 옷을 만든다.
270 역주 : '繭'은 '蠶衣'다. 누에에서 실을 뽑아 베를 만든다. '絮'는 繭이 이룬 것이다. 養蠶하고 실로 뽑는 것도 모두 母와 婦가 하는 일이다.
271 역주 : '薦'은 누워 쉴 수 있는 '거적'이다. '牀席'은 모두 집안의 물건이다. 그러므로 '牀'이 되고 '薦'이 된다.
272 역주 : '神無方'은 『周易』「繫辭上傳」4章, "範圍天地之化而不過, 曲成萬物而不遺, 通乎晝夜之道而知, 故神無方而易無體." 참조.
273 역주 : 『장자』「齊物論」, "夫道未始有封, 言未始有常, 爲是而有畛也." 참조.
274 역주 : 『시경』「周頌·思文」, "無此疆爾界, 陳常於時夏." 참조. 경계가 나뉘면 피차가 떨어지게 된다는 것이다.

흙을 엉기어 그릇으로 만든 것이다. 궁은 흙을 파서 방으로 만든 것이다. 집은 거처하는 곳이다. 궁택(宮宅)과 중류(中霤)의 사이에 집안의 일이 있다. 토(土)는 음을 쌓은 것이니, 공사를 하여 물건은 완성한다. 짜는 것은 날줄과 씨줄을 본떠서 상의가 되고 갖옷이 되니, 모두 집안의 일이다. 벌거벗은 상태에서는 스스로 따뜻하게 할 것을 생각하니, 이 때문에 누에고치로 옷을 만들어 스스로를 감싼다. 이것이 사람이 상의를 입고 갖옷을 입는 마음이다. 상의와 갖옷으로 (몸을) 감추나 족하지 않기에 이에 누에고치로 옷을 만들고 또 솜을 찾는다. 스스로 중류(中霤)가 되어 비운 것으로 변통하면 편리하게 이용하여 살고, 평상이 되고 거적이 되는 것에 이르러 그 바른 것을 편안하게 하면 편안하고 두터운 것이 지극한 것이다.

爲馴, 爲懷, 爲腹器, 爲脂, 爲漆, 爲膠, 爲囊, 爲包,

따르는 것이 되고,[275] 품는 것이 되고,[276] 복기(腹器)가 되고,[277] 기름기가 되고,[278] 칠이 되고, 아교가 되고,[279] 주머니가 되고, 보자기가 되고,[280]

馴, 婦道也. 懷, 母道也. 以懷故爲腹器. 中和之凝, 爲脂, 爲漆, 爲膠. 其保合之, 爲囊, 爲包.

따르는 것은 부인의 도다. 품는 것은 어미의 도다. 품기 때문에 복기(腹器)가 된다. 중화(中和)가 응결되어 기름이 되고, 칠이 되고, 아교가 된다. 그것이 보합한 것이[281] 주머니가 되고, 보자기가 된다.

· · · · · · · · · · · · · · · · · · ·

275 역주 : '馴'은 '따른다(順)'는 것이다. 『주역』「설괘전」, "坤, 順也." 참조. 坤은 땅이 되고, 地道는 유순하다. 그러므로 馴이 된다.
276 역주 : '懷'는 성질이 '화평하고 유순한(柔)' 것이다. 地道는 柔順하다. 그러므로 '懷'다.
277 역주 : 『주역』「설괘전」, "坤爲腹." 地는 만물을 포용한다. 腹器도 만물을 포용할 수 있다. 그러므로 腹器가 된다.
278 역주 : 地는 만물을 양육한다. 脂도 만물을 양육하나. 그러므로 '脂'가 된다.
279 역주 : 土는 금목수화를 조화함으로써 百物을 이룬다. 膠나 漆은 붙여서 합하게 한다. 그러므로 '漆'이 되고 '膠'가 된다.
280 역주 : 地는 만물을 싣고 包容한다. 囊과 包도 만물을 망라하고 꾸린다.
281 역주 : '保合'과 관련해 『주역』「乾卦・象傳」, "乾道變化, 各正性命, 保合太和, 乃

爲輿, 爲轂, 爲稼, 爲嗇, 爲食, 爲宊, 爲棺, 爲櫝,²⁸² 宋作槨. 爲衢, 爲會, 爲都, 爲度, 爲量, 爲土²⁸³工, 爲弓矢,

수레가 되고,²⁸⁴ 바퀴가 되고,²⁸⁵ 심는 것이 되고, 수확하는 것이 되고,²⁸⁶ 먹는 것이 되고,²⁸⁷ 고기가 되고,²⁸⁸ 관(棺)이 되고, 함이 되고,²⁸⁹ 송충본에는 곽(槨)으로 되어 있다. 네거리가 되고, 모임이 되고,²⁹⁰ 도관(都官)이 되고,²⁹¹ 도(度)가 되고,²⁹² 량(量)이 되고,²⁹³ 흙을 다스리는 장인이 되고,²⁹⁴ 활과 화살이 되고,²⁹⁵

輿以方載, 轂以中運. 爲稼, 爲嗇, 爲食, 爲宊, 爲棺, 爲櫝, 象地載之運也. 書曰, 土爰稼穡, 食以自實而腴其生, 是以有死也. 棺, 人之所以及于土也.

· · · · · · · · · · · · · · · ·

利貞." 참조.

282 劉韶軍 點校 : '櫝'은 명초본에는 '犢'으로 되어 있다. 이것은 오류거본에 의거해 고쳤다. 아래도 이와 같다.

283 역주 : 원문에는 '木'으로 되어 있다. '土'자의 誤字로 보인다. 여기서는 '土'자로 해석한다.

284 역주 : 『주역』「설괘전」, "坤, 爲大輿." 참조. 輿는 車다. 地는 사물을 실을 수 있고 車輿도 사물을 싣고 멀리 간다.

285 역주 : '轂'은 輪의 正中央이다. 土는 中央에 있고, 轂도 輪의 中央에 있다.

286 역주 : '嗇'은 '수확한다[穡]'는 것이다. 『서경』「홍범」, "土爰稼穡." 참조.

287 역주 : 곡식농사를 지으면 糧과 蔬가 있어 먹을 수 있다.

288 역주 : '宊'은 옛날 '肓' 字다. '地'는 '脂'가 되어 만물을 기른다. 肉에도 脂가 있어 사람과 가축을 먹일 수 있다.

289 역주 : 주대 사람들은 瓦棺을 사용하였는데, 흙을 다져서 만들었다. 관에 시체를 담아 땅에 묻었다.

290 역주 : '衢'는 길이 사통으로 뚫린 것이다. '會'는 통한다는 것이다. 앞에서 '따르는 것[馴]'을 말했는데, '馴'도 '통한다'는 것이다.

291 역주 : '都官', 즉 官의 都總을 말한다. '都'는 중앙에 있으면서 사방을 다스린다. 그러므로 '度'가 되고 '量'이 된다. 『회남자』「천문훈」, "何謂五官 … 中央爲都." 참조.

292 역주 : '度'는 分, 寸, 尺, 引이다. 이런 것들을 사용하여 장단을 헤아린다.

293 역주 : '量'은 龠, 合, 升, 斗, 斛이 된다. 이것을 사용하여 많고 적음을 잰다. 도량은 그 의미가 引伸되어 다스림이 된다.

294 역주 : 土工은 土를 다스린다.

295 역주 : 土는 중앙에 있다. 矢가 발사하는 것도 弓의 가운데 있다. 그러므로 '弓矢'가 된다.

夫百昌皆生于土, 反于土而後生之, 生于本者, 是櫝類也. 死生往復, 如衢.
衢, 會通也. 四達而中爲之都, 度量之法謹焉. 土工資之治國, 至于弓矢極
矣, 故曰, 五兵之運, 德之末也. 物之萌生, 離潛發伏, 如弓之矢, 弓之彀,
率游而中央者也.

수레는 사방으로 싣고, 바퀴는 가운데로써 움직인다. 심는 것이 되고, 수확하
는 것이 되고, 먹는 것이 되고, 고기가 되고, 관이 되고, 함이 된다는 것은
땅이 싣고서 운행하는 것을 본뜬 것이다. 『서경』「홍범」에서 말하기를 "토(土)
는 이에 심어서 거두는 것이다"[296] 라고 하니, 음식은 배를 채워 그 생을 살지
게 한다. 이 때문에 죽음이 있다. 관은 사람이 땅에 미치는 것이다. 대저 각종
생물은 모두 땅에서 생기고 땅에 되돌아간 이후에 생하니, 근본에서 생긴 것은
함[櫝]의 부류다. 죽음과 생이 왕복하는 것이 네거리와 같다. 네거리는 모여
통한다는 것이다.[297] 사통팔달하는 가운데가 도회지가 되니, 도량법은 삼간
다. 땅을 다스리는 장인은 그것에 힘입어 나라를 다스리니, 궁시(弓矢)가 지극
한 것에 이른 것이다. 그러므로 (『장자』「천도」에서는) "오병(五兵)을[298] 움직
이는 것은 덕의 말단이다"[299]라고 하였다. 사물이 싹이 트는 것은, 잠긴 것에서
떠나고 엎드린 곳에서 발한 것이니, 마치 활을 벌리고 화살을 당기는 것과
같아, 활을 당기는 것은 비율이 따라 왔다 갔다 하면서 중앙에 맞추는 것이다.

爲黃怪, 爲愚, 爲牟.
누런 괴이한 것이 되고,[300] 어리석음이 되고,[301] 무지한 것이 된다.[302]

· · · · · · · · · · · · · · · ·

296 역주 : 『서경』「홍범」, "五行, 一曰水, 二曰火, 三曰木, 四曰金, 五曰土. 水曰潤下,
火曰炎上, 木曰曲直, 金曰從革, 土爰稼穡. 潤下作鹹." 참조.
297 역주 : '會通'과 관련해 『주역』「계사전상」8장, "聖人有以見天下之動, 而觀其會
通, 以行其典禮, 繫辭焉, 以斷其吉凶, 是故謂之爻." 참조.
298 역주 : 예전에 쓰던 다섯 가지의 무기. 戈, 殳, 戟, 矛, 夷를 말함. 또는 刀, 劍,
矛, 戟, 矢를 말한다.
299 역주 : 『장자』「천도」, "三軍五兵之運, 德之末也. 賞罰利害, 五刑之辟, 敎之末也.
禮法度數, 形名比詳, 治之末也"
300 역주 : 土의 색은 황색인데, 이상한 것을 드러낸다. 그러므로 '黃怪'라고 한다.
301 역주 : '土'는 思가 되고 심이 된다. 심이 병나면 생각하는 것이 '愚'다.
302 역주 : '牟'는 '어리석다[蒙]'는 것으로서, 혼매하다는 것이다. 심사에 병이 생기면

宋云, 牟當作瞀. 妖不自興, 由人反德爲愚也者, 心之疾也. 牟與蒙通, 雺濁之咎也. 玄數之推五行, 昭事類焉. 故以洪範五行爲序. 深知五行之爲, 而可與論道, 可與制禮, 非特尙其占而已也.

송충이 말하기를 "모(牟)는 마땅히 무(瞀)로 써야 한다"라고 하였다. 요망한 것은 스스로 일어나지 않고, 사람이 덕에 반하여 어리석게 되는 것으로 말미암으니 마음의 병이다. 모(牟)는 몽(蒙)과 통하니, 어지럽고 탁한 허물이다. 현수(玄數)는 5행을 미루어 일의 부류를 밝힌다. 그러므로 『서경』「홍범」의 5행으로 차례를 삼았다. 5행의 작위를 깊이 알아야 더불어 도를 논할 수 있고, 더불어 예를 제정할 수 있으니, 그 점을 숭상할 뿐만은 아니다.

五行用事者王, 王所生相, 故王廢, 勝王囚, 王所勝死. 其在聲也, 宮爲君, 徵爲事, 商爲相, 角爲民, 羽爲物. 其以爲律呂也, 黃鍾生林鍾, 林鍾生太簇,[303] 太簇生南呂, 南呂生姑洗, 姑洗生應鍾, 應鍾生蕤賓, 蕤賓生大呂, 大呂生夷則, 夷則生夾鍾, 夾鍾生無射, 無射生仲呂.

5행에서 용사(用事)하는 자는 왕(王)인데,[304] 왕이 생한 것이 상(相)이다.[305] 옛날[306] 왕은 더 이상 작용을 발생하지 않고,[307] 왕을 이긴 것은 가두고,[308]

....

혼매하고 무지하다.

303 역주 : '簇'은 '蔟'와 같다.
304 역주 : '王'은 '旺'으로 읽어야 한다. 1년 4계절의 변화 가운데 水火木金土는 每1行에 모두 작용을 하는데 이런 것을 '用事'라고 한다. 어떤 계절에 작용을 발생한 1行을 '王'이라고 한다. 즉 5행의 어떤 하나의 세가 성대하여 극에 도달한 것을 '王'이라 한다. 예를 들면 春3月에 木이 用事하는데, 이렇게 되면 木은 王(=旺)이다.
305 역주 : '相'은 用事한 行이 생한 어떤 하나의 行을 '相'이라고 한다. 즉 相은 王이 생한 것으로 그 세가 발생하는 途上에 있다. 봄에는 木이 王인데, 木은 火를 生하면, 木은 王이고 火는 相이다.
306 역주 : '故'는 '옛날[舊]'이다. '故王'은 이미 작용을 발생한 1行이다.
307 역주 : '廢'는 다시 작용을 발생하지 않는다는 말이다. 즉 이미 작용을 발생한 어떤 1行은 退出하고 다시 작용을 발생하지 않는다는 것이다. 예를 들면 봄에 木이 王이면 水는 '廢'다. 왜냐하면 水는 겨울에 이미 用事했기 때문이다. 그러므로 '작용이 폐지한다[廢]'고 한다.
308 역주 : '囚'는 5행의 어떤 勢가 점점 쇠약해진다는 것으로, 용사한 어떤 1行을 이겨 가둔다는 것이다. 예를 들면 봄에 木이 王이고, 金은 木을 이긴다. 그러므로

왕이 이긴 바는 죽인다.[309] 그 소리에서, 궁(宮)은 군주가 되고, 치(徵)는 일이 되고, 상(商)은 제상이 되고, 각(角)은 백성이 되고, 우(羽)는 사물이 된다.[310] 그것으로써 율(律)과 려(呂)를 만드는데, 황종(黃鐘)은 임종(林鐘)을 낳고, 임종은 태주(太簇)를 낳고, 태주는 남려(南呂)를 낳고, 남려는 고선(姑洗)을 낳고, 고선은 응종(應鐘)을 낳고, 응종은 유빈(蕤賓)을 낳고, 유빈은 대려(大呂)를 낳고, 대려는 이칙(夷則)을 낳고, 이칙은 협종(夾鐘)을 낳고, 협종은 무역(無射)을 낳고, 무역은 중려(仲呂)를 낳는다.[311]

事變通, 相宰制. 民生而和, 物藏而化. 君中心無爲也, 以守至正. 故凡聲重不踰宮, 輕不過羽. 九九八十一以爲宮, 三分去一, 五十四以爲徵, 三分益一, 七十二以爲商, 三分去一, 四十八以爲羽, 三分益一, 六十四以爲角, 此黃鐘之均五聲法也. 十二律各以其數爲宮, 而損益以生徵商角羽, 而爲六十聲. 黃鐘之管九寸, 三分去一, 下生林鐘. 林鐘之管六寸, 三分益一, 上生太簇. 太簇之管八寸, 三分去一, 下生南呂五寸三分寸之一. 南呂上生姑洗, 七寸九分寸之一. 姑洗下生應鐘, 四寸二十七分寸之二十. 應鐘上生蕤賓, 六寸八十一分寸之二十六. 蕤賓于上生大呂, 八寸二百四十三分寸之百四. 大呂下生夷則, 五寸七百二十九分寸之四百五十一. 夷則上生夾鐘, 七寸二千一百八十七分寸之千七十五. 夾鐘下生無射, 四寸六千五百六十一分寸之六千五百二十四. 無射上生中呂, 六寸萬九千六百八十三分寸之萬二千九百七十四. 蓋皆損益之數不過三, 生取之數不過八. 是以統和三極而述行八風也. 自子至巳者, 皆陽紀也. 大呂, 夾鐘, 中呂, 陽中之陰聲也. 自午至亥者, 皆陰紀也. 蕤賓, 南呂, 應鐘, 陰中之陽聲也. 是以自子至

• • • • • • • • • • • • • • • • • •

'금을 가둔다(囚)' 라고 한다.

309 역주 : '死'는 5행의 하나의 세가 완전히 조락한다는 것으로, 用事한 行이 이긴 바의 어떤 1行은 죽는다는 것이다. 예를 들면 봄에 木이 王이고, 木은 土를 이긴다. 그러므로 '土는 죽는다(死)' 라고 한다.

310 역주 : 이것은 오성을 君, 相, 民, 事, 物에 짝한 것이다. 『한서』「율력지」, "夫聲者 … 以君臣民事物言之. 則宮爲君, 商爲臣, 角爲民, 徵爲事, 羽爲物." 참조.

311 역주 : 이것은 12律의 律呂로, 1년 4계절에 짝한 것이다.

巳皆下生, 自午至亥皆上生也. 凡樂, 黃鐘爲宮, 則林鐘爲徵, 太簇爲商, 南呂爲羽, 姑洗爲角. 林鐘爲宮, 則太簇爲徵, 南呂爲商, 姑洗爲羽, 應鐘爲角. 太簇爲宮, 則南呂爲徵, 姑洗爲商, 應鐘爲羽, 蕤賓爲角. 凡五聲六律十二管之旋相爲宮也, 以三變通, 此記所謂播五行于四時, 和而后月生者也. 五行更王用事, 一正勝焉, 而參以生和, 此易所謂利貞之性情者哉.

일은 변하여 통하는 것이고, 상(相)은 주제하고 제어하는 것이다. 백성은 태어나 조화로운 것이고, 사물은 잠겨서 변화하는 것이다. 군주는 한 가운데 자리잡고 무위하고 지극한 바름을 지킨다. 그러므로 무릇 소리의 무거움은 궁(宮)을 넘지 않고, 가벼움은 우(羽)를 넘지 않는다. 9 곱하기 9하여 81을 궁으로 삼고, 그것을 3분하여 하나를 제거해 (즉 삼분의 1을 빼) 54로써 치(徵)로 삼고, 3분하여 하나를 더해(즉 삼분의 1을 더해) 72를 상(商)으로 삼고, 3분의 1을 빼 48로써 우(羽)로 삼고, 3분의 1을 더해 64로 각(角)으로 삼으니, 이것이 황종이 5성을 균등하게 하는 법이다. 12율은 각각 그 수로써 궁을 삼는데, 덜고 더함으로써 치, 상, 각, 우를 낳아 60의 소리로 한다. 황종의 관은 9촌인데, 3분의 1을 더해 아래로 임종을 낳는다. 임종의 관은 6촌인데, 3분의 1을 더해 위로 태주를 낳는다. 태주의 관은 8촌인데, 3분의 1을 빼 아래로 남려 5촌 3분촌의 1을 낳는다. 남려는 위로는 고선을 낳으니, 7촌 9분촌의 1이다. 고선은 아래로 임종을 낳으니, 4촌 27분촌의 20이다. 응종은 위로 유빈을 낳으니, 6촌 81분촌의 26이다. 유빈은 또 위로 대려를 낳으니, 8촌 243분촌의 104다. 대려는 아래로 이칙을 낳으니, 5촌 729분촌의 451이다. 이칙은 위로는 협종을 낳으니, 7촌 2,187분촌의 1,075이다. 협종은 아래로 무역을 낳으니, 4촌 6,561분촌의 6,524다. 무역은 위로 중려를 낳으니, 6촌 19,683분촌의 12,974다. 대개 모두 덜고 더하는 수는 3을 넘어서지 않고, 낳고 취하는 수는 8을 넘지 않는다. 이 때문에 3극(三極)을 통섭해 조화시키고 8풍(八風)을 펴서 행하는 것이다. 자(子)에서 사(巳)에 이르는 것은 모두 양기(陽紀)다. 대려, 협종, 중려는 양 가운데 음의 소리다. 오(午)에서 해(亥)에 이르는 것은 모두 음기(陰紀)다. 유빈, 남려, 응종은 음 가운데 양의 소리다. 이 때문에 자에서 사에 이르는 것은 모두 하생(下生)이고, 오에서 해에 이르는 것은 모두 상생(上生)이다. 무릇 악(樂)은 황종이 궁이 되면 임종은 치가 되고, 태주는 상이 되고, 남려는 우가 되고, 고선은

각이 된다. 임종이 궁이 되면 태주는 치가 되고, 남려는 상이 되고, 고선은
우가 되고, 응종은 각이 된다. 태주가 궁이 되면 남려는 치가 되고, 고선은
상이 되고, 응종은 우가 되고, 유빈은 각이 된다. 무릇 5성과 6율과 12관이
돌아 서로 궁이 되니, 3으로 변통한 것이다. 이것은 『예기』「악기」에서 "5행을
4계절에 펼쳐 조화롭게 된 이후에 달이 생긴다"라고 하는 것이다. 5행이 왕(王)
을 바꾸어 용사(用事)하여[312] 일정(一正)이 이기고 3으로써 조화를 낳으니, 이
것이 『주역』에서 이른바 "이정(利貞)의 성정이다"[313] 라고 하는 것이다.

死	因	廢	相	王	
土	金	水	火	木	春
金	水	木	土	火	夏
木	火	土	水	金	秋
火	土	金	木	水	冬

水	金	土	火	木	五行
物	臣	君	事	民	五物
羽	商	宮	徵	角	五聲
智	義	信	禮	仁	五常
聽	言	思	視	貌	五事

子午之數九, 丑未八, 寅申七, 卯酉六, 辰戌五, 巳亥四. 故律四十二,
呂三十六. 幷律呂之數, 或還或否, 凡七十有八, 黃鍾之數立焉. 其以
爲度也, 皆生黃鍾.

자(子)와 오(午)의 수는 9이고, 축(丑)과 미(未)는 8이고, 인(寅)과 신(申)은 7이
고, 묘(卯)와 유(酉)는 6이고, 진(辰)과 술(戌)은 5이고, 사(巳)와 해(亥)는 4이

· · · · · · · · · · · · · · · · · · ·

312 역주 : 앞서 말한 '五行用事者王'과 더불어 「五帝」 第24, "季康子問於孔子曰, 舊聞
五帝之名, 而不知其實, 請問何謂五帝. 孔子曰, 昔丘也聞諸老聃曰, 天有五行, 水
火金木土, 分時化育, 以成萬物, 其神謂之五帝. 古之王者, 易代而改號, 取法五行.
五行更王, 終始相生, 亦象其義." 참조.
313 역주 : 『주역』「건괘」, "乾元者, 始而亨者也. 利貞者, 性情也. 乾始能以美利利天
下, 不言所利, 大矣哉. 大哉乾乎." 참조.

다. 그러므로 율(律)은 42이고 려(呂)는 36이다. 율과 려의 수를 아우르면 혹은 돌아오고 혹은 돌아오지 않아 도합 78이 되니 황종의 수가 선다.[314] 그것을 법도로 삼아도 모두 황종을 낳는다.[315]

子午, 天地之所以經皇極也, 九數絪焉, 而其殺至于巳亥. 律綜子午寅申辰戌之數, 爲四十二. 呂綜丑未卯酉巳亥之數, 爲三十六. 幷之凡七十有八, 而律呂之數, 黃鐘獨還得九, 諸律否焉. 是以黃鐘爲律呂之宗也. 黃鐘之數八十有一, 而立于七十有八, 則虛感其三以爲衆妙之玄, 所以用九者也參三焉. 十有二辰之數, 至四而止, 則以立方而已矣. 其以爲度也, 皆由黃鐘者, 由九十漆之廣而生度, 由九寸之管而生量, 由其實一千二百漆之重爲十二銖, 而生權衡也.

자(子)와 오(午)는 천지가 황극을[316] 지나는 것으로, 9의 수가 인온(絪蘊)하다가 그것이 감쇄(減殺)하여 사와 해에 이른다. 율(律)은 자·오·인·신·진·술의 수를 종합하여 42를 만든다. 려(呂)는 축·미·신·유·사·해의 수를 종합하여 36을 만든다. 그것을 아우르면 78이 된다. 율려의 수에서 황종이 홀로 돌아서 9를 얻지만 나머지 모든 율은 그렇지 않다. 이것은 황종으로 율려의 조종을 삼는 것이다. 황종의 수는 81로서, 78에 서면 그 3을 비우고 느껴 중묘의 현으로 삼는다.[317] 9를 사용하는 이유는 3을 3번 곱한 것이기 때문이다. 12진의 수가 4에 이르러 그치면 입방(立方)으로 할 뿐이다. 그것이 도(度)가 되는 것도 모두 황종에서부터 말미암은 것으로, 90기장의 넓이에서 말미암아 도(度)가 생기며, 9촌의 관으로 말미암아 량(量)이 생기며, 그것에 1,200기장의 무게를 채움으로 12수(銖)가 되는 것으로 말미암아 권형(權衡)을 낳는 것이다.

• • • • • • • • • • • • • • • • •

314 역주 : 황종의 수는 81인데, 3을 덜어 玄의 수로 삼으니 78이다.
315 역주 : '權衡' 등 도량형은 모두 황종에서 나온다는 것이다.
316 역주 : '皇極'은 帝王이 天下를 통치하는 준칙으로 이른바 大中至正의 道를 의미한다. 『서경』 「홍범」, "五, 皇極, 皇建其有極.", 荀悅, 『漢紀』 「高祖紀一」, "昔在上聖, 唯建皇極, 經緯天地." 등 참조.
317 역주 : '衆妙之玄'은 『노자』 1장, "故常無欲, 以觀其妙, 常有欲, 以觀其徼. 此兩者同出而異名, 同謂之玄, 玄之又玄, 衆妙之門." 참조.

甲己之數九, 乙庚八, 丙辛七, 丁壬六, 戊癸五. 聲生於日, 律生於辰.
聲以情質, 律以和聲. 聲律相協, 而八音生.

갑(甲)과 기(己)의 수는 9이고, 을(乙)과 경(庚)은 8이고, 병(丙)과 신(辛)은 7이
고, 정(丁)과 임(壬)은 6이고, 무(戊)와 계(癸)는 5이다. 성(聲)은 날을 낳고,
율(律)은 때를 낳는다. 성(聲)으로 정(情)을 바르게[^318] 하고, 율(律)로 소리를
조화롭게 한다. 성과 율이 서로 협조하여 8음(八音)이 생겨난다.

天數五, 地數五, 五位相得而各有合, 是以十日如之. 天地中孚, 象見甲子.
甲, 一元也. 一爲三, 三爲九, 而數究焉. 故甲數九, 己數亦九, 從其合也.
甲數九, 降而爲乙, 爲丙, 爲丁, 爲戊. 己數九, 降而爲庚, 爲辛, 爲壬, 爲癸.
數極于五, 是故日以沖運也. 甲乙爲角, 丙丁爲徵, 庚辛爲商, 壬癸爲羽, 戊
己爲宮, 故聲生于日, 天之氣也. 律生于辰, 地之法也. 聲直之以情質, 律述
之以和聲, 而金石絲竹匏土革木之音生. 聲可和而成文如此, 凡以日各有
合故也.

하늘의 수는 5이고, 땅의 수는 5로서, 5의 지위가 서로 얻어 각각 합함이 있
다.[^319] 이 때문에 10일로써 같이 한다. 천지는 중부(中孚)로서, 상은 갑자(甲
子)에 나타난다. 갑은 1원(一元)이다. 1은 3이 되고, 3은 9가 되어 수(數)가
다한다. 그러므로 갑(甲)의 수는 9이고, 기(己)의 수도 9로서, 그 합해진 것을
좇는다. 갑(甲)의 수는 9로서, 내려가 을(乙)이 되고, 병(丙)이 되고, 정(丁)이
되고 무(戊)가 된다. 기(己)의 수는 9로서, 내려가 경(庚)이 되고, 신(辛)이 되
고, 임(壬)이 되고, 계(癸)가 되니, 수는 5에서 다한다. 이 때문에 태양은 충(沖)
으로 운행한다. 갑을은 각(角)이 되고, 병정은 치(徵)가 되고, 경신은 상(商)이
되고, 임계는 우(羽)가 되고, 무기는 궁(宮)이 된다. 그러므로 소리는 태양에서
발생하니 하늘의 기운이다. 율(律)은 별에서 발생하니 땅의 법이다. 소리는
정의 바른 것으로 곧게 하고, 율은 조화를 이룬 소리로 서술하니, 금(金)·석
(石)·사(絲)·죽(竹)·포(匏)·토(土)·혁(革)·목(木)의 음이 생긴다. 소리는 조화

----

[^318] 역주 : '質'은 '바르다[正]'는 것이다. 『儀禮』「士冠禮」, "質明行事." 주석에서는 "質,
正也."라 하고 있다.
[^319] 역주 : 『주역』「계사전상」9장, "天數五, 地數五, 五位相得而各有合." 참조.

로워 문채를 이룰 수 있는 것이 이와 같으니, 무릇 태양이 각각 합한 것이 있기 때문이다.

九天, 一爲中天, 二爲羨天, 三爲從天, 四爲更天, 五爲睟天, 六爲廓天, 七爲減天, 八爲沈天, 九爲成天.
9천(九天)은, 1은 중천(中天)이 되고, 2는 선천(羨天)이 되고, 3은 종천(從天)이 되고, 사는 경천(更天)이 되고, 5는 수천(睟天)이 되고, 6은 확천(廓天)이 되고, 7은 감천(減天)이 되고, 8은 침천(沈天)이 되고, 9는 성천(成天)이 된다.[320]

九地, 一爲沙泥, 二爲澤地, 三爲沚崖, 四爲下田, 五爲中田, 六爲上田, 七爲下山, 八爲中山, 九爲上山.
9지(九地)는, 1은 모래와 진흙[沙泥]가 되고, 2는 택지(澤地)가 되고, 3은 물가와 언덕[沚崖]이 되고, 4는 하전(下田)이 되고, 5는 중전(中田)이 되고, 6은 상전(上田)이 되고, 7은 하산(下山)이 되고, 8은 중산(中山)이 되고, 9는 상산(上山)이 된다.

九人, 一爲下人, 二爲平人, 三爲進人, 四爲下祿, 五爲中祿, 六爲上祿, 七爲失志, 八爲疾瘀, 宋作瘀疾. 九爲極.
구인(九人)은, 1은 하인(下人)이 되고, 2는 평인(平人)이 되고, 3은 진인(進人)이 되고, 4는 하록(下祿)이 되고, 5는 중록(中祿)이 되고, 6은 상록(上祿)이 되고, 7은 실지(失志)가 되고, 8은 질어(疾瘀)가 되고, 송충본에는 어질(瘀疾)로 되어 있다. 9는 극(極)이 된다.[321]

九天以行言, 據始中終. 九地以勢名, 據下中上. 九人以動觀, 據思禍福.
9천(九天)은 운행으로 말한 것으로, 시(始)·중(中)·종(終)에 의거한다. 9지(九地)는 형세로 이름한 것으로, 하(下)·중(中)·상(上)에 의거한다. 9인(九人)은

---

320 역주 : 『태현경』 81首는 每 9首를 天으로 삼아 1년 4계절의 변화 과정을 표시한다.
321 역주 : '極'은 지극한 禍를 만난 것이 된다.

움직이는 것으로 본 것으로, 사(思)·화(禍)·복(福)에 의거한다.

九體, 一爲手足, 二爲臂脛, 三爲股肱, 四爲要, 五爲腹, 六爲肩, 七爲
暇㗓, 暇, 音呀. 㗓, 釋文音枯. 宋音胡. 八爲面, 九爲顙.

9체(九體)는, 1은 손과 다리[手足]가 되고, 2는 팔과 정강이[臂脛]가 되고, 3은
넓적다리와 팔[股肱]이 되고, 4는 허리[腰]가³²² 되고, 5는 배[腹]가 되고, 6은
어깨[肩]가 되고, 7은 목구멍[暇㗓]이 되고,³²³ 하(暇)는 음이 하(呀)다. 고(㗓)는 『석문
(釋文)』에서는 "음이 고(枯)"라 하고, 송충은 음이 호(胡)다"라고 한다. 8은 얼굴[面]이 되고,
9는 이마[顙]가 된다.³²⁴

九屬, 一爲玄孫, 二爲曾孫, 三爲仍孫, 四爲子, 五爲身, 六爲父, 七爲
祖父, 八爲曾祖, 九爲高祖父.

9속(九屬)은, 1은 현손(玄孫)이 되고, 2는 증손(曾孫)이 되고, 3은 칠대 후손[仍
孫]이 되고, 4는 아들[子]이 되고, 5는 몸[身]이 되고, 6은 아버지[父]가 되고,
7은 할아버지[祖父]가 되고, 8은 증조부(曾祖父)가 되고, 9는 고조부(高祖父)가
된다.

九竅, 一六爲前, 爲耳, 二七爲目, 三八爲鼻, 四九爲口, 五五爲後.

9규(九竅)는 1과 6(六)은 앞[前]이 되고,³²⁵ 귀[耳]가 되고,³²⁶ 2와 7은 눈[目]이
되고,³²⁷ 3과 8은 코[鼻]가 되고,³²⁸ 4와 9는 입[口]이 되고,³²⁹ 5와 5는 뒤[後]가
된다.³³⁰

· · · · · · · · · · · · · · · · ·

322 역주 : '要'는 '허리[腰]'다.
323 역주 : '暇㗓'는 '목구멍[咽喉]'이다.
324 역주 : '顙'은 '이마[額]'다. 『方言』, "中夏謂之額, 東齊謂之顙." 참조.
325 역주 : 1과 6은 水다. 水性은 漸進한다. 그러므로 '前'이 된다.
326 역주 : 『周易』에서는 '坎'을 '水'로 삼는다. 그러므로 1과 6은 '耳'다.
327 역주 : 2와 7은 '火'다. 『주역』에서는 '離'를 '火'로 삼는다. 그러므로 2와 7은 '目'이다.
328 역주 : 3과 8은 '木'인데, 『주역』에서는 巽을 '木'으로 삼고 '風'으로 삼는다. 그러므
     로 3과 8은 '風'으로서, '鼻'를 통해 바람이 들락날락한다.
329 역주 : 4와 9는 '金'으로서 '秋'다. 『주역』에서는 '兌'로 正秋의 괘를 삼고, '口'로
     삼는다. 그러므로 4와 9는 '口'다.

觀九體, 九屬之象, 則知日辰之數. 數自九差等而降者, 蓋自然也.

9체(九體)와 9속(九屬)의 상을 보면 일진(日辰)의 수를 알 수 있다. 수(數)가 9로부터 차등하여 내려가는 것은 대개 자연이다.

九序, 一爲孟孟, 二爲孟仲, 三爲孟季, 四爲仲孟, 五爲仲仲, 六爲仲季, 七爲季孟, 八爲季仲, 九爲季季.

9서(九序)는, 1은 맹맹(孟孟)이 되고, 2는 맹중(孟仲)이 되고, 3은 맹계(孟季)가 되고, 4 중맹(仲孟)이 되고, 5는 중중(仲仲)이 되고, 6은 중계(仲季)가 되고, 7은 계맹(季孟)이 되고, 8은 계중(季仲)이 되고, 9는 계계(季季)가 된다.

九事, 一爲規模, 二爲方沮, 三爲自如, 四爲外它, 五爲中和, 六爲盛多, 七爲消, 八爲耗, 九爲盡弊.

9사(九事)는, 1은 (시작과 끝을 經營하는) 규모(規模)가 되고, 2는 (의심하여 아직 정하지 않는) 방저(方沮)가 되고, 3은 (이미 결정한) 자여(自如)가 되고, 4는 (이미 행한) 외타(外它)가 되고, 5는 (마땅함을 얻은) 중화(中和)가 되고, 6은 (이미 다한 것인) 성다(盛多)가 되고, 7은 (이미 다하여 衰하는) 소(消)가 되고, 8은 (이미 다하여 衰하는) 모(耗)가 되고, 9는 (이미 다하여 폐해진) 진폐(盡弊)가 된다.[331]

九年, 一爲一十, 二爲二十, 三爲三十, 四爲四十, 五爲五十, 六爲六十, 七爲七十, 八爲八十, 九爲九十.

· · · · · · · · · · · · · · · ·

330 역주 : 5와 5는 '土'가 된다. '土'는 만물이 의거하는 바가 된다. 後도 의거할 수 있다. 그러므로 '後'가 된다.

331 역주 : 이 구절은, 인간의 매 행위와 일을 꾸며내는 것을 9단계로 나눈 것을 말한 것이다. 1단계는 행위의 終始를 계획하는 것을 시작하는 것, 2단계는 반복 사색하나 의심하고 아직 정하지 않은 것, 3단계는 사려가 성숙하여 결심하는 것, 4단계는 행사에 펴는 것, 5단계는 하는 일이 잘 되어 상당한 성공을 거두는 것, 6단계는 성공이 최고봉에 도달하는 것으로 여기에 이르면 발전은 극점에 도달한다. 이 후에는 '物極則反'의 원리가 적용되어, 7단계, 8단계, 9단계는 소모하고 다하여 없어져 敗毁에 도달한다.

9년(九年)은, 1은 10이 되고, 2는 20이 되고, 3은 30이 되고, 4는 40이 되고, 5는 50이 되고, 6은 60이 되고, 7은 70이 되고, 8은 80이 되고, 9는 90이 된다.[332]

以九屬要九體九竅者, 體竅所以立人屬也. 以九事要九序九年者, 序年所以作人事也. 序推三, 年周十.

9속(九屬)으로 9체(九體)와 9규(九竅)를 요구하는 것은, 체(體)와 규(竅)가 인속(人屬)을 세우는 것이기 때문이다. 구사(九事)로서 9서(九序)와 9년(九年)을 요구하는 것은, 서(序)와 년(年)이 인사(人事)를 만드는 것이기 때문이다. 서(序)는 3을 미루고, 년(年)은 10을 두루 한다.

推玄算. 家, 一置一, 二置二, 三置三. 部, 一勿增, 二增三, 三增六. 州, 一勿增, 二增九, 三增十八. 方, 一勿增, 二增二十七, 三增五十四.

현산(玄算)을 미룬다.[333] 가(家)는 1이면 1을 두고, 2이면 2를 두고, 3이면 3을 둔다. 부(部)는 1이면 더하지 않고, 2이면 더하여 3으로 하고, 3이면 더하여 6으로 한다. 주(州)는 1이면 더하지 않고, 2이면 더하여 9로 하고, 9이면 더하여 18로 한다. 방(方)은 1이면 더하지 않고, 2이면 더하여 27로 하고, 3이면 더하여 54로 한다.

法言曰, 易, 數也, 可數焉者也. 書之不備過半, 而習者不知者, 無數以爲之品式也. 玄算使筮者知首贊日星之次, 所以經天彝倫, 而使勿亂也. 如得一

· · · · · · · · · · · · · · · · · · ·

332 역주 : 이것은 인간의 일생을 9단계로 나눈 것이다.
333 역주 : 이 구절은, 筮를 해서 1首를 얻었지만, 그것의 차서와 기우를 모르면 길흉화복을 점칠 방법이 없기에, 반드시 玄首에 해당하는 차서를 推求해야 한다는 것이다. 그것의 방법은 다음과 같다. 家가 1劃이면 數 1을 놓는다. 2면 數 2를 놓는다. 3이면 數 3을 놓는다. 部가 1획이면 얻은 바 家數의 위에 數를 더하지 않는다. 部가 2면 家數의 위에 3을 加한다. 部가 3이면 6을 加한다. 州가 1획이면 部, 家와 數의 위에 數를 더하지 않는다. 州가 2면 部, 家와 數의 위에 9를 加한다. 州가 3이면 18을 加한다. 方이 1획이면 州, 部, 家와 數 위에 數를 가하지 않는다. 方이 2면 27을 加한다. 方이 3면 54를 加한다.

方一州一部三家礥, 則家置三, 方州部皆勿增, 有三而已. 是爲玄首之次三也. 凡增者, 皆其所因家數也.

양웅의 『법언(法言)』「문신(問神)」에서 말하기를 "(어떤 이가 말하기를), 역이란 수다. 계산을 해보면 알 수 있을 것이다. (『주역』 64괘 중에서 한 괘라도 갖추어져 있지 않으면 아무리 어리석은 자라도 불완전하다는 것을 알 수 있지만)『서경』에 이르러서는 과반이 부족한데도 배우는 자들은 모르고 있는 것이다"[334]라고 하였는데, 이것은 수가 없는 것으로 품식(品式)을 삼았기 때문이다. 현산(玄算)은, 점치는 자로 하여금 수찬(首贊) 일성(日星)의 차례를 알게 하는 것은 하늘을 경륜하고 인륜을 떳떳하게 하여 어지럽히지 못하게 하기 위해서이다. 만일 '1방, 1주, 1부, 3가'의 현수(礥首)을 얻으면, 가(家)는 3을 두고 방·주·부는 모두 더하지 말아야 하니 3만 있을 뿐이다. 이것이 현수의 차서가 3이 되는 것이다. 무릇 '더하는 것(增)'은 모두 그 가수(家數)에 인한 바이다.

求表之贊, 置玄姓, 去太始策數, 減一而九之, 增贊去玄數半之, 則得贊去冬至日數矣.[335] 偶爲所得日之夜, 奇爲所得日之晝也.

표(表)의 찬(贊)을 구한다.[336] 현성(玄姓)을[337] 두고 태시(太始)의[338] 책수(策數)를 제거하고, 1을 덜어 9로 한다. 찬(贊)을 더해 현 수를 제거하여 반으로 하면 찬(贊)이 동지를 떠난 일수(日數)를 얻는다. 우(偶)는 하루의 밤을 얻은 것이고 기(奇)는 하루의 낮을 얻은 것이다.

· · · · · · · · · · · · · · · · ·

334 역주 : 『법언』「문신」, "或曰, 易損其一也, 雖憃知闕焉. 至書之不備過半矣, 而習者不知." 참조.

335 역주 : 鄭萬耕 校釋, 『太玄校釋』(北京師範大學出版社, 1989)에는 "求表之贊, 置玄姓, 去太始策數, 減一而九之, 增贊去玄數半之, 則得贊去冬至日數矣."가 "求表之贊, 置玄姓去太始策數, 減一而九之, 增贊. 去玄數半之, 則得贊去冬至日數矣."로 구두점이 찍혀 있다.

336 역주 : 表의 贊을 구한다는 것은 表는 1首에 3表가 있고, 81首에는 243表가 있다. 찬은 1首에 9찬이 있고, 81首에 729찬이 있다. 표는 찬을 나누고, 찬은 표를 겸한다.

337 역주 : '玄姓'은 家性의 이름이다. (즉 首의 名稱이다)

338 역주 : '태시'는 최초로 개시하는 것이다. 즉 『태현경』 제1 首인 中首를 말한다.

許, 黃作明, 宋, 郭作得. 置玄姓去太始策數而減一者, 去其所置玄姓之首.
九之者, 數各九贊也. 去玄姓之首, 則將計其贊而增之, 贊一增一, 二增二,
三增三也. 求日去玄數半之者, 合二贊爲一日. 故贊偶爲夜, 贊奇爲畫也.
如筮得應, 自中至應, 凡四十一, 則置四十一. 減一而九之, 爲三百六十, 而
增所得贊焉. 去三百六十半之, 而得百八十, 此去冬至日數也. 增一則爲三
百六十一贊, 奇也. 爲百八十一之畫, 增二則爲三百六十二贊, 偶也. 爲百
八十一日之夜也.

허앙본, 황백사본에는 명(明)으로 되어 있고, 송충본, 곽원형본에는 득(得)으
로 되어 있다. "현성(玄性)을 두고 태시(太始)의 책수(策數)를 제거하고 1을
던다" 라는 것은 그 둔 바 현성의 수(首)를 제거한다는 것이다. "9로 한다"는
것은 수(數)가 각각 9찬이라는 것이다. "현성의 수(首)를 제거한다" 라는 것은
장차 그 찬을 계산하여 더한다는 것으로, 찬1(贊一)이면 1을 더하고, 찬2(贊二)
면 2를 더하고, 찬3(贊三)이면 3을 더하는 것이다. "날을 구하고 현 수를 제거
하고 반으로 한다" 라는 것은 2찬(二贊)을 합하여 1일(一日)로 삼는다는 것이
다. 그러므로 찬이 짝수이면 밤이 되고, 찬이 홀수이면 낮이 된다. 만일 점을
쳐 응수(應首)를 얻으면, 중수(中首)에서부터 응수(應首)에 이르기까지 무릇
41이니, 41을 둔다. 1을 덜어 구배 하면 360이 되니, 더한 것은 찬을 얻은 것이
다. 360을 반으로 나누어 180을 얻으면, 이것이 동지를 떠난 일수(日數)다.
1을 더하면 361 찬이 되니, (그것은) 기(奇)로서 181의 낮이 된다. 2를 더해
362 찬이 되니, (그것은) 우(偶)로서 181의 밤이 된다.

求星, 從牽牛始, 除算盡, 則是其日也.
성(星)을 구한다. 견우성(牽牛星)에서 시작하는 것을 따라서 나눗셈을 다하면
이것이 그 날이다.

冬至日起牽牛一度, 日運一度而成一日. 故除星度盡, 則得其日之所在何
度也.
동지일에는 견우성 1도(一度)에서 시작하여[339] 해가 1도를 운행하여 하루를
이룬다. 그러므로 별의 도수를 더는 것을 다하면 그 태양이 있는 곳이 어떤

도수인지를 얻게 된다.[340]

. . . .

339 역주 : 동지날은 牽牛 1度부터 시작한다.
340 역주 : 한해의 曆을 미루는 것이다. 冬至 牽牛에 1度에서부터 시작하여 날로 1도
    를 가면 한해는 365일 사분의 1로서, 하늘을 두로 돌아 28도수가 다한다. 그러므
    로 '견우에서부터 시작한다'고 한다.

제 9 권

태현집주[太玄集注]

▌ 현문(玄文)¹

罔, 直, 蒙, 酋, 冥.²
망(罔), 직(直), 몽(蒙), 추(酋), 명(冥)이다.

罔, 北方也, 冬也, 未有形也. 直, 東方也, 春也, 質而未有文也. 蒙, 南
方也, 夏也, 物之修長也, 皆可得而戴也. 許, 黄作載. 章, 丁, 郭作戴. 酋,
西方也, 秋也, 物皆成象而就也. 有形則復于無形, 故曰冥.
망(罔)은 북방이고 겨울로서, 아직 구체적인 형이 있지 않다.³ 직(直)은 동방이
고 봄으로서, 질박하여 아직 문채가 있지 않다.⁴ 몽(蒙)은 남방이고 여름으로
서, 사물이 길게 성장하여 (枝葉마다) 모두 번식하고 무성함을 얻을 수 있다.⁵
허앙본, 황백사본에는 재(載)로 되어 있다. 장찰본, 정위본, 곽원형본에는 대(戴)로 되어 있다.
추(酋)는 서방이고 가을로서, 사물이 모두 상을 이루고 결실을 성취한다.⁶ 형
체가 있으면 형체가 없는 것으로 돌아간다. 그러므로 명(冥)이라고 이른다.⁷

• • • • • • • • • • • • • • • • •

1 역주 : 『玄掜』에서는 '文'을 "文為藻飾."이라고 한다. 「玄文」은 반복적으로 罔, 直,
   蒙, 酋, 蒙이란 현의 5德을 밝힌다. 아울러 中首 贊辭 9條를 선택하여 『태현경』의
   시간과 공간 결합 방식의 세계 도식을 文飾한다. 그러므로 「玄文」이라고 한다.
   이것은 『주역』「文言傳」에 상당한다.
2 역주 : 이 다섯 가지는 『태현경』의 덕으로서 만물은 그것에 의해 생장한다는 것이
   다. 易의 元, 亨, 利, 貞 四德을 모방한 것이다.
3 역주 : '罔'은 '없다[無]'는 것이다. 『이아』「釋言」에서는 "無也."라 하고 있다. 「玄數」
   에서는 "一六為水, 為北方, 冬天."이라 한다. 겨울은 1년의 끝으로 양기가 아직
   발하지 않은 것이다. 만물은 다 마쳐서 황천 가운데에 잠겨 있기 때문에 形의 兆朕
   이 없어서 구체적인 形으로 이름 할 수 없다. 그러므로 '罔'이라고 한다.
4 역주 : '直'은 '자란다[殖]'는 것으로, '펼쳐진다[伸]'는 것이다. 「玄數」에서는 "三八木,
   為東方, 為春."라고 한다. 봄에는 양기가 만물을 양육하니, 만물은 껍질을 깨고
   처음 나온다. 또 가지를 내고 꽃을 피우지만 만발하지는 않는다. 그러므로 '질박하
   여 아직 문채가 없다'고 말한다.
5 역주 : '蒙'은 '뒤덮는다[被覆]'는 것이다. '戴'는 『說文』에서는 "分物得增益曰戴."라
   고 한다. 「玄數」에서는 "二七為火, 為南方, 為夏."라고 한다. 여름에는 만물이 생장
   하여 지엽이 번식하고 무성하기에 모두 위로 덮는다. 그러므로 '蒙'이다.
6 역주 : '酋'는 '모인다[聚]'는 것이다. 「玄數」에서는 "四九為金, 為西方, 為酋."라고
   한다. 가을에는 만물이 모두 성숙하여 이미 形을 성취하고, '우거짐[蓄]'을 모은다.

故萬物罔乎北, 直乎東, 蒙乎南, 酋乎西, 冥乎北. 故罔者有之舍也, 直
者文之素也, 蒙者亡之主也, 酋者生之府也, 冥者明之藏也.

그러므로 만물은 북쪽에서 없어지고, 동쪽에서 곧게 되고, 남쪽에서 번성하여
덮고, 서쪽에서 이루어지고, 북쪽에서 어두워진다. 그러므로 망이란 있는 것
이 머무는 곳이고,[8] 직이란 문채의 바탕이며,[9] 몽이란 없어지는 것의 주인이
며,[10] 추란 살아있는 것의 곳집이며,[11] 명이란 밝은 것이 감추어지는 것이다.[12]

罔舍其氣, 直觸其類, 蒙極其修, 酋考其就, 范注考物使成成就而正文作親,
蓋寫者誤. 宋, 郭作就. 冥反其奧. 罔蒙相極, 直酋相敕.

망은 그 기를 머물게 하고,[13] 직은 그 무리끼리 접촉하게 하고,[14] 몽은 그 길게
자라게 함을 다하고,[15] 추는 성취함을 이루게 하고,[16] 범망본의 주에는 "고물사함성
취이정문작친(考物使咸成就而正文作親)"으로 되어 있는데, 대개 쓴 자의 잘못이다. 송충본, 곽
원형본에는 취(就)로 되어 있다. 명은 그윽한 것으로 돌아가는 것이다.[17] (사물이
잠기는 성질인 북방인) 망과 (사물이 자라게 하는 남방인) 몽은 성질이 서로
지극한 것에 해당하고, (봄에 생명을 시작하게 하는 동방인) 직과 (가을에 만
물을 죽이는 서방인) 추는 서로 경계하면서 나아가는 것을 삼간다.[18]

· · · · · · · · · · · · · · · · · · ·

7 역주 : '冥'은 '어둡다[蒙昧]'는 것이다. 가을을 지나 겨울이 되면 만물은 땅 속에
　　잠기어 숨고 黃泉에 잠긴다. 그러므로 무형으로 돌아가고, 冥昧하게 된다.
8 역주 : '舍'는 『說文』에서는 "居也."라고 한다. 유형이 무형에서 나오기에 '有가 머
　　무는 곳'이라고 한다.
9 역주 : 質素한 것은 文彩할 수 있기에 '文의 素'라고 한다.
10 역주 : 여름에는 만물의 성장이 다하고 衰亡하는 것에 처음 향하기에 '罔의 主'라고
　　한다.
11 역주 : 가을에는 만물이 성숙하고 씨앗을 맺고, 다음해 봄에 불어서 낳기에 '生의
　　府'라고 한다.
12 역주 : 형이 있어 볼 수 있는 것은 무형으로 되돌아가기에 '明의 藏'이라고 한다.
13 역주 : 冬至에는 양기가 북방에서 잠기어 숨었다가 비로소 맹아한다.
14 역주 : '觸'은 '만난다[遇]'라는 것이다. 봄에는 만물이 땅을 뚫고 나와 동류끼리 서
　　로 만난다.
15 역주 : 여름에는 만물이 성장한다. 지엽이 성장하여 자라남을 다한다.
16 역주 : 여기서 '考'는 이룬다[成]는 것이다. 가을에는 만물이 모두 성취한다.
17 역주 : 겨울에는 만물이 모두 무형으로 되돌아가 땅 속에 잠기어 숨는다.
18 역주 : '敕'은 '삼간다[勅]'는 것과 통한다. 約束하여 驚誡한다는 것이다. 겨울에는

出冥入冥, 新故更代. 章作貸. 陰陽迭循, 清濁相廢. 將來者進, 成功者退. 已用則賤, 當時則貴. 天文地質, 不易厥位.

명에서 나가 명으로 들어가면서 새로운 것과 옛것이 서로 가름한다.[19] 장찰본에는 대(貸)로 되어 있다. 음과 양이 번갈아 따르면서 맑고 탁한 것이 서로 폐해진다.[20] 장차 오는 것은 나아가고, 공을 이룬 자는 물러난다.[21] 이미 쓴 것은 천한 것이 되고, 때에 알맞으면 귀한 것이 된다.[22] 하늘은 문채 나는 것에 해당하고, 땅은 바탕에 해당하는 것으로, 그 지위는 바뀌지 않는다.[23]

罔直蒙酋冥, 言出乎罔, 行出乎罔. 禍福出乎罔, 罔之時玄矣哉. 行則有蹤, 言則有聲. 福則有膊, 音剸, 切肉也. 又音竪衰切. 禍則有形之謂直. 有直則可蒙也, 有蒙則可酋也, 可酋則反乎冥矣. 是故罔之時則可制也.

망(罔), 직(直), 몽(蒙), 추(酋), 명(冥)이니, 말하는 것은 망에서 나오고, 행하는 것도 망에서 나온다. 화(禍)와 복(福)은 망에서 나오므로, 망의 때가 현묘하다.[24] 행하면 자취가 있고, 말하면 소리가 있다. 복(福)이면 (마른 고기 자른

....

음이 성대하고 양이 맹아하며, 여름에는 양이 다하고 음이 생한다. 그러므로 '상극'이라고 한다. 봄에는 양기가 만물을 낳고, 가을에는 음기가 만물을 죽인다. 그러므로 '서로 경계한다'고 한 것이다.

19 역주 : 1년 4계절 중에 만물은 무형에서 유형에 이르고, 발생에서 소멸에 이르러 순환 왕복한다. 이같이 왕복 순환하는 가운데 新質이 舊質을 부단히 대체한다.

20 역주 : '청탁'은 음양을 가리킨다. 양은 가벼워 '淸'이고, 음은 무거워 '濁'이다. '廢'는 다시 작용을 발생하지 않는다는 것이다. 1년 4계절 중에 陽極하면 陰生하고, 陰極하면 陽生하여 순환이 번갈아 이른다. 이처럼 음양이 소장하면서 운행하고 서로 그치고 폐해지면서 流轉하여 '用'이 된다.

21 역주 : '將來者'와 '成功者'는 모두 음양을 가리킨다. 1년 가운데 음양이 처음 생하는 때를 일러 '將來者'라고 하고, 극성한 것에 도달한 것을 '成功者'라고 한다. 양기는 동지 때 潛萌하다가 처음 생하여 부단하게 생장한다. 그러므로 '進'이라 한다. 여름에 도달해 성대한 것이 다하면 음기가 작용해 비로소 消亡으로 전향한다. 그러므로 '退'라고 한다.

22 역주 : 음양 두 기가 1년 4계절 중에 流轉하여 작용을 발생하는데, 이미 작용을 발생한 것은 消退하면서 廢해지고, 작용을 발생하기 시작한 것은 상승하여 존귀하게 된다.

23 역주 : '厥'은 '그것[其]'이다. 하늘은 밖에서 움직이고 땅은 안에서 편안하기에 그 지위는 바뀔 수 없다.

것을 받는 것과 같은) 두터운 복록이 있고, 음은 전(翦)이고, 자른 고기(切肉)다. 또 음은 수(堅)와 애(衷)의 반절이다. 화(禍)이면 형벌이 있는 것을 일러 직이라고 이른 다.[25] 직이 있으면 몽(蒙)할 수가 있고, 몽이 있으면 추(酋)할 수 있고, 추할 수 있으면 명(冥)으로 돌아간다. 이런 까닭으로 망(罔)의 때이면 제재(制裁)할 수 있다.[26]

八十一家, 由罔者也. 天炫炫出于無畛, 炫, 胡絢切. 爌爌出于無垠. 爌, 戶光切. 與煌同. 故罔之時玄矣哉.

81 가(家)는 망에서 말미암는다.[27] 하늘이 빛나고 빛나는 것은 경계가 없는 것에서 나오며, 현(炫)은 호(胡)와 순(絢)의 반절이다. 하늘이 눈부시고 찬란한 것은[28] 끝이 없어 형체를 헤아릴 수 없는 것에서 나온다. 황(爌)은 호(戶)와 광(光)의 반절이다. 황(煌)과 같다. 그러므로 망의 때는 현묘하다.[29]

· · · · · · · · · · · · · · · · ·

24 역주 : 사람의 언행은 마음에서 나오는데, 心思가 나타나지 않아 볼 수 없다. 그러 므로 '冥'이라고 한다. 언행이 이미 나오면 화복이 따라 나온다. 그러므로 '言은 罔에서 나온다'고 한다. 심사가 꾀하였지만 그것이 아직 드러나지 않으면 신묘하 여 헤아릴 수 없다는 것이다.

25 역주 : '賻'은 '脯'로서, 마른 고기다. '厚祿이 있는 것'을 의미한다. '形'은 '刑'과 같다. '害損을 만난 것'을 의미한다. 行에 종적이 있으면 볼 수 있고, 言에 音이 있으면 들을 수 있고, 福에 厚祿이 있으면 향유 할 수 있고, 禍에는 해로움과 어려움이 있는데, 모두 나타남이 있어 볼 수 있다. 그러므로 '直'이라고 한다.

26 역주 : 사물이 오히려 形을 이루기 전에는 제어하기 쉽다. 따라서 사람은 처음에 삼가고 미미한 때 신중해야 한다는 것이다. 『노자』64장에서는 "其安易持, 其未兆 易謀 … 爲之於未有, 治之於未亂."을 말한 적이 있다.

27 역주 : 『태현경』81家를 이해하는 것은 두가지 방식이 있다. 筮法에서부터 말하면, 1玄에서 말미암아 推衍하여 이루어지는데, 현은 신묘막측하여 形의 兆朕이 없다. 그러므로 '罔에서 말미암는다'고 말한다. 배당된 시간과 방위에서부터 말하면, 동 지와 북방에서부터 일어나는데, 망은 북방이 되고 겨울이 된다. 그러므로 '罔에서 말미암는다'고 말한다.

28 역주 : '炫'은 '光耀'다. '爌'은 '빛난다[煌]'는 것이다. '畛'은 '경계[界]'다. '垠'은 '한계 [限]'다.

29 역주 : 하늘이 빛을 내면서 휘황한 것은 그것이 고원하고 끝이 없는 곳에 있어 형 체를 분명하게 분변할 수 없기 때문이다. 형체가 없어 분변할 수 없기 때문에 '신묘 막측'이라고 한다.

是故天道虛以藏之, 動以發之, 崇以臨之, 刻以制之, 終以幽之. 淵乎
其不可測也, 耀乎其不可高也. 故君子藏淵足以禮神, 發動足以振衆,
高明足以覆照, 制刻足以諫㦻, 牛, 力切, 一作擬. 幽冥足以隱塞. 君子能
以五者, 故曰罔, 直, 蒙, 酋, 冥.

이런 까닭으로 천도는 허함으로써 감추고, 움직임으로써 펴고, 높음으로써 아
래에 임하고, 새김으로써 제재하고, 마침으로써 그윽하다. 깊어서 측량할 수
없고, 빛나서 높일 수 없다.[30] 그러므로 군자가 못에 숨는 것으로 신에게 예의
를 차릴 수 있고,[31] 발동하는 것으로 무리를 움직일 수 있고,[32] 고명한 것으로
덮고 비춰줄 수 있고,[33] 제재하고 새기는 것으로 어리석은 자를 두려워하게
할 수 있게 하고,[34] 우(牛)와 력(力)의 반절이다. 한 곳에서는 의(擬)로 되어 있다. 그윽하
고 어두운 것으로 감출 수 있다.[35] 군자는 이 다섯 가지에 능하다. 그러므로
망, 직, 몽, 추, 명이라 이른다.

或曰, 昆侖旁薄幽, 何爲也. 曰, 賢人天地思而包群類也, 昆諸中未形
乎外, 獨居而樂, 獨思而憂, 樂不可堪, 憂不可勝, 故曰幽.

. . . .

30 역주 : 하늘의 도는 그 中이 비어있으면 만물을 포용할 수 있고, 두루 운행하는
   것을 그치지 않으면 만물을 발생할 수 있다. 고원하고 끝이 없으면 만물에 군림할
   수 있고, 박탈하고 훼손하면서 죽이면 만물을 裁制할 수 있고, 끝내 다시 시작하면
   만물을 그윽이 숨길 수 있다. 그러므로 천도의 功效는 심히 크니, 깊어서 헤아릴
   수 없고 높아서 더할 수 없다는 것이다.
31 역주 : 여기서 '禮'자를 '體'자로 보고 해석할 수도 있다. '禮'는 『釋名』에 "體也."라
   고 되어 있다. 현인과 군자가 천도를 본받아 마음을 비우고 품는 것을 계곡처럼
   하고 만물을 품어 잠기게 하면, 神으로 몸을 삼을 수 있고 신묘한 경지에 도달할
   수 있다는 것이다.
32 역주 : '振'은 '움직인다'는 것이다. 군자는 하늘을 본받아 自彊不息하면 만민에게
   호령할 수 있다.
33 역주 : 군자는 高明하고 어둡지 않아 천하를 다스려 백성들로 하여금 모두 그 은택
   을 얻을 수 있게 한다.
34 역주 : '諫'은 『說文』에서는 "敬也, 從立從束. 束, 字申束也."라 하고, '㦻'는 『說文』
   에서는 "惶也."라고 한다. 경계하면서 두려워한다는 것이다. 군자가 정치를 하는데
   법으로써 가지런히 하면 만민이 경계하고 두려워하면서 자신을 단속해 세상이 어
   지럽지 않게 할 수 있다.
35 역주 : 군자가 無爲로 다스리면 事端을 막을 수 있고 천하를 안정시킬 수 있다.

어떤 이가 말하기를 "'혼륜한 하늘은 망망하여 만물을 포용하지 않음이 없고, 광대한 대지는 만물을 싣지 않은 것이 없으면서 (천지의 도리는 바르게 행해지니), 그윽하면서 심오하도다(昆侖旁薄,幽)'³⁶라고 한 것은 무엇을 말하는 것인가?"라고 하니, 대답하기를, "현인은 천지를 본받아서 마음속으로 모든 무리를 포괄할 것을 생각한다.³⁷ (만약 군자의 사려가 미숙하여) 마음속의 의혹이 결정되지 않았고 (마음속에 보존한 것이) 아직 밖에 드러나지 않은 경우에는 홀로 거처하면서 즐기고, 홀로 생각하면서 걱정하기에, 즐거움을 감당할 수 없었고 근심을 이길 수 없었다. 그러므로 '그윽하다'라고 이른 것이다"³⁸라고 하였다.

神戰于玄, 何爲也.³⁹ 曰, 小人之心雜, 將形乎外, 陳陰陽以戰其吉凶者也. 陽以戰乎吉, 陰以戰乎凶, 風而識虎, 雲而知龍, 賢人作而萬類同. "'신령한 기운이 마음 속[玄]에서 싸우고 있다'⁴⁰라고 한 것은 무엇을 말하는 것인가?" 대답하기를, "소인의 마음은 (선악이) 섞여 있다가 장차 밖으로 드러나게 되니, 음과 양을 펼쳐서 그 길하고 흉한 것과 싸운다는 것이다.⁴¹ 양은 길한 것에서 싸우고, 음은 흉한 것에서 싸운다. (가을) 바람은 (매서운 기운을 지닌) 호랑이를 알고, (봄) 구름은 (비를 내리게 하는) 용을 아니,⁴² 현인이

· · · · · · · · · · · · · · · · · · · ·

36 역주 : 中首 初一의 贊辭다. 어떤 사람이 그 뜻을 몰라 질문한 것이다. 여기서 '혼륜(昆侖)'은 혼륜이다. '旁薄'은 '磅礴'으로 넓고 평탄하다는 것이다. '爲'는 '謂' 字를 빌린 것이다. 아래도 같다. '昆淪'은 혼륜과 같은 의미로 天象이고, '磅礴'은 '彭魄'과 같은 의미로 地形을 의미한다. 자세한 것은 中首 初一의 贊辭를 풀이한 것을 참조할 것.

37 역주 : 현인과 군자는 천지를 본받아 마음속으로 천하를 품고 만 가지 무리를 양육할 것을 사려한다.

38 역주 : '昆'은 '混'과 같다. '堪'은 '이긴대勝]'는 것이다. 군자가 사려가 아직 미숙하고 의심이 결정되지 않아서 마음속에 보존하고 밖으로 드러나지 않았기에 그윽하여 알기 어렵다고 한 것이다.

39 劉韶軍 點校 : '爲'는 명초본에는 없다. 위와 아래 문장의 例에 의거해 보충하였다.

40 역주 : 中首 次二의 贊辭다.

41 역주 : 양은 길한 것이고 음은 흉한 것이다. 소인의 마음은 선악이 혼잡하여 행사에 펼칠 때 두 가지가 서로 다투어서 선과 악이 분별된다.

42 역주 : 『주역』「乾卦・文言」에는 "同聲相應, 同氣相求. 水流濕, 火就燥. 雲從龍, 風

작위하면 온갖 무리가 동일해진다"[43]라고 하였다.

龍出于中, 何爲也. 曰, 龍德始著者也. 陰不極則陽不生, 亂不極則德
不形. 君子修德以俟時, 不先時而起, 不後時而縮, 動止微章, 不失其
法者, 其唯君子乎. 故首尾可以爲庸也.

"'(中首의 제3의 贊辭에서) 용이 (때에 맞게) 못에서 나와 하늘로 올라간다'[44]
라고 한 것은 무엇을 말하는 것인가?" 대답하기를, "용의 덕이 처음 드러난
것이다. 음이 극에 이르지 않으면 양이 생겨나지 않고, 어지러움이 극에 이르
지 않으면 덕이 드러나지 않는다. 군자는 덕을 닦아서 때를 기다리며, 적당한
때에 앞서서 일어나지 않고, 적당한 때보다 뒤늦게 수그러들지 않는다. 움직
이든 멈추던, 은미하든, 뚜렷하든 그 법도를 잃지 않는 자는 오직 군자일 뿐이
다. 그러므로 처음과 끝이 떳떳함이 될 수 있다"[45]라고 하였다.[46]

庫虛無因, 大受性命, 否, 何爲也. 曰, 小人不能懷虛處乎下, 庫而不可
臨, 虛而不可滿, 無而能有, 因而能作, 故大受性命而無辟也, 故否. 諸
本作無辭辟也. 丁, 章無辭字.

"'(신하가 大任을 받으려면) 자신을 낮추고, 비우고, 있다고 하지 않고, 사물의
작용에 인해야 한다. (하지만 신하가 그렇게 하지 않기 때문에) 성과 명을
크게 받아도 막히고 통하지 않는다'[47]라고 한 것은 무엇을 말하는 것인가?"
대답하기를, "소인은 (욕심내지 않는) 빈 것을 품고 아래에[48] 처할 수 없으니,

. . . .

從虎, 聖人作而萬物覩."라는 말이 나온다.

43 역주 : 만물을 각기 그 무리를 따른다. 만약 성인이 작위함이 있으면 만민이 본받
고 附從한다.

44 역주 : 中首 次三의 贊辭다.

45 역주 : "首尾可以爲庸也."는 中首 次三의 測辭다.

46 역주 : 군자가 進德修業하여 때의 기미를 기다린다. 때가 아직 이르지 않으면 먼저
동작하지 않다가 때가 이르면 물러나지 않고 앞으로 나간다. 혹은 움직이고 혹은
그치고 혹은 미미하고 혹은 드러나는 것이 모두 그 법칙에 맞고 그 시기를 놓치지
않는 것은 오직 군자만이 이런 경지에 도달할 수 있다. 즉 군자의 행동은 이처럼
때에 맞게 해야 크게 공효를 이룰 수 있다는 것이다.

47 역주 : 中首 次四의 贊辭다.

낮추어서 아래에 임할[49] 수 없고, 비워서 가득 채울 수 없고, 없지만 있는 것처럼 할 수 있고, (사물의 공에) 따르지만 작위 할 수 있다. 그러므로 (자신의 분수를 넘어 욕심을 내니) 크게 성명을 받을 경우에도 피하는 것이[50] 없다. 그러므로 (자신의 분수에 넘치는 짓을 하니) 막히고 통하지 않는다." 여러판본에는 무사벽야(無辭辟也)로 되어 있다. 정위본, 장찰본에는 사(辭)자가 없다. 라고 하였다.

日正于天, 何爲也. 曰, 君子乘位, 爲車爲馬, 車輪, 釋文力丁切, 車闌也. 馬駬, 釋文, 音介, 馬尾髻結也. 可以周天下, 故利其爲主也.
"'해가 하늘 중앙에 바르게 자리하고 있다'[51]라고 한 것은 무엇을 말하는 것인가?" 대답하기를, "군자가 지위가 올라가면 수레도 되고, 말도 되며, 수레격자창도 되고,[52] 『석문』에서는 "력(力)과 정(丁)의 반절이니, 수레 격자창(車闌)이다"라고 하였다. 말 꼬리에 매는 것도 되어 『석문』에서는 "음은 개(介)이니, 말꼬리에 털을 묶은 것(馬尾髻結)이다"라고 하였다. 천하에 두루 할 수 있다. 그러므로 그 (백성들의)주인 되는 것이 이롭다는 것이다"라고 하였다.[53]

月闕其搏,[54] 不如開明于西, 何爲也. 曰, 小人盛滿也. 自虛毀者, 水息淵, 木消枝,[55] 山殺廆, 澤增肥, 賢人睹而衆莫知.
"'달이(보름을 지나)그 둥근 것을 이지러뜨리니, 밝음을 서쪽에서 여는 것만 못하다'[56]라고 한 것은 무엇을 말하는 것인가?" 대답하기를, "소인이 (자만심

....
48 역주 : '庳'는 '아래한다[下]'는 것이다.
49 역주 : '臨'은 '높은 곳에서 아래를 본다'는 것이다.
50 역주 : '辟'은 '피한다[避]'는 것이다.
51 역주 : 中首 次五의 贊辭다.
52 역주 : '輪'은 수레 앞의 橫木이다. '駬'는 『說文』에서는 "繫馬尾也."라고 한다.
53 역주 : 군자가 높은 지위를 얻어 좋은 수레와 좋은 말이 있으면 천하를 두루 돌아다니면서 천하를 이롭게 하는데 이롭다는 것이다. 그러므로 '백성들의 주인이 되는 것이 이롭다'고 한 것이다.
54 劉韶軍 點校 : '搏'은 명초본에는 '博'으로 되어 있다. 이것은 오류거본에 의거해 고쳤다. 아래도 이와 같다.
55 劉韶軍 點校 : '枝'는 범망본에는 '林'으로 되어 있다.
56 역주 : 中首 次六의 贊辭다.

이) 가득찬 것이다. 스스로 비우고 훼손한다는 것이니, 물은 연못을 마르게
하고, 나무는 가지를 쇠약하게 하고, 산은 덜어내 깎이게 하고, 못은 더하여
비대하게 하니, (이런 잘못된 것을) 현인은 보지만 뭇사람들은 알지 못하는
것이다"라고 하였다.

酋酋之包, 何爲也. 曰, 仁疾乎不仁, 誼疾乎不誼. 君子寬裕足以長衆,
和柔足以安物, 天地無不容也. 不容乎天地者, 其唯不仁不誼乎. 故水
包貞.

"(불과 물의 성질을 잘 섞어서) 성취하고 성취하여 (곧은 것을) 포용 한다'57라
고 한 것은 무엇을 말하는 것인가?" 대답하기를, "인(仁)은 불인에서 병들고,
의(義)는58 불의에서 병든다. 군자는 너그럽고 관대하여 민중을 양육할 수 있
고,59 조화롭고 부드러워 사물을 편안하게 할 수 있으니, 하늘과 땅은 용납하
지 않는 것이 없다. 하늘과 땅에 용납되지 않는 것은 아마도 오직 불인과 불의
일 것이다. 그러므로 "물이 바른 것을 포용 한다"라고 하였다.

黃不黃, 何爲也. 曰, 小人失刑中也. 諸一則始, 諸一, 章諸作謂. 諸三則
終, 二者得其中乎. 君子在玄則正, 在福則沖, 在禍則反. 小人在玄則
邪, 在福則驕, 在禍則窮. 故君子得位則昌, 失位則良, 小人得位則橫,
失位則喪. 八雖得位, 然猶覆秋常乎.

"'나뭇잎이 누렇게 되어야 할 때 누렇게 되지 않았다'60 라고 한 것은 무엇을
말하는 것인가?" 대답하기를, "소인이 형벌의61 중(中)을 잃은 것이다. '모든
1(諸一)'은 시작함이고, 제일(諸一)은 장본에는 제(諸)가 위(謂)로 되어 있다. '모든 3(諸
三)'은 마침이며, 2는 그 중간을 얻은 것인가 보다.62 군자는 현(玄)에 있으면

....
57 역주 : 中首 次七의 贊辭다.
58 역주 : '誼'는 '義'와 같다. '疾'은 '病'이다. 仁은 不仁으로 병을 삼고, 義는 不義로
    병을 삼는다는 뜻이다.
59 역주 : '長'은 '양육한다'는 것이다.
60 역주 : 中首 次八의 贊辭다.
61 역주 : '刑'은 '行'이란 해석도 가능하다. 이럴 경우 행동의 중도를 잃었다는 것이다.
62 역주 : '諸一'은 太玄의 모든 首에서 九贊의 初一, 次四, 次七을 가리킨다. 九贊은

바르고, 복(福)에 있으면 비우고, 화(禍)에 있으면 자신에게 되돌아간다.[63] 소인은 현(玄)에 있으면 사특하고, 복(福)에 있으면 교만하고, 화(禍)에 있으면 궁하게 된다. 그러므로 군자는 지위를 얻으면 창성하고, 지위를 잃으면 어질게 되는데, 소인은 지위를 얻으면 방자해지고 지위를 잃으면 망한다. 8이 비록 지위를 얻었으나 오히려 '가을의 떳떳한 도를 뒤집은 것이다'"[64]라고 하였다

顚靈氣形反, 何爲也. 曰, 絶而極乎上也. 極上則運, 絶下則顚. 靈己顚矣, 氣形惡得在而不反乎. 君子年高而極時者也歟. 陽極上, 陰極下, 氣形乖, 鬼神阻, 賢者懼, 小人怗.

"'생명이 끊어져 기(氣)는 혼(魂)이 되어 하늘로 올라가고, 형(形)은 백(魄)이 되어 땅으로 돌아간다'[65]라고 한 것은 무엇을 말하는 것인가?' 대답하기를, "생명이 끊어져 위에서 지극한 것이다. 위에서 다하면 운행하고, 아래서 끊어지면 뒤집어진다. 생명의 신령한 기운이 이미 뒤집어지면, 기와 형이 어떻게 있을 곳을 얻어 돌아갈 수 있겠는가? 군자란 나이를 많이 먹으면 그 때에 맞게 행동을 하는 자인 것이다! 양이 위에서 다하고, 음이 아래에서 다하면, 기와 형이 어그러지고 귀와 신이 막히니,[66] 어진 이는 두려워하지만 소인은 믿는다'"[67]라고 하였다.

· · · · · · · · · · · · · · · · · ·

모든 三贊을 一條로 삼고, 나누어 上中下 3단계를 만든다. 이에 初一, 次四, 次七은 나누어 上中下의 始에 해당한다. 그러므로 '一'이라고 말한다. 諸三은 九贊의 次三, 次六, 上九를 가리키니, 나뉘어 上中下의 終이 된다. '二'는 九贊의 次二, 次五, 次八을 가리키며, 나뉘어 上中下의 中이 된다.

63 역주 : '玄'은 '幽隱'의 뜻으로, 이것은 뜻을 얻지 못해 하위에 처하는 것을 가리킨다. '沖'은 '虛'이다. '反'은 자신에 되돌려 '自責하는 것'이다. 현인과 군자는 매몰당하면 행위를 정당하게 하지 망령되게 난행을 하지 않는다. 부귀한 지위에 있으면서 항상 스스로 겸허하면서 아랫사람에게 낮춘다. 화와 어려움을 만나면 자신에게 되돌려 자책하고 덕행을 닦아 나간다.

64 역주 : 次八은 비록 上의 中位에 있지만 누렇게 되어야 할 것이 누렇지 않아 중도를 잃고 禍의 가운데 처한다. 이에 가을의 항상된 도리를 뒤집었기에 성취할 수 있는 것이 없다는 것이다.

65 역주 : 中首 上九의 贊辭다.

66 역주 : '鬼神'은 음양 두 기를 가리킨다. '귀'는 '음'이고, '신'은 '양'이다.

67 역주 : '怗'은 '믿는대信'는 것이다. 현자는 장차 쇠락할 것을 두려워하는데, 소인

昆侖旁薄, 大容也. 神戰于玄, 相攻也. 龍出于中, 事從也. 庫虛之否, 不公也. 日正于天, 光通也. 月闕其摶, 損贏也. 酋酋之包, 法乎貞也. 黃不黃, 失中經也. 顚靈之反, 窮天情也. 罔直蒙酋, 贊群冥也.

"혼륜한 하늘은 망망하여 만물을 포용하지 않음이 없고, 광대한 대지는 만물을 싣지 않은 것이 없다"라는 것은 크게 용납함이다.[68] "신령한 기운이 마음 속[玄]에서 싸우고 있다"라는 것은 서로 공격하는 것이다.[69] "용이 (때에 맞게) 못에서 나와 하늘로 올라간다" 라는 것은 일이 따르는 것이다.[70] "(능력이 부족한 신하가 자신을) 낮추고 비워야 하는데 그렇게 하지 않는다"라는 것은 공정하지 않은 것이다.[71] "해가 하늘 중앙에 바르게 자리하고 있다"라는 것은 빛이 통한 것이다. "달이 그 둥근 것을 이지러뜨린다"라는 것은 (가득)찬 것을 더는 것이다. "(불과 물의 성질을 잘 섞어서) 성취하고 성취하여 (곧은 것을) 포용한다"라는 것은 바른 것을 본받는 것이다. "나뭇잎이 누렇게 되어야 할 때 누렇게 되지 않았다"라는 것은 중(中)의 경(經)을[72] 잃은 것이다. "생명이 끊어져 기(氣)는 혼(魂)이 되어 하늘로 올라가고, 형(形)은 백(魄)이 되어 땅으로 돌아간다"라는 것은 하늘의 실정이 지극한 것이다.[73] "망직몽추(罔直蒙酋)"는 여러 어두운 것을 찬미하여 드러낸 것이다.[74]

昆侖旁薄, 資懷無方. 神戰于玄, 邪正兩行. 龍出于中, 法度文明. 庫虛之否, 臣道不當. 日正于天, 乘乾之剛. 月闕其摶, 以觀消息. 酋酋之包, 能任乎刑德. 能任, 監本能作揩. 黃無能字, 諸本否. 黃不黃, 不可與即. 顚靈之反, 時則有極. 罔直蒙酋, 乃窮乎神域.

· · · · · · · · · · · · · · · · · · ·

은 늙음을 믿고 욕망을 멋대로 한다는 것이다.

68 역주 : 천지는 포용하지 않음이 없다는 것이다.

69 역주 : 음양이 서로 공격한다는 것이다.

70 역주 : 行事에 펴서 따르고, 창성해서 크게 함이 있다는 것이다.

71 역주 : '公'은 '功'으로 해석하기도 한다. 그렇다면 '不功'은 功이 없다는 것이다.

72 역주 : '經'은 도의 항상됨이다.

73 역주 : 이 구절은, '陽極陰生'과 '陰極陽生'을 말한 것으로, 음양이 소장을 운행하면서 만물이 그 뿌리로 돌아간다는 것이다. 이것이 자연의 도로서 '窮則反'의 원리다.

74 역주 : '贊'은 『說文』에서는 "見也."라고 한다. 만물이 생장하고 성숙하는 것을 도와서 무형으로 하여금 유형이 되게 하여 선명하게 드러낸다는 것이다.

"혼륜한 하늘은 망망하여 만물을 포용하지 않음이 없고, 광대한 대지는 만물을 싣지 않은 것이 없다"라는 것은 생각을 자뢰하는데 방향이 없다는 것이다.[75] "신령한 기운이 마음 속[玄]에서 싸우고 있다"라는 것은 사특함과 바름이 함께 행한다는 것이다.[76] "용이 (때에 맞게) 못에서 나와 하늘로 올라간다"라는 것은 법도가 문채가 나고 밝은 것이다. "(능력이 부족한 신하가 자신을) 낮추고 비워야 하는데 그렇게 하지 않는다"라는 것은 신하의 도가 부당한 것이다.[77] "해가 하늘 중앙에 바르게 자리하고 있다"라는 것은 건(=하늘)의 굳셈을 탄 것이다.[78] "달이 그 둥근 것을 이지러뜨린다"라는 것을 그것으로써 소(消)와 식(息)을 관찰한다는 것이다.[79] "(불과 물의 성질을 잘 섞어서) 성취하고 성취하여 (곧은 것을) 포용 한다" 라는 것은 형(刑)과 덕(德)에 맡긴 것이다. 능임(能任)은 감(監)본에는 능(能)이 해(揩)로 되어 있다. 황백사본에는 능자가 없고 여러 판본에도 없다. "나뭇잎이 누렇게 되어야 할 때 누렇게 되지 않았다"라는 것은 더불어 나아갈 수 없다는 것이다.[80] "생명이 끊어져 기(氣)는 혼(魂)이 되어 하늘로 올라가고 형(形)은 백(魄)이 되어 땅으로 돌아갔다"라는 것은 때이면 지극한 것이 있다는 것이다.[81] "망직몽추(罔直蒙酋)"는 이에 신령한 영역을 다한다는 것이다.[82]

. . . .

75 역주 : 성현이 천지를 본받아 용납하지 않음이 없고, 마음속에 품지 않음이 없다는 것이다.

76 역주 : 선악이 병행하여 서로 배척하고 투쟁하는 것이다.

77 역주 : 신하된 자로서 庳·虛·無·因 이 네가지 미덕이 없으면 大命을 받을 수 없다. 그러므로 그 도가 합당하지 않다.

78 역주 : '乾'은 '天'이다. 군자가 天의 덕성을 본받아 剛健中正하면서 자강불식한다. 『周易』「文言」, "大哉乾乎, 剛健中正." 참조.

79 역주 : 이것으로써 자연사물이 소장하면서 운행하고 발전하면서 변화하는 규율을 알 수 있다.

80 역주 : '卽'은 『이아』「釋詁」에서는 "尼也."라고 한다. 郭璞은 "尼, 近也."라고 주석한다. 邢昺은 "相近也."라고 疏한다. 중도를 잃어버려 더불어 가까이 할 수 없다는 것이다.

81 역주 : 이것은 궁극의 때에 처하였다는 것이다.

82 역주 : '神域'은 사물이 변화하는 전 과정을 가리킨다. 말하자면 罔, 直, 蒙, 酋는 사물의 신묘한 변화를 다하였다는 것이다.

天地之所貴曰生, 物之所尊曰人, 人之大倫曰治, 治之所因曰辟. 崇天
普地, 分群偶物, 使不失其統者, 莫若乎辟. 夫天辟乎上, 地辟乎下, 君
辟乎中. 仰天而天不惓, 與倦同. 俯地而地不怠. 惓不天, 怠不地, 惓怠
而能乎其事者, 古今未諸.[83]

하늘과 땅이 귀하게 여기는 것을 '생명'이라 하고, 만물이 높이는 것을 '사람'이
라 하고, 사람의 큰 윤리를 '(천하를)다스리는 것'이라 하고, 다스림이 말미암
는 것을 '임금(辟)'이라 한다. 높은 하늘과 넓은 땅에 만물을 나누고 사물을
짝짓게 하여 그 기강을 잃지 않도록 하는 것에는 임금만한 자가 없다. 대저
하늘은 위에서 임금이요, 땅은 아래에서 임금이요, 군주는 (하늘과 땅) 가운데
에서 임금이다. 하늘을 우러러 보면 하늘은 게으르지 않고, 권(惓)은 권(倦)과
같다. 땅을 굽어보면 땅은 나태하지 않다. 게으른 것은 하늘이 아니고, 나태한
것은 땅이 아니다. 게으르고 나태하면서 그 일에 능한 자는 옛날이나 지금이
나 없었다.[84]

是以聖人卬天, 則常窮神掘變, 極物窮情, 與天地配其體, 與鬼神即其
靈, 與陰陽埏其化,[85] 與四時合其誠. 視天而天, 視地而地, 視神而神,
視時而時, 天地神時皆馴, 而惡入乎逆. 詩曰, 皇王維辟, 法勝也. 中爲君德
而辟統正此, 是謂泰始, 天地之運啓焉.

이 때문에 성인은 하늘을 우러러[86] 항상 신묘함을 궁구해 갖은 변화를 다하
고,[87] 사물을 다하여 실정을 궁구하고, 하늘과 땅과 더불어 그 몸체를 짝하고,
귀신과 더불어 그 신령스러움에 나아가고, 음양과 더불어 그 변화를 반죽하며,
4계절과 함께 그 정성스러움을 합한다.[88] 하늘을 관찰하면 하늘이요, 땅을 관

. . . .
83 劉韶軍 點校 : '末'는 명초본에는 '末'로 되어 있다. 만옥당본에 의거해 고쳤다.
84 역주 : 이 구절은, 하늘이 게으르지 않아 운행이 그치지 않고, 땅이 게으르지 않아
      만물을 자라게 하니, 군자는 천지를 본받아 자강불식하면서 부지런히 일한다는
      것이다.
85 劉韶軍 點校 : '埏'은 범망본에는 '挺'으로 되어 있다.
86 역주 : '卬'은 '仰'과 옛날에는 통용되었다. 양웅이 앞에서 '仰'자를 사용했기에 여기
      서는 동일한 글자를 피하기 위해 뜻은 같지만 문자가 다른 '卬'자를 사용한 것이다.
87 역주 : '掘'을 范望은 '盡也.'라고 주석한다.

찰하면 땅이요, 신을 관찰하면 신이요, 때를 관찰하면 때가 되어, 하늘과 땅과 귀신과 때가 모두 따르는데 어찌 거역하는 곳으로 들어가겠는가.[89] 『시경』「대아(大雅)·문왕지십(文王之什)」에서 말하기를 "황왕(=武王)을 오직 임금으로 받드니"라고 하니, 법이 이긴 것이다. 중(中)이 군덕이 되어 임금의 통치가 여기서 바르게 된다. 이것을 태시(泰始)라고[90] 이르니, 천지의 운행이 열리는 것이다.

▌현예(玄攡)[91]

研啓切.
(攡는) 연(研)과 계(啓)의 반절이다.

玄之贊辭, 或以氣, 或以類, 或以事之觤卒. 觤, 音委. 謹問其姓而審其家, 觀其所遭遇, 劘音摩. 之于事, 詳之于數, 逢神而天之, 觸地而田之, 則玄之情也得矣.

현(玄)의 찬사(贊辭)는 혹은 (음양의) 기(氣)의 소장운행(消長運行)으로,[92] 혹

------

88 역주 : 『주역』「건괘·문언」에서는 "夫大人者, 與天地合其德, 與日月合其明, 與四時合其序, 與鬼神合其吉凶, 先天而天不違, 後天而奉天時, 天且不違, 而況於人乎, 況於鬼神乎."라는 말이 나온다. 양웅은 이 구절을 응용해 자신의 견해를 밝히고 있다.

89 역주 : 여기서 '馴'은 '따른다[順]'는 것이고, '오(惡)'는 '어찌[何]'라는 의미다. '逆'은 '위배한다'는 것이다. 이 구절은, 성인이 자연을 탐구하여 자연변화의 규율을 장악할 수 있기 때문에 자연의 변화를 인도하여 제어할 수 있고, 사람과 자연계로 하여금 서로 화해하고 조화를 이루게 한다는 것이다. 『법언』「문신」에서는 "或問神, 曰, 心. 請問之, 曰, 潛天而天, 潛地而地. 天地, 神明而不測者也. 心之潛也, 猶將測之, 況於人乎. 況於事倫乎."라고 하는데, 이것과 서로 내용이 통한다.

90 역주 : 고대에 천지가 처음 열리고, 만물이 처음 형성된 시대를 의미한다. 『鶡冠子』「泰錄」, "泰一之道, 九皇之傅, 請成於泰始之末." 참조.

91 역주 : '攡'는 아래의 글에서 "擬也." 라고 한다. 즉 比擬, 모방한다는 것이다. 「현예」는 『태현경』이 지어진 것은 모두 비의하고 모방한 것을 해설한 것이다. 「현예」는 『주역』「계사전」에 상당한다.

92 역주 : 혹은 5행의 기의 상생상극으로 한다.

은 같은 무리의 상종상응(相從相應)으로, 혹은 인간이 행사하는 위곡(委曲)과 종시(終始)로써 그 도리를 다 드러낸다.[93] 위(敫)는 음이 위(委)다. 삼가 (太玄 各首의 陰陽剛柔의) 성을 묻고 가(家)를 살피고,[94] 각 찬(贊)이 만난 것을 관찰하여 일에서 연구하고, 음은 마(摩)다. (玄贊과 奇偶 및 陰陽의) 수에서 상세히 하여, 신(神=陽)을 만나면 하늘로 하고(=높이고), 땅(=陰)에 부딪치면 밭으로 하니(= 낮추니) 곧 현(玄)의 실정을 얻었다.[95]

故首者, 天性也. 衝, 對其正也. 錯, 絣也. 絣, 普耕切. 又音幷. 元文綺也, 雜也. 測, 所以知其情. 攡, 張之. 瑩, 明之. 數, 爲品式. 文, 爲藻飾. 捪, 擬也. 圖, 象也. 告, 其所由往也.

그러므로 「현수(玄首)」는 천성(天性)이다.[96] 「현충(玄衝)」은 그 바른 것을 마주한 것이다.[97] 「현착(玄錯)」은 섞인 것이다.[98] 병(絣)은 보(普)와 경(耕)의 반절이다. 또 음은 병(幷)이다. 원래 무늬가 아름다운 것으로, 섞인 것(雜)이다. 「현측(玄測)」은 그

....

93 역주 : '敫'는 '굽음[曲]'이다. '卒'은 '終'이다. 『한서』, 「淮南厲王傳」에는 "敫天下之正法."이란 말이 나오는데, 顔師古는 "敫, 古委字, 謂曲也."라고 주석한다. 이 구절은, 『태현경』九贊의 辭는 모두 근거하는 바가 있는데, 어떤 것은 음양 두 기운의 소장 운행과 5행 기운의 상생상극으로, 어떤 것은 동류 사물의 상종상응으로, 어떤 것은 인간이 행사하는 委曲 및 시작과 끝으로 입론하여 그 도리를 밝게 드러낸다는 것이다.

94 역주 : 이 구절은, 『태현경』81首 각자의 음양강유의 性과 그 구체적인 정황을 세밀하게 관찰한다는 것이다.

95 역주 : '所遭遇'는 『태현경』729찬이 각자 처한 上·中·下의 지위가 만난 주야, 경위 및 짝한 바의 星宿, 만난 바의 절기 등이다. '酈'는 '切磨한다'는 것이다. '事'는 贊이 서술한 일이다. '數'는 玄贊의 奇偶 즉 음양의 數다. '神'은 양이다. '地'는 음으로, 地氣가 음이 된다. '觸'은 '만난다[遇]'는 것이다. 이 구절은, 상세하게 『태현경』 각 首의 음양 강유의 性을 관찰하여 각 贊이 만난 것을 보고 그 辭가 서술한 것을 궁구하여 상세하게 그 기운의 數를 다하고, 양을 만나면 높이고 음을 만나면 낮추면 현이 헤아린 吉凶休咎의 실정은 모두 알 수 있다는 것이다.

96 역주 : '首'는 『태현경』81首의 辭를 가리킨다. 이 구절은, 「현수」를 통해 1년 4계절의 음양소장 운행과 만물이 萌, 長, 盛, 衰하는 자연변화 과정을 표현한다는 것이다.

97 역주 : '衝'은 「玄衝」이다. 이 구절은, 「玄衝」은 모두 兩首가 상대하여 文을 이룸으로써 『태현경』81 首의 次序를 해설한다는 것이다.

98 역주 : '錯'은 「玄錯」이다. 이 구절은, 「玄錯」은 81首의 의의를 해석한 것으로, 그 순서에 의거하지 않고, 錯綜 交雜한다는 것이다.

실정을 아는 것이다.[99] 「현리(玄攡)」는 편 것이다.[100] 「현영(玄瑩)」은 밝힌 것이다.[101] 「현수(玄數)」는 법칙화한 것이다.[102] 「현문(玄文)」은 꾸민 것이다.[103] 「현예(玄捵)」는 비긴 것이다.[104] 「현도(玄圖)」는 본뜬 것이다.[105] 「현고(玄告)」는 그것이 말미암아 오고간 것을 고한 것이다.[106]

維肇降生民, 使其貌動, 口言, 目視, 耳聽, 心思, 有法則成, 無法則不成. 誠有不誠, 范, 宋作誠有不咸, 丁作不畏, 黃作不誠. 捵擬之經.[107]
오직 하늘이 처음 백성을 내리어[108] 그 용모를 움직이게 하고, 입으로 말하게 하고, 눈으로 보게 하고, 귀로 듣게 하고, 마음으로 생각하게 하니, (이 다섯 가지가) 법칙이 있으면 이루어지고, 법칙이 없으면 이루어지지 않는다.[109] 진

. . . .

99 역주 : '測'은 「현측」이다. 즉 『태현경』729찬의 測辭를 가리킨다. 이 구절은, 「현측」이 『태현경』 各贊의 뜻이 온축된 것을 설명한다는 것이다.
100 역주 : '攡'는 「현리」다. 이 구절은, 「현리」가 『태현경』의 대요를 풀어 펼친다는 것이다.
101 역주 : '瑩'은 「현영」이다. 이 구절은, 「현영」이 『태현경』에서 천명한 사물 및 그 도리를 논술한다는 것이다.
102 역주 : '數'는 「현수」다. 이 구절은, 「현수」가 『태현경』의 구조와 골격을 밝혀 서술한다는 것이다.
103 역주 : '文'은 「현문」이다. 이 구절은, 「현문」이 『태현경』의 구조와 골격을 아름답게 꾸민다는 것이다.
104 역주 : '捵'는 「현예」다. 이 구절은, 「현예」가 『태현경』이 모방한 바와 象을 취한 사물을 명백히 한다는 것이다.
105 역주 : '圖'는 「현도」다. 이 구절은, 「현도」가 『태현경』이 본 뜬 자연 및 인사 변화의 과정을 명백히 한다는 것이다.
106 역주 : '告'는 「현고」다. 이 구절은, 「현고」가 『태현경』이 논한 천지와 인물의 생멸과 흥쇠, 운동과 변화의 근본 도리를 게시한다는 것이다.
107 역주 : '經'은 『태현경』을 의미한다. 위에서 서술한 현상을 모의하여 『태현경』을 지었다는 것이다.
108 역주 : '肇'는 '처음[始]'이다. '法'은 '예의법도'다. 『시경』「大雅·烝民」에는 "天生烝民, 有物有則, 民之秉彝, 好是懿德."라는 말이 나온다.
109 역주 : 이 구절은, 하늘이 처음 衆民을 낳아서 그것들로 하여금 움직이게 하고, 말하게 하고, 보게 하고, 듣게 하고, 생각하게 하지만 예법의 구속을 받게 하는데, 그렇지 않으면 금수와 다를 바가 없어 사람이 될 수 없기 때문이다. 양웅은 『법언』「학행」에서 "學者, 所以修性也. 視聽言貌思, 性所有也. 學則正, 否則邪. 人而不學, 雖無憂, 如禽何. 學者, 所以求爲君子也."를 말한 적이 있다.

실로 성실하지 않는 것이 있으면 범망본, 송충본에는 성유불위(誠有不威)로 되어 있고, 정위본에는 불외(不畏)로 되어 있고, 황백사본에는 불성(不誠)으로 되어 있다. 『태현경』에 비의(比擬)하였다.

垂祹爲衣, 祹, 所交切, 衣袵. 襞幅爲裳, 襞, 音壁. 衣裳之制, 諸本制作示, 宋但云衣裳以示天下, 近監本作制. 以示天下, 挍擬之三八. 比札爲甲, 冠矜 爲戟, 矜, 釋文巨巾切, 矛柄也. 被甲何戟, 以威不恪, 挍擬之四九. 尊尊爲 君, 卑卑爲臣, 君臣之制, 上下以際, 挍擬之二七.

옷깃을 드리워서 소(祹)는 소(所)와 교(交)의 반절로서, 옷깃[衣袵]이다. 웃옷을 만들고, 폭을 접어서 치마를 만드니,[110] 벽(襞)은 음이 벽(壁)이다. 의상(衣裳)의 제도로 여러 판본에는 제(制)가 시(示)로 되어 있다. 송충본에는 다만 의상이시천하(衣裳以示天下)라 하고 있다. 근감(近監)본에는 제(制)로 되어 있다. 천하에 보이는 것은, 3과 8에 비의(比擬)하였다.[111] 미늘을 엮어 갑옷을 만들고, 창 자루가 닭의 볏처럼 갈라진 것이 창이 되는데,[112] 긍(矜)은 『석문』에서는 "거(巨)와 곤(巾)의 반절이니, 모병(矛柄)이다"라고 하였다. 갑옷을 입고 창을 메고 삼가지 않는 것에 위엄을 보인 것은, 4와 9에 비의하였다.[113] 높은 이를 높여 군주가 되고, 낮은 이를 낮춰 신하가 되니, 군주와 신하의 제도로 위와 아래를 교접하는 것은,[114] 2와 7에 비의하였다.[115]

. . . .

110 역주 : '祹'는 '옷깃[衣衿]'이다. '襞'은 '위에 겹쳐 있는 옷[疊衣]'이다.
111 역주 : 3과 8은 木의 상으로서, 나무의 가지와 잎이 사물들을 덮을 수 있다. 이것 은 마치 의상이 사람의 몸을 덮는 것이다.
112 역주 : '札'은 '갑옷의 미늘[甲葉]'이다. '比札'은 甲葉을 배열하고 連綴한 것이다. '矜'은 『方言』에서 "矜謂之杖."이라 한다. 『說文』에서는 "矛柄也."이라 한다. '恪' 은 『이아』 「釋詁」에서 "敬也."라고 한다.
113 역주 : 4와 9는 金의 상으로서, 갑병을 제조할 수 있다. 즉 金의 堅剛함을 취하여 甲戟의 상으로 하였다. 이 구절은, 갑병의 위엄을 모의하여 『태현경』 9와 4의 설을 만들었다는 것이다.
114 역주 : '際'는 교접한다는 것이다. 이것은 군주는 높여 상이 되고, 신하는 낮추어 하가 되어 상하가 교접하니, 군주로써 신하를 제어하고 신하로써 군주를 받든다 는 상호관계를 말한 것이다.
115 역주 : 2와 7은 火로서, 예의 상이다. 예는 존비상하의 구분보다 더 큰 것은 없다. 군신 상하가 서로 관계하는 것을 모의하여 『태현경』 2와 7의 설을 만들었다는

鬼神耗荒, 想之無方, 無冬無夏, 祭之無度, 故聖人著之以祀典, 揆擬
之一六. 時天時, 力地力, 維酒維食, 爰作稼穡, 揆擬之五五.

귀신은 텅 비어 형체가 없고, [116] 그 형체를 상상해도 방소(方所)가 없고, 겨울
도 없고 여름도 없어 제사지내는 데에는 정해진 법도가 없었다. 그러므로 성
인(聖人)이 (춘하추동) 제사의 법도로 드러내는 것은,[117] 1과 6에 비의하였
다.[118] 천시(天時)를 받들어 때로 하고, 지력(地力)을 힘으로 하여 다하니, 오
직 이에 술과 음식이다.[119] 이에 가색(稼穡)을 일으킨 것은, 5와 5에 비의하였
다.[120]

古者寶龜而貨貝, 後世君子易之以金幣, 國家以通, 萬民以賴, 揆擬之
思. 諸本皆作思慮, 慮字蓋衍. 建侯開國, 渙爵般秩, 以引百祿, 揆擬之福.
越隕不令, 維用五刑, 揆擬之禍.

옛날에 거북의 껍질을 보배로 하고, 조개를 화폐로 하였으나 후세 군자가 쇠로
만든 화폐[金幣]로 바꾸니, 쇠로 만든 화폐가 국가에 통용되고 만민이 그것을
힘입는 것은, 사(思)에[121] 비의하였다.[122] 여러 판본에 모두 '사려(思慮)'라고 썼는데,
'려'자는 아마도 연문인 듯하다. 제후를 세우고 나라를 열고, 작위를 분봉하고 많은
복록을 준 것은[123] 복(福)에 비의하였다.[124] 넘치고 무너지면서 선하지 않은

것이다.

116 역주 : '耗'는 '空'이고, '荒'은 '虛'다. 이것은 귀신은 공허하고 형태가 없어 봐도
볼 수 없고 方所도 없다는 것이다. 王充, 『論衡』「論死」, "荒忽不見, 故謂之鬼神
… 鬼者, 歸也. 神者, 荒忽無形者也." 참조.

117 역주 : 성인이 제사지내는 제도를 제정하여 춘하추동 각각의 때에 맞게 제사를
지내게 하였다는 것이다.

118 역주 : 1과 6은 水로서, 북방 太陰의 상이고 幽冥한 땅이다. 鬼가 되고, 祠가 되고,
廟가 되어 제사의 상이 있다. 그러므로 서로 비의하였다. 이 구절은, 제사의 일을
모의하여 『태현경』 1과 6의 설을 만들었다는 것이다.

119 역주 : 천시를 받들고 지력을 다하고 오곡을 심음으로써 사람을 길렀다는 것이다.

120 역주 : 5와 5는 土의 상으로서, 종자를 뿌리고 오곡을 심어 사람을 기르는 것은
토가 아니면 붙일 수 없다. 그러므로 서로 비의한 것이다. 종자를 뿌리고 오곡을
심어 사람을 기르는 상을 모의하여 『태현경』 5와 5의 설을 만들었다는 것이다.

121 역주 : 『태현경』에서 每首 九贊의 初一, 次二, 次三을 思로 삼는다.

122 역주 : 이 구절은, 金幣를 발명한 일을 모의하였기에 『태현경』에 이른바 思가 있다.

것에 오직 5형(五刑)을 사용한 것은, 화(禍)에 비의하였다.¹²⁵

秉圭戴璧, 臚湊群辟, 臚, 力居切, 陳序也. 抳擬之八十一首. 棘木爲杼,
削木爲軸, 杼軸既施, 民得以燠, 抳擬之經緯. 剛割皰竹革木土金, 擊
石彈絲, 以和天下, 抳擬之八風. 丁無剛字. 別本唯割字. 章作刻. 釋文作剟.
音喧. 云一作割, 宋, 許, 黃作剛割. 剛, 音彫, 蓋古字同.

(군주를 朝見하기 위하여) 규옥(圭玉)을 잡고, 벽(璧)을 받들고 제후가 차례로
모두 모인 것은,¹²⁶ 려(臚)는 력(力)과 거(居)의 반절이니, 차례를 베푼 것(陳序)이다. 81수
(首)에 비의하였다.¹²⁷ 나무를 다듬어 (橫絲 용도의) 북을 만들고, 나무를 깎아
(縱絲 용도의) 굴대를 만들어 북과 굴대가 (베틀에서 왔다 갔다 하면서) 포(布)
를 짜면 백성들이 따뜻함을 얻는 것은,¹²⁸ 경위(經緯)에 비의하였다.¹²⁹ 박,
대나무, 죽, 나무, 흙, 쇠를 다듬어 자르고, 석경을 치며 현악기를 타서 천하를

. . . .

123 역주 : '渙'은 '흩어진대(散)'는 것이다. '爵'은 爵位다. 公·侯·伯·子·男·卿·大夫·士
등이다. '渙爵'은 爵位를 分封한 것이다. '般'은 '나누어준대(班)'는 것이다. 『이아』
「釋言」에서는 "賦也."라고 하니, '부여한다'는 것이다. '秩'은 官爵이다. '般秩'은
관직을 상으로 부여한다는 것이다. '祿'은 『說文』에서는 "福也."라고 한다. 이 구
절은, 왕이 나라를 건국하고 작위를 분봉하고 관직을 상으로 부여하여 백복에
들어가게 한다는 것이다.

124 역주 : 『태현경』에서 九贊의 次四, 次五, 次六은 福이다. 이 구절은, 작위를 분봉
하고 복을 인도하는 것을 모의하였기에 『태현경』에 이른바 복이 있다는 것이다.

125 역주 : 『태현경』에서 九贊의 次七, 次八, 次九는 禍가 된다. 이 구절은, 형벌로
죄를 다스리는 것을 모의하였기에 『태현경』에 이른바 화가 있다는 것이다.

126 역주 : '秉'은 '잡아가진다'는 것이다. '臚'는 『爾雅』 「釋言」에서는 "敍也."라고 한
다. 『玉篇』에서는 "陳也."라고 한다. 즉 '序列한다'는 것이다. '湊'는 『說文』에서는
"聚也."라고 한다. '群辟'은 諸侯를 가리킨다. 이 구절은, 제후가 圭와 璧을 잡고
군왕을 朝見한다는 것이다.

127 역주 : 이 구절은, 제후와 백관이 군주를 朝見하는 상을 모의하여 『태현경』 81首
를 만들었다는 것이다. 一玄이 81 首를 통솔하는 것은 한 군주가 뭇 신하를 통솔
하는 것을 본 뜬 것이다.

128 역주 : '杼軸'은 織布하는 기구다. '抒'는 緯를 유지하고, '軸'은 經을 받는다. 서로
섞이면서 베를 이룬다. 燠은 『爾雅』 「釋言」에서는 "煖也"라고 한다.

129 역주 : '經緯'는 『태현경』에서 1,2,5,6,7 찬을 經으로 삼고, 3,4,8,9 찬을 緯로 삼는
다. 이 구절은, 抒軸으로 베를 짜는 상을 모의하여 『태현경』에 경위의 설이 있다
는 것이다.

조화롭게 하는 것은,[130] 팔풍(八風)에 비의하였다.[131] 정위본에는 조(剛)자가 없다. 별본(別本)에는 오직 할(割)자만 있다. 장찰본에는 각(刻)으로 되어 있다. 『석문(釋文)』에는 훤(劅)으로 되어 있다. 음은 훤(喧)이다. 한 곳에는 할(割)로 되어 있다고 하였다. 송충본, 허앙본, 황백사본에는 조할(劅割)로 되어 있다. 조(剛)는 음이 조(彫)니 대개 옛글자에서는 같다.

陰陽相錯, 男女不相射, 人人物物, 各由厥彙, 挽擬之虛贏. 日月相斛, 星辰不相觸, 音律差列, 奇耦異氣, 父子殊面, 兄弟不孿, 釋文生患, 所眷二切, 雙生子也. 宋作孿, 帝王莫同, 挽擬之歲.

음과 양이 서로 섞이고, 남자와 여자가 서로 해치지 않으며, 사람과 사람, 사물과 사물이 각각 그 무리를 좇는 것은,[132] (천지음양의) 허(虛)와 영(贏)에 비의하였다.[133] 해와 달의 운행이 서로 헤아리고, 별과 별이 서로 부딪치지 않고, 음률이 들쑥날쑥 반열 하여 차별이 있고,[134] 음양의 기우(奇耦)는 절기를 달리하고, 부자는 얼굴을 달리하고, 형제는 쌍둥이로 나지 않고 따로 출생하며,[135]

· · · · · · · · · · · · · · · · · ·

130 역주 : 范望은 주에서 "匏, 笙也. 革, 鼓也. 竹, 簫籭也. 木, 祝敔也. 土, 壎也. 金, 鐘也. 石, 磬也. 絲, 琴瑟也. 移風易俗, 莫先於樂. 故和天下也."라고 한다.

131 역주 : '八風'은 『태현경』에서 배열한 음율을 가리킨다. 『예기』「樂記」, "八風從而不姦." 참조. 이 구절은, 樂器의 상을 모의하여 『태현경』에 음률을 배열하는 것이 있다는 것이다.

132 역주 : '射'는 射傷한다는 것이다. '不相射'는 서로 상해하지 않고 친하다는 것으로, 친밀하여 서로 사귄다는 것이다. '彙'는 '무리(類)'다. 이 구절은, 음양이 교착하여 만물이 化生하고 남녀가 서로 친하여 인류가 化成하며, 조화가 이미 이루어지면 사람과 사물이 각각 그 무리로 돌아간다는 것이다.

133 역주 : '虛贏'은 『태현경』의 음양소식설을 가리킨다. 양은 실하고 음은 허하다. 「玄測」에서는 "虛贏踦踦, 禪無已也."라고 하고 「玄攡」에서는 "虛實盪, 故萬物纏."이라 한다. 이 구절은, 음양이 交錯하여 만물을 化生하는 상을 모의하였기에 『태현경』에 음양소식설이 있다는 것이다.

134 역주 : '斛'은 '저촉한다'는 것이다. '相斛'은 일월이 서로 모인다는 것이다. 『廣雅』「釋言」에서는 "斛, 觸也."라고 한다. '相斛'은 '相角'으로, '相角'은 相觸이다. 일월은 1년에 12번 만난다. 그러므로 '相斛'이다. 星辰이 서로 범하지 않는다. 그러므로 '不相觸'이다. '斛'과 '觸'은 變文하여 句를 이룬 것으로, 그 뜻은 같다.

135 역주 : 이 구절은, 일월이 동행하지 않고 달마다 서로 만나며, 성신은 서로 범하지 않고 유전하면서 운행하며, 음율의 차서는 배열하여 서로 짝하면서 和聲하며, 음양은 서로 다르며 절기는 서로 이어지며, 부자는 얼굴이 다르지만 사업으로써 계승하며, 형제는 거듭 나지 않지만 家道로써 흥하며, 제왕은 제도를 같이 하지

『석문(釋文)』에는 생환(生患)이니, 소(所)와 권(眷)의 이절(二切)로서, 쌍둥이를 낳는 것이다(雙生子)라고 한다. 송충본에는 얼(孼)로 되어 있다. 오제삼황이 복식의 제도를 달리한 것은, 세월의 절기(節氣)에 비의하였다.[136]

噴以牙者童其角, 揮以翼者兩其足, 無角無翼, 材以道德, 挩擬之九日平分. 存見知隱, 由邇擬遠, 推陰陽之荒, 考神明之隱, 挩擬之晷刻.
(들짐승과 같이) 먹는데 이빨로 하는 것은 그 뿔이 없고, (날짐승과 같이) 날개를 흔들어[137] 나는 것은 그 발을 두 개로 하고, (사람과 같이) 뿔도 없고 날개도 없으나 도덕으로 제재(制裁)한 것은[138] (2首로) 9일 평분(平分)에 비의하였다. 보이는 것을 고찰하여 그 이면에 있는 은미한 이치를 알고, 가까운 것을 근본으로 하여 먼 것을 비의하고, 음양의 광대함을 추측하고, 신명의 은미함을 고찰한 것은, 구각(晷刻)에 비의하였다.

一明一幽, 趺剛趺柔, 知陰者逆, 知陽者流, 挩擬之晝夜. 上索下索, 遵天之度, 往述來述, 遵天之術, 無或改造, 遵天之醜, 挩擬之天元.
(낮의) 한 번은 밝고 (밤의) 한 번은 어두운 것, (낮의) 지나치게 굳세고 (밤의) 지나치게 부드러운 것은 고찰하기 어려우니, 음을 아는 자가 거역하고, 양을 아는 자가 따라 행하는 것은 낮과 밤에 비의하였다. 하늘과 땅의 정황을 찾아 하늘의 도수를 따르며, 하늘과 땅의 가고 오는 것을 서술하여 하늘의 규율을 따르고, 법도를 개조함이 없이 하늘의 무리를 따른 것은, 3통1원(三統一元)의

· · · · · · · · · · · · · · · · · ·
않아 국가는 날로 새로워진다는 것이다.
136 역주 : '歲'는 『태현경』에서 짝한 세월의 절기를 말한다. 세월이 유전하면 절기가 교체되고 두루 돌아서 다시 시작하여 매년 같지 않다. 그러므로 서로 比擬한다. 이 구절은, 천지인과 세상의 만물이 고르게 같지 않으면 유전하고 상속하는 상을 모의하였기에 『태현경』에 세월의 절기를 짝하는 설이 있다는 것이다.
137 역주 : '揮'는 '휘두른대揮'는 것이다.
138 역주 : '材'는 '裁'다. 먹는데 이빨로 한다는 것은 육식동물이다. 날개로 흔들어 난다는 것은 禽類를 가리킨다. '無角無翼'은 인류를 가리킨다. 이 구절은, 식육동물은 無角이고, 飛禽의 무리는 兩足이 있는데 인류는 비록 '무각무익'이라도 도덕으로 재제할 수 있다는 것이다. 이것은 모든 사물은 다 만족한 상태로 존재할 수 없다는 것이다.

천원(天元)에[139] 비의하였다.

天地神胞, 法易久而不已, 當往者終, 當來者始, 捄擬之罔直蒙酋冥.

하늘과 땅이 신비스럽게 만물을 잉육(孕育)하고,[140] (낳고 낳아 다한 것이 없는) 역의 법을 본받아 오래되어도 그침이 없고, 마땅히 가야 할 것은 마치게 하고 마땅히 와야 할 것은 시작하게 하여 순환 왕복한 것은, 망·직·몽·추·명에 비의하였다.[141]

故擬水於川, 水得其馴. 擬行於德, 行得其中. 擬言於法, 言得其正.
言正則無擇, 行中則無爽, 水順則無敗. 無敗故可久也, 無爽故可觀
也, 無擇故可聽也.

그러므로 물은 흘러가는 내에 견주니, 물이 그 따르는 것을 얻는다.[142] 행실은 덕에 견주니, 행실이 그 중도를 얻는다.[143] 말은 그 법에 견주니, 말이 그 바른 것을 얻는다.[144] 말이 바르면 선택해 말하는 것이 없고, 행실이 중도를 지키면 도에 어긋남이 없고, 물이 따르면 무너지는 것이 없다. 무너지는 것이 없으므로 오래갈 수 있고, 어그러지는 것이[145] 없으므로 볼 수 있고, 가리는 것이 없으므로 들을 수 있다.

• • • • • • • • • • • • • • • • •

139 역주 : '天元'은 역법을 추산하는 처음 시각이다. 이것은 『태현경』에서 표시한 역법이다. 역법을 제정하려면 반드시 천체운행의 규율을 따라야지 멋대로 바꿀 수 있는 것이 아님을 말한 것이다.

140 역주 : '神胞'는 천지가 만물을 孕育하는 것이 생생불궁하고 변화막측함을 말한 것이다.

141 역주 : 망·직·몽·추·명 다섯 가지 덕은 천지만물이 '生·長·成·藏'하면서 循環不已하는 과정을 模擬하여 『태현경』 오덕의 설을 만들었다는 것이다.

142 역주 : '馴'은 '따른다[順]'는 것이다.

143 역주 : 양웅은 유가의 中의 관념을 숭상하여 中으로 至德을 삼았다. 『法言』「先知」, "龍之潛亢, 不獲其中矣. 是以過中則惕, 不及則躍. 其近於中乎. 聖人之道, 譬猶日之中矣. 不及則未, 過則戾." 참조.

144 역주 : 말이 예법에 돌아가면 말이 바르다는 것이다.

145 역주 : '爽'은 '어그러졌다'는 것이다. 『효경』「卿大夫」, "非法不言, 非道不行. 口無擇言, 身無擇行." 참조.

可聽者, 聖人之極也. 可觀者, 聖人之德也. 可久者, 天地之道也. 章作業. 是以昔者群聖人之作事也, 上擬諸天, 下擬諸地, 中擬諸人.

들을 수 있는 것은 성인(聖人)의 지극함이다.[146] 볼 수 있는 것은 성인의 덕이다. 오래갈 수 있는 것은 하늘과 땅의 도이다. 장찰본에는 업(業)으로 되어 있다. 이 때문에 옛날에 성인(聖人)들이 처음 나라를 세울 때에 위로는 하늘에 견주고, 아래로는 땅에 견주었고, 가운데에서는 사람에 견주었다.[147]

天地作函, 日月固明, 五行該醜, 五嶽宗山, 四瀆長川, 五經括矩. 天違地違人違, 而天下之大事悖矣.

하늘과 땅은 만물을 포용하고, 태양과 달은 진실로 밝고, 5행은 무리를 겸하고, 오악(五嶽)은[148] 태산을 종산으로 하고, 사독(四瀆)은[149] 장강(長江)을 내로 하고, 오경은 모든 규구(規矩)를 포괄한다. 하늘이 어기고, 땅이 어기고, 사람이 어기면 천하 대사는 어그러질 것이다.[150]

玄之贊辭皆擬也. 氣生類, 類生事之猷卒, 蓋法三摸. 觀凡捌之所擬, 則有以見贊之情, 不盡其彙者, 得比義焉. 思以虛權禍福而變通之. 如金幣之于天下, 鑪溱羣辟, 捌擬八十一首, 則唯體玄極, 爲能苞此虛嬴, 在一晝一夜之間, 而歲統其道, 皆相異而不相悖也. 而體有小大, 則擬有玄章. 玄以二首平分九日, 利不可專, 天之道也. 玄經象辭, 蓋擬晷刻晝夜, 而數擬天元. 天元則歷章會統之所綜也. 易窮則變, 變則通, 通則久. 罔冥蓋神胞也. 始

．．．．．．．．．．．．．．．．．．．

146 역주 : '極'은 '中道'다. 『한서』「율력지」, "極, 中也." 참조.
147 역주 : 중국 고대 성인이 저술한 것은 객관 사물에 대해 模擬를 진행하여 위로는 하늘을 모의하고, 아래로는 땅을 모의하고, 가운데에서는 사람을 모의하여 만들었다는 것이다. 『주역』「계사전하」1장, "古者包犧氏之王天下也, 仰則觀象於天, 俯則觀法於地, 觀鳥獸之文與地之宜, 近取諸身, 遠取諸物, 於是始作八卦." 참조.
148 역주 : '五嶽'은 中嶽 崇山, 東嶽 泰山, 西嶽 華山, 南嶽 衡山, 北嶽 恒山.
149 역주 : '四瀆'은 長江, 黃河, 淮水, 濟水를 말한다. 사독은 발원해서 모두 바다로 흘러가는데, 이 가운데 가장 긴 長江을 우두머리로 한다는 것이다. 『爾雅』「釋水」, "江河淮濟爲四瀆, 四瀆者, 發源注海者也."
150 역주 : '悖'는 『說文』에서는 "亂也."라고 한다.

終不已, 法易如此.

『태현』의 찬사(贊辭)는 모두 비의(比擬)한 것이다. 기(氣)는 부류를 낳고, 부류는 일의 위곡(委曲)과 종시(終始)를 낳으니, 대개 3모(三摸)한 것을 본받은 것이다. 무릇 「현예」에서 비의한 것을 보면 찬(贊)의 실정을 볼 수 있는데, 그 무리를 다하지 않은 것은 비의하는 뜻을 얻은 것이다. 사(思)는 허(虛)로써 화(禍)와 복(福)을 저울질하여 변통한다. 만일 천하에 금폐(金幣)로 하여 여러 군주를 순서대로 늘어놓은 것을 81 수(首)에 비의하면, 오직 현극(玄極)을 체득해야만 이 허(虛)와 영(贏)에 임할 수 있는 것이 되고, 1주(一晝)와 1야(一夜) 사이에 있으면서 세(歲)가 도를 통어(通御)하니, 모두 서로 다르나 서로 어긋나지 않는다.[151] 체득한 것에 소와 대가 있으면, 비의하는데 현장(玄章)이 있다. 현은 이수(二首)로 9일(九日)을 고르게 나누니, 이로움을 오로지 할 수 없은 하늘의 도다. 『태현경』의 상사(象辭)는 대개 일구(日晷)와 각루(刻漏)로 낮과 밤을 재는 것을 비의한 것이고, 수(數)는 천원(天元)을 비의한다. 천원은 역(曆)의 장(章) 회(會), 통(統)이 모인 것이다. 『주역』「계사전하」에서는 "궁하면 변하고, 변하면 통하고, 통하면 오래 간다"[152] 라는 말이 있다. 망(罔)과 명(冥)은 대개 신이 포용한 것이다. 시작과 끝이 그치지 않으니, 『주역』을 본받은 것이 이와 같다.

---

151 역주 : 『중용』30장에 "辟如四時之錯行, 如日月之代明, 萬物並育而不相害, 道並行而不相悖." 라는 말이 나온다.

152 역주 : 『주역』「繫辭傳下」2장, "易, 窮則變, 變則通, 通則久."

제 10 권

태현집주[太玄集注]

▌현도(玄圖)[1]

一玄都覆三方, 方同九州, 枝載庶部, 分正群家, 事事其中.

1현(一玄)은 모두 3방(三方)을 덮고, (1방은 3州로 나누어져 있으므로) 3방으로 9주(九州)를 같이 하고, (1州는 3部로 나누어져 있으므로) 9주가 가지를 달리해 서부(庶部=27부)를 싣고, (1부가 3家로 나누어져 있으므로) 27부가 나뉘어 81가를 바르게 하니,[2] 천하만사가 「현도(玄圖)」 가운데에 포함된다.

陰質北斗, 章, 許及丁別本陰質上有則字, 丁, 宋皆無. 日月畛營. 陰陽沈交, 四時潛處. 五行伏行, 六合既混. 七宿軫轉, 馴幽曆微, 六甲內馴, 九九實有. 律呂孔幽, 曆數匡紀. 范作馴幽推曆, 六甲內馴, 九九實有. 律呂孔幽, 曆數匡紀, 宋作馴幽曆微, 九九實有, 律呂采幽, 曆數匡紀, 六甲內馴. 郭, 林同宋本. 林有推曆, 孔幽二字, 郭孔幽字同范, 許, 黃本. 圖象玄形, 贊載成功.

음(=밤)은 북두칠성을 바로하게 하고[3] 장찰본과 허양본 및 정위본 별본(別本)에는 음질(陰質) 위에 칙(則)자가 있고, 정위본, 송충본에는 모두 없다. 해와 달은 (그 궤도에 따라) 주행하여 그 경계를 지킨다.[4] 음양은 숨어 있으면서 그 두 기운을 교차하고, 4계절은 숨어 처한다.[5] 5행은 숨어서 운행하고, (天地四方인) 육합은 이미 혼돈하다. 7수(七宿)는 돌아 운전하여,[6] 유미(幽微)한 것을 따르고 미미한 것을 센다. 육갑은 안으로 따르고 (9×9=) 81수 가운데에 갖추어져 있다. 율려

....

1 역주 : '圖'는 「玄捴」에서는 "象也."라고 한다. 「현도」는 주로 『태현경』이 표시한 자연 및 인사의 변화과정과 아울러 『태현경』의 상을 圖畵한 것을 밝힌 것이다. 그러므로 「현도」라고 한다. 范望이 贊을 풀이할 때에는 현도가 있었던 것 같다. 범망이 "圖畵四重, 以成八十一家.", "如圖之形者也."라는 것이 그 증거다. 그러나 사마광은 집주할 때 볼 수 없었다. 「현도」는 『주역』「계사전」에 상당한다.
2 역주 : '都'는 '모두[總]'라는 것이다. '覆'은 '덮는다[蓋]'는 것이다. '都覆'은 '總括한다'는 것이다. '序'는 '무리[衆]'다.
3 역주 : 이 때의 '質'은 '바르다[正]'는 것이다.
4 역주 : '畛'은 '경계[界]'다.
5 역주 : 그것들이 갈마드는 것을 볼 수 없다는 것이다.
6 역주 : 사방에서 하나만을 거론하므로 '7'을 쓴 것이다. 즉 7×4=28이다. '軫'은 '운전한다[轉]'는 것이다.

의 기는 심히 은미하고, 력수(曆數)는 기(紀)를 숨긴다.[7] 범망본에는 순유추력, 육갑내순, 구구실유. 율려공유, 력수닉기(馴幽推曆, 六甲內馴, 九九實有. 律呂孔幽, 曆數匿紀)로 되어 있고, 송충본에는 순유력미, 구구실유, 율려채유, 력수닉기, 육갑내순(馴幽曆微, 九九實有, 律呂採幽, 曆數匿紀, 六甲內馴)로 되어 있고. 곽원형본, 임우본은 송충본과 같다. 임우본에는 오직 추력(推曆) 공유(孔幽) 두 글자만 있다. 곽원형본의 공유(孔幽) 자는 범망본, 허앙본, 황백사본과 같다. 「현도」는 『태현경』의 형을 본뜨고, (729) 찬의 사(辭)는 공을 이룬 것을 싣는다.

始哉中羨從. 百卉權輿, 乃訊感天. 訊, 與迅同. 雷椎欹[8]窜, 輿物旁震. 寅贊柔微, 拔根于元. 東動青龍, 光離于淵. 摧上萬物, 天地輿新. 窜, 徒感切. 震, 音珍. 輿物, 丁輿作與. 拔根, 丁別本作拔薮. 摧上, 許, 黃作羅上, 宋, 丁作摧土. 田告云, 摧當作催, 土當作咄, 蓋古摧與催同.

시작이니, 중천(中天)과 선천(羨天)과 종천(從天)이다.[9] (이 때) 온갖[10] 초목이 생을 시작하고 (양기가 이미 움직이니)[11] 이에 하늘의 기운인 양기에 신속하게 감응한다.[12] 신(訊)은 신(迅)과 같다. 우레는 (땅속 깊은 곳에서) 움직여 비로소 소리를 발하고, 만물은 두루 준동(蠢動)한다. 그러나 (正月 建寅의 때에는) 사물은 아직 약하고 미미하여, 뿌리에서 원기를 북돋아 주는 것을 얻어 뻗어간다.[13] 동방의 청룡(=양기)인 7수(七宿)는 처음 움직이고,[14] 빛(=양기)은 점차

....

7 역주 : '孔'은 '심하다[甚]'는 것이고, '幽'는 '은미하다[微]'는 것이다.
8 劉韶軍 點校 : '椎', '欹'은 명초본에는 '推'와 '欶'으로 되어 있는데, 주석의 문장에서는 '椎'와 '欹'으로 되어 있다. 만옥당본, 범망본에도 '椎'와 '欹'으로 되어 있다. 許翰의 『玄解』校本에서는 異同을 말하지 않으니, 마땅히 '椎'와 '欹'으로 써야 한다. 이것은 주석의 문장 및 범망본에 의거해 고쳤다.
9 역주 : 『태현경』은 1년을 9개 단계로 나누는데, 이것을 일컬어 '9천'이라 한다. 여기서 말하는 중천, 선천, 종천은 처음 단계의 3개의 천으로, '天玄'이라 일컫는다.
10 역주 : 이 때의 '輿'는 '與'로 본다. '與'는 '무리[衆]'이다. '椎'는 『說文』에서는 "擊也." 라고 하는데, '친다'는 것이다.
11 역주 : '卉'는 『說文』에서는 "草之總名"이라고 한다. '權輿'는 처음 생하는 것이다.
12 역주 : 여기서는 '訊'을 '신속하다[迅]'라는 것으로 해석했는데, '訊'에 대한 또 다른 해석인 '訊'을 『이아』「釋詁」에서는 "告也."라고 한다. '感'은 '動'이다. '天'은 양기다. 즉 수없이 많은 풀이 처음 생하여 양기가 이미 움직인 것을 告知한다는 것이다.
13 역주 : '寅'은 정월 建寅 때다. '贊'은 '도운대[助]'는 것이다. '元'은 元氣로서, 특히 양기를 가리킨다.

깊은 곳에서 움직여 나온다. 양기는 만물을 재촉하여 땅위로 나오게 하니[15] 천지가 시작되고 새롭다. 담(竇)은 도(徒)와 감(感)의 반절이다. 진(震)은 음이 진(珍)이다. 여물(輿物)은 정위본에는 여(興)가 여(與)로 되어 있다. 발근(拔根)은 정위본 별본에는 발간(拔覲)으로 되어 있다. 최상(摧上)은 허양본, 황백사본에는 라상(羅上)으로 되어 있다. 송충본, 정위본에는 최토(摧土)로 되어 있다. 전고(田告)는 "최(摧)는 마땅히 최(催)로 되어야 하며, 토(土)는 마땅히 돌(咄)로 되어야 한다"고 하였다. 대개 옛날에 최(摧)는 최(催)와 같다.

中哉更晬廓. 象天重明. 靁風炫煥, 與物時行. 陰酋西北, 陽尚東南. 內雖有應, 外舥亢貞. 龍幹于天, 長類無疆. 南征不利. 遇崩光. 章作遇乎崩光, 宋作遇于崩光.

가운데니, 경천(更天)과 수천(晬天)와 확천(廓天)이다.[16] 하늘의 순양(重明= 음력4월)을 본뜬다. 우레와 바람은 빛을 내면서 환하게 밝고, 만물과 더불어 때에 맞게 운행한다. 음기는 서북쪽에 나아가고, 양기는 동남쪽을 숭상한다.[17] 이때 안으로 음기가 비록 응함이 있어 맹아하나,[18] 밖으로는 양기가 높이 올라가 지극한 것에 이른다.[19] 용(=양기)은 하늘에서 날아 올라가고,[20] 무리를 자라게 함이 끝이 없다. 그러나 (양기가 다시) 남방으로 정벌가면 좋지 않다. (음기가 남방에서 생하고) 양기의 광명이 붕괴를 만나기 때문이다.[21] 장찰본에는 우호붕광

. . . .

14 역주 : 청룡은 '양기'를 가리킨다. 『易傳』에서는 龍을 양기로 비유한다. 『주역』「乾卦·문언」, "潛龍勿用, 陽氣潛藏." 참조. '春'은 동방이다. '蒼龍宿'은 동방에 있다. 그러므로 '동방 청룡'이라고 한다.

15 역주 : '摧'는 '催'와 같으니, '催促한다'는 것이다.

16 역주 : 이것은 『태현경』의 가운데에 있는 3天으로서, '地玄'이라 일컫는다.

17 역주 : '酋'는 '魁' 혹은 '長'이다. '就'로 보는 해석도 있다. 이 구절은, 서북쪽은 음기가 가장 왕성한 곳이고, 동남쪽은 양기가 가장 왕성한 방위라는 것이다. 이 구절에서는 특히 양기가 동남방에서 왕성하다는 것을 말하고 있다.

18 역주 : 5월은 一陰이 萌芽한다. '內應'은 음기가 안에서 처음 맹아하고 밖에서 양과 상응하는 것을 의미한다.

19 역주 : '舥'는 '이른다[到]'는 것이다. '亢'은 매우 높고 매우 성한 것이다. '亢貞'은 '亢陽'과 같다. 『주역』「건괘」上九爻, "亢龍有悔." '外亢'은 양기가 밖에서 이미 극성하다는 것이다.

20 역주 : 『주역』「건괘」, "飛龍在天." 참조. 이 구절은, 양기가 성하여 미치지 못하는 곳이 없기에 만물이 자라난다는 것이다. 진망본에는 '乾'이 '翰'으로 되어 있다. 여기서는 날개라는 의미의 '翰'으로 해석한다.

(遇乎崩光)으로 되어 있다. 송충본에는 우우붕광(遇于崩光)으로 되어 있다.

終哉減沈成. 天根還向, 成氣收精. 閱入庶物, 咸首囂鳴. 深合黃純, 廣含群生. 泰柄雲行, 時監地營. 邪謨高吸, 乃馴神靈. 旁該終始, 天地人功咸莤貞.

마침이니, 감천(減天)과 침천(沈天)과 성천(成天)이다.[22] 하늘의 운행은(음력7월에 이르러) 다시 북방으로 되돌아 향하니, (가을의) 기운은 음기를 모아 수렴하니 만물이 모두 성숙한다.[23] 뭇 만물들을 검사하여 쇠락함에 들어가게 하니, 모두 처음으로 힘들어하면서 비명을 지른다.[24] (음력10월에 이르면) 뭇 사물은 황천의 순음(純陰)에 합하고, 두루 뭇 살아있는 것을 함유(含有)한다.[25] 태병(泰柄)은[26] 구름과 같이 운행하고, 때로 그 병(柄)을 가리키는 땅의 계역(界域)을 보아 12진(十二辰)을 나누어 세시(歲時)를 정한다.[27] 북진 이외의 나머지 뭇별은 북두를 중심으로 하여 높게 걸려서 천지운행의 도(神靈)를 좇는다.[28] 곁에서 종시(終始)로 함께 운행하니, 천·지·인의 공이 모두 바른 것에

•••••••••••••••

21 역주 : 양이 다해 음을 생하고, 사물이 특히 쇠락하는 때를 형용한 것이다. '南征'은 양기가 동남방에서부터 다시 남방으로 향하여 운행한다는 것이다. '崩光'은 양기가 처음 쇠락한다는 것이다. 양기가 동남방에 이르면 이미 극성하니, 극성하면 쇠락한다. 그러므로 다시 남을 향하여 운행하면 불리하다. 음은 午에서 생하니, 남방이다. 양기가 남방에 이르면 음을 만난다. 이 때 이미 쇠락하기 시작한다. 그러므로 '遇崩光'이라고 한다.

22 역주 : 이것은 『태현경』의 끝에 있는 3天으로서, '人玄'이라 일컫는다.

23 역주 : '天根還向'은 인간이 하늘의 1년의 운행 관측하는 것으로, 음력11월 동지에 북방에서 시작하여 음력7월에 이르러 다시 북방을 향한다는 것이다. '成氣收精'은 가을에 음기가 취렴하여 만물이 모두 성숙한다는 것이다.

24 역주 : '閱'은 '수량을 검사한다'는 것이다. '首'는 '처음[始]'이다.

25 역주 : '黃順'은 '黃泉의 순기'다. 이 구절은, 겨울에 만물이 땅 속에서 잠기어 숨었다가 잠긴 양의 기운을 모아 때를 기다려 생한다는 것이다.

26 역주 : '泰柄'은 北斗의 柄을 말한다. 북두칠성의 5~7째에 있는 세 별자리다.

27 역주 : '營'은 '영역'이다. 이 구절은, 두병이 가리키는 때에 따라 운행하고, 땅의 영역을 봐서 12辰을 나누어 세시를 정한다는 것이다.

28 역주 : '邪'는 '남은 것[餘分]'을 뜻한다. 『사기』「曆書」, "歸邪於終."에 대한 韋昭의 주석, "邪, 餘分也." 참조. '謨'는 구하는 것을 '도모한다'는 것이다. '吸'은 '맨다[繫]'는 것이다. '高吸'은 閏에 餘分을 돌린다'는 것이다. '神靈'은 천지 운행의 도다.

나아간다.²⁹

玄圖三之變也. 方州部家, 一二三四, 而玄在其中, 此之謂五之以合虛. 雷
椎歈鼙 劢皺伩, 興物旁震, 屯也. 雉雏季冬感此. 寅贊柔微, 拔根于元, 太
簇之氣. 東動青龍, 光離于淵, 則解矣. 亢貞之時, 龍務蕃類而已, 征則不利
矣. 天根還向, 一之反也, 自難勤養. 深合黃純, 則復乎中焉. 泰柄雲行, 時
監地營, 斗運而正五辰也. 邪謨高吸, 乃馴神靈, 則贊載成功, 謀而取之, 無
不至也. 是以能馴神靈而不悖, 旁周終始而功咸酋也.

현도는 3의 변화다. 방·주·부·가, 1·2·3·4이면서 현이 그 가운데에 있으니,
이것을 "다섯 번하여 허에 합한다"라고 이른다. "우레는 (땅속 깊은 곳에서)
움직여 비로소 소리를 발하고, 만물은 두루 준동(蠢動)한다"라는 것은 『주역』
「준괘(屯卦)」다. 꿩은 오직 늦겨울에 이것을 느낀다. "(正月 建寅의 때에는)
사물은 아직 약하고 미미하여 뿌리에서 원기를 북돋아 주는 것을 얻어 뻗어간
다"라는 것은 (음악에서의) 태주의 기운이다. "동방의 청룡(=양기)인 칠수(七
宿)는 처음 움직이고, 빛(=양기)은 점차 유심한 곳에서 움직여 나온다"라는
것은 『주역』 「해괘(解卦)」다. (밖으로) 양기가 높이 올라가 극한 것에 이르는
때는 용이 무리를 번식하는 것에 힘쓸 뿐이니, 정벌하면 불리하다. "하늘의
운행은 (음력7월에 이르러) 다시 북방으로 되돌아 향한다" 라는 것은 1(一)의
되돌아옴이다. 난수(難首), 근수(勤首), 양수(養首)에서부터 깊이 황천의 순음
(純陰)에 합하면 다시 중수(中首)에 돌아온다. "태병(泰柄)은 구름과 같이 운행
하고, 때로 그 병(柄)을 가리키는 땅의 계역(界域)을 보아 12진(十二辰)을 나누
어 세시(歲時)를 정한다"라는 것은 두병이 움직여서 5진(五辰)을 바로 한다는
것이다. 북진 이외의 나머지 뭇별은 북두를 중심으로 하여 높게 걸려서 천지
운행의 도(神靈)를 좇으면, 729찬의 사(辭)가 공 이룬 것을 실어 도모해 취하여

....

　　「玄攡」, "天神而地靈." 참조. 이 구절은, 여분 구할 것을 도모하여 '閏'에 돌림으로
　　써 천지운행의 도를 따른다는 것이다.
29　역주 : '旁該'는 '兼通'이다. '終始'는 1년의 종시다. 이 구절은, 『태현경』은 1년 중
　　음양의 소장과 운행, 만물이 생장하고 성쇠하는 정황을 포괄하니 천도, 지도, 인도
　　의 공업이 여기에 나아가 바로 된다는 것이다.

이르지 않는 것이 없다. 이 때문에 천지운행의 도(神靈)를 좇아도 어긋나지 않고, 곁에서 시종을 두루 운행하여, 천·지·인의 공업은 모두 바른 것에 나아갈 수 있다.

天旬其道, 地杝其緒. 杝, 直紙切. 詩云, 析薪杝矣, 謂隨其理也. 陰陽雜廁, 有男有女. 天道成規, 地道成榘. 規動周營, 榘靜安物. 周營故能神明, 安物故能聚類.³⁰ 類聚故能富, 神明故至貴. 夫玄也者, 天道也, 地道也, 人道也. 兼三道而天名之, 君臣, 父子, 夫婦之道.

하늘은 그 도(道)를 (위에) 놓고 다스리며, 땅은 그의 사업을 (아래에서) 베푼다.³¹ 직(杝)은 직(直)과 지(紙)의 반절이다. 『시경』에서 말하기를 "땔나무를 쪼갠다"라고 하니, 그 이치에 따름을 말한 것이다. 음과 양이 (두기가 서로) 섞여 남자도 있고 여자도 있다.³² 하늘의 도는 규(規=그림쇠)를 이루고, 땅의 도(道)는 구(榘=곱자)를 이룬다.³³ 규는 움직여서 두루 경영하고, 구는 고요하여 만물을 안정시킨다. 두루 경영한다. 그러므로 신명(神明)을 이룰 수 있다. 만물을 안정시킨다. 그러므로 무리를 모을 수 있다. 무리를 모을 수 있기 때문에 부유할 수 있고, 신령하기 때문에 지극히 귀한 것이다. 대저 현이란 것은 하늘의 도이고, 땅의 도이고, 사람의 도다. 세 가지 도를 겸하고 하늘로 이름하니, (천도는) 군주와 신하, 아버지와 아들, 지아비와 지어미의 도다.

極君臣, 父子, 夫婦之道而與天合.

군신, 부자, 부부의 도를 다하여 천과 합한다.

· ·

30 劉韶軍 點校 : '聚類'는 만옥당본, 범본에서는 '類聚'로 되어 있다. 아래 문장에서 '類聚'를 말하니 마땅히 '類聚'로 써야 할 것 같다.

31 역주 : '旬'은 '놓는대[奠]'는 것과 통하니, '置'다. '杝'는 '베푼대[施]'는 것이다. '緒'는 '사업[業]'이다.

32 역주 : '廁'은 '섞는대[雜]'는 것이다. 이 구절은, 하늘은 그 도를 위에 놓고 다스리고, 땅은 그 업을 아래에 베풀고, 음양의 기는 交雜하여 서로 섞는데, 만물은 그것으로써 생하고 남녀는 그것으로써 이루어진다는 것이다. 「玄攡」에서는 "天地奠位, 神明通氣, 有一有二, 有二有三."을 말한다. 『주역』「序卦傳」에서는 "有天地然後有萬物, 有萬物然後有男女."를 말한다.

33 역주 : 天體는 圓이므로 規를 이루고, 地體는 方이므로 矩를 이룬다.

玄有二道. 宋作玄以一道, 以三生, 以一起, 一以三生. 以一起者, 方, 州, 部, 家也. 一以三起, 一以三生. 以三起者, 方州部家也. 三生者, 參分陽氣, 以爲三重, 極爲九營. 是爲同本離末. 范作是爲同本離生. 章爲作謂, 生作末. 林生同本, 離生末. 天地之經也, 旁通上下, 萬物幷也.

현에는 두 가지의 도가 있다. 송충본에는 현이일도, 이삼생, 이일기, 일이삼생. 이일기자, 방, 주, 부, 가야.(玄以一道, 以三生, 以一起, 一以三生. 以一起者, 方, 州, 部, 家也)로 되어 있다. 1은 3으로써 일어서고, 1은 3으로써 태어난다. 3으로써 일어서는 것은 방(方)과 주(州)와 부(部)와 가(家)이다.[34] 3으로써 태어나는 것은 양기를 나누어 (思·禍·福 세 가지에 붙여) 3번 거듭하고[35] 끝까지 미루어가면 '9찬(九贊)'의 자리(=九營)'가 된다.[36] 이것은 근본을 같이 하고(=1에서 시작하는 것을 의미함) 말단을 달리하는 것이니(=81家729贊)[37] 범망본에는 시위동본리생(是爲同本離生)으로 되어 있고. 장찰본에는 위(爲)가 위(謂)로 되어 있고, 생(生)은 말(末)로 되어 있고. 임우본에는 생동본, 리생말(生同本, 離生末)로 되어 있다. 이것은 천지의 변치 않는 도리로서, 좌우와 상하에 두루 관통하고 만물을 아우른다.[38]

九營周流, 終始貞也. 始於十一月, 終於十月. 羅重九行, 行四十日. 誠有內者存乎中, 宣而出者存乎羨, 雲行雨施存乎從, 變節易度存乎更, 珍光淳全存乎睟, 淳全, 章作淳金. 虛中弘外存乎廓, 削退消部存乎

---

34 역주 : 이것은 一玄이 삼분법에 따라 전개하는 것으로, 나뉘어 3方이 된다. 1方은 3州가 되고 3方은 9州가 된다. 1州는 3部로서 9州는 27部가 된다. 1部는 3家로서 27部는 81家가 된다.

35 역주 : 이것은 一玄이 나뉘어 세가지 종류의 부호(一, · ·, · · ·)가 된다는 것으로, 이것을 方·州·部·家 네가지 층차에 나눔으로써 81首를 이룬다. 1년 변화과정을 상징하는 81首를 셋으로 나누고 그것을 천, 지, 인의 3玄으로 일컫는다. 3玄은 또 3으로 나누어 9天으로 한다. 1首를 3으로 나누어 上·中·下로 하고, 다시 3으로 나누어 9贊으로 한다.

36 역주 : 9營은 9位다. 이것은 每首를 나누어 9贊의 位로 삼고, 81首를 나누어 9 단계로 하며, 매 9首를 1天으로 삼고, 9天을 함께 한다는 것이다. 『태현경』은 9位와 9天으로 사물의 消長과 1년 절기 변화의 과정을 상징한다.

37 역주 : '本'은 '玄'이고 '末'은 81首, 729贊을 가리킨다. 이것은 하나의 근본에서 同出하나 분화하여 각종의 다른 支節이 된다는 것이다.

38 역주 : '만물을 아우른다'는 것은 만물들이 서로 연관을 갖는다는 것이다.

減, 降隊幽藏存乎沈, 隊, 音墜. 考終性命存乎成.

9위(九位=九營)가 두루 흐르면 마침과 시작이 바르게 된다.[39] (한해는) 음력11월(=동지)에 시작해 (다음해) 음력10월에 끝마친다.[40] 그 사이에 그물처럼 얽혀 중첩되어 있는 9천(九天)이 있으니, 구천의 각각 운행은 매번 40일간 지속된다.[41] 성실함이 안으로 충실한 것은[42] 중천(中天)에 있고,[43] 만물이 처음 밖으로 펼쳐 맹아하는 것은 선천(羨天)에 있고,[44] 구름이 운행하여 비가 내려[45] 만물에 가지가 생하게 하는 것은 종천(從天)에 있고,[46] 절기가 변하고 도수를 바꾸는 것은 경천(更天)에 있고,[47] 보배로운 빛이 순전한 것은 수천(睟天)에 있고,[48] 순전(淳全)은 장찰본에는 순금(淳金)으로 되어 있다. 안을 비우고 밖을 넓히는 것은 확천(廓天)에 있고,[49] 깎이고 물러나고 소멸하고 나누는 것은 멸천(滅天)에 있고,[50] 떨어지고 쇠락하여 고요히 땅에 잠기는 것은 침천(沈天)에 있고,[51]

· · · · · · · · · · · · · · · · · ·

39 역주 : 이것은 9位에 周流하면 1년 종시의 순환이 확정된다는 것이다. 즉 729찬은 끝났다가 다시 시작한다는 것이다.
40 역주 : '始'는 양기가 始動하는 것이고, '終'은 음기가 終結하는 것이다. '羅'는 羅列하는 것이다.
41 역주 : 9行은 1년을 나누어 9行으로 한 것이니, 즉 9天이다. 실제는 매 行은 40일半을 주제하니, 9行하여 364일 반이다. 40은 그 整數를 든 것이다.
42 역주 : 『대학』6장에 "此謂誠於中, 形於外, 故君子必慎其獨也."라는 말이 나온다.
43 역주 : '誠有內'는 양기가 안에서 충실하게 있다는 것이다. '中'은 中天으로 11월을 주로 한다는 의미다. 이 구절은, 중천 때에 양기가 땅 속에 확실하게 잠기어 숨는다는 것이다.
44 역주 : '宣'은 '드날리는 것[揚]'이다. 선은 선천으로, 12월에서 정월에 이르는 것이다. 선천 때에는 만물이 맹아하여 지상에 나온다는 것이다.
45 역주 : 『주역』 「乾卦·象辭」, "雲行雨施, 品物流形," 참조.
46 역주 : '從'은 종천으로, 정월에서 2월에 이른다는 것이다. 종천 때에는 雲行雨施하고 만물이 滋潤한다는 것이다.
47 역주 : '更'은 경천으로, 3월 상순에서 4월 중순에 이른다는 것이다. 경천 때에는 만물의 생장이 신속하고 변화가 더욱 많다는 것이다.
48 역주 : 4월 중순에서 5월 상순에 이른다는 것이다. '珍光淳全'은 華와 實이 純茂하다는 것이다. 수천 때에는 식물이 무성하고 결실을 맺는다는 것이다.
49 역주 : '弘'은 '크게 하는 것[大]'이다. 5월 하순에서 7월 상순에 이른다는 것이다. 확천 때에는 양기가 밖에서 장대해지고 음기는 안에서 약하게 잠긴다는 것이다.
50 역주 : '部'는 '分散하는 것'이다. 7월 상순에서 8월 중순에 이른다는 것이다. 멸천 때에는 만물이 衰退하고 消散한다는 것이다.
51 역주 : '隊'는 '떨어진다[墜]'라는 것으로 읽어야 한다. 8월 중순에서 9월 하순에 이

추(隊)는 음이 추(墜)다. 타고난 성명을 잘 마치는 것은[52] 성천(成天)에 있다.[53]

是故一至九者, 陰陽消息之計邪. 反而陳之, 子則陽生于十一月, 陰終
十月可見也. 午則陰生于五月, 陽終于四月可見也. 生陽莫如子, 生陰
莫如午. 西北則子美盡矣, 東南則午美極矣.

이런 까닭으로 1에서 9에 이르는 것은, 음과 양이 없어지고 태어나는 과정을
헤아리는 것이 아니겠는가?[54] 반복해 말하면,[55] 자(子)는 양이 음력11월에서
생하고, 음이 음력10월에 끝나는 것을 볼 수 있다. 오(午)는 음이 음력5월에서
생하고 양은 음력4월에 끝나는 것을 볼 수 있다.[56] 양을 낳는 것은 자(子)만한
것이 없고, 음을 낳는 것은 오(午)만한 것이 없다. 서북방에서는 자(=양)의
아름다움이 다하고, 동남방에서는 오(=음)의 아름다움이 극에 달한다.[57]

故思心乎一, 反復乎二, 成意乎三. 條暢乎四, 著明乎五, 極大乎六, 敗
損乎七, 剝落乎八, 殄絶乎九. 生神莫先乎一, 中和莫盛乎五, 倨勮莫
困乎九. 倨, 音據, 傲也. 勮, 音遽, 疾也. 郭元亨疏, 勮, 作劇.

그러므로 사(思)는 1에서 마음으로 생각하고(思의 內), 2에서 반복하고(思의
中), 3에서 뜻을 이룬다.(思의 外), 복(福)은 4에서 조리가 밝고 분명하고(福의
小), 5에서 나타나 밝아지고(福의 中), 6에서 지극히 커진다.(福의 大), 화(禍)

른다는 것이다. 침천 때에는 식물이 成熟한 것이 쇠락하면 덮어 감춘다는 것이다.
52 역주 : 『서경』「홍범」, "五福, 一曰壽, 二曰富, 三曰康寧, 四曰攸好德, 五曰考終命."
53 역주 : '考'는 '이루는 것[成]'이다. 음력9월 상순에서 음력11월 朔에 이른다는 것이
다. 성천 때에는 음양의 두 기운이 1년의 운행을 종결하고 만물의 생명이 끝마침을
완성한다는 것이다.
54 역주 : 1에서 5까지는 生息이고, 6에서 9에 이르는 것은 消亡이다. 이 구절은, 1에
서 9에 이르는 것은 음양 消長의 과정이라는 것이다.
55 역주 : '反'은 '반복한다'는 것이다.
56 역주 : 陽은 子, 음력11월 朔旦, 동지에서 생하고 正北方에 있다가 巳, 음력4월,
동남방에서 극성한다. 극성하면 쇠퇴한다. 消亡을 시작하기 때문에 '終'이라고 일
컫는다. 음은 午, 음력5월, 하지에 생하고 정남방에 있다가 亥, 음력10월, 서북방에
서 극성한다. 극성하면 비로소 쇠퇴한다. 그러므로 '終'이라고 한다.
57 역주 : '子와 午'는 양기와 음기를 가리킨다. 陽은 子에서 생하고 陰은 午에서 생한
다. 그러므로 子와 午로써 말한 것이다.

는 7에서 파괴되어 손실되고(禍의 小), 8에서 벗겨져 떨어지고(禍의 中),[58] 9에서 모두 끊어진다.(禍의 大)[59] 신묘한 작용을 낳는 것은 1보다 먼저 하는 것은 없고, 중화(中和)는 5보다 성대한 것이 없고, 곤란에 처하는 것은 9보다 곤궁한 것이 없다.[60] 거(倨)은 음이 거(據)로서, 거만하다(傲)는 것이다. 거(勮)는 음이 거(遽)로서, 빠르다(疾)는 것이다. 곽원형(郭元亨)의 『태현경소』에서 "거(勮)는 극(劇)으로 되어야 한다"고 하였다.

夫一也者, 思之微者也. 四也者, 福之資者也. 七也者, 禍之階者也. 三也者, 思之崇者也. 六也者, 福之隆者也. 九也者, 禍之窮者也. 二五八, 三者之中也. 福則往而禍則丞也.[61] 九虛設闢, 君子小人所爲宮也.

대저 1이란 사(思)가 미세한 것이다. 4란 복(福)의 바탕이다. 7이란 화(禍)의 계단이다.[62] 3이란 사(思)가 높은 것이다. 6이란 복(福)이 융성한 것이다. 9란 화(禍)가 지극한 것이다.[63] 2와 5와 8은 (思・禍・福) 세 가지의 중간이다.[64] 복(福)은 가는 것이고, 화(禍)는 곧 잇는 것이다.[65] 9허(九虛)가 베풀어 열리니, 군자 소인의 도가 모두 궁(宮)으로 하는 것이다.[66]

自一至三者, 貪賤而心勞. 四至六者, 富貴而尊高, 七至九者, 離咎而

---

58 역주 : '剝落'은 타락한다는 것이다.
59 역주 : '珍'은 멸하여 없어지는 것이다. 이상 말한 것은 9贊의 성쇠를 말한 것이다. 즉 人事 盛衰의 9단계를 말한 것이다.
60 역주 : '倨'는 '据'와 통하니, '處한다'는 것이다. '勮'은 곤란함이다. '倨勮'은 곤란한 경우에 처한다는 것이다.
61 劉韶軍 點校 : '丞'은 만옥당본, 범본에는 '承'으로 되어 있다.
62 역주 : 1은 思心이기 때문에 '사려가 맹아한다'고 하고, 4는 행사에 따르는 것이므로 '복을 그것에 依託한다' 하고, 7은 패하여 떨어지는 것이기 때문에 '致禍의 계단이다'라고 한다.
63 역주 : 3은 成意이기 때문에 '思의 高'라 하고, 6은 極大이기 때문에 '福의 육성함을 얻었다'라 하고, 9는 滅絕이기 때문에 '禍의 窮極'이라 말하는 것이다.
64 역주 : '三者之中'에서 '中'이란 2가 思의 中이고, 5가 福의 中이고, 8이 禍의 中이라는 것이다.
65 역주 : 복은 轉化하여 화가 되고, 복이 물러나면 화가 계승되면서 生한다는 것이다.
66 역주 : 9虛는 9位다. '所爲宮'은 거처가 된다는 것이다. 九位가 이미 개설되면 군자와 소인의 도는 그 가운데에 보존되지 않음이 없다는 것이다.

犯箇. 五以下作息, 五以上作消. 數多者見貴而實索, 數少者見賤而實饒. 諸本作虛饒. 許作實饒. 息與消糺, 貴與賤交. 福至而禍逝, 禍至而福逃. 許黃無福至一句. 宋丁禍至一句在上. 今從章本.

1에서부터 3에 이르는 것은 탐욕스럽고 천하여 마음이 수고롭고,[67] 4에서 6에 이르는 것은 부유하고 귀하여 지위가 높고 고상하며,[68] 7에서 9에 이르는 것은 허물에 걸려 화(禍)를 범한다.[69] 5이하는 자라나게 하고, 5이상은 없어지게 한다. 수가 많은 것(=6·7·8·9)은 귀하게 보이나 사실은 쇠락하는 것이고, 수가 적은 것(=1·2·3·4)은 천하게 보이나 사실은 풍요로운 것이다.[70] 여러 판본에는 허요(虛饒)로 되어 있다. 허양본에는 실요(實饒)로 되어 있다. 자라나고 소멸하는 것이 얽혀 서로 변화하고, 귀하고 천한 것이 서로 사귀어 교체한다. 복(福)이 이르면 화(禍)가 소멸해 가고, 화(禍)가 이르면 복(福)이 도망한다. 허양본과 황백사본에는 복지(福至) 한 구절이 없다. 송충본과 정위본에는 화지(禍至) 한 구절이 위에 있다. 지금 장찰본을 따른다.

幽潛道卑, 亢極道高. 晝夜相丞, 夫婦繫也. 終始相生, 父子繼也. 日月合離, 君臣義也. 孟季有序, 長幼際也. 兩兩相闓, 朋友會也. 一晝一夜, 然後作一日. 一陰一陽, 然後生萬物. 晝數多, 夜數少, 章又有晝數長, 夜數短者, 衍也. 宋作晝數多, 而夜數少. 象月闕[71]而日溢. 君行光而臣行滅, 君子道全, 小人道缺.

· · · · · · · · · · · · · · · · · ·

67 역주 : 1에서 3까지는 思가 된다. 그러므로 '心勞'다. 사업이 아직 이루어지지 않고 祿位가 아직 없기 때문에 '貧賤'이라고 한다.

68 역주 : 4에서 6까지는 福이 된다. 그러므로 '부귀'다. 功成名就하고 位高勢重하다. 그러므로 '尊高'라고 한다.

69 역주 : 여기의 '離(려)'는 '罹'로, '만난다' 혹은 '걸린다'는 의미다. 7에서 9까지는 화다. 그러므로 災凶을 만난다고 한다.

70 역주 : '索'은 '쓸쓸하고 공허하다'는 것이다. '饒'는 '풍족하고 충실하다'는 것이다. 이 구절은, 6에서 9에 이르는 것은 표면상으로 보면 높은 지위에 있지만 바로 쇠퇴하는 시점에 있기에 사실은 공허하다는 것이다. 1에서 5에 이르는 것은 표면상으로는 아래의 낮은 곳에 있지만, 바로 상승하는 시점에 있기에 도리어 충실하다는 것이다.

71 역주 : 의미상 '闓'자보다는 '闕'자가 타당하다.

그윽하게 잠긴다는 것은 도가 낮다는 의미고,[72] 높은 것이 지극한 것은 도가 높다는 의미다.[73] 낮과 밤이 서로 전이(轉移)한다는 것은, 부부가 맺어짐이다.[74] 마침과 시작이 서로 낳는다는 것은, 아버지와 아들이 계승함이다. 해와 달이 합하고 떠나는 것은 군주와 신하의 의이다. 맹(孟=처음)과 계(季=끝)가 차례가 있는 것은 어른과 어린이의 사이함이다. 둘과 둘이 서로 합하는 것은 벗들의 모임이다.[75] 한 번은 낮이 되고 한 번의 밤이 된 연후에 하루가 만들어진다. 한 번은 음이 되고 한 번의 양이 된 연후에 만물이 태어난다. (1년 중에서) 낮의 수가 많고 밤의 수가 적은 것은[76] 장찰본에는 또 "주수장, 야수단자(晝數長, 夜數短者)"가 있는데 연문(衍文)이다. 송충본에는 "주수다이야수소(晝數多而夜數少)"로 되어 있다. 달은 이지러지고 해는 넘치는 것을 본뜬 것이다.[77] 군주의 덕행은 빛나고 신하의 덕행은 소멸하며, 군주의 도는 온전하고 소인의 도는 어그러진다.

以三起者, 有方位之所以建立也. 以三生者, 無方氣之所以造化也. 參分陽氣爲始中終, 而九天周營, 始于十一月朔旦冬至, 而中統之. 行四十日半而大寒, 則羡統之. 又行四十日半而驚蟄, 則從統之. 更統穀雨, 睟統小滿, 廓統小暑, 減統處暑, 沈統秋分, 成統立冬之氣, 各行四十日半, 九營凡三百六十四日半, 而歲成焉. 日行四十日者, 其半參差不齊, 天之所以運也. 參摹而四分之, 極于八十一, 旁則三摹九據, 極之七百二十九贊. 是以由始中終著思福禍, 以盡陰陽消息之計. 玄凡三百六十四夜, 三百六十五晝, 是爲

----

72 역주 : '幽潛'은 1을 말한다. 낮은 곳에 있는 1의 겸허함을 말한다. 1은 낮은 곳에 있지만 점차 상승한다.

73 역주 : '亢極'은 9를 말한다. 높은 곳에 있는 9가 교만하고 과시함을 말한다. 9는 높은 곳에 있지만 점차 쇠락한다.

74 역주 : 낮과 밤은 서로 상대하나 相承함으로써 날을 이루고, 夫妻는 서로 구별되나 相繫하면서 家室을 이룬다.

75 역주 : '相闔'은 '상합한다'는 것이다. '兩兩相闔'은 1과 6이 합하고, 2와 7이 합하고, 3과 8이 합하고, 4와 9가 합하고, 5와 5가 합한다는 것이다. '兩兩相闔'은 五行의 數位. 朋友가 서로 모인다는 것은 뜻을 같이하는 자가 합한다는 것이다.

76 역주 : 『태현경』의 81首 729贊은 1년 364日 半을 상징하는데, 晝는 365이고, 夜는 364다. 그러므로 낮의 수가 밤의 수보다 많다.

77 역주 : 이 구절은, 『태현경』 729贊에서 낮이 많고 밤이 적은 것으로, 달이 虧虛하고 해가 盈滿한 것을 상징한 것이다.

晝數多夜數少, 陽饒而陰乏也.

3으로써 일어난 것은 방위가 건립하는 것이 있다는 것이다. 3으로써 태어난 것은 사방의 기운이 조화로운 것이 없다는 것이다. 양기(陽氣)는 삼분되어 시(始)와 중(中)과 종(終)이 되고, 9천(九天)이 두루 돌면서 경영하여 11월 삭단(朔旦) 동지에 시작하니, 중천이 통섭한다. 40일 반을 운행하여 대한(大寒)이면, 선천(羨天)이 통섭한다. 또 40일 반을 운행하여 경칩(驚蟄)이면, 종천(從天)이 통섭한다. 경천(更天)은 곡우(穀雨)를 통섭하고, 수천(睟天)은 소만(小滿)을 통섭하고, 확천(廓天)은 소서(小暑)를 통섭하고, 멸천(滅天)은 처서(處暑)를 통섭하고, 침천(沈天)은 추분을 통섭하고, 성천(成天)은 입동(立冬)의 기를 통섭하니, 각각 40일 반을 운행하고 9번 경영하여 364일 반이 되면 한해가 이루어진다. 해가 40일을 운행하는데, 그 반이 들쑥날쑥하여 고르지 않은 것은 하늘이 운행하기 때문이다. 3번 본뜨고 4번 나누어 81 수(首)에 다하고, 곁으로는 3번 본뜨고 9번을 근거삼아 729찬(贊)에 다하였다. 이 때문에 시(始)·중(中)·종(終)으로 사(思)·복(福)·화(禍)를 드러내어 음양 소식(消息)의 셈을 다한다. 현은 무릇 364의 밤과 365의 낮이 있어, 이것이 낮의 수는 많고 밤의 수는 적은 것이 되니, 양은 풍요롭지만 음은 결핍된 것이다.

一與六共宗, 二與七共朋, 三與八成友, 四與九同道, 五與五相守.
1(=『주역』의 艮卦)과 6(=『주역』의 坤卦)은 종조를 함께 하고,[78] 2(=『주역』의 震卦)와 7(=『주역』의 離卦)은 벗을 이루고,[79] 3(=『주역』의 巽卦)과 8(=『주역』의 坎卦)은 벗을 이루고,[80] 4(=『주역』의 兌卦)와 9(=『주역』의 乾卦)는 도를 함께 하고,[81] 5(=天)와 5(=地)는 서로 지킨다.[82]

玄有一規一榘, 一繩一準, 以從橫天地之道, 馴陰陽之數. 擬諸其神

· · · · · · · · · · · · · · · · · · · ·

78 역주 : 河圖에서 북방에 있다. 「玄數」에서 1과 6은 수가 되고, 북방이 된다.
79 역주 : 河圖에서 남방에 있다. 「玄數」에서 2와 7은 화가 되고, 남방이 된다.
80 역주 : 河圖에서 동방에 있다. 「玄數」에서 3과 8은 목이 되고, 동방이 된다.
81 역주 : 河圖에서 서방에 있다. 「玄數」에서 4와 9는 금이 되고, 서방이 된다.
82 역주 : 河圖에서 중앙에 있다. 「玄數」에서 5와 5는 토가 되고, 중앙이 된다. 이상 거론한 것은 河圖의 수와 지위를 말한 것이다.

明, 闡諸其幽昏, 則八方平正之道, 可得而察也.

현에는 한 그림쇠[一規]와 한 곱자[一榘]와 한 먹줄[一繩]과 한 수준기[一準]가
있음으로써 천지의 도를 종횡으로 하고, 음과 양의 수를 따른다. 그 신명에
비의하여 그 어두운 곳을 밝히면 8방(八方)의 평정한 도를 얻어 살필 수 있다.

三八爲規, 四九爲榘, 二七爲繩, 一六爲準, 界辨而隅分, 則八方平正之道
可得而察.

3과 8이 그림쇠[規]가 되고, 4와 9가 곱자[榘]가 되고, 2와 7이 먹줄[繩]이 되고,
1과 6(六)이 수준기[準]가 되어, 경계가 분변되고[83] 귀퉁이가[84] 나누어지면, 팔
방의 평정한 도를 얻어 살필 수 있다.

玄有六九之數, 策用三六, 儀用二九. 玄其十有八用乎. 泰積之要, 始
於十有八策, 終於五十有四. 幷始終策數, 半之爲泰中. 泰中之數三十
有六策, 以律七百二十九贊, 凡二萬六千二百四十四策爲泰積.

현에는 6×9(= 54의) 수가 있고,[85] 책(策)은 3×6(=18)을 사용하고, 의(儀)는
2×9(=18)를 사용한다.[86] (그렇다면) 현은 그 18을 사용하는 것인가? 태적(泰
積)의[87] 요체는 18책에서 시작해 54책에서 마친다. 시작과 끝의 책수를 합하여
(72책이 되는데, 그것을) 반분한 것을 태중(泰中)이라고 한다.[88] 태중의 수는
36책인데, 729찬을[89] 율(律)로 한다.[90] 36책을 729찬에 제곱하면 26,244 책이

....

83 역주 : 동서남북의 정방향을 말한다.
84 역주 : 동북, 서북, 동남, 서남의 사이 방향을 말한다.
85 역주 : 「玄數」에서는 "天以三分, 終於六成, 故十有八策."이라고 한다. 천수는 18이
      고 땅은 천에 짝하니 그 수도 18이다. 인간은 천지를 본뜨니 그 수도 18이다. 현은
      3도를 겸하니 그 실질적인 것을 총괄하면 54가 된다. 그러므로 현에 6과 9의 수가
      있다고 한다.
86 역주 : 3과 6, 2와 9는 모두 『태현경』에서 18策으로 종지를 삼는다는 것이다.
87 역주 : '泰積'은 『태현경』의 729贊의 總 策數를 말한다.
88 역주 : '泰中'은 『周易』에서 말하는 '太極'이다. 이것은 『태현경』 筮法에서 사용한
      策數로서, 『태현경』 1贊의 策數에 해당한다.
89 역주 : 1首 9贊, 81首로써 729贊을 만든다.
90 역주 : '律'은 法이다. 36책으로 1찬의 법을 삼는다는 것이다.

되니, 그것을 태적(泰積)으로 삼는다.

七十二策爲一日, 凡三百六十四日有半. 踦滿焉, 以合歲之日而律曆
行. 故自子至辰, 自辰至申, 自申至子, 冠之以甲, 而章會統元, 與月食
俱沒, 玄之道也.

72책이 하루가 되니, (26,244책을 72책으로 나누면) 모두 64일 반이 된다. 그러
므로 그것에 기(踦)와 만(滿)을 가하여 한해의 일수(=365일 4분 1의 1)로 하니,
율력의 도가 행해진다.[91] 그러므로 자(子)에서 진(辰)에 이르고, 진(辰)부터 신
(申)에 이르고, 신(申)부터 자(子)에 이른다.(즉 4,617세를 一元으로 한다.)[92]
갑으로 관을 씌우고 장(章)·회(會)·통(統)·원(元)이 월식과 함께 없어지는 것
이 현의 도다.[93]

丁, 宋作與月食沒, 具玄道也. 章作與月蝕沒, 俱玄之道也. 天以六爲節, 陽
中之陰也. 地以九制會, 陰中之陽也. 陰陽變通, 而利用生也. 策象天數,
地儀天而匹之, 人觀法焉. 故其數始于十有八策, 終于五十有四. 天地人
數, 始終相極, 而玄以十有八用爲之宗. 是以并五十有四而爲七十有二, 此
一晝一夜之策也. 而一歲象此, 故七百二十九贊律于泰中三十有六. 凡贊
之策三十有六, 積是以爲二萬六千二百四十四策而成歲也. 中羨從自子至

· · · · · · · · · · · · · · · · · · ·
91 역주 : 72책으로 1日을 삼고 26,244를 除하여 364日半을 얻지만 오히려 歲法의 數
에 부족하다 이에 밖으로 踦와 嬴 두 贊을 보충함으로써 한해 365일 4분의 1(顓頊
曆)에 합하거나 혹은 365일 1,539분의 385(太初曆)에 합하면 律曆과 서로 짝하여
가는 것이다.
92 역주 : 1元은 3統, 1統은 1,539歲, 1統은 3會, 1會는 513歲, 1會는 27章, 1章은 19歲
(7閏月)로서 235 月이다. 1統은 3會와 같은 것으로, 81章, 1,539年, 19,035月,
562,129日과 같다. 1元은 3統과 같은 것으로, 4,617年이다. 『태현경』은 3統曆으로
기초를 삼아 하나의 특수한 역법을 編制하고 그 가운데의 도리를 포괄한다. 그러
므로 현의 도라고 말한다. 이 장은 『태현경』이 3통력법을 겸하여 천지음양 변화의
묘를 밝힌 것이다.
93 역주 : 이것은 1元으로 다시 甲子 朔旦 冬至가 되고, 會에 매번 月蝕의 수를 다한
다. 1章으로 閏分을 다하고, 1會로 월식을 다하고, 1統으로 朔分을 다하고, 1元으
로 육갑을 다하니, 이것이 현의 도라는 것이다.

辰, 更睟廓自辰至申, 減沈成自申至子者, 一歲之方也. 而四千六百十有七
歲象此. 十九歲爲一章, 二十七章爲一會, 三會爲一統, 三統爲一元. 統凡
千五百三十九歲甲子朔旦冬至爲天統, 甲辰朔旦冬至爲地統, 甲申朔旦冬
至爲人統, 象玄三方. 與月蝕俱沒者, 統合八十一章, 元綜九會, . 每會則盡
一月蝕之數. 月蝕, 數之盈也. 陸績曰, 置一元之數以九會除之終盡焉. 一
章閏分盡, 一會月蝕盡, 一統朔分盡, 一元六甲盡.

정위본, 송충본에는 여월식몰구현도야(與月食沒具玄道也)로 되어 있다. 장찰
본에는 여월식몰구현지도야(與月蝕沒俱玄之道也)로 되어 있다. 하늘은 6으로
절(節)을 삼으니, 양 속에 음이다. 땅은 9로 회(會)를 제재하니, 음 속에 양이
다. 음과 양이 변통하여 이로운 작용이 생긴다. 책(策)은 하늘의 수를 본뜨고,
땅은 하늘을 꼴로 하여 짝하고, 사람은 보고 본받는다. 그러므로 그 수는 18책
에서 시작하여 54에서 마친다. 천·지·인 수(數)는 시종 서로 다하니, 현은 18
을 쓰는 것으로 종주로 삼는다. 이 때문에 54를 더하여 72가 되니, 이것이
1주와 1야의 책(策)으로, 한해는 이것을 상징한다. 그러므로 729찬은 태중(泰
中) 36을 율법으로 한다. 무릇 찬(贊)의 책(策)은 36으로서, 이것을 쌓아 26,244
책을 삼아 한해를 이룬다. 중천(中天)·선천(羨天)·종천(從天)은 자(子)에서 진
(辰)에 이르고, 경천(更天)·수천(睟天)·확천(廓天)은 진(辰)에서 신(申)에 이르
고, 멸천(滅天)·침천(沈天)·성천(成天)은 신(申)에서 자(子)에 이르는 것은 한
해가 진행하는 방향으로 4,617세는 이것을 본뜬다. 19세(世)는 1장(一章)이 되
고, 27장은 1회(一會)가 되고, 3회(三會)는 1통(一統)이 되고, 3통(三統)은 1원
(一元)이 된다. 총 1,539세, 갑자(甲子), 삭단(朔旦), 동지(冬至)는 천통(天統)이
되고, 갑진(甲辰), 삭단, 동지는 지통(地統)이 되고, 갑신(甲申), 삭단, 동지는
인통(人統)이 되니, 현의 3방을 본 뜬 것이다. 월식과 함께 없어지는 것은 81장
(章)을 통합한 것으로, 원(元)은 9회(九會)를 통합한다. 매 회(會)마다 한 월식
(月蝕)의 수를 다한다. 월식은 수(數)가 가득 찬 것이다. 육적(陸積)은 말하기
를 "1원(一元)의 수를 두어 9회(九會)가 제하는 것의 마침을 다하고, 1장(一章)
에 윤분(閏分)이 다하고, 1회(一會)에 월식이 다하고, 일통(一統)에 삭분(朔分)
이 다하고, 1원(一元)에 6갑이 다한다"라고 하였다.

▌현고(玄告)[94]

玄生神象二, 神象二生規, 規生三摹, 三摹生九據. 玄一摹而得乎天,
故謂之九天. 諸本作有, 宋作九地人同. 再摹而得乎地, 故謂之九地. 三摹
而得乎人, 故謂之九人.

현은 신과 상 두 가지를 낳고,[95] 신과 상 두 가지가 그림쇠(=天圓)를 낳고,
그림쇠는 3모(三摹=天·地·人)를 낳고, 3모는 9거(九據=九天)를 낳는다.[96] 현은
1번 본뜨면 하늘을 얻는다. 그러므로 9천(九天)이라 한다. 여러 판본에는 유(有)로
되어 있고, 송충본에는 구지인동(九地人同)으로 되어 있다. 두 번 본떠 땅을 얻는다. 그
러므로 9지(九地)라 한다. 3번 본떠 사람을 얻는다. 그러므로 9인(九人)이라
이른다.

天三據而乃成, 故謂之始中終. 地三據而乃形, 故謂之下中上. 人三據
而乃著, 故謂之思福禍. 下欲上欲, 呼合切, 說文, 歙也. 出入九虛. 小索
大索, 周行九度.

. . . .

94 역주 : '告'는 「玄摛」에서는 "其所由往也."라고 한다. 「현고」는 『태현경』 圖式의 형
   성 및 그것이 함유하고 있는 천지와 인사의 도리를 거듭 밝혀 『태현경』이 도달해야
   하는 근본 목적을 고시한 것이다. 그러므로 「현고」라고 한다. 『주역』「계사전」에
   상당한다.
95 역주 : '현'은 혼륜한 '一'을 가리킨다. 즉 『주역』의 이른바 태극으로, 『태현경』 筮法
   에서 사용한 36策이다. '神'과 '象'은 『주역』에서 말하는 兩儀와 같은 것으로, 하늘
   이 변화가 헤아리기 어려운 것을 '神'이라 하고, 땅에 정해진 형태가 있는 것을
   '象'이라고 한다. 『태현경』 筮法의 中分을 가리키는 것으로, 나누어 둘로 삼으니,
   양의를 본뜬 것이다.
96 역주 : '規'는 『태현경』의 세가지 부호다. 즉 '一,' '· ·', '· · ·'으로서 筮法의 '七
   爲一', '八爲二', '九爲三'이 그것이다. '規'는 '圓'으로, 원은 '一'을 지름길로 하여 '三'
   을 두루 한다. 그러므로 '規'로써 말한 것이다. '3摹'는 天地人 3玄을 가리킨다. '摹'
   는 '謀索한다'는 것이다. 세 번 모색하여 얻기 때문에 '摹'로써 말한 것이다. '9據'는
   9天이다. 이 구절은, 玄의 36策으로 揲筮하여 3種 부호를 내고, 3종 부호로 서로
   짝하여 3玄, 9天, 81首를 구성한다는 것이다. 세계관의 의의에 나아가 말하면, 이
   구절은, 혼륜의 기가 분화하여 천지를 내고, 하늘이 땅을 둘러싸 원형의 '規道'를
   생각해 낸다. '天圓'은 밖에서 두루 하고 땅은 안에 거처한다. 천지의 기가 상통하
   여 천지인과 만물이 구비되고 그 盛衰消長의 과정을 각각 갖는다는 것이다.

하늘은 3번 의거하여[=변하여] 이에 이루어진다. 그러므로 시(始)·중(中)·종(終)이라 이른다. 땅은 3번 의거하여[=변하여] 이에 형을 이룬다. 그러므로 상(上)·중(中)·하(下)라 이른다. 사람은 3번 의거하여[=변하여] 이에 나타난다. 그러므로 사(思)·복(福)·화(禍)라 이른다. (初一과 次六, 次二와 次七, 次三과 次八, 次四와 上九가) 아래서 합하고 위에서 합하고 호(呼)와 합(合)의 반절이다. 『설문』에서는 "마신다는 것이다(歃也)"라고 한다. 9허(九虛=九贊)에 나가고 들어간다. 음가(陰家)와[97] 양가(陽家)가[98] 서로 섞여 9도(九度=九贊)에서 두루 행한다.

玄者, 神之魁也. 天以不見爲玄. 地以不形爲玄. 人以心腹爲玄. 天奧西北, 鬱化精也. 地奧黃泉, 宋作黃淵. **隱魄榮也. 人奧思慮, 含至精也. 丁,** 宋舍作合.

현은 신(神)을 그 가운데에 숨겨두는 것이다.[99] 하늘은 고원(高遠)하여 나타나지 않는 것을 현으로 삼는다. 땅은 광원(廣遠)하여 드러날 수 없는 것을 현으로 삼는다. 사람은 심복(心腹)을 헤아릴 수 없는 것을 현으로 삼는다.[100] 하늘이 서북을 속으로 하나(=서북의 純陰의 일을 쓰는 것) 양기는 지하에 있어 울연(鬱然)하여 만물의 변화는 아직 조짐이 없다.[101] 땅이 황천을 속으로 하나(=양기가 黃泉의 가운데에 있는 것) 송충본에는 황연(黃淵)으로 되어 있다. 만물의 정체(精體)를[102] 숨겨 감춘다.[103] 사람은 사려를 속으로 하나 지극한 정기를 품고 그것을 쓰지 않는다.[104] 정위본과 송충본에는 함(含)이 합(合)으로 되어 있다.

. . . .

97 역주 : '小'는 '음'을 말한다.
98 역주 : '大'는 '양'을 말한다.
99 역주 : '玄'은 『태현경』을 의미한다. '신'은 만물의 신묘한 변화를 의미한다. '魁'는 '저장하는 것[藏]'을 의미한다.
100 역주 : '현'은 신묘하여 헤아릴 수 없음을 말한다.
101 역주 : '鬱'은 『이아』 「釋言」에서는 "氣也."라고 한다. 또 "積也"라고 한다. 즉 기를 함유하고 쌓아 모은 것을 의미한다. 하늘은 높고 멀어서 나타나지 않음을 '현'으로 삼는다는 것을 풀이한 것이다.
102 역주 : '魄'은 형체를 의미한다. 몸에 있는 정기를 숨긴다는 것이다.
103 역주 : 땅은 넓고 멀어서 드러날 수 없음을 '현'으로 삼는다는 것을 풀이한 것이다.
104 역주 : 사람은 심복을 헤아릴 수 없음을 현으로 삼는다는 것을 풀이한 것이다. 이 구절은, 서북이 純陰으로 用事하니 양기는 땅 속에서 쌓아 모여 만물의 정기를 화육하며, 11월에는 양기가 黃泉 가운데에 잠겨서 맹아 하니 만물의 형체는

天穹隆而周乎下, 地旁薄而向乎上, 人舊舊而處乎中. 舊釋暮湣苴華文音泯. 宋作萈. 天渾而擇, 宋作揮, 故其運不已. 地隤而靜, 故其生不遲. 人馴乎天地, 故其施行不窮. 天地相對, 日月相劇, 山川相流, 輕重相浮, 陰陽相續, 尊卑不相黷. 是故地坎而天嚴, 月遄而日湛.

하늘은 융성해 땅 아래를 두루 감싸고, 땅은 광대하여 위를 향하고, 사람은 아주 많아 그 가운데에 있다. 민(舊)은 『석문』에서는 "음은 민(泯)이다"라고 한다. 송충본에는 민(萈)으로 되어 있다. 하늘은 혼륜한 한 덩어리로 움직인다. 송충본에는 휘(揮)로 되어 있다. 그러므로 그 운행이 그치지 않는다. 땅은 안정되어[105] 고요하다. 그러므로 그 만물을 낳음이 더디지 않다. 사람은 하늘과 땅에 따른다. 그러므로 그 베풀어 행하는 것이 다함이 없다. 하늘과 땅은 상대하고, 해와 달이 서로 만나고, 산과 내는 서로 흐르고, 무거운 것과 가벼운 것은 서로 띄우고, 음과 양은 이어지고, 낮은 것과 높은 것은 서로 더럽히지 않는다.[106] 이런 까닭으로 땅은 구덩이와 같이 낮고, 하늘은 엄연하게 높다. 달은 운행이 빠르고, 해는 운행이 느리다.[107]

五行迭王, 四時不俱壯. 日以昱乎晝, 月以昱乎夜. 昴則登乎冬, 火則登乎夏. 南北定位, 東西通氣, 萬物錯離乎其中. 玄一德而作五生, 一刑而作五克. 一刑, 丁, 宋上有玄字. 五生不相殄, 五克不相逆. 不相殄乃能相繼也, 不相逆乃能相治也. 相繼則父子之道也, 相治則君臣之寶也.

5행은 번갈아 왕성하고, 4계절은 함께 장성하지 않고 교체된다.[108] 해는 낮에

. . . .

모두 이에 감추기 시작한 뒤에 영화롭게 되고, 사람은 사려가 있는데, 형체 중에 정기를 함유하고 있기 때문이라는 것이다.

105 역주 : '隤'는 '편안하다'는 의미다. 『주역』「계사전하」1장, "夫坤, 隤然而示人簡矣." 참조.

106 역주 : 사물들이 상대적인 것으로 고립하지 않고 변화를 하게 하는 이유가 된다는 것이다.

107 역주 : '坎'은 '穴'로서, '비천하다'는 것이다. '嚴'은 '존귀하다'는 것이다. '遄'는 '빠른 것[疾]'이다. '湛'은 '느린 것[遲]'이다. 달은 하루에 30도를 운행한다. 그러므로 '疾'이라고 한다. 해는 하루에 1도를 운행한다. 그러므로 '遲'라고 말한다.

108 역주 : '王'은 '왕성하다[旺]'는 것이다. 이 구절은, 5행이 번갈아 用事하여 때에 쉬고 폐하는 것이 있으니, 사물도 항상 성하는 이치가 없다는 것이다. 「玄數」에서

빛나고, 달은 밤에 빛난다. 묘성(昴星)은 겨울에 적중하고, 화성(火星)은 여름에 적중한다.[109] 남과 북은 자리를 정하고[110], 동과 서는 기를 통하여[111] 만물은 천지의 가운데에서 섞이고 걸린다.[112] 현은 (一에서 일어나) 그 일(一)을 덕으로 하여 5행이 상생하는 것을 일으키고, 그 일(一)을 형(刑)으로 하여 5행이 상극하는 것을 일으킨다.[113] 일형(一刑)은 정위본, 송충본에는 위에 현(玄)자가 있다. 5행은 상생하여 서로 멸하지 아니하고,[114] 5행은 상극하여 서로 거역하지 않는다. 서로 멸하지 않으면 이에 서로 계승할 수 있고, 서로 거역하지 않으면 이에 서로 다스릴 수 있다.[115] 서로 계승하는 것은 아버지와 아들의 도이고, 서로 다스리는 것은 군주와 신하의 보배다.[116]

自玄冥而發乎神光, 故神象二. 二運無方, 是以生規. 規三摹之, 而天玄地玄人玄得焉. 摹必有據以建立, 是以九據旁極七百二十有九. 九贊之事, 三極之道也. 天奧西北, 則化精冥于混沌無端. 地奧黃泉, 則信無不在乎中, 萬物精氣隱焉. 此魄榮也, 罔之時也. 所謂潛天而天, 潛地而地, 亦極此奧而已矣. 玄象如此, 而人將造之, 非遺物離人, 精思超詣, 則莫能入. 攤曰, 欲違則不能, 默則得其所, 此玄要也. 玄得而神明生之, 則動靜之變, 皆玄事也. 休咎好醜, 皆玄法也. 天地闔闢, 萬物幷興, 而玄不動. 若琱若刻, 生生化化, 而玄無爲. 析愿迪哲, 詔奸阻懲, 百度蠢擧, 而玄莫違. 始終相紏,

· · · · · · · · · · · · · · · ·

는 "五行用事者王, 王所生相, 故王廢. 勝王囚, 王所勝死."라고 한다.

109 역주 : '昺'은 '밝은 것[明]'이다. '昴'은 '昴星'으로 11월 밤에 中天에 있다. '火'는 恒星 중의 '大火' 즉 '心宿(心宿)'다. 특히 '心宿 二'를 가리킨다.

110 역주 : 남과 북을 經으로 한다는 의미다.

111 역주 : 동과 서를 緯로 한다는 의미다.

112 역주 : 이 구절은, 1년 4계절 중 5행의 방위는 이미 정해져 있고, 그 기가 상통하면 만물이 착종하여 그 가운데에서 생한다는 것이다.

113 역주 : 이 구절은, 5행 상생은 『태현경』의 德을 표시하고, 5행 상극은 『태현경』의 刑을 표시한다는 것이다.

114 역주 : '殄'은 『설문』에서는 "絶也"라고 한다.

115 역주 : '克'은 '剋'과 통한다. 이 구절은, 5행은 상생하기 때문에 서로 계승하여 끊어지지 않고, 상극하기 때문에 서로 다스려 順理할 수 있다는 것이다.

116 역주 : 이 구절은, 5행이 서로 낳고 서로 이어 부자의 도를 체현하고, 5행이 서로 낳고 서로 다스려 군신의 이치를 체현한다는 것이다.

古今相蕩, 統元無盡, 而玄不逝. 豈非所謂萬物皆備于我, 道心惟微者哉.
不二者, 玄之常. 凡二者, 神之變也.

현명(玄冥)에서부터 신묘한 빛을 발한다. 그러므로 신(神)과 상(象) 두 가지가
있다. 두 가지가 운행하는 것에는 일정한 방향이 없다. 그러므로 그림쇠(規=
원)를 낳는다. 그림쇠가 세3번 변화하면 천현(天玄), 지현(地玄), 인현(人玄)을
얻는다. 본뜨는 것에는 반드시 근거하는 것이 있어 건립된다. 이 때문에 9거
(九據)는 729찬을 두루 다한다. 9찬(九贊)의 일은 3극(三極)의 도다. '하늘이
서북을 속으로 한다'는 것은 변화의 정기가 혼돈하여 단서가 없는 것에서 명합
(冥合)한다는 것이다. '땅이 황천을 속으로 한다' 라는 것은 신(信)이[117] 그 가
운데 있지 않음이 없다는 것으로, 만물의 정기가 숨는다. 이것이 백영(魄榮)인
것으로, 망(罔)의 때다. 이른바 잠천(潛天)으로서 천(天)이고, 잠지(潛地)로서
지(地)이니, 또한 이 깊은 이치를 다한 것일 뿐이다. 현상(玄象)이 이와 같아,
인간이 장차 나아가는 것이니, 사물을 버리고 사람을 떠나고, 정밀하게 생각하
고 초연히 나아가는 것이 아니면 들어갈 수 없다. 『현리(玄攡)』에서 "떠나고자
하지만 떠날 수 없고, 묵묵히 알 수 없는 사이에 그 있을 곳을 얻는다"라고
하는 것, 이것이 현요(玄要)다. 현이 얻고 신명이 낳으면 동정이 변화하는 것
은 모두 현사(玄事)다. 휴(休), 구(咎), 호(好), 추(醜)는 모두 현법(玄法)이다.
하늘과 땅이 열리고 닫히며, 만물이 함께 흥기하나 현은 움직이지 않는다.
다듬는 듯 새기는 듯하고, 낳고 낳으며, 화하고 화하나 현은 함이 없다. 선량한
사람을 나누고 명철함을 실행하여 사리가 분명한 것에 나아가고, 간사한 것을
알리고 사특한 것을 무너트려 백가지 도수를 다스리나 현은 어긋나지 않는다.
시작과 끝이 서로 얽히고, 고금이 서로 들끓고, 통(統)과 원(元)이 다함이 없으
나 현은 가지지 않는다. 어찌 이른바 『맹자』「진심장상」에서 말하는 "만물이 모
두 나에게 갖추어졌다"[118]는 것과 『서경』「대우모(大禹謨)」에서 말하는 "도심
은 오직 유미하다"[119]는 것이 아니겠는가? 불이(不二)는 현의 항상됨이다. 무

. . . .

117 역주 : 『노자』21장, "孔德之容, 惟道是从. 道之为物, 惟恍惟惚. 惚兮恍兮, 其中有
       象. 恍兮惚兮, 其中有物. 窈兮冥兮, 其中有精. 其精甚真, 其中有信." 에서의 "其中
       有信" 참조
118 역주 : 『맹자』「진심장상」, "萬物皆備於我." 참조.

릇 이(二)라는 것은 신의 변화이다.

玄日書斗書, 章作玄日斗書, 而月不書, 常滿以御虛也. 常滿, 丁,宋上有日
字. 歲寧悉而年病, 十九年七閏, 天之償也. 陽動吐, 陰靜翕,

현은 해가 행하는 것을 쓰고, 두(斗)가 가리키는 것을 쓰나, 장찰본에는 현일두서
(玄日斗書)로 쓰여 있다. 달이 행하는 것을 쓰지 않는데,[120] 그것은 항상 해는 가득
차는 것으로 빈 것을 제어하기 때문이다.[121] 상만(常滿)은 정위본, 송충본에는 위에
일(日)자가 있다. 세도(歲道)는 다 편안하고, 년도(年道)는 항상 병통이 있다.[122]
그러므로 하늘은 19년에 윤달을 7번 두어 부족한 수를 보상한다. 봄과 여름은
양기가 움직여 만물을 토하여 생하고, 가을과 겨울은 음기가 고요하여 합하여
수렴한다.

陽道常饒, 陰道常乏, 陰陽之道也. 寧悉, 諸本皆作能悉, 唯張顥本作寧悉.
陽動吐, 宋作陽動而吐, 陰靜而翕. 陽之道也常饒, 陰之道也常乏. 天彊健而僑
蹻, 僑, 渠消切, 高也. 或與蹻通, 居表切. 蹻, 音據. 一晝一夜, 自復而有餘.
양도(陽道)는 항상 넉넉하고, 음도(陰道)는 항상 궁핍한 것이 음양의 도다.[123]
영실(寧悉)은 여러 판본에는 모두 능실(能悉)로 되어 있다. 오직 장호(張顥)본에만 영실(寧悉)
로 되어 있다. 양동토(陽動吐)는 송충본에는 양동이토, 음정이흡, 양지도야상요, 음지도야상핍

119 역주 : 『서경』「대우모」, "道心惟微." 참조.
120 역주 : '滿'은 해가 가는 것과 북두성이 가리키는 것이 항상됨이 있기 때문에 쓸
     수 있고, '虛'는 달이 행하는 것이 항상되지 않기 때문에 쓸 수 없다는 것이다.
121 역주 : '常滿'은, 해의 운행에는 항상됨이 있어 羸와 虛가 없고, 斗柄이 가리키는
     것에는 常法이 있다는 것이다. '虛'는 달은 羸과 虛가 있기에 遲와 疾이 항상됨이
     없다는 것이다. 그러므로 『태현경』은 日躔宿度와 北斗가 가리키는 방향으로써
     1년 4계절기의 변화를 설명한다.
122 역주 : '歲寧悉'은 氣가 가득 찼다는 것이다. '年病'은 朔虛를 말한다. '悉'은 '다한다
     [盡]'는 것이다. '病'은 그 부족한 것을 병통으로 여긴다는 것이다. 葉子奇는 "蓋節
     氣爲歲, 月朔爲年. 歲道常舒而有餘, 故無憂, 年道常縮而不足, 故有病. 是以十九
     年而置七閏, 以償還其不足之數也"라고 주석하여 그 의미를 잘 밝히고 있다.
123 역주 : 이 구절은, 양기는 움직여 發散을 주로 하여 만물을 생육한다. 그러므로
     '富饒'라고 한다. 음기는 고요하여 수렴을 주로 한다. 그러므로 '貧乏'으로 말한다.
     이것이 음양의 도라는 것이다.

(陽動而吐, 陰靜而翕. 陽之道也常饒, 陰之道也常乏)으로 되어 있다. 하늘의 운행은 강건하여[124] 항상 움직이고,[125] 교(僑)는 거(渠)와 소(消)의 반절로서, 높다(高)는 것이다. 혹 교(蹻)와 통하니, 거(居)와 표(表)의 반절이다. 거(蘧)는 음이 거(據)다. 한번은 낮이 되고 한번은 밤이 되어 (땅을 1周하여 1度를 지나), 스스로 회복하여 다시 넉넉함이 있다.[126]

日有南有北, 月有往有來. 日不南不北, 則無冬無夏, 月不往不來, 則望晦不成. 聖人察乎朓朒側匿之變, 朓, 敕了切. 諸本無朒字, 宋作朓朒. 校張顥本亦然. 而律乎日月雌雄之序, 經之于無已也.

해는 (赤道를 중심으로 하여) 남으로 하고 북으로 하는 것이 있고, 달은 (白道를 중심으로 하여) 가고 오는 것이 있다. 해가 (적도를 중심으로 하여) 남과 북으로 하지 않으면 춘·하·추·동이 행해지지 않고, 달이 (백도를 중심으로 하여) 가고 오지 않으면 회(晦)·현(弦)·삭(朔)·망(望)이 성립하지 않는다. 성인은 그믐날에 달이 서방에 나타나고, 초하룻날에 달이 동방에 나타나 기울어지고 숨는 변화를 살피고, 조(朓)는 칙(敕)과 료(了)의 반절이다. 여러 판본에는 뉵(朒) 자가 없다. 송충본에는 조뉵(朓朒)로 되어 있다. 장호본(張顥本)을 교감해도 또한 그렇다. 해와 달이 자웅처럼 차례 하는 법하니, 그침이 없는 것을 경(經)으로 한 것이다.[127]

故玄鴻綸天元, 婁而拙之于將來者乎. 拙之, 丁, 章作扯. 將來者乎. 乎, 或作也.

그러므로 (현의 도는 하늘과 같기 때문에) 현은 크게 천지의 도를[128] 망라하고,

· · · · · · · · · · · · · · · · · · · ·

124 역주 : 『주역』「건괘」, "象曰, 天行健, 君子, 以, 自彊不息." 참조.
125 역주 : '僑蹻'에 대해 葉子奇는 '猶動作也.'라고 주석한다.
126 역주 : 이 구절은, 하늘은 彊健하면서 운전하고, 一晝一夜는 땅을 감싸 一周하고 또 一度를 지난다. 그러므로 "스스로 회복하여 다시 남음이 있다"라고 한다. 이 구절은, 365일 4분의 1을 쌓아 다시 해와 합한다는 것이다. 옛사람들은 운행하는 것이 지구와 행성이란 것을 몰랐다. 즉 운행하는 것은 천체이고 일월성신은 모두 천에 부속되어 따라서 旋轉한다고 잘못 여겼다. 그러므로 이런 설이 있다.
127 역주 : '朓朒'은 『설문』에서는 "晦而月見西方謂之朓, 朔而月見東方謂之朒."이라고 한다. '側匿'은 바로 가는 것을 잃었다는 뜻이다. '朓月'은 운행이 빠르고, '朒月'은 운행이 느리다. 그러므로 '조뉵'이라고 말한다. 이 구절은, 성인이 일월운행의 정황을 보아 일월 變會의 차서 및 그 순환이 무궁한 법칙을 파악한다는 것이다.

이끌어 매어¹²⁹ 장래의 세사(歲事)를 겸제(拑制)하는 것인가 보다.¹³⁰ 겸지(拑之)
는 정위본, 장찰본에는 설(拽)로 되어 있다. 졸장래자호(拙將來者乎)의 호(乎)는 어떤 경우에는
작(作)으로 되어 있다.

三百六十五度四分度之一, 而周乎天. 年十二月, 凡行三百五十四度, 而十
度四分度之一入于嗣歲. 所謂閏者, 積此奇也. 行不足乎天度, 此年病也.
故以其閏償之. 十九年七閏, 而歲寧悉. 玄經象歲, 故曰八十一首, 歲事咸
貞. 寧無不安, 悉無不足者, 章之成也. 朓, 月行疾, 朒, 月行遲. 晦見于西
謂之朓, 朔見于東謂之朒. 側匿者, 失正行也.

365도 4분의 1로서 하늘을 주행한다. 1년 12월은 무릇 354도를 운행하고 10도
4분도의 1에 사세(嗣歲)에¹³¹ 들어간다. 이른바 윤(閏)이란 이 홀수를 쌓은 것이
다. 운행이 천도(天度)에 부족한 것이 년병(年病)이다. 그러므로 윤달로 보
상한다. 19년에 7번 윤달이 있어 한해가 다 편안하다. 『태현경』은 세(歲)를
본뜬 것이다. 그러므로 "81수(首)에 1년 중의 일이 모두 바르게 된다"라고 말한
다. 편안하여 불안한 것이 없는 것은 모두 부족한 것이 없는 것으로, 장(章)이
이루어진 것이다. 조(朓)는 달의 운행이 빠른 것이고, 뉵(朒)은 달의 운행이
느린 것이다. 그믐날에 서쪽에서 보이는 것은 조(朓)이고, 초하루 날에 동쪽에
서 보이는 것이 뉵(朒)이다. 측닉(側匿)은 바른 운행을 잃은 것이다.

大無方, 易無時, 然後爲神鬼也. 宋作大無方無時, 然後爲鬼神, 下無也字, 以
神鬼爲鬼神. 神斿乎六宗, 宋, 許作遊. 黃作斿, 蓋古字通. 魂魂萬物, 動而常
冲.¹³²

· · · · · · · · · · · · · · · ·
128 역주 : 章·會·統·元의 법을 말한다.
129 역주 : '鴻'은 '크다[大]'는 것이다. '夒'는 '끈대[曳]' 혹은 '맨대[繫]'는 의미다.
130 역주 : 이 구절은, 『태현경』은 과거와 미래의 모든 변화를 포괄한다는 것이다. 즉
        『주역』「繫辭傳下」6장에서 이른바 "夫易彰往而察來."라는 것이다.
131 역주 : 『詩經』「大雅·生民」, "載燔載烈, 以興嗣歲." 毛傳에서는 "興來歲, 繼往歲
        也."라고 한다. 鄭玄은 箋에서 "嗣歲, 今新歲也."라고 한다. 이후 '嗣歲'로써 '來年'
        혹은 '새로운 1년'으로 삼았다.
132 역주 : 이 판본에는 "魂魂萬物而常冲"으로 되어 있으나, 여러 판본을 참조한 결과

커서 모난 곳이 없고, 항상 변화하여 정해진 때가 없으니,[133] 그런 연후에 귀신이 되는 것이다.[134] 송충본에는 대무방무시, 연후위귀신(大無方無時, 然後爲鬼神)로 되어 있고, 아래에 야(也)자가 없다. 신귀(神鬼)로써 귀신(鬼神)을 삼는다. 신(神)은 6종(六宗)[135]에서 놀면서 변화왕래하고, 송충본, 허앙본에는 유(遊)로 되어 있다. 황백사본에는 유(斿)로 되어 있는데, 대개 옛날 글자에서는 통한다. 많고 많은 만물은 움직이나 항상 허심하다.[136]

故玄之辭也, 沉以窮乎下, 浮以際乎上. 曲而端, 散而聚, 美也不盡于味, 大也不盡其彙. 上連下連, 非一方也. 遠近無常, 以類行也. 或多或寡, 事適乎明也.

그러므로 『태현경』 9찬(九贊)의 사(辭)에서, 초일(初一)은 잠겨 아래로 황천에서 다하고, 상구(上九)는 떠서 위로 하늘에 접한다. 곡진하게 다해도 단정하고, 흩어져도 잘 모이고, 아름다워 맛을 다할 수 없고, 커서 그 무리를 다할 수 없어 다만 그 일단(一端)을 들 뿐이다. 위로 연결되고 아래로 연결되니 한 방향이 아니다. 멀고 가까운 것에 항상된 것이 없어, 무리로써 행한다. 많기도 하고 적기도 하지만 일은 밝은 것에 적합하다.

故善言天地者以人事, 善言人事以天地. 明晦相推, 而日月逾邁, 歲歲相盪, 而天地彌陶, 之謂神明不窮.

그러므로 (천지와 인사는 그 이치가 같으므로) 천지를 잘 말하는 자는 인사로 하고, 인사를 잘 말하는 자는 천지로 한다.[137] 밝고 어두움이 서로 미루고,

. . . .

"魂魂萬物, 動而常沖"이 더 타당하다고 보아 이 문구의 해석을 취한다.

133 역주 : 『주역』 「계사전상」 4장에는 "神無方而易無體."라는 말이 있다.

134 역주 : 『주역』 「계사전상」 4장에는 "范圍天地之化而不過, 曲成萬物而不遺, 通乎晝夜之道而知, 故神無方而易無體."라는 말이 나온다. 여기의 귀신은 음양조화의 변화를 헤아릴 수 없다는 의미다.

135 역주 : '6종'은 '천지와 사방' 혹은 '天地와 四時'다.

136 역주 : 이 구절은, 현이 굴신왕래하고 變動不居하면서 만물을 신묘하게 하지만 항상 스스로 沖虛하여 헤아릴 수 없다는 것이다. '魂婚'은 '만물이 많다'는 것이다. '沖'은 '비어있다[虛]'는 것이다.

137 역주 : 이 구절은, 천지를 담론하기를 잘하는 자는 반드시 인사에서 징험을 하고,

해와 달이 지나가고, 해마다 서로 움직여 하늘과 땅은 더욱더 만물을 생육한다.[138] 그것을 일러 '신명은 다하지 않는다'고 이른다.[139]

原本者難由, 流末者易從. 故有宗祖者則稱乎孝, 序君臣者則稱乎忠, 實告大訓.

천지의 본원에 근본한 것은 말미암기 어렵고, (현은 천지와 인사를 포괄하는 것이므로) 흐름의 말류가 되는 (인사는) 따르기가 쉽다. 그러므로 종조(宗祖)가 있는 자는 효도를 일컫고, 군주와 신하가 차례 하는 것은 충성을 일컬으니, 진실로 대훈(大訓)으로 고한다.[140]

玄之辭以盡神而已. 玄神生忠孝, 忠孝生仁義, 孰不爲仁, 孰不爲義. 維其本之如此, 是以能勿雜也. 晝夜之道不明, 君子小人之事相亂, 則所謂仁者參不仁而不知, 所謂義者入非義而不察, 使出無復純德, 此非天命之正也. 玄告大訓, 而正勝矣.

현의 사(辭)는 신을 다할[141] 뿐이다. 현의 신(神)은 충효를 낳고, 충효는 인의를 낳는데, 누가 인자하지 않고 누가 의롭지 않겠는가? 오직 그 근본이 이와 같으니, 이 때문에 섞이지 않을 수 있다. 낮과 밤의 도가 분명하지 않고, 군자와 소인의 일이 서로 어지러우면, 이른바 인자한 것이 인자함이 아닌 것에 섞여도 알지 못하고, 이른바 의로운 것이 의로운 것이 아닌 것에 들어가도 살피지 못하여, 나아감에 다시 순수한 덕이 없게 하니, 이것은 천명의 바름이

....

인사를 담론하기를 잘하는 자는 반드시 천지로 징험한다는 것이다. 양웅은 『법언』「문신」에서 "君子之言, 幽必有驗乎明, 遠必有驗乎近, 大必有驗乎小, 微必有驗乎著, 無驗而言之謂妄."이라 한다.

138 역주 : 『서경』「泰誓」에는 "日月逾邁."라는 말이 있는데, 孔穎達은 疏에서 "逾, 益. 邁, 行也."라고 한다. '彌'는 '益'이다. '陶'는 『方言』에서 "養也."라고 한다.

139 역주 : '신명'은 천지의 공능과 작용을 가리킨다.

140 역주 : '訓'은 '道'다. 이 구절은, 『태현경』은 실질적으로 인간에게 가르침을 말해주는 것으로, 忠孝와 仁義의 大道라는 것이다. 이 구절은, 이 편의 총결로서 『태현경』이 창립되고 입론된 종지이다. 『법언』「問道」에서는 이른바 "玄何爲也, 曰 爲仁義."라는 것을 말한다.

141 역주 : 『주역』「계사전상」12장에 "子曰, 鼓之舞之以盡神."이란 말이 나온다.

아니다. 「현고(玄告)」의 큰 가르침이니, 바름이 이긴다.

右十一篇解, 附以釋文, 出許翰. 音考曰, 王卽唐王涯. 陳卽近世陳漸,
著演玄. 吳卽吳祕, 作音義. 郭卽郭元亨, 作疏. 丁卽丁謂. 許卽許昂.
章卽章詧. 黃卽黃伯思. 林卽林瑀本, 云.

이상 11편의 '해(解)'는 경문을 해석한 문장을 붙인 것인데, 허한(許翰)의 『현
해』에서 나온 것이다. 『음고(音考)』에서 말하기를 "왕(王)은 즉 당대의 왕애
(王涯)다.[142] 진(陳)은 즉 근세의 진점(陳漸)으로 『연현(演玄)』을 지었다. 오
(吳)는 즉 오비(吳祕)로[143]『음의(音義)』를 지었다. 곽(郭)은 곽원형(郭元亨)으
로『소(疏)』를 지었다. 정(丁)은 즉 정위(丁謂)다.[144] 허(虛)는 즉 허앙(許昂)이
다. 장(章)은 즉 장찰(章詧)이다.[145] 황(黃)은 즉 황백사(黃伯思)다.[146] 임(林)은
즉 임우(林瑀)다"라고 하였다.

▌태현력(太玄曆)

한대 역법을 붙인다(附漢曆)

太初上元正月甲子朔旦冬至無餘分.[147] 後千五百三十九歲, 甲辰朔旦
冬至無餘分.[148] 又千五百三十九歲, 甲申朔旦冬至無餘分. 又千五百

- - - - - - - - - - - - - - -

142 역주 : 王涯(?~835). 字는 廣津. 父는 王晃.
143 역주 : 吳祕(?~?). 字는 君謨, 北宋 福建 建安人.
144 역주 : 丁謂(966~1037). 字는 謂之, 後에 字를 公言으로 고침, 江蘇 長洲縣 人.
145 역주 : 章詧(?~?). 字는 隱之, 成都 雙流人. 어렸을 때 고아가 되어 형수에게서
       길러졌다. 경학에 박통하고 『주역』, 『태현경』에 더욱 뛰어났다.
146 역주 : 黃伯思(1079~1118). 北宋 晚期의 중요한 문자학자, 서예가, 서예이론가.
       字는 長睿, 別字는 霄賓, 호는 雲林子다.
147 劉韶軍 點校 : '正'은 玄首에 대해 사마광이 주석한 "太初上元十一月'에 의거하면
       '正'은 마땅히 '十一'로 써야 한다.
148 劉韶軍 點校 : '又千'에서 '餘分'에 이르기까지의 두 구절 17글자는 명초본에는 없
       다. 玄首에 대한 사마광이 주석한 것에 의거해 보충하였다.

三十九歲, 還甲子朔旦冬至無餘分. 十九歲爲一章, 二十七章五百一十三歲爲一會. 會者, 日月交會一終也. 八十一章千五百三十九歲爲一統.

태초 상원 정월 갑자 삭단 동지에는 여분이 없다. 뒤의 1,539세 갑진 삭단 동지에는 여분이 없다. 또 1,539세 갑신 삭단 동지에는 여분이 없다. 또 1,539세 환갑자 삭단 동지에는 여분이 없다. 19세가 1장(一章)이 되고, 27장(章) 513세가 1회(一會)가 된다. 회(會)는 일월이 교차하고 모이는 한번의 마침이다. 81장(章) 1,539세가 일통(一統)이 된다.

從子至辰, 自辰至申, 自申至子, 凡四千六百一十七歲爲一元. 元有三統, 統有三會, 會有二十七章. 九會而復元. 一章閏分盡, 一會月食盡, 一統朔分盡, 一元六甲盡.

자(子)에서 진(辰)에 이르고, 진에서 신(申)에 이르고, 신에서 자(子)에 이르는 무릇 4,617세가 1원(一元)이 된다. 원(元)에는 3통(三統)이 있고, 통에는 3회(三會)가 있고, 회에는 27장(章)이 있다. 9회(九會)이면 원(元)을 회복한다. 1장(一章)에 윤분(閏分)이 다하고, 1회(一會)에 월식이 다하고, 1통(一統)에 삭분이 다하고, 1원(一元)에 6갑이 다한다.

漢曆以八十一爲日法. 一歲三百六十五日, 以日法乘之, 得二萬九千五百六十五分. 益以四分日之一二十分少, 合二萬九千五百八十五分少. 以二十四氣除之, 每氣得一千二百三十二分, 餘一十七分少. 以三十二乘分, 八乘少, 通分內子爲五百五十二, 又除之, 得二十三秒.

한대 역법(曆法)에서 81로 일법(日法)을 삼은 것. 1세(一歲) 365일은 일법(日法)으로 곱하여 29,565분을 얻고, 4분 일(日)의 1에 해당하는 20분소(分少)를 더하니, 합하여 29,585분소(分少)다. 24기(氣)로 나눔으로써 (24氣의) 매기(每氣)는 1,232분을 얻으니, 17분소가 남는다. 32승분(乘分)하고 8승소(乘少)함으로써 내자(內子)를 통분(通分)하니 552가 되고, 또 나누어 23초(秒)를 얻는다.

每氣一千二百三十二分二十三秒, 以三十二爲秒母, 每首得三百六十
四分十六秒, 每贊得四十分十六秒.

(24氣의) 매기(每氣)는 1,232분 23초로서, 32로 초모(秒母)를 삼으니, (81首의)
매수(每首)는 364분 16초를 얻고, (729찬)의 매찬(每贊)은 40분 16초를 얻는다.

求氣所入贊法. 置冬至一氣分秒, 以首分秒去之, 不滿首者, 以贊分秒
去之. 餘若干分秒, 算外命之, 得小寒所入首贊分秒, 求次氣, 置前氣
所餘分秒, 益以一氣分秒, 如前法求之.

기(氣)를 구하여 찬법(贊法)에 들어가는 것. 동지를 1기(一氣) 분초(分秒)에 두
고, 수(首) 분초로써 나누는데, 수(首)에 가득하지 않은 것은 찬(贊) 분초로써
나눈다. 나머지 약간의 분초는 계산 밖에 명하여 소한을 얻는다. 들어간 수찬
(首贊) 분초에서 다음 기(氣)를 구하고, 앞의 기(氣)에 남은 분초를 두고 1기(一
氣) 분초로 더하니, 앞의 법에서 구한 것이다.

角十二度, 亢九, 氐十五, 房五, 心五, 尾十八, 箕十一, 東七十五度.

각성 12도. 항성 9도. 저성 15도. 방성 5도. 심성 5도. 미성 18도. 기성 11도, (모두
합하면) 동쪽 75도다.

斗廿六, 牛八, 女十二, 虛十, 危十七, 榮室十六, 壁九, 北九十八度.

두성 26도, 우성 8도, 여성 12도, 허성 10도, 위성 17도, 영실성 16도, 벽성 9도,
(모두 합하면) 북쪽 98도다.

奎十六, 婁十二, 胃十四, 昴十一, 畢十六, 觜二, 參九, 西八十度.

규성 16도, 루성 12도, 위성 14도, 묘성 11도, 필성 16도, 자성 2도, 삼성 9도, (모두
합하면) 서쪽 80도.

井三十三, 鬼四, 柳十五, 星七, 張十八, 翼十八, 軫十七, 南百十二度.

정성 33도, 귀성 4도, 류성 15도, 성성 7도, 장성 18도, 익성 18도, 진성 17도, (모두
합하면) 남쪽 112도.

鶉尾, 初張十六度, 立秋. 中翼十五度, 處暑.

순미(鶉尾),[149] 초장(初張) 16도, 입추(立秋). 중익(中翼) 15도, 처서(處暑).

壽星, 初軫十二度, 白露. 中角十度, 秋分.

수성(壽星), 초진(初軫) 12도, 백로(白露). 중각(中角) 10도, 추분(秋分).

大火, 初氐五度, 寒露. 中房五度, 霜降.

대화(大火), 초저(初氐) 5도, 한로(寒露). 중방(中房) 5도, 강상(霜降).

析木, 初尾十度, 立冬. 中箕七度, 小雪.

석목(析木), 초미(初尾) 10도, 입동(立冬). 중기(中箕) 7도, 소설(小雪).

大梁, 初胃七度, 穀雨. 今日淸明. 中昴八度, 淸明. 今日穀雨.

대량(大梁), 초위(初胃) 7도, 곡우(穀雨). 오늘날에는 청명(淸明)이라 한다. 중묘(中昴) 8도, 청명(淸明). 오늘날에는 곡우(穀雨)라 한다.

實沈, 初畢十二度, 立夏. 中井初, 小滿.

실침(實沈), 초필(初畢) 12도, 입하(立夏). 중정(中井) 초, 소만(小滿).

鶉首, 初井十六度, 芒種. 中井三十一度, 夏至.

순수(鶉首), 초정(初井) 16도, 망종(芒種). 중정(中井) 31도, 하지(夏至).

· · · · · · · · · · · · · · · · · ·

149 역주 : 고대 천문학자들은 태양이 지나가는 黃道 위에 위치한 恒星을 28개의 별
자리로 나누어 이를 '28수(宿)'라고 하였다. 그리고 태양이 어떤 항성의 위치를
지나고 있는가를 관측하여 계절의 변화와 날짜를 알았다. 28수는 황도 360도 위
에 흩어져 있는데, 이것을 다시 30도씩으로 나누어 12궁(宮)으로 하였다. 고대에
는 이 12궁의 차례와 위치로 지상의 분야를 나누었다. 12궁의 명칭은 壽星·大火·
析木·星紀·玄枵·娵訾·降婁·大梁·實沈·鶉首·鶉火·鶉尾다. 이것을 다시 중국 전
역으로 방위에 따라 나누어 각각의 분야를 정하였다.

鶉火, 初柳九度, 小暑. 中張三度, 大暑.

순화(鶉火), 초류(初柳) 9도, 소서(小暑). 중장(中張) 3도, 대서(大暑).

星紀, 初斗十二度, 大雪. 中牽牛初, 冬至.

성기(星紀), 초두(初斗) 12도, 대설(大雪). 중견(中牽) 우초(牛初), 동지(冬至).

玄枵, 初婺女八度, 小寒. 中危初, 大寒.

현효(玄枵), 초무녀(初婺女) 8도, 소한(小寒). 중위(中危) 초(初), 대한(大寒).

諏訾, 初危十六度, 立春. 中營室十四度, 驚蟄. 今日雨水.

추자(諏訾), 초위(初危) 16도, 입춘(立春). 중영실(中營室) 14도, 경칩(驚蟄.) 오늘날에는 우수(雨水)라 한다.

降婁, 初奎五度, 雨水. 今日驚蟄. 中婁四度, 春分.

강루(降婁), 초규(初奎) 5도, 우수(雨水). 오늘날에는 경칩(驚蟄)이라고 한다. 중루(中婁) 4도, 춘분(春分).

秒數少, 散分爲三十二.

초수(秒數) 소(少)는 흩어져 나뉘어 32가 된다.

求星, 置其宿度數, 倍之以首去之, 所餘算外, 即日所躔宿之贊. 又倍次宿度數以益之, 去如前法.

구성(求星)은 그 별의 도수를 두고, 그 수(首)로 곱한 것으로 나누고, 나머지 계산한 것 이외의 것은 해가 전수(躔宿)한 바의 찬에 나아간다. 또 차수(次宿) 도수를 곱한 것으로 더하니, 나눈 것이 앞의 법과 같다.

中 : 中孚. 初一,[150] 冬至氣應, 陽氣始生, 日舍牽牛初度.
중수(中首) : 『주역』「중부괘(中孚卦)」. 초일(初一)에서 동지의 기와 응하여 양기가 처음 생하고, 해는 견우(牽牛) 초도(初度)에 머문다.

周 : 復. 次八, 日舍婺女.
주수(周首) : 『주역』「복괘(復卦)」. 차팔(次八)에서 해가 무녀(婺女)에 머문다.

礥 : 屯.
현수(礥首) : 『주역』「준괘(屯卦)」.

閑 : 屯. 次四, 十八分, 二十四秒, 小寒, 日次玄枵, 斗建丑位, 律中大呂.
한수(閑首) : 『주역』「준괘(屯卦)」. 차사(次四), 18분, 24초, 소한, 해가 현효(玄枵)에 머물고, 두(斗)는 축위(丑位)에 세우고, 율은 대려(大呂)에 맞춘다.

少 : 謙. 五, 虛.
소수(少首) : 『주역』「겸괘(謙卦)」. 5, 허(虛).

戾 : 睽.
려수(戾首) : 『주역』「규괘(睽卦)」.

上 : 升. 七, 三十六, 十五, 大寒, 七, 危.
상수(上首) : 『주역』「승괘(升卦)」. 7, 36, 15, 대한(大寒), 7, 위(危).

干 : 升.
간수(干首) : 『주역』「승괘(升卦)」.

· · · · · · · · · · · · · · · · ·

150 劉韶軍 點校 : '初一'은 명초본에는 '一初'로 되어 있다. 이것에 의거하여 주석의 例를 표한다.

狩：臨.
저수(狩首)：『주역』「임괘(臨卦)」.

羨：小過.
선수(羨首)：『주역』「소과괘(小過卦)」.

差：小過. 三十三, 二十二, 立春, 諏訾, 寅, 太簇, 五, 營室.
차수(差首)：『주역』「소과괘(小過卦)」. 33, 22, 입춘(立春), 추자(諏訾), 인(寅),
태주(太簇), 5, 영실(營室).

童：蒙.
동수(童首)：『주역』「몽괘(蒙卦)」.

增：益.
증수(增首)：『주역』「익괘(益卦)」.

銳：漸. 五, 三十一, 十三, 驚蟄.
예수(銳首)：『주역』「점괘(漸卦)」. 5, 31, 13, 경칩(驚蟄).

達：泰. 一, 東壁.
달수(達首)：『주역』「태괘(泰卦)」. 1, 동벽(東壁).

交：泰.
교수(交首)：『주역』「태괘(泰卦)」.

耎：需. 一, 奎, 九, 八, 二十, 雨水, 降婁, 卯, 夾鐘.
연수(耎首)：『주역』「수괘(需卦)」. 1, 규(奎), 9, 8, 20, 우수(雨水), 강루(降婁),
묘(卯), 협종(夾鐘).

徯 : 需.

혜수(徯首) : 『주역』「수괘(需卦)」.

從 : 隨.

종수(從首) : 『주역』「수괘(隨卦)」.

進 : 晉. 六, 婁.

진수(進首) : 『주역』「진괘(晉卦)」. 6, 루(婁).

釋 : 解. 三, 二十六, 十一, 春分.

석수(釋首) : 『주역』「해괘(解卦)」. 3, 26, 11, 춘분.

格 : 大壯.

격수(格首) : 『주역』「대장괘(大壯卦)」.

夷 : 豫. 三, 胃.

이수(夷首) : 『주역』「예괘(豫卦)」. 3, 위(胃).

樂 : 豫. 七, 三, 十八, 穀雨, 大梁, 辰, 姑洗.

락수(樂首) : 『주역』「예괘(豫卦)」. 7, 3, 18, 곡우(穀雨), 대량(大梁), 진(辰), 고선(姑洗).

爭 : 訟.

쟁수(爭首) : 『주역』「송괘(訟卦)」.

務 : 蠱. 四, 昴.

무수(務首) : 『주역』「고괘(蠱卦)」. 4, 묘(昴).

事：蠱.
사수(事首) :『주역』「고괘(蠱卦)」.

更：革. 一, 二十, 九, 淸明, 八, 畢.
경수(更首) :『주역』「혁괘(革卦)」. 1, 20, 9, 청명(淸明), 8, 필(畢).

斷：夬.
단수(斷首) :『주역』「쾌괘(夬卦)」.

毅：夬.
의수(毅首) :『주역』「쾌괘(夬卦)」.

裝：旅. 四, 三十八, 三十二, 立夏, 實沈, 巳, 仲呂.
장수(裝首) :『주역』「려괘(旅卦)」. 4, 38, 32, 입하(立夏), 실침(實沈), 사(巳),
중려(仲呂).

衆：師. 四, 觜嶲, 八, 參.
중수(衆首) :『주역』「사괘(師卦)」. 4, 자휴(觜嶲), 8, 삼(參).

密：比.
밀수(密首) :『주역』「비괘(比卦)」.

親：比. 八, 井, 八十六, 七, 小滿.
친수(親首) :『주역』「비괘(比卦)」. 8, 정(井), 86, 7, 소만(小滿).

斂：小畜.
렴수(斂首) :『주역』「소축괘(小畜卦)」.

彊：乾.
강수(彊首) : 『주역』「건괘(乾卦)」.

睟：乾.
수수(睟首) : 『주역』「건괘(乾卦)」.

盛：大有. 二, 三十三, 三十, 芒種, 鶉首, 午, 蕤賓.
성수(盛首) : 『주역』「대유괘(大有卦)」. 2, 33, 30, 망종(芒種), 순수(鶉首), 오
(午), 유빈(蕤賓).

居：家人.
거수(居首) : 『주역』「가인괘(家人卦)」.

法：井.
법수(法首) : 『주역』「정괘(井卦)」.

應：咸. 六十八, 五, 夏至, 陰生.
응수(應首) : 『주역』「함괘(咸卦)」. 68, 5, 하지(夏至), 음(陰)이 태어난다.

迎：咸. 二, 鬼.
영수(迎首) : 『주역』「함괘(咸卦)」. 2, 귀(鬼).

遇：姤. 一, 柳.
우수(遇首) : 『주역』「구괘(姤卦)」. 1, 류(柳).

竈：鼎. 九, 二十八, 二十八, 小暑, 鶉火, 未, 林鐘.
조수(竈首) : 『주역』「정괘(鼎卦)」. 9, 28, 28, 소서(小暑), 순화(鶉火), 미(未),
임종(林鐘).

大 : 豐.

대수(大首) : 『주역』「풍괘(豐卦)」.

廓 : 豐. 四, 星.

확수(廓首) : 『주역』「풍괘(豐卦)」. 4, 성(星).

文 : 渙. 九, 張.

문수(文首) : 『주역』「환괘(渙卦)」. 9, 장(張).

禮 : 履. 四, 六, 三, 大暑.

예수(禮首) : 『주역』「리괘(履卦)」. 4, 6, 3, 대서(大暑).

逃 : 遯.

도수(逃首) : 『주역』「둔괘(遯卦)」.

唐 : 遯.

당수(唐首) : 『주역』「둔괘(遯卦)」.

常 : 恆. 七, 二十三, 二十六, 立秋, 鶉尾, 申, 夷則, 九, 翼.

상수(常首) : 『주역』「항괘(恆卦)」. 7, 23, 26, 입추(立秋), 순미(鶉尾), 신(申), 이칙(夷則), 9, 익(翼).

度 : 節.

도수(度首) : 『주역』「절괘(節卦)」.

永 : 節.

영수(永首) : 『주역』「절괘(節卦)」.

昆：同人.

곤수(昆首) : 『주역』「동인괘(同人卦)」.

減：損. 一, 四十一, 十七, 處暑, 九, 軫.

감수(減首) : 『주역』「손괘(損卦)」. 1, 41, 17, 처서(處暑), 9, 진(軫).

唫：否.

금수(唫首) : 『주역』「비괘(否卦)」.

守：否.

수수(守首) : 『주역』「비괘(否卦)」.

翕：巽. 五十八, 二十四, 白露, 壽星, 酉, 南呂.

흡수(翕首) : 『주역』「손괘(巽卦)」. 58, 24, 백로(白露), 수성(壽星), 유(酉), 남려
(南呂).

聚：萃. 七, 角. 翰考, 軫角之間一度與太玄錯, 此曆蓋本漢志.

취수(聚首) : 『주역』「췌괘(萃卦)」. 7, 각(角). 허한(許翰)이 고증하기를, "진각
(軫角) 사이 1도(一度)는 『태현』과 섞여 있다. 이 력은 대개 『한지』「예문지」를
근본한 것이다"라고 하였다.

積：大畜.

적수(積首) : 『주역』「대축괘(大畜卦)」.

飾：賁. 八, 三十六, 十五, 秋分.

식수(飾首) : 『주역』「비괘(賁卦)」. 8, 36, 15, 추분(秋分).

疑：觀. 四, 亢.

의수(疑首) : 『주역』「관괘(觀卦)」. 4, 항(亢).

視：觀.
시수(視首)：『주역』「관괘(觀卦)」.

沈：歸妹. 四, 氐.
침수(沈首)：『주역』「귀매괘(歸妹卦)」. 4, 저(氐).

內：歸妹. 三, 十三, 二十二, 寒露, 大火, 戌, 無射.
내수(內首)：『주역』「귀매괘(歸妹卦)」. 3, 13, 22, 한로(寒露), 대화(大火), 술
(戌), 무역(無射).

去：無妄.
거수(去首)：『주역』「무망괘(無妄卦)」.

晦：明夷. 七, 房.
회수(晦首)：『주역』「명이괘(明夷卦)」. 7, 방(房).

瞢：明夷. 六, 三十一, 十三, 霜降, 八, 心.
몽수(瞢首)：『주역』「명이괘(明夷卦)」. 6, 31, 13, 상강(霜降), 8, 심(心).

窮：困. 九, 尾.
궁수(窮首)：『주역』「곤괘(困卦)」. 9, 미(尾).

割：剝.
할수(割首)：『주역』「박괘(剝卦)」.

止：艮.
지수(止首)：『주역』「간괘(艮卦)」.

堅 : 艮. 一, 八, 二十, 立冬, 析木, 亥, 應鐘.
견수(堅首) :『주역』「간괘(艮卦)」. 1, 8, 20, 입동(立冬), 석목(析木), 해(亥), 응종(應鐘).

成 : 既濟. 九, 箕.
성수(成首) :『주역』「기제괘(既濟卦)」. 9, 기(箕).

闞 : 噬嗑.
치수(闞首) :『주역』「서합괘(噬嗑卦)」.

失 : 大過. 四, 二十六, 十一, 小雪.
실수(失首) :『주역』「대과괘(大過卦)」. 4, 26, 11, 소설(小雪).

劇 : 大過. 四, 斗.
극수(劇首) :『주역』「대과괘(大過卦)」. 4, 두(斗).

馴 : 坤.
순수(馴首) :『주역』「곤괘(坤卦)」.

將 : 未濟. 八, 三十八, 大雪, 星紀, 子, 黃鐘.
장수(將首) :『주역』「미제괘(未濟卦)」. 8, 38, 대설(大雪), 성기(星紀), 자(子), 황종(黃鐘).

難 : 蹇.
난수(難首) :『주역』「건괘(蹇卦)」.

勤 : 蹇.
근수(勤首) :『주역』「건괘(蹇卦)」.

養：頤. 養, 九之末. 天度氣餘, 猶有六十分二十四秒. 踦, 當四十分十六
秒, 嬴, 當二十分八秒.

양수(養首) :『주역』「이괘(頤卦)」. 양(養)은 9의 말(末). 천도(天度)에 기(氣)는
여분이 있어, 오히려 60분 24초가 있다. 기(踦)는 40분 16초에 해당한다. 영
(嬴)은 20분 8초에 해당한다.

右許翰傳太玄曆, 出溫公手錄經後, 不著誰作. 本疑準賁, 沈準觀, 翰
更定爲觀, 爲歸妹云.

이상은 허한(許翰)이 해설한『태현력』으로, 사마광이 수록한『태현경』뒤에
나오는데, 누가 지은 것인지 밝히지 않고 있다. 본래 의수(疑首)는 「비괘(賁卦)」
에 준하며, 침수(沈首)는 「관괘(觀卦)」에 준하는데, 허한(許翰)이 (疑首를) 「관
괘(觀卦)」에 준하는 것으로 하고, (沈首를) 「귀매괘(歸妹卦)」에 준하는 것으로
바꾸어 정하였다고 한다.

부록(附錄)

弘治乙卯臘月, 葑溪邢參觀于皐橋唐伯虎家.

홍치(弘治)[1] 을묘(乙卯) 납월(臘月)에 봉계(葑溪)에 사는 형참(邢參)이[2] 고교
(皐橋)에 사는 당백호(唐白虎=唐寅)[3] 집에서 보았다.

此本舊藏唐子畏家, 後以贈錢君同愛, 更無副本, 唯賴此傳誦耳, 錢君
幸珍藏之. 丁巳冬徐禎卿識.

이 판본은 당인(唐寅)의 집안에서 옛날부터 간직하고 있다가, 뒤에 전동애(錢
同愛)[4] 군에게 주었기에 다시 부본(副本)이 없었고, 오직 이 판본에 힘입어
외었을 뿐이었는데, 전동애 군이 다행스럽게 진귀하게 여겨 잘 간직하고 있었
다. 정사(丁巳)[5] 겨울에 서정경(徐禎卿)[6]이 쓰다.

....

1 역주 : 중국 명대 9대 황제인 명 孝宗 朱祐樘의 년호다.
2 역주 : 생졸년은 자세하지 않다. 명대 弘治년 간의 학자. 자는 麗文이다.
3 역주 : 唐寅(1470~1523). 중국 명대 문인 · 화가. 자는 子畏, 伯虎. 호는 六如. 江蘇
   省 吳縣 출생. 20세에 지방 관리 시험에 수석으로 합격하고, 程敏政에게 그 문학적
   재능이 인정받았으나 정민정의 탄핵 사건에 연좌되자 退官하여 고향에서 술과 벗
   하면서 문학과 예술로 소일하였다. 『唐六如畫譜』외에 여러 작품이 남아 있다.
   沈周 · 文徵明 · 仇英과 함께 명나라의 4대 화가이다.
4 역주 : 錢同愛(1475~1549). 명대 장서가이면서 문장가다. 자는 孔周, 호는 野亭이
   다. 당인, 문징명과 매우 친하였다.
5 역주 : 뒤의 徐禎卿(1479~1511)의 생몰년을 참조하면 1497년이다.
6 역주 : 徐禎卿(1479~1511). 자는 昌穀. 昌國이라고도 쓴다. 吳縣(今江蘇蘇州)人.
   명대 문장가로서, 사람들은 "吳中詩冠"으로 불렀다. 吳中 四才子 중의 하나다.

溫公集注太玄, 見於宋藝文志, 而世罕傳本. 至許崧老之玄解, 則宋志無之, 唯直齋所錄與此本正同. 崧老本續溫公而作, 而卷第相承, 蓋用韓康伯注易之例.

사마온공[사마광]의 『태현집주』는 『송사(宋史)』「예문지(藝文志)」에 보이나 세상에 전해진 판본은 드물었다. 허숭노(許崧老=許翰)가[7] 지은 (『태현경』주석본인) 『현해(玄解)』의 경우는 『송사』「예문지」에는 없고, 오직 직재(直齋=陳振孫)가[8] 기록한 것이 이 판본과 바로 같았다. 허한의 판본은 사마광의 『태현집주』를 이어서 지은 것으로, 권의 차례도 서로 잇고 있으니, 대개 한강백(韓康伯)이[9] 『주역』을 주석한 예를 사용한 것이다.

太玄曆, 不著撰人, 許氏云出溫公手錄, 則溫公以前已有之. 其以六十卦配節氣, 不及坎離震兌者. 京氏六日七分法, 四正爲方伯, 不在直日之例也. 此本字劃古樸, 又多避宋諱缺筆, 相傳爲南宋人所鈔.

『태현력』은 지은 사람이 드러나지 않지만, 허한은 사마광이 수록(手錄)한 것에서 나온 것이라 말하니, 사마광 이전에 이미 있었다. 그것은[태현력은] 60괘로써 절기(節氣)에 배치할 뿐 『주역』의)「감괘(坎卦)」·「리괘(離卦)」·「진괘(震卦)」·「태괘(兌卦)」 4괘를 언급하지 않았다. 이는 마치 경방(京房)의[10] 6일7분법(六日七分法)에서[11] '사정(四正)'은 방백(方伯)으로서,[12] 구체적인 날에 배당하지 않는 것과 같은 경우이다.[13] 이 판본의 자획은 오래되고 질박하며, 또

----

7 역주 : 許翰(?~1133). 자는 崧老다. 『玄解』를 지었다.
8 역주 : 陳振孫(1186?~1262?) 초명은 瑗이었다. 자는 伯玉, 호는 直齋다. 남송의 장서가이고 목록학가다. 私家 藏書目錄인 『直齋書錄解題』56卷이 있다.
9 역주 : 韓康伯. 이름은 伯이고 자는 康伯이다. 東晉시대 현학 사상가다.
10 역주 : 京房(기원前 77년~기원전 37년). 서한시대 『周易』의 대가. 本姓은 李다. 자는 君明. 그가 창안한 역을 경방역이라고 한다. 경방의 역학은 焦延壽에서 얻었다고 한다.
11 역주 :『易緯稽覽圖』, "卦氣起中孚. 故離坎震兌, 各主其一方, 其餘六十卦, 卦有六爻, 爻別主一日, 凡主三百六十日. 餘有五日四分日之一者, 每日分爲八十分. 五日分為四百分. 四分日之一又爲二十分, 是四百二十分. 六十卦分之, 六七四十二卦, 別各得七分, 是每卦得六日七分也." 참조.
12 역주 :『易緯』, "辟卦爲君, 雜卦爲臣, 四正爲方伯. 二分二至, 寒溫風雨, 總以應卦爲節."

'송(宋)'자를 피휘(避諱)하고 글자의 획을 뺀 것이 많으니, 남송인에 의해 채록된 것이라고 전해졌다.

明中葉唐子畏及吾家孔周先後藏庋, 一時名士, 多有題識, 好事者誇爲枕中之祕. 去冬雲濤舍人始購得之, 招予審定, 嘆其絶佳. 越明春, 借讀畢, 因題.

명 중엽에 당인의 집안 및 우리집안 전공주(錢孔周=錢同愛)가 앞뒤에 걸쳐 보존하였는데, 한 때의 유명 인사들이 제지(題識)한 것이 많았고, 호사자들은 과장하여 침중(枕中)의 비결로[14] 삼았다. 지난겨울 운도(雲濤)에 사는 사인(舍人)이[15] 처음으로 구매해 얻어 나를 불러 자세하게 조사하고 정하라고 하니, 그 뛰어나게 훌륭함에 탄복하였다. 다음해 봄에 다 읽은 것을 핑계 삼아 인하여 쓴다.

時癸丑二月十七日錢大昕.

때는 계축(癸丑)[16] 2월 27일, 전대흔(錢大昕).[17]

右太玄注幷解, 宋鈔凡十冊, 因籍一大紳家得之, 以觸廟諱字特多, 不進內府. 考明時藏吾家六如家, 余當弆之.

이상 사마광의 『태현집주』와 허한의 『현해』는 송대에 초록한 10책으로, 큰 세도가를 통하여 얻었는데, 촉묘(觸廟)와 휘자(諱字)한 것이 특히 많았기에 내

· · · · · · · · · · · · · · · · · · · ·

13 역주 : '直日'은 어떤 천체가 지상에 영향력을 끼치는 특정한 시간대, 특정한 날을 말한다. 宿曜道에서 日의 길흉이나 그 日에 일어난 인간의 운명 등을 점칠 때의 중요한 개념이다.
14 역주 : '枕祕'라고도 하는데, 枕函 속에 보배롭게 여겨 간직한 祕傳寶書를 가리킨다.
15 역주 : '舍人'은 관명으로 사용되기도 하고 고대의 호문귀족 집안의 문객으로도 사용되기도 하였다. 전국시대 및 漢初에는 王公貴人 私門의 관리였다. 송원 이후에는 權貴子弟 즉 公子로 일컬어졌다. 『周礼』「地官·舍人」, "舍人掌平宮中之政, 分其財守, 以灋掌其出入者也.", 『战国策』「楚策四」, "李园求事春申君为舍人." 참조.
16 역주 : 뒤의 錢大昕(1728~1804)을 참조하면 1793년이다.
17 역주 : 錢大昕(1728~1804). 清代 史學家이면서 漢學家임. 자는 曉徵 辛楣다. 호는 竹汀이다.

부에 올리지 않았다. 명나라 때 우리집안 당인의 집에서 간직하고 있던 것을 고려하여, 내가 맡아 간직하였다.

後士於州縣, 不解藏書, 而蕘圃主政精考訂, 且曾見此書, 時時念之, 因擧以相贈. 亦以其舊藏吳中, 今仍置之皐橋吳越間, 抑亦吾家六如所心許也. 買櫝還珠, 吾無悔焉. 主政其善寶之.

후에 주현(州縣)에서 벼슬할 때는 간직한 책을 풀지 않았는데, 요포(蕘圃=黃丕烈)[18] 주정(主政)이[19] 정밀하게 상고하여 바로잡고, 또 일찍이 이 책을 보고 때때로 그 의미를 새기니, 거론한 것을 인하여 서로 주었다. 또한 그것은 오중(吳中)에서[20] 옛날부터 간직한 것이기 때문에 내가 그대로 고교(皐橋), 오(吳) 월(越) 사이에 두니, 또한 우리집안 당인이 마음으로 허락한 바이다. '나무상자만 사고 구슬은 되돌려준다(買櫝還珠)'는[21] 것과 같은 상황이 벌어지더라도 나는 후회가 없다. (요포) 주정(主政)이 그것을 좋아하여 보배로 여겼다.

嘉慶六年九月旣望陶山唐仲冕識.

가경(嘉慶)[22] 6년[23] 9월 16일에 도산(陶山) 당중면(唐仲冕)이[24] 쓰다.

. . . .

18 역주 : 黃丕烈(1763~1825)을 말함. 황비열은 淸代의 저명한 장서가, 목록학가, 교감가. 자는 紹武. 承之다. 호는 蕘圃.

19 역주 : '主政'은 관명으로, 옛날 各部 主事의 별칭이다.

20 역주 : '吳中'은 蘇州를 가리킨다. 옛날에 소주를 '吳中'이라고 일컬었다.

21 역주 : '買櫝還珠'는 옥을 포장하기 위해 만든 나무상자를 사고 그 속의 옥은 돌려준다는 뜻으로, 꾸밈에 현혹되어 정말 중요한 것을 잃는다는 말. 『한비자』 「外儲說」에 "어느 초나라 사람은 자기가 가진 구슬을 팔러 정나라로 갔습니다. 그는 木蘭, 桂椒 같은 향기로운 나무로 짜고 물 참새의 털로 장식한 상자를 만들어 그 안에 옥을 넣어 내밀었습니다. 그런데 정나라 사람은 그 상자만 샀을 뿐 옥은 되돌려 주었다고 합니다" 라는 말에서 나온 것이다.

22 역주 : 청 仁宗 때의 연호. 初名은 永琰으로 乾隆帝 第十五子, 母는 魏佳氏. 乾隆五54年, 親王으로 봉함.

23 역주 : 1801년이다.

24 역주 : 唐仲冕(1753~1827). 청나라 湖南 善化 사람. 자는 六枳고, 호는 陶山이다. 乾隆58년(1793) 進士가 되어 江蘇 荊溪 등의 知縣을 지냈다. 道光 연간에 陝西布政使에 이르렀다. 吳縣의 知縣으로 있을 때 唐寅의 무덤을 방문하였다.

▌오(吳) 육적(陸績)

績昔嘗見同郡鄒邠字伯岐與邑人書, 嘆揚子雲所述太玄, 連推求玄本, 不能得也. 鎮南將軍劉景升遣梁國成奇修好鄙州, 奇將玄經自隨. 時雖幅寫一通, 年尙暗稚,

내가(=陸績) 일찍이 동향 추빈(鄒邠), 자 백기(伯岐)가 읍 사람에게 전한 글, 즉 양웅이 저술한 『태현경』 판본조차도 구할 수 없었다고 아쉬움을 토로한 글을 본 적이 있다. 진남장군(鎭南將軍) 유경승(劉景升=劉表)이[25] 양국(梁國), 성기(成奇)를 파견해 비주(鄙州)와 사이좋게 지내라고 하니, 성기는 『태현경』을 가지고 임지로 떠났다. 그 때 비록 한 통을 필사했지만, 오히려 우매하고 어렸던 때였다.

甫學書, 毛詩, 王誼人事, 未能深索玄道眞, 故不爲也. 後數年, 專精讀之半歲, 間粗覺其意. 於是草創注解未能也.

커서 『서경』과 『모시』를 배워 왕성하게 인사(人事)를 의논하였지만, 현도(玄道)의 참된 것을 깊이 탐색할 수는 없었다. 그러므로 하지 않았다. 수년이 지

· · · · · · · · · · · · · · · · · ·

25 역주 : 劉表(142~208). 자는 景升이다. 西漢 魯恭王 劉餘의 후손으로, 東漢末期의
   割據軍閥이다. 先後로 漢 朝廷에서 荊州刺史와 鎭南將軍을 除授받았다. 漢末의
   黨錮 名士의 하나다.

난 뒤 정신을 집중하여 읽은 지 반년이 지나자, 그 사이에 뜻을 대략 깨달았다. 이에 주해(注解)를 처음 만들었지만 제대로 풀이하지는 못하였다.

章陵宋仲子爲作解詁, 後奇復銜命尋盟, 仲子以所解付奇,[26] 與安遠將軍彭城張子布, 績得覽焉. 仲子之思慮誠爲深篤. 然玄道廣遠, 淹廢歷載, 師讀斷絶, 難可一備, 故往往有違本錯誤.

장릉(章陵)에 사는 송중자(宋仲子=宋衷)가[27] 『해고(解詁)』를 썼고, 후에 성기가 다시 명령을 받들어 옛날의 맹약을 되새기자, 송충은 주해한 것을 성기에게 주니, 안원장군(安遠將軍)으로 팽성(彭城)에 사는 장자포(張子布=張昭)와[28] 내(=육적)가 볼 수 있었다. 송충은 사려가 진실로 깊고 독실하다. 그러나 현도는 넓고 심원하고, 오랜 세월 동안 버려진 채로 있었고, 스승이 읽어주는 것도 단절되어 한번 완비되기가 힘들었다. 그러므로 종종 근본에 어긋나는 착오가 있었다.

績智意豈能弘裕, 顧聖人有所不知, 匹夫誤有所達, 加緣先王詢于芻蕘之誼, 故遂卒有所述. 就以仲子解爲本, 其合于道者, 因仍其說, 其失者, 因釋而正之. 所以不復爲一解, 欲令學者瞻覽彼此, 論其曲直, 故合聯之爾.

내가 지혜와 뜻이 어찌 넓고 넉넉하겠냐마는, 다만 성인도 알지 못하는 것이 있고 필부가 잘못 전달한 것이 있으니, 선왕(先王)이 추요(芻蕘)에게[29] 물어본

· · · · · · · · · · · · · · · ·

26 劉韶軍 點校 : '仲'은 원래는 '佚'로 되어 있다. 『大典』 및 명 郝梁本의 『太玄解贊』에 의거한다.

27 역주 : 宋衷, 자는 仲子로서 혹은 宋忠, 宋仲子라고 부른다. 삼국시기 南陽 章陵人이다. 『周易注』十卷, 『太玄經注』九卷, 『法言注』十三卷이 있다.

28 역주 : 張昭(156~236). 자는 子布, 彭城人. 삼국시기 吳國의 重臣이다. 丹青을 잘하였다. 東漢 末年에 孫策이 創業할 때 張昭를 불러 長史로 삼았다. 후에 孫權이 車騎將軍을 행할 때 張昭는 軍師가 되었다.

29 역주 : 『시경』「大雅·板」, "先民有言, 詢于芻蕘." 이것에 대한 鄭玄 箋, "古之賢者有言, 有疑事, 當與薪采者謀之." 및 孔穎達 疏, "言詢于芻蕘, 謂謀於取芻取蕘之人." 참조. '추요(芻蕘·蒭蕘)'는 원래 소에게 먹이는 꼴과 땔나무, 또는 소를 먹이는 목동과 꼴을 베는 나무꾼을 의미하기도 하며, 지위가 낮은 천한 사람을 비유하는

의논을 핑계 삼아 끝내 서술을 마쳤다. 나아가 송충의 『현해』로 근본을 삼으니, 그 도에 합하는 것은 그 설을 그대로 따르고, 그 잘못된 것은 해석을 통하여 바르게 하였다. 다시 하나의 풀이를 하지 않은 이유는, 배우는 자로 하여금 이것저것을 살펴보고 그 옳고 그름을 논하여 연합하게 하고자 할 뿐이다.

夫玄之大義, 撲蓍之謂, 而仲子失其旨歸, 休咎之占, 靡所取定, 雖得文間義說, 大體乖矣. 書曰, 若網在綱, 有條而弗紊. 今綱不正, 欲不紊, 不可得已.

대저 현의 대의는 설시(撲蓍)하는 것을 말한 것인데, 송충은 그 근본 되는 뜻을 잃었고, 휴구(休咎)의[30] 점은 취하여 정한 바가 없으니, 비록 글 사이의 의설(義說)은 얻었지만 대체는 괴리되었다. 『서경(尙書)』「반경(盤庚)」상(上)에서 말하기를 "그물에 벼리가 있는 것과 같이, 조리가 있고 어지럽지 않게 하라"[31]라고 하였다. 지금 벼리가 바르지 않으니 어지럽지 않고자 하나 어쩔 수 없을 뿐이다.

績不敢苟好著作以虛譽也.[32] 庶合道眞, 使玄不爲後世所尤而已.

나(陸績)는 감히 책을 지어서 헛된 명예를 구하는 것을 진실로 좋아하지 않는다. 도진(道眞)에[33] 합하여 『태현경』으로 하여금 후세에 허물되지 않기를 바랄 뿐이다.

昔揚子雲述玄經, 而劉歆觀之, 謂曰, 雄空自苦. 今學經者有祿利, 然尙不能明易, 又如玄何. 吾恐後人用覆醬瓿, 雄笑而不應.

옛날에 양웅이 『태현경』을 저술했는데, 유흠(劉歆)이 보고서 말하기를 "양웅은 헛되이 자신만 수로롭게 하였구나. 요즘 경을 배우는 학자들은 돈이 된다

. . . .

말로도 쓰임.

30 역주 : 길흉, 선악, 화복 등을 의미한다.

31 역주 : 『서경』「盤庚上」, "若網在綱, 有條而弗紊." 참조.

32 劉韶軍 點校 : '以' 아래 『大典』에는 '治'자가 있다.

33 역주 : '道眞'은 주로 道敎에서 참된 진리라는 의미로 사용된다.

해도 오히려 『주역』의 의미조차 밝히지 못하거늘 또 『태현』같은 것은 어떻겠는가? 나는 후세사람들이 그것을 간장 단지를 덮는데 쓸까 걱정이네"라고 말하자, 양웅이 (이 말을 듣고) 웃고 대답하지 않았다"[34]라고 하였다.

雄卒, 大司空王邑, 納言嚴尤聞雄死, 謂桓譚曰, 子嘗稱揚雄書, 豈能傳于後世乎. 譚曰,[35] 必傳. 顧君與譚不及見也.

양웅이 죽자, 대사공(大司空)[36] 왕읍(王邑)이[37] 양웅이 죽었다는 말을 들었다고 엄우(嚴尤)에게[38] 말을 올리자, (엄우는) 환담(桓譚)에게[39] 말하기를 "그대는 일찍이 양웅의 글을 칭찬한 적이 있는데, 어찌 후세에 전해질 수 있겠는가?"라고 물었다. 환담이 말하기를 "반드시 전해질 것입니다. 다만 군주와 저는 보지 못할 뿐입니다"라고 하였다.

班固贊序雄事曰, 凡人貴遠賤近, 親見揚雄祿位容貌不能動人, 故輕其書. 揚子雲之言, 文誼至深, 論不詭于聖人. 若使遭遇時君, 更閱賢智, 爲所稱善, 則必度越諸子矣. 自雄之沒, 至今四十餘年, 其法言大行, 而玄終未顯.

반고(班固)는 양웅의 일을 서문을 써서 찬미하기를, "무릇 사람들은 먼 것을

. . . .

34 역주 : 『한서』 「양웅전하」에 나오는 말이다.
35 劉韶軍 點校 : '子嘗稱'에서 '譚曰' 15 글자는 원래 탈락되어 있는데, 何焯의 校勘 및 『漢書』 「揚雄傳」에 의거하여 보충하였다.
36 역주 : 周代에 六官의 하나로 冬官의 長. 土木 공사를 관장했음.
37 역주 : 王邑(?~23). 전한 말 魏郡 元城 사람. 王商之의 아들. 哀帝 때 成都에 봉해졌다. 왕망이 즉위하자 大司空으로 옮겼고, 隆新公에 봉해졌다.
38 역주 : 嚴尤(?~23). 新莽 때 사람. 왕망이 12장군을 보내 흉노를 공격했을 때 討穢將軍으로 漁陽으로 나갔고, 나중에 武建伯에 봉해졌다. 왕망이 西夷를 정벌하는 것을 비난하였다가 면직되었다. 적병이 일어나자 納言大將軍으로 荊州를 공격하였다. 昆陽에서 패주하다가 劉聖에게 항복하였다.
39 역주 : 桓譚(BC24~56). 후한 초기 沛國 相縣 사람. 자는 君山. 음률을 좋아했고, 거문고에 능했으며, 오경에 밝았다. 古學을 좋아하여 劉歆과 양웅을 따라 의심스럽고 이상한 일들을 변석하는 방법을 배웠고, 속유들을 비판하는 일을 좋아하였다. 문장에도 능하였다. 王莽이 천하를 찬탈했을 때 掌樂大夫를 지냈고, 劉玄 때는 中大夫가 되었다. 저서에 『新論』29편이 있었지만, 지금은 없어졌다.

귀하게 여기고 가까운 것을 천하게 여기는데,[40] 친히 양웅의 녹봉과 작위, 용모가 사람들을 감동시킬 수 없는 것을 봤기 때문에 그 책을 가볍게 여긴 것이다. 양웅의 말은 문의(文誼)가 지극히 깊고, 논한 것이 성인에 어긋나지 않는다. 만약 자신을 알아주는 군주를 만나고 다시 현명하고 지혜로운 자가 살펴보고 좋다는 칭찬을 받았다면, 풍도(風度)는 반드시 제자백가를 뛰어넘었을 것이다. 양웅이 죽은 지 지금 40여년이 되었는데 그의 『법언』은 크게 유행하지만, 『태현』은 끝내 아직까지 드러나지 않았다"[41]라고 하였다.

又張平子與崔子玉書曰, 乃者以朝賀明日披讀太玄經,[42] 知子雲特極陰陽之數也. 以其滿汎故, 故時人不能務此, 非特傳記之屬, 心實與五經擬. 漢家得二百歲卒乎. 所以作興者之數[43]其道必顯, 一代當然之符也. 玄四百世其興乎. 竭己精思以揆其義, 更使人難論陰陽之事. 足下累世窮道極微, 子孫必命世不絶. 且幅寫一通, 藏之以待能者.[44]

또 장평자(張平子=張衡)가[45] 최자옥(崔子玉=崔瑗)에게[46] 준 편지에서 말하기를[47]"(내가) 이전에 조정에 나아가 임금에게 하례하고 다음날 『태현경』을 죽

- - - - - - - - - - - - - - - - - -

40 역주 : 曹丕, 「論文」, "楊班儔也, 常人貴遠賤近, 向聲背實, 又患瘖於自見." 참조.
41 역주 : 『한서』「양웅전하」 참조.
42 劉韶軍 點校 : '賀'는 원래 '駕'로 되어 있다. 盧文弨의 『太玄校正』 및 『張衡集』에 의거하여 고쳤다.
43 劉韶軍 點校 : 盧文弨의 『太玄校正』에서는 "興은 의심컨대 衍文이다"라고 하였다.
44 劉韶軍 點校 : 이 단의 말은 張衡의 말로서, 王先謙이 『後漢書集解』에서 『張衡集』을 인용한 것에 나타나는데 문자는 기본적으로 서로 같다. 그러나 『후한서』「張衡傳」의 기록과는 자못 다르다. 지금 기록하여 대조하는 자료로 삼는다. 「(衡)謂崔瑗曰, 吾觀太玄, 方知子雲妙極道數, 乃與五經相擬, 非徒傳記之屬, 使人難論陰陽之事, 漢家得天下二百歲之書也. 復二百歲殆將終乎. 所以作者之數必顯, 一世常然之符也. 漢四百歲玄其興矣.」
45 역주 : 張衡(78~139). 자는 平子, 동한의 위대한 천문학자, 문장가, 수학가, 발명가, 지리학자, 制圖學家, 문장가, 학자. 사부의 대표작으로 「西京賦」, 「東京賦」, 「(都賦」를 꼽을 수 있다.
46 역주 : 崔瑗(77~142). 字는 子玉, 東漢시대 서예가, 정치가. 草書의 집대성자로 젊어서 侍中 賈逵에게 배웠고, 馬融, 張衡과 교유했다. 스승 杜操와 더불어 '崔杜' 혹은 '草聖'으로 일컬어진다. 『草書勢』, 『篆書勢』가 있다.
47 역주 : 이 내용은 『후한서』「張衡列傳」에 나온다. 전후 문장은 다음과 같다. "張衡

훑어보니, 양웅이 특히 음양의 수를 다했음을 알았다. 그 오만이 넘쳐흘렀기 때문에 그 시대 사람들이 『태현경』에 힘쓰지 않았는데, 『태현경』은 다만 전기에 속하는 것이 아니고, 내심으로는 실제로 오경(五經)을 모의(模擬)한 것이다. 한나라는 이백년을 (유지하는 세월을) 얻고 끝나는 것인가! 흥함을 일으키는 자가 그 도가 반드시 드러날 것이라고 생각한 이유는, 한 시대의 당연한 부신(符信)이기 때문이다. 『태현경』은 사백세에 아마도 흥할 것이다. 양웅은 자기를 다하고 생각을 정밀함으로써 그 뜻을 헤아려 다시 사람들로 하여금 음양의 일을 논난(論難)하게 하였다. 족하(足下)는 여러 해 동안 도를 궁구하고 기미를 연구했으니, 자손은 반드시 세세로 유명하고 끊어지지 않을 것이다. 우선 한통을 써서 보관하고 능한 자를 기다려라"라고 하였다.

績論數君所云, 知揚子雲太玄無疆也. 歆云經將覆沒, 猶法言而今顯揚, 歆之慮事于是爲漏.[48] 固曰法言大行而太終未顯, 固雖云終不必其廢, 有愈于歆. 譚云必傳, 顧譚與君不及見也,[49] 而玄果傳, 譚所思過固遠矣. 平子云漢之四百其興乎, 漢元至今四百年矣, 其道大顯, 處期甚劾, 厥迹速, 其最復優乎.[50]

내가 몇몇 친구들이 말한 것을 논하니 양웅의 『태현경』이 끝이 없음을 알았다. 유흠이 말하길 "『태현경』은 장차 없어질 것이다"라고 했는데, 오히려 『법언』은 지금 칭송되니, 유흠의 일에 대한 사려는 여기에서 허점을 드러냈다. 반고(班固)가 말하기를 "『법언』은 크게 유행하는데, 『태현경』은 끝내 아직 드러나지 않았다"라고 하였는데, 반고가 비록 『태현경』이 끝내 반드시 버려지지 않을

字平子, 南陽西鄂人也 … 衡善機巧, 尤致思於天文陰陽曆算. 常耽好玄經, 謂崔瑗曰, 吾觀太玄, 方知子雲妙極道數, 乃與五經相擬, 非徒傳記之屬, 使人難論陰陽之事, 漢家得天下二百歲之書也. 復二百歲, 殆將終乎. 所以作者之數, 必顯一世, 常然之符也. 漢四百歲, 玄其興矣."

48 劉韶軍 點校 : '事'는 원래 '尋'으로 되어 있다. 『大典』에 의거하여 고쳤다.
49 劉韶軍 點校 : '及'은 원래 탈락되어 있는데, 윗 문장에서 인용한 『한서』 「양웅전」에 의거해 보충하였다.
50 劉韶軍 點校 : 盧文弨의 『太玄校正』에서는 "復은 연문이다. 혹은 마땅히 速자 위에 있어야 한다"라고 하였다.

것이라 했더라도 유흠보다 나음이 있다. 환담은 "반드시 전해질 것인데, 다만 저와 군주께서 보지 못할 뿐이다"라고 했고,『태현경』은 과연 전해졌으니, 환담이 생각한 것은 반고보다 훨씬 낫다. 장평자가 말하기를 "『태현경』은 한나라 4백년에 아마도 흥할 것인가 하노라!"라고 했는데, 한나라는 오늘에 이르기까지 4백년이 되었는데,『태현경』의 도가 크게 드러났고, 기약한 때가 된 것이 심히 효험이 있고, 그 흔적도 빠르니, 아마도 가장 뛰어난 것인 듯하다.

且以歆曆譜之隱奧, 班固漢書之淵弘, 桓譚新論之深遠, 尚不能鏡造玄經廢興之數, 況夫王邑, 嚴尤之倫乎.

또한 유흠이 지은 『역보(曆譜)』의 은미하고 심오함과 반고가 지은 『한서』의 깊고 넓음과 환담이 지은 『신론(新論)』의 깊고 원대함도 오히려 『태현경』의 흥하고 폐하는 수(數)를 본받아 나아갈 수 없었는데, 하물며 왕읍(王邑)이나 엄우(嚴尤)의 무리들은 말할 필요도 없다.

覽平子書令子玉深藏以待能者, 子玉爲世大儒, 平子嫌不能理, 但令深藏, 益明玄經之爲神妙.[51] 雖平子焯亮其道, 處其熾興之期, 人之材意相倍如此. 雄解難曰,[52] 師廣之調鍾, 俟知音之在後, 孔子作春秋, 冀君子之將睹,[53] 信哉斯言, 於是乎驗.

장평자가 최자옥에게 보낸 편지에서 최자옥으로 하여금 "깊이 보관하고 능한 자를 기다리라"라고 한 것을 보니, 최자옥은 세상의 대유(大儒)지만 장평자는 (최자옥이 『태현경』을 제대로)이해하지 못할 것을 혐의하여 다만 깊이 보관하라고 했으니, 더욱 『태현경』이 신묘하다는 것을 밝혀준다. 비록 장평자가 『태현경』의 도를 환하게 밝히고, 그것이 성하게 흥하는 시기에 처할 것이라고

----

51 劉韶軍 點校 : '神妙'는 원래 '乎驗'으로 되어 있다. 대전본에 의거해 고쳤다. '乎驗'
   은 대개 아래 문장의 '於是乎驗'과 관련되어 있으니 잘못된 것이다.
52 劉韶軍 點校 : '解'는 원래 빠져 있다. 盧文弨 의 『太玄校正』 및 「양웅전」에 의거해
   보충하였다.
53 劉韶軍 點校 : 『한서』「양웅전」에는 '冀'가 '幾'로 되어 있고, '將'은 '前'으로 되어
   있다. 顔師古는 "幾는 冀로 읽어야 한다"라고 한다.

했다 하더라도, 인간의 재능과 뜻이 서로 차이가 나는 것이 이와 같다. 양웅은
『해난(解難)』에서[54] 말하기를 "사광(師曠)이[55] 종소리를 조율하고 뒤에 음을
아는 자를 기다렸고, 공자가 『춘추』를 짓고 군자가 장차 볼 것을 기약하였다"
라고 했는데, 이 말은 믿을 만하니, 이에 징험하노라.

雄受氣純和, 韜眞含道, 通敏叡達, 鉤深致遠, 建立玄經, 與聖人同趣.
雖周公繇大易, 孔子修春秋, 不能是過. 論其所述, 終年不能盡其美
也. 考之古今, 宜曰聖人.

양웅은 받은 기가 순수하고 온화하고, 참된 것을 감추고 도를 머금고, 사리에
통해 총명하고, 사리에 밝아 통달하고, 깊은 이치를 탐구하고 심원한 경지를
이루어[56] 『태현경』을 건립하니 성인과 같은 취지였다. 비록 주공(周公)이 『대
역(大易)』에다 판단하는 수사(修辭)를 붙였고, 공자가 『춘추』를 저술해 혼란
한 세상을 다스렸지만 이것을 넘어설 수 없다.[57] 그 서술한 것을 논하면 한
해를 다해도 그 아름다운 것을 다 표현할 수 없다. 옛날과 오늘날에 상고해보
면 성인이라고 해야 마땅하다.

昔孔子在衰周之時, 不見深識, 或遭困苦, 謂之佞人, 列國智士, 稱之達
者, 不曰聖人. 唯弟子中言其聖耳. 逮至孟軻, 孫卿之徒及漢世賢人君
子, 咸幷服德歸美, 謂之聖人, 用春秋以爲王法, 故遂隆崇, 莫有非毀.

옛날에 공자는 주나라가 쇠약한 때에 살아서 깊이 알려지지 못하였고, 어떤
경우에는 곤고함을 당하기도 하고, 말만 잘하는 사람이라고 평가받기도 했는
데, 열국의 지혜로운 선비들도 통달한 자라고 일컬었지 성인이라고 말하지는

---

54 역주 : 『한서』「양웅전하」, "雄以爲經莫大於易, 故作太玄. 客有難玄太深, 衆人之不
好也. 雄解之, 號解難." 참조.
55 역주 : 師曠(?~?). 춘추 시대 晉나라 사람. 자는 子野다. 晉平公 때 樂師를 지냈다.
전하는 말로 태어날 때부터 장님이었는데, 音律을 잘 판별했고 소리로 吉凶까지
점쳤다고 한다.
56 역주 : 『주역』「繫辭上傳」11장, "探賾索隱, 鉤深致遠."에 나오는 말이다.
57 역주 : 이와 유사한 말이 葛洪, 『抱朴子』(外篇 권43)「喩蔽」 "(抱朴子曰) 若周公旣
繇大易, 加之以禮樂, 仲尼作春秋, 而重之以十篇."에 나온다.

않았다. 오직 제자 중에서 그가 성인(聖人)이라고 말했을 뿐이다. 맹가(孟軻=孟子)와 손경(孫卿)의[58] 무리 및 한대의 현인과 군자가 모두 공자의 덕에 감복하고 찬미하여 성인이라고 일컬었고, 『춘추』를 사용하여 왕법(王法)을 만들었기 때문에 끝내 높이 숭상하고 훼손됨이 있지 않았다.

揚子雲亦生衰亂之世, 雖不見用, 智者識焉. 桓譚謂之絶倫,[59] 稱曰聖人. 其事與孔子相似, 又述玄經. 平子處其將興之期, 果如其言. 若玄道不應天合神, 平子無以知其行數. 若平子瞀言, 期應不宜効驗如合符契也. 作而應天, 非聖如何.

양웅 또한 쇠미하고 혼란한 시대에 태어나 비록 세상에 쓰임이 되지는 못했지만 지혜로운 자는 알아보았다. 환담은 "무리에서 뛰어났다"라 말하고 성인이라고 칭하였다. 양웅이 한 일은 공자와 서로 비슷하고, 또 『태현경』을 저술하였다. 장평자가 장차 흥하는 시기에 처할 것이라고 하니, 과연 그 말과 같았다. 만약 현도가 하늘에 응하고 신에 합치되지 않았다면, 장평자는 그 운행의 도수를 알 수가 없었을 것이다. 만약 장평자가 근거가 없는 말을 하였다면, 기약하고 응한 것이 효험에 마땅하지 않은 것이 부절에 합한 것과 같다. 책을 지어 하늘에 응했으니, 성인이 아니면 어떻게 그러하였겠는가?

昔詩稱母氏聖善, 多方曰, 惟聖罔念作狂, 惟狂克念作聖, 洪範曰, 叡作聖, 孟軻謂柳下惠作聖人. 由是言之, 人之受性聰明純淑, 無所繫輓, 順天道, 履仁誼, 因可謂之聖人, 何常之有乎.

옛날 『시경』 「국풍(國風)·개풍(凱風)」에서는 "어머니는 성스럽고 착하시다"[60]라고 했고, 『서경』 「다방(多方)」에서는 "성인도 도를 늘 생각하지 않으면 끝내

. . . .

58 역주 : 孫卿은 荀子. 순자의 이름은 況이고 荀卿 또는 孫卿이라고 불렀다. 당시 사람들이 존경하여 '卿'자를 붙였다고 한다. 여러 곳에서 '孫卿子'라고 했는데 이는 漢 宣帝의 '詢'을 피한 것이다. 孫卿으로 쓴 것은 이것은 '荀'과 '孫'의 옛소리[古音]가 서로 통했기 때문이라고 하는 설도 있다.

59 劉韶軍 點校 : '謂'는 원래 없다. 盧文弨 의 『太玄校正』에 의거해 보충하였다.

60 역주 : 『시경』 「國風·凱風」, "凱風自南, 吹彼棘薪. 母氏聖善, 我無令人." 참조.

미친 사람 같은 행동을 한다. 미친 사람일지라도 생각할 줄 알면 성인이 될 수 있다"라고 했고, 『서경』 「홍범(洪範)」에서는 "예지(叡智)가 성인을 만든다"라고 했고, 맹가(=맹자)는 말하기를 "유하혜(柳下惠)는[61] 성인이 되었다"[62]라고 하였다. 이로 말미암아 말하건대, 인간이 (하늘로부터) 성(性)을 받은 것이 총명하고 순수하고 맑고, 얽매이거나 거리끼는 바가 없어, 천도를 따르고 인의(仁誼)를 실천하면 그것에 인하여 성인이라고 할 수 있는 것이지, 어찌 항상된 것이 있겠는가?

世不達聖賢之數, 謂聖人如鬼神而非人類, 豈不遠哉. 凡人賤近而貴遠, 聞績所云, 其笑必矣, 冀値識者, 有以察焉.
세상에 성현의 수(數)에 통달하지 못하고, 성인은 귀신같고 인류가 아니라고 하면, 어찌 사실과 멀지 않겠는가? 무릇 사람들은 가까운 것을 천히 여기고 먼 것을 귀하게 여기니, 내가 말한 것을 들으면 반드시 웃을 것이다. (자신을) 알아주는 자를 만나기를 바라는 자는 살피는 것이 있어야 한다.

錄自明萬玉堂刊范望大玄解贊本.
명 만옥당에서 간행한 범망의 『태현해찬』 본에서 베끼다.

. . . .

61 역주 : 柳下惠(기원전 720~기원전 621). 展氏, 명은 獲, 자는 禽, 춘추시기 魯人, 魯孝公의 자식 公子展의 후예. '류하'는 그의 食邑, '惠'는 그의 諡號. 이 때문에 후인은 그를 '柳下惠'라고 칭하였다. 어떤 때는 '柳下季'라고 칭한다.
62 역주 : 『맹자』 「만장장하」, "柳下惠, 聖之和者也. 孔子, 聖之時者也." 참조. 유하혜는 '和聖'의 일컬음이 있다.

▌진(晉) 범망(范望)

贊曰, 揚子雲處前漢之末, 值王莽用事, 身縶亂世, 遜退無由, 是以朝
隱, 官爵不徙. 昔者文王屈抑而繫易, 仲尼當衰周而述春秋, 爲一代之
法, 以彰聖人之符. 子雲志不申顯, 於是覃思, 耦易著玄.

『태현해찬』에서 말하기를, 양웅은 전한(前漢)의 말기에 처하여, 왕망(王莽)이
제 멋대로 정치를 하는 것을 만나, 몸이 난세에 매였지만 몸을 낮추고 물러날
핑계가 없었다. 이 때문에 조정에서 은거하고[63] 관작(官爵)을 사직(辭職)하지
않았다. 옛날에 주나라 문왕은 (은나라 紂 임금에게) 억류당하자 『주역』에
말을 붙였고,[64] 공자는 주나라가 쇠약함에 당하여 『춘추』를 저술하여 한 시대
의 법을 삼아[65] 성인의 부신(符信)을 드러냈다. 양웅은 뜻을 펼쳐 드러내지

⋯⋯⋯⋯⋯⋯⋯⋯⋯

63 역주 : '朝隱'은 조정에서 벼슬하지만 마음은 淡泊恬退하여 은둔한 것과 다름이 없
    다는 의미로 사용된다. 양웅 『법언』「淵騫」, "或問, 柳下惠 非朝隱者與.", 『후한서』
    「張衡傳」, "庶前訓之可鑽, 聊朝隱乎柱史." 참조.
64 역주 : 이것은 문왕이 西伯으로 있다가 紂에 의해 羑里에 유배당한 것을 말한 것인
    데, 이것과 관련해 『주역』「계사전하」11장에는 "易之興也, 其當殷之末世, 周之盛
    德耶. 當文王與紂之事耶. 是故其辭危. 危者使平, 易者使傾, 其道甚大, 百物不廢,
    懼以終始, 其要無咎, 此之謂易之道也."라는 말이 나온다.
65 역주 : 이것과 관련해 『맹자』「등문공하」, "世衰道微, 邪說暴行有作, 臣弑其君者有
    之, 子弑其父者有之. 孔子懼作春秋. 春秋, 天子之事也. 是故孔子曰, 知我者其惟春
    秋乎, 罪我者其惟春秋乎 ⋯ 孔子成春秋而亂臣賊子懼." 참조.

못하자, 이에 깊이 생각하여 『주역』에 비의하여 『태현경』을 저술하였다.

其道以陰陽爲本, 比於庖羲之作, 事異道同, 福順禍逆, 無有主名. 桓
譚謂之絶倫, 張衡以擬五經, 非諸子之疇也.
『태현경』의 도는 음양으로 근본을 삼으니, 포희(庖羲)가 지은 것에[66] 비교하
면, 일은 다르지만 도는 같고, 따르는 것은 복을 주고 거스른 것은 화(禍)를
주어, 주로 한 이름은 있지 않았다. 환담(桓譚)은 "무리에서 뛰어났다"라 말하
고 장형(張衡)은 (『태현경』을 유가 경전인) 오경에 비의하여, 제자백가의 무리
가 아니라고 하였다.

自侯芭受業之後, 希有相傳受者. 乃到建安年中, 故五業主事章陵宋
衷, 鬱林太守吳郡陸績各以淵通之才, 窮核道眞, 爲十篇解釋, 足以根
其祕奧, 無遺滯者已. 然本經三卷, 雖有章句, 辭尙婉妙, 並宜訓解.
후파(侯芭)가 양웅에게 수업한 이후로부터는 서로 전수 받은 자가 드물었다.
이에 건안(建安)[67]년간에 이르러 옛날 오업주사(五業主事) 장릉(章陵)의 송충
(宋衷), 울림태수(鬱林太守) 오군(吳郡)의 육적(陸績)이 각각 해박하고 통달한
재주로 도진(道眞)의 핵심을 궁구하여 십 편 해석을 지었는데, 그것이 감춘
핵심을 근거로 할 수 있어 빠지고 막힌 것이 없었다. 그러나 『태현경』 본경(本
經) 삼권은 비록 장구가 있더라도, 말은 오히려 미묘하니 아울러 훈해(訓解)해
야 마땅하다.

且此書也淹廢歷久, 傳寫文字, 或有脫謬. 宋君創之於前, 鬱林釋之於
後, 二注幷集, 或相錯雜, 或相理致, 文字猥重, 頗爲繁多, 於敎者勞,

---

66 역주 : 『주역』 「계사전하」 2장, "古者包犧氏之王天下也, 仰則觀象於天, 俯則觀法於
地, 觀鳥獸之文與地之宜, 近取諸身, 遠取諸物, 於是始作八卦, 以通神明之德, 以類
萬物之情." 참조.
67 역주 : 建安은 후한 獻帝의 세 번째 연호이다. 196년에서 220년 3월까지 24년 3개
월 동안 사용하였다. 그러나 漢中王 劉備는 다음 연호인 延康 및 魏의 정통성을
인정하지 않았기 때문에 221년까지 건안 연호를 계속 사용하였다.

於誦者勌.

또 이 책도 오랫동안 버려진 상태로 지낸 세월이 오래되어, 옮겨 쓴 문자에 혹 탈락과 잘못이 있었다. 송충이 앞에서 개창하고, 울림(=육적)이 뒤에서 해석하였는데, 두 가지 주석을 아울러 모아보니, 어떤 것은 서로 섞여 잡다하고, 어떤 것은 서로 이치가 일치하는 등, 문자가 뒤섞이고 중복되어 매우 번다하니, 가르치는 자는 수고롭고, 외우는 자는 싫증을 내었다.

望以闇固, 學不博識, 昔在吳朝, 校書臺觀, 後轉爲郎, 譬講歷年, 得因二君已成之業, 爲作義注四萬餘言, 寫在觀閣, 亡其本末.

내(=범망)가 어둡고 고루하고 배운 것이 박식하지 않지만, 옛날에 오(吳)의 조정에 있을 때, 대관에서 교서관으로 있다가, 후에 전보되어 교서랑(校書郎)이[68] 되자 여러 해 동안 대조하여 바로잡고 강론하여, 이미 두 사람(=송충과 육적)이 이룬 업적을 바탕으로 얻은 것을 의주(義注) 4만 여언을 지어 필사하여 관각(觀閣)에 놓았는데, 그 본말은 잃어버렸다.

今更通率爲注, 因陸君爲本, 錄宋所長, 捐除其短, 幷首一卷本經之上, 散測一卷注文之中, 訓理其義, 以測爲據, 合爲十卷, 十萬餘言,

지금 다시 대범하고 거칠게 주를 만드니, 육적의 것을 근본으로 삼고, 송충의 좋은 점을 채록하여 그 단점을 덜어 제거하여, 수(首) 1권을 본경(本經) 위에 아우르고, 측(測) 1권을 주석의 문장 가운데 흩어 놓고, 그 의(義)를 이치에 따라 풀이하고 측으로 근거를 삼으니, 합하여 10권 10만 여언이 되었다.

意思褊淺, 猶懼不能發暢揚氏幽微之旨, 裨闇後學未覺也.

마음먹은 생각이 좁고 얕아서, 오히려 양웅의 은미한 뜻을 펴서 드러낼 수 없을까 두렵지만, 후학이 아직 깨닫지 못한 것을 계발시키는데 도움은 주고자 한다.

. . . .

68 역주 : 동한시대에 學士를 徵召하여 蘭台 혹은 東觀宮中 藏書處에서 典籍을 校勘하는 직무를 맡은 벼슬아치인 郎中을 校書郎中이라 한다. 줄여서 校書郎이라고 한다.

錄自明萬玉堂刊范望太玄解贊本

명 만옥당에서 간행한 범망『태현해찬』본에서 베끼다.

설현說玄

▌ 당(唐) 왕애(王涯)

명종(明宗) 1

玄之大旨可知矣,[69] 其微顯闡幽, 觀象察法, 探吉凶之朕, 見天地之心,
同夫易也.

현의 대지(大旨)는 알 수 있으니, 그 은미한 것은 드러내고 깊은 이치를 천명
하며[70], 우러러서는 하늘에서 상을 보고 굽어서는 땅에서 법을 살피고,[71] 길흉
의 조짐을 탐색하고 천지의 마음을 보는 것은[72] 『주역』과 같다.

是故八十一首, 擬乎卦者也. 九贊之位, 類夫爻者也. 易以八八爲數,
其卦六十有四. 玄以九九爲數, 故其首八十有一. 易之占也以變, 而玄
之筮也以逢, 是故數有陰陽, 而時有晝夜, 首有經緯, 而占有旦夕. 參
而得之謂之逢, 考乎其辭, 驗乎其數, 則玄之情得矣.

....
69 劉韶軍 點校 : ‘大’는 원래 ‘太’로 되어 있다. 盧文弨의 『太玄校正』에 의거해 고쳤다.
70 역주 : 『주역』 「계사전하」 6장, “夫易彰往而察來, 而微顯闡幽.” 참조.
71 역주 : 『주역』 「계사전하」 2장, “古者包羲氏之王天下也, 仰則觀象於天, 俯則觀法於
   地.” 참조.
72 역주 : 『주역』 「복괘」, “反復其道, 七日來復, 天行也. 利有攸往, 剛長也. 復其見天
   地之心乎.” 참조.

이 때문에 (『태현경』의) 81 수(首)는 (『주역』의) 64 괘(卦)를 본뜬 것이다. (『태현경』의) 9찬(九贊)의 지위는 (『주역』의) 효(爻)와 비슷하다. 『주역』은 8×8 (=64괘)로 수(數)를 삼으니 그 괘는 64다. 『태현경』은 9×9(=81)로 수(數)를 삼기 때문에 그 수(首)는 81이다. 『주역』의 점(占)은 (음양이) 변하는 것[變]으로써 하는데 『태현경』의 서(筮)는 때에 만나는 것[逢]으로써 한다. 그러므로 수(數)에는 음과 양이 있고, 시(時)에는 주와 야가 있으며, 수(首)에는 경과 위가 있고, 점에는, 조와 석이 있다. 3을 곱하여 얻은 것을 봉(逢)이라고 하니, 그 말을 고찰하고 그 수를 징험하면 『태현경』의 실정을 얻을 것이다.

或曰, 玄之辭也有九, 玄之位也有四, 何謂也.
어떤 이는 말하기를 현의 사(辭)에도 9가 있고, 현의 위(位)에도 4가 있다는 말은 무슨 말인가? 하였다.

曰, 觀乎四位, 以辯其性也. 推以柔剛, 贊之辭也. 別以否臧, 是故四位成列, 性在其中矣. 九虛旁通, 情在其中矣.
내가 말하기를, 4위(四位)를 보는 것으로써 그 성(性)을 분변한다. 강유(剛柔)로써 미루는 것은 찬(贊)의 사(辭)이다. 나쁘고 좋은 것으로써 구별하니, 이 때문에 4위가 열(列)을 이루니, 성(性)이 그 가운데에 있다. 9허(九虛)가 두루 통하니, 실정은 그 가운데에 있다.

譬諸天道, 寒暑運焉, 晦明遷焉, 合而連之者易也, 分而著之者玄也. 四位之次, 曰方曰州曰部曰家. 最上爲方, 順而數之至于家. 家一一而轉, 而有八十一家. 部三三而轉, 故有二十七部. 州九九而轉, 故有九州. 一方二十七首而轉, 故三方而有八十一首.[73] 三方之變, 歸乎一者也. 一謂一玄也.[74] 是故以一生三, 以三生九, 以九生二十七, 以二十七

73 劉韶軍 點校 : 이 구는 원래 '故有三方'으로 되어 있다. 盧文弨 의 『太玄校正』 및 郝梁本에 의거해 삭제하고 보충하였다.
74 劉韶軍 點校 : 盧文弨의 『太玄校正』에서 '一玄'의 '一'字는 衍文이라고 한다.

生八十一, 三相生, 玄之數也.

천도에 비유하면, 춥고 더운 것이 운행하고, 어둡고 밝은 것이 옮겨가니, 합하여 연결한 것이 『주역』이요, 나누어 드러난 것이 『태현경』이다. 4위(位)의 차례는 방(方), 주(州), 부(部), 가(家)다. 최상이 방이고, 순차적으로 셈하여 가(家)에 이른다. 가(家)는 하나하나 전변하니, 81가(家)가 있다. 부(部)는 3×3하여 전변한다. 그러므로 27부가 있다. 주(州)는 9×9하여 전변한다. 그러므로 9주가 있다. 1방(一方)은 27 수(首)로서 전변한다. 그러므로 3방으로 81 수(首)가 있다. 3방(三方)의 변화는 1(一, 즉 一玄)에 돌아간다. 일(一)은 1현(一玄)을 말한다. 이 때문에 1로써 3을 생하고, 3으로써 9를 생하고, 9로써 27을 생하고, 27로써 81을 생하니, 3이 서로 생하는 것이 현의 수이다.

三長 直亮切 者, 七八九得一二三 揲法備, 一爲天, 二爲地, 三爲人. 其數周而復始於八十一首, 故爲二百四十三表也.[75] 一首九贊, 故有七百二十九贊. 其外踦贏二贊, 以備一儀之月數.

3이 자라났다는 직(直)과 량(亮)의 반절이다. 것은, 7과 8과 9가 1과 2와 3을 얻어, 설법(揲法)이 갖추어진다. 1은 천(天)이 되고, 2는 지(地)가 되고, 3은 인(人)이 된다. 그 수(數)는 두루 돌아 다시 81 수(首)에서 시작한다. 그러므로 243표(表)가 된다. 1수(一首)는 9찬(九贊)이다. 그러므로 729찬이 있다. 그 밖은 기(踦), 영(贏) 2찬(二贊)이 있음으로써 1의(一儀)의 월수(月數)를 갖춘다.

立天之道有始中終, 因而三之, 故有始始, 始中, 始終及中始, 中中, 中終及終始, 終中, 終終. 立地之道有下, 中, 上, 立人之道有思, 福, 禍,

하늘의 도를 세우는 것에는 시(始), 중(中), 종(終)이 있고, 그것을 인하여 3배한다. 그러므로 시시(始始), 시중(始中), 시종(始終) 및 중시(中始), 중중(中中), 중종(中終) 및 종시(終始), 종중(終中), 종종(終終)이 있다. 땅의 도를 세우는 것에는 하(下), 중(中), 상(上)이 있고, 사람의 도를 세우는 것에는 사(思), 복(福), 화(禍)가 있다.

· · · · · · · · · · · · · · · · · ·

75 劉韶軍 點校 : '三'은 원래 '二'로 되어 있다. 郝梁本 및 文意에 의거해 고쳤다.

三三相乘, 猶終始也. 以立九贊之位, 以窮天地之數, 以配三統之元.[76]
故玄之首也始于中. 中之始也在乎一. 一之所配, 自天元甲子朔旦冬
至推一晝一夜, 終而復始, 每二贊一日, 凡七百二十九贊而周爲三百
六十五日半,[77] 節候, 鐘律, 日運, 斗指於五行所配咸列著焉,[78] 以應休
咎之占, 說陰陽之數.

3×3하여 서로 곱하는 것은 종(終)과 시(始)와 같다. 그것으로써 9찬의 위(位)
를 세우고, 천지의 수(數)를 궁구하고, 3통(三通)의 원(元)을 짝한다. 그러므로
현의 수(首)도 중수(中首)에서 시작한다. 중수(中首)의 시작도 1에 있다. 1이
짝한 것은, 천원(天元) 갑자(甲子) 삭단(朔旦) 동지에서부터 1주1야(一晝一夜)
를 미루어 끝났다가 다시 시작하고, 매번 2찬(二贊) 1일(一日)은 무릇 729찬으
로서, 한번 두루 돌아 3651 반이 되고, 절후(節候), 종율(鐘律), 일운(日運), 두
지(斗指)가 5행이 짝한 모든 열에서 드러남으로써 휴(休)와 구(咎)의 점에 응
하니, 음양의 수를 말한다.

故不觀於玄者, 不可以知天, 不窮渾天之統, 不可以知人事之紀. 故善
言玄者之於天人變化之際, 其昭昭焉. 故倀倀而行者, 不避川谷, 瞶瞶
而聽者, 不聞雷霆. 其所不至于顚殞者, 幸也, 非正命也.

그러므로 『태현경』을 보지 않은 자는 천을 알 수 없고, 혼천(渾天)의 계통을
다할 수 없고, 인사의 실마리를 알 수 없다. 그러므로 천인(天人)이 변화하는
즈음에서 현을 잘 말한 자는 그것이 밝게 드러난다. 그러므로 갈 길을 잃고
갈팡질팡 길을 가는 자는 험난한 산곡을 피하지 않고 가고, 배내 귀머거리처럼
외외(瞶瞶)하면서 듣는 자는 우레와 벼락소리를 듣지 못한다. 그런 행동이 넘
어지거나 추락하는 데에 이르지 않는 것은 다행스런 것이지, 바른 명은 아니
다.[79]

· · · · · · · · · · · · · · · · · · ·
76 劉韶軍 點校 : '統'은 원래 '流'로 되어 있다. 郝梁本에 의거해 고쳤다.
77 劉韶軍 點校 : '半'은 원래 빠져 있다. 郝梁本에 의거해 고쳤다.
78 劉韶軍 點校 : '律日運'은 원래 '津生踵'으로 되어 있다. 郝梁本에 의거해 고쳤다.
   '於'는 마땅히 '輿'로 읽고 써야 한다.
79 역주 : 『맹자』「진심장상」, "孟子曰 : "莫非命也, 順受其正. 是故知命者不立乎岩墙

夫玄深矣廣矣遠矣大矣, 而師讀不傳者何耶. 義不明而例不立故也.
夫言有類而事有宗. 有宗, 故可得而擧也. 有類, 故可得而推也. 故不
得於文, 必求於數, 不得於數, 必求於象, 不得於象, 必求於心. 夫然故
神理不遺, 而賢哲之情可見矣.

대저 현은 깊고 넓고 멀고 큰데, 스승이 구두(句讀)한 것이 전해지지 않은 것
은 무엇 때문인가? 의미가 분명하지 않고 사례가 서지 않았기 때문이다. 대저
말에는 부류가 있고, 일에는 종주로 삼는 것이 있다. 종주가 있기 때문에 들
수 있다. 부류가 있기 때문에 얻어 미룰 수 있다. 그러므로 문(文)에서 얻지
못하면 반드시 수(數)에서 구해야 하고, 수에서 얻지 못하면 반드시 상(象)에
서 구해야 하며, 상에서 구하지 못하면 반드시 마음에서 구해야 한다. 대저
이러한 까닭으로 신비한 이치는 빠트리는 것이 없어[80] 현철(賢哲)의 실정을
볼 수 있는 것이다.

自揚子雲研機榛數, 創制玄經, 唯鉅鹿侯芭子常親承雄學. 然其精微
獨得, 章句不傳, 而當世俗儒拘守所聞, 迷忽道眞, 莫知其說, 遂令斯
文幽而不光, 鬱而不宣, 微言不顯, 師法殆絶, 道之難行也若是.

양웅이 핵심을 궁구하고 수를 다하여 『태현경』을 창제한 것에서부터 오직 거
록(鉅鹿)에 사는 후파자상(侯芭子常)이[81] 친히 양웅의 학을 이었다. 그러나 그

· · · · · · · · · · · · · · · · · ·

80 역주 : 『중용』16장에서는 "鬼神之爲德, 其盛矣乎. 視之而弗見, 聽之而弗聞, 體物
而不可遺." 라 하여 귀신의 體物不遺를 말한다.

81 역주 : 侯芭의 또 다른 이름은 侯輔다. 西漢 巨鹿人이다. 자는 鋪子, 子常이다. 王
充의 『論衡』「案書篇」에는 "子雲作太玄, 侯鋪子隨而宣之." 라는 말이 나온다. 唐
의 王涯는 『說玄』에서 "鉅鹿侯芭子常"이라고 한다. 그렇다면 侯芭는 자가 또 子常
이다. 이것으로 미루어보면 「揚雄傳」에서 "鉅鹿侯芭常從雄居"라고 할 때 "常"字
위에 "子"字가 탈락 된 것을 알 수 있다. 후파가 양웅을 섬긴 것에 대해 『한서』
「양웅전」에 다음과 같은 내용이 실려 있다. "雄家素貧, 耆酒, 人希至其門. 時有好
事者載酒肴從遊學, 而鉅鹿侯芭常從雄居, 受其太玄法言焉. 雄年七十一, 天鳳五年
卒, 侯芭爲起墳, 喪之三年."

정미한 것을 홀로 얻었지만 장구가 전해지지 않고, 당시 속된 유학자들은 들은 것에 구애되어 도진道眞을 미혹하고 홀시하여 그 설을 알 수 없어, 마침내 이 문장으로 하여금 어둡고 빛나지 않고, 막혀 펴지지 않게 하여, 미언(微言)은 드러나지 않고 사법(師法)은 거의 끊어졌으니, 도가 어렵게 해해지는 것이 이와 같다.

上下千餘載, 其間達者不過數人, 若汝南桓譚君山, 南陽張衡平子, 皆名世獨立, 拔乎羣倫, 探其精必,[82] 謂其不廢. 厥後章陵宋衷始作解詁, 吳郡陸績釋而正之, 於是後代學徒得聞知其旨, 而玄體散剝, 難究其詳.
위아래로 천여 년 사이에 통달한 자는 몇 사람에 지나지 않으니, 여남(汝南)에 사는 환담(桓譚) 군산(君山),[83] 남양(南陽)에 사는 장형(張衡) 평자(平子)는[84] 모두 세상에 홀로 이름을 날리고 뭇 무리들에서 빼어나서, 『태현경』의 정미한 것을 탐색하고 『태현경』은 폐하지 않을 것이라 말하였다. 그 후 장릉(章陵)에 사는 송충(宋衷)이 처음 『해고(解詁)』를 지었고, 오군(吳郡)에 사는 육적(陸績)이 풀어서 바로 잡으니, 이에 후대에 배우는 무리들이 그 뜻을 얻어들을 수 있었지만, 현의 체제가 흩어지고 빠져서 그 상세한 것을 규명하기는 어려웠다.

余因暇時, 竊所窺覽, 常廢書而嘆曰, 將使玄經之必行于世也, 在於明其道使不昧, 夷其途使不囏, 編之貫之, 皪[85]若日月, 則揚雄之學其有不興者乎. 始於貞元丙子, 終於元和己丑, 而發揮注釋, 其說備矣.
내가 한가로운 때를 틈타 가만히 『태현』을 살펴보았는데, 항상 책을 덮고 탄식하기를 "장차 『태현경』으로 하여금 반드시 세상에 유행하게 하는 것은, 그 도를 밝혀 어둡지 않게 하고, 그 길을 평탄하게 해 어렵지 않게 하는 것에

....
82 劉韶軍 點校 : 이 두 구절에서 '拔'은 원래 '校'로 되어 있다. 盧文弨의 『太玄校正』 및 대전본에 의거해 고쳤다. '必'은 盧文弨의 『太玄校正』에는 '疑心'으로 되어 있다.
83 역주 : 환담의 자는 君山이다.
84 역주 : 장형의 자는 平子다.
85 역주 : 원문에는 '曜'자로 되어 있으나 '皪'자의 오자로 보인다. 여기서는 '皪'자로 해석하였다.

달려있으니, 편찬하고 꿰뚫어 일월과 같이 맑게 하면, 양웅의 학은 아마 흥함이 있을 것이다”라고 하였다. 정원(貞元)[86] 병자(丙子)에[87] 시작하여 원화(元和)[88] 기축(己丑)에[89] 끝내고 주석을 발휘하니 그 설이 갖추어졌다.

夫極玄之微,[90] 盡玄之道, 在於首贊之義, 推類取象, 彰表吉凶. 是故其言隱, 其旨遠,[91] 案之有不測之深, 抽之有無窮之緖, 引之有極高之旨. 至于瑩攡錯衝文數圖告, 此皆互擧以釋經者也. 則夫首贊之義, 根本所繫, 校葉華藻, 散爲諸玄.

대저 현의 은미함을 다하고 현의 도를 다한 것은 수찬(首贊)의 의(義)에 있으니, 무리를 미루어 상을 취하고, 길과 흉을 세상에 드러내 밝힌 것이다. 이 때문에 그 말은 은미하고 그 뜻은 심원하니, 헤아릴 수 없는 심원함이 있는 것에서 상고하고, 무궁한 단서가 있는 것에서 뽑아내고, 지극히 높은 뜻이 있는 것에서 이끌어 낸 것이다.「현영(玄瑩)」·「현리(玄攡)」·「현착(玄錯)」·「현충(玄衝)」·「현문(玄文)」·「현수(玄數)」·「현도(玄圖)」·「현고(玄告)」에 이르면, 이것들은 모두 서로 들어서 경을 해석한 것이다. 이렇다면 대저 수찬(首贊)의 의(義)는 근본이 매인 바로서, 갈래를 따져서 행한 화려한 문체는 흩어져 여러 현이 된다.

而先儒所釋, 詳其末, 略其本, 後學觀覽, 不知其言,[92] 殫精竭智,[93] 無自而入, 故探玄進學之多, 或中道而廢, 誣往哲以自爲切問, 學淺道缺, 而賢人志士之業不嗣也. 故因宋陸所略, 推而行之, 其所詳者則從而

....

86 역주 : 貞元은 당대 德宗 治世에 사용한 元號. 785年~805年.
87 역주 : 貞元 12년 796년이다.
88 역주 : 元和는 당대 憲宗 治世에 사용한 元號. 806年8月~820年12月.
89 역주 : 원화 4년 809년.
90 劉韶軍 點校 : ‘玄’은 원래 ‘元’으로 되어 있다. ‘之’는 원래 빠져 있다. 盧文弨 의 『太玄校正』 및 학양본에 의거해 고치고 보충하였다.
91 劉韶軍 點校 : ‘旨’는 원래 ‘力’으로 되어 있다. 盧文弨의 『太玄校正』 및 郝梁本, 대전본에 의거해 고쳤다.
92 劉韶軍 點校 : ‘言’은 학양본, 대전본에는 ‘然’으로 되어 있다.
93 劉韶軍 點校 : ‘殫’은 원래 ‘彈’으로 되어 있다. 대전본에 의거해 고쳤다.

不議也. 所釋止於首贊, 又幷玄測而列之, 庶其象類, 曉然易知, 則玄
學不勞而自悟矣.

그런데 선유들이 해석한 것은 그 말단을 상세하게 하고 그 근본은 소략하게
하였으니, 후학들이 관람하더라도 그 말을 알지 못하여 정기를 다하고 지혜를
다해도, 어디로부터 들어가야 할 지 몰랐다. 그러므로 현을 탐구해 학에 나아
가는 자는 많았어도 혹 중도에 그만두거나,[94] 이전 철인들을 비방하고 스스로
절실하게 질문하였다고[95] 여기니, 배움은 얕고 도는 이지러져 현인(賢人)과
지사(志士)의 업이 이어지지 않았다. 그러므로 송충과 육적이 대략 해석한 것
을 바탕으로 미루어 행하고, 그 상세한 것은 따르고 의논하지 않았다. 내가
해석한 것은 수찬(首贊)에 그치고, 또 현측(玄測)을 아울러 배열하니, 바라건
대 그 상류(象類)가 분명하여 알기 쉽다면, 현학은 노력하지 않아도 스스로
깨닫게 될 것이다.

玄之贊辭推本五行, 辯明氣類, 考陰陽之數, 定晝夜之占, 是故觀其施
辭而吉凶善否之理見矣. 苟非其事, 文不虛行. 觀其舊注, 旣以闕而
述, 雖時言其義, 又不本其所以然.[96]

현의 찬사(贊辭)는 5행을 탐구하여 기(氣)의 부류를 분명하게 밝히고, 음양의
수를 상고하여 주와 야의 점을 정한 것이다. 이 때문에 그 베푼 말을 보면
길한 것과 흉한 것, 좋은 것과 나쁜 것의 이치는 드러날 것이다. 만일 그 일이
아니면 글은 헛되이 쓸 것이 아니다.[97] 그 구주(舊注)를 보면, 이미 "궐(闕)"로
서술하니, 비록 때로 의(義)를 말했더라도 또 그 소이연을 근본으로 하지 않은
것이다.

蓋易家人例有得位失位無位之說,[98] 以辯吉凶之由, 是故玄本數一畫

----

94 역주: '中道而廢'는 『논어』 「옹야」, "冉求曰, 非不說子之道, 力不足也. 子曰, 力不
足者, 中道而廢, 今女畫." 참조.
95 역주: '切問'은 『논어』 「자장」, "子夏曰, 博學而篤志, 切問而近思, 仁在其中矣." 참조.
96 劉韶軍 點校: '不'은 원래 빠져 있다. 盧文弨 『太玄校正』본에 의하여 보충하였다.
97 역주: 『주역』 「계사전하」 8장에 "苟非其人, 道不虛行."이라는 말이 나온다.

一夜, 剛柔相推, 畫辭多休, 夜辭多咎. 奇數爲陽, 耦數爲陰, 首有陰陽, 贊有奇耦, 同則吉, 戾則凶.

대개 『주역』 「가인괘(家人卦)」에서는[99] 득위(得位)·실위(失位)·무위(無位)의 설을 예로 들어서 길흉의 연유를 분변하였다. 이 때문에 현은 한번은 낮이 되고 한번은 음이 되는 것, 굳센 것과 부드러운 것이 서로 미는 것을[100] 근본수로 하여, 낮의 말에는 휴(休)가 많고 밤의 말에는 구(咎)가 많다. 홀수는 양이 되고, 짝수는 음이 되니, 현에는 음과 양이 있고, 찬에는 홀수와 짝수가 있어, 같으면 길하고 어그러지면 흉하다.

自一至九, 五行之數, 首之與贊, 所遇不同, 相生爲休, 相克爲咎, 此其大較也.

1에서부터 9에 이르기까지 5행의 수(數)는 수(首)가 찬과 더불어 만난 것이 다르니, 서로 낳는 것은 휴(休)가 되고, 서로 이기는 것은 구(咎)가 되니, 이것이 그 큰 대강이다.

至於類變, 因時制誼, 至道無體, 至神無方, 亦不可以一理推之. 然則審乎其時, 察乎其數, 雖糺紛萬變, 而立言大本可得而知.

부류가 변화하는 것에 이르면 때를 따라서 마땅함을 제정하니, 지극한 도는 형체가 없고, 지극히 신묘한 것은 일정한 방향이 없어서[101] 또한 하나의 이치로 추측할 수 없다. 그렇다면 그 때를 살피고 그 수를 살피면, 비록 어지럽게 만 가지로 변하지만, 말을 세운 큰 근본은 알 수가 있다.

. . . .

98 劉韶軍 點校 : '人'은 盧文弨의 『太玄校正』에 '人'字는 衍文이다. 대전본에는 '大'자로 되어 있으니, 의심컨대 마땅히 '之'로 되어야 한다. '失位' 아래에는 원래 '有'자가 있다. 盧文弨 『太玄校正』에 의거해 삭제하였다.

99 역주 : 『주역』 「가인」, "家人, 利女貞. 初九, 閑有家, 悔亡. 六二, 無攸遂, 在中饋, 貞吉. 九三, 家人嗃嗃, 悔厲, 吉. 婦子嘻嘻, 終吝. 六四, 富家, 大吉. 九五, 王假有家, 勿恤, 吉. 上九, 有孚威如, 終吉." 참조.

100 역주 : '剛柔相推'는 『주역』 「계사전상」 1장, "聖人設卦觀象, 繫辭焉而明吉凶, 剛柔相推而生變化." 참조.

101 역주 : 『주역』 「계사전상」 4장에는 "范圍天地之化而不過, 曲成萬物而不遺, 通乎晝夜之道而知, 故神無方而易無體."라는 말이 나온다.

又吉凶善否, 必有其例. 晝休夜咎. 至有文似非吉而例則不凶, 深探其源, 必有微旨, 此最宜審者也.

또 길한 것과 흉한 것, 좋은 것과 나쁜 것에는 반드시 그 예가 있다. 낮은 휴(休)이고, 밤은 구(咎)다. 문(文)은 길한 것이 아닌 것 같은데 예로 든 것에 흉하지 않음이 있는 것에 이르러서는, 그 근원을 깊이 탐구하면 반드시 은미한 뜻이 있을 것이니, 이것이 가장 마땅히 살펴야 할 것이다.

至於準繩規矩, 不同其施, 舊說以爲非吉. 然此首爲戾, 其辭皆始戾而終同, 如規矩方圓之相背而終成其用. 若琴瑟之專一, 孰聽其聲. 圓方之共形, 豈適于器. 此其以戾而獲吉也.

"수준기와 먹줄과 곡자와 그림쇠는 그 베푸는 것을 같이 하지 않는다"[102]라고 한 것으로 말하면, 옛날 학설에서는 길한 것이 아니라고 여겼다. 그러나 이 수(首)가 려수(戾首)가 되었을 때, 그 사(辭)는 모두 처음에는 려(戾)이지만 마침에는 같아진다고 하였으니, 마치 수준기와 먹줄과 곡자와 그림쇠가 서로 등지지만 끝내는 그 쓰임을 이루는 것과 같다. 만약 금(琴)과 슬(瑟)이 오로지 한결같은 소리만 낸다면 누가 그 소리를 듣겠는가?[103] 방과 원이 형을 같이 하면 어찌 (다양한 용도의) 그릇에 적합하겠는가? 이것은 그것이 '려(戾)'로써 길함을 획득하였다'는 것이다.

其有察辭似美而推例則乖者, 至如土中其廬, 設其輿,[104] 居土之中, 乘君之乘, 吉之大者也. 而考于其例當夜, 理則當凶. 推其所以然, 則廬

....

102 역주: 『태현경』「戾需」, "次六, 準繩規矩, 不同其施." 참조.
103 역주: '若琴瑟之專一, 誰能聽之'라는 문장은 『晏子春秋』「外篇上」의 '景公謂梁丘據與己和晏子諫'에 나온다. 전후 문장은 다음과 같다. "景公謂梁 … 對曰, 異. 和如羹焉, 水火醯醢鹽梅, 以烹魚肉, 燀之以薪, 宰夫和之, 齊之以味, 濟其不及, 以洩其過, 君子食之, 以平其心. 君臣亦然 …. 今據不然, 君所謂可, 據亦曰可, 君所謂否, 據亦曰否. 若以水濟水, 誰能食之. 若琴瑟之專一, 誰能聽之. 同之不可也如是. 公曰, 善."
104 劉韶軍 點校: 이것은 周首의 次五 贊辭를 인용한 것이다. '輿'위에는 마땅히 '金'자가 있어야 한다.

者小舍也, 漢制, 宿衛者有直盧, 在殿庭中. 土中正位也, 小人而居正位, 又
乘君子之器, 禍其至焉. 故下云厥戒渝也. 凡此之例, 略章一事以明
之, 餘則可以三隅返也.

『태현경』에는 말을 살피면 아름다운 것 같지만 예를 든 것으로 미루면 어긋나
는 것이 있으니, "땅 가운데에 (아름다운) 그 오두막집을 짓고 살면서 군주의
수레를 타니 편안하게 살 수 있다"[105] 라고 한 것으로 말하면, 땅의 가운데에
거처하면서 군주의 수레를 타니 길한 것의 큰 것이다. 그러나 그 예를 상고하
면 밤에 해당한다(當夜). 이치는 마땅히 흉하다. 그 소이연을 미루면, 오두막집은
작은 집이고, 한나라 제도에 자면서 지키는 자에게는 직로(直盧)가 있는데, 그것은 전정(殿
庭) 가운데에 있다. 땅 가운데는 바른 지위인데, 소인으로 바른 지위에 있으면서
또 군자의 기물을 타니, 화(禍)가 지극한 것이다. 그러므로 아래에서 "그 변하
는 것을 경계한다"라고 말한 것이다. 무릇 이 예는 대략 하나의 일을 드러내어
밝힌 것으로, 나머지는 '유추하여 알 수 있다[三隅返].[106]

又如中之上九, 旣陽位又當晝時, 例所當吉, 而羣陽亢極, 有顚靈之凶,
與易之亢龍, 其義同驗. 如此之類, 又可以例推.

또 중수(中首)의 상구(上九)와 같이, 이미 양위이면서 또 낮의 때에 해당하는
경우, 예를 든 것은 마땅히 길하지만 뭇 양이 '올라간 것이 지극한 것(亢極)'이
어서 전령(顚靈)의 흉함이 있으니, 『주역』 「건괘」의 "높이 올라간 용(亢龍)"
과[107] 그 뜻은 징험을 같이 한다. 이와 같은 종류는 또 예를 든 것으로 미루어
볼 수 있다.

• • • • • • • • • • • • • • • • • • •
105 역주 : 『태현경』 「周」, "次五, 土中其盧, 設於金輿, 厥戒渝." 참조.
106 역주 : 한 가지 일을 들어 보이면 스스로 반성하여 세 가지를 미루어 안다는 뜻이
        다. 이 말은 『論語』 「述而」, "擧一隅, 三隅反."에서 유래하였다.
107 역주 : 『주역』 「건괘」 上九爻, "亢龍有悔." 참조.

所謂玄之又玄, 衆所不能知也. 又一首之中, 五居正位, 當爲首主,[108]
宜極大之辭, 究而觀之, 又有美辭去六者. 然則陰首以陰數爲主, 陽首
以陽數爲主, 其義可明.

이른바 "현묘하고 또 현묘한 것"은[109] 대중은 알 수 없다. 또 1수(一首) 가운
데 5는 바른 지위에 있어, 마땅히 수(首)의 주(主)가 되고, 극대(極大)하다는
말이 마땅한데, 궁구해서 보면 또 아름다운 말로 6을 떠난 것이 있다. 그렇다
면 음수(陰首)는 음수(陰數)로 주를 삼고, 양수(陽首)는 양수(陽數)로 주를 삼
아야, 그 뜻이 분명하다.

玄之大體, 貴方進, 賤已滿. 七與八九皆居禍中, 而辭或極美者, 窮則
變, 極則反也. 大抵以到遇之首爲天時, 所逢贊爲人事, 居戾之時, 則
以得戾爲吉, 處中之時, 則以失中爲凶, 消息盈虛, 可以意得.

현의 대체는 바야흐로 나아감을 귀하게 여기고 이미 가득한 것을 천하게 여긴
다. 7, 8, 9는 모두 화(禍)의 중(中)에 있으나, 사(辭)가 혹 지극히 아름다운
것은, 궁하면 변하고[110] 극이면 되돌아온다는 것이다. 대저 이르러 만난 수
(首)로 천시(天時)를 삼고, 만난(逢) 찬(贊)으로 인사(人事)로 삼았으니, 려수
(戾首)에 거처할 때는 '려(戾)를 얻는 것'을 길한 것으로 삼고, 중수(中首)에
처했을 때에는 '중을 잃어버린 것(失中)'을 흉한 것으로 삼으면, 소식(消息)하
고 영허(盈虛)하는 뜻을 얻을 수 있다.

其餘義例, 分見注中. 庶將來君子以覽之也.

그 나머지 의례는 주석 가운데에 나누어 보이니, 장래에 군자가 그것으로 보기
를 바란다.

· · · · · · · · · · · · · · · · · · · ·
108 劉韶軍 點校 : '主'는 원래 '首'로 되어 있다. 대전본에 의거해 고쳤다.
109 역주 : 『노자』1장, "此兩者同出而異名, 同謂之玄, 玄之又玄." 참조.
110 역주 : '窮則變'은 『주역』「계사전하」2장, "易, 窮則變, 變則通, 通則久." 참조.

經曰, 凡筮有法, 不精不筮, 不軌不筮, 不以其占不若不筮, 當其致精
誠, 厥有所疑, 然後陰言其事, 呵策訖.

『태현경』「현수(玄數)」에서 말하기를 "무릇 점대로 점치는 것에는 지켜야 할
도(道)가 있으니, 마음이 정일하지 않으면 점치지 말고, 하고자 하는 일이 법
도에 맞지 않으면 점치지 말고, 점쳐서 나온 결과대로 하지 않으려면 점치지
않는 것만 못하다"라고 했으니, 마땅히 점치는 것에 정성을 드려, 의심하는
바가 없은 뒤에야 은밀히 그 일을 말하고 책을 구하는 것을 그친다.

乃令著曰, 假太玄, 假太玄, 孚貞, 爰質所疑于神于靈. 休則逢陽, 星時
數辭從. 咎則逢陰, 星時數辭違. 此已上並令著辭. 天之策十有八, 地之
策十有八, 地虛其三以扮天,¹¹¹ 扮, 配也. 猶大衍之數五十, 其用四十有
九, 故玄筮以三十三策.

이에 (筮에) 명령하여 말하기를 "이르렀구나, 『태현경』이여. 이르렀구나, 『태현
경』이여. (『태현경』은) 믿을 만하고 바르니, 이에 그것에 의심나는 일을 하늘의
신과 땅의 령에게 묻는다. 길하면 양을 만나니, 성(星)·시(時)·수(數)·사(辭)
는¹¹² 각각 그것을 좇는다. 흉하면 음을 만나니, 성·시·수·사는 그것을 거슬린
다.¹¹³ 이 이상은 령시사(令著辭)를 아우른 것이다. 하늘의 책(策)은 18이고, 땅의 책은
18로서, 땅은 하늘의 수 18 가운데 3을 던 15로 땅의 수로 하면서 천과 짝하니
(즉 18+15= 33이 되니) 분(扮)은 짝하는 것(配)이다. 대연(大衍)의 수가 50에서 그

. . . .

111 劉韶軍 點校 : '天'은 원래 '三'으로 되어 있다. 「玄數」에 의거해 고쳤다.
112 역주 : 범망은 말하기를 "『태현경』의 術은 양을 귀하게 여기고 음을 천하게 여긴
다. 陽日陽時이면서 陽首를 만나면 이것을 일러 大休라 하고, 陰日陰數이면서
陰首를 만나면 이것을 일러 大咎라고 한다. 星은 牛一度와 같은 것이고, 時는
旦·中·夕을 말하고, 數는 首數의 奇偶를 말하고, 辭는 九贊의 辭를 말한다.(太玄
之術, 貴陽而賤陰也. 陽日陽時而逢陽首, 是謂大休. 陰日陰時而逢陰首, 是謂大咎
… 星若牛一度也. 時謂旦中夕也. 數謂首數之奇偶也. 辭謂九贊之辭也.)"라고 하
였다.
113 역주 : 이상의 말은 「玄數」에 나오는 말이다.

49를 사용하는 것과[114] 같다. 그러므로 현서(玄筮)는 33책으로 한다.

令蓍旣畢, 然後別分一策以掛于左手之小指, 中分其餘, 以三揲之, 幷
餘于芳. 此餘數欲盡時, 餘三及二一也. 又三數之, 並芳之後, 便都數之, 不中分
矣. 前與及芳不在數限.

서(筮)에 명령하여 말한 것이 이미 끝난 뒤에, '1책을 따로 하여[別一]' 왼손의
새끼손가락 사이에 끼워 걸고,[115] 그 나머지를 알맞게 '가운데로 나누고[中分]',
왼쪽의 산가지를 '셋씩 덜어내고[三策]', '남은 책[並餘]'을 륵(扐=왼손의 세 번째
손가락과 네 번째 손가락 사이)에 한다. 이 나머지 수를 다하고자 하는 때에는 나머지
는 3번 및 2번, 1번 한다. 다음 오른쪽 산가지를 3씩 덜어내고 나머지를 왼손의
소지에 끼운다. 또 3으로 셈하고 손가락 사이에 아우른 뒤에 곧 모두 셈하고 가운데로
나누지 않는다. 앞에 나머지 및 손가락에 긴 것은 수 제한에 있지 않다.

數欲盡時, 至十已下, 得七爲一畫, 餘八爲二畫, 餘九爲三畫. 凡四度
畫之, 而一首之位成矣. 玄之有七八九, 猶易之有四象也. 易卦有四象
之氣, 玄首有三表之象.

수(數)가 다하고자 할 때 10 이하에 이르면, 7을 얻은 것을 1획으로 하고, 나머
지 8을 2획으로 하고, 나머지 9를 3획으로 한다. 무릇 4번 획을 그으면 한
수(首)의 지위가 이루어진다. 『태현경』에 7, 8, 9가 있는 것은, 『주역』「계사전」
에 4상(四象)이 있는 것이다. 『주역』 괘(卦)에는 4상의 기(氣)가 있고, 『태현
경』 수(首)에는 3표(三表)의 상이 있다.

· · · · · · · · · · · · · · · · ·

114 역주 : 『주역』「계사전상」9장, "大衍之數五十, 其用四十有九. 分而爲二以象兩, 掛
　　　一以象三, 揲之以四以象四時, 歸奇於扐以象閏, 五歲再閏, 故再扐而後掛." 참조.
115 역주 : 이 구절은, 현을 상징한다.

首位旣成, 然後有陰陽晝夜經緯所逢. 占之欲識首之陰陽, 從中至養
以次數之, 數奇爲陽, 數耦爲陰.

수위(首位)가 이미 이루어진 뒤에 음과 양, 낮과 밤, 경과 위가 만나는 바가
있다. 점은 수(首)의 음양을 알고자 함이니, 중수(中首)에서부터 양수(養首)에
이르기까지 차례로 셈하여, 수(數)가 홀수이면 양이 되고, 수가 짝수이면 음이
된다.

數晝夜者, 九贊之位於陽家則一三五七九爲晝, 二四六八爲夜. 於陰
家則一三五七九爲夜, 二四六八爲晝,

낮과 밤을 셈하는 것은 양가(陽家)에서의 (9찬의 지위가) 1·3·5·7·9는 낮이
되고 2·4·6·8은 밤이 된다. 음가(陰家)에서의 (9찬의 지위가) 1·3·5·7·9는 밤
이 되고, 2·4·6·8은 낮이 된다.

經者謂一二五六七也, 旦筮用焉. 緯者, 三四八九也, 夕筮用焉. 日中
夜中, 雜用二經一緯.[116] 凡旦筮者, 其占用經,[117] 當九贊之一五七也.

경(經)은 1·2·5·6·7을 말하니, 단서(旦筮)에서 사용한다. 위(緯)는 3·4·8·9를
말하니, 석서(夕筮)에서 사용한다. 일중(日中)과 야중(夜中)에서는 2경1위(二
經一緯)를 섞어 사용한다. 무릇 단서(旦筮)라는 것은, 그 점이 경(經)을 사용한
것으로 9찬의 1·5·7에 해당한다.

遇陽家則一五七並爲晝. 是謂一從二從三從, 始中終皆吉. 遇陰家則
一五七並爲夜. 是謂一違二違三違, 始中終皆凶. 旦筮則一五七, 爲所逢
之贊, 而占決焉. 二六九爲日中, 故經云, 晝夜散者禍福雜也.

양가(陽家)를 만나면 1·5·7이 모두 낮이 된다. 이것을 일러 1종(一從)·2종(二

. . . .

116 劉韶軍 點校 : '二'는 원래 '一'로 되어 있다. 아래 문장 및 「태현수」에 의거해 고쳤다.
117 劉韶軍 點校 : '其'는 원래 '旦'으로 되어 있다. 대전본에 의거해 고쳤다.

從)·3종(三從)이라 말하니, 시(始)·중(中)·종(終)이 모두 길하다. 음가(陰家)를
만나면 1·5·7이 모두 밤이 된다. 이것을 1위(一違), 2위(二違), 3위(三違)라 말
하니, 시(始)·중(中)·종(終)이 모두 흉하다. 단서(旦筮)는 1·5·7로서 만난 바의 찬이
되니 점이 결정한다. 2·6·9는 일중(日中)이 된다. 그러므로 『태현경』에서 말하길, 낮과 밤이
흩어진 것은 화(禍)와 복(福)이 섞인 것이라고 하였다.

凡夕筮者, 其占用緯,[118] 當九贊之三四八也. 遇陽家始休中終咎. 若日
中夜中筮者, 二經一緯, 當九贊之二六九也. 遇陰家始中休終咎. 所用
贊, 下爲始, 次爲中, 上爲終. 故經曰, 觀始中, 決從終.
무릇 석서(夕筮)는, 그 점은 위(緯)를 쓰니, 9찬(九贊)의 3·4·8에 해당한다. 양
가(陽家)를 만나면, 시(始)는 휴(休)이나, 중(中)·종(終)은 구(咎)이다. 일중야
중서(日中夜中筮)와 같은 것은 2경1위(二經一緯)로서, 9찬의 2·6·9에 해당한
다. 음가(陰家)를 만나면, 시(始)·중(中)은 휴(休)이나, 종(終)은 구(九)다. 찬을
사용하는 것은 아래는 시(始)가 되고, 그 다음은 중(中)이 되고, 위는 종(終)이
된다. 그러므로 경에서 말하기를 "시와 중을 보고 종종(從終)을 결정 한다"라
고 하였다.

大抵吉凶休咎在晝夜從違, 若欲消息其文, 則當觀首名之義及所遇贊
辭與所筮之事, 察其象, 稽其美惡, 則玄之道備矣. 或有晝夜旣從, 而
首性贊辭遇於迂戾, 則可用也. 經云, 星時數辭從.
대저 길과 흉, 휴와 구는 낮과 밤의 종(從)과 위(違)에 있으니, 만약 그 문(文)
을 소식(消息)하고자 하면 마땅히 수명(首名)의 의(義) 및 만난 바 찬사와 점대
로 점을 친 바의 일을 보아 그 상을 살피고, 그 아름다운 것과 추악한 것을
상고하면 현의 도는 갖추어질 것이다. 혹 낮과 밤이 이미 종(從)이 있어 수성
(首性)의 찬사가 려(戾)를 만남이 있더라도 쓸 수 있다. 『태현경』에서 말하기
를 "성(星)·시(時)·수(數)·사(辭)가 종(從)이다"라고 하였다.

················

118 劉韶軍 點校 : '其占'은 원래 '占其中'으로 되어 있다. 윗 문장의 예에 의거해 고쳤다.

星者, 所配之宿各以其方與本五行不相違克也. 假如中首所配牽牛北斗水行, 與首同德, 是星從也.

성(星)은 짝한 수(宿)가 각각 그 방향으로 하여 5행을 근본으로 하는 것과 서로 어긋나거나(違) 이기지(克) 않은 것이다. 가령 중수(中首)에서 짝한 견우(牽牛)·북두(北斗)·수행(水行)이 수(首)와 덕을 같이하면, 이것은 성(星)이 종(從)한 것이다.

時者, 所筮之時與所遇節氣相逆順也. 假如冬至筮遇十月已前首爲逆, 冬至已後首爲順也.

시(時)는 점대로 점을 친 때가 만난 바 절기와 서로 역(逆)하고 순(順)한 것이다. 가령 동지에 점대로 점을 쳤을 때, 음력10월 이전의 수(首)를 만나면 역이 되고, 동지 이후 수(首)는 순이 된다.

數者, 陰陽奇耦之數以定所遇之晝夜, 夜爲咎, 晝爲休.

수(數)는 음과 양, 홀수와 짝수의 수로 만난 바의 낮과 밤을 정하는 것으로, 밤은 구(咎)가 되고, 낮은 휴(休)가 된다.

辭者, 九贊之辭與所筮之意相違否也.

사(辭)는 9찬의 사와 점대로 점을 친 바의 뜻이 서로 어긋나거나(違) 막힌 것(否)이다.

凡此四事, 並當參而驗之, 從多爲休, 違多爲咎.

무릇 이 네 가지 일은 마땅히 참고하여 징험하야 하니, 종(從)이 많으면 휴(休)가 되고, 위(違)가 많으면 구(咎)가 된다.

변수(辯首) 오(五)

天玄二十七首, 中, 周, 礥, 閑, 少, 戾, 上, 干, 狩, 羨, 差, 童, 增, 銳, 達, 交, 耎, 傒, 從, 進, 釋, 格, 夷, 樂, 爭, 務, 事.
천현(天玄)은 27 수(首)니, 중(中), 주(周), 현(礥), 한(閑), 소(少), 려(戾), 상(上), 간(干), 저(狩), 선(羨), 차(差), 동(童), 증(增), 예(銳), 달(達), 교(交), 연(耎), 혜(傒), 종(從), 진(進), 석(釋), 격(格), 이(夷), 락(樂), 쟁(爭), 무(務), 사(事)이다.

地玄二十七首, 更, 斷, 毅, 裝, 衆, 密, 親, 斂, 彊, 睟, 盛, 居, 法, 應, 迎, 遇, 竈, 大, 廓, 文, 禮, 逃, 唐, 常, 度, 永, 昆.
지현(地玄)은 27 수(首)니, 경(更), 단(斷), 의(毅), 장(裝), 중(衆), 밀(密), 친(親), 렴(斂), 강(彊), 수(睟), 성(盛), 거(居), 법(法), 응(應), 영(迎), 우(遇), 조(竈), 대(大), 확(廓), 문(文), 예(禮), 도(逃), 당(唐), 상(常), 도(度), 영(永), 곤(昆)이다.

人玄二十七首, 減, 唫, 守, 翕, 聚, 積, 飾, 疑, 視, 沈, 內, 去, 晦, 瞢, 窮, 割, 止, 堅, 成, 闕, 失, 劇, 馴, 將, 難, 勤, 養.
인현(人玄)은 27수(首)니, 감(減), 금(唫), 수(守), 흡(翕), 취(聚), 적(積), 식(飾), 의(疑), 시(視), 침(沈), 내(內), 거(去), 회(晦), 몽(瞢), 궁(窮), 할(割), 지(止), 견(堅), 성(成), 치(闕), 실(失), 극(劇), 순(馴), 장(將), 난(難), 근(勤), 양(養)이다.

中者萬物之始且得中. 辯首之辭具在經注. 九雖當晝亢極凶. 狩者臨也進, 萬物扶陽而進, 九雖當晝終亦凶也. 應者應時施宜, 五七九當晝, 吉, 自此後陰生, 故有戒也. 大者陽氣盛大, 象豊卦, 九爲大極, 雖得晝而微凶. 唫者陰陽不通, 象否卦, 二四六八當晝, 當唫之時, 不能無咎, 極亦凶也. 窮者萬物窮極, 思索權謀自濟也, 九處窮極, 晝亦凶. 親者貴以其身下人, 則親交之道著, 八雖當晝而處亢, 不能下人, 故君子去之也.
중수(中首)는 만물의 처음이면서 중(中)을 얻은 것이다. 변수(辯首)의 사(辭)는 『태현경』의 주석에 갖추어져 있다. 9는 비록 낮에 해당하나 올라간 것이 지극한 것이므로 흉하다. 저수(狖首)는 임하면서 나아가는 것으로, 만물은 양을 붙들고 나아가는데, 9는 비록 낮에 해당하더라도 마침은 또한 흉하다. 응수(應首)는 때에 응하여 마땅함을 베푸는 것으로, 5·7·9는 낮에 해당하니 길하고, 이 뒤로부터는 음이 생하기 때문에 경계함이 있다. 대수(大首)는 양기가 성대하니 『주역』「풍괘(豐卦)」를 본뜬 것으로, 9가 크게 지극하여 비록 낮을 얻었더라도 미미하게 흉하다. 금수(唫首)는 음양이 통하지 않은 것으로 『주역』「비괘(否卦)」를 본뜬 것으로, 2·4·6·8은 낮에 해당하나 금수(唫首)에 당한 때에는 허물이 없을 수 없어, 지극한 것이면 또한 흉하다. 궁수(窮首)는 만물이 극도에 달하여 사색하고 권모(權謀)를 써서 스스로 구제하니, 9가 궁이 극에 처하면 낮이라도 흉하다. 친수(親首)는 그 몸을 사람에게 낮추는 것을 귀하게 여기니, 친교의 도가 드러나면, 8이 비록 낮에 해당하고 높은 곳에 처하더라도, 다른 사람에게 낮출 수가 없다. 그러므로 군자는 떠나는 것이다.

錄自明萬玉堂范望太玄解贊本
명 만옥당 범망 『태현해찬』 판본에서 베끼다.

원저자 및 번역대상과제 소개

양웅(揚雄)의 생애와 『태현경(太玄經)』의 철학사상

1. 양웅의 생애와 후대 평가

1) 생애와 업적

양웅(B.C 53~A.D18)은 촉(蜀)땅 (泗川城) 청두[成都]에서 출생하였다.[1] 판본에 따라서는 '양웅(楊雄)'이라고도 한다.[2] 자는 자운(子雲)이다.

---

1 양웅의 생애와 『태현경』 및 그의 사상에 관한 개괄적인 것은 이연승, 『양웅 : 어느 한대 지식인의 고민』(태학사, 2007)을 참조할 것. 아울러 王青, 『揚雄評傳』(南京大學出版社. 2000), 鈴木由次郎, 『太玄易の研究』(明德出版社, 昭和39년)와 鄭萬耕, 『太玄校釋』(北京師範大學出版社, 1989), 鄭萬耕, 『揚雄及其太玄』(北京師範大學出版社, 2009), 萬志全, 『揚雄美學思想研究』(中國社會科學出版社, 2008), 葉幼明 注釋, 周鳳五 校閱, 『新譯揚子雲集』(三民書局印行, 中華民國86년), 등 참조.

2 揚雄 스스로가 말한 것에 따르면, 조상의 원래 성의 희(姬)씨였다. 그러나 후대에 분봉 받은 땅이 晉의 揚地(오늘날 山西省에 있다)로서 '揚'을 자신의 성씨를 삼았다. 그런데 몇몇 文字聲音學者들 예를 들면 段玉裁, 汪榮寶 등은 모두 '揚'은 '楊'과 同音이고 相通한다고 여겼다. 아울러 漢代의 碑刻 예를 들면 〈鄭固碑〉, 〈趙寬碑〉에서 揚雄의 '揚'이 모두 '楊'으로 되어 있다. 이밖에 王充은 『論衡』에서 '揚雄'을 '楊雄'으로 한 것을 例證을 삼아 '揚'과 '楊' 모두 가능하다고 보았다. 하지만 학술계에서는 揚雄의 姓은 여전히 '揚'으로 하는 것이 비교적 합당하다고 본다.

전한(前漢) 시기 말년의 중요한 사상가이자 문장가다. 경학(經學)은 물론 사장(辭章)에도 뛰어났다.

『한서』 권87 「양웅전」에는 양웅에 대해 다음과 같은 기록이 나온다.

> 양웅의 자는 자운이며 촉군의 청두 사람이다 … 나(양웅)은 어려서부터 배우는 것을 좋아했는데, 책을 읽을 때에는 장구에 얽매이지 않고 훈고하여 뜻을 통하고자 할 뿐이었다. 두루두루 넓게 독서하여 읽지 않은 것이 없었다. 양웅은 사람됨이 이것저것 법도를 따지지 않고 대강하면서 행동을 제 멋대로 하였지만, 말을 더듬었기에 재미있고 시원스럽게 말할 수 없어 묵묵히 깊은 생각에 잠기는 것을 좋아했다. 또 청정무위하면서 바라는 것을 적게 하고, 부귀에 급급하지 않으면서 빈천을 슬퍼하지 않았으며, 품행을 방정히 하여 당대에 이름을 떨치고자 애쓰지 않았다. 가산이라곤 불과 금 10근을 넘지 않았고, 쌓아둔 곡식이 한단도 없었지만 여전히 편안하고 화락하였다. 스스로 크게 헤아리는 것이 있어 성인과 철인의 책이 아니면 좋아하지 않았고, 뜻에 맞지 않으면 부귀라도 일삼지 않았다. 다만 일찍이 사부(辭賦) 짓는 것을 좋아하였다.[3]

양웅은 자신의 성품의 소탈함과 부귀영화에 마음을 두지 않은 상태에서의 안빈낙도(安貧樂道)와 명철보신(明哲保身)하고자 삶의 한 부분을 진솔하게 말하고 있다. 양웅은 젊어서부터 박식하였으나 동향의 선배인 사마상여(司馬相如)처럼 말을 더듬었기 때문에 서적만을 탐독하며 사색을 하였고, 굴원(屈原)과 사마상여의 부(賦)에 감탄하면서 항상 이를 본받아 부를 지었다는 것을 말한다.

이 때에 앞서 촉도에 사마상여라는 사람이 있었는데, 그가 지은 부는 매우

----

3 『漢書』 권87, 「揚雄傳上」, "揚雄字子雲, 蜀郡成都人也 … 雄少而好學, 不爲章句, 訓詁通而已, 博覽無所不見. 爲人簡易佚蕩, 口吃不能劇談, 默而好深湛之思, 淸靜亡爲, 少耆欲, 不汲汲於富貴, 不戚戚於貧賤, 不修廉隅以徼名當世. 家産不過十金, 乏無儋石之儲, 晏如也. 自有大度, 非聖哲之書不好也. 非其意, 雖富貴不事也. 顧嘗好辭賦."

넓으면서 화려하고, 온화하면서 전아하였다. 양웅은 마음속으로 그의 기상이 훌륭하다 여기고 매번 부를 지을 때마다 항상 사마상여의 작품을 본뜨고 그것을 모범으로 삼곤 하였다.[4]

양웅은 굴원의 『이소(離騷)』를 읽을 때마다 감격하여 『반이소(反離騷)』를 짓고, 이것을 민산(岷山)의 강물에 던져 굴원을 조상(弔喪)하기도 하였다. 하지만 후에는 부를 짓는 것을 조충소기(雕蟲小技)라고 여겨 더이상 짓지 않았다. 성제(成帝)는 양웅의 사부(辭賦)가 사마상여에 못지않다는 말을 듣고 그를 불러들인다. 양웅은 성제가 사냥을 한 것을 내용으로 한 「감천부(甘泉賦)」와 「우렵부(羽獵賦)」를 지어 받쳤다. 30여 세에 비로소 대사마(大司馬)인 왕음(王音)에게 문장 짓는 재주를 인정받아 성제의 급사황문랑(給事黃門郎 : 궁중의 제사를 관장하는 관원)이 되니, 유흠(劉歆)과 동렬에 있게 되었다. 이런 삶을 산 양웅은 일생을 곤궁하게 지냈으나 대부분 저술에 힘썼고, 정치에는 큰 관심을 보이지 않았다.

애제(哀帝)와 평제(平帝)를 거쳐 왕망(王莽)이 궁정 구테타를 통해 '신(新)'을 건립할 때에는 대부(大夫)가 되었다. 양웅은 왕망이 정권을 찬탈한 뒤 '신' 정권을 찬미하는 문장을 써 괴뢰정권에 협조하였기 때문에 송대 이후 유학자들이 양웅을 평가할 때 그의 절조(節操)를 문제 삼아 비난하곤 하였다. 즉 양웅이 왕망에게 벼슬한 이같은 정치적 처세는 후대의 유학자들은 '망대부(莽大夫)'라는 말로 비난 하였다. 주로 주희(朱熹)를 비롯한 정통유학자들은 특히 이런 점에서 양웅을 비판하곤 하였다. 후대 유학자들은 그가 행한 '망대부'로서의 정치적 처세를 문제 삼아 항상 '진정한 충신이란 무엇인가'라는 문제제기의 상징으로 여겼다. 처

----

4 『漢書』 권87, 「揚雄傳上」, "先是時, 蜀有司馬相如, 作賦甚弘麗溫雅. 雄心壯之, 每作賦, 常擬之以為式."

세와 관련된 이런 부정적인 평가도 있지만 양웅의 식견은 한대를 대표할 정도라고 인정받는 대학자였다.

양웅이 지은 서적을 보자. 양웅은 『주역』을 본 따 『태현』을 지었고, 『논어』를 본 따 『법언(法言)』을 지었고, 『이아(爾雅)』를 본 따 『방언(方言)』을 지었다. 이런 점에 대해 다음과 같은 기록이 있다.

> 그(양웅)는 정말로 옛것을 좋아하고 도를 즐겼으며, 그는 마음속으로 문장으로 이름을 이루어 후세에 이름을 남겨지기를 바랐다. 경서로는 『주역』보다 더 나은 것이 없다고 여겨 『태현』을 지었고, '전(傳)'으로는 『논어』보다 더 낳은 것이 없다고 여겨 『법언』을 지었다. '자서(字書)'로는 창힐보다 더 나은 것이 없다고 여겨 『훈찬(訓纂)』을 지었고, '잠(箴)'은 『우잠(虞箴)』보다 더 나은 것이 없다고 여겨 『주잠(州箴)』을 지었다. '부'는 『이소』보다 더 깊은 것이 없다고 여겨 「반이소」와 「광소」를 지었다. '사'는 사마상여 것보다 더 화려한 것이 없다고 여겨 4편의 부를 지었다.[5]

『태현경』은 『양자태현경(揚子太玄經)』이라 불리우며, 간략하게 『태현(太玄)』, 『현경(玄經)』이라 한다.[6] 『사고전서』에서는 강희(康熙) 황제인 '현엽(玄燁)'의 이름에서 '현(玄)'을 피하기 위해 명칭을 『태원경(太元經)』으로 바꿨다. 『신당서(新唐書)』 「예문지(藝文志)」에는 12卷으로, 『문헌통고(文獻通考)』에는 10권으로 되어 있다. '현'의 뜻은 '현모하고 심오[玄奧]'하다는 것으로, 『노자』1장의 "현하고 또 현하다[玄之又玄]"라는 것에서 나왔다. 즉 '현(玄)'은 우주를 통일하는 인식되지 않는 본체(本體)이

---

5 『漢書』 권87, 「揚雄傳·贊」, "實好古而樂道, 其意欲求文章成名於後世, 以為經莫大於易, 故作太玄. 傳莫大於論語, 作法言. 史篇莫善於倉頡, 作訓纂. 箴莫善於虞箴, 作州箴. 賦莫深於離騷, 反而廣之. 辭莫麗於相如, 作四賦."
6 이하 아래 『태현경』에 대한 개괄적인 것은 鄭萬耕 校釋, 『太玄校釋』(北京師範大學出版社, 1989)의 앞 부분의 말에서(pp.3~21) 필요하다고 생각되는 부분을 번역한 것이다.

고, '태(太)'는 그 현에 대한 일종의 미칭(美稱)이다. 『태현경』은 '현'을 중심 사상으로 하여 유가, 도가, 음양가 3가의 사상을 융합시킨 3가의 혼합체에 해당한다. 이런 점을 구체적으로 보자.

『태현경』에서 '현'이 사용된 용례는 크게 다섯 가지다. 첫째는 책으로서 『태현경』이다. 예를 들면, 「현영」에서 말한 "현의 술(術)이 밝게 하는 것이다",[7] 「현도」에서 말하는 "『태현경』에는 두 개의 도가 있다"[8] 라는 것과 "『태현경』에는 6과 9의 수가 있다"[9] 라는 것 등이다. 두 번째는 『태현경』의 철학체계다. 예를 들면, 「현도」에서 말하는 "1현(一玄)은 모두 3방을 덮는다"[10] 라는 것이 그것이다. 세 번째는 사물변화의 규율 및 법칙이다. 예를 들면, 「현도」에서 말하는 "대저 현이란 것은 천도고, 지도고, 인도다"[11] 라는 것이 그것이다. 네 번째는 사물이 신묘하여 헤아릴 수 없는 변화다. 예를 들면, 「현고」에서 말하는 "하늘은 고원(高遠)하여 나타나지 않는 것을 현으로 삼는다. 땅은 광원(廣遠)하여 드러날 수 없는 것을 현으로 삼는다"[12] 라는 것이 그것이다. 다섯 번째는 자연관 혹은 우주형성론이란 측면에 나아가 말한 것이다. 그것은 세계의 최고 본원, 천지만물의 근본을 가리킨다.

『태현경』은 『주역』을 모방하여 지어진 점치는 책으로서, 『주역』과 같은 점이 있지만 다른 점도 있다. 『주역』 괘의 획에는 '기(奇)'에 해당하는 '⚊', '우(偶)'에 해당하는 '⚋'가 있는데, 『태현경』은 그것을 모방하여 '기'에 해당하는 '⚊', '우'에 해당하는 '⚋' 및 '· · ·'가 있다. 『주역』에는 6위

7 『太玄經』「玄瑩」, "玄術瑩之."
8 『太玄經』「玄圖」, "玄有二道"
9 『太玄經』「玄圖」, "玄有六九之數"
10 『太玄經』「玄圖」, "一玄都覆三方.
11 『太玄經』「玄圖」, "夫玄也者, 天道也, 地道也, 人道也."
12 『太玄經』「玄告」, "天以不見爲玄, 地以不形爲玄."

(位)가 있는데, 『태현경』에는 사중(四重)이 있다. 최상은 방(方), 그 다음은 주(州), 그 다음은 부(部), 최하는 가(家)다. 『한서』「양웅전」에는 "세 번 본뜨고 넷으로 나누니, 81에서 다한다"[13] 라는 말이 나온다. 『태현경』의 세계 도식은 『역전(易傳)』의 천·지·인 3재의 관념을 좇아서 3분법을 채용한다. 또한 나열하여 '사중(즉 방·주·부·가)' 구조로 이루어진다. 이런 점과 관련해 「현도」에서는 다음과 같은 것을 말한다.

> "1현(一玄)은 모두 3방(三方)을 덮고, (1방은 3州로 나누어져 있으므로) 3방으로 9주를 함께 하고, (1주는 3部로 나누어져 있으므로) 9주가 가지를 달리해 서부(庶部=27부)를 싣고, (1부가 3家로 나누어져 있으므로) 27부가 나뉘어 81가(家)를 바르게 한다."[14]

이같이 네 번 거듭한 것[四重]에서부터 구성된 '모방(某方)', '모주(某州)', '모부(某部)', '모가(某家)'를 『태현경』에서는 '수(首)'라고 일컫는다. 81수는 9개 단계로 나뉘어 9천(天)이 되는데, 매번의 '천'은 '9수(首)'다. 매수는 또 하, 중, 상(혹은 始, 中, 終. 혹은 思, 福, 禍) 3개의 소단계로 나뉜다. 매 소단계는 '3찬(贊)'이 있다. 3×3하여 모두 '9찬'이 된다. 81수(首)는 또 나뉘어 729찬이 된다. 『태현경』에서 사용한 것은 3과 3의 배수로서, 숫자 9, 81, 729 같은 것이 그것이다. 이것이 이른바 "3으로써 일어서는 것은 방(方)과 주(州)와 부(部)와 가(家)이다. 3번하여 태어나는 것을 양기를 나누고 (思·禍·福 세가지에 붙여) 3번 거듭해 지극히 하면 9찬의 자리(=九營)가 된다" 라는 것이다. 이것이 "1은 3번하여 태어난다(一以三生)" 라는 것이다. 이같이 '1현', '3방', '9주', '27부', '81가' 및 그것

---

13 『漢書』 권87 「揚雄傳下」, "參摹而四分之, 極於八十一."
14 『太玄經』「玄圖」, "一玄都覆三方, 方同九州, 枝載庶部, 分正群家."

이 구성한 '81수'와 '729찬'이 세계 도식을 구성한다. 이것이 『태현경』체계로서, 『태현경』은 이 체계를 사용하여 만사 만물의 발전과 운동을 설명한다.

『태현경』에서는 우주가 형성되는 것에는 하나의 과정이 있다고 여긴다. 「현리」에서는 "현은 우주의 만물을 자취 없이 은밀하게 펼치지만[幽攤] 형체는 드러내지 않는 것이다"[15] 라고 말한다. '리(攤)'는 펴서 베풀고 전개한다는 것이다. '유(幽)'는 그것이 무형인 것을 말한다. 즉 천지만물은 현 속에서 분화되어 나온다는 것이다. 혹은 현 자신이 만물과 만가지 무리를 전개한다. 현의 이런 개념은 『노자』제1장, "현하고 또 현하니 뭇 묘함의 문이다"[16] 라는 것에 근원한다. 현은 본래 천의 푸릇푸릇한 색을 말한 것인데, 의미가 확장되어 일종의 깊고 멀어서 헤아리기 어려운 성질이란 의미로 사용되었다.

이런 현을 『태현경』에서는 무형적인 것이라 여겼다. 비록 무형이나 천지만물 중에 삼투하여 있지 않은 곳이 없다고 보았다. 현의 특징은 「현수(玄首)」에서 말하는 "음과 양 둘이 배합하여 셋이 된다(陰陽妣參)", "운행이 무궁하다(運行無窮)"라는 것이다. 이 구절은, 현은 음양 두 개의 대립면을 포함하며, 음양 두 기운의 혼돈미분의 통일체로서, 그것은 쉬지 않고 운동한다는 것이다. 이에 양웅은 또 현의 내용은 '원기(元氣)'라고 여겼다. 양웅은 「해조(解嘲)」에서 현은 "큰 것은 원기를 머금고, 작은 것은 비의할 것이 없는 것에 들어간다"[17] 라고 여겼다. 이처럼 양웅은 현을 원기로 그 내용을 삼고, 모든 사물 중에 삼투한다고 말하였다.

『태현경』도 『주역』에서 점을 쳐서 길흉 판단을 내리는 것을 모방하여

. . . .

15 『太玄經』「玄攤」, "玄者, 幽攤萬物, 而不見形者也."
16 『老子』1장, "玄之又玄, 衆妙之門."
17 양웅, 「解嘲」, "大者含元氣, 纖者入無倫"

점서(占筮)로 괘(卦)를 결단하는 법을 말한다. 구체적인 방법은 다음과 같다. 『태현경』에서는 점을 쳐서 만난 괘의 길흉(吉凶)과 휴구(休咎)를 판단하는데, 반드시 경(經)과 위(緯), 주(晝)와 야(夜), 표(表)와 찬(贊)을 구분한다. 1찬, 2찬, 5찬, 6찬, 7찬을 '경'으로 삼고, 단서(旦筮)에 사용한다. 3찬, 4찬, 8찬, 9찬을 '위'로 삼고, 석서(夕筮)에 사용한다. 일중서(日中筮)와 야중서(夜中筮)에는 이경찬(二經贊), 일위찬(一緯贊)을 잡되게 사용한다. 9찬의 1, 5, 7이 일표(一表)가 되는데, 그것은 '경'에 속하고, 3, 4, 8이 '일표'가 되는데, 그것은 '위'에 속한다. 2, 6, 9가 '일표'가 되는 경우에는, '경'과 '위'를 잡되게 사용한다. '단서'에는 '경'을 사용하니, 1, 5, 7의 표가 그것에 해당한다.

양수(陽首)를 만나면 1, 5, 7은 모두 낮이 되니, 이것을 일러 '1경2경3경'이라고 한다. 이 경우 시, 중, 종은 모두 길하다. 음수(陰首)를 만나면 1, 5, 7은 밤이 되니, 이것을 일러 '1위2위3위'라 한다. 이 경우 시, 중, 종은 모두 흉하다. 석서(夕筮)에는 '위'를 사용하니 9찬의 3, 4, 8의 표가 그것에 속한다. 양수를 만나면 시는 길하고 중과 종은 흉하다. 음수를 만나면 시는 흉하고 중과 종은 길하다. 만약 일중서(日中筮)와 야중서(夜中筮)인 경우라면 '2경1위'를 잡되게 사용하니, 9찬의 2, 6, 9의 표가 그것에 속한다. 양수를 만나면 시와 중이 흉하고 종에는 길하다. 음수를 만나면 시, 종은 길하고 종은 흉하다. 비록 1표 가운데 시와 중의 찬사를 만나더라도 최후에 점서가 길한 것인지 흉한 것인지를 결단하는 것은 주로 종찬(終贊)의 사(辭)에 의거해 결정한다. 이같이 『주역』과 노자 사상을 결합하여 지어진 『태현경』은 위진 현학의 선하(先河)가 된다.

양웅은 왜 이같은 『태현경』을 지었는가에 대한 자신의 견해를 『법언』 「문신」에서 다음과 같이 밝히고 있다.

어떤 사람이 말하기를, "공자도 옛 성현의 가르침을 전하여 기록하되 새로운 것을 만들어내지 않았다고 합니다. 그런데 당신은 어찌하여 『태현』을 지었습니까?" 하니 대답하였다. "그것이 사실이면 기록하는 것이요, 그것이 새로운 것을 기록한 것이면 창작이다" … 어떤 사람이 묻기를 『태현』은 무엇 때문에 지었습니까?" 하니 대답하였다. "인의의 도를 논하기 위해서이다." 어떤 사람이 또 묻기를, "누구인들 인을 위하지 않고, 누구인들 의를 위하지 않겠습니까?" 하니 대답하였다. "나는 잡박하지 않도록 마음을 쓴 것이다."[18]

　이런 언급을 보면 양웅이 『태현경』을 지은 것은 유가가 지향하는 사유와 크게 다르지 않음을 알 수 있다. 그럼 양웅이 지은 부 가운데 몇가지 예를 들어보자. 「감천부(甘泉賦)」, 「우렵부(羽獵賦)」, 「장양부(長楊賦)」, 「하동부(河東賦)」 등은 사마상여의 「자허부(子虛賦)」, 「상림부(上林賦)」를 모방하여 지은 것이다. 「광소(廣騷)」, 「반뢰수(畔牢愁)」 등은 굴원의 「이소(離騷)」, 「구장(九章)」을 모방하여 지은 것이다. 양웅의 부작(賦作) 중에는 「우렵부(羽獵賦)」가 가장 뛰어나다. 이 밖에 시대에 적응하지 못한 자신의 불우한 원인을 묘사한 산문부인 「해조(解嘲)」, 「해난(解難)」, 「축빈부(逐貧賦)」 등이 있다. 양웅은 이런 부를 통해 자신이 지향한 사상과 문예미학을 전개하고 있다.

　만년에 양웅은 천록각(天祿閣)에서 교서(校書)하면서 조정에 참여하지 않고 독서하면서 자신의 학설을 개진하여 후세에 이름을 낼 것을 구하였다. 이에 진대(晉代) 범망(范望)은 양웅을 '조정에서 은둔한 것[조은(朝隱)]'이라고 일컬기도 하였다. 그럼 이같은 양웅에 대한 중국과 한국에서의 평가를 보기로 하자. 왜냐하면 보는 입장에 따라 양웅에 대한 평가가 달라지기 때문이다.

. . . .
18 揚雄, 『法言』 「問神」, "或曰, 述而不作, 玄何以作. 曰, 其事則述, 其書則作 … 或曰, 玄何爲. 曰, 爲仁義. 曰, 孰不爲仁, 孰不爲義. 曰, 勿雜也而已矣."

2) 양웅에 대한 후대 평가

(1) 중국에서의 양웅 평가

중국과 한국에서 행해진 양웅과 『태현경』에 대한 역대 평가는 극과 극을 달리는 경우가 많다. 이런 상반된 평가가 나타나는 것은 철학적 측면에서의 평가와 출처진퇴관과 관련된 처세의 측면 두가지로 정리할 수 있다. 철학적 측면에서의 평가도 두가지로 나뉜다. 하나는 양웅의 철학적 업적을 긍정적으로 보는 것이고, 다른 하나는 송대 이후 정주학자들이 정통 유학이 지향하는 성선설과 관련된 인성론과 2진법으로 전개되는 태극음양론과 관련된 우주론을 기준으로 했을 때의 부정적인 평가다. 전자의 경우 대표적인 인물은 환담(桓譚)이고, 후자의 대표적인 인물은 주희(朱熹)다.

먼저 『한서』에 기록된 양웅의 저작과 그에 대한 평가를 보자.

> 그는 그의 내면에 심혈을 기울여 외부적인 것을 구하지 않았다. 그 당시 모두 그를 홀시하였지만 유흠(劉歆)과 범준(范逡)은 그를 존중하였고, 환담은 남들과 비교조차 되지 않을 만큼 훌륭하다고 평가하였다.[19]

이글을 통해 양웅이 살았던 당시 양웅에 대한 서로 다른 평가가 있었음을 알 수 있다. 환담의 『신론』에 보이는 『태현』에 관한 평가를 보자.

> 양웅은 『태현』을 지어 '현'이란 '천'이요, '도'라고 하였다. 말하자면 성현들이 법도를 짓고 사물의 이치를 만들 때 모두 천도를 이끌어내고, 이를 근본 법통으로 삼아서 우주만물과 왕정과 인사의 법도를 부속시켰다. 그러므로

---

19 『漢書』 권87, 「揚雄傳·贊」, "用心於內, 不求於外, 於時人皆曶之. 唯劉歆及范逡敬焉, 而桓譚以爲絶倫."

복희(宓羲)씨는 이를 '역(易)'이라 했고, 노자는 이를 '도'라 했고, 공자는 이를 '원(元)'이라 했으며, 양웅은 이를 '현'이라고 하였다.[20]

양웅의 사상을 복희, 노자, 공자 등의 위대한 성현들이 제기한 사상과 동시에 거론하고 있는 환담은 그 누구보다도 양웅을 매우 높이는데, 환담의 이런 견해를 통해『태현경』의 '현'자가 무엇을 의미하는지 총체적으로 알 수 있다.

이후 양웅을 높인 대표적인 인물은 당대 한유(韓愈)다. 한유는「여풍숙논문서(與馮宿論文書)」를 지어 양웅을 높인다. 한유는 양웅은 자신이 저술한『태현』을 모두 비웃자, "세상 사람들이 나를 알아주지 않아도 상관없다. 후세에 다시 양웅이 나와 반드시 이 저술을 애호할 것이다" 라는 말을 한 적이 있는데, 한유가 보기에 "양웅이 죽은 뒤 거의 천년이 되었으나 끝내 아직도 양웅이 나오지 않았으니 한탄스럽다" 라는 말을 한다. 그리고 환담이 양웅을 노자보다 높이 평가한 것과 양웅의 제자인 후파(侯芭)가『태현경』이『주역』보다 낮다고 한 말은 소개하고 있다.[21]

이밖에 한유는 맹자, 양웅, 순자에 대해 평가하기를 "맹자는 순수한 것 가운데 순수한 것이다. 순자와 양웅은 크게 순일하지만 조금 흠이 있다"[22] 라고 말한 적이 있다. 그런데 주희는 한유가 양웅과 순자에 대해 '크게 순일하지만 조금 흠이 있다' 라고 평가한 것을 문제 삼는다. 즉

....

20 桓譚,『新論』「閔友」, "揚雄作玄書, 以爲玄者天也道也. 言聖賢著法作事, 皆引天道以爲本統, 而因附屬萬流, 王政人事法度. 故宓羲氏謂之易, 老子謂之道, 孔子謂之元, 而揚雄謂之玄."

21 韓愈,「與馮宿論文書」, "昔揚子雲著太玄, 人皆笑之, 子雲曰, 世不我知, 無害也. 後世復有揚子雲, 必好之矣. 子雲死近千載, 竟未有揚子雲, 可歎也. 其時桓譚亦以雄書勝老子, 老子未足道也, 子雲豈止與老子爭强而已乎. 此未爲知雄者, 其弟子侯芭頗知之, 以爲其師之書勝周易. 然侯之他文, 不見於世, 不知其人果如何耳."

22 韓愈,「讀荀子」, "孟氏, 醇乎醇者也, 荀與揚, 大醇而小疵."

한유가 말한 것은 전변(田騈), 신도(愼到) 신불해(申不害), 한비자(韓非子) 등과 비교했을 때 그렇게 말할 수 있는 것으로, 한유의 견해는 어느 한쪽만을 본 것에 해당한다고 평가한다.[23] 아울러 한유가 순자와 양웅을 '크게 순일하지만 조금 흠이 있다' 라고 본 것은 사람을 제대로 간파하지 못한 것이라 일축한다.[24] 주희의 이런 입장은 일정 정도 양웅을 부정적으로 보는 사유가 담겨 있다.

송대 정이(程頤)는 양한 시대 유학자 가운데 풍도(風度)가 있었던 인물로 동중서(董仲舒), 모장(毛萇), 양웅 등을 거론해 양웅에 대해 일정 정도 긍정적인 평가를 내린다.[25] 하지만 인간됨됨이나 인성론적 측면에서는 양웅에 대해 혹평하고 있다.

> 양웅은 스스로 얻은 바가 없다. 그러므로 그 말이 쓸데없이 수다스러워 맺고 끊는 바가 없고 머뭇거리면서 과단성이 없다. 그는 인성에 대해 논하기를 "사람의 성에는 선악이 혼재되어 있으니, 그 선한 바를 닦으면 선한 사람이 되고, 악한 바를 닦으면 악인이 된다고 하였다."[26]

정이는 양웅에게 자득처가 없다는 점을 그의 과단성이 없는 성격과 연결하여 총체적으로 비판하는데, 이런 비판은 송대 정주학자들에게는 거의 공통적이다. 사단지심의 확충과 '명선복초(明善復初)'를 통한 성선 회복을 주장하는 유가의 입장에서 볼 때 양웅의 선악혼재설(善惡混在

---

23 『朱子語類』 권137, 「戰國漢唐諸子」, "至問, 韓子稱孟子醇乎醇, 荀與揚大醇而小疵. 先生曰, 韓子說荀揚大醇是泛說. 與田騈愼到申不害韓非之徒觀之, 則荀揚爲大醇, 韓子只說那一邊, 湊不著這一邊."
24 『朱子語類』 권137, 「戰國漢唐諸子」, "韓退之謂荀揚大醇而小疵. 伊川曰, 韓子責人 甚恕. 自今觀之, 他不是責人恕, 乃是看人不破."
25 二程, 『二程遺書』 「鄒德久本」, "兩漢儒者有風度者, 惟董仲舒, 毛萇, 揚雄."
26 『程氏遺書』 권25, "揚子, 無自得處也. 故其言蔓衍而不斷, 優遊而不決. 其論性則 曰, 人之性也善惡混, 修其善則爲善人, 修其惡則爲惡人."

說)은 당연히 비판의 대상이 된다. 주희가 양웅을 부정적으로 평가하는데에는 양웅이 이른바 '망대부(莽大夫)' 노릇 했던 처세가 중요한 요소가된다.[27] 주희는 『자치통감강목(資治通鑑綱目)』 권8(上.)에서 '왕망의 대부 양웅이 죽었다(莽大夫揚雄死)'라고 말한 것이 그것이다.

양웅은 주로 순자(荀子)와 비교되어 말해지는 경우가 많은데,[28] 주희는 양웅의 학설은 '노장사상'에 귀결된다고 본다.[29] 아울러 양웅의 사상은 황로(黃老)라고 보면서, '썩은 유학자[腐儒]'라는 극단적인 평가를 내리기도 한다.

> 양웅의 사상은 전부 다 황로 사상이다. 나는 일찍이 양웅 사상을 (현실적삶에 적용했을 때) 아주 무용하며, (그의 정치적 처세를 봤을 때) 정말로 '썩은 유자'라고 말한 적이 있다. 그의 사상은 결정적인 곳에서는 황로의 사상으로 들어가 버릴 뿐이다 … 그 사람됨을 보자면, 그의 식견은 전부 다 낮고 그의 말은 극히 어리석으니, 정말 우습다.[30]

도통론(道統論)을 견지하면서 벽이단(闢異端)을 강조하는 주희 입장에서 볼 때 양웅 철학이 갖는 노장적 성격, 황로적 성격은 인정할 수 없는 것에 속한다. 주희가 특히 문제 삼는 것은 『태현』에서 말한 우주발

· · · · · · · · · · · · · · · · · ·

27 楊時, 『二程粹言』, "揚子雲之過, 非必見於美新投閣也, 夫其黽勉於莽賢之間不能去, 是安得大丈夫哉."

28 『朱子語類』 권137, 「戰國漢唐諸子」, "不要看揚子, 他說話無好處, 議論亦無的實處. 荀子雖然是有錯, 到說得處也自實, 不如他說得恁地虛胖."

29 『朱子語類』 권137, 「戰國漢唐諸子」, "諸子百家書, 亦有說得好處. 曰, 揚子工夫比之荀子, 恐卻細膩. 曰, 揚子說到深處, 止是走入老莊窠窟裏去, 如淸靜寂寞之說皆是也. 又如玄中所說靈根之說云云, 亦只是莊老意思, 止是說那養生底工夫爾." 및 『朱子語類』 권137, 「戰國漢唐諸子」, "問揚雄. 曰, 雄之學似出於老子. 如太玄曰, 潛心於淵, 美厥靈根. 測曰, 潛心於淵, 神不昧也, 乃老氏說話." 참조.

30 『朱子語類』 권137, 「戰國漢唐諸子」, "揚雄則全是黃老, 某嘗說, 揚雄最無用, 眞是一腐儒. 他到急處, 只是投黃老 … 如其爲人, 他見識全低, 語言極獸, 甚好笑."

생론에 대한 이해다. 주희는『태현』에 대해 졸렬한 공부라 평가하고 아울러 도리(道理)란『태현』에서 말하는 것은 아니라고 한다.[31] 주희의 이 같은 사유는 기본적으로 '음양에서 사상으로, 사상에서 팔괘로' 전개되는 방식 즉 '2진법'으로[32] 전개되는『주역』의 음양론이 진리라는 관점에서 비판한 것에 속한다. 즉 노자가 말한 '삼생만물(三生萬物)'의 우주발생도식을 본 받은『태현』의 '3진법[就三數起]'이 문제가 있다는 것이다.[33]

물론 주희는 양웅에 대해 혹평만 한 것은 아니다. 양웅의 노자에 대한 이해는 한대 말기라는 제한된 상황 하에서 볼 때 일정 정도 인정할 부분이 있다고 본다.[34] 그리고 양웅과 한유의 우열을 가려달라는 것에 대해 각각 장점이 있다고 하면서, 양웅의 사람 됨됨이가 마음속으로 침착한 것과 사색에 대한 것은 긍정적으로 본다.[35] 이밖에 주희는 사마광(司馬光)이『태현』을 좋아한 것에 대해서, 사마광이 온전히 본 곳이 없다고 평가하여 사마광의『태현』이해에 문제가 있음을 말한다.[36]

· · · · · · · · · · · · · · · · · · ·

31 『朱子語類』권137, 「戰國漢唐諸子」, "然而如太玄之類, 亦是拙底工夫, 道理不是如此.
32 『朱子語類』권65, "數只有二, 只有易是. 老氏言三, 亦是二共生三, 三其子也. 三生萬物, 則自此無窮矣. 後人破之者非. 揚子雲是三數, 邵康節是四數, 皆不及易也."
33 『朱子語類』권137, 「戰國漢唐諸子」, "蓋天地間只有個奇耦, 奇是陽, 耦是陰. 春是少陽, 夏是太陽, 秋是少陰, 冬是太陰. 自二而四, 自四而八, 只恁推去, 都走不得, 而揚子卻添兩作三, 謂之天地人, 事事要分作三截. 又且有氣而無朔, 有日星而無月, 恐不是道理." 및 『朱子語類』권137, 「戰國漢唐諸子」, "子雲所見多老氏者, 往往蜀人有嚴君平源流. 且如太玄就三數起, 便不是. 易中只有陰陽奇耦, 便有四象, 如春爲少陽, 夏爲老陽, 秋爲少陰, 冬爲老陰. 揚子雲見一二四都被聖人說了, 卻杜撰, 就三上起數." 참조.
34 『朱子語類』권137, 「戰國漢唐諸子」, "子雲所見處, 多得之老氏, 在漢末年難得人似它."
35 『朱子語類』권137, 「戰國漢唐諸子」, "立之問, 揚子與韓文公優劣如何. 曰, 各自有長處. 文公見得大意已分明, 但不曾去子細理會, 如原道之類, 不易得也. 揚子雲爲人深沈, 會去思索, 如陰陽消長之妙, 他直是去推求."
36 『朱子語類』권137, 「戰國漢唐諸子」, "問, 溫公最喜太玄. 曰, 溫公全無見處. 若作太玄, 何似作曆. 老泉嘗非太玄之數, 亦說得是."

이처럼 중국사상사에서 양웅에 대한 평가는 평가하는 입장에 따라 다른 평가가 나타나는 것을 알 수 있다. 그렇다면 조선의 경우는 어떠했는지를 알아보자.

(2) 조선조에서의 양웅 평가

『조선왕조실록』태종 13년 계사(1413년) 2월8일 (정사)에는 "처음으로 한나라 강도상(江都相) 동중서와 원나라 중서좌승(中書左丞) 허형(許衡)을 문묘에 종사(從祀)하고, 왕망의 대부 양웅의 제사를 파하여, 양웅의 '신주(神主)'를 병처(屏處)에 묻었다"[37] 라는 기록이 나온다.

조선조 유학자들에게 양웅은 그다지 환영받는 인물은 아니었다. 특히 주희가 비판한 바와 같은 '망대부'와 관련된 양웅의 처세에 대해서는 더욱 그렇다. '망대부'로 말해지는 양웅의 정치적 행동은 양웅의 학문에 대한 깊이도 아울러 폄하되는 상황으로 전개되곤 한다. 중종 5년 경오(1510, 정덕 5) 2월2일 (무자)에는 "유생들에게 '양웅론(揚雄論)'을 시험하였다" 라는 기사가 나오는데,[38] 이것은 양웅이 왕망 정권하에서 벼슬한 것과 관련해 신하의 자세를 묻는 것과 관련이 있다. 다음과 같은 지평(持平)인 정응(鄭膺)의 말도 이런 점을 보여준다.

> "한당 이후로 국세가 위태로워진 것은 모두 외척 권세의 융성함 때문이었습니다. 대개 권세에 연줄을 대고 환관들과 공모하며 굳게 한 통속이 되어서 간악한 일을 서로 도와 일으키니, 화란이 어찌 쉽게 일어나지 않겠습니까? … 양웅 같은 자는 유학자로 자처하였지만, 왕망의 시대를 당하여 구제하고 바르게 하는 말은 한 마디도 없고 도리어 글을 지어 왕망을 찬미함으로써

. . . .

37 『朝鮮王朝實錄』「태종실록」 권23, "始以漢 江都相董仲舒, 元中書左丞許衡, 從祀文廟, 罷莽大夫楊雄之祀, 埋雄神主于屏處."
38 『朝鮮王朝實錄』「중종실록」 권10, "戊子/命聚儒生于勤政殿, 庭試以楊雄論. 幼學孫洙居首, 命直赴殿試."

찬탈을 합리화시켰습니다. 그러므로 선비의 지조가 바르지 못하면 권세에 말려들지 않을 자가 적습니다.[39]

선비의 올바른 지조에 반한 대표적인 인물로 양웅을 거론하는 정응의 말은, 조선조 '불사이군(不事二君)'의 충성이 요구되었던 유학자들에게 양웅은 배척되어야 할 대표적인 인물이란 상징성을 띤다. 『승정원일기』 34책 영조 2년 10월 4일 임술 조에 남당(南塘) 한원진(韓元震)의 양웅에 대한 평가가 나온다. 인물성동이론(人物性異論)을 지지하면서 화이(華夷)에 대한 구분과 '벽이단' 의식이 강했던 한원진은 양웅의 '망대부' 건을 춘추의리정신과 연결하여 이해한다.

　　『춘추』의 의리는 난신을 주벌하고 적자를 토죄하며 중국을 높이고 이적을 물리치는 것이니, 이것이 그 중대한 것입니다. 난신적자를 주벌하는 뜻은 양웅에게서 무너졌는데 주자가 특별히 '망대부 양웅이 죽었다' 라고 썼으니, 난신적자를 주벌하는 뜻이 다시 밝아졌습니다.[40]

춘추의리정신에 입각해 망대부로서의 양웅의 처세를 '난신적자'로 연결하여 이해하는 한원진의 발언은 조선조 정통 유학자들에게서 양웅이 얼마나 부정적으로 인식되는 가를 상징적으로 보여주는 것에 해당한다. 기대승(奇大升)은 성균관에서 유생들로 하여금 잡서를 보지 못하도록 청하는 전문(箋文)을 의작(擬作)하는데, 벽이단 의식과 함께 심성론에서

. . . .

39 『朝鮮王朝實錄』「중종실록」권32, "壬辰/御朝講. 持平鄭譍曰, 漢唐以後, 國勢孤危, 悉由外戚之權盛也. 蓋因緣攀附, 與宦寺同機共計, 擬爲一家, 結締堅固, 以相濟奸, 禍亂之出, 豈不易哉 … 且如楊雄者, 亦盜名於儒者, 而當王莽之時, 頓無一言救正之, 至作書美之, 以成簒奪. 是故士之操守非正, 則鮮無趨入於權勢者."
40 『承政院日記』권34, "春秋之義, 誅亂臣討賊子, 尊中國攘夷狄, 此其大者也. 誅亂賊之義, 壞於楊雄, 而朱子特書, 莽大夫楊雄死, 則誅亂賊之義, 復明矣. 攘夷狄之義, 壞於許衡, 而先正, 痛斥許衡之失身夷狄, 則攘夷狄之義復明矣."

양웅 학설의 문제점을 지적하고 있다.

일통(一統)을 크게 하여 도를 응집하니 이미 순수한 큰 규모를 세웠고, 여러 길에 현혹되면 참된 진리를 잃으니 마땅히 박잡한 유폐를 억제하여야 합니다. 이에 좁은 식견을 다하여 천용(天容)에 요구하옵니다 … 심성을 논함에는 자못 이정·주희의 유서와 배치되고, 이치를 분석하고 현묘한 것을 담론하는데 육구연·양웅의 말에 물들고 있습니다. 이것은 여러 성인의 법으로 헤아려 보건대 소득이 없고, 일에 적용시키자니 방해가 있습니다. 바르지 못한 학설을 막아서 인심을 바로잡아야 하는데, 세상에는 맹자 같은 분의 변론이 없고, 성인의 말씀을 업신여기며 여러 입을 놀리고 있으니 때로는 몽장(蒙莊: 莊子)의 기풍을 볼 수 있습니다. 이것은 실로 유식한 자들의 깊은 걱정이니, 어찌 선비들을 밝은 경계로 신칙하지 않을 수 있겠습니까.[41]

이상 거론한 것은 모두 조선조에서 양웅의 처세와 그 사상을 부정적으로 본 대표적인 것에 해당한다. 이런 점에 비해 송시열의 평가는 일정 정도 객관성이 담겨 있다.

양웅의 『태현』과 『법언』이 이치가 없는 것은 아니나 성인의 학문을 한 것이 아니었다. 그러므로 목숨을 아끼어 천록각에서 뛰어내려 만세의 죄인이 되었다. 주자가 그 사실을 특별히 『자치통감강목』에 쓴 외에 일반적으로 강론하실 때에 극론했던 것은 그 학술이 바르지 못하여 유학자의 이름을 빌어 큰 윤리를 해쳤기 때문이었다.[42]

....

41 奇大升, 『高峯文集』 권2, 「擬成均館, 請令儒生勿觀雜書箋」, "大一統以凝道, 旣建純粹之宏規, 眩多歧而迷眞, 宜抑駁雜之流弊. 肆竭管見, 用干天容 … 論心識性, 頗戻程朱之遺書, 析理談玄, 類染陸揚之緖語. 揆諸聖而無獲, 施于事而有妨, 關邪說以正人心, 世無鄒孟之辨, 侮聖言而皷衆口, 時見蒙莊之風. 是固識者之深憂, 盍勑儒士于炯戒."
42 宋時烈, 『宋子大全』, 권56 「答金久之」(丁卯四月), "揚雄之太玄法言, 非無理致, 而亦非聖人之學. 故貪生投閣, 爲萬世罪人. 朱子特書綱目之外, 必極論於言議之際者, 以其學術不正, 而假儒名以害大倫也."

정주의 이학(理學)이 득세했던 조선조에서 양웅에 대해 보는 인물에 따라 일정 정도 긍정적으로 본 것을 알 수 있다. 송시열이 양웅의 『태현경』이나 『법언』의 학술적 업적을 무조건 부정하지 않는 것은 앞서 본 정치적 처세를 중심으로 해서 모든 것을 부정적으로 본 것과는 차별화된 인식이다. 하지만 송시열이 유가 성인의 학문을 한 것이 아니라는 잣대를 기준으로 하여 '큰 윤리'을 해쳤다고 한 평가는 주희의 양웅 평가를 거의 그대로 이어받은 것에 속한다.

허균(許筠)은 순경(荀卿)과 양웅을 비교하여 말한 적이 있다. 두 사람 다 도를 알지 못했다는 점에서는 공통적이란 하면서, 차이점으로는 순경은 스스로 자신을 헤아리지 못했고, 양웅은 졸렬하였다는 것을 든다. 그런데 두사람을 비교할 때 그래도 졸렬한 양웅이 낫다고 한다. 허균의 이런 견해는 그래도 양웅을 일정 정도 긍정하는 견해에 속한다. 하지만 허균도 '망대부'로서의 양웅의 처신은 문제라고 한다.

> 순경(荀卿)은 스스로 자기 학문을 크게 떠벌리고 스스로 자기의 지혜를 특이하게 하여 제자(諸子)들보다 낫고자 하였고, 양웅은 스스로 그의 학문을 천시하고 스스로 그의 지혜를 낮추었으나 성인과 부합하고자 하였다. 그러므로 두 사람 모두 지혜로운 사람에게 배척을 받았으니, 그들이 도를 알지 못하는 것은 마찬가지이다. 양웅이 『법언』을 저술할 때는 『논어』를 모방하였고, 『태현』을 저술할 때는 『주역』을 모방하였는데, 그것은 그의 마음속에 자기의 학문이 성인에 미치지 못하고 자기의 지혜가 제자를 따라가지 못하고 별도로 이론을 세워서 경서를 만들 수 없다고 생각하였기 때문에 그 두 책을 저술하여 성인과 합치되고자 하였으니, 그 뜻이 고루하다. 그가 어렵고 깊은 말을 사용한 이유는 얕고 보잘 것 없는 그의 설을 꾸미려고 한 것으로서, 어려우면 어려울수록 더 쉽고, 깊으면 깊을수록 더 얕으며, 통하면 통할수록 더 막히게 되어버려 그의 졸렬함을 가리지 못하였다. 가령 양웅이 이런 일을 하지 않고 단지 '사부'만으로 세상을 울렸더라면 사람들이 그의 잘잘못을 거론하지 않았을 것인데, 도리어 정신을 쏟고 힘을 다하여 유학의 학술과 합치되기를 구하다가 마침내 '망대부'로 배척당하는 것을 면치 못하였으니,

그러한 이유가 있었기 때문이다. 그러나 양웅의 허물은 고루한 데 있고, 순경의 잘못은 스스로 자신을 헤아리지 못한 데 있으니, 차라리 고루할망정 어리석어서는 안 될 일이다.[43]

이처럼 양웅에게는 뛰어난 사상과 문장이 있었지만 실절(失節)한 망대부로서의 양웅의 처세는 조선조에서도 여전히 문제가 된다. 고종이 서상집(徐相集)과 나눈 대화는 양웅에 대한 종합적인 평가에 해당한다.

상[고종]이 이르기를, "양웅은 한 나라의 신하로서 문장을 겸비하였는데 도리어 난신적자인 왕망을 섬겼으며, 『태현』과 『법경(法經)』을 지어 왕망의 덕을 칭송하고 아첨하였다. 그렇게 하고도 끝내 화가 장차 미치리라는 것을 알지 못했으니 이로 인해 후세의 기롱과 비웃음을 면치 못한 것이다" 하니, 서상집이 아뢰기를, "양웅이 3대의 임금을 두루 섬겼으니 신하된 도리로 볼 때에 마땅히 찬역자(簒逆者)에게 몸을 굽히지 말았어야 했고, 또 이전 일을 거울삼아 문장으로 드러낼 수 있는 능력이 있었으니 그 시비를 분별할 수 있었습니다. 그런데 이러한 잘못을 저질렀고 아첨까지 하였으니 사람들이 모두 경시하고 군자들이 좋지 않게 여긴 것은 당연합니다" 하였다. 상이 이르기를, "그가 문장 능력을 가지고 있으면서도 잘못을 저질렀기에 후인들이 더욱 기롱하는 것이다" 하니, 서상집이 아뢰기를, "성상의 하교가 지당하십니다."[44]

• • • • • • • • • • • • • • • • • • • •

43 許筠, 『惺所覆瓿藁』 「讀·揚子」, "荀卿自大其學, 自私其智, 而欲勝於諸子. 揚雄自賤其學, 自卑其智, 而欲合於聖人. 故二氏俱斥於知者, 其爲不知道也均矣. 雄著法言準論語, 著太玄準易, 以爲己之學不及聖人. 己之智不逮諸子, 不可別立言爲經也. 故著二書以合於聖, 其志陋矣. 其爲艱深之詞者, 所以文淺易之說而愈艱愈夷, 愈淵愈淺, 愈達愈礙, 不得掩其拙, 使雄不爲是, 只以賦鳴世, 則人不議出處矣. 乃反竭心悉力, 求合於儒術, 而終不免莽大夫之斥, 有以也夫. 然雄之過在陋, 而卿之失在不自量, 寧陋而不闍已已."

44 『承政院日記』136책 고종 25년 12월 22일, "上曰, 楊雄, 以漢臣兼有文章, 反事莽賊, 乃作太玄·法經, 稱莽功德, 阿諛取容, 終不知禍之將及, 未免後世之譏笑也. 相集曰, 歷事三世, 分義不當屈於簒位, 又有文章前鑑, 可以辨其是非, 而有此失節諂諛, 宜其人皆忽之, 君子病焉. 上曰, 以其有文章而失節, 故後人尤爲譏笑也. 相集曰, 聖教切當矣."

이처럼 어떤 기준을 세워 양웅을 평가하느냐에 따라 양웅에 대한 평가는 차이점을 보인다. 그럼 조선조에서 보다 적극적으로 양웅을 평가한 것을 보자.

유흠은 양웅이 『태현』을 지었을 때 『태현』이 '간장단지 덮개용'으로 쓰일 것이란 비아냥조의 말을 한다. 그런데 계곡(谿谷) 장유(張維)는 문학적 상상력을 발휘해 유흠이 말한 '간장단지 덮개용'이란 말에 대해 양웅이 해명한다는 「복장부해(覆醬瓿解)」라는 글을 쓴다. 장유가 자신의 입을 빌려 말한 양웅 해명의 핵심은, 양웅 자신이 도를 밝히기 위해서 『태현』을 쓴 것이지 출세하고자 하는 것과 같은 사적인 차원에서 쓴 것이 아니라는 것이다. 『태현』은 '도'를 기준으로 한 저작이라는 양웅의 해명을 늘어놓는 장유의 말에는 일정 정도 정주이학에서 말한 것만이 도가 아닐 수 있다는 사유가 담겨 있다. 실제로 장유는 조선조에 주자학만이 풍미하는 것에 대해 비판적으로 말한 적이 있다. 조금 장황하지만 장유의 입을 통해 양웅이 유흠에게 말한 핵심내용을 보자. 왜냐하면 장유는 암암리에 양웅의 『태현』이 유학적 차원에서 가질 수 있는 실질적인 가치를 밝히고 있기 때문이다.

"유자(劉子: 유흠)야말로 비루하기 짝이 없구나. 군자가 말하는 것은 '도'를 밝히기 위함이지 남의 인정을 받으려고 해서가 아니다. 내가 할 일은 도를 밝히는 것일 뿐, 다른 사람이 알아주는 것은 그들이 하기에 달려 있다. 내가 할 일을 충실히 하기만 한다면 금궤에 넣어져 석실에 보관된다 하더라도 영광스럽게 여길 것이 없고 도랑에 처박혀 쓰레기처럼 된다 하더라도 욕되게 여길 것이 없다. 만약 그렇지 않은 상태에서 후세에 전해질 경우에는 세월이 가면 갈수록 더욱 심하게 망신만 당하게 될 것이다. 그래서 군자는 내실을 기하는 것을 중히 여긴 것이다. 옛날 공자가 육경을 찬술할 적에 창황히 분주하며 온갖 모욕을 다 당하고 사방에서 입에 풀칠하며 살았는데, 죽고 나서는 또 포악한 진시황이 '분서' 사건을 일으키는 바람에 거의 남김없이 불에 타 재가 되고 말았으니, 그 욕됨이 어찌 단지를 덮는 정도로

만 그쳤다고 하겠는가. 그러나 다 없어진 뒤끝에 장벽 사이에서 나와 사해에 행해지게 되자 하늘을 운행하는 해와 달처럼 휘황하게 빛나게 되었으니, 그 이유는 무엇이겠는가. 도가 그 속에 깃들여 있기 때문이요 내실을 기했기 때문이다. 그래서 비록 잠깐 동안 어두워졌어도 끝내는 영구히 드러나게 되었던 것이다. 지금 내[양웅]가 불민하기는 하나 마음을 가라앉고 앞선 철인에 대해 깊이 궁구하는 가운데 어느덧 머리카락이 희끗희끗해졌다. 그리고 내가 지은『태현』이 비록 제대로 된 글은 못 된다 하더라도 이 역시 내가 그동안 깊이 사색해 온 노력의 결정이라 할 것이다. 이는 복희와 문왕의 취지에 뿌리를 두고, 기자의 도수를 부연하여, 음양을 날줄로 삼고 휴구 (休咎)를 씨줄로 삼아 거기에 인의도덕을 적용한 것이었다. 그리하여 문채가 찬연하게 이루어지고 의리가 순일하게 개진되고 이치가 오묘하게 온축되도록 하였다. 요컨대 성인의 뜻과 어긋나지 않도록 한 것이다.[45]

장유의 말을 통해 나타난 양웅의 말은 당시『태현』에 대해 주희 등이 행한 부정적인 견해에 대한 간접적인 비판에 해당한다고 할 수 있다. 물론 장유도 하나의 제대로 된 학설을 세운다는 것이 어렵다는 차원에서 한유가 양웅을 긍정적으로 평가한 것에 대해 비판한다. 즉 장유는 한유가 양웅이 노자보다 낫다는 것과 양웅의 제자인 후파가『태현』이『주역』보다 낫다는 말은 문제가 있음을 지적하고 있다.「원도(原道)」,「원성(原性)」등을 써 노불(老佛)에 대한 벽이단 의식이 강했던 한유는 아마도 노자를 낮추기 위해 양웅이 노자보다 낫다고 한 말로 이해할 수 있는

· · · · · · · · · · · · · · · · · · · ·
45 張維,『谿谷集』권3,「覆醬瓿解」, "甚矣, 劉子之鄙也. 君子之言, 以明道也, 非以蘄乎人之知之也. 道之明, 存乎我, 人之知之, 存乎人. 存乎我者有其實, 則金匱石室, 不足爲榮, 溝渠糞土, 不足爲辱. 不然傳之愈久而詬愈甚, 此君子所以重乎實者也. 昔者仲尼之述六藝也, 倉皇僇辱, 齗口於四方. 及其旣沒, 厄於暴秦之焰, 煬爲灰塵, 幾無存者, 此其辱豈特覆醬瓿已哉. 然其斷爛之餘, 出於墻壁, 行於四海, 灼然若日月之經乎天, 何者. 道之所寓也, 實之所存也. 雖晦於暫, 終顯於久, 今雄雖不敏, 然潛心往哲, 髮已種種矣. 所著玄雖不文, 然亦嘗竭吾深湛之思矣. 本包義, 文王之旨, 衍箕子之數, 經之以陰陽, 緯之以休咎, 擬之以仁義道德, 其成文粲如也. 陳義純如也, 蘊理奧如也, 而其要歸不倍於聖人."

가능성을 제시한다.[46] 장유의 이런 글은 그렇다고 해서 앞서 기대승이 말한 것과 같이 『태현』을 비롯한 양웅의 글을 읽지 말하는 것은 절대 아니다.

성호(星湖) 이익(李瀷)은 『태현』의 문구 가운데 쓸 만하다고 여겨지는 중요 문구를 자신의 입장에서 해석한다. 이런 이해는 보다 적극적으로 『태현』을 이해하고자 하는 것을 의미한다. 이익의 이 글은 전반적으로 『태현』의 문구가 갖는 긍정적인 면을 밝히고 있다는 점에서 매우 의의가 있다. 『태현』이 이처럼 조선조에서도 긍정적으로 이해되기도 하였다는 점을 보여주는 것을 확인하는 차원에서 이익이 말한 전문을 보기로 한다. 괄호안에 인용한 문구에 해당하는 『태현』의 수(首)는 필자가 이해의 편의상 임의적으로 첨가해 넣은 것이고, 인용한 『태현』의 문구에 대한 해석은 본 번역본에 있으므로 원문만 수록한다.

> 소옹(邵雍)은 "지극하구나 『태현경』이여"라고 하였으니 이는 극도로 칭찬한 말이다. 『주역』은 8×8=64괘이고, 『태현경』은 9×9=81수(首)라 하여, 그 도가 둘 다 갖추어져 있으니, 『주역』과 서로 참조할 만하다. 그러나 그 문장이 반쯤은 『주역』에 따라 모방하면서 조금 더 기괴하게 꾸며 만들었으니, 그 뜻이 맞는지 맞지 않는지를 어찌 확정할 수 있겠는가? (養首 初一의) "美厥靈根"은 자못 후세 사람의 채용하는 바가 되는 까닭에 그 중 쓸 만한 것만 뽑아 기록한다. (礥首 次五의) "拔車山淵, 宜於大人"은 지위와 힘이 크다는 뜻이요, (閑首 初一의) "蛇伏於泥, 無雄無雌"은 임금이 임금노릇을 않는다는 뜻이요, (戾首 次五의) "東南射兒, 西北其矢"는 그 머리를 얻지 못한다는 뜻이요, (上首 次八의) "升危梯斧"는 것은 백성을 잃는다는 뜻이요, (干首 次八의) "赤舌燒城, 吐水於瓶"은 재앙을 해소시킨다는 뜻이요, (羨首 次五의) "孔

---

46 張維, 『谿谷漫筆』 권2, 「立言難於得中」, "立言難於得中. 以韓昌黎之文學, 猶未免有失, 況其下者乎. 昌黎喜稱揚雄, 其與馮宿書曰, 桓譚以雄書勝老子, 老子未足道也. 子雲豈止與老子爭强而已乎. 其弟子侯芭頗知之, 以爲其師之書勝周易. 夫老子雖異端, 要非子雲所可及. 周易成於四聖人, 子雲擬之作太玄, 君子猶以爲僭, 況可勝之乎. 侯芭之言極無謂, 退之猶有取焉, 信乎知言之難也."

道夷如, 蹊路微如"는 왜 따르지 않느냐는 뜻이요, (增首 次五의) "澤庫其容, 衆潤攸同"은 겸허한 도량이 크다는 뜻이요, (銳首 初一의) "蟹之郭索, 後蚓黃泉"은 마음이 한결같지 않다는 뜻이요, (達首 次七의) "達於砭割, 前亡後賴"는 끝내 없어지지 않는다는 뜻이요, (交首 次五의) "交於魑猩, 不獲其榮"은 새와 짐승이 그 처소를 같이한다는 뜻이요, (夷首 次三의) "嬰兒於號, 三日不嗄"는 마음이 화평하다는 뜻이요, (務首 次五의) "蜘蛛其務, 不如蠶綸"는 사람에게 유익함이 없다는 뜻이요, (更首 次五의) "童牛角馬, 不今不古"는 하늘의 떳떳한 이치가 변한다는 뜻이요, (更首 次八의) "馴馬跙跙, 而更其禦"는 마부를 바꿔야 좋다는 뜻이요, (斂首 次七의) "夫牽於車, 妻爲剝茶, 利於王姑"는 나라에 이익이 없다는 뜻이요, (睟首 次三의) "目上於天, 耳入於淵"은 총명이 아주 뛰어났다는 뜻이요, (盛首 次五의) "何福滿肩, 提禍揮揮"은 소인의 도(道)라는 뜻이요, (應首 次四의) "援我罘罳, 絓羅於野"는 仁으로 하지 못한다는 뜻이요, (應首 次五의) "龍翰於天, 貞栗其鱗"은 아주 떨어질까 두려워한다는 뜻이요, (竈首 次七의) "不濯釜烹, 歐歜疾至"는 뜻이 깨끗하지 않다는 뜻이요, (大首 次八의) "豊墻峭阯, 三歲不築"는 빨리 무너진다는 뜻이요, (聚首 次八의) "鴟鳩在林, 唆彼衆禽"는 여러 사람이 해를 입는다는 뜻이요, (飾首 次六의) "言無追如, 抑亦飛如"는 드날린다는 뜻이요, (翕首 次五의) "齧骨切齒"는 이익을 크게 탐낸다는 뜻이요, (將首 次四의) "將飛得雨, 利登於天"은 그 보좌가 강하다는 뜻이요, (將首 次八의) "小子在淵, 丈夫播船"은 빠진 세상을 구제한다는 뜻이요, (養首 次四의) "燕食扁扁, 其志儴儴"은 남을 힘입어야 한다는 뜻이다.[47]

---

47 李瀷, 『星湖僿說』 권23, 「經史門·太玄」, "邵子曰至尤太玄, 嗟歎之極也. 八八九九, 其道兩立, 可以與易相雜. 然其文半是依樣, 稍加奇詭而眩飾之, 其義之合否, 何可定也. 如美厥靈根之類, 頗為後人所採. 故略選其可用者錄之. 扰車山淵, 宜扵大人, 大位力也. 蛇伏扵泥, 無雄有雌, 君不君也. 東南射兕, 西北其矢, 不得其首也. 升危梯斧, 失之民也. 赤舌燒城, 吐水於瓶, 解祟也. 孔道夷如, 蹊路微如, 何不遵也. 澤庫其容, 衆潤攸同, 謙虛大也. 蟹之郭索, 後蚓黃泉, 心不一也. 達於砭割, 前亡後賴, 終以不廢也. 交於魑猩, 不獲其榮, 鳥獸同方也. 嬰兒於號, 三日不嗄, 中心和也. 蜘蛛其務, 不如蠶綸, 無益人也. 童牛角馬, 不今不古, 變天常也. 馴馬跙跙, 而更其禦, 更禦乃良也. 夫牽於車, 妻為剝茶, 利於王姑, 不利公家也. 目上於天, 耳入於淵, 聰察極也. 何福滿肩, 提禍揮揮, 小人道也. 援我罘罳, 絓羅於野, 不能以仁也. 龍翰於天, 貞栗其鱗, 極懼墜也. 不濯釜烹, 歐歜疾至, 不潔志也. 豊墻峭阯, 三歲不築, 崩不遲也. 鴟鳩在林, 唆彼衆禽, 衆所唆也. 言無追如, 抑亦飛如, 抑亦揚也. 齧骨切齒, 大貪利也. 將飛得雨, 利登於天, 其輔彊也. 小子在淵, 丈夫播船, 濟溺世也. 燕食扁

원저자 및 번역대상과제 소개 953

이익은 자신이 말한 바와 같이 『태현』 문구 가운데 교훈적인 의미, 지혜를 얻을 수 있는 것 즉 유가적 차원에서도 받아들일 수 있는 것의 예를 들고 있다. 그런데 이익이 채록한 것을 이번 번역본에 사용한 원문과 바른 표현들이 있는 것을 발견할 수 있다. 예를 들면 이익이 '장비득우(將飛得雨)'라고 하는 문장은 본 번역본의 기본 텍스트인 사마광의 『태현집주』 판본에는 '장비득우(將飛得羽)'라 되어 있다. 아마도 '우(雨)' 자와 '우(羽)'자가 발음이 똑같다보니 필사하는 인물이 착각해서 잘못 필사한 것 같다. 아니면 참조한 판본이 다른 판본일 수도 있다. 아울러 성호 이익은 『태현』은 경방(京房)의 괘서(卦序)와 똑같다고 여긴다.

> 내 생각에는, 『태현(太玄)』은 경방의 괘서와 똑같다고 여긴다. 경방은 괘(卦)가 중부(中孚)에서 일어난다 했는데, 『태현』의 중(中)으로부터 양(養)에 이르기까지가 서로 부합되지 않음이 없다.[48]

어찌되었든 이익은 『태현』 경문에 대해 정통 유학자들이 유가의 윤리 도덕이나 우주론의 관점에서 부정적으로 보는 것과 달리 상당히 긍정적으로 여겼음을 알 수 있다.

양웅을 출처진퇴관과 관련지어 평가한 경우는 대부분 부정적인 경우가 많다. 즉 유학의 선비가 취해야 할 출처진퇴관의 이상적인 점, 올바른 신하관이란 무엇인가 하는 점에서 볼 때의 왕망이 한나라를 찬탈하고 '신'을 세우자 변절하여 송(頌)을 지어 왕망이 세운 나라인 '신'을 찬미하고 '왕망의 대부'가 된 것과 관련된 이른바 '망대부'라는 평가는 이런 점을 반영한다. 조선조 유학자들의 양웅에 대한 평가도 이런 점에서 큰 차이는

扁, 其志儇儇, 志在賴也."
48 李瀷, 『星湖僿說』 권23, 「經史門範卦」, "愚謂太玄與京房卦序同. 房謂卦氣起於中孚, 而玄之自中至養, 無不相合."

없다. 다만 주목할 것은 정도 차이는 있지만 조선조에서는 주로 정주이학에서 벗어나고자 했던 진보적 성향을 띤 인물의 경우는 양웅에 대해 일정 정도 객관적 입장에서 긍정적인 평가를 내려 정통 유학의 본질과 학문, 처세 등을 기준으로 하여 부정적으로 평가하는 것과는 차이를 보인다는 것이다.

찾아보기

▌아

▍찬撰

양웅揚雄 (BC 53년~18년)

자는 자운(子雲). 촉군(蜀郡) 성도(成都) 사람. 경학(經學)
과 사장(辭章)에 뛰어났다. 『주역(周易)』을 모방해 『태현
(太玄)』을 지었고, 『논어(論語)』를 모방해 『법언(法言)』을
지었다. 왕망(王莽)에게 대부 벼슬한 것을 두고 유학자들
은 망대부(莽大夫)라고 비하하였다. 저서로는 『방언(方
言)』이 있다. 쓴 글로는 「감천부(甘泉賦)」, 「우렵부(羽獵
賦)」, 「장양부(長楊賦)」, 「하동부(河東賦)」, 「광소(廣騷)」, 「반뢰수(畔牢愁)」,
「해조(解嘲)」, 「해난(解難)」 및 「축빈부(逐貧賦)」 등이 있다.

▍집주 集注

사마광司馬光 (1019년~1086년)

북송(北宋) 정치가, 사학가, 문학가. 자는 군실(君實), 호는 우수(迂叟). 속수선
생(涑水先生). 사후에 태사(太師)로 추증되고 온국공(溫國公)에 봉해졌다. 시
호는 문정(文正). 신종(神宗) 때에 왕안석(王安石)의 변법(變法)을 반대하고,
조정에서 물러나와 『자치통감(資治通鑑)』을 편찬했다. 저서로 『온국문정사마
공문집(溫國文正司馬公文集)』, 『계고록(稽古錄)』, 『속수기문(涑水記聞)』, 『잠
허(潛虛)』, 『태현집주(太玄集註)』, 『법언주(法言註)』 등이 있다.